A Eucaristia, ontem, hoje e sempre

A CELEBRAÇÃO DA EUCARISTIA
AO LONGO DA HISTÓRIA

EDWARD FOLEY

A EUCARISTIA, ONTEM, HOJE E SEMPRE

A CELEBRAÇÃO DA EUCARISTIA AO LONGO DA HISTÓRIA

Tradução:
Milton Camargo Mota

Edições Loyola

Título original:
From age to age
– How christians have celebrated the eucharist
© 2008 by Order of Saint Benedict, Collegeville, Minnesota.
Saint John's Abbey, P.O. Box 7500,
Collegeville, Minnesota 56321 – USA
ISBN 978-0-8146-3078-5

This book was originally published in English by Liturgical Press,
Saint John's Abbey, Collegeville, Minnesota 56321, USA,
and is published in this edition by license of Liturgical Press.
All rights reserved.

Este livro foi publicado originalmente em inglês pela Liturgical Press,
Saint John's Abbey, Collegeville, Minnesota 56321, USA,
e publicado nesta edição em acordo com a Liturgical Press.
Todos os direitos reservados.

Baseado na edição original revista e ampliada.

Dados Internacionais de Catalogação na Publicação (CIP)
(Câmara Brasileira do Livro, SP, Brasil)

Foley, Edward
A Eucaristia, ontem, hoje e sempre : a celebração da Eucaristia ao longo da história / Edward Foley ; tradução Milton Camargo Mota. -- São Paulo : Edições Loyola (Aneas), 2025. -- (Sacramentária)

Título original: From age to age : how christians have celebrated the eucharist.
Bibliografia.
ISBN 978-65-5504-275-7

1. Eucaristia - Celebração 2. Igreja Católica - Liturgia I. Título. II. Série.

24-214738   CDD-264.02036

Índices para catálogo sistemático:
1. Eucaristia : Igreja Católica : Cristianismo   264.02036
Cibele Maria Dias - Bibliotecária - CRB-8/9427

Preparação: Carolina Rubira
Capa: Ronaldo Hideo Inoue
Cristo como o Sol Invictus. Detalhe do mosaico da abóbada da Tumba dos Júlios (*Mausoleum M*, c. séc. III/IV d.C.), Necrópole Vaticana (sob a Basílica de São Pedro), Vaticano (© Wikipedia).
Diagramação: Telma Custódio
Revisão técnica: Gabriel Frade

Edições Loyola Jesuítas
Rua 1822 nº 341 – Ipiranga
04216-000 São Paulo, SP
T 55 11 3385 8500/8501, 2063 4275
editorial@loyola.com.br
vendas@loyola.com.br
www.loyola.com.br

Todos os direitos reservados. Nenhuma parte desta obra pode ser reproduzida ou transmitida por qualquer forma e/ou quaisquer meios (eletrônico ou mecânico, incluindo fotocópia e gravação) ou arquivada em qualquer sistema ou banco de dados sem permissão escrita da Editora.

ISBN 978-65-5504-275-7

© EDIÇÕES LOYOLA, São Paulo, Brasil, 2025

Sumário

Prefácio à edição brasileira — VII

Prefácio à nova edição — XI

CAPÍTULO 1
Cristianismo emergente: O primeiro século — 1

CAPÍTULO 2
A igreja doméstica: 100-313 — 39

CAPÍTULO 3
A ascensão da igreja romana: 313-750 — 79

CAPÍTULO 4
A germanização da liturgia: 750-1073 — 133

CAPÍTULO 5
Síntese e antítese como prelúdio da Reforma: 1073-1517 — 185

CAPÍTULO 6
Reforma e contrarreforma: 1517-1903 — 241

CAPÍTULO 7
Renovação, reação e uma visão em desenvolvimento: de 1903 ao futuro — 297

Agradecimentos — 355

Bibliografia — 357

Índice — 373

Prefácio à edição brasileira

Com a tradução deste livro, as Edições Loyola prestam um grande serviço à liturgia no Brasil. Depois da publicação da obra clássica de Josef Andreas Jungmann, *Missarum sollemnia: origens, liturgia, história da missa romana* (São Paulo: Paulus, ²2010), de inestimável valor e extremamente acadêmica, o presente livro de Edward Foley complementa magnificamente a literatura litúrgica sobre a história da celebração eucarística em língua portuguesa, com uma obra de formato mais leve, acessível e, sob alguns pontos de vista, inovador. Enquanto Jungmann estuda a evolução dos livros litúrgicos da missa romana, privilegiando os textos e ritos, Foley apresenta novos aspectos, levando em consideração outros elementos que constituem uma celebração, tais como o espaço, as vestes, os objetos, a música, os livros litúrgicos. Permite, assim, através de um amplo uso de gravuras, uma visão bem concreta da evolução da liturgia da missa romana.

Em cada uma das sete etapas em que o autor divide a história da celebração da eucaristia, o leitor encontrará indicações sobre o contexto histórico, a arquitetura do espaço celebrativo, a variação da música litúrgica, bem como dos livros, recipientes e da teologia da eucaristia. Alguns desses aspectos que constituem a celebração litúrgica pareceriam não serem tão significativos e dignos de consideração. Mas essa é justamente a originalidade do livro de Foley. Não basta descrever em palavras esses aspectos mais concretos; é preciso mostrá-los. Daí as inúmeras ilustrações que aparecem em praticamente cada página desta obra. E mais: era preciso imaginar como o cristão comum vivia a forma de celebrar de determinada época. Por isso, finalizando cada fase, Foley apresenta uma breve historieta em que imagina a experiência de uma pessoa da época na celebração eucarística.

O conteúdo é muito bem sintetizado no título inglês da obra: *From Age to Age: How Christians Have Celebreted the Eucharist* que poderia ser traduzido por: *De era em era: como os cristãos celebraram a eucaristia*. A expressão *From Age to Age* é citação de um pormenor da primeira tradução inglesa da oração eucarística III (= OE III). No pós-santo dessa anáfora, recordamos que Deus não cessa de reunir seu povo para que lhe ofereça em toda parte "*do nascer ao pôr-do-sol*" o sacrifício de Cristo. O original latino usa a mesma expressão. Nela ressoa uma profecia do Antigo Testamento (Ml 1,11). Seguindo o princípio da "equivalência dinâmica" estabelecido pelo Conselho para a Execução da Constituição Litúrgica na instrução "Comme le prévoit", de 25 de janeiro de 1969, os tradutores da OE III para o inglês, em vez de traduzirem literalmente, julgaram mais compreensível "from age to age". Entretanto, por ocasião do lançamento da 3ª edição típica do Missal Romano (2001), uma nova instrução urgiu a tradução literal dos textos, de forma que, depois de muita polêmica, se diz na versão inglesa da OE III: "*from the rising of the sun to its setting*", isto é, palavra por palavra o que se lê no texto latino. Quando o livro em pauta foi publicado, ainda era vigente a anterior tradução.

Diante de tudo isso, Edições Loyola e o tradutor se perguntaram qual a melhor forma de intitular nosso livro. A primeira ideia seria usar o termo empregado na tradução brasileira da OE III: "Do nascer ao pôr-do-sol: a celebração da eucaristia ao longo da história". O subtítulo foi considerado uma excelente opção, mas o título seria contraditório, pois do nascer ao pôr-do-sol designa o transcurso de um dia e não de 21 séculos! Por outro lado, mesmo no original latino e em sua inspiração no hebraico, a expressão não é temporal, mas local, geográfica. O texto diz: "**em toda parte**, do nascer ao pôr-do-sol". Nesse contexto o sentido é, como se encontra na tradução italiana da OE III: "em toda a parte, do oriente ao ocidente". Da mesma forma a Bíblia da CNBB traduz o texto-fonte de Malaquias 1,11.

Assim nos encontramos em um impasse. Foi, portanto, necessário recorrer a algum outro texto que correspondesse à ideia do título no original inglês. Optou-se por "A Eucaristia, ontem, hoje e sempre – A celebração da Eucaristia ao longo da história", numa alusão ao texto da Carta aos Hebreus (cf. Hb 13,8) que afirma a perenidade do mistério de Cristo, cujo memorial se realiza no sacramento da eucaristia.

Além da modificação do título para dar conta da intenção do autor, foi necessário substituir na tradução as medidas expressas segundo o sistema métrico anglo-saxão por medidas do sistema métrico decimal, já que muitos dados oferecidos com aquelas medidas, especialmente no âmbito da arquitetura e dos recipientes litúrgicos, resultariam ininteligíveis para o leitor brasileiro médio.

Uma última observação sobre o valor do presente livro de Foley é que em 2009 mereceu, com razão, o prêmio anual da Associação

Católica de Imprensa dos Estados Unidos (2009 *Catholic Press Association Award*). Tanto pelo conteúdo como pela apresentação gráfica é uma obra extraordinária. A primeira edição foi publicada em 1991. Durante 16 anos o autor foi aperfeiçoando o texto e apresentação até chegar, em 2009, a essa obra-prima, merecidamente premiada.

Francisco Taborda, SJ
Belo Horizonte, 8 de junho de 2023
Na solenidade do Santíssimo Corpo e
Sangue de Cristo

Prefácio à nova edição

Nos dezesseis anos desde a primeira edição de *A Eucaristia, ontem, hoje e sempre*, recebi grande quantidade de *feedbacks* sobre o livro. Parte veio na forma de resenhas que afirmavam pontos fortes e ofereciam sugestões de melhorias. Foram muito úteis. A maior parte, no entanto, veio de estudantes e professores, leigos e liturgistas profissionais, que comentavam sobre sua própria leitura ou o uso que fizeram do livro. Por causa das críticas, do *feedback* e do aparente valor do formato e da abordagem — assim como minha percepção mais diferenciada das questões de cultura, contexto e pluriformidade de nossa tradição —, ficou cada vez mais claro para mim nos últimos anos que era necessária uma revisão.

Uma razão convincente para a forma particular e a extensão dessa revisão é que, embora não tenha essa sido minha expectativa original, tive a surpresa de saber que o livro fora adotado em muitos lugares como livro didático para educação continuada, graduação e até mesmo para cursos de pós-graduação em liturgia, história da Igreja e Eucaristia. Minha intenção original era escrever um livro acessível para leigos, um livro que lhes mostrasse um pouco da riqueza de nossa história eucarística. Apesar de querer respeitar esse público original e ainda muito importante, também tentei melhorar o escopo e o conteúdo do livro, para que pudesse ser mais útil como livro texto, mesmo no nível de pós-graduação. Assim, no volume atual, o leitor encontrará palavras e termos mais técnicos de outros idiomas além do inglês. Eu me esforcei para explicar e traduzir todas essas palavras para o leitor em sua primeira ocorrência no texto. Houve também uma expansão considerável das ilustrações e citações, a fim de fornecer uma perspectiva mais ampla sobre a história e a prática eucarísticas. No entanto, é preciso admitir que o livro ainda é focado em meu viés católico ocidental e romano, e também limitado por ele.

Com o incentivo de muitos — e inicialmente estimulado por uma resenha muito perspicaz de Mary Barbara Agnew — acrescentei uma nova seção em cada capítulo para abordar mais explicitamente a teologia eucarística de cada período considerado. Isso também exigiu uma expansão da introdução de cada capítulo, de modo que as reflexões teológicas nessa seção final pudessem ser fundamentadas numa estrutura contextual mais sólida. Esta nova edição não pretende ser uma visão abrangente da liturgia eucarística no Ocidente; e, como mostra a bibliografia expandida, eu conto com muitas outras obras especializadas e mais amplas para oferecer essa visão. Espera-se, contudo, que o acréscimo dessa nova seção em cada capítulo possa dar ao estudante iniciante ou ao não-especialista uma visão mais completa desse complexo de prática e teoria que chamamos de Eucaristia.

Escrever a primeira edição foi uma importante experiência de aprendizado para mim. Esta versão provou ser igualmente enriquecedora, em grande parte por causa dos muitos colegas talentosos que ajudaram no processo. Gabe Huck iniciou este projeto de revisão quando estava na Liturgy Training Publications; e eu continuo grato por sua visão duradoura e seu apoio inabalável para este projeto. No início do processo de revisão, sete colegas leram, cada um, um capítulo ou dois da edição original e foram convidados a oferecer críticas ou sugestões. A análise deles foi um estudo de caso em aprendizado colaborativo, e sou muito grato a cada um deles por seu trabalho sério e sua resposta colegiada no processo de revisão. Esses colegas são: capítulo 1, Leslie Hoppe, OFM, Ministro Provincial da Província da Assunção da BVM; capítulo 2, Carolyn Osiek, RSCJ, da Escola de Teologia Brite; capítulo 3, John Baldovin, SJ, da Escola de Teologia Weston; capítulo 4, Richard McCarron da União Teológica Católica; capítulo 5, Kevin Madigan, da Universidade de Harvard; capítulo 6, James White (falecido em 2004), da Universidade de Notre Dame, onde foi meu professor; e capítulo 7, Keith Pecklers, SJ, da Universidade Gregoriana e Santo Anselmo e, novamente, James White. Também me beneficiei com a leitura cuidadosa de meus colegas da União Teológica Católica, Amanda Quantz, que corrigiu os primeiros capítulos da revisão, e Richard Fragomeni, que revisou as novas seções teológicas.

De modo mais geral, sou profundamente grato aos meus colegas de ensino e aprendizagem na União Teológica Católica, estudantes e professores. Eles deixaram uma marca indelével no modo como penso, aprendo, ensino e adoro. A participação de uma diversidade tão rica de colaboradores ajudou-me a corrigir alguns erros, a expandir a visão deste relato eucarístico e a oferecer uma exposição mais abrangente da teoria e da prática eucarísticas. Quaisquer erros que, porventura, continuam a existir não se devem a eles de modo algum, mas pertencem unicamente a mim.

Finalmente, como sou grato à equipe editorial e de *design* original da Liturgy Training Publications que, com grande competência, moldou palavras e gráficos num todo integrado, tenho nova gratidão e profundo respeito por meus amigos de longa data da Liturgical Press, que aceitaram de todo coração este projeto de revisão. Sou particularmente grato a Peter Dwyer por sua disposição em publicar esta nova edição, a Susan Sink e Mary Stommes por sua sabedoria editorial, e a Colleen Stiller pela maneira gentil com que conduziu o projeto até a produção. Sou grato a Samantha Woodson, que elaborou meticulosamente o novo índice.

A edição original de *A Eucaristia, ontem, hoje e sempre* foi dedicada à memória de Niels Krogh Rasmussen, OP, e a Ralph Keifer. Niels orientou minha tese de doutorado, um trabalho de história litúrgica medieval; e, antes disso, Ralph orientou a tese de mestrado que escrevi sobre história litúrgica da Igreja primitiva, as duas pesquisas na Universidade de Notre Dame. Neste ano, comemorando o vigésimo aniversário da morte de ambos, lembro com gratidão sua erudição, orientação e amizade, e reitero a dedicação do presente trabalho à sua memória.

Edward Foley, capuchinho
13 de dezembro de 2007
Dia de Santa Luzia

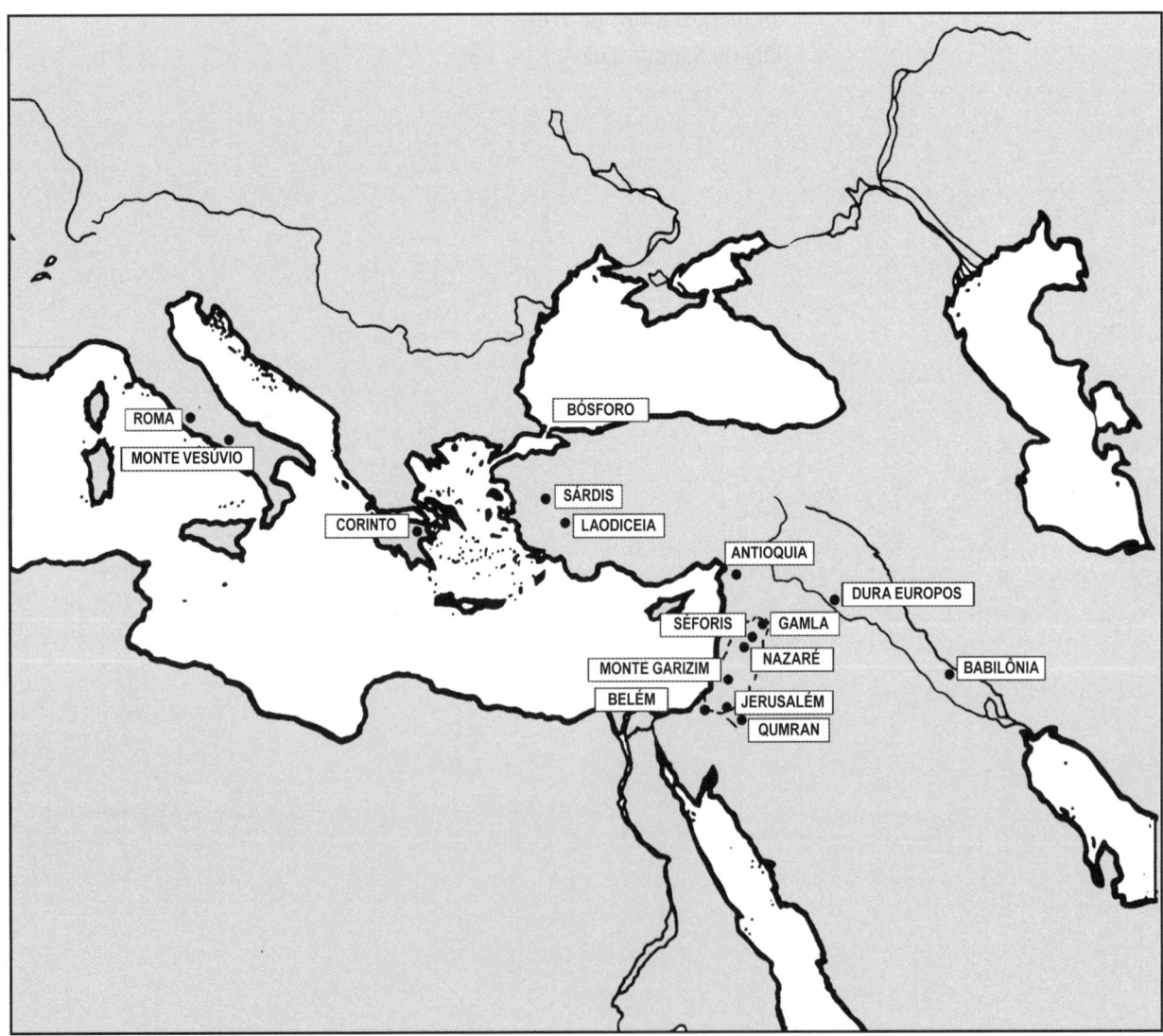

1. Mapa para o capítulo 1.

CAPÍTULO 1
Cristianismo emergente: O primeiro século

O Papa Pio XI (morto em 1939) comentou certa vez que todo cristão deve se tornar um semita espiritual. Embora seja possível discordar dessa formulação, é menos possível descartar o discernimento por trás dela. O cristianismo originou-se em meio judeu e até hoje continua sendo moldado por essas origens judaicas. Os cristãos acreditam que Jesus — como ser humano e divino — foi único na história da salvação, estabelecendo uma nova aliança [citação 1] e se revelando como a mais completa autocomunicação de Deus para a humanidade. Jesus era judeu, e seu judaísmo inquestionavelmente moldou sua missão e seu ministério. Por conseguinte, sua mensagem única está ligada a um tempo, a um lugar e a uma cultura específicos, embora não seja limitada por eles. A mensagem de Jesus e o cristianismo que emergiram daqueles que aceitaram essa mensagem só podem ser entendidos no contexto da cultura judaica em que se originaram.

Não é suficiente, contudo, reconhecer que o cristianismo surgiu num cenário judaico. A Palestina do primeiro século foi profundamente influenciada pela cultura helenística. Quase quatro séculos antes do nascimento de Cristo, Alexandre, o Grande (morto em 323 a.C.) [ilustração 2] conquistou toda a região do Mediterrâneo oriental, incluindo a Palestina. Mais que um brilhante estrategista militar, Alexandre foi quem transformou o Oriente Próximo e, por fim, a civilização ocidental ao promover a cultura grega [citação 2]. Ele fez isso encorajando suas tropas a se estabelecerem em áreas conquistadas e a se casarem com a população local. Além disso, fornecia incentivos políticos e culturais para aqueles que se familiarizassem com a língua e a cultura gregas. Embora o império de Alexandre tenha sido dividido entre seus generais após sua morte, a influência de seus esforços helenizantes continuou por séculos.

As culturas judaica e grega entrelaçaram-se na Palestina mediante um longo processo de integração relativamente pacífica. No entanto, em 167 a.C., Antíoco IV (morto em cerca de 164 a.C.), o rei selêucida da Síria, desconsagrou o templo, aboliu a observância da Torá e tentou estabelecer o culto aos deuses gregos em Jerusalém. Uma revolta, lide-

2. Alexandre, o Grande.

Citação 1: Um mandamento novo eu vos dou: amai-vos uns aos outros (Jo 13,34).

Citação 2: A empresa [de Alexandre] [...] espalhou o helenismo numa vasta onda colonizadora por todo o Oriente Próximo e criou, se não politicamente, pelo menos econômica e culturalmente, um mundo único, que se estendia de Gibraltar ao Punjab [...] com uma considerável sobreposição de civilização comum e o *koinē* grego como língua franca. (Walbank, Alexandre, p. 473.)

3. Cunhagem emitida pelo hasmoneu Hircano, um sinal de total independência política em relação aos selêucidas.

rada por Matatias (morto em cerca de 166 a.C.) e seus filhos da dinastia sacerdotal macabeia ou hasmoneia, expulsou Antíoco de Jerusalém. Os revolucionários conseguiram recapturar Jerusalém e purificar o templo, enquanto seus sucessores acabaram estabelecendo um território judeu independente [ilustração 3]. Os judeus tentaram afirmar sua independência cultural em relação ao helenismo em meio a essa independência política, mas o esforço foi de curta duração e, em última análise, sem sucesso. Mesmo antes de Roma conquistar a monarquia judaica em 63 a.C. e acabar com a independência política, a dinastia hasmoneia, numa irônica reviravolta, abraçou a helenização que seus antepassados haviam rejeitado. O processo de helenização foi tão bem-sucedido que é praticamente impossível falar de um judeu não helenizado na Palestina romana do primeiro século. Pode-se dizer, portanto, que o cristianismo emergiu num ambiente judeu helenizado sob a influência política e cultural do mundo greco-romano.

A interação de influências judaica e helenizante sobre o cristianismo emergente converge no Jesus histórico. Embora fosse de Nazaré — uma pequena aldeia de talvez quatrocentas pessoas —, Jesus foi criado à sombra de Séforis [citação 3]. Séforis era um centro urbano ao longo de uma movimentada rota comercial na antiga Palestina, construído por Herodes Antipas (39 d.C.) para servir como sua capital. Uma cidade de aproximadamente trinta mil habitantes, Séforis era um centro provincial com muitas aldeias satélites em seu entorno. Nazaré era uma delas. Embora Jesus possa ter vivido numa aldeia onde o aramaico, e não o grego, dominava a conversação, nenhum nazareno de sua época poderia ter escapado à forte influência helenizante de um grande centro como Séforis. Posteriormente, Jesus, de fato, ministrou em pequenas cidades e viajou pelas aldeias da Galileia. No entanto, nunca se encontravam distantes das grandes áreas urbanas que dominavam a região. Andrew Overman considera a baixa Galileia uma das regiões mais densamente povoadas de todo o Império Romano, onde a

Citação 3: A principal estrada oeste-leste através da Galileia ia de Ptolemaida na costa mediterrânea, passando por Séforis, até Tiberíades no mar da Galileia. A própria Ptolemaida se localizava na Via Maris, o caminho costeiro do mar, a mais antiga via palestina de comércio internacional e conquista que abriu Séforis e seus arredores à influência cosmopolita. Séforis também era o ponto final da estrada montanhosa norte-sul desde Jerusalém. Duas estradas, portanto, e possivelmente com tipos de influência bastante diferentes, convergiam em Séforis, de modo que a vila ou povoado de Nazaré, embora certamente fora do caminho batido, não estava muito longe de uma trilha bastante transitada. Portanto, entender Nazaré exige consideração não apenas de seus aspectos rurais, mas também de sua relação com uma capital provincial urbana.
(Crossan, *The Historical Jesus*, p. 18)

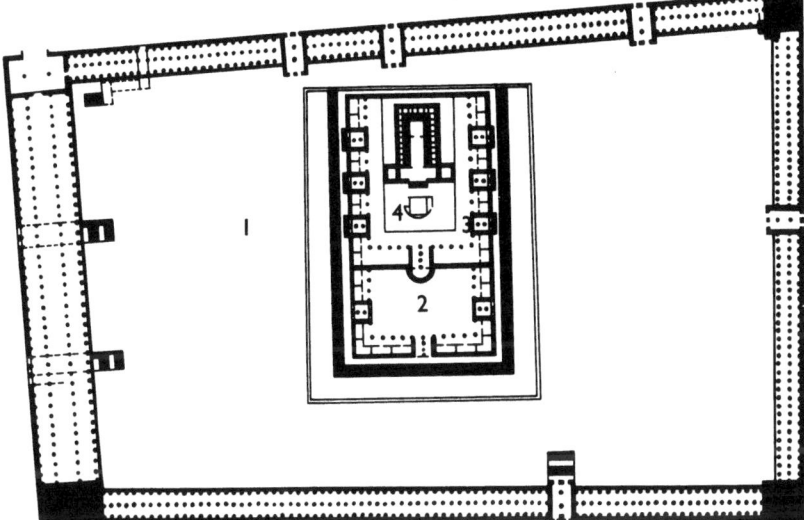

1. Átrio dos gentios
2. Átrio das mulheres
3. Átrio de Israel
4. Átrio dos sacerdotes

4. Planta do templo de Herodes (segundo Vicent-Steve, apud Perrin-Duling, p. xx).

vida era tão urbanizada e civilizada quanto em qualquer outro lugar do mundo greco-romano. Foi neste contexto que os seguidores de Jesus de Nazaré foram chamados cristãos pela primeira vez [citação 4].

ARQUITETURA

Os judeus na época de Jesus não confinavam seu culto a um único local ou tipo de edifício. Esperava-se que um judeu pio orasse não apenas em alguma sala ou estrutura especialmente designada para isso, mas onde quer que ele se encontrasse ao longo do dia [citação 5]. Independentemente da localização, esperava-se que o crente exaltasse a Deus continuamente ao longo do dia. Partir o pão, ver um relâmpago, comprar um vaso e observar o pôr do sol eram ocasiões para bendizer a Deus. Embora a oração não estivesse restrita a algum local específico para os judeus, certos tipos de oração ou ritual passaram a ser identificados com locais específicos. Os mais importantes eram o templo, a sinagoga e o lar.

Templo

Seguindo as instruções de seu pai, o rei Davi (morto em cerca de 962 a.C.), Salomão (morto em cerca de 922 a.C.) construiu o primeiro templo em Jerusalém [citação 6]. Essa estrutura pequena, mas suntuosa, tornou-se um importante centro religioso para Israel, acabando por ofuscar todos os outros santuários do país. Destruído pelos invasores babilônios em 587 a.C., o templo de Jerusalém foi reconstruído após o período de cativeiro em cerca de 515 a.C. No primeiro século a.C.,

Citação 4: Foi em Antioquia que pela primeira vez os discípulos foram designados com o nome de "cristãos". (At 11,26)

Citação 5: Se alguém está montado em um jumento, desça [para orar]. Se isto não é possível, que volte seu rosto [para o Leste]. Se não pode voltar o seu rosto, então direcione seu coração para o Santo dos Santos. Se alguém está viajando em um barco, ou em uma balsa, deve direcionar o seu coração para o Santo dos Santos. (Mishná, Berachot 4,5s.)

Citação 6: Chamou Salomão, seu filho, e ordenou-lhe construir uma Casa para o Senhor, Deus de Israel. David disse a Salomão: "Meu filho, eu tinha muita vontade de construir uma Casa para o nome do Senhor, meu Deus. Mas a palavra do Senhor me foi dirigida nestes termos: 'Tu derramaste muito sangue e fizeste grandes guerras. Não construirás a Casa ao meu nome, pois derramaste muito sangue sobre a terra, diante de mim'". (1Cr 22,6-8)

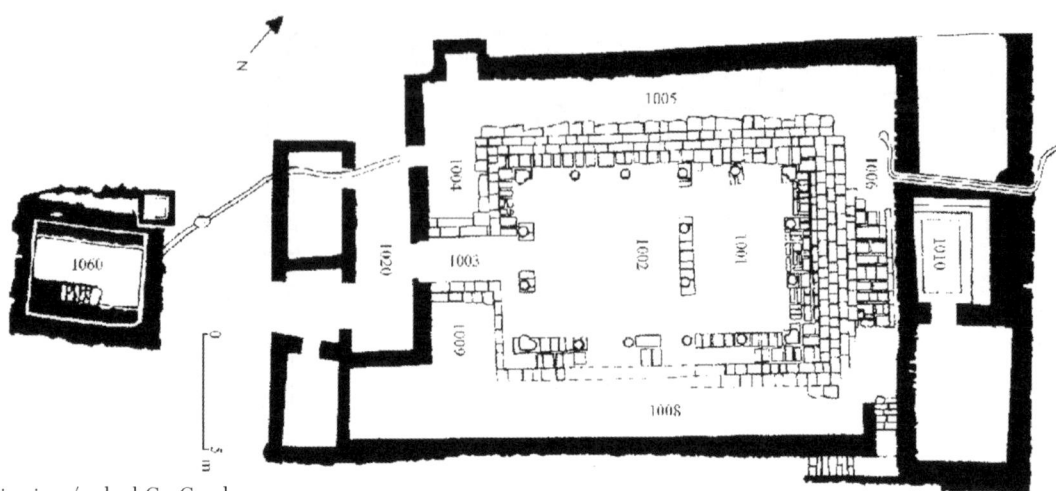

5. Sinagoga do primeiro século d.C., Gamla.

Citação 7: A seguir, Jesus entrou no templo e expulsou todos os que vendiam e compravam no templo [...] Aproximaram-se dele cegos e coxos no templo, e ele os curou. (Mt 21,12.14)

Citação 8: Pedro e João subiam ao Templo para a oração das três horas da tarde. (At 3,1)

Citação 9: Ora, no dia seguinte, que era o sétimo dia da semana, quando grande número de judeus afluía para sua sinagoga, um certo homem de Cesareia, de temperamento sedicioso, pegou um vaso de barro e colocou-o emborcado na entrada daquela sinagoga e sacrificou pássaros. Isso provocou os judeus em grau irremediável, porque suas leis haviam sido ofendidas e o local, conspurcado. (Josefo, *Guerra judaica*, 2.289)

Citação 10: As primeiras sinagogas ainda existentes são estruturas simples, sem planta muito elaborada. As posteriores tendem a ser mais especializadas, bem mais diferenciadas. Isso pode refletir um interesse crescente no ritual e na liturgia [...] provavelmente se desenvolvendo em diferentes ritmos em diferentes lugares. (Seager, *Ancient Synagogue Architecture*, p. 43)

essa estrutura, arruinada pelo tempo e pelas guerras, estava em péssimo estado. Herodes, o Grande (morto em 4 a.C.), demoliu este segundo templo e começou a construir um magnífico substituto por volta do ano 20 a.C. A construção foi concluída por volta de 64 d.C.

O novo templo, como os dois anteriores, ficava no alto de uma colina com vista para o vale do Cedron. Este templo tinha aproximadamente o mesmo tamanho do edifício de Salomão. Parecia mais magnífico, porque era realçado por uma série de muros e pátios [ilustração 4]: o Átrio dos Gentios, mais externo, era aberto a todos; o Átrio das Mulheres, aberto a todos os judeus; o Átrio de Israel, aberto apenas aos homens judeus; e o Átrio dos Sacerdotes, o mais interno, aberto apenas aos sacerdotes. O altar para os sacrifícios diários e um enorme recipiente de água para lavar os sacrifícios, chamado de "Mar de Bronze", bem como outras bacias de água menores, sobre carrinhos de rodas, ficavam no interior do Átrio de Israel.

Embora os sacrifícios tivessem sido oferecidos no passado em todo o Israel, o templo de Jerusalém passou a ser o único lugar de sacrifício para os judeus, exceto os samaritanos, que ofereciam sacrifícios em seu templo no monte Garizim. A destruição do templo de Jerusalém durante a revolta dos judeus contra os romanos em 70 d.C. marcou o fim de praticamente todo o sacrifício entre os judeus. Até hoje, porém, os samaritanos sacrificam cordeiros no Monte Garizim como parte de sua celebração da Páscoa.

Jesus teria viajado até o templo em sua infância durante a Páscoa (Lc 2,41-50). É especialmente no Evangelho de João que ele frequenta o templo durante seu ministério público, enquanto os Evangelhos Sinóticos descrevem sua presença no local apenas alguns dias antes de sua morte. No entanto, os evangelhos parecem concordar que Jesus orou, ensinou, curou os enfermos e desafiou a prática religiosa daquele tempo

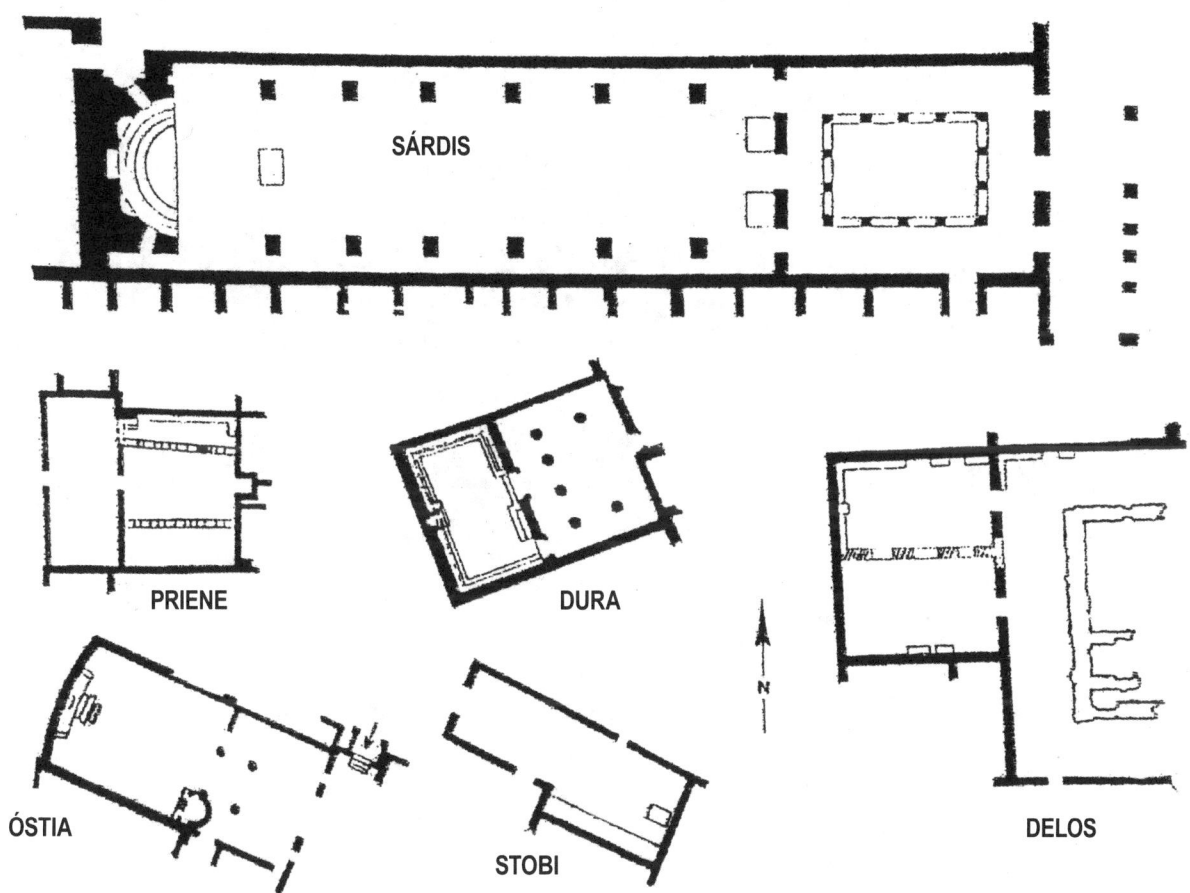

6. Sinagogas na diáspora (L. Michael White, 1:63, figura 9).

no recinto do templo [citação 7]. Depois de sua ressurreição, os discípulos também continuaram a adorar e evangelizar nos recintos do templo. Quando os primeiros judeu-cristãos começaram a se distinguir de outros judeus, o templo tornou-se um lugar de tensão para eles. No entanto, nunca rejeitaram completamente o templo ou o culto praticado nele [citação 8].

Sinagoga

Ao contrário do que ocorre com o templo, ainda pairam dúvidas sobre as origens da sinagoga judaica. Joseph Gutmann resume as três teorias tradicionais para explicar as origens dessa instituição. Muitos acreditam que a sinagoga surgiu durante o exílio babilônico (597–538 a.C.). Outros defendem a origem deuteronômica da sinagoga, durante o reinado do Rei Josias (640–609 a.C.). Finalmente, um pequeno grupo defende um início helenístico da sinagoga (terceiro século a.C.). O problema com essas teorias é a falta de evidências concretas para cada uma delas. Evidências literárias seguras para a sinagoga só existem

Citação 11: Então Jesus, pelo poder do Espírito, voltou para a Galileia e a sua fama se espalhou em toda a região. Ensinava nas suas sinagogas, sendo glorificado por todos. Ele veio a Nazaré, onde tinha sido criado. Entrou, segundo o seu costume, no dia do sábado na sinagoga, e levantou-se para fazer a leitura. (Lc 4,14-16)

Citação 12: Ele [Saulo] passou alguns dias com os discípulos de Damasco e não tardou em proclamar nas sinagogas que Jesus é o Filho de Deus. (At 9,19-20)

Citação 13: Com efeito, se entra em vossa assembleia um homem com anéis de ouro, trajado magnificamente; se entra também um pobre andrajoso; se vos interessais pelo homem vestido de trajes magníficos e lhe dizeis: "Tu, senta-te neste lugar de destaque"; se ao pobre dizeis: "Tu, fica de pé", ou "Senta-te ali, ao pé de meu escabelo", não fizestes discriminação, em vosso íntimo? (Tg 2,2-4a)

Citação 14: Que não haja esperança para os apóstatas e que o reino do orgulho seja prontamente erradicado em nossos dias. Que os nazarenos e os sectários morram subitamente, sejam removidos do livro dos vivos e não sejam contados no número dos justos. (Petuchowski; Brocke, Malediction, in: *The Lord's Prayer and Jewish Liturgy*, p. 29)

7. Nicho na parede voltada para Jerusalém na sinagoga de Dura Europos (cerca de 245 d.C.), que, acredita-se, teria sido o repositório de rolos da Torá.

a partir do primeiro século d.C. [citação 9]. Há evidências arqueológicas para apenas quatro estruturas na Palestina do primeiro século, que alguns estão dispostos a identificar como sinagogas [ilustração 5]. Esses fatores levaram Gutmann a sugerir a ideia de que os edifícios da sinagoga só apareceram no século II a.C.

Como termo inicial para "igreja" (*ekklesia* em grego), a palavra sinagoga (em grego, συναγόγ, "assembleia"; em hebraico, *bet ha-keneset*, "casa de reunião") pode se referir tanto a uma assembleia de pessoas quanto a um edifício. No cristianismo, a assembleia existiu antes de instalar-se em qualquer local permanente; o mesmo aconteceu no judaísmo. Dada a variedade de necessidades de reunião, de configurações físicas e meios econômicos entre os judeus, as sinagogas se desenvolveram em vários formatos e tamanhos. Desse modo, é difícil fazer generalizações sobre o desenho das sinagogas no primeiro século d.C. [ilustração 6].

Os primeiros edifícios que podem ser realmente identificados como sinagogas eram estruturas simples. Isso se deve, em parte, ao fato de que tais construções serviam a múltiplos propósitos além do culto. À medida que o ritual da sinagoga evoluiu, o mesmo aconteceu com os edifícios que o abrigavam [citação 10]. Por exemplo, quando a leitura das Escrituras se tornou um elemento cada vez mais importante no culto na sinagoga, os santuários da Torá evoluíram. Originalmente portáteis, tais santuários tornaram-se elementos fixos e extremamente elaborados [ilustração 7].

Jesus teria frequentado os cultos da sinagoga enquanto crescia em Nazaré. E teria visitado sinagogas para rezar desde o início de seu ministério público. Ali expulsou demônios, ensinou e começou seu ministério de pregação. Na sinagoga de sua cidade natal, ele teria lido uma profecia de Isaías e se declarado como o cumprimento dessas palavras [citação 11]. Seguindo seu exemplo, os discípulos continuaram a pregar nas sinagogas. Muitas vezes, os Atos dos Apóstolos falam de Paulo, Silas, Barnabé e outros pregando nas sinagogas. Assim como Jesus teria pregado sua mensagem inicialmente na sinagoga, Paulo também agiu da mesma forma [citação 12].

As sinagogas, assim como assembleias e edifícios, eram cenários em que Jesus e seus discípulos pregavam. Assim, elas proporcionaram contextos em que muitos judeus passaram a acreditar nesse novo caminho. Como os discípulos judeus não rejeitaram inicialmente o judaísmo, também não rejeitaram a prática de estudo e oração na sinagoga. Consequentemente, durante a maior parte do primeiro século, os seguidores judeus de Jesus continuaram a frequentar as sinagogas. Raymond E. Brown, por exemplo, acredita que uma passagem antecipada nas epístolas de Tiago pressupõe que os destinatários cristãos estão se reunindo numa sinagoga (Brown, *The Churches the Apostles Left Behind*,

p. 26) [citação 13]. No entanto, com o passar do tempo os seguidores de Jesus passaram a ser identificados mais como um grupo separado do que como um agente reformador dentro do judaísmo. Por volta do ano 80 a.C., uma maldição contra eles foi inserida numa das orações centrais do serviço judaico diário [citação 14]. A aparição desta oração no centro da sinagoga sinaliza a elevação da tensão entre os seguidores judeus de Jesus e outros judeus; e a separação crescente entre esses seguidores judeus de Jesus e a antiga sinagoga. Embora tivessem abandonado o contexto da sinagoga judaica, os seguidores judeus de Jesus não abandonaram as formas de oração da sinagoga. Em lugares como Jerusalém, onde havia uma significativa população judaico-cristã, esses seguidores provavelmente tinham suas próprias sinagogas, pelo menos até o século II. Desse modo, como Hayim Perelmuter e outros cogitaram, é possível pensar no cristianismo emergente e no judaísmo rabínico como "irmãos" [citação 82, abaixo], ambos nascidos do fermento que marcou o judaísmo do segundo templo. Além disso, a separação entre esses irmãos foi um processo longo e desigual, de modo que, no mais tardar no século IV, João Crisóstomo (407), bispo de Constantinopla, pôde repreender os cristãos em Antioquia por continuarem frequentando os serviços da sinagoga [citação 15].

Casa

Se o templo era um local de sacrifício, e a sinagoga era um local para estudo e reunião, a casa era um local para bênção, oração e alimentação ritual. Embora certas orações, como o *Shemá* ou "Ouve, ó Israel", tivessem se tornado elementos centrais no serviço da sinagoga, elas eram inicialmente orações oferecidas no lar [citação 16]. A casa era particularmente importante para o cristianismo emergente como centro de uma importante instituição familiar e social: a refeição. Para os judeus, toda refeição era um ato sagrado. De uma maneira singular, a refeição e suas bênçãos recordavam a generosidade fiel de Deus e se tornaram um sinal vivo da aliança que Deus havia selado mediante uma refeição. As refeições festivas tinham seu próprio repertório de orações e ações rituais. Algumas delas, como a refeição da Páscoa, tornaram-se tradições elaboradas e bastante valorizadas.

Jesus certamente aprendeu a orar enquanto comia com sua família em casa, em Nazaré. Naquela mesa, ele ouviu os relatos dos feitos maravilhosos de Deus que confirmavam e continuavam o pacto com Israel. Ali, ele deve ter aprendido os padrões tradicionais de oração de bênção antes e depois das refeições festivas. Comumente se acredita que as bênçãos em torno de tais refeições contribuíram para o desenvolvimento de orações eucarísticas cristãs [citação 17]. Esse modelo de aprendizagem à mesa para a criança tornou-se um padrão de ministério

Citação 15: Desejais ver o templo? Não corrais para a sinagoga; sede vós mesmos um templo. Deus destruiu um templo em Jerusalém, mas ele ergueu inúmeros templos, templos mais augustos do que aquele antigo. Paulo disse: "Vós sois o templo do Deus vivo". Tornai esse templo bonito, expulsai todo pensamento maligno, para que sejais um membro precioso de Cristo, um templo do Espírito. E fazei os outros serem templos como vós mesmos sois. Quando virdes os pobres, não achareis fácil ignorá-los. Quando algum de vós vir algum cristão correndo para a sinagoga, não olheis para o outro lado. Encontra algum argumento que possas usar como corda para trazê-lo de volta à Igreja. Esse tipo de esmola é maior do que dar aos pobres, e o lucro obtido vale mais de dez mil talentos. (*Oito Homilias contra os Judeus* VI, 7.7)

Citação 16: Escuta, Israel! O Senhor, nosso Deus, é o Senhor que é UM. Amarás o Senhor, teu Deus, com todo o teu coração, com todo o teu ser, com todas as tuas forças. As palavras dos mandamentos que hoje te dou estarão presentes no teu coração; tu os repetirás a teus filhos: tu lhes falarás deles quando estiveres em casa e quando andares pela estrada, quando estiveres deitado e quando estiveres de pé; tu os inscreverás sobre as ombreiras das portas de tua casa e na entrada de tua cidade. (Dt 6,4-7.9)

Citação 17: E também Isaac, pelas mãos de Jacó, enviou a Abraão uma oferta de agradecimento, que ele pudesse comer e beber. E ele comeu, bebeu e bendisse ao Deus Altíssimo, que criou o céu e a terra e os deu aos filhos dos homens para que eles pudessem comer e beber e bendizer seu Criador. (Charles, Bênção após uma refeição do *Livro dos Jubileus*, [cerca de 100 a.C.])

8. Reconstrução de um bloco de apartamentos de vários andares (Gardner, p. 186).

Citação 18: Levi fez para Jesus um grande banquete em sua casa; e lá estava toda uma multidão de coletores de impostos e de outras pessoas à mesa com eles. (Lc 5,29)

Citação 19: Os padrões das casas variavam consideravelmente em todo o império: a vila italiana, o peristilo grego, a ínsula de vários andares helenístico-oriental, apartamentos e outros tinham suas próprias tradições estilísticas locais. Devemos esperar, então, que [...] houvesse uma diversidade considerável de um lugar para outro, dependendo das circunstâncias locais de cada grupo. (L. Michael White, *Building God's House in the Roman World*, p. 107)

Citação 20: Primeiramente, quando vos reunis em assembleia, há entre vós divisões, dizem-me e creio que em parte seja verdade. [...] Mas quando vos reunis em comum, não é a ceia do Senhor que tomais. Pois na hora de comer, cada um se apressa a tomar a própria refeição, de maneira que um tem fome, enquanto o outro está embriagado. Então, não tendes casas para comer e beber? Ou desprezais a Igreja de Deus, e quereis afrontar os que não têm nada? (ICor 11,18.20-22)

à mesa para o adulto. Narra-se, uma vez e outra, que Jesus entrou na casa de um pária ou de um dignitário e compartilhou uma refeição [citação 18]. Nestes lares e numa sala do andar superior, Jesus continuou o ministério que era manifesto no templo e na sinagoga, onde orava, ensinava, curava os doentes e reconciliava os pecadores.

Após a ressurreição de Jesus, os discípulos continuaram a reunir-se em lares dos fiéis, com pisos superiores [ilustração 8], bem como nas salas emprestadas de edifícios públicos. Jesus havia celebrado sua última refeição ritual com os discípulos numa sala emprestada, também foi nela que apareceu para eles depois da ressurreição. As salas emprestadas continuaram a servir à nascente comunidade durante o primeiro século. Também é possível que eles se reunissem em cavernas, por exemplo, em Belém ou Getsêmani, as quais evidenciam o culto pré-bizantino por parte dos cristãos e onde as boas novas foram anunciadas, o ensino foi transmitido e a reconciliação foi oferecida. Nestes diversos lugares, os membros da comunidade primitiva também se reuniram para partir o pão.

As casas ou vilas espaçosas de fiéis ricos eram locais de reunião importantes à medida que a comunidade se expandia para os centros urbanos do império do primeiro século. É difícil generalizar sobre os tipos de casas que existiram no Império Romano durante os primeiros séculos da Era Comum [citação 19]. Não era raro encontrar membros da classe alta vivendo em grandes estruturas de quatro lados que normalmente incluíam uma ampla sala de jantar, bem adequada para a Eucaristia; e uma piscina no átrio, adaptável para batismos [ilustração 9]. Esse tipo de lar poderia ter sido o cenário para a famosa admoestação de Paulo sobre a celebração da Eucaristia registrada na Primeira Carta aos Coríntios [citação 20].

Jerome Murphy-O'Connor aventou a ideia de que uma reunião para o culto seria restrita às duas áreas mais públicas de semelhante casa: a sala de jantar e o átrio. No início da história dessas reuniões domésticas, pode-se imaginar a comunidade de adoradores respeitando os limites da moradia de outra família. Quaisquer mudanças permanentes seriam inapropriadas, e a comunidade provavelmente rearrumava a mobília para acomodar seu culto, usando uma mesa ou mais para a Eucaristia e uma cadeira para o anfitrião ou bispo que liderava o serviço. Uma casa romana de Corinto, recentemente escavada, datada da época de Paulo, tinha uma sala de jantar que media cerca de 5,5 metros por 7,3 metros, embora a área do piso fosse diminuída pelos divãs ao longo das paredes. Esse espaço teria sido pequeno demais para os quarenta ou cinquenta membros da comunidade cristã coríntia. Consequentemente, os amigos do anfitrião ou convidados importantes deveriam ser convidados a se acomodar na sala de jantar para a refeição, que era ligada à Eucaristia. Aqueles que eram menos conhecidos do anfitrião, ou alguns dos membros mais pobres da comunidade que chegavam tarde porque tinham de trabalhar por mais tempo, eram relegados ao átrio ao ar livre. Esse espaço não apenas era mais desconfortável — especialmente se o tempo estivesse inclemente —, como também estava mais longe da comida e da bebida. Evidentemente, alguns convidados nunca recebiam o jantar. Não é de admirar que Paulo tenha sugerido que as pessoas devessem comer em suas próprias casas antes de se reunir para a Eucaristia. Mesmo depois que a Eucaristia havia sido separada da refeição, algo que aconteceu bem cedo na prática cristã emergente, as casas particulares seguiram sendo locais importantes para o culto.

9. Vila romana escavada em Corinto, datada da época de Paulo (Murphy-O'Connor, p. 157).

Resumo

A comunidade cristã nascente não tinha arquitetura própria; em vez disso, continuou a usar os lugares do culto judaico: o templo de Jerusalém, até sua destruição em 70 d.C.; sinagogas e residências. Como esse movimento religioso estava em torno de grandes cidades helenizadas e evangelizava um grande número de gentios, grandes casas de fiéis abastados tornaram-se importantes locais de reunião. Rituais cristãos característicos são claramente marcados por tais ambientes domésticos.

A crescente importância do cenário doméstico para o culto cristão levanta uma interessante questão de gênero. O templo era claramente um domínio masculino, e as mulheres eram impedidas de entrar no átrio central, onde os sacrifícios eram oferecidos. As sinagogas refletiam uma imagem mais mista em relação ao gênero. As mulheres parecem mais integradas aos eventos centrais de oração e até assumiam liderança, embora isso pareça mais uma exceção do que a regra. No mundo greco-romano, contudo, a casa poderia ser considerada "espaço feminino", onde a participação e até mesmo a liderança das mulheres era mais comum [citação 21]. As mulheres acabariam por ser silenciadas no culto cristão; Teresa Berger é da opinião de que já existe evidência de tal "emudecimento litúrgico" no próprio Novo Testamento. Não obs-

Citação 21: O espaço eclesial e, portanto, litúrgico mais antigo era o espaço das mulheres. [...] Era um contexto agradável para a participação e liderança ativas das mulheres. As mulheres formavam novas igrejas em suas casas e atuavam como chefes dessas igrejas domésticas. (Berger, *Women's Ways of Worship*, p. 33)

10. *Shofar.*

Citação 22: Vós mesmos entrais como pedras vivas na construção da casa habitada pelo Espírito, para constituir uma santa comunidade sacerdotal, para oferecer sacrifícios espirituais agradáveis a Deus por Jesus Cristo. (1Pd 2,5)

Citação 23: O exame das fronteiras entre a música e outras formas simbólicas ao longo de um dado *continuum* revela que a superfície semântica do conceito "música" é deslocada de uma cultura para outra. Isso é particularmente claro nas sociedades para as quais a palavra "música" não existe. (Nattiez, *Music and Discourse*, p. 54)

Citação 24: O hebraico e o grego não têm uma palavra separada para música. A fronteira entre cantar e falar era muito menos precisa. Assim que o discurso se voltava para a poesia ou, quando se envolvia discurso público ou cerimonial, eram incorporadas características rítmicas e melódicas que hoje seriam classificadas como musicais, ou pelo menos pré-musicais. (Gelineau, *Music and Singing in the Liturgy*, p. 448)

tante, o contexto doméstico do culto cristão emergente aponta para a necessidade de imaginar o papel das mulheres na forma e no *ethos* desse culto, que vai além dos estereótipos patriarcais.

No entanto, apesar da crescente preferência por cenários domésticos, os primeiros cristãos parecem estar imbuídos dessa perspectiva libertadora presente na imaginação judaica de que Deus não poderia estar confinado a um único lugar. A oração poderia e deveria ser oferecida em qualquer lugar. Por consequência, realmente existia alguma tendência, no início, de desenvolver projetos distintos ou arranjos espaciais para o culto. Assim, os espaços emprestados, as casas dos pobres e as cavernas, praticamente qualquer lugar protegido em que a comunidade de crentes pudesse se reunir em torno de uma mesa, alimentaram a prática eucarística emergente. A linguagem desses primeiros fiéis inquestionavelmente enfatizava que as pessoas eram mais importantes que o espaço. A assembleia, não o prédio, é o verdadeiro templo [citação 22]. Da mesma forma, a palavra grega *ekklesia*, que muitas vezes é traduzida como "igreja", não se referia à estrutura, mas primeiramente aos fiéis. A única arquitetura cristã verdadeira do primeiro século era aquela de pedras vivas, não de tijolo ou argamassa. Esse ideal acompanhou o desenvolvimento do cristianismo nos primeiros séculos.

MÚSICA

Ralph Martin escreveu certa vez que "a Igreja cristã nasceu no canto". Embora isso pareça ser uma caracterização adequada do cristianismo emergente, também é problemático. O problema decorre do fato de que "música" e "canto" não são conceitos unívocos compartilhados por todos os povos em todas as épocas. A maioria das pessoas nos países industrializados ocidentais faz uma clara distinção entre cantar e falar. Todavia, em algumas culturas como o judaísmo antigo, não havia tais limites bem definidos [citação 23]. Isto é particularmente verdadeiro quando se trata de *performance* pública. Ler um texto sagrado para outros adoradores, por exemplo, presumia características dinâmicas, rítmicas e melódicas que migravam fluidamente entre as fronteiras da fala e da música. Pregação pública e ensino também presumiam uma espécie de entoação em cadência que não pode ser adequadamente definido pelas categorias ocidentais modernas, mas que exibia o que se poderia chamar de graus de musicalidade. Embora muitas religiões, de fato, tivessem cantores, dançarinos e instrumentistas especialmente treinados, a música ritual do mundo antigo não estava limitada à *performance* deles. No judaísmo e no cristianismo emergentes, na medida em que houvesse culto audível, esse culto era lírico [citação 24]. Além disso, a condução litúrgica não estava separada da condução musical; todo con-

11. Chamados do *shofar* (Werner, 2:12).

dutor de uma oração pública em Israel teria realizado essa oração de maneira "musical". A liturgia cristã e sua condução emergiram claramente num ambiente sonoro intenso.

Templo

O esplendor arquitetônico do templo de Herodes certamente encontrou um paralelo na música do templo. O templo, na época de Jesus, tinha uma grande equipe de músicos profissionais — possivelmente perto de trezentos — originários da tribo de Levi. Segundo a Bíblia, o rei-músico David nomeou alguns dos levitas como músicos [citação 25]. Mas esse relato foi escrito séculos após os eventos que descreve; e os primeiros relatos bíblicos a respeito do templo (por exemplo, 2Sm 6) não mencionam músicos profissionais, o que pode ter sido um desenvolvimento pós-davídico. Embora os levitas tivessem um papel definível no período do segundo templo, seu papel no templo de Salomão não está claro. Apesar da falta de detalhes confiáveis, parece plausível a ideia de que David era profundamente interessado em coisas musicais e que desde cedo os levitas tomaram parte na música do templo.

Na época de Jesus, instrumentistas e cantores profissionais rigorosamente treinados serviam no templo. A música instrumental era parte integrante do culto no templo de Herodes. Dos vários instrumentos mencionados na Bíblia, alguns, como o trompete e o *shofar* [ilustrações 10 e 11], eram usados principalmente para indicar momentos rituais como a entrada dos sacerdotes. Outros instrumentos de corda e sopro acompanhavam o canto do coro [ilustração 12]. Eric Werner acredita que esses instrumentos teriam reproduzido a linha vocal dos cantores apenas com leve ornamentação.

Em certas ocasiões, uma mistura de todos os instrumentos com percussão se unia às vozes de um coro expandido para oferecer uma canção apropriada ao Senhor [citação 26]. O coro, que parece ter contado com pelo menos doze cantores adultos, poderia ser aumentado com um número ilimitado de homens adultos e crianças levitas. Os

Citação 25: Davi e os chefes do exército puseram à parte, para o serviço, os filhos de Asaf, de Heman e de Jedutun, que profetizavam com cítaras, harpas e címbalos (1Cr 25,1).

Citação 26: Louvai-o com toques de trompa; louvai-o com harpa e cítara; louvai-o com pandeiros e dança; louvai-o com cordas e flautas; louvai-o com címbalos sonoros; louvai-o com os címbalos da ovação! (Sl 150,3-5)

12. Um *kinnor*, mencionado no Salmo 150,3 e frequentemente traduzido por "harpa", como representado numa moeda (cerca de 134 d.C.) na época da revolução de Bar Kochba. A inscrição diz: "Pela liberdade de Jerusalém".

Citação 27: Nesse dia Rabi Aquiba expôs o seguinte: "'Então Moisés cantou com os filhos de Israel este cântico ao Senhor', e usa a palavra 'disseram'. Agora, a Escritura não precisaria acrescentar 'disseram'. E por que a Escritura afirma 'disseram'? Com isso, ela ensina que os israelitas responderam palavra por palavra após Moisés, como fazem quando leem os salmos do Hallel. Por conseguinte, 'disseram' é usado neste contexto." (Mishná, Sotah 5,4)

Citação 28: Visto no contexto mais amplo da participação das mulheres na vida da sinagoga antiga, não há razão para não assumir os títulos de [liderança] como funções, nem para não assumir que as mulheres chefes ou anciãs das sinagogas tivessem funções radicalmente diferentes daquelas dos homens chefes ou anciãos de sinagogas. (Brooten, *Women Leaders in the Ancient Synagogue*, p. 149)

instrumentistas, para quem o número doze também parece ter sido um ideal, poderiam receber a participação de outros instrumentistas de acordo com a necessidade. Em certos dias, os efetivos combinados de vozes e instrumentos poderiam ultrapassar a casa dos cinquenta!

Os salmos eram uma parte importante do repertório do templo, e certos salmos passaram a ser prescritos para eventos ou festivais específicos. O Salmo 15, um exame de consciência para os adoradores, provavelmente era empregado como preparação para o culto. Os Salmos 113 a 118 eram cantados nos três grandes festivais de peregrinação: Páscoa, Pentecostes e Tabernáculos. Além dos salmos, os levitas também entoavam uma variedade de cantos e outros textos poéticos da Bíblia. A Mishná, por exemplo, dá a impressão de que o Cântico de Moisés (Ex 15,1-8) era empregado no culto do templo [citação 27]. Também é possível que até mesmo textos não bíblicos tenham sido cantados no culto no templo.

Embora os cantores e instrumentistas profissionais tivessem se tornado as principais forças musicais no início da história do culto no templo, as pessoas não eram completamente excluídas da música ritual. A análise do Salmo 44 por Carroll Stuhlmueller, por exemplo, mostra como cantores individuais, um coro e a assembleia mais ampla poderiam ter se unido nesse hino [ilustração 13]. O Salmo 136 foi composto com um refrão contínuo que provavelmente era repetido pela assembleia, enquanto os Salmos 146 a 150 podem ter sido pontuados por um contínuo "Aleluia" do povo. Embora a assembleia pudesse se unir para cantar um refrão ou até mesmo todo um salmo conhecido de cor, a paisagem musical do culto no templo era claramente dominada por músicos profissionais.

Sinagoga

As grandes diferenças entre os rituais do templo e os da sinagoga produziram formas divergentes de música nessas duas instituições. Existia apenas um templo para toda a nação, enquanto as sinagogas se desenvolviam onde quer que houvesse judeus. O culto do templo era sacrificial, enquanto a sinagoga era uma reunião para estudo e oração. Somente homens judeus adultos podiam entrar no átrio interno do templo, ao passo que encontros em sinagogas eram tipicamente compostos de mulheres, homens e crianças. O templo contava com uma grande equipe de ministros profissionais, enquanto a sinagoga e seu culto eram liderados por citadinos — homens e mulheres — sem necessidade de, ou lugar para, sacerdotes [citação 28]. Isso seria alterado após a destruição do templo de Jerusalém em 70 d.C. A crescente necessidade de estabilidade na sinagoga, que tinha uma nova responsabilidade de redefinir o judaísmo depois de 70 d.C., bem como o influxo de ministros profis-

Introdução hínica: v. 1-8

v. 1-2.: Chamado ao louvor, cantado por todos
Ó Deus, ouvimos com nossos próprios ouvidos
— nossos antepassados no-lo contaram —
a façanha que realizaste no tempo deles,
no tempo de outrora.
Para implantá-los, com tua mão expropriaste nações,
e para expandi-los, arruinaste povos.

v. 3: Motivação pelo grande coro
Não foi pela sua espada que se tornaram donos da terra,
não foi seu braço que lhes deu a vitória
mas a tua destra, o braço e a luz da tua face,
pois tu os amavas.

v. 4.6: cantor individual ou coro especial
Ó Deus, tu que és meu rei,
comanda, e Jacó vencerá.
Não punha minha confiança no meu arco,
minha espada não me dava vitória.

v. 7: Confiança
Tu nos fizeste vencer nossos adversários,
e desonraste nossos inimigos.

v. 8: refrão por todos
Todos os dias cantávamos os louvores de Deus,
celebrando sem cessar o teu nome.

Lamento da comunidade: v. 9-22

v. 15: cantor individual ou coro
O dia inteiro tenho diante de mim o meu opróbrio,
e a vergonha cobre o meu rosto.

v. 17-22: reflexão em que falam diferentes coros:

para Deus (v. 17-19)
Tudo isto nos acontece, e nós não te esquecemos,
não desmentimos a tua aliança:
Nosso coração não recuou,
nossos passos não se desviaram do teu caminho,
quando nos esmagaste na terra dos chacais
e com a sombra da morte nos cobriste.

sobre Deus (v. 20-21)
Tivéssemos esquecido o nome do nosso Deus,
estendido a mão para um deus estrangeiro,
Deus não teria notado,
ele que conhece os segredos do coração?

para Deus (v. 22)
Por ti nos matam todos os dias,
e nos tratam como ovelhas de abate!

Oração de petição: v. 23-26

Acorda, Senhor! Por que dormes?
Sai do teu sono, não nos rejeites para sempre!
Por que escondes a tua face
e esqueces nossa desgraça e nossa opressão?
Nossa garganta se arrasta no pó,
nosso ventre está colado ao solo.
Levanta-te! Socorro!
Resgata-nos em nome da tua fidelidade!

13. Análise estrutural do Salmo 44.

14. Alguns dos sinais de notação da música judaica antiga, com sua execução de acordo com a prática síria (Davidson; Apel, 1:8).

Citação 29: Bendito sejas Tu, Senhor, nosso Deus e Deus de nossos pais, Deus de Abraão, Deus de Isaac e Deus de Jacó, o Deus Grandioso, Poderoso e Temível, Deus Supremo, criador do céu e da terra, nosso Escudo e Escudo dos nossos pais, confiança nossa por todas as gerações e gerações. Bendito sejas, Senhor, escudo de Abraão. (A primeira das Dezoito Bênçãos, atual versão *ashkenazi* de proveniência babilônica. Petuchowski; Brocke, *The Lord's Prayer and Jewish Liturgy*, p. 30 s.)

Citação 30: Ele veio a Nazaré, onde tinha sido criado. Entrou, segundo o seu costume, no dia do sábado na sinagoga, e levantou-se para fazer a leitura. Deram-lhe o livro do profeta Isaías e, desenrolando-o, encontrou a passagem onde está escrito: "O Espírito do Senhor está sobre mim". (Lc 4,16-18a)

sionais vindos do templo, contribuíram para o desenvolvimento de ministérios mais formais na sinagoga.

Foi na sinagoga que a distinção entre música e discurso público tornou-se especialmente indefinida. A presença de coros e orquestras facilita a identificação de elementos musicais característicos no culto no templo. No entanto, a sinagoga nunca foi lugar de música instrumental ou coros, mas uma reunião de estudo, oração e proclamação. O desempenho desse culto centrado na palavra transitou continuamente entre o que hoje seria chamado de fala e a música.

Apesar da multiformidade das práticas e da falta de registros escritos, pelo menos dois elementos padrão podem ser discernidos como parte dos serviços na sinagoga do primeiro século. O mais antigo deles é a recitação do *Shemá* [citação 16]. Séculos após a destruição do templo em Jerusalém, várias bênçãos que haviam se desenvolvido em torno do *Shemá* foram padronizadas e tornaram-se obrigatórias. Um segundo elemento eram as Dezoito Bênçãos, também chamadas de Amidá ou "oração de pé", porque se orava em pé [citação 29]. A leitura das Escrituras também era parte integrante de alguns serviços da sinagoga [citação 30]. É provável que nesta época o culto da manhã do sábado (shabbath) incluísse uma leitura da Torá e outra da Haftorá ou Profetas. Também é possível que a Torá fosse lida na sinagoga nos dias de mercado, segunda-feira e quinta-feira.

Esses vários elementos eram executados com certo grau de musicalidade. Como todo judeu conhecia o *Shemá* de cor, ele poderia ser cantado em uníssono por toda a assembleia durante o serviço. Em alguns lugares, um condutor da oração aparentemente recitava a primeira linha e a congregação respondia com a segunda linha, e assim por diante, durante toda a oração. Qualquer um desses dois estilos exigiria configurações musicais relativamente simples para esses cantos congregacionais.

Em contraste, a Amidá provavelmente não era entoada por toda a assembleia. Isso se devia, em parte, ao caráter indefinido dessas bênçãos no primeiro século. Embora um esboço geral da oração tivesse se desenvolvido na época de Jesus, a Amidá exigia mais improvisação e expansão quando era orada. Isso poderia ser realizado apenas por uma

15. Padrão de entonação usado na leitura do Pentateuco, de acordo com a prática síria (Davidson; Apel, 1:8).

única voz, embora a assembleia pudesse adicionar algumas frases de bênçãos ou afirmações no meio ou no final da oração.

Embora haja fortes evidências de que alguns salmos eram cantados no culto no templo, não existe tal evidência para o emergente serviço da sinagoga. O livro dos Salmos não estava entre os primeiros livros de canções da sinagoga. Se foi realmente usado na sinagoga neste momento, foi como um livro de leituras. Por conseguinte, teria sido entoado de modo similar aos outros livros da Escritura declamados publicamente no culto da sinagoga [citação 31].

Os blocos de construção musicais para cantar o *Shemá* e a Amidá provavelmente foram derivados do repertório de cânticos que haviam se desenvolvido para a cantilação das Escrituras. Cantilação é uma maneira de entoar cânticos com o emprego de uma série de fórmulas melódicas. Os rolos a partir dos quais se cantava eram marcados com sinais ou acentos que indicavam a fórmula apropriada [ilustração 14]. Embora existissem muitas variações nessa prática, a cantilação geralmente respeita a estrutura e o sentido do texto que está sendo proclamado, de modo semelhante a um tom de salmo contemporâneo. Como essa declamação musical tem a intenção de servir à palavra e permitir sua proclamação clara, ela geralmente não pode ser muito floreada nem provocar distração [ilustração 15].

Citação 31: Aquele que lê o Pentateuco sem melodia mostra desrespeito por ele (Talmude babilônico, Megilla 32a).

Casa

O culto no templo certamente moldou o imaginário religioso dos primeiros seguidores de Jesus, quase todos judeus. As práticas do templo, no entanto, não pareciam exercer alguma influência significativa sobre a paisagem musical do culto cristão incipiente. O culto na sinagoga e os rituais caseiros, com força ainda maior, foram mais importantes para moldar esse ambiente auditivo. Foi particularmente em torno da mesa que a qualidade lírica da oração doméstica se intensificou. A influência judaica para tal lirismo deriva das várias bênçãos cantadas antes e depois das refeições, bem como dos salmos e outras canções que seriam habituais nas refeições festivas. Também é possível que uma influência helenística mais ampla tenha vindo da refeição do banquete. Este, conhecido por famosas obras literárias gregas como *O Banquete*, de Platão, era um evento social bem orquestrado — geralmente para os ricos — que consistia numa refeição seguida de discussão ou entretenimento. Os seguidores de Jesus teriam rejeitado os aspectos mais libertinos dessa tradição, mas é claro que o banquete helenístico influenciou as narrativas evangélicas sobre as refeições com Jesus [citação 32]. É também provável que as conjecturas musicais deste evento social helenístico tenham contribuído para o elevado ambiente sonoro da emergente Eucaristia cristã, especialmente quando celebrada nos lares de abastados convertidos gentios. À medida que a comunidade começou a reformular sua oração na memória e no exemplo de Jesus, surgiram variações sobre odes e cânticos judaicos e helenísticos. A variação possibilitou textos musicais distintos, formas e melodias diversas, que foram os antecedentes da música cristã durante os séculos seguintes.

Embora o Novo Testamento não registre melodias, ritmos ou outros dados musicais, ele oferece algumas informações sobre o conteúdo e a *performance* da música cristã emergente. Por exemplo, várias fórmulas curtas de louvor lírico aparecem no Novo Testamento, como a doxologia cantada pelos anjos no nascimento de Jesus (Lc 2,14). Embora seja difícil provar que algum fragmento musical no Novo Testamento era realmente usado no culto, é provável que alguns tipos de doxologias fossem empregados para concluir orações vocais ou pregações. Com base em modelos judaicos, tais doxologias finalmente deram lugar ao desenvolvimento de doxologias cristológicas [citação 33]. O Novo Testamento também contém um número significativo de elementos líricos emprestados do judaísmo, mas com um tratamento distintamente cristão [citação 34]. Hinos a Cristo e outras formas líricas maiores também foram baseados em modelos judaicos preexistentes [citação 35]. Textos líricos não são o mesmo que apresentações musicais, e sua aparição num meio literário como o Novo Testamento não prova que tais textos eram realmente cantados no culto. Por outro lado, a aparição consistente de tais textos em todo o Novo Testamento parece confirmar que os seguidores de Jesus abraçaram a herança lírica de seu ambiente judeu helenizado. Além disso, seu ardor pelas boas novas poderia ter se traduzido numa qualidade de audição ainda mais intensa do que a de seus irmãos religiosos.

As palavras de Paulo sobre o culto público são úteis para entender algo das formas líricas e do estilo do culto cristão primitivo [citação

---

Citação 32: Cinco das refeições no evangelho de Lucas refletem certos aspectos do simpósio helenístico, a saber, o banquete na casa de Levi (Lucas 5,27-39), os três jantares realizados na casa de um fariseu (Lucas 7,36-50; 11,37-54; 14,1-35) e a Última Ceia. (LaVerdiere, *Dining in the Kingdom of God*, p. 18)

Citação 33: A Deus, único sábio, glória, por Jesus Cristo, pelos séculos dos séculos! Amém. (Rm 16,27)

Citação 34: Amém (Gl 6,18), Aleluia (Ap 19,1), Hosana (Mc 11,9), Marana tá (1Cor 16,22).

Citação 35: Ele é a imagem do Deus invisível. Primogênito de toda criatura, pois nele tudo foi criado, nos céus e na terra, tanto os seres visíveis como os invisíveis. Tronos e soberanias, autoridades e poderes. Tudo foi criado por ele e para ele, e ele existe antes de tudo; tudo nele se mantém, e ele é a cabeça do corpo, que é a Igreja. Ele é o começo, o Primogênito dentre os mortos, a fim de ocupar em tudo o primeiro lugar. Pois aprouve a Deus fazer habitar nele toda a plenitude e tudo reconciliar por meio dele e para ele, na terra e nos céus, tendo estabelecido a paz pelo sangue de sua cruz. (Cl 1,15-20)

36]. Embora Paulo reconheça um lugar para expressão individual no culto — como o dom de línguas —, seu principal interesse é no envolvimento e na oração de toda a comunidade. Sua ênfase de que todos os dons deveriam servir ao bem comum também se estenderia aos elementos musicais do culto. Isso indica uma preferência por formas responsoriais em vez de formas solo, uma inclinação para o diálogo em vez de monólogo no culto, e um constante respeito pelo "Amém" da comunidade. As instruções de Paulo também implicam uma preferência por um estilo de condução litúrgico-musical mais similar ao que seria

Citação 36: Por isso, quem fala em línguas deve orar para obter o dom da interpretação. Se eu oro em línguas, eu estou inspirado, mas a minha inteligência nada produz. Que fazer, então? Eu rezarei inspirado pelo Espírito, mas rezarei também de modo inteligível. Cantarei inspirado pelo Espírito, mas cantarei também de modo inteligível. Pois se somente a inspiração atua quando pronuncias uma bênção, como aquele que faz parte dos simples ouvintes poderá dizer "amém" à tua ação de graças, já que não sabe o que estás dizendo? Sem dúvida, a tua ação de graças é notável, mas o outro não é edificado. Graças a Deus eu falo em línguas mais do que todos vós, mas numa assembleia, prefiro dizer cinco palavras inteligíveis, para instruir também os outros, do que dez mil em línguas. (1Cor 14,13-19)

16. Página impressa padrão da Mishná.

17. Página impressa padrão do Talmude.

encontrado na sinagoga do que no templo. Embora músicos talentosos indubitavelmente agraciassem a comunidade antiga com seus dons, seu canto solo não dominava a paisagem lírica do culto do primeiro século, que reconhecia o louvor uníssono da comunidade como o ideal.

Resumo

Cada local de culto judaico deu uma contribuição distintiva à vida musical de Israel e influenciou o cântico cristão que, no início, consistia em variações sobre material emprestado. A sinagoga e o lar, em especial, deixaram sua marca no ambiente sonoro do cristianismo emergente. Os estilos litúrgico-musicais praticados ali serviram à proclamação da palavra e à plena participação dos membros da comunidade. Esse modelo foi especialmente influente na formação da música cristã nos três séculos seguintes.

LIVROS

A Torá ocupa um lugar central na vida do judaísmo. "Torá" geralmente se refere aos primeiros cinco livros da Bíblia, que também são chamados de "a Lei". A crença antiga afirma que Deus revelou a Lei a Moisés no Monte Sinai e que ele que escreveu essa revelação em cinco livros [citação 37]. Já na época de Jesus, a crença se desenvolveu ainda mais, dizendo que Deus havia comunicado uma revelação oral a Moisés, além da Lei escrita, que acabou se tornando a alçada especial dos fariseus [citação 38]. Essa crença numa lei oral é até mesmo base de alguns dos conflitos de Jesus com os fariseus. Embora obedecesse à Torá escrita, Jesus não observava a lei oral, que ele rejeitava como tradição humana que pode nos levar a ignorar as exigências da Lei escrita [citação 39]. Essa lei oral alcançou sua primeira forma escrita na Mishná [ilustração 16], codificada por volta de 200 d.C. A Mishná e uma série de comentários em aramaico sobre a Mishná, conhecidos como Guemará, formam as grandes compilações conhecidas como o Talmude [ilustração 17], que possui uma versão redigida na Palestina por volta de 400 d.C. e outra na Babilônia por volta de 500 d.C.

O cristianismo nasceu nesta tradição fluida da Torá. A influência dessa rica herança é significativa e diversificada. Os cristãos, é claro, aceitaram as Escrituras hebraicas e as consideraram a Palavra de Deus. Além disso, os cristãos acreditavam que reverenciar, proclamar e até mesmo estudar a Palavra de Deus são atos de culto. Eles continuaram a tradição judaica de circundar a proclamação pública da Palavra de Deus com bênçãos e canções. Finalmente, eles adotaram a prática de incorporar suas próprias tradições orais em textos escritos e honrá-los também como a Palavra de Deus.

Templo

Há pouquíssima evidência direta para dizer que a leitura das Escrituras era uma parte comum do culto no templo em Jerusalém. Como observado anteriormente, o culto no templo era orientado em torno de várias formas de sacrifício. Ao mesmo tempo, no entanto, há evidências circunstanciais significativas que tornam difícil descartar completamente a leitura pública no culto no templo.

Citação 37: Moisés veio transmitir ao povo todas as palavras do Senhor e todas as normas. Todo o povo respondeu a uma só voz: "Todas as palavras que o Senhor disse, nós as poremos em prática". Moisés escreveu todas as palavras do Senhor. (Ex 24,3-4)

Citação 38: Moshê recebeu a Torá no Sinai e a entregou para Josué. E Josué para os anciões e os anciões para os profetas. E os Profetas transmitiram-na aos homens da grande assembleia. (Mishná, Avot 1,1)

Citação 39: Então fariseus e escribas de Jerusalém adiantam-se para Jesus e lhe dizem: "Por que teus discípulos transgridem a tradição dos antigos?" De fato, eles não lavam as mãos ao tomar as refeições. Jesus lhes replicou: "E vós, por que transgredis o mandamento de Deus em nome de vossa tradição? De fato, Deus disse: 'Honra teu pai e tua mãe', e ainda: 'Aquele que amaldiçoar pai ou mãe seja punido de morte'. Vós, porém, dizeis: 'Todo aquele que disser a seu pai ou à sua mãe: O auxílio que devias receber de mim é oferenda, este não precisará honrar seu pai'. E anulastes a palavra de Deus em nome da vossa tradição". (Mt 15,1-6)

Os salmos já foram reconhecidos como um elemento importante do repertório musical no templo de Jerusalém. Também se observou que, na sinagoga, eles provavelmente eram usados como outros livros da Bíblia hebraica, não como uma coleção de textos de canções. Esses usos, pelo menos paradoxais, se não contraditórios — como textos de canções no templo, mas não na sinagoga — demonstram, novamente, a fluidez entre as categorias de leitura e canto. O "canto" dos salmos no templo de Jerusalém poderia ser amplamente interpretado como um tipo de declamação pública da Palavra de Deus. Se os salmos e algumas outras seções líricas das Escrituras hebraicas, tais como o Cântico de Débora [citação 40], puderam encontrar um caminho no culto no templo, por que não outros grandes textos narrando a aliança de Deus com o povo eleito?

Um segundo fragmento de evidência provém dos relatos da restauração do culto em Jerusalém após o exílio babilônico (587–516 a.C.). O templo foi reconstruído por volta de 515 a.C., mas a situação política e religiosa em Jerusalém parece ter estado em séria desordem por pelo menos mais setenta anos. O sacerdote e escriba Esdras foi uma figura importante na liderança da reforma religiosa de Jerusalém em meados do século V a.C. Como parte dessa reforma, Esdras teria proclamado publicamente a "lei de Moisés" para uma grande assembleia [citação 41]. Em vez de simplesmente relembrar um único evento, muitos estudiosos acreditam que Esdras foi responsável por promover a prática de proclamar e interpretar a Torá para os crentes comuns de uma maneira facilmente compreensível [citação 42]. Como, aparentemente, não havia nenhuma sinagoga estabelecida em Jerusalém naquela época, e dada a proeminência do segundo templo no culto pós-exílico, parece difícil imaginar que essa proclamação da Torá não tenha ocorrido no templo — ao menos, por uma parte do tempo.

Por fim, evidências indicam que o período do segundo templo foi uma época de estudo intensificado da Torá. Foi uma época em que inúmeros rolos foram copiados, submetidos a exegeses e, no espírito de Esdras, comunicados de maneira acessível às pessoas comuns. Stefan Reif afirma que essa atenção para a preservação e promoção de textos tradicionais pode ter sido motivada, em parte, pelo choque entre o judaísmo e a civilização helenística. Ele também acredita que esse foco bíblico pressuporia necessariamente alguma recitação pública desses textos [citação 43]. Com a centralidade do templo de Jerusalém e a ausência de sinagogas na Palestina durante a maior parte do período do segundo templo, parece difícil imaginar que o templo de Jerusalém não tenha sido um local para a leitura pública da Torá. Por outro lado, não é possível discernir qualquer padrão regular do emprego das Escrituras no culto do segundo templo.

Citação 40: Naquele dia, Debóra e Baraq, filho de Abinoam, cantaram dizendo: "Quando, em Israel, se faz consagração total, quando o povo se oferece livremente, bendizei o Senhor. Escutai, ó reis! Prestai ouvidos, ó soberanos! Ao Senhor eu quero cantar; eu quero celebrar o Senhor, Deus de Israel". (Jz 5,1-3)

Citação 41: Então os sacerdotes, os levitas, os porteiros, os cantores, uma parte do povo, os doados e todos os israelitas estabeleceram-se nas suas cidades. O sétimo mês chegou, e os filhos de Israel habitavam nas suas cidades. Todo o povo, como se fora um homem só, reuniu-se na praça localizada diante da porta das Águas, e pediram a Esdras, o escriba, que trouxesse o livro da Lei de Moisés, que o Senhor havia prescrito a Israel. O sacerdote Esdras trouxe a Lei diante da assembleia, na qual se encontravam os homens, as mulheres e todos os que tinham capacidade de compreender o que se ouvia. (Ne 7,72; 8,3)

Citação 42: [Esdras e os levitas] liam no livro da Lei de Deus, de maneira distinta, explicando o sentido dela, e faziam compreender o que era lido. (Ne 8,8)

Citação 43: Parece impossível imaginar uma situação em que se fez uso tão significativo e extenso dos textos das escrituras sem ver uma recitação concomitante deles como uma característica regular da atividade comunitária judaica. Se tal regularidade pode ser remontada a Esdras, como a tradição talmúdica supõe, é uma questão que gera certa dúvida; o que parece indubitável é que leituras das Escrituras eram familiares a muitos judeus dos períodos grego e romano. (Reif, *Judaism and Hebrew Prayer*, p. 63)

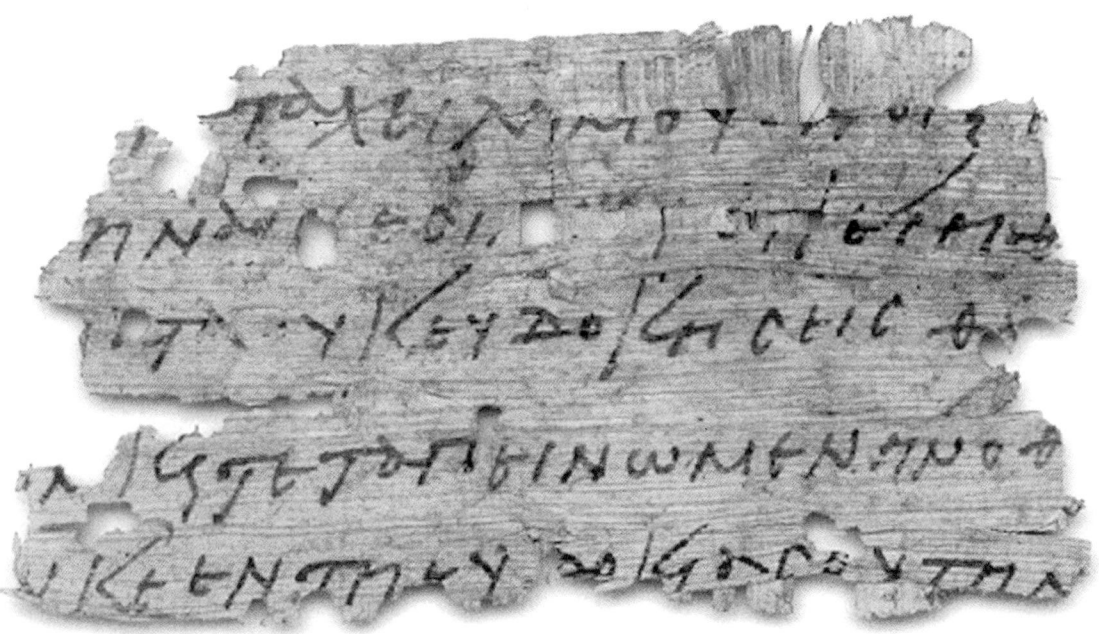

18. Fragmento de papiro com uma seção do Salmo 50.

Sinagoga

Ao longo dos séculos, a reverência à Torá foi especialmente comunicada pela sinagoga. Contudo, não está claro quando a leitura pública das Escrituras se tornou um elemento constitutivo do serviço na sinagoga. Mesmo que a instituição da sinagoga tenha surgido no segundo século a.C., não está claro se a declamação pública da Torá era uma parte essencial de qualquer culto sinagogal desde o início.

Uma passagem bem conhecida no Evangelho de Lucas mostra Jesus fazendo uma leitura pública durante um culto na sinagoga no dia de sábado em Nazaré. A narrativa de Lucas reflete certa coreografia em torno deste evento, com Jesus 1) recebendo o livro, 2) abrindo-o e encontrando uma passagem, 3) lendo de pé, 4) enrolando o livro, 5) entregando-o a um servente e 6) sentando-se para pregar [citação 44]. É certo que o evangelho de Lucas foi escrito após a destruição do templo em Jerusalém — possivelmente entre 80 e 85 a.C. Como as sinagogas assumiram um lugar mais central no culto judaico após a destruição do templo, seus rituais eram elaborados e, por fim, se tornaram padronizados. O relato de Lucas, embora provavelmente reflita alguns desses desenvolvimentos iniciais, ainda indica que os padrões rituais já cercavam o ato de leitura pública em algumas sinagogas. Em Atos dos Apóstolos, Lucas ainda relata que, pelo menos numa ocasião na sinagoga de Antioquia, havia uma leitura da Lei e dos Profetas, seguida por pregação [citação 45]. Em outra ocasião, ainda segundo Lucas, o apóstolo

Citação 44: Deram-lhe o livro do profeta Isaías e, desenrolando-o, encontrou a passagem onde está escrito: "O Espírito do Senhor está sobre mim" [...]. Enrolou o livro, entregou-o ao servente e se assentou; todos na sinagoga tinham os olhos fixos nele. Então, ele começou a lhes dizer: "Hoje, esta escritura se realizou para vós que a ouvis." (Lc 4,17-21)

Citação 45: No dia do sábado, [Paulo e Barnabé] entraram na sinagoga e se assentaram. Após a leitura da Lei e dos Profetas, os chefes da sinagoga lhes mandaram dizer: "Irmãos, se tiverdes algumas palavras de exortação a dirigir ao povo, tomai a palavra!" Paulo então se levantou. (At 13,14b-16a)

19. Um manuscrito essênio da virada das eras (a.C. para d.C.), medindo cerca de 8,2 m, escrito em pele de animal, contendo pelo menos 66 colunas de texto.

Citação 46: Desde muitas gerações, com efeito, Moisés dispõe de pregadores em cada cidade, visto que o leem todos os sábados nas sinagogas. (At 15,21)

Citação 47: Embora os judeus certamente se unissem para a leitura e o estudo das Escrituras no primeiro século d.C., não há possibilidade, com base nos indícios atualmente disponíveis, de estabelecer com precisão quais passagens eram lidas em quais ocasiões. Pode-se apenas especular que as leituras eram ligadas ao tipo de ocasião em destaque, de modo que os festivais e jejuns devem ter atraído suas próprias leituras desde cedo, tanto nas datas em si quanto nos sábados anteriores a eles. (Reif, *Judaism and Hebrew Prayer*, p. 8)

Citação 48: Todos são elegíveis para ler o livro, exceto um surdo ou imbecil ou menor (Mishná, Megillah 2,4). Quem lê o rolo pode ficar de pé ou sentado. Se alguém lê, ou se dois leem, eles cumpriram sua obrigação (Mishná, Megillah 4: 1). Na Páscoa, eles leram a seção "As Festas Solenes", na lei dos Sacerdotes; no Pentecostes, [a seção] "Sete semanas"; no ano novo, "No sétimo mês no primeiro dia do mês", no dia da expiação, "Depois da morte" (Mishná, Megillah 3,5).

Tiago anuncia que a Torá é lida todos os sábados (shabbath) em todas as sinagogas [citação 46]. Apesar de tais indicações tentadoras sobre a leitura ritual das Escrituras na sinagoga, ainda é impossível saber com certeza o que era lido ou mesmo com que consistência a leitura marcava as reuniões da sinagoga na época de Jesus [citação 47]. Essa situação mudaria dentro de um século. A Mishná contém instruções abrangentes sobre quem pode ler no culto público, a sequência do que deve ser lido nas várias festas e dias e também instruções sobre como a leitura deve ser feita para cumprir-se a obrigação [citação 48].

Os textos escritos que eram cantilados e estudados na sinagoga não se encontravam na forma que hoje seria chamada de livro. Originalmente, esses textos eram escritos em folhas de papiro [ilustração 18] — um tipo de papel feito de uma planta aquática de mesmo nome — ou em pele animal. As folhas de papiro eram coladas, e peles de animais eram costuradas, para formar um rolo. Os rolos costumavam ter de 7,6 m a 9,15 m de comprimento e cerca de 25 cm de largura. O texto era tipicamente escrito em colunas de 12,7 cm ou 15,2 cm de largura, que eram expostas à medida que o rolo era desenrolado da direita para a esquerda [ilustração 19]. Jesus teria usado um rolo como esse quando leu o profeta Isaías na sinagoga de Nazaré [citação 44]. À medida que a leitura das Escrituras se tornava uma característica mais proeminente do culto na sinagoga, o mesmo acontecia com os lugares para guardar tais rolos. Assim, uma prateleira ou um armário simples dava lugar para um nicho especial ou santuário altamente elaborado [ilustração 7]. Alguns rolos eram belamente decorados e se tornavam os tesouros da sinagoga.

20. Fragmento da *Canção do sacrifício do sábado*.

Além dos vários rolos da Lei e dos Profetas, o antigo Israel não tinha outros livros padronizados para oração. É verdade que nas escavações em Qumran foram descobertos muitos fragmentos de rolos de salmos — o livro da Bíblia ao qual foi dedicado o maior número de rolos. Entretanto, seria difícil considerar os Salmos um livro de oração separado para os judeus dessa época, sendo melhor classificá-lo como um livro profético e parte da Haftará. A comunidade de Qumran, dentre outras, também produziu hinos poéticos imitando os salmos [citação 49, ilustração 20].

Por certo, algumas dessas composições locais ocasionalmente se difundiam fora de sua área de origem, mas nenhuma delas adquiriu o status de "livro de orações" no judaísmo emergente. A Mishná e o Talmude, assim como vários outros escritos, também continham muitos exemplos de bênçãos e outras orações, mas nenhum outro livro judaico para oração ou *sidur* ("livro de orações", em hebraico) existia até aquele compilado por Amram Gaon (morto em 871 d.C.).

O desenvolvimento tardio do *sidur* reflete a relutância da comunidade judaica em limitar sua oração a formas escritas. Lawrence Hoffman também pensa que a lenta evolução de um livro comum de orações atesta a enorme variação que ocorreu no culto na sinagoga du-

---

Citação 49: Canção do sacrifício do sábado

30. Pelo instrutor. Canção do sacrifício do sétimo Sábado no décimo sexto do mês. Louvai o Deus das grandiosas alturas, ó vós, grandiosos entre todos os

31. *elim* de conhecimento. Deixai os mais santos dos divinos santificarem o Rei da glória que santifica pela santidade todos os Seus santos. Ó vós, chefes dos louvores de

32. todos os seres divinos, louvai o esplendidamente [lo]uvável Deus. Pois no esplendor do louvor está a glória do Seu reino. Disso (provêm) os louvores de todos

33. os divinos, juntamente com o esplendor de toda a [Sua] maj[estade. E] exaltai a sua exaltação ao céu exaltado, vós os mais divinos dos grandiosos *elim*, e (exaltai) Sua gloriosa divindade acima

34. de todas as grandiosas alturas. Pois E[le é o Deus dos deuses] de todos os chefes das alturas do céu e Rei dos re[is] de todos os eternos conselhos. (pela intenção de)

35. (Seu conhecimento) às palavras da Sua boca vêm a existir [todos os grandiosos anjos]; à elocução dos Seus lábios todos os eternos espíritos; [pela in]tenção do Seu conhecimento todas as Suas criaturas

36. nos seus empreendimentos. Cantai com alegria, vós que regozijais [no Seu conhecimento com] regozijo entre os maravilhosos seres divinos. E cantai a Sua glória com a língua de todos os que cantam com conhecimento; e (cantai) as Suas maravilhosas canções de alegria

37. com a boca de todos os que [O] cantam. [Pois Ele é] Deus de todos os que se regozijam [em conhecimento] para sempre e Juiz em Seu poder de todos os espíritos de entendimento.

Transcrição/tradução para o inglês de Carol Newsom, reimpressas com permissão do Harvard Semitic Museum. (Tradução para o português a partir da tradução inglesa. [N. do E.])

rante grande parte do primeiro milênio da Era Comum. Somente o gênio especial dos estudiosos dos séculos VIII e IX, chamados *geonim*, tornou possível o surgimento do *sidur*. Ao contrário dos estudiosos das gerações anteriores, os *geonim* estavam prontos e aptos a responder perguntas litúrgicas de maneira clara e decisiva. Suas respostas não permitiam variação no ritual, o que tornou finalmente possível um livro de orações fixo. No entanto, até a época dos *geonim*, a comunidade judaica resistiu à criação de textos escritos para suas orações e preferiu transmitir oralmente padrões de oração que eram improvisados de geração em geração.

Cristianismo emergente

Os primeiros seguidores de Jesus parecem ter empregado rolos muito parecidos com os usados na sinagoga. A tradição da cantilação pública da Lei e dos Profetas provavelmente foi continuada pelos seguidores judeus de Jesus em suas próprias reuniões. Nas sinagogas cristãs do final do primeiro século e do início do segundo, a antiga prática de proclamar liricamente a palavra também pode ter sido continuada. As leituras públicas da Lei e dos Profetas podem até ter sido parte do culto executado pelas comunidades cristãs gentias antes de 80 d.C.

O número de citações das Escrituras judaicas no Novo Testamento demonstra que os textos antigos eram muito familiares e bastante valorizados pela comunidade cristã emergente. Frederick Crowe observou que, após a ressurreição, os primeiros seguidores de Jesus começaram a acreditar que as Escrituras judaicas apontavam para ele de uma maneira especial. Por exemplo, a epístola de Paulo à comunidade de maioria pagã em Roma declara que as Escrituras judaicas antecipavam o novo evangelho de Jesus [citação 50]. Lucas, também escrevendo para gentios, descreveu Jesus sancionando essa perspectiva [citação 51]. As visões a respeito da Lei e dos Profetas, refletidas no evangelho de Lucas, provavelmente surgiram nas comunidades judaico-cristãs que deram continuidade à tradição judaica do estudo das Escrituras. Por meio de pessoas como Paulo, essa perspectiva se espalhou para as comunidades pagãs, que aprenderam a valorizar e abraçar essa rica herança bíblica. A Primeira Epístola a Timóteo, escrita no final do primeiro século d.C., provavelmente reflete a tradição de proclamar as Escrituras judaicas numa assembleia cristã composta por gentios e judeus [citação 52].

Além da leitura ritual e do estudo das Escrituras judaicas, algumas seções do que veio a ser chamado de Novo Testamento também podem ter sido lidas nas assembleias dos fiéis [ilustração 21]. Essa suposição encontra apoio em algumas seções do Novo Testamento que equiparam a mensagem cristã à "palavra de Deus" [citação 53]. Se existisse uma tradição para ler publicamente a "Palavra de Deus" de alguma forma

---

Citação 50: Paulo, servo de Jesus Cristo, chamado a ser apóstolo, posto à parte para anunciar o Evangelho de Deus. Este evangelho, que ele já prometera por seus profetas nas santas Escrituras, concerne ao seu Filho. (Rm 1,1-3)

Citação 51: E começando por Moisés e todos os profetas, [Jesus] lhes explicou em todas as Escrituras o que lhe concernia. (Lc 24,27)

Citação 52: Enquanto esperas a minha chegada, aplica-te à leitura pública da Escritura, à exortação, ao ensino. (1Tm 4,13)

Citação 53: Eis por que, de nossa parte, damos graças a Deus sem cessar: quando recebestes a Palavra de Deus que vos fazíamos ouvir, a acolhestes, não como palavra humana, mas como é realmente, palavra de Deus, a qual também está atuando em vós, que credes. (1Ts 2,13)

Citação 54: Saudai os irmãos de Laodiceia, como também Ninfa e a Igreja que se reúne em sua casa. Quando tiverdes lido a minha carta, empenhai-vos para que a leiam também na Igreja de Laodiceia. Quanto a vós, lede a que vier de Laodiceia. (Cl 4,15-16)

Citação 55: O rei Belshasar deu um grande banquete para seus dignitários, em número de mil, e na presença dos mil ele bebeu vinho. Durante a degustação do vinho, Belshasar ordenou trazer os utensílios de ouro e de prata que Nabucodonosor, seu pai, retirara do Templo de Jerusalém: é neles que beberiam o rei e seus dignitários, suas concubinas e suas mulheres de serviço. (Dn 5,1s)

nas assembleias cristãs, seria difícil imaginar que a mensagem de Jesus como a "Palavra de Deus" não seria similarmente proclamada. No entanto, a proclamação dessa Palavra não pressupõe que ela existisse em toda parte na forma escrita. Desde o início, as boas novas eram um evento de pregação, que exigia transmissão oral, e não escrita. Embora existissem anteriormente algumas coleções dos ditos de Jesus e algumas narrativas, apenas no final do primeiro século surgiram formas escritas dos evangelhos.

Uma forma escrita da mensagem cristã para a comunidade primitiva era a carta. Muitas dessas cartas, embora destinadas apenas a uma comunidade específica, como os gálatas ou os efésios, circulavam entre as várias igrejas para serem lidas no culto [citação 54].

Resumo

A devoção da comunidade judaica à Palavra de Deus, particularmente como foi incorporada na Lei e nos Profetas, influenciou significativamente o Cristianismo. A comunidade cristã emergente nasceu nessa tradição; eles também logo estenderam e adaptaram essa tradição à mensagem de Jesus. Esta também veio a ser venerada como a Palavra de Deus, e algumas dessas mensagens pregadas acabaram por adquirir uma forma escrita. No entanto, rolos ou livros cristãos não se materializaram da noite para o dia. Mesmo quando eles apareceram, é evidente que imediatamente não se tornaram a nova Torá para a comunidade cristã, substituindo a Torá escrita dos judeus ou o evento de pregação na nova comunidade. Essas formas escritas podem, originalmente, ter preparado as comunidades para ouvir as boas novas de Jesus pregadas a elas, ou possivelmente até mesmo ajudaram aqueles incumbidos de pregar. Por fim, à medida que a comunidade avançava no tempo e no espaço a partir dos eventos da vida de Jesus, as formas escritas assumiram maior importância na vida e no ritual da comunidade. Todavia, nesse estágio formativo, a "Palavra" era menos um rolo ou livro do que um evento auditivo ressoando em meio aos crentes.

21. Fragmento do Evangelho de João, século III.

RECIPIENTES

Assim como o templo não era a instituição judaica que mais influenciava a música, a arquitetura ou os livros empregados no culto cristão mais antigo, o mesmo se aplica aos recipientes e vasos rituais. O templo possuía requintadas taças e outros utensílios de metais preciosos, muitos dos quais foram saqueados durante as várias campanhas contra Israel e, posteriormente, substituídos [citação 55]. O mais famoso "recipiente" no templo era a arca da aliança, que continha as tábuas da

Citação 56: Contava-se nesse escrito que o profeta, avisado por um oráculo, fez-se acompanhar pela tenda e a arca, foi à montanha que Moisés subira e de onde contemplara o legado de Deus e que, lá chegando, encontrou Jeremias uma habitação em forma de gruta, introduziu ali a tenda, a arca e o altar dos perfumes, feito o que lhe obstruiu a entrada. Alguns de seus companheiros quiseram ir lá para marcar o caminho com sinais, mas não o puderam encontrar. Sabedor disso, Jeremias os repreendeu, dizendo-lhes: "Esse lugar ficará desconhecido até que Deus haja consumado a reunião do seu povo e lhe haja manifestado a sua misericórdia". (2Mc 2,4-8)

22. Arca da aliança.

Citação 57: Quando se traz como presente ao Senhor uma oferenda, o presente deve consistir em farinha. (Lv 2,1)

Citação 58: Apanharás farinha; farás cozinhar bolos [...] hás de amontoá-los em duas pilhas de seis sobre a mesa de ouro puro. (Lv 24,5-4)

Citação 59: No primeiro dia dos Pães sem fermento, em que se imolava a Páscoa, seus discípulos lhe dizem: "Onde queres que vamos fazer os preparativos para que tu comas a Páscoa?" (Mc 14,12)

Citação 60: Toma [...] pão sem fermento, bolos sem fermento amassados com óleo e obreias sem fermento embebidas em óleo; serão feitos com farinha de trigo. Colocá-los-ás numa cesta e apresentarás a cesta. (Ex 29,1-3)

Citação 61: Cestas de pão — sua medida é com unidades de pães. Um cesto de papiro no qual se inseriu junco abaixo e acima para fortalecimento está limpo. [Se] alguém lhe fez alças de qualquer tipo, ela é imunda. (Mishná, Kelim 17:3)

lei, a vara de Arão e o maná do deserto [ilustração 22]. De acordo com uma tradição bíblica tardia, a arca estava escondida numa caverna no momento em que o templo de Jerusalém foi destruído pelos babilônios em 587 a.C. [citação 56]. Nenhum dos recipientes do templo serviu de modelo para aqueles usados pela emergente comunidade cristã em seus rituais. Só depois de muitos séculos o cristianismo começará a abarcar parte da grandeza do templo em sua arte. A sinagoga também não influenciou os recipientes usados no culto cristão. Como Leslie Hoppe aponta, algumas sinagogas serviram de albergues para viajantes judeus e até locais de refeições especiais, provavelmente vinculadas ao sábado e feriados. Todavia, era comum que o culto da sinagoga não incluísse comida ou bebida, e as sinagogas não possuíam recipientes para rituais de comer ou beber.

Era no lar que os judeus celebravam suas refeições rituais na época de Jesus e onde são encontrados os tipos de recipientes usados pelos primeiros cristãos para suas refeições rituais. Os mais importantes eram aqueles usados para o pão e o vinho. Compreender os tipos de pão e vinho comuns à família judaica ajudará a entender os recipientes em que esses elementos eram servidos e armazenados.

O pão e seus recipientes

O pão diário no mundo helenístico costumava ser assado em unidades redondas. Exemplos de tais pães foram preservados nas ruínas de Pompeia, destruída pela erupção do Monte Vesúvio em 79 d.C., e agora se encontram em exibição no Museu Arqueológico de Nápoles. Esses pães, levedados e feitos de trigo, tinham aproximadamente 20 cm de diâmetro e pesavam quase meio quilo [ilustração 23]. Atualmente, pães semelhantes ainda são feitos no mundo mediterrâneo.

A cevada era o grão mais comum usado pelos judeus para o pão, mas não era permitido que a cevada fosse usada no templo. O pão sem fermento, ou matzá, era preparado para serviços religiosos. Alguns rituais exigiam certo tipo de pão sem fermento, conhecido como oferenda de cereal, feito de farinha de trigo, óleo e incenso [citação 57]. Os pães da proposição, colocados no santuário do templo todas as semanas e consumidos pelos sacerdotes, também eram ázimos [citação 58]. Os pães ázimos também desempenhavam um papel importante na festa anual dos pães ázimos, que marcava o início da colheita da cevada. Durante este festival da primavera, era tradicional comer pão preparado apenas com o grão novo, sem farinha, fermento ou qualquer ingrediente do ano anterior. Esses bolos de cevada achatados eram consumidos durante os sete dias do festival. A celebração da Páscoa era resultado desse banquete antigo combinado com um banquete ainda mais antigo, de origens nômades, que incluía o sacrifício e o consumo de um cordeiro jovem, possivelmente como uma oferenda ritual para boas pastagens no ano vindouro. É possível que a combinação com a festa da Páscoa tenha relação com a mudança de rebanhos das áreas marginais para os campos cultivados, para que os animais pudessem comer o restolho deixado após a colheita da cevada. A partilha de um cordeiro dos rebanhos, neste ponto, pode ter sido a maneira de o pastor facilitar seu caminho em direção da terra do fazendeiro.

Os autores do Novo Testamento concordam que a Última Ceia de Jesus ocorreu no contexto da Páscoa: os sinóticos colocam a ceia no primeiro dia da Páscoa [citação 59], enquanto João relata que a ceia ocorreu na noite anterior ao banquete da Páscoa. Dadas as exigências rituais dessa festa e a tradição de limpar a casa de todos os restos de pão e entradas do ano anterior, é provável que Jesus e seus discípulos tenham comido os bolos de cevada da festa da Páscoa em sua última refeição juntos. O Novo Testamento não atribui nenhum significado ao uso do pão sem fermento, e existem poucas evidências de que a comunidade primitiva continuou a usar esse pão em suas reuniões eucarísticas. Mais provavelmente, o pão de cevada comido nas refeições diárias também se tornou o alimento básico das refeições eucarísticas.

O pão era habitualmente mantido em cestos, tanto no templo [citação 60] como nas casas judaicas [citação 61]. Tigelas de bronze, usadas tanto para cozinhar quanto para servir comida, também eram comuns no Império greco-romano [ilustração 24]. Pratos de cerâmica eram bastante usados para servir [ilustração 25]. Fontes do primeiro século fornecem pouca evidência de que fragmentos eram guardados depois de partir-se o pão eucarístico; fontes posteriores indicam que o pão da celebração era enviado para aqueles que não estavam presentes [citação

23. Pão carbonizado de Pompeia.

24. Tigela de bronze do primeiro ao terceiro séculos d.C.

62]. É provável que tudo, desde um pedaço de pano até vários recipientes domésticos comuns, fosse empregado para transportar o pão eucarístico para os fiéis ausentes.

O vinho e seus recipientes

Embora a água fosse a bebida habitual dos judeus na época de Jesus, o vinho era servido em muitas comemorações, incluindo a celebração de casamentos, as refeições ao sábado (shabbath), a Páscoa e outras ocasiões festivas. Vinho, muitas vezes, era mantido em casa para tais ocasiões, bem como para fins medicinais [citação 63]. Muitos tipos de vinho estavam disponíveis na Palestina, mas, aparentemente, o vinho tinto era o preferido. Geralmente era diluído com água porque era forte demais para ser ingerido puro.

O vinho era frequentemente armazenado num jarro ou pote coberto [ilustração 26]. Jarros menores ficavam sobre uma mesa ou prateleira, enquanto vasos maiores, pouco manipulados, repousavam no chão. Estes recipientes eram frequentemente de barro, embora alguns fossem feitos de pedra e, menos frequentemente, de metal. Recipientes mais portáteis feitos de couro de cabra [citação 64], que entraram em uso antes do surgimento de recipientes de barro, ainda eram empregados nessa época.

Recipientes individuais para beber eram um artigo familiar na sociedade judaica, embora não seja provável que copos individuais estivessem disponíveis para todos os membros da família ou convidados numa refeição. Com frequência se usava uma taça comunal [ilustração 27]. Recipientes para beber vinho e outros líquidos eram feitos de uma variedade de materiais. Um copo para uso ordinário era frequentemente feito de barro, embora bronze ou até mesmo materiais preciosos fossem usados para fazer taças para os ricos. Durante o primeiro século, o vidro era um material comum para copos no mundo helenístico. Copos de vidro simples [ilustração 28] e tigelas, com ou sem base, serviam como recipientes para beber. Muito raramente, um pé ou nó separava a base da tigela.

Uma taça de vidro simples é provavelmente o tipo de recipiente que Jesus usou durante as várias refeições rituais das quais participou, incluindo a Última Ceia. Esses relatos também apontam que Jesus passou sua própria taça aos discípulos [citação 65]. Essa consistente ênfase na passagem da própria taça de Jesus parece ressaltar a centralidade da ação e dá a entender que outras taças estavam sobre a mesa. Assim, a passagem da própria taça de Jesus parece ser uma ação intencional e importante.

Como já foi dito, a comunidade primitiva às vezes se reunia para partir o pão em ambientes domésticos. Essas reuniões normalmente in-

25. Pratos de cerâmica de Qumran, primeiro século a.C. ao primeiro século d.C.

Citação 62: E quando o presidente deu graças e todo o povo concordou, aqueles a quem chamamos diáconos dão a cada um dos presentes uma porção do pão, vinho e água sobre os quais foram dadas graças, e os levam àqueles que não estão presentes. (Justino Mártir, *Primeira Apologia*, 65,5, in: Jasper; Cuming, *Prayers of the Eucharist*)

Citação 63: [Se ele dissesse] "Qonam seja o vinho, porque é ruim para a barriga", [e] eles lhe dissessem "mas vinho velho não é bom para a barriga?", ele tem permissão para tomar vinho velho. E não apenas vinho velho é permitido. Mas todo vinho [é permitido]. (*Mishná*, Nedarim 9,8)

26. Cântaro de terracota, primeiro século d.C.

cluíam uma refeição com a Eucaristia. Embora vários recipientes para beber possam ter sido usados durante a refeição, é provável que o uso de uma única taça comunal fosse típico da Eucaristia que acompanhava a refeição. Paulo parece implicar o uso de uma taça em suas discussões sobre a Eucaristia. Um traço distintivo dos discursos eucarísticos em Paulo é sua ênfase sobre a unidade e unicidade no ato de partir o pão e compartilhar a taça [citação 66].

Resumo

Mais do que arquitetura, música ou livros, um exame dos recipientes demonstra a influência do judaísmo doméstico no cristianismo do primeiro século. De maneira mais concreta, o cristianismo nasceu em torno da mesa doméstica. As tradições das refeições de Israel e o instinto de sempre exaltar a Deus ao partir o pão é o contexto do qual emergiram rituais cristãos específicos. O empréstimo e a transformação dessa prática à mesa também revelam o gênio cristão em tomar emprestada uma tradição e mudá-la. Quanto aos recipientes específicos, o judaísmo tinha poucos que consideraria sagrados para os ritos domésticos. De modo similar, os recipientes rituais do cristianismo do primeiro século eram de natureza decididamente não-sagrada. Uma taça, um jarro, uma cesta ou uma tigela serviam o pão e o vinho que, por sua vez, serviam à unidade da comunidade. Nesta época, não são as coisas a ter importância central — nem mesmo o pão e o vinho —, mas as ações da comunidade. Os fiéis, mais do que qualquer alimento isolado, são claramente o Corpo de Cristo.

TEOLOGIA EUCARÍSTICA

É um tanto problemático falar de teologia eucarística no Novo Testamento, mas isso não quer dizer que os autores do Novo Testamento não refletissem teologicamente sobre sua prática eucarística. A correspondência de Paulo com a comunidade coríntia, por exemplo, demonstra que eles fizeram essa reflexão [citação 66]. No entanto, seus escritos também demonstram que essa reflexão não está estritamente focada numa liturgia ou num ritual isolados, como acontecerá nos séculos subsequentes. Em vez disso, ele apresenta uma reflexão sobre a vida cristã e enfatiza uma perspectiva fundamental do Novo Testamento que não separa a liturgia ou a Eucaristia do modo cristão de viver como um todo. Essa continuidade entre a vida e o culto espelha-se na linguagem do Novo Testamento, que evita uma terminologia cultual para o culto cristão. A palavra grega para liturgia (*leitourgia*), por exemplo, não é simplesmente um termo ligado ao culto, mas pode se referir

27. Taça de bronze do período romano.

Citação 64: Ninguém põe vinho novo em odres velhos; senão, o vinho fará estourar os odres, e perde-se tanto o vinho como os odres; pelo contrário, para vinho novo, odres novos. (Mc 2,22)

Citação 65: A seguir, tomou uma taça e, depois de ter dado graças, deu-a a eles, dizendo: "Bebei dela todos, pois isto é o meu sangue, o sangue da Aliança, derramado em prol da multidão, para o perdão dos pecados". (Mt 26,27-28)

Citação 66: A taça da benção que nós abençoamos não é porventura uma comunhão com o sangue de Cristo? O pão que partimos não é uma comunhão com o corpo de Cristo? Visto haver um só pão, todos nós somos um só corpo; porque todos participamos desse pão único. (1Cor 10,16-17)

28. Copo de vidro lapidado.

ao ato de evangelizar, de levantar uma coleta e até mesmo aos deveres dos funcionários do Estado [citação 67]. Embora não exista uma "teologia eucarística" separada no Novo Testamento, existem alguns conceitos-chave que podem guiar nosso pensamento sobre a emergente Eucaristia cristã.

Sacrifício

A palavra "sacrifício" ocorre com frequência no Novo Testamento, especialmente na Carta aos Hebreus e no livro de Apocalipse. Está claro que a morte do Senhor, assim como a Última Ceia que a precedeu, foram lembradas em termos sacrificais. Além desses episódios, outras passagens importantes do Novo Testamento contêm muitas imagens sacrificiais. Por exemplo, o famoso discurso de João sobre o "pão da vida" contém muitas alusões sacrificiais [citação 68]. Embora se sintam à vontade com a linguagem sacrificial, os autores do Novo Testamento não são literalistas e não igualam a morte de Jesus a algum sacrifício do templo ou da Páscoa; nem dão a impressão de que a comunhão cristã é uma continuidade da prática do sacrifício judaico. Em vez disso, eles evocam e constroem uma compreensão autêntica e *espiritual* do sacrifício.

O Antigo Testamento fornece orientações muito claras sobre os aspectos físicos do sacrifício, pois esta prática estava no cerne do culto do templo. No entanto, na teologia judaica está claro que os aspectos físicos, especialmente a destruição da vítima, não eram o ponto central do sacrifício; antes, o fundamental era a disposição interior do ofertante. Os profetas, em particular, mostraram isso. O profeta Amós, por exemplo, zomba daqueles que vêm oferecer sacrifícios, mas não ouvem e obedecem a palavra de Deus [citação 69]. Ele, como o salmista, reconhecia que o verdadeiro sacrifício não era correção motivada pelas regras, mas apenas um coração contrito (Sl 51,17). Essa "espiritualidade sacrificial" está mais claramente embutida na história do sacrifício de Abraão, em que seu filho Isaac não é fisicamente sacrificado — embora Abraão esteja disposto a sacrificá-lo e Isaac esteja disposto a ser sacrificado. Robert Daly chama isso de sacrifício por excelência das Escrituras hebraicas e acredita que o imaginário sacrificial do Novo Testamento não pode ser adequadamente entendido sem essa imagem-chave do Antigo Testamento [citação 70]. Essa ênfase na interioridade tornou-se um recurso espiritual importante para sustentar o espírito da oração judaica quando o templo de Jerusalém foi destruído e o sacrifício físico chegou ao fim.

Uma das lentes teológicas que a comunidade cristã primitiva empregou para pensar sobre a Eucaristia foi o sacrifício. Essa lente sacrificial não implicava, contudo, uma compreensão literal ou física da Ceia do Senhor como sacrifício. Em vez disso, demonstrava um entendi-

---

Citação 67: A evidência terminológica significa não apenas que está fora de questão uma compreensão cultual da liturgia cristã, mas também que não há mais qualquer distinção, em princípio, entre a assembleia para o culto e o serviço dos cristãos no mundo. (Hahn, *The Worship of the Early Church*, p. 38)

Citação 68: E o pão que eu darei é a minha carne, dada para que o mundo tenha a vida. (Jo 6,51)

Citação 69: Vinde a Betel, e mostrai vossa rebeldia, no Guilgal multiplicai vossa rebeldia, oferecei desde a manhã vossos sacrifícios, no terceiro dia, vossos dízimos. (Am 4,4)

Citação 70: O sacrifício em que o maduro Isaac consentiu foi considerado realmente consumado. Foi a lembrança de Deus [desse sacrifício] que o levou a libertar e abençoar Israel na primeira Páscoa e nos outros momentos de libertação e bênção em sua história. Mais especificamente, pensou-se que o culto sacrificial era eficaz porque lembrava a Deus [desse sacrifício], o sacrifício por excelência. (Daly, *The Origins of the Christian Doctrine of Sacrifice*, p. 52)

mento da vida e da morte do Senhor — e a soma de sua vida e morte no compartilhamento da refeição — como fundamentalmente doação de si mesmo. As reuniões da comunidade primitiva à mesa celebravam a completa ação de autodoação do Verbo encarnado e ensaiavam uma atitude semelhante, nos seguidores de Jesus, pelos atos de partir o pão e compartilhar uma taça de vinho. Para os discípulos de Jesus, a obediência altruísta do sacrifício de Abraão encontrou cumprimento na vida e na morte sacrificiais do Senhor.

Bênção

Anteriormente, notamos que se esperava que um judeu piedoso bendissesse a Deus continuamente durante o dia. A bênção (*beraká* em hebraico) é um conceito-chave no Antigo Testamento, com mais riqueza de significado do que muitas vezes predicado na palavra de nosso idioma "bênção". *Beraká* primeiramente se refere às bênçãos que Deus confere a toda a criação e a todos os seres vivos. Em sentido bastante real, toda a criação é uma bênção de Deus, que depende exclusivamente da iniciativa de Deus [citação 71]. Como em todas as outras coisas, Deus é o protagonista no ato de abençoar, sempre agindo em primeiro lugar. Somente depois de admitir essa iniciativa divina é que se pode falar sobre a *beraká* como um nome apropriado para a resposta das pessoas à ação de Deus. *Beraká*, nesse segundo sentido, é mais uma atitude do que uma forma de oração: uma postura de gratidão diante da generosidade ilimitada de Deus que explode em bênção e louvor. Por fim, as formas de oração *beraká* surgirão primeiro no Antigo Testamento, mais tarde na Mishná e, finalmente, no Talmude. Todavia, o conceito de *beraká* que molda a eucaristia cristã emergente não é uma forma de oração. Pelo contrário, ele é o que poderia ser chamado de "espiritualidade *beraká*".

Para seus primeiros seguidores, Jesus poderia ser considerado o cumprimento da *beraká* judaica. Paralelamente à história original da criação, Jesus também foi a "boa palavra" de Deus, a quem o Evangelho de João proclama ser o Verbo feito carne (Jo 1,14). Jesus foi o dom gracioso de Deus, a bênção suprema sobre a humanidade [citação 72]. O Novo Testamento também relata que Jesus se via como alguém totalmente dependente de seu Pai, que lhe deu tudo de bom. Ele viveu e rezou com base numa espiritualidade *beraká*, admitindo que Deus é a fonte de revelação e sustento para ele [citação 73].

Essa atitude e intenção *beraká* estão no cerne do ministério à mesa de Jesus, tão determinante para o surgimento da Eucaristia cristã. Por diversas vezes, o Novo Testamento narra que Jesus "diz uma bênção" ou "dá graças" num contexto de refeição. Ambas as expressões são baseadas na linguagem e espiritualidade da *beraká*. Ele também exorta seus

---

Citação 71: Nas páginas iniciais da Bíblia, no primeiro capítulo do livro de Gênesis, ouvimos Deus pronunciar as palavras da criação. Em pontos significativos do relato da criação, ouvimos o constante refrão "E Deus disse..." e, na sequência, a realização dessas palavras nas palavras de aprovação: "e era bom." Quanto à criação do homem e da mulher, Deus disse: "era muito bom". Portanto, as primeiras palavras de Deus foram palavras de bênção. A língua latina capta esse sentido em sua tradução de bênção como bendição, e sua forma verbal *bene-dicere* significa literalmente "dizer uma boa palavra". (Malit, *From Berakah to Misa Ng Bayang Pilipino*, p. 17)

Citação 72: Bendito seja Deus, Pai de nosso Senhor Jesus Cristo: Ele nos abençoou com toda a bênção espiritual nos céus em Cristo. (Ef 1,3)

Citação 73: Eu te louvo, Pai, Senhor do céu e da terra, por teres ocultado isto aos sábios e aos inteligentes e por tê-lo revelado aos pequeninos. Sim, Pai, foi assim que tu dispuseste em tua benevolência. Tudo me foi entregue por meu Pai. (Lc 1,21-22a)

discípulos a fazer o mesmo. Isso significa não apenas que seus seguidores deveriam repetir suas ações com pão e uma taça de vinho, mas também continuar a viver no espírito de bênção. Foi nesse espírito de aceitação graciosa em relação à iniciativa de Deus, especialmente na morte e ressurreição de Jesus, que a Eucaristia Cristã emergiu e floresceu.

Memorial da aliança

O constante senso de memorial que permeia a Bíblia está relacionado a essa espiritualidade *beraká*. Trata-se de uma estrutura essencial para entender as narrativas de Jesus associadas à mesa, especialmente sua Última Ceia. Ao tentar entender essa rica dinâmica, é importante — como no caso da "bênção" — pensar além da definição comum de memorial em nosso idioma. O entendimento judaico de memorial ou lembrança (*zikkaron* em hebraico) é dinâmico, o que implica mais do que uma recordação fugaz da história passada. Tal como ocorre com a *beraká*, uma insistência na iniciativa de Deus também se encontra no centro do entendimento judaico de memorial. Em particular, recorda-se repetidamente que Deus chama Israel para uma aliança. Israel é convidado a perseverar fielmente nessa memória viva. Assim, memorial não é simplesmente sobre eventos passados, mas sobre a vida presente e a esperança futura por causa das prévias intervenções de Deus na história humana.

Em muitos aspectos, o Antigo Testamento poderia ser considerado um entesouramento textual dessa memória da aliança. O livro de Gênesis, por exemplo, guarda a memória da aliança de Deus com Noé e sua família (Gn 9,8-17), e aquela com Abraão, Sara e seus descendentes (Gn 12,1-3). Êxodo narra a aliança crucial com os israelitas no Monte Sinai e o ato determinante pelo qual Deus fez deles um povo eleito [citação 74]. Várias renovações dessa aliança são relatadas em Josué (Js 24,1-28), no Segundo Livro dos Reis (2Rs 23,1-3) e em Neemias (Ne 8,1-11). Frequentemente, os profetas repreendem Israel por violar a aliança, caracterizando o povo escolhido como um cônjuge infiel (Ez 16,15). Viver a aliança é a promessa e o futuro de Israel.

Se o Antigo Testamento é uma espécie de entesouramento textual dessa memória da aliança, a refeição da Páscoa é o entesouramento ritual central dessa memória. Em particular, essa refeição antiga lembra a libertação dos israelitas do Egito, a intervenção divina sem precedentes que preparou o caminho para a aliança do Sinai [citação 75]. Esse ritual enfatiza a noção de que a lembrança não se refere a atos passados ou a uma aliança que foi selada de uma vez por todas na história antiga. Em vez disso, essa lembrança da refeição e os textos que a acompanham convidam a comunidade a se apropriar dessa experiência de libertação nos dias atuais [citação 76].

Citação 74: Ao passo que Moisés subiu para Deus. Da montanha, o Senhor o chamou, dizendo: "Dirás isto à casa de Jacó e transmitirás este ensinamento aos filhos de Israel: Vós mesmos vistes o que fiz ao Egito, como vos carreguei sobre asas de águia e vos fiz chegar até mim. Agora, pois, se ouvirdes a minha voz e guardardes a minha aliança, sereis minha parte pessoal entre todos os povos — pois a terra inteira me pertence — e vós sereis para mim um reino de sacerdotes e uma nação santa". (Ex 19,3-6)

Citação 75: Observareis tudo isso. É um decreto válido para ti e teus filhos para sempre [...] Quando vossos filhos vos perguntarem: "Que rito é esse que estais celebrando?", direis: "É o sacrifício da Páscoa para o Senhor, que passou diante das casas dos filhos de Israel no Egito, quando golpeou o Egito e libertou nossas casas". (Ex 12,24.26-27)

Citação 76: Em todas as gerações, é dever do homem considerar-se como se ele pessoalmente tivesse saído do Egito. (Birnbaum, *The Passover Haggadah*, p. 47)

Citação 77: A refeição inteira pode ser vista como um momento profético, quando Jesus remodela a memória e a promessa da Páscoa e da aliança em face da tragédia de sua própria morte e do abandono de Deus. Na fidelidade à aliança de Israel e ao evocar seu significado mais profundo nos dois mandamentos do amor, ele havia pregado o advento do reino de Deus. Sua palavra havia sido rejeitada e ele deveria ser julgado blasfemador, entregue à morte por aquele a quem ele se referia como *Abba*. Em vez de levar ao desespero, diante dessa rejeição, suas palavras e ações reinterpretam o significado e a promessa da salvação e as situa na própria morte. Portanto, é isso que deve ser lembrado e é no ato desse serviço profético que ele próprio deve ser lembrado. Quando os

Apesar das diferentes cronologias dos Sinóticos e do Evangelho de João, todos os evangelhos lembram que a Última Ceia ocorreu num contexto de Páscoa. A comunidade cristã emergente interpretou a última refeição de Jesus e sua morte pelas lentes dessa antiga refeição memorial [citação 77]. Nessa matriz da Páscoa, as imagens da iniciativa divina, da libertação e da aliança viva forneceram um prisma único e irresistível para interpretar as refeições da comunidade realizadas na memória viva de Jesus. Como seus antepassados judeus, os seguidores de Jesus participavam de uma refeição ritual que os convidava a moldar coletivamente uma memória viva. Eles criaram essa lembrança dinâmica para que a nova aliança, selada na passagem de Jesus da morte para a vida, fosse proclamada em suas vidas.

Um amor reconciliador

Embora os judeus tivessem inúmeras práticas cultuais — algumas delas altamente reguladas —, a aliança expressa e sustentada por esse culto era, em última análise, uma questão do coração. Os rituais externos deviam ser sinais de uma disposição interior de devoção a Deus. Por conseguinte, a religião para os israelitas não era a manutenção de certas práticas, mas a sustentação de um relacionamento com Deus e de uns com os outros. Em geral, o Antigo Testamento enfatiza o amor em relação aos irmãos israelitas, que compartilham um relacionamento de aliança com Deus [citação 78]. No entanto, além desse forte senso de solidariedade com outros israelitas, o Antigo Testamento ensina cuidado com o estrangeiro e respeito por ele. Lembrando que eles já haviam sido forasteiros vivendo em terra estrangeira, espera-se que os israelitas não sejam apenas hospitaleiros com os forasteiros que moram junto a eles, mas também que os amem [citação 79].

Enquanto os israelitas desenvolveram uma ideia de amor mútuo e a enfatizaram entre os outros mandamentos, o cristianismo colocou o amor ao próximo no centro do evangelho, equiparando-o ao amor de Deus. Essa nova aliança de amor foi simbolizada de maneira memorável por Jesus em seu ministério à mesa. Uma e outra vez, é lembrado que ele não apenas comeu e bebeu com os párias — pecadores — mas também os abraçou [citação 80]. E esse mesmo Jesus, que estendeu a mão a mulheres samaritanas, cobradores de impostos e rejeitados de todos os tipos, acabou se tornando, ele próprio, um pária, rejeitado por muitos de seu próprio povo e executado como criminoso. Numa reviravolta irônica, o Evangelho de Lucas apresenta Jesus ressuscitado como um estranho para seus próprios discípulos no caminho de Emaús. Uma das grandes surpresas dessa história é que, se os discípulos não tivessem convidado o Jesus irreconhecido a andar e a jantar com eles, não haveria reconhecimento no partir do pão: não há Eucaristia sem o estranho.

---

primeiros cristãos ficaram repletos de fé em sua ressurreição e celebraram a lembrança de sua morte, eles puderam ver a promessa da ressurreição nas palavras sobre sua morte futura. Eles também puderam ver a antecipação de sua vinda novamente, como é evocada na versão paulina da ceia. Portanto, a lembrança deles não apenas recordaria a morte e receberia a dádiva de si por parte do Senhor ressuscitado, mas continuaria a interpretar a história atual à luz da expectativa escatológica inaugurada pela Páscoa de Jesus. (Power, *The Eucharistic Mystery*, p. 50)

Citação 78: Não tenhas nenhum pensamento de ódio contra o teu irmão, mas não hesites em repreender o teu compatriota, para não te onerares com um pecado em relação a ele; não te vingues e não sejas rancoroso em relação aos filhos do teu povo: é assim que amarás o teu próximo como a ti mesmo. Eu sou o Senhor. (Lv 19,17-18)

Citação 79: Quando um migrante vier morar junto a ti, na vossa terra, não o explorareis; esse migrante que mora entre vós, tratá-lo-eis como um nativo, como um de vós, amá-lo-ás como a ti mesmo; pois vós mesmos fostes migrantes na terra do Egito. Eu sou o Senhor, vosso Deus. (Lv 19,33-34)

Citação 80: O oriental [...] entenderia imediatamente a aceitação dos excluídos na comunhão à mesa com Jesus como uma oferta de salvação aos pecadores culpados e como garantia de perdão. Daí as objeções apaixonadas dos fariseus, segundo os quais os pios só podiam ter comunhão com os justos. Em seu entendimento, a intenção de Jesus era comer com os marginalizados e assim lhes conceder valor perante Deus, e eles se opuseram ao fato de Jesus colocar o pecador no mesmo nível dos justos. (Joachim Jeremias, *The Eucharistic Words of Jesus*, p. 204s.)

Citação 81: Eu não rogo somente por eles, rogo também por aqueles que, graças à sua palavra, creem em mim: que todos sejam um, como tu, Pai, estás em mim e eu em ti; que também eles estejam em nós, a fim de que o mundo creia que tu me enviaste. Quanto a mim, dei-lhes a glória que tu me deste, para que sejam um como nós somos um, eu neles como tu em mim, para que eles cheguem à unidade perfeita. (Jo 17,20-23)

O ministério à mesa de Jesus revelou que partir o pão — como a totalidade da experiência de Jesus — era ao mesmo tempo um ato de hospitalidade e um convite ao perdão. Também simbolizava a abertura reconciliadora que marcaria a vida de todo seguidor de Jesus. A harmonia deveria ser um traço distintivo da comunhão à mesa e da vida comum, sem divisão entre liturgia e vida. Uma ética de amor e reconciliação é essencial para ambas. No meio de sua última ceia com os discípulos, Jesus é lembrado como aquele que rezou pela unidade de seus seguidores [citação 81]. Esse paradoxo de unidade e abertura nem sempre foi fácil para os seguidores de Jesus, cujas refeições em comum refletiam, por vezes, a divisão entre eles e não seu amor uns pelos outros [citação 20]. Quando a divisão eclodiu, uma mesa compartilhada em nome e memória de Jesus proporcionou terreno comum para a reconciliação.

Resumo

A diversidade de perspectivas teológicas no Novo Testamento torna difícil fornecer uma teologia sistemática da Eucaristia a partir dessa fonte. Além disso, os próprios autores do Novo Testamento não estavam interessados em criar uma teologia eucarística sistemática ou independente. No entanto, os temas sacrifício, *beraká*, memorial da aliança e amor reconciliador fornecem uma base útil para pensar teologicamente sobre a Eucaristia no Novo Testamento. Em particular, eles demonstram que a prática eucarística emergente estava intimamente relacionada à maneira como os seguidores de Jesus deveriam viver no mundo. Por iniciativa de Deus, eles haviam recebido um presente surpreendente em Jesus, que nunca se absteve de doar a si mesmo. Jesus foi a hospitalidade encarnada de Deus, que abraçou todo pecador disposto a ser perdoado. A prática à mesa dos seguidores de Jesus forneceu uma lembrança viva dessa hospitalidade reconciliadora, que eles viveriam, não importando o custo pessoal.

JACÓ E RÚBEN

Jacó jogou água no rosto, sacudiu o pó de suas vestes e correu para cumprimentar seus convidados. Ele quisera chegar a casa mais cedo, mas o comércio de camelos era um negócio imprevisível. Uma disputa com um de seus fregueses assíduos sobre o preço de dois pequenos dromedários o atrasou. Depois de finalmente alcançar um preço aceitável — mais aceitável para o cliente do que para Jacó, mas é isso que se faz para manter bons clientes —, Jacó pediu licença, saiu do bazar e correu pelas ruelas de Jericó, rezando para chegar a casa antes de Rúben e os outros.

Rúben era cunhado do grande pregador, Paulo de Tarso. Como Paulo, Rúben viajava de cidade em cidade contando as histórias de Jesus de Nazaré. Às vezes, ele pregava nas ruas, mas ia, com mais frequência, a uma sinagoga local e proclamava essa "boa-nova". Foi na sinagoga de Jericó que Jacó o conheceu. O presidente da sinagoga havia pedido a Rúben que dissesse algumas palavras após a leitura do livro de Ezequiel. Rúben começou anunciando que Jesus era o cumprimento de todas as profecias e o único e verdadeiro messias. A sinagoga imediatamente explodiu numa rixa santa. Alguns gritavam para que deixassem Rúben falar, mas a maioria avançou para repelir o herege.

Quando a assembleia se converteu numa multidão enfurecida, Jacó sabia que era melhor agir rápido ou Rúben, que não arredava pé, poderia acabar machucado ou morto. Sendo um homem robusto, Jacó conseguiu abrir caminho entre a multidão e logo alcançou o profeta indesejável, agarrou-o pela parte posterior da túnica e o puxou como um camelo relutante, conduzindo-o em meio ao caos. Uma vez fora da sinagoga, guiou Rúben pelas ruas secundárias, finalmente arrastando o profeta até sua casa.

Rúben estava furioso por ter tido negada a oportunidade de pregar sua mensagem, responder às objeções de seus detratores e sofrer o destino que poderia ter por causa desse testemunho. Em parte, para acalmar Rúben — e em parte para satisfazer sua própria curiosidade —, Jacó o convidou a compartilhar o jantar com sua família e contar as histórias para eles.

Jacó, enquanto se preparava para o jantar, contemplava a ideia de que seus filhos seriam um desafio formidável para Rúben. Embora os amasse muito, Jacó sabia que eles eram uma turminha briguenta — especialmente os gêmeos, cuja propensão ao mau comportamento era amplificada pela presença de convidados. Abraão havia experimentado tais dificuldades com Isaac? Para poupar seus convidados da experiência de sua prole barulhenta, Jacó costumava comer sozinho com seus visitantes. Esta noite, no entanto, ele disse à esposa que trouxesse todos os dez filhos para a mesa, esperando que eles mantivessem Rúben ocupado durante a refeição.

Para surpresa de Jacó, seu convidado solitário hipnotizou as crianças. Elas ficaram em silêncio quando Rúben contou as histórias de Jesus curando um garoto com paralisia, restabelecendo relacionamentos entre irmãos em desavença, multiplicando pão e peixe para milhares de pessoas e compartilhando uma refeição final com seu círculo íntimo de amigos. Eles ficaram fascinados enquanto Rúben sussurrava a história do julgamento, crucificação e sepultamento de Jesus. Depois, houve os eventos do terceiro dia — mais surpreendentes para eles, mas também bastante críveis. O próprio ceticismo de Jacó foi abafado pelo simples consentimento de sua própria carne e sangue.

Então Rúben fez algo bastante inesperado. Pegou um pedaço de pão e ofereceu uma bênção na memória de Jesus. Então compartilhou o pão com as crianças, dizendo: "Se comerem isso, vocês também se tornarão parte da história, pois este pão é o próprio corpo de Jesus". O caçula de Jacó, de olhos arregalados, passou o pão para o pai, que comeu em silêncio. Então Rúben pegou sua taça, disse outra bênção mais longa e passou a taça para as crianças dizendo: "Ao beberem desta taça, vocês beberão do coração de Jesus que morreu para que possamos viver, pois esta taça é um convite para uma nova aliança selada em seu sangue".

Isso aconteceu dezessete anos atrás. Nesse meio tempo, o comércio de camelos de Jacó floresceu, seus filhos deram-lhe netos e Rúben tornou-se um hóspede frequente e bem-vindo. Nos primeiros anos, depois que os filhos se retiravam, Rúben e Jacó passavam longas noites explorando a história de Jesus. Jacó passou a convidar alguns amigos seletos para jantares de longa duração, que frequentemente terminavam com o simples ritual do pão e do vinho. Ao longo dos anos, a companhia começou a se expandir. Os filhos crescidos de Jacó costumavam voltar para jantar quando Rúben vinha à cidade. Seus filhos e amigos agora se tornaram parte de um círculo que não parava de crescer. Essas noites Jacó nunca sabe quem pode aparecer para jantar. Mesmo quando Rúben não está presente, esses seguidores do novo caminho ainda se reúnem ao redor da mesa para ouvir Jacó repetir as histórias, os convites e os rituais. Muitas vezes, Jacó partiu o pão com sua família e amigos, repetindo as bênçãos e evocando as lembranças que Rúben lhe transmitiu. Mas hoje à noite, ele simplesmente será o anfitrião, dando as boas-vindas ao velho profeta e aos recentes amigos que voltarão a conhecer Jesus no meio deles pelo ato de partir o pão.

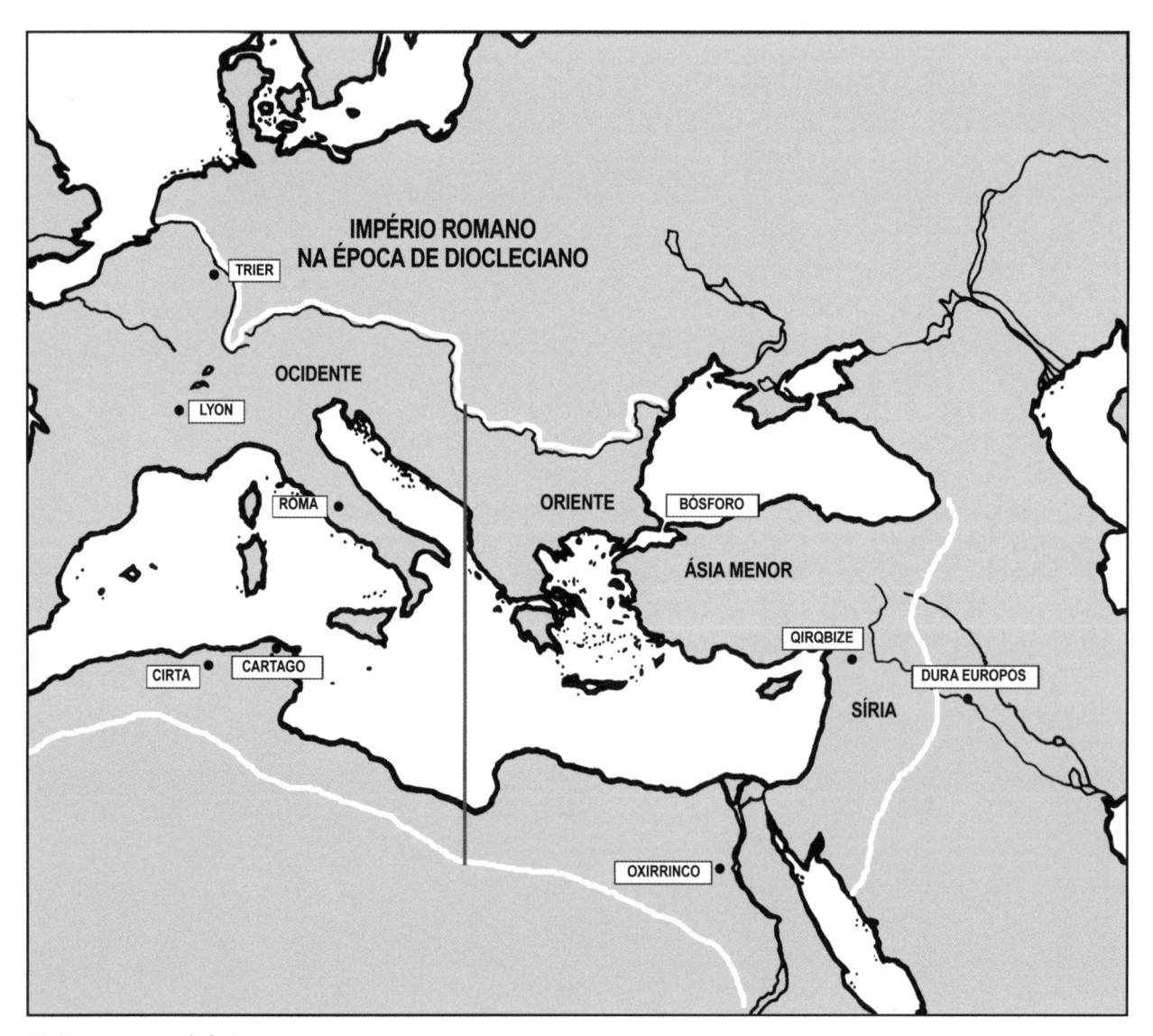

29. Mapa para o capítulo 2.

CAPÍTULO 2
A igreja doméstica: 100-313

O cristianismo, durante grande parte do primeiro século, poderia ser considerado um movimento no interior do judaísmo, não uma religião distinta dele. Um autor sugeriu a útil metáfora do emergente cristianismo e do judaísmo após a destruição do templo de Jerusalém como irmãos que acabam por se separar [citação 82]. Todavia, durante o segundo e terceiro séculos da Era Comum, o cristianismo se estabeleceu como uma religião distinta. Essa separação foi gradual e não ocorreu no mesmo ritmo em todas as regiões. Edessa, na Síria Oriental, por exemplo, foi uma cidade que permaneceu fora do Império Romano até 214 d.C. Após a destruição do templo de Jerusalém, ela se tornou um destino para muitos exilados judeus e também um próspero centro do cristianismo. Em tal lugar, os "irmãos" permaneciam muito mais próximos do que numa cidade como Roma, onde os seguidores de Jesus sofriam mais pressão para se distanciarem do judaísmo. No entanto, como observado anteriormente, mesmo numa cidade como Antioquia, que os romanos consideravam como capital provincial da Síria, alguns cristãos ainda estavam frequentando sinagogas até o século IV, no mais tardar [citação 15]. Gradualmente, no entanto, o cristianismo emergiu como uma religião separada dentro do império. As marcas dessa independência foram seus próprios conflitos com as autoridades romanas, o surgimento de novas estruturas de governo, uma teologia característica (especialmente sobre Jesus), práticas cultuais distintivas e o desenvolvimento de um novo *corpus* de textos sagrados.

Como observado no capítulo anterior, algumas comunidades judaicas tomaram medidas para expulsar os cristãos das sinagogas durante o primeiro século [citação 14]. Por fim, a comunidade cristã também procurou se distanciar do judaísmo. As raízes dessa separação foram as diferentes visões que esses dois grupos tinham de Jesus: o primeiro afirmando que ele era o Messias e o segundo negando essa afirmação. Essa separação gradual, mas deliberada, no nível da fé, foi expressa de maneira concreta em práticas cultuais distintivas — às vezes concorrentes. Por exemplo, os primeiros escritos cristãos indicam que os dias de jejum judaicos foram intencionalmente abandonados por alguns cristãos [citação 83]. De

Citação 82: Rejeitei a visão da sabedoria convencional de que o judaísmo era a fé paterna e o cristianismo, o filho. O judaísmo rabínico que moldou a jornada para a história após a destruição do Estado judeu foi, em sentido real, uma mutação projetada para a sobrevivência. [...] Tanto o judaísmo rabínico quanto o cristianismo primitivo receberam sua forma básica ao mesmo tempo, cada um pondo em atividade uma leitura diferente da força messiânica no judaísmo e no povo judeu. Por conseguinte, eles podem ser vistos como irmãos. (Perelmuter, *Siblings*, p. 2)

Citação 83: Não guardes os mesmos dias de jejum dos hipócritas. Segunda e quinta-feira são seus dias de jejum, mas os teus devem ser as quartas e as sextas feiras. (Audet, *La Didachè*, 8 [início do século II])

Citação 84: [...] aqueles que andavam nos costumes antigos chegaram a uma nova esperança, não vivendo mais para o sábado, mas para o dia do Senhor, no qual também nossa vida brotou por meio dele e de sua morte — embora alguns o neguem — e, por esse mistério, recebemos fé, e por esse motivo também sofremos, para que possamos ser considerados discípulos de Jesus Cristo, nosso único mestre. (Inácio de Antioquia [morto em 106], Epístola aos magnésios, 9.1, in: the *Apostolic Fathers*, p. 205)

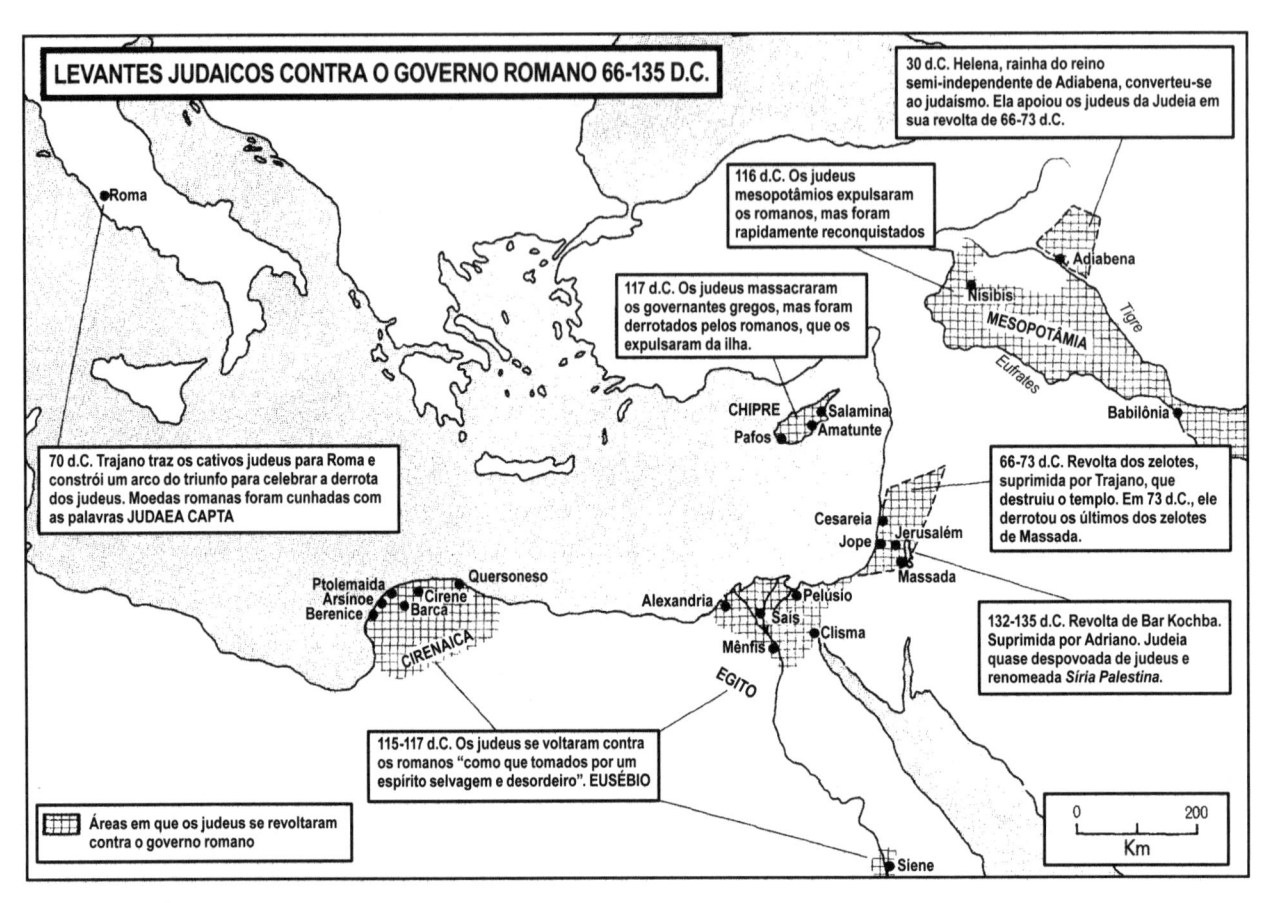

30. Revoltas judaicas.

modo semelhante, os cristãos acabaram por observar o domingo, não o sábado (shabbath), como o principal dia para o culto público [citação 84].

A separação entre cristãos e judeus levou, em algumas situações, a um crescente relacionamento de contenda entre os dois grupos. O antissemitismo é claramente detectável em alguns escritos cristãos. É possível que parte disso possa ter sido uma tática de sobrevivência empregada por cristãos desejosos de se diferenciar dos judeus, que estavam se tornando cada vez mais impopulares no Império Romano. A primeira e a segunda revoltas judaicas contra Roma nos anos 66-70 e 132-135 d.C. geraram enorme desprezo pelos judeus no Império Romano [ilustração 30]. Em vista desses eventos, os seguidores de Jesus foram motivados a se distinguir de seus irmãos judeus, à medida que o cristianismo se espalhava pelo Mediterrâneo.

Durante o primeiro século, os discípulos levaram o evangelho da Palestina para regiões que são atualmente Síria, Turquia, Grécia e Itália. Paulo é certamente o mais célebre desses missionários [ilustração 31], mas a difusão do cristianismo foi o esforço conjunto de inúmeras mulheres e homens, cuja maioria dos nomes se perdeu para sempre. A rede de estradas do império conectando as várias províncias e suas principais cidades forneceu um sistema útil para a expansão do cristia-

A IGREJA DOMÉSTICA: 100-313   41

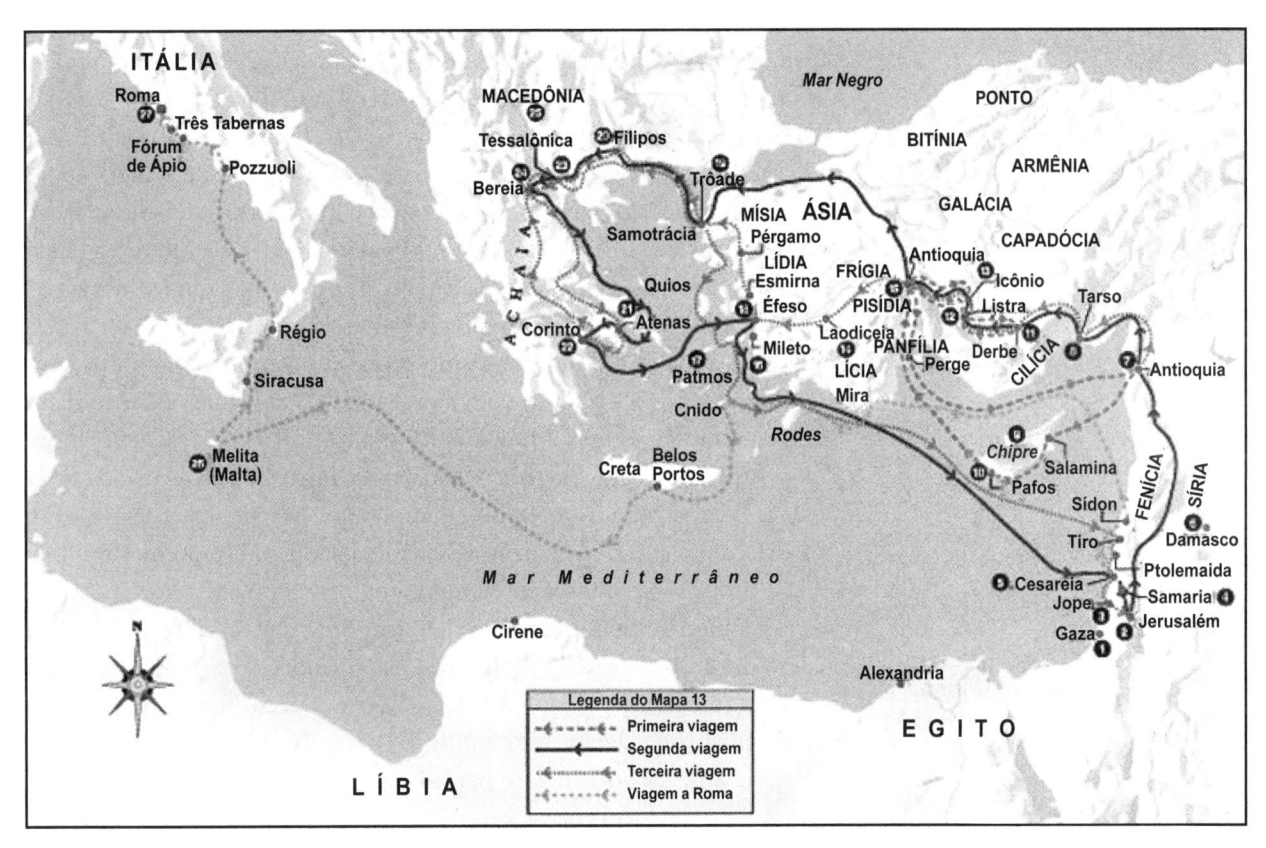

31. Viagens de Paulo.

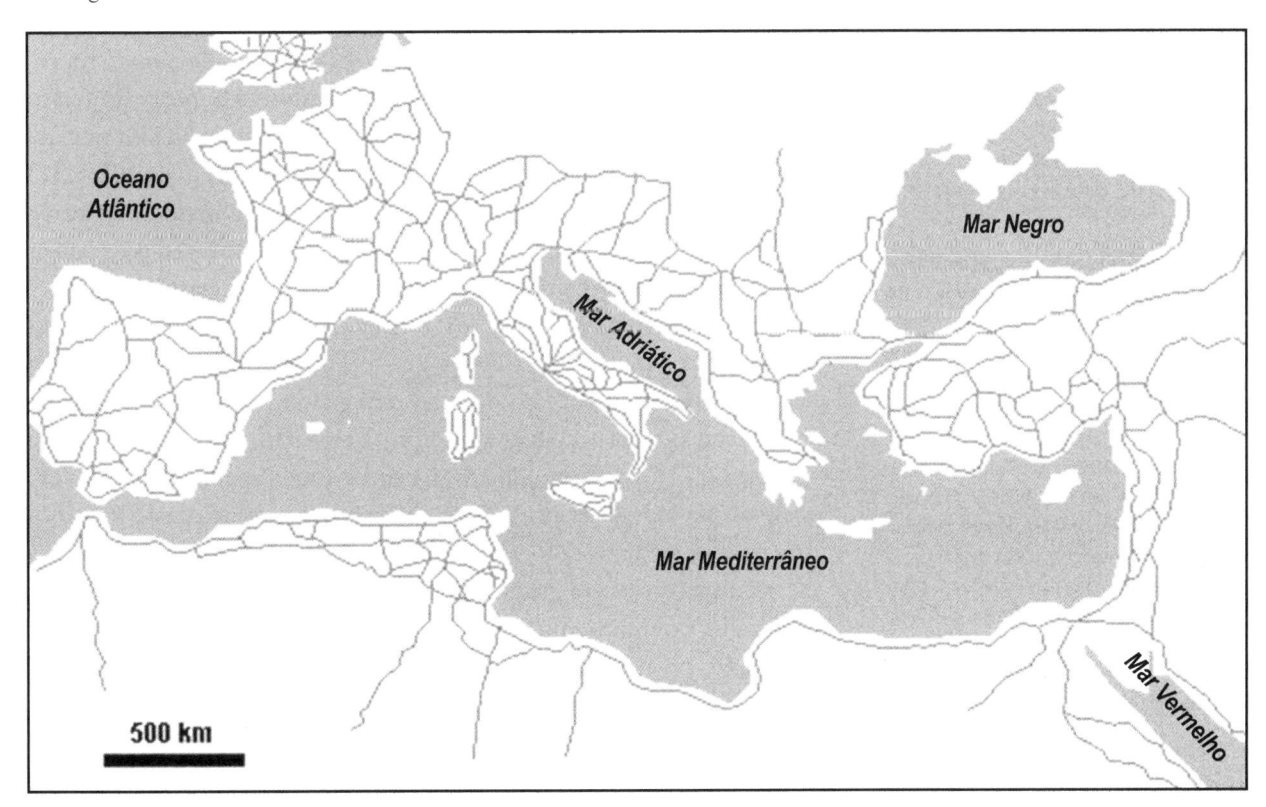

32. As estradas do Império Romano.

nismo [ilustração 32]. No século II, comunidades cristãs podiam ser encontradas ao longo da costa norte da África, espalhadas por toda a Ásia Menor e até regiões longínquas ao norte e ao leste, como Trier e Lyon. No século seguinte, essas fronteiras se estendiam desde a Índia até as Ilhas Britânicas. De um punhado de discípulos, o cristianismo cresceu para quase vinte mil adeptos até o final do primeiro século, com cinco a sete milhões de crentes até o ano 300. Tratava-se de uma minoria significativa num império de cinquenta ou sessenta milhões de habitantes.

Essa expansão do cristianismo preparou o terreno para um conflito cada vez mais intenso com as autoridades romanas. Esse conflito ocasionalmente desembocava em perseguição. A primeira perseguição de cristãos pelas autoridades romanas — limitada à própria cidade de Roma — ocorreu no ano 64 sob o imperador Nero (morto em 68). Em sua busca por um bode expiatório para o grande incêndio de Roma — que o próprio Nero teria deflagrado, conforme muitos suspeitavam — o imperador culpou os cristãos [citação 85]. Outras perseguições de curta duração ocorreram sob Domiciano (morto em 96), em Roma; Trajano (morto em 117), na Ásia Menor; e Marco Aurélio (morto em 180), em Lyon. Décio (morto em 251) acreditava que o cristianismo era uma ameaça ao Estado e perseguiu os cristãos em todo o império [citação 86] de forma breve, mas intensa, semelhante às ações mais longas que ocorreram sob Diocleciano (morto em 305). Essas perseguições — embora esporádicas, frequentemente confinadas a uma área geográfica específica e separadas por longos períodos de paz — representam a progressiva visibilidade do cristianismo no Império Romano.

Esses sinais externos de crescimento foram acompanhados por desenvolvimentos internos na Igreja. O período entre os anos 100 e 313 viu o surgimento de estruturas eclesiais básicas, de formas de culto e dogmas eclesiásticos. Durante esse período, foram delineados os papéis dos bispos, diáconos e muitos outros ministérios. Os cristãos ainda seguiam um esboço para a Eucaristia formado em meados do segundo século [citação 87]. Foi nessa época que a filosofia grega foi empregada pela primeira vez a serviço de uma teologia cristã, e a divindade de Cristo estava em processo de definição. Por certo, uma lista definitiva do cânon do Novo Testamento seria apresentada apenas no século IV, mas esses séculos anteriores foram cruciais para esse processo de canonização. Em suma, essa foi uma época em que se tornou possível reconhecer uma igreja: em grande parte urbana, cada vez mais gentílica e helenizada, com um culto característico e um corpo de crenças compartilhado. No entanto, essa igreja carecia de um governo centralizado e poderia ser mais bem descrita como uma série de comunidades locais em comunhão umas com as outras, em vez da igreja universal dos séculos posteriores. Devido a essa "relação de comunhão" entre as igrejas, houve significativa multiformidade nas estruturas de crenças e práticas

---

Citação 85: "Para eliminar a suspeita de que ele próprio havia iniciado o incêndio, o imperador o desviou para os cristãos, que eram odiados por causa de suas más ações." (Tácito [morto em 120], *Annals*, 14.44)

Citação 86: Filipe, após um reinado de sete anos, foi sucedido por Décio. Por ódio a Filipe, ele iniciou uma perseguição contra as igrejas, na qual Fabiano encontrou realização no martírio em Roma. (Eusébio de Cesareia [morto em cerca de 340], *História eclesiástica*, 6.39.1)

Citação 87: Os registros dos apóstolos ou escritos dos profetas são lidos tanto quanto o tempo permitir. Então, quando o leitor tiver terminado, o presidente num discurso [nos] aconselha a imitar essas coisas boas. Então todos nos levantamos juntos e fazemos orações; e, como dissemos antes, quando terminamos de rezar, pão, vinho e água são trazidos, e o presidente também oferece orações e ações de graças da melhor maneira possível, e o povo concorda, dizendo o Amém; e há uma distribuição, e todos participam [dos elementos] pelos quais foram dadas graças; e eles são enviados pelos diáconos para aqueles que não estão presentes. (Justino Mártir [morto em cerca de 165], *Primeira apologia*, 67:3-5, in: Jasper and Cuming, *Prayers of the Eucharist*)

de culto dessas comunidades. Com estrutura e prática mais familiares do que institucionais, os anos 100-313 foram apropriadamente chamados de era da igreja doméstica.

ARQUITETURA

Durante a parte inicial desta era, a comunidade se reunia em espaços emprestados, dos quais os mais importantes eram lares de fiéis, embora outros tipos de espaços emprestados também fossem empregados nessa época [citação 88]. Mas foi também durante esse período que as comunidades cristãs começaram a adquirir espaços domésticos destinados ao culto. Essa evolução será refletida nas mudanças de linguagem. As catacumbas nas quais os cristãos enterravam seus mortos também constituíram lugares significativos para a evolução do culto cristão. Há alguma evidência de que os crentes também tinham "sinagogas cristãs", mas como não havia arquitetura padrão para sinagogas, elas não eram influentes em termos arquitetônicos; em vez disso, foi o serviço na sinagoga que se mostrou ritualmente influente no cristianismo incipiente. Por fim, além de espaços emprestados ou casas reformadas, há evidências no final desta época de que a comunidade começou a construir grandes edifícios retangulares, que L. Michael White rotula de *aula ecclesiae* (em latim, "salão da igreja"). Foram sucedidos pelas basílicas cristãs, que, como geralmente se pensa, surgiram somente após a ascensão de Constantino, razão pela qual trataremos delas no próximo capítulo.

Citação 88: Agora Lucas, [vindo] da Gália, e Tito, da Dalmácia, estavam esperando Paulo em Roma. Quando os viu, Paulo se regozijou de tal modo que alugou um armazém [*horreum*] fora da cidade [de Roma], onde, com os irmãos, ensinou a palavra da verdade. (Os Atos de Paulo 11,1, cerca de 190, in: L. Michael White, II:48)

A casa da igreja

Como observado anteriormente, cômodos emprestados e casas dos fiéis eram importantes locais de encontro para a comunidade cristã durante o primeiro século da Era Comum. A destruição do templo em Jerusalém e a crescente separação da comunidade cristã da sinagoga na maior parte do império contribuíram para o surgimento da igreja doméstica como o principal local para o culto comunitário. Esse cenário mais familiar também mantinha uma conexão especial com o ministério à mesa de Jesus que caracterizou sua vida pública. Assim, esse cenário doméstico era ao mesmo tempo prático e simbólico, teologicamente denso, e até mesmo tradicional. Embora não houvesse "igreja matriz" no cristianismo, a mesa doméstica era inquestionavelmente uma importante fonte da fé.

No Império Romano nessa época, a construção de casas era uma questão arquitetônica importante. Já observamos como é difícil fazer generalizações sobre os tipos de casas que existiam no império durante esses séculos [citação 19]. Uma forma comum eram as estruturas de

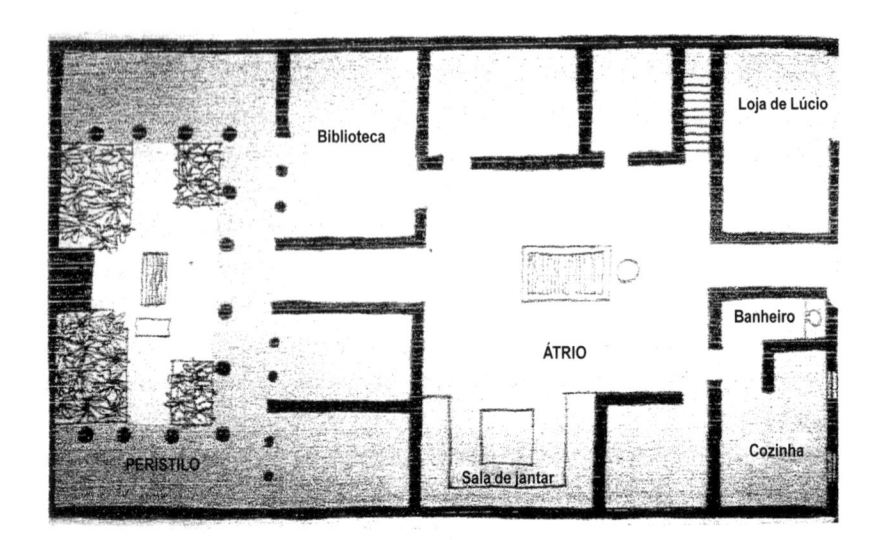

33. Planta baixa de uma casa romana. (Macaulay, p. 66)

quatro lados para os ricos, encontradas em muitos centros urbanos do império [ilustração 33]. O interior murado resultante fornecia abrigo contra a agitação da rua. Essas configurações também poderiam ter proporcionado privacidade à comunidade para seus rituais, caso ela estivesse preocupada com o olhar de desaprovação de vizinhos ou autoridades. No entanto, existem evidências de que, durante essa época, as portas da frente de residências importantes permaneciam abertas, especialmente durante o jantar. Essa prática desafia parte da mitologia que surgiu em torno da ideia da *disciplina arcani* (em latim, "disciplina do segredo"), que supunha que os cristãos primitivos imitavam o sigilo de certas religiões de mistérios antigas, ao não revelar informações importantes sobre seus ensinamentos ou práticas rituais.

Além de grandes casas térreas, havia residências unifamiliares de vários andares que também podem ter servido para abrigar as reuniões eucarísticas da comunidade primitiva. Segundo Richard Krautheimer, essas estruturas eram comuns nas províncias orientais do império. O único grande cômodo desse edifício era a sala de jantar no último andar. Krautheimer imagina que semelhante moradia, com a comunidade amontoada na sala de jantar do andar superior, serviu de cenário para o incidente em Trôade, relatado nos Atos dos Apóstolos, nos quais um jovem adormeceu durante a pregação de Paulo e caiu da janela [citação 89].

Como as primeiras igrejas domésticas eram moradias familiares, isso teria estabelecido certas limitações espaciais para a comunidade de louvor. Mudanças estruturais permanentes numa casa poderiam atrapalhar a vida da família, de modo que a comunidade provavelmente limitou suas modificações à reorganização de poucos móveis necessários para acomodar o culto. Na sala de jantar, por exemplo, o anfitrião ou presidente pode ter conduzido o culto a partir do triclínio [ilustração 34], com outras pessoas sentadas do lado de fora da sala de jantar pro-

Citação 89: No primeiro dia da semana, enquanto estávamos reunidos para partir o pão, Paulo, que devia pôr-se a caminho no dia seguinte, dirigia a palavra aos irmãos e prolongara a palestra até cerca de meia-noite. Não faltavam lâmpadas na sala superior onde estávamos reunidos. Um jovem chamado Êutico, que se assentara no peitoril da janela, foi tomado por um profundo sono, enquanto Paulo não cessava de falar. Dominado pelo sono, ele caiu do terceiro andar e, quando quiseram levantá-lo, estava morto. Paulo desceu então, precipitou-se para ele e o tomou nos braços: "Não vos perturbeis! Ele está vivo!" Depois de subir de novo, Paulo partiu o pão e comeu; depois prolongou a prática até a aurora e então partiu. Quanto ao rapaz, levaram-no vivo, e isto foi um imenso reconforto! (At 20,7-12)

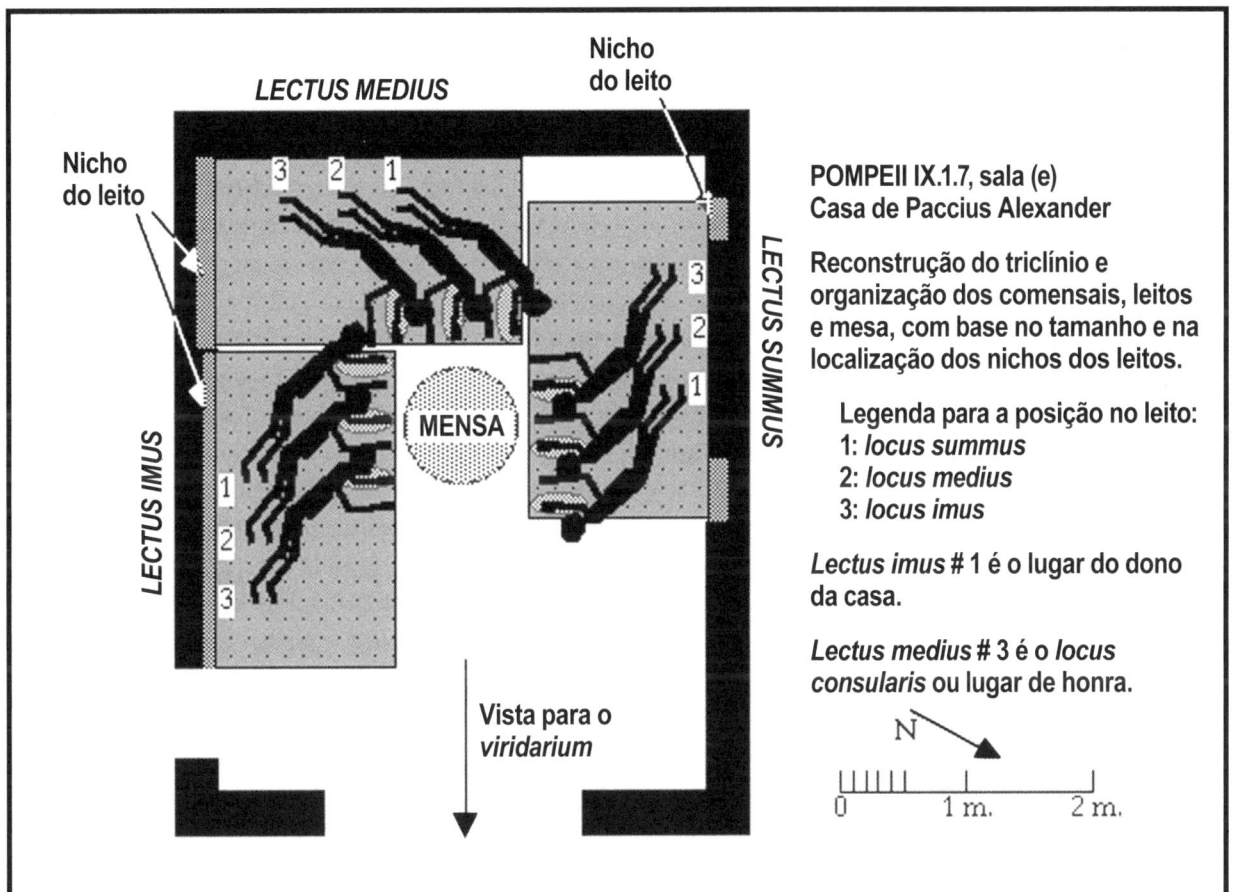

> **POMPEII IX.1.7, sala (e)**
> **Casa de Paccius Alexander**
>
> Reconstrução do triclínio e organização dos comensais, leitos e mesa, com base no tamanho e na localização dos nichos dos leitos.
>
> Legenda para a posição no leito:
> 1: *locus summus*
> 2: *locus medius*
> 3: *locus imus*
>
> *Lectus imus* # 1 é o lugar do dono da casa.
>
> *Lectus medius* # 3 é o *locus consularis* ou lugar de honra.

Fig. 1.27: Reconstrução da ordem padrão de comensais reclinados no *Triclinium* da Casa de Paccius Alexander, IX.1.7. Os comensais (bonequinhos em preto) aparecem em conjunto de três para cada leito, todos apoiando-se sobre o cotovelo esquerdo, que descansa em figuras ovais, que aqui representam almofadas.

34. Triclínio.

priamente dita, no átrio ou no peristilo adjacentes, dependendo do desenho da casa. À medida que o tamanho da comunidade aumentava e os limites das salas comuns eram retesados, é possível que uma comunidade tenha procurado uma casa mais ampla para se reunir ou, com maior frequência, adquirido espaços permanentes para o culto.

L. Michael White argumenta convincentemente que os primeiros passos para a adaptação arquitetônica de um local ocorreram num edifício onde os cristãos já estavam acostumados a se encontrar. Ele acredita que a renovação gradual ou parcial dessas igrejas domésticas já é detectável em lugares como Roma no século III (I:114). White faz uma distinção entre a "igreja doméstica" não renovada anterior e os espaços permanentemente renovados, recorrendo à nova designação "casa da igreja" ou *domus ecclesiae* — um termo inventado por White, que não aparece na literatura cristã antiga.

Várias fontes — algumas das quais seculares — documentam a posse de tal *domus ecclesiae* pelas comunidades cristãs. Uma história da

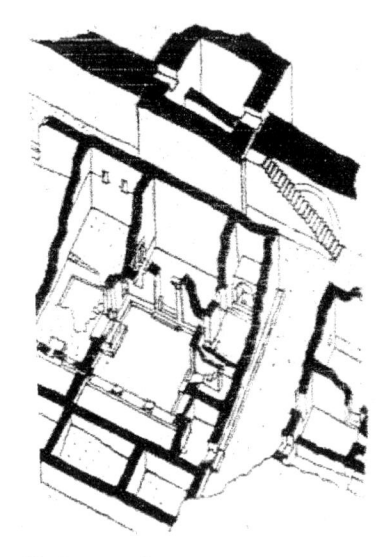

35. *Domus ecclesiae*.

corte na Síria Oriental, por exemplo, relata uma inundação que devastou a capital Edessa em 201 a.C. Entre as avarias, estava listado "o local sagrado da congregação dos cristãos", que, segundo crê White, indicaria um edifício que se tornara publicamente identificável como o ponto de encontro regular dos cristãos, ou uma *domus ecclesiae* renovada (I:118). Outro relato de um historiador secular ainda registra que o imperador romano vendeu uma casa para ser usada como local de culto cristão, em vez de permitir que ela fosse convertida em taberna [citação 90].

A evidência arquitetônica mais famosa de uma *domus ecclesiae* renovada vem da antiga cidade fortaleza de Dura Europos, no leste da Síria. Essa habitação doméstica, construída por volta de 200 d.C. como uma estrutura de quatro lados em torno de um átrio aberto, passou por uma renovação significativa em cerca de 232 d.C. [ilustração 35]. Uma parede foi derrubada entre cômodos adjacentes, criando um amplo espaço — cerca de 5 m por 13 m —, grande o suficiente para a Eucaristia da comunidade. Uma bacia com dossel foi construída em outra sala; e afrescos nessa sala — por exemplo, Cristo caminhando sobre a água — indicam que o espaço era usado para batismos. Embora poucos outros exemplos desta época estejam tão bem preservados quanto a casa em Dura Europos, seu arranjo não é considerado extraordinário. White supõe que a reforma que transformou esse edifício numa *domus ecclesiae* ocorreu graças à doação de um benfeitor. Ele ainda supõe que, de um modo geral, o acesso à propriedade por meio de patrocínio e doação foi um elemento essencial na transição do uso temporário de "igrejas domésticas" não reformadas para a aquisição e transformação de "casas da igreja" (I: 148).

O salão da igreja

Há um consenso geral de que a basílica foi adotada para o culto pelos cristãos após a ascensão de Constantino ao poder (313-337 d.C.). Portanto, trataremos da basílica no próximo capítulo. No entanto, dada a distância arquitetônica entre uma *domus ecclesiae* como a de Dura Europos e a Antiga Basílica de São Pedro [ilustração 68], precisamos considerar quais desenvolvimentos poderiam ter ocorrido entre essas duas formas de arquitetura cristã.

Há evidências textuais e arqueológicas de que, mesmo antes do reinado de Constantino, os cristãos estavam construindo edifícios grandes e impressionantes. O filósofo Porfírio (morto por volta de 304), por exemplo, escreveu um tratado contra o cristianismo (*Adversus Christianos*) na segunda metade do terceiro século. Embora restem apenas fragmentos da obra, uma passagem existente repreende os cristãos por erguerem grandes edifícios [citação 91]. Os autores cristãos também fornecem evidências de que novos tipos de espaços de culto estavam

Citação 90: Quando os cristãos se apossavam de um determinado lugar, que antes era propriedade pública, e os donos de uma taverna sustentavam que pertencia a eles, Alexandre decidiu que era melhor algum tipo de deus ser adorado ali do que o lugar ser entregue aos donos de uma taverna. (Magie, *Scriptores Historiae Augustae* [Escritores da história augusta]: Alexandre Severo [morto em 235] 49:6)

Citação 91: Mas os cristãos, imitando a construção de templos, erguem grandes edifícios nos quais se reúnem para rezar, embora não haja nada que os impeça de fazer isso em seus próprios lares, pois, é claro, seu Senhor os ouve em toda parte. (Porfírio, *Adversus Christianos*, frag. 76, in: L. Michael White, II:104)

surgindo para os cristãos no final do terceiro século. O historiador da Igreja Eusébio de Cesareia, por exemplo, não apenas observa que muitas igrejas foram construídas durante a paz após o reinado do imperador Galiano (253–268) e antes da perseguição de Diocleciano (284–305), mas também comenta sobre a amplidão desses edifícios [citação 92].

L. Michael White acredita que essa evidência documental aponta para um importante elo entre a casa da igreja permanentemente renovada (*domus ecclesiae*) de meados do século III e a igreja em estilo basílica que emerge no quarto século. O nome que ele cria para uma dessas estruturas provisórias é "salão da igreja" (*aula ecclesiae*). White acredita que o "salão da igreja" evoluiu naturalmente da *domus ecclesiae*. Essa evolução pôde ocorrer pela renovação contínua de um espaço doméstico ou por novas construções. O que os marca como "salão da igreja" não é tanto seu tamanho, mas sua forma retangular, sem abside ou nave lateral. Alguns deles poderiam ter sido edifícios relativamente grandes, enquanto outros teriam sido bastante modestos.

White acredita que um exemplo de uma estrutura modesta, construída de modo novo, sem evoluir de um prédio anterior, era uma igreja em Qirqbize, na Síria [ilustração 36]. Construído no primeiro terço do século IV, o edifício tinha aproximadamente 15 m de comprimento, 6,5 m de largura e 6,5 m de altura. Embora tenha passado por uma série de renovações subsequentes que o tornaram mais reconhecível como um espaço para culto, parece que, em seu estágio inicial, era uma igreja-salão simples — sem a abside e nave lateral, características das basílicas. Enquanto do lado de fora se assemelhava à arquitetura da vila a poucos metros de distância, seu interior não era como o de uma casa, mas constituía um único salão para assembleias, sem divisões internas ou áreas especialmente marcadas, com exceção da plataforma elevada do lado leste (White, 1: 129).

Mudanças na linguagem

Paralelamente a essas mudanças arquitetônicas, ocorreram mudanças na linguagem dos espaços de reunião da comunidade. Na era anterior, a palavra grega *ekklesia* ou "assembleia" era comumente usada para designar os seguidores de Jesus, quer fosse uma comunidade específica reunida num único local (por exemplo, 1 Cor 11,18), quer fossem seus seguidores considerados em sentido mais universal (por exemplo, Mt 16,18). No entanto, já no início do século III, há evidências de que o local onde a comunidade se reúne está começando a assumir o nome da assembleia e, por extensão, reflete algo da santidade da comunidade. Por exemplo, Clemente de Alexandria (morto em cerca de 215), embora argumente que preferiria chamar os eleitos de "igreja" a aplicar esse nome ao local onde se reúnem, fornece indícios de que esse último

Citação 92: E quem poderia descrever aquelas concentrações de milhares de homens, aquelas multidões das reuniões em cada cidade e as notáveis congregações em lugares de culto? Já não contentes com os antigos edifícios, levantaram desde as fundações igrejas de grande amplidão por todas as cidades. Com o tempo isto avançava e cobrava cada dia maior vulto e grandeza, sem que inveja alguma os impedisse e sem que um mau demônio fosse capaz de fazê-los malograr nem criar obstáculos com conjuros de homens, tanto a mão celestial de Deus protegia e custodiava seu próprio povo, porque em realidade o merecia. (Eusébio [morto em cerca de 340], *História eclesiástica*, 8.1)

Citação 93: Mas se "o sagrado" é entendido de duas maneiras — tanto como o próprio Deus quanto como a estrutura construída em sua honra — como não chamaremos corretamente a igreja, feita pelo conhecimento para a honra de Deus, sagrada a Deus, de maior valor, nem construída por habilidade mecânica nem embelezada pela mão de um sacerdote errante, mas pela vontade de Deus transformada em templo! Pois chamo de igreja [*ekklesia*] não o lugar, mas a assembleia dos eleitos. Este é o templo melhor para receber as grandes dignidades de Deus. (Clemente de Alexandria, *Stromata* 7.5, in: L. Michael White, II:52)

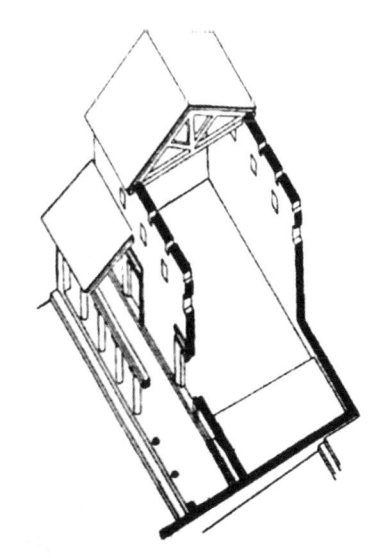

36. Igreja em Qirqbize, Síria.
(L. Michael White, 2:137)

fato já está ocorrendo [citação 93]. Clemente não parece iniciar essa mudança de linguagem, mas reflete uma evolução já em andamento em sua própria comunidade.

Em meados do século III, outros textos — cristãos e não cristãos — substanciam essa evolução linguística. Assim, o bispo Cipriano de Cartago (morto em 258) faz uma referência arquitetônica ao "púlpito ou tribunal *da igreja*" [citação 112, grifo nosso]. Mais tarde, uma pesquisa municipal da cidade de Oxirrinco, escrita em cerca de 295 d.C., observa a existência de duas ruas conhecidas como "rua da igreja do norte" e "rua da igreja do sul" (White, II:166), assim designadas por causa dos edifícios mais notáveis nessas ruas.

Além de variações na palavra grega para assembleia (*ekklesia*), o uso de outros termos gregos e latinos demonstra que a comunidade cristã do terceiro século estava criando uma linguagem para falar sobre espaços permanentemente designados para o culto. Uma das mais influentes delas foi a palavra grega *kyriakón*. Literalmente, o termo pode ser traduzido como "[coisa] pertencente ao Senhor". O termo já é usado nos escritos de Clemente de Alexandria, mas poderia estar se referindo de maneira mais geral à "casa" de um bispo. No entanto, já que alguns bispos estavam entre aqueles que, segundo crê White, doaram propriedades à comunidade cristã para transformação permanente em *domus ecclesiae*, é possível que essa "casa" também fosse um local de culto. Um documento secular do início do século IV narra a disputa matrimonial em que uma esposa cristã relata que seu marido a havia trancado fora de casa porque ela havia ido ao edifício da igreja [*kyriakón*] [citação 94]. É a partir dessa palavra grega que derivamos o termo em inglês "*church*" (em escocês, *kirk*; alemão, *Kirche*), enquanto *ekklesia* é a base das palavras modernas para igreja em francês (*église*), italiano (*chiesa*) e espanhol (*iglesia*)[1].

Embora estivesse ocorrendo uma clara evolução na linguagem para as comunidades desta época, que estavam desenvolvendo termos para locais de culto permanentemente renovados ou até mesmo recém-construídos, os crentes entendiam que esses edifícios eram importantes ou mesmo sagrados apenas por extensão. Era a comunidade que ainda era considerada a primeira e principal expressão do Corpo de Cristo e a verdadeira *ekklesia*.

Catacumbas

Poucos lugares do mundo cristão antigo capturam a imaginação tanto quanto as catacumbas. Elas são frequentemente retratadas em filmes épicos e romances históricos como esconderijos subterrâneos, onde os cristãos se reuniam para o culto durante as constantes perseguições.

37. Catacumba de São Calisto.

38. Pequena capela, às vezes chamada de Cripta dos Papas, na catacumba romana de Calisto, como parecia na época de sua descoberta em 1854.

---
1. O mesmo aplica-se à nossa palavra portuguesa "igreja". (N. do R.)

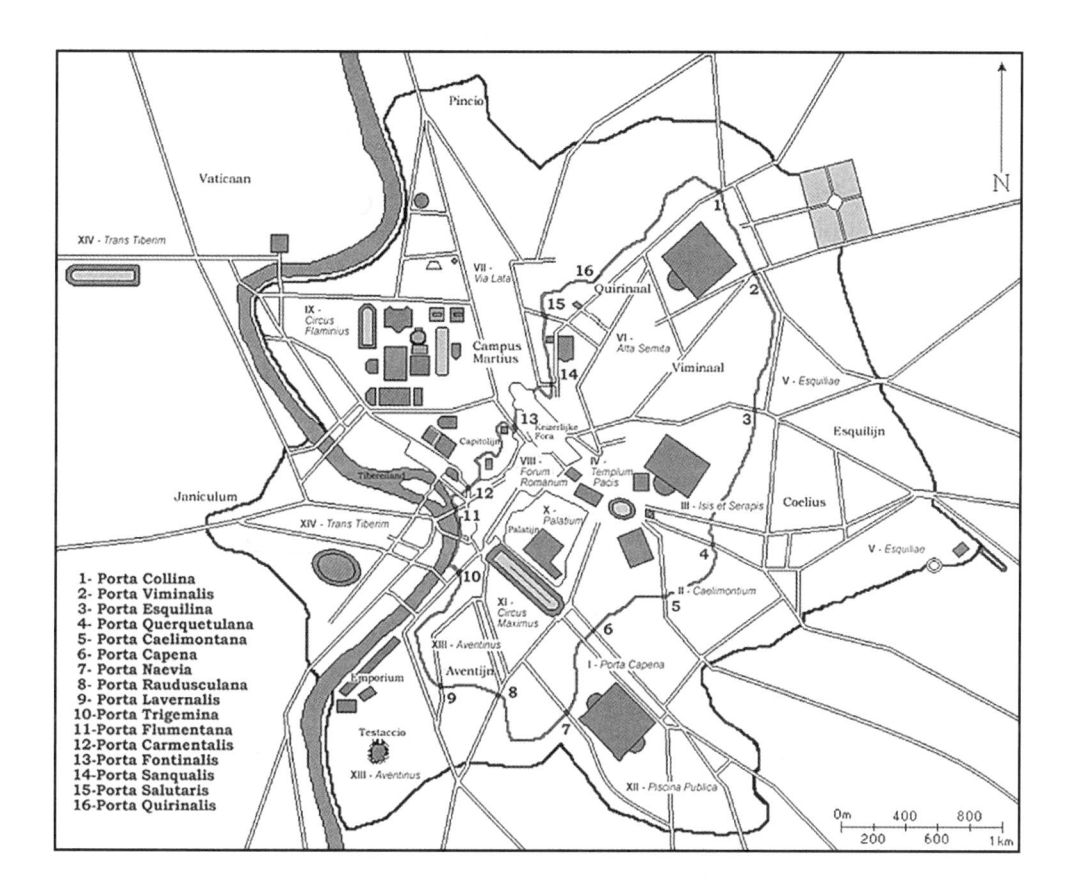

39. Cidade murada de Roma.

Esse cenário é mais fantasioso do que verdadeiro. Observamos anteriormente que as perseguições eram uma ocorrência esporádica; portanto, elas não tiveram um efeito duradouro nos espaços de culto da comunidade primitiva. Os locais de culto cristão não apenas se encontravam acima do solo, mas eram bem conhecidos [citação 90]. Quando havia perseguições, as autoridades, com frequência, sabiam exatamente quais edifícios os cristãos estavam usando para seus cultos [citação 95].

As catacumbas eram uma rede de cemitérios subterrâneos que existiam em muitas cidades do império desde o século II. Não se tratava de um fenômeno exclusivamente cristão; os judeus e outros grupos também tinham suas próprias catacumbas. Mais de quarenta cemitérios foram escavados fora dos muros de Roma, onde a lei exigia que fossem feitos todos os enterros. Consistindo, com frequência, em três ou quatro andares de passagens, os estreitos corredores das catacumbas se estendiam por quilômetros; em Roma, existem mais de 560 km de catacumbas. Nichos eram cortados do chão até o teto para receber os corpos dos mortos [ilustração 37]. Ocasionalmente, essas passagens se abriam em pequenas capelas ou câmaras funerárias para os falecidos mais ilustres [ilustração 38]. Essas capelas, no entanto, não se destinavam a acomodar grandes grupos de fiéis, demonstrando novamente que as catacumbas não eram locais comuns de reunião para a Eucaristia Cristã.

Citação 94: No entanto, após esse acordo e esses juramentos, ele novamente escondeu as chaves de mim. E quando eu fui ao edifício da igreja no dia do sábado, ele trancou as portas externas diante de mim dizendo: "Por que foste ao edifício da igreja?" (L. Michael White, II:171)

Citação 95: Quando ele chegou à casa em que os cristãos se reuniam [para o culto], Felix, o sumo sacerdote e supervisor [da colônia de Cirta], disse ao bispo Paulo: "Dá-me as escrituras da lei e tudo o que tiveres aqui tal como ordenado, para que possas cumprir [esta] ordem". Paulo disse: "Os leitores têm as escrituras, mas o que temos aqui damos" [...] dois cálices de ouro, seis cálices de prata, seis jarros de prata, um prato de prata, sete lâmpadas de prata, duas tochas, sete castiçais de bronze curtos com velas, onze lâmpadas de bronze com suas correntes. [...] Em seguida, os baús com as escrituras [*armaria*] foram encontrados vazios na biblioteca. (de *Atos de Munatius Felix* como citado em *Gesta apud Zenophilim* [*Atos de Zenófilo*])

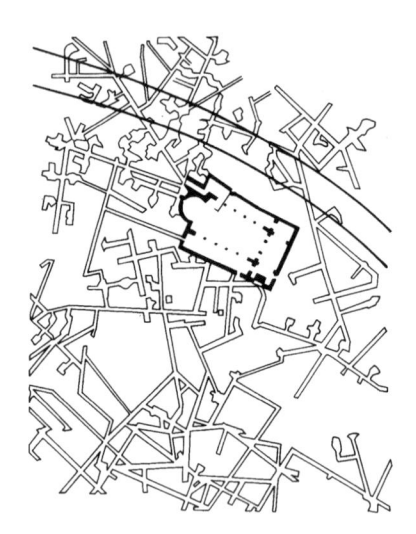

40. Roma, a catacumba de Domitila (na Via Ardeatina, ao sul da cidade), usada como cemitério cristão desde cerca de 200 d.C.; planta da seção sob a rua moderna chamada *Via delle sette chiese*. Uma pequena capela foi erguida sobre os túmulos de São Nereu e Santo Aquileu pelo Papa Dâmaso (morto em 384). Uma igreja maior foi construída em 524. (Segundo Kostof, p. 249)

Citação 96: Em vossas assembleias, nas igrejas sagradas, formai vossas reuniões segundo todos os bons padrões, e organizai todos os lugares para os irmãos cuidadosamente, com toda sobriedade. Que um lugar seja reservado para os presbíteros no meio da parte oriental da casa, e que o trono do bispo seja colocado entre eles; que os presbíteros se sentem com ele; mas que os leigos também se sentem no outro lado oriental da casa; para isso, é necessário que os presbíteros se sentem no lado oriental da casa com os bispos, depois os leigos e, em seguida, as mulheres: para que, quando orarem, os líderes se posicionem primeiro, depois os leigos, e, em seguida, também as mulheres, pois em direção do Oriente é que deveis orar como sabeis que está escrito: "louvai a Deus que leva seu carro sobre os céus dos céus em direção ao Oriente". (Connolly, *Didascalia Apostolorum* [início do século III], 12)

As catacumbas de Roma foram o local de dezenas de milhares de enterros cristãos. Algumas das catacumbas mais importantes foram as de São Calisto, Santa Domitila, São Pancrácio e Santa Priscila. Após o período de perseguições em Roma, essas e outras tornaram-se locais de sepultamento preferidos para os cristãos que desejavam ser enterrados perto dos santos. Essa honra poderia ser concedida a muitos, porque o mesmo nicho ou alcova costumavam ser usados para uma série de enterros ao longo dos séculos, à medida que os corpos daqueles anteriormente sepultados ali se decompunham.

Após o colapso da parte oriental do império, no século V, os habitantes de Roma recuaram para dentro das antigas muralhas da cidade em busca de refúgio [ilustração 39]. Cidadãos cristãos, agora na maioria, retiraram os corpos de muitos santos das catacumbas e os colocaram em igrejas dentro da cidade. Como os corpos de muitos santos foram removidos, as catacumbas foram abandonadas como locais de sepultamento no século VI e totalmente esquecidas na Idade Média. As catacumbas foram redescobertas acidentalmente em 1578.

Embora a arquitetura das catacumbas não tenha influenciado o desenvolvimento do culto cristão, ele sofreu influência do culto em torno dos corpos dos santos. Os cemitérios tornaram-se locais de grande reverência e veneração. Tornaram-se centros de peregrinação, o que levou à construção de igrejas acima do solo onde se encontravam; essas igrejas eram muito frequentadas antes de os cristãos serem obrigados a recuar dentro das muralhas da cidade [ilustração 40]. Por fim, o culto dos santos se desconectou do local original do sepultamento, e as relíquias foram divididas e dispersas por toda a cristandade. Como veremos, a proliferação de relíquias e o enorme interesse por elas na Idade Média terão um impacto profundo no culto cristão, na teologia eucarística e na própria forma de nossas igrejas. Originalmente, contudo, não havia praticamente nenhum interesse na posse de relíquias, e as catacumbas eram lugares intocados para o enterro e a veneração dos mortos.

Resumo

A igreja doméstica era o principal símbolo arquitetônico da igreja dos séculos II e III. Embora o culto em algumas comunidades desse período e em alguns espaços de celebração fosse muito bem regulado [citação 96], os próprios espaços simbolizavam normalmente uma igreja que era mais uma família estendida do que uma organização internacional. À medida que esses lares — cada vez mais renovados para o culto cristão — se tornaram mais proeminentes na comunidade, eles assumiram um novo significado na consciência cristã. Um dos resultados da mudança de salas emprestadas para estruturas de culto renovadas e permanentes foi transferir para o próprio edifício o nome que tradicionalmente era dado à comunidade: *ekklesia*. Embora essa mudança na terminologia não indique que a comunidade não se considerava mais a verdadeira *ekklesia* ou fundamento de pedras vivas, ela antecipou um momento em que essa consciência seria perdida entre os batizados. Por fim, mais o edifício do que a comunidade seria reconhecido como "a igreja" pela grande maioria dos crentes

Outra mudança mais sutil nesta época diz respeito à diminuição da influência das mulheres, simbolizada na mudança de espaços temporários para espaços permanentes. No capítulo 1, observamos que no mundo greco-romano o lar poderia ser considerado "espaço das mulheres", e o culto nesse espaço seria marcado pela participação mais igualitária das mulheres e até mesmo por sua liderança. No entanto, à medida que o culto cristão se move de ambientes domésticos para edifícios mais públicos, a influência das mulheres diminui [citação 97]. Embora a mudança de espaço não seja o único fator na marginalização das mulheres que levará séculos para ser completa, as sementes já foram plantadas nesta época em que edifícios separados, mais públicos, foram adquiridos pelos cristãos para seus cultos.

Citação 97: O cristianismo e sua liturgia [...] inicialmente cresceram na esfera dominada pelas mulheres, isto é, nas casas. Quando o cristianismo tornou-se "público" em larga escala no século IV, ele entrou numa esfera em que, em graus variados na cultura geral, as mulheres eram marginalizadas. Uma liturgia pública, portanto, quase inevitavelmente implicava alguma medida de marginalização das mulheres no culto cristão. (Berger, *Women's Ways of Worship*, p. 47)

MÚSICA

À medida que um culto cristão característico emergia dentro do cenário da igreja doméstica, também emergia uma canção cristã distintiva. As informações fragmentárias sobre o culto nesse período permitem apenas um esboço mais amplo de quais elementos rituais poderiam ter sido cantados, como eram cantados e quem os cantava. Uma coisa que pode ser dita com alguma certeza é que a música cristã dessa época era normalmente sem acompanhamento. No primeiro século da Era Comum, os únicos instrumentos que os seguidores de Jesus teriam admitido no culto — além do *shofar* — eram os que acompanhavam os cultos do templo. No entanto, com a destruição do templo, a música instrumental no judaísmo foi silenciada, e o irmão cristão não retomaria o som durante séculos.

As razões para esse abraço da música vocal em vez da música instrumental são complexas. Uma razão era certamente a centralidade do evento da palavra no cristianismo, tanto na evangelização quanto no culto. Jesus era o Verbo encarnado, e seus seguidores foram encarregados de viver e proclamar esse Verbo sem adornos. Por conseguinte, a pregação e a narrativa são fundamentais para o nascimento do cristianismo. Na mente dos primeiros seguidores de Jesus, a música instrumental também estava intimamente associada ao templo de Jerusalém. Como a comunidade se distanciou intencionalmente do tipo de lide-

41. Uma imagem romana antiga representando um pandeiro.

rança e de culto praticados no templo, era necessário evitar suas práticas musicais profissionais e instrumentais. No entanto, isso não explica tudo, pois mesmo quando os gentios passaram a dominar o cristianismo, eles não importaram o uso de instrumentos tão amplamente empregados em todo o império [ilustração 41]. Também é provável que a estreita associação de instrumentos com certos cultos pagãos dissuadisse os gentios de introduzi-los no culto cristão. Contudo, deve ter sido fundamental a conexão entre a música vocal do culto cristão e a unidade da comunidade. A prática eucarística na comunidade primitiva era tanto uma celebração quanto um chamado à unidade. Musicalmente, essa unidade foi simbolizada na união de muitas vozes num único hino de louvor. Johannes Quasten apontou como o estilo de *performance* da música instrumental contrastava nitidamente com as ideias de unidade e comunhão do cristianismo primitivo. Assim, foi especialmente a música vocal que incorporou esse ideal eucarístico e serviu como uma espécie de "eclesiologia auditiva" [citação 98].

Oração e leituras

É quase impossível distinguir claramente música e fala no culto desse período. Orações públicas e até leituras continham certo caráter melodioso. Embora houvesse diferentes graus de lirismo no culto desse período, toda declamação pública migrou em direção ao que hoje seria chamado de musical no Ocidente.

Todas as orações, incluindo as primeiras orações eucarísticas, eram, pelo menos em certa medida, improvisadas pelo líder normalmente de acordo com padrões estabelecidos. Como a oração improvisada na sinagoga, elas eram oferecidas de forma que os membros da comunidade pudessem fazer delas a própria oração ao adicionar seu "Amém" [citação 87]. Essas orações provavelmente foram cantiladas; as formas judaicas de entoar, empregadas para a graça após as refeições, podem ter fornecido os modelos iniciais para cantar essa grande ação de graças. À medida que a oração cristã desenvolveu uma identidade separada de seus precedentes judaicos, provavelmente ocorreu o mesmo com o cântico.

A tradição da leitura pública já é detectável em fontes do primeiro século. Alusões a essa função aparecem no Novo Testamento [citação 99]. No segundo século, a leitura pública se tornou um elemento constitutivo do culto cristão. Justino Mártir observa o papel central das leituras na assembleia cristã [citação 87]. O grande autor latino do norte da África, Tertuliano (morto em cerca de 225), observa ainda a existência do que poderia ser chamado de "ordem" do leitor numa obra contra os hereges gnósticos, de quem ele zomba pela maneira arbitrária como seus ministros trocam de lugar [citação 100]. Há também uma famosa passagem na *Tradição apostólica*, atribuída durante muito tempo

Citação 98: Por isso, no acorde de vossos sentimentos e em vossa caridade harmoniosa, Jesus Cristo é cantado. Mas também, um por um, chegais a formar um coro, para cantardes juntos em harmonia; acertando o tom de Deus na unidade, cantais em uníssono por Jesus Cristo ao Pai, a fim de que vos escute e reconheça pelas vossas boas obras, que sois membros de seu Filho. Vale assim a pena viver em unidade intangível, para que a toda hora também participeis de Deus. (Inácio, Carta aos efésios 4:1, in: *The Apostolic Fathers*, p. 177)

Citação 99: Feliz o que lê e felizes os que escutam as palavras da profecia, se guardarem o que nela está escrito, pois o tempo está próximo. (Ap 1,3)

Citação 100: E assim, hoje um homem é bispo, amanhã outro. Hoje alguém é um diácono, que amanhã será um leitor. O presbítero de hoje é um leigo amanhã. Até os leigos são encarregados de deveres sacerdotais. (Tertuliano [morto em cerca de 225], *The Prescription against Heretics*, 41:6)

a Hipólito (morto em 236), oferecendo informações sobre a nomeação e instalação de leitores para o culto cristão [citação 101]. No entanto, estudos recentes levantaram tantas questões sobre a procedência, data e autoria desse documento que é difícil aceitá-lo como testemunho confiável da prática romana do terceiro século. Por outro lado, temos relatos confiáveis de uma carta de Cornélio que lista os leitores entre os clérigos que serviram em Roma enquanto ele era bispo [citação 102]. Assim, embora possamos não ter certeza de como eles foram nomeados, é claro que os leitores eram um ministério romano reconhecido durante esse período.

A princípio, as leituras provavelmente foram cantiladas de maneira semelhante à encontrada na sinagoga [ilustração 42]. À medida que a influência gentílica aumentou e o cristianismo se distanciou do judaísmo, a execução lírica das leituras se desenvolveu em estilos diferentes e característicos, indubitavelmente influenciados pela música da cultura local.

Citação 101: Um leitor é indicado pelo bispo, que lhe entrega o livro, pois ele não tem as mãos postas sobre ele. (Hipólito [morto em cerca de 236], Tradição apostólica, II, in: Jasper; Cummin, *Prayers of the Eucharist*)

Citação 102: Existem 46 presbíteros, 7 diáconos, 7 subdiáconos, 42 acólitos, 52 exorcistas, leitores e porteiros. (Carta de Cornélio de Roma [251], in: Eusébio, *História eclesiástica*, 6:43)

Salmos bíblicos e não bíblicos

Embora seja tradicional falar do Saltério como o livro de oração cristão, há poucas evidências de que os cristãos cantavam salmos no culto do primeiro século. A exortação paulina de cantar salmos [citação 103] não pode ser tomada como prova de que os salmos de Davi eram uma parte comum do culto cristão primitivo. "Salmos", nesse contexto, sig-

Citação 103: Cantai a Deus, em vossos corações, a vossa gratidão, com salmos, hinos e cânticos inspirados pelo Espírito. (Cl 3,16)

42. Cantilação de Êxodo 18,1-2, de acordo com o estilo dos judeus da Babilônia. (Como transcrita por A. Z. Idelsohn, p. 40)

Citação 104: E cada um compartilhou do pão, e eles festejaram [...] ao som dos salmos e hinos de David. (*Acta Pauli* [Atos de Paulo] 7.10)

Citação 105: As escrituras são lidas e salmos são cantados, sermões são proferidos e orações são oferecidas. (Tertuliano [morto em cerca de 225], *On the Soul*, 9.4)

Citação 106: Após a lavagem ritual e as luzes, cada um é convidado a se levantar e cantar a Deus como puder: algo das Escrituras sagradas ou de sua própria autoria. (Tertuliano [morto em cerca de 225], *Apologeticum*, 38.18)

1. Estendi minhas mãos e santifiquei meu Senhor,
2. pois a expansão de minhas mãos é o seu sinal.
3. E minha extensão é a cruz vertical. Aleluia.

43. Texto siríaco e tradução para o inglês de James Charlesworth da Ode 27, *Odes of Solomon*. (Tradução para o português feita a partir da tradução inglesa. [N. do E.])

nifica simplesmente uma canção cristã e não é possível proceder a uma diferenciação precisa entre os três gêneros de músicas que ele menciona. Como observado no capítulo 1, na medida em que os salmos bíblicos foram usados, eles provavelmente eram tratados mais como leituras do que como peças de música ou canções autônomas.

A primeira referência segura ao canto dos salmos davídicos no culto cristão aparece no texto apócrifo *Atos de Paulo*, escrito por volta do ano 190 [citação 104]. Logo depois disso, Tertuliano observa que os salmos eram cantados como parte da liturgia da palavra [citação 105]. No entanto, como Tertuliano fez essa observação quando pertencia a uma seita herética (os montanistas) que enfatizava a profecia pessoal e extática, é possível que isso não seja uma referência a um salmo davídico, mas a um salmo de composição pessoal. Desse modo, James McKinnon conclui que o uso dos salmos de Davi neste período é mais bem compreendido sob a rubrica de uma leitura bíblica, em vez de um ato independente de música litúrgica.

Além dos salmos bíblicos, foram criadas muitas peças imitando os salmos. Em algumas comunidades — ortodoxas ou heréticas, como os montanistas —, tais salmos de imitação ou *psalmi idiotici* eram improvisados no evento do culto [citação 106]. Algumas comunidades coletaram essas novas músicas para o Senhor e as registraram por escrito. Uma dessas coletâneas são as *Odes de Salomão*, escritas no século I ou II [ilustração 43]. Estudiosos como James Charlesworth acreditam que essa coletânea é o mais antigo hinário cristão.

Como no culto de hoje, orações e leituras na igreja antiga eram normalmente executadas por uma única voz. Havia várias maneiras, no entanto, de executar salmos não bíblicos. Até os salmos davídicos, empregados como leituras, poderiam ter sido executados de maneiras variadas [citação 107]. Como as outras leituras, um salmo poderia ter sido cantilado na sua totalidade por um solista [citação 103]. Também é possível que um salmo como leitura litúrgica possa ter sido dividido entre um leitor e a congregação [citação 108]. Uma preferência pela forma responsorial é detectável na preocupação constante de que a comunidade possa unir seu "amém" à oração. Paulo estava até mesmo interessado em que o visitante externo fosse capaz de fazer isso [citação 36]. A mensagem subjacente ao longo do segundo e terceiro séculos sobre a centralidade da assembleia e o chamado para acomodar todos os ministérios às necessidades da comunidade destacam ainda mais essa empatia por formas responsoriais.

Hinografia

O desenvolvimento de uma hinografia cristã distinta foi antecipado no Novo Testamento, com "hinos" a Deus e a Cristo [citação 35]. Um

Hino de Oxirrinco
Texto grego e tradução em inglês por M. L. West

-ytaneo sigato,	...Deixe silenciar
med'astra phasephora lampesthon	Deixe as estrelas Luminosas sem brilhar,
potamon rhothion pasai	E os ventos (?) e os rios murmurantes se aquietarem;
hymnounton d'hemon patera k'hyion k'hagion pneuma	E enquanto cantamos ao Pai, ao Filho e ao Espírito Santo,
pasai dynameis epiphounounton Amen Amen	Deixe todas as forças dizerem "Amém, Amém",
katos, ainos aei kai doxa theoi	Sempre a louvar o Reino, e glória a Deus,
doteri monoi panton agathon. Amen Amen	O único doador de todas as coisas, Amém, Amém

West, Martin Litchfield. Ancient Greek Music. New York: Oxford University Press, 1992.
(Tradução para o português feita a partir da tradução inglesa. [N. do E.])

44. O Papiro de Oxirrinco 1786, do fim do século III, mostrando o final de um hino escrito em notação vocal grega. (*New Groves Dictionary of Music and Musicians*, 4:368. Transcrição musical moderna de H. Stuart Jones, conforme encontrada em *Musik in Geschichte und Gegenwart*, s.v. "Fruehchristliche Musik".)

texto ilustrativo do início do segundo século reconhece que a comunidade cristã seguiu cantando hinos a Cristo [citação 109]. No entanto, somente a partir de meados do século II é possível encontrar composições que podem ser descritas precisamente como hinos. Duas características distintivas permitem essa definição: uma textual e outra musical. Textualmente, esses primeiros hinos cristãos são novos trabalhos de poesia metrificada que são baseados em modelos de poesia do mundo greco-romano, e não imitações da prosa bíblica. Os textos são modelados em estrofes de duas ou mais linhas. Cada estrofe emprega o mesmo metro, esquema de rimas e número de linhas. A música é composta para a primeira estrofe e cada estrofe subsequente é cantada com a mesma música. Esses são verdadeiros hinos. Em contraste, os salmos

Citação 107: Podemos imaginar que "leituras" do Saltério podem variar amplamente, em seu modo de execução, desde algo indistinguível da leitura de qualquer outra passagem bíblica a algo que responda com total musicalidade ao lirismo latente dos Salmos. Isso dependeria da aptidão do leitor e da personalidade litúrgica da congregação. (McKinnon, *The Advent Project*, p. 33s.)

> Citação 108: Quando recitam salmos, todos dizem: "Aleluia". (Hipólito [morto em cerca de 236], Tradição apostólica, 25, in: Jasper; Cumming, *Prayers of the Eucharist*)

> Citação 109: Eles estavam acostumados a se reunir em dia fixo antes do amanhecer e cantar alternadamente entre si um hino a Cristo como a um deus, e se obrigaram por um juramento solene (em latim, *sacramento*), não a quaisquer ações perversas, mas a nunca cometer fraude, roubo ou adultério, nunca falsear a própria palavra, nem negar uma nem negar a restituição de um depósito quando fossem chamados a pagá-lo; depois disso, era costume separar-se e depois reunir-se para comer — mas alimento de um tipo comum e inocente. (Plínio, "Carta ao Imperador Trajano", [cerca de 112])

> Citação 110: Rei dos Santos, Verbo Todo-Poderoso do Pai, Senhor Supremo. Cabeça e chefe da sabedoria, atenuação de todo sofrimento; Senhor de todos os tempos e espaços, Jesus, Salvador da nossa raça. (Clemente de Alexandria [morto em cerca de 215], Hino a Cristo, in: *Ante-Nicene Fathers*, p. 296)

não são estruturados em estrofes ou em metros, rimas e extensões semelhantes. Nos salmos, a música se modifica, ainda que ligeiramente, de uma linha para outra, para acomodar os diferentes metros e acentos do texto. Isso também se aplica a novas peças da prosa cristã escritas como imitação dos salmos, a exemplo das *Odes de Salomão*. Assim, as *Odes de Salomão* e outros salmos de imitação são entendidos mais apropriadamente como "salmodia hinódica" do que como "hinos".

Os primeiros hinos métricos cristãos foram aparentemente compostos por autores gnósticos do século II, que tomaram de empréstimo um estilo de poesia grega clássica como veículo para sua teologia heterodoxa. Para combater essas falsas alegações, parece que Clemente de Alexandria (morto em cerca de 215) usou o mesmo estilo de poesia métrica para compor seu *Hino a Cristo, o Salvador* [citação 110]. Embora houvesse alguma oposição ao uso dessa forma "pagã" para promover o evangelho, a poesia do mundo greco-romano forneceu, por fim, a base para o florescimento da hinografia cristã no século IV.

Um fragmento musical desse período sobreviveu. O "Hino de Oxirrinco" leva o nome de um sítio arqueológico no Egito onde foram descobertos milhares de documentos no final do século XIX. O Papiro 1786 desta coleção contém as palavras finais e a música de um hino cristão em grego e anotado na notação grega antiga [ilustração 44]. No entanto, é difícil tirar conclusões deste exemplo fascinante, mas isolado; nem se pode dizer ao certo se esse hino alguma vez foi empregado no culto.

É possível que os hinos fossem executados por solistas ou até pequenos grupos. Também é possível que tenham sido executados responsorialmente, com o líder cantando cada verso e a assembleia repetindo-o. É provável, no entanto, que, tão logo se tornassem familiares a uma comunidade, esses hinos fossem cantados na íntegra pela assembleia. Esse estilo de *performance* foi possibilitado pela estrutura do hino, que pressupõe a repetição de unidades poéticas e melódicas. Também está em consonância com a preocupação, observada anteriormente, com a unidade na comunidade. A unidade, para os cristãos, se referia ao vínculo que existia não apenas entre cristãos e Cristo, mas também entre eles próprios. Cantar com uma só voz é uma maneira privilegiada de expressar e criar essa unidade [citação 98].

Resumo

Durante o segundo e o terceiro séculos, desenvolveu-se uma música cristã identificável. Cada vez mais distintiva em termos de texto e som, essa música ainda estava intimamente relacionada ao ambiente lírico do primeiro século. Isso se aplicava não apenas à contribuição da música para a unidade da comunidade, mas também à sua integração ao ritual. Assim, seria difícil considerar a música um elemento separado no culto cristão da época;

pelo contrário, ela era o aspecto auditivo desse culto. O relacionamento íntimo entre oração e música também se reflete na ausência de referências a cantores, salmistas ou cantores especiais nesse período. Não há músico litúrgico separado. O culto, em sua totalidade, era musical: na medida em que o culto pertencia a toda a assembleia, a música também pertencia a ela.

LIVROS

Embora tenha sido finalmente possível condensar todos os ritos oficiais da igreja em alguns volumes encadernados, o culto do segundo e do terceiro séculos não era oração com base em um livro. Era, antes, um evento amplamente improvisado e auditivo, semelhante ao culto da sinagoga. Improvisação não significa acaso e, nessa época, desenvolveram-se padrões claramente estabelecidos para o culto eucarístico [citação 87]. Os condutores de oração, assim como a comunidade, conheciam e seguiam esses padrões, empregando-os como estruturas para tecer o culto que, muitas vezes, continuava exibindo acentuado grau de espontaneidade e informalidade.

Assim como os cristãos começaram a desenvolver formas arquitetônicas e musicais distintivas apropriadas para seu culto, eles também começaram a desenvolver seus próprios livros. O primeiro deles foi o Novo Testamento, que foi combinado com as Escrituras Hebraicas para formar a Bíblia cristã. Além desse livro, que era lido no culto, também apareceram livros que eram usados na preparação para o culto. Esses li-

O Evangelho dos nazarenos	O Livro de Tomé, o Atleta
O Evangelho dos ebionitas	O Evangelho segundo Matias
O Evangelho dos hebreus	O Evangelho de Judas
O Evangelho dos egípcios	O Apócrifo de João
O Evangelho de Pedro	O Apócrifo de Tiago
O Evangelho dos quatro reinos celestes	O Evangelho de Bartolomeu
O Evangelho da perfeição	Questões de Maria
O Evangelho da verdade	O Evangelho segundo Maria
A Sophia de Jesus Cristo	A Genna Marias
O diálogo do Salvador	O Evangelho de Cerinto
Pistis Sophia	O Evangelho de Basílides
Os dois livros de Jeú	O Evangelho de Marcião
O Evangelho dos doze apóstolos	O Evangelho de Apeles
O Evangelho dos doze	O Evangelho de Bardesanes
Memoria Apostolorum	O Evangelho de Mani
O Evangelho (maniqueu) dos doze apóstolos	O Protoevangelho de Tiago
O Evangelho dos setenta	A História da infância de Tomé
O Evangelho de Filipe	O Evangelho de Nicodemos
O Evangelho de Tomé	

45. Lista parcial de apócrifos do Novo Testamento, de acordo com Hennecke e Schneemelcher.

46. *Codex Sinaiticus.*

vros litúrgicos auxiliares ressurgiram em várias formas ao longo da história do culto cristão. Os primeiros exemplos, às vezes, são chamados de ordens da Igreja. Visto que o cristianismo contribuiu com a transição do rolo para o códice na civilização ocidental, a aparência física desses livros, bem como seu uso no culto e seu conteúdo serão considerados.

O Novo Testamento

As Escrituras eram parte integrante do culto cristão primitivo: inicialmente a Lei judaica e os livros proféticos, depois cada vez mais as cartas de Paulo. A isso se juntaram o que passou a ser conhecido como evangelhos, além de outras cartas e narrativas. Originalmente, havia muitos mais que os vinte e sete livros que as igrejas cristãs hoje consideram parte do Novo Testamento. Muitos trabalhos agora considerados apócrifos eram lidos e reverenciados publicamente nas comunidades cristãs [ilustração 45]. Outros que agora são considerados "Padres Apostólicos" — uma coleção de textos ortodoxos do cristianismo primitivo — também eram reverenciados como Escrituras. O *Pastor de Hermas*, por exemplo, foi incluído no primeiro manuscrito completo do Novo Testamento de meados do século IV, conhecido como *Códice sinaítico* [ilustração 46].

Em meados do século II, estava em andamento um movimento para definir os livros autênticos da nova religião. Os quatro evangelhos e as treze epístolas atribuídas a Paulo eram centrais; outras cartas e livros foram adicionados a esse grupo. Uma lista fragmentária do final do século II — chamada cânon muratoriano em homenagem a seu descobridor, Ludovico A. Muratori (morto em 1750) — representa o consenso generalizado das igrejas ortodoxas em relação ao cânon do Novo Testamento. Essa lista é semelhante à promulgada pelo Concílio de Trento em 1546. Embora a primeira lista completa dos livros finalmente aceitos pela Igreja tenha aparecido nos escritos de Atanásio (morto em 373), o segundo e o terceiro séculos foram fundamentais para o estabelecimento do cânon do Novo Testamento.

Já observamos como o ato de ler em público e, por fim, o ministério do leitor ganharam importância durante esse período. Esse desenvolvimento ministerial é, por si só, um testemunho da importância das Escrituras para a nova comunidade cristã. Mesmo quando ninguém estava lendo as Escrituras, elas passaram a ser veneradas pelos cristãos. Há um precedente para isso no judaísmo, pois, quando os rolos da Torá não estavam em uso, eles eram armazenados em local de honra na sinagoga [ilustração 7] e ficavam sob o cuidado de pessoas especialmente nomeadas para isso [citação 111]. Da mesma forma, os cristãos frequentemente designavam lugares especiais para guardar seus livros das Escrituras. Por exemplo, numa de suas cartas por volta do ano 250, Cipriano, bispo de Cartago, fala em ordenar alguém ao ofício de leitor e menciona um "púlpito" elevado para a leitura das Escrituras [citação 112]. O relato citado anteriormente, de uma igreja perseguida no norte da África [citação 95], mencionava que as Escrituras eram guardadas em arcas para livros especiais (*armaria*) na biblioteca da igreja doméstica. Nesse caso, os livros haviam sido removidos desses baús e transportados para lugar seguro antes da chegada dos oficiais. O relato confirma ainda que determinadas pessoas eram encarregadas de cuidar das Escrituras. Contam-se muitas histórias sobre leitores que foram martirizados porque se recusaram a entregar as Escrituras a funcionários pagãos. Tais histórias também enfatizam o fato de que as Escrituras dos cristãos se tornaram um de seus símbolos mais tangíveis e, portanto, eram frequentemente assinaladas para destruição por seus perseguidores [citação 113].

Diretrizes da Igreja

Durante esse período, também apareceram livros auxiliares para o culto. Um punhado dos manuais pastorais dessa época chegou até nós. Embora não se dediquem exclusivamente ao culto, eles geralmente contêm instruções sobre vários aspectos da oração da comunidade. A *Dida-*

Citação 111: [Jesus] enrolou o livro, entregou-o ao servente e se assentou. (Lc 4,20)

Citação 112: Quando esse homem [Celerino] veio até nós, amados irmãos, com tanta honra do Senhor, sendo honrado até mesmo com o testemunho e espanto dos próprios homens por quem ele havia sido perseguido, o que mais havia para fazer senão colocá-lo sobre o púlpito, ou seja, no tribunal da igreja, de modo que, apoiado no lugar de maior elevação e conspícuo a toda a congregação para fama de sua honra, ele pudesse ler os preceitos e evangelhos do Senhor que ele segue com tanta coragem e fé? (Epístola 39, 4.1, in: Michael White, II:69)

Citação 113: Era o décimo nono ano do reinado de Diocleciano e o mês Dystrus, chamado de março pelos romanos, e a festa da Paixão do Salvador estava se aproximando, quando um decreto imperial foi publicado em toda parte, ordenando que as igrejas fossem totalmente arrasadas e as escrituras destruídas pelo fogo. (Eusébio, *História eclesiástica*, 8.2.3)

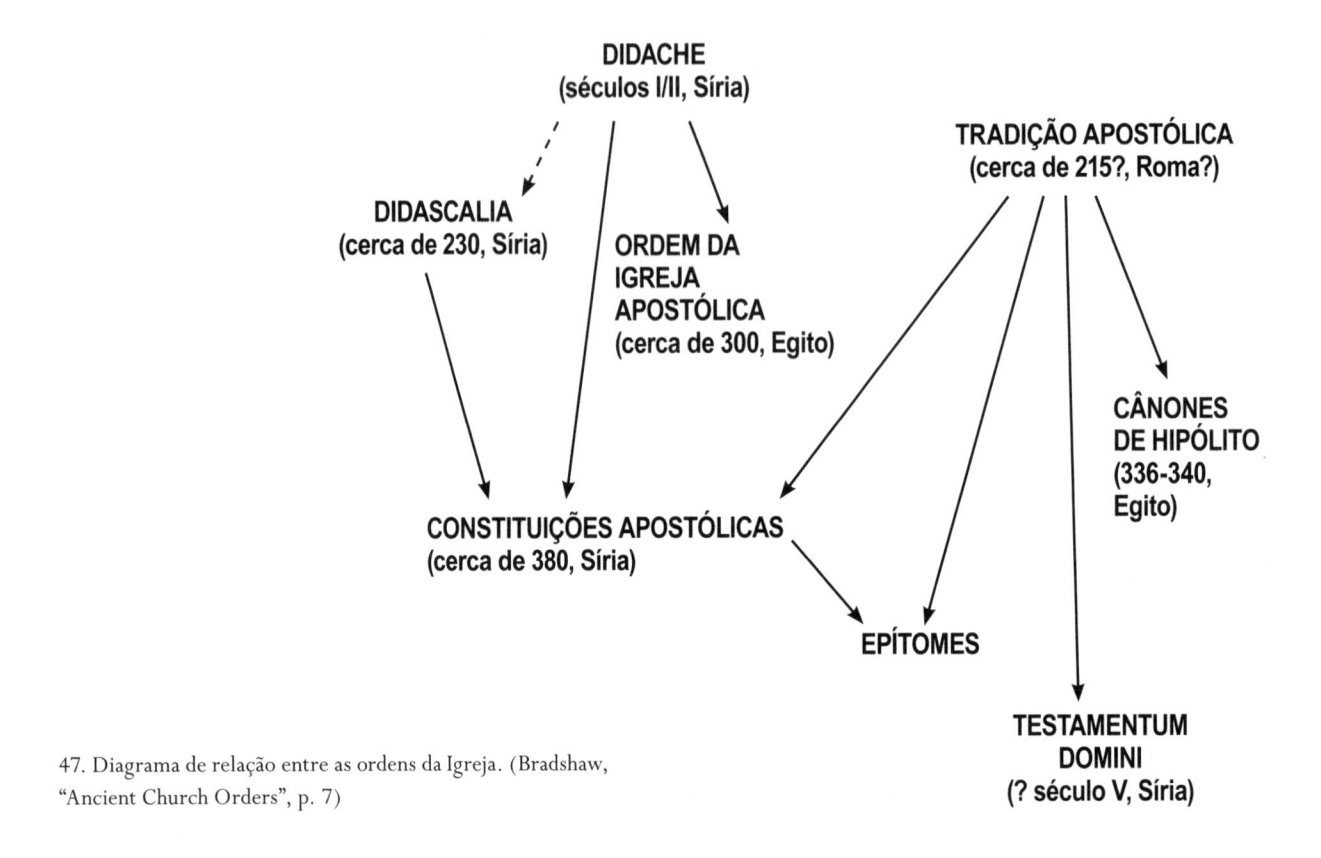

```
                    DIDACHE
                (séculos I/II, Síria)
                    /    |    \
                   /     |     \          TRADIÇÃO APOSTÓLICA
                  /      |      \         (cerca de 215?, Roma?)
                 v       |       \        /  |  |  \
         DIDASCALIA      |    ORDEM DA   /   |  |   \
      (cerca de 230,     |     IGREJA   /    |  |    \
           Síria)        |   APOSTÓLICA/     |  |     \
                         |  (cerca de 300,   |  |      \
                         |      Egito)       |  |       v
                         |                   |  |    CÂNONES
                         |                   |  |   DE HIPÓLITO
                         |                   |  |    (336-340,
                         v                   v  |      Egito)
                    CONSTITUIÇÕES APOSTÓLICAS   |
                       (cerca de 380, Síria)    |
                              \                 |
                               v                v
                             EPÍTOMES
                                                TESTAMENTUM
                                                  DOMINI
                                              (? século V, Síria)
```

47. Diagrama de relação entre as ordens da Igreja. (Bradshaw, "Ancient Church Orders", p. 7)

che, ou "Ensinamento do Senhor aos gentios pelos doze apóstolos", era um compêndio de instruções e regulamentos, provavelmente datado do início do século II. Ele incluía informações sobre jejum [citação 83], batismo, o pai-nosso e, possivelmente, um dos primeiros exemplos de uma oração eucarística. A *Didascalia Apostolorum* ou o "Ensino católico dos doze apóstolos e santos discípulos de nosso redentor" é do início do terceiro século. Mais desenvolvida que a *Didache*, essa diretriz da Igreja incluía instruções litúrgicas sobre a consagração dos bispos, a celebração do batismo, o local e o modo de se reunir para a oração [citação 96].

A *Didache* e o *Didascalia Apostolorum* eram apenas dois exemplos de vários manuais, guias e diretrizes eclesiásticas que circulavam na igreja primitiva. Embora originários de uma comunidade em particular, a maioria era compartilhada com outras pessoas — de modo não muito diferente das cartas de Paulo que, embora escritas para uma igreja específica, circulavam por outras igrejas locais. Algumas diretrizes foram mais influentes que outras — especialmente *Didache* e *Tradição apostólica* —, não apenas fornecendo orientações para o culto, mas também servindo como inspiração e fundamento para outros manuais pastorais [ilustração 47]. Embora esses textos não fossem utilizados em todos os lugares e constituam apenas algumas peças do quebra-cabeça do culto cristão primitivo, eles demonstram como os padrões comuns de culto estavam se difundindo.

As diretrizes da Igreja foram precursoras de importantes livros litúrgicos auxiliares contendo instruções e detalhes de rubricas que apareceriam na Idade Média. Posteriormente, esses livros de instruções se fundiriam a coletâneas de orações para produzir a mistura de orações e rubricas típicas dos livros litúrgicos de hoje. Essa combinação refletiria e produziria um estilo de culto cada vez mais regulamentado e vinculado a um texto. Durante o período da igreja doméstica, no entanto, o culto cristão — tal como seu irmão judeu — era mais improvisado de acordo com padrões aceitos. Livros auxiliares, como as ordens da Igreja, nunca foram destinados a eliminar a improvisação, mas apenas salvaguardar os padrões tradicionais dessa improvisação.

O códice

Até o início do cristianismo, a forma comum do livro no império era o rolo, composto de folhas de papiro coladas ou peles de animais costuradas de ponta a ponta para que pudessem ser enroladas formando um feixe [ilustração 19]. Como o papiro era caro, também era comum o uso de tabuletas de cera para escrita, que não precisavam ser preservadas por longos períodos de tempo [ilustração 48]. Posteriormente, os romanos substituíram as tábuas de cera por peças de pergaminho com formas semelhantes. Essa inovação foi precursora do códice. Um códice também pode ser composto de folhas de papiro ou peles de animais, unidas de um lado para que uma única folha de informação possa

48. Estilo romano e tábuas de cera para escrita reconstruídas.

Citação 114: [Zeferino] emitiu um decreto sobre a Igreja, e que as patenas de vidro [devem ser seguradas] na frente dos sacerdotes na igreja e que os ministros <devem segurá-las enquanto o bispo> celebra [a missa] com os sacerdotes de pé à sua frente. (*O livro dos pontífices*, 16)

Citação 115: [Urbano] fez que todos os objetos consagrados ao ministério fossem de prata e forneceu 25 patenas de prata. (*O livro dos pontífices*, 18)

ser exposta mais facilmente [ilustração 49]. Os cristãos não inventaram o códice, mas certamente aproveitaram seu desenvolvimento. A maioria dos manuscritos cristãos dos séculos II e III eram códices, enquanto a maioria dos outros manuscritos da época eram rolos.

Os judeus começaram a usar códices para muitos propósitos no século V da Era Comum, embora continuem usando rolos para a Torá até hoje. A preferência do cristianismo pelo códice pode ter sido puramente funcional: ter mais de um livro das Escrituras em um rolo pode ter se tornado muito pesado. Alguns livros das Escrituras Hebraicas, como o livro de Reis, foram divididos em dois livros porque não cabiam num único rolo. Alguns estudiosos especulam que os cristãos podem ter empregado o códice para unir os quatro evangelhos. Outros não ignoram a possibilidade de os cristãos adotarem o códice a fim de distinguir seus livros sagrados dos livros judeus e até da literatura secular do Império greco-romano. Quaisquer que sejam as razões, os cristãos adotaram uma forma de preservar escritos que se tornaria o padrão para o império no século IV e que teria um impacto imprevisto, porém significativo, no desenvolvimento do culto cristão [ilustração 50].

Resumo

Apesar do surgimento de alguns documentos litúrgicos escritos nesse período, o culto cristão do segundo e terceiro séculos não foi dominado por livros. Pelo contrário, este foi um período de improvisação, experimentação e significativa liberdade. À medida que o cristianismo crescia, desenvolveu-se uma tendência natural de regular e registrar tradições, ensinamentos e culto. Assim, um cânon do Novo Testamento tomou forma; surgiram modelos de orações eucarísticas e apareceram manuais pastorais para a vida e o culto da comunidade.

Tal como ocorreu com a arquitetura desse período, essas mudanças textuais e materiais contribuíram para mudar percepções. Assim como a comunidade e o edifício passaram a ser chamados de "igreja", não só a palavra falada, mas também a palavra escrita, começaram a ser identificadas como "evangelho". Durante as perseguições, não apenas os cristãos foram martirizados, mas seus edifícios foram destruídos e seus livros sagrados foram queimados. Esses objetos e edifícios serviram à comunidade em oração, mas também começaram a assumir identidades próprias.

RECIPIENTES

O desenvolvimento de espaços, música e livros – distintivos para um culto cristão cada vez mais definido – encontrou um paralelismo no de-

49. Representação do evangelista Mateus com um códice, ferramentas de escrita e uma caixa cheia de rolos, do *bema* São Vital em Ravena (547).

senvolvimento de recipientes cristãos específicos. De particular importância foram os empregados na Eucaristia, o ritual central e distintivo do cristianismo. A partir desse período, aparecem evidências documentais e iconográficas de recipientes cristãos característicos para pão e vinho. Essa evidência é, no entanto, escassa e fragmentária. Como o culto cristão nessa época era geralmente situado em ambiente doméstico, os recipientes empregados nesse culto eram geralmente de um tipo encontrado em qualquer casa ampla da região.

O pão e seus recipientes

Durante todo o cristianismo oriental e ocidental nesse período, as pessoas usavam para a Eucaristia o mesmo tipo de pão que assavam e consumiam em casa. Embora a tradição lembrasse que Jesus compartilhou pão sem fermento com seus discípulos durante a Última Ceia, esse detalhe não teve impacto aparente na Eucaristia Cristã primitiva. O que moldou esse ritual em evolução foi a lembrança de Jesus doando a si mesmo por meio de pão e vinho, em vez da lembrança de algum tipo específico de pão ou vinho. É provável que, à medida que os ritos da Eucaristia Cristã se desenvolviam, tenha havido uma preocupação natural em usar materiais de qualidade para esse ritual determinante. No entanto, as decisões sobre a qualidade de algo como pão e seus recipientes eram influenciadas pelo gosto e uso locais, e muitas vezes significavam selecionar o melhor que estava disponível em vez de criar algo completamente novo.

Recipientes para uso durante a Eucaristia. Tal como no primeiro século, cestas caseiras eram provavelmente recipientes para o pão da Ceia do Senhor [ilustração 51]. Pratos ou tigelas de cerâmica também eram provavelmente recipientes para guardar o pão [ilustração 52]. Surpreendentemente, é quase certo que pratos de vidro ou tigelas de vidro rasas também fossem usados [ilustração 53]. Como observado anteriormente, o vidro era uma mercadoria muito comum em todo o Mediterrâneo. Quando os dois grandes centros de fabricação de vidro do mundo antigo (Síria-Palestina e Egito) caíram sob o controle do Império Romano (62 e 30 a.C., respectivamente), os produtos e a produção de vidro se espalharam por todo o império e no Ocidente, onde não havia histórico anterior de produção de vidro. Uma fonte do século VI relata que um bispo de Roma do século terceiro chamado Zeferino (morto em 217) emitiu uma diretiva sobre recipientes de vidro para o pão eucarístico [citação 114]. A mesma fonte observa que outro bispo de Roma, Urbano I (morto em 230), doou patenas de prata para várias igrejas [citação 115]. Embora a precisão histórica de tais passagens seja incerta, é inquestionável que uma grande variedade de materiais, incluindo vidro,

50. Imagem de um jovem com um livro, do cemitério dos Santos Pedro e Marcelino, possivelmente do final do século III d.C.

51. Cestas do período romano, escavadas em Karanis, no Egito. (Kelsey Museum of Archaeology, Universidade de Michigan)

52. Cerâmica romana do primeiro ao segundo séculos d.C.

53. Artigo de vidro romano.

metais preciosos, madeira, cerâmica e possivelmente até ossos, tenha sido usada na feitura de recipientes para o pão eucarístico.

Recipientes para uso fora da Eucaristia. Desde muito cedo, o pão da celebração da Eucaristia na comunidade era enviado a membros que não podiam estar presentes. Como já vimos nos escritos de Justino Mártir, a Eucaristia era enviada pelos diáconos àqueles que não podiam participar da celebração dominical [citação 87]. Essa prática do século II é corroborada numa carta de Ireneu de Lyon (elaborada em cerca de 170) a Vítor, bispo de Roma (morto em 198), que relata como a Eucaristia era compartilhada entre as igrejas em Roma, ainda que nem todas observassem a mesma data para a comemoração anual da ressurreição [citação 116]. Afrescos nas catacumbas de Calisto, datadas do século II, mostram cestas de vime que podem ter sido usadas para esse fim [ilustração 54]. Um afresco do século III das catacumbas de Pedro e Marcelino em Roma mostra uma pequena caixa, possivelmente usada para o mesmo propósito. Essas caixinhas — às vezes chamadas de *arcae* (em latim, "caixas") ou *pyxis* (em grego, "caixas") — eram usadas no pescoço ou guardadas nas casas das pessoas. Frequentemente projetadas para guardar cosméticos, joias ou algum outro item valioso, elas poderiam ter servido facilmente como recipientes para o pão eucaristizado, enquanto este era transportado para aqueles que eram impedidos de se reunir com a assembleia dominical [ilustração 55]. Cipriano, bispo de Cartago, narra os resultados chocantes de uma mulher que tentou abrir sua própria *arca* depois de ter negado sua fé durante uma perseguição [citação 117]. Há evidências do século VI de que a Eucaristia era carregada por acólitos em sacos de linho. É bem possível que essa prática remonte aos primeiros séculos cristãos.

Em algumas ocasiões durante esse período e em alguns lugares, o pão eucaristizado era preservado após a Eucaristia dominical nas igre-

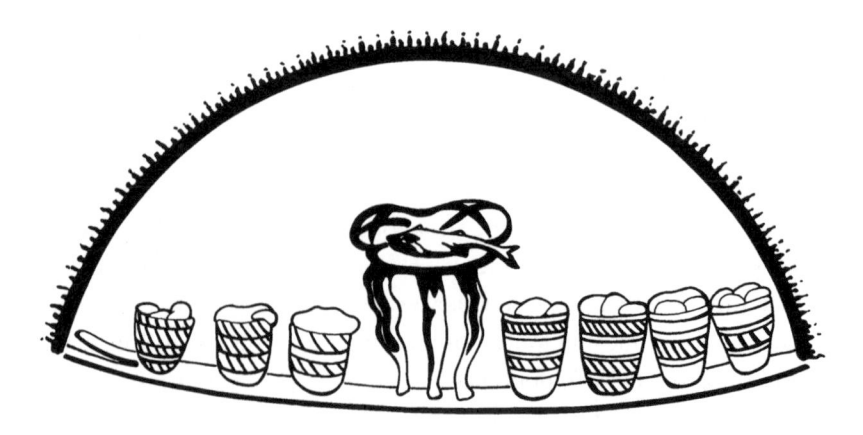

54. Cestas com pão eucarístico da catacumba de Calisto, do segundo ao terceiro séculos.

55. Píxide de osso do primeiro século.

jas domésticas ou nas casas das pessoas. Locais de armazenamento mais permanentes podem incluir armários e baús. A Eucaristia costumava ser embrulhada em pano ou colocada numa *arca* antes de ser armazenada num armário.

O vinho e seus recipientes

Desde a época de Jesus, os cristãos normalmente celebraram a Eucaristia com pão e uma taça de vinho. Também há evidências de que alguns grupos celebraram a Eucaristia com pão e água. Esses "aquarianos" (do latim *aqua*, água) podem ter seguido essa prática por causa de sua pobreza ou para fins ascéticos. Andrew McGowan acredita que as celebrações "ascéticas" da Eucaristia eram já antigas e bastante difundidas, com uma forte tradição em lugares como Cartago. Cada vez mais, porém, essa prática ritual foi rotulada como não ortodoxa e condenada, juntamente com os grupos que a praticavam. Cipriano, bispo de Cartago, conhecia bem a tradição "aquariana" e argumentou contra ela [citação 118].

Há também evidências, especialmente de fontes apócrifas [ilustração 45], de que a Eucaristia era celebrada apenas com pão, sem bebida. Embora isso muitas vezes tenha sido descartado como simplesmente uma prática gnóstica, David Power diz o contrário (p. 87s.). Pode ser, por exemplo, que os cristãos palestinos — vivendo e orando em forte contexto semítico em que a ênfase ritual estava na bênção do pão — dessem grande importância a uma bênção sobre o pão, que servia como meio dos dons da redenção. Por fim, algumas situações rituais exigiam que um copo de água e um copo de leite e mel estivessem presentes junto com a taça de vinho, principalmente na Eucaristia após o batismo

Citação 116: [...] os presbíteros diante de vós, mesmo que não o guardassem (isto é, o 14 de Nisan como a celebração anual) costumavam enviar a Eucaristia aos cristãos de dioceses que o guardavam. (Eusébio, *História eclesiástica*, 5.24.18)

Citação 117: Quando certa mulher, com mãos impuras, tentou abrir sua arca, na qual estava contido o corpo do Senhor, foi impedida por uma chama que subiu dela. (Cipriano [morto em 258], *De lapsi*, 26)

Citação 118: Sabeis, no entanto, que fomos avisados. Ao oferecer o cálice, a tradição dominical deve ser observada para que nada possa ser feito por nós além do que o Senhor fez por nós. O cálice que é oferecido em comemoração dele é oferecido misturado com vinho. Pois quando Cristo diz "Eu sou a videira verdadeira", o sangue de Cristo não é, de fato, água, mas vinho. (Cipriano, *Carta 63 a Cecílio* [253])

> Citação 119: E então a oferta seja levada pelos diáconos ao bispo: e ele dará graças sobre a [...] taça misturada com vinho pelo antítipo [...] do sangue que foi derramado por todos que creram nele; graças pelo leite e mel misturados em cumprimento da promessa que foi feita a nossos pais, na qual ele disse "uma terra que mana leite e mel" [...] e pela água como uma oferta para significar a ablução, de modo que também o homem interior, que é a alma, possa receber as mesmas coisas que o corpo.
> (Hipólito, *Tradição apostólica*, 21, in: Jasper; Cuming, *Prayers of the Eucharist*)

[citação 119]. Enquanto o texto da *Tradição apostólica* fornece alguns dos mais famosos indícios para essa prática, outros ensinamentos legislativos da época condenando essa prática confirmam que pelo menos esse aspecto da *Tradição Apostólica* reflete a prática real [citação 120]. No final do período da igreja doméstica, a presunção ortodoxa era de que a Eucaristia só era apropriadamente celebrada com pão e vinho.

Enquanto muitas fontes literárias falam sobre o uso do vinho na Eucaristia, Tertuliano é um dos primeiros escritores após o Novo Testamento a mencionar a taça ou o cálice em conexão com esse ritual. Ele também observa que pelo menos um cálice foi decorado com uma imagem do "Bom Pastor" [citação 121]. Isso não significa que o cálice em questão foi fabricado para o culto cristão, pois a imagem de um jovem pastor era popular nas sociedades pastorais e agrícolas do Mediterrâneo [ilustração 56]. A taça pode ter sido fabricada sem intenção cristã e depois os fiéis teriam se apropriado dela para uso no culto.

Embora Tertuliano não fale nada sobre o material ou a forma da taça em questão, outras fontes confirmam que vidro, metais preciosos, madeira, osso e certas pedras como o ônix foram usados na fabricação dessas taças. Ireneu de Lyon é lembrado por ter criticado o herege Marcos, que celebrou uma eucaristia inaceitável com um cálice de vidro [citação 122]. Contudo, não parece que o uso do vidro tenha algo a ver com a inaceitabilidade da Eucaristia.

Metais preciosos foram usados para recipientes rituais cristãos com crescente frequência ao longo dos séculos. O testemunho sobre Urbano I, que dá um presente de vasos e patenas de prata à igreja de Roma [citação 115], e o inventário de recipientes na narrativa da perseguição do século IV à igreja no norte da África [citação 95] confirmam isso. Inicialmente, recipientes fabricados para outros fins foram adotados para uso no culto cristão [ilustração 57]. Posteriormente, as taças destinadas especificamente à Eucaristia Cristã foram confeccionadas com materiais preciosos, embora cálices de vidro, pedra, madeira e ossos continuassem sendo usados até a Idade Média.

Como o uso de uma única taça durante a Eucaristia era altamente valorizado nessa época [citação 123], seu tamanho teria sido proporcional ao número de fiéis que se reuniam para o culto. Cálices grandes o suficiente para servir setenta e cinco pessoas ou mais seriam necessários em algumas igrejas domésticas maiores, enquanto algumas reuniões menores poderiam ter usado uma taça simples e sem haste ou até mesmo uma tigela. Joseph Braun acredita que as taças de asa dupla provavelmente foram usadas para a Eucaristia durante esse período. Embora nenhum exemplo desse tipo de cálice eucarístico dessa época tenha sobrevivido, Braun oferece essa conjectura com base em exemplos de cálices de asa dupla de um período posterior e em peças remanescentes de famílias do período pré-Constantiniano [ilustração 58].

56. Estátua do bom pastor.

Braun também observa o caráter prático desse formato de taça para uso comunitário.

Resumo

Nesta era da igreja doméstica, os recipientes para a Eucaristia se originaram como elementos domésticos. Uma cesta de vime e uma tigela de madeira seriam suficientes em muitas situações. Como as grandes residências dos ricos também eram locais para a Eucaristia Cristã durante esse período, as preciosas taças, bandejas, tigelas de vidro e outros recipientes dessas famílias também eram, sem dúvida, usados no culto. A aquisição de edifícios especificamente reservados para o trabalho e o culto da comunidade, com locais de armazenamento especiais para os materiais empregados no culto, é paralela ao desenvolvimento dos próprios recipientes. Num edifício especialmente reformado ou, posteriormente, num edifício construído para o culto, não seria surpreendente encontrar recipientes fabricados especificamente para a Eucaristia, às vezes feitos dos mais finos materiais. Esses recipientes refletiriam o tamanho, os meios e as necessidades da comunidade a que serviam.

57. Artigo de vidro romano, do primeiro ao terceiro séculos.

58. Exemplo de uma taça para beber, de duas asas, do Império Romano pré-constantiniano.

TEOLOGIA EUCARÍSTICA

O período doméstico foi de enorme crescimento e progressiva diversificação para a jovem igreja. É possível reconhecer tanto a continuidade quanto a descontinuidade entre essa época e a do Novo Testamento em coisas tais como as estruturas do ministério, as práticas de culto e as emergentes teologias da Eucaristia.

A persistência do pensamento eucarístico da era anterior é evidente, por exemplo, no uso contínuo e generalizado da linguagem sacrificial para refletir sobre a Ceia do Senhor. Ireneu de Lyon é um dos muitos líderes da Igreja que fala continuamente da Eucaristia em termos de sacrifício [citação 124]. Embora as diversas maneiras pelas quais os primeiros autores cristãos empregaram a linguagem e a imagem do sacrifício difiram do Novo Testamento em alguns aspectos, há uma tendência geral de continuar falando do sacrifício como sendo primariamente um "sacrifício espiritualizado". Essa abordagem enfatiza a importância da disposição do devoto e enfatiza que a própria vida cristã deve ser um sacrifício vivo de louvor, em imitação da vida de Cristo. No entanto, há também uma mudança distintiva no pensamento sacrificial nesse período, especialmente evidente nos escritos de Hipólito. Para Hipólito, o sacrifício é menos uma metáfora para a vida cristã — uma metáfora dominante na era anterior — do que o arcabouço adequado para entender a Eucaristia [citação 125]. Embora não seja uma

Citação 120: Se algum bispo ou presbítero usou qualquer outra coisa no sacrifício no altar menos o que o Senhor ordenou, ou seja, mel ou leite ou uma cerveja forte em vez de vinho [...] que ele seja deposto. (*Cânones Apostólicos* [século IV], cânon 3, in: Funk I: 564)

Citação 121: Talvez o pastor que representas no cálice te favoreça. (Tertuliano, *Sobre a pureza*, 10,2)

> Citação 122: Fontes relatam que três cálices de vidro são preparados com vinagre branco ao qual se adiciona vinho branco. (Epifânio [morto em 403], *Panarion*, 34.1, com base em relatório de Ireneu de Lyon)
>
> Citação 123: Portanto, tende cuidado em usar uma só Eucaristia (pois há uma só carne de nosso Senhor Jesus Cristo e uma só taça para a união com o sangue dele, um só altar, como há um só bispo com o presbitério e os diáconos meus companheiros de serviço), para seja o que for que o façais de acordo com Deus. (Inácio de Antioquia, Carta aos filadelfos, 4 in: *Os Padres apostólicos*, p. 243)
>
> Citação 124: Sacrifício puro e aceito por Deus é a oblação da Igreja, tal como o Senhor lhe ensinou a oferecer em todo o mundo. Não por necessitar de nosso sacrifício, e sim porque o ofertante se enche de glória quando o seu dom é aceito. (Ireneu, *Contra as heresias*, 4.18.1)
>
> Citação 125: [Em Hipólito] A ideia do sacrifício cristão [...] começara a se deslocar da vida prática, da vida cristã, para a celebração litúrgica pública da Eucaristia na Igreja. A ideia dominante no Novo Testamento, de que a vida e a atividade do povo cristão são, elas mesmas, o sacrifício que eles oferecem, nem parece ser mencionada em Hipólito. Parece ser totalmente substituída pela ideia da Eucaristia como sacrifício, no qual o ato sacrificial central é o *Logos* divino, oferecendo seu corpo e sangue encarnados (e eucarísticos) ao Pai. (Daly, *The Origins of the Christian Doctrine of Sacrifice*, p. 133s.)

tendência dominante nos primeiros séculos, esse desenvolvimento sugere uma fase posterior do cristianismo, quando será possível discorrer extensivamente sobre a Eucaristia sem fazer referência às implicações eucarísticas para a vida cristã.

Pode-se também traçar a continuidade e a descontinuidade entre esse período e o anterior em relação aos outros conceitos-chave explorados no final do último capítulo. Por exemplo, vestígios de uma "espiritualidade *berakah*" ainda são detectáveis na postura contínua de gratidão da comunidade pela generosa iniciativa de Deus em Jesus. Ao mesmo tempo, contudo, há uma crescente preferência cristã por uma linguagem de "ação de graças" em vez de "bênção". Nos séculos seguintes, isso contribuirá para uma abordagem de bênção predominantemente intercessora, mais focada em pedir a Deus que santifique algo, em vez de uma admissão grata da santidade implícita de toda a criação de Deus.

A reflexão teológica durante esse período também continuou a enfatizar que a Eucaristia é um memorial vivo da aliança insuperável de Deus, revelada na morte e ressurreição do Senhor. Uma das maneiras pelas quais este memorial começa a evoluir ao longo dos séculos II e III é uma diminuição da ênfase em todo o ministério à mesa de Jesus ou nas histórias de multiplicação como símbolos-chave dessa aliança, com maior ênfase na Última Ceia como a pedra de toque ritual para este memorial. Ritualmente, isso será evidenciado com a introdução da narrativa da instituição na oração eucarística, lembrando explicitamente a refeição final de Jesus como a principal garantia da continuação da prática eucarística na comunidade. Parece, contudo, que esse desenvolvimento ritual só será concretizado após a ascensão de Constantino, pois aparentemente não existe oração eucarística antes do século IV que contenha uma narrativa da instituição como parte original e integrante dessa oração [citação 126].

A compreensão da Eucaristia como um encontro ritual no amor reconciliador também se desenvolve de novas maneiras durante esses séculos. A Eucaristia, em particular, torna-se crucial para reconciliar os fiéis que cometeram pecados graves, o que nessa época normalmente significava ter feito algo para romper seriamente a unidade da comunidade, como, por exemplo, negar os ensinamentos fundamentais sobre Cristo. Nesses casos, a pessoa que desejasse se reconciliar era temporariamente excluída da comunhão à mesa; daí a palavra posterior "excomunhão" ou o ato de ser excluído da comunhão. Após um período apropriado de penitência, o fiel era convidado de volta ao compartilhamento eucarístico, que efetivamente estabelecia a renovação de sua comunhão. Assim, muito antes do desenvolvimento de qualquer sacramento de penitência distintivo, a Eucaristia emergiu como o sacramento original eclesiástico da contínua reconciliação.

Além de considerar *o que* os cristãos disseram sobre a Eucaristia e a prática eucarística durante essa época, também é instrutivo examinar *como* as pessoas tentaram refletir ou ensinar sobre a Eucaristia. Três abordagens diferentes para explicar esse mistério são de particular interesse. Embora houvesse alguma continuidade com os estilos de reflexão teológica ou catequese que podem ser detectados no Novo Testamento, o segundo e o terceiro séculos foram tempos de grande inovação no pensamento eucarístico.

TIPOLOGIA E ANALOGIA

Entre as várias abordagens empregadas para desdobrar os significados da Eucaristia na igreja primitiva, a mais comum foi a abordagem tipológica. Em grego, a palavra *typos* significava uma impressão ou marca visível deixada por um golpe ou pela aplicação de pressão; assim, a marca deixada pelo cinzel de um escultor seria um *typos*. Por extensão, a palavra passou a significar uma imagem, figura, padrão ou modelo. Uma forma primitiva de teologização cristã consistia em selecionar padrões ou modelos das Escrituras hebraicas e aplicá-los a Cristo, à Igreja, ao culto cristão ou contrastá-los. Assim, por exemplo, Cristo é imaginado como o "cordeiro pascal" (1 Cor 5,7), os seguidores de Jesus são chamados para uma "nova aliança" (Hb 8,13) e "o pão da vida" (Jo 6,35) se distingue do "maná no deserto" (Jo 6,31).

Esse estilo de teologização, que já existia nas Escrituras Hebraicas, é bastante proeminente durante o período da igreja doméstica. Embora não seja um tipo de teologia extremamente exigente — às vezes, como observa David Power, reduzido a nada mais do que à prática do texto-prova —, esse modo de pensar imaginativo e simbólico era uma ferramenta poderosa para a comunidade primitiva. Permitiu a ela manter vínculos com suas raízes judaicas e permanecer ancorada nas Escrituras hebraicas, consentindo ao mesmo tempo que os seguidores de Jesus se distinguissem de Cristo e se definissem nele. Isso só pode se tornar problemático quando se toma o "tipo" de maneira demasiadamente literal. Assim, a "semelhança na diferença" é tanto um traço distintivo como uma tensão inerente às explicações tipológicas. Por exemplo, um dos "tipos", ou imagens, mais evocados da Eucaristia das Escrituras hebraicas é a oferta que Melquisedec fez após a vitória de Abrão sobre Codorlaomor [citação 127]. Cipriano de Cartago emprega a imagem de Melquisedec numa de suas epístolas, em que ele traça paralelos entre a oferta de Melquisedec e a oferta de Cristo e, ao mesmo tempo, enfatiza a natureza característica e única do sacerdócio de Cristo e sua oferta [citação 128].

Citação 126: Não existe uma única oração eucarística pré-nicena que comprovadamente contenha as Palavras da Instituição, e hoje muitos estudiosos sustentam que as orações eucarísticas mais primitivas e originais eram bênçãos breves e contidas, sem Narrativa da Instituição ou Epiclese. (Taft, p. 493)

Citação 127: Foi Melquisedec, rei de Shalêm, que forneceu pão e vinho. Ele era sacerdote de Deus, o Altíssimo, e abençoou Abrão dizendo: "Bendito seja Abrão pelo Deus Altíssimo que cria céu e terra! Bendito seja o Deus Altíssimo que entregou teus adversários às tuas mãos!" (Gn 4,18-20)

59. O sacrifício de Abel, Melquisedec e Abraão, e São Apolinário em Classe, Ravena (século VI).

Citação 128: Também no sacerdote Melquisedec vemos prefigurado o sacramento do sacrifício do Senhor, de acordo com o que a Escritura divina testemunha, e diz: "E Melquisedec, rei de Shalêm, trouxe pão e vinho". Ora, ele era um sacerdote de Deus supremo e abençoou Abraão. E o Espírito Santo declara nos Salmos que Melquisedec portava um tipo de Cristo. [...] Pois quem é mais sacerdote do Deus Altíssimo que nosso Senhor Jesus Cristo, que ofereceu um sacrifício a Deus Pai, e ofereceu exatamente a mesma coisa que Melquisedec havia oferecido, isto é, pão e vinho, ou seja, Seu corpo e sangue? [...] Em Gênesis, portanto, para que a bênção, a respeito de Abraão por Melquisedec, o sacerdote, seja devidamente celebrada, precede a figura do sacrifício de Cristo, a saber, conforme ordenada, em pão e vinho, e assim Aquele que é a plenitude da verdade cumpriu a verdade da imagem prefigurada. (Cipriano, *Carta 63 a Cecílio* [253])

A reflexão tipológica estava estreitamente relacionada à teologização por meio de imagens ou metáforas que não eram tomadas de empréstimo das Escrituras Hebraicas. Essa reflexão por analogia, bastante comum nesse período, empregava imagens cotidianas como metáforas da Eucaristia. Assim, a Eucaristia era imaginada como uma espécie de remédio, antídoto para o pecado, alimento para a jornada, e como dádiva divina. Essa abordagem pouco sofisticada, porém eficaz, poderia ser considerada um tipo de teologização popular muito acessível aos crentes comuns. Também era bastante apropriada para os crentes que instintivamente pensavam em termos simbólicos e não manifestavam muita necessidade de explicações detalhadas ou bem fundamentadas. Posteriormente, esse estilo simbólico e metafórico de teologizar caiu em desuso com os teólogos do Ocidente, mas continuou a capturar a imaginação dos fiéis comuns. Assim, a iconografia e as artes plásticas no cristianismo, que desde o início são altamente simbólicas, continuam a se basear em imagens amadas para apresentar às pessoas o mistério eucarístico [ilustração 59].

Uma virada para a filosofia

Enquanto os cristãos do segundo e terceiro séculos continuaram a teologizar com base nas Escrituras hebraicas e nas imagens da vida cotidiana, também houve um desenvolvimento muito diferente na teologia cristã naquela época. Tratava-se de uma virada em direção às importantes filosofias da época como recurso para explicar e explorar o cristianismo. Esse movimento dentro do cristianismo corria paralelamente a uma tendência detectável em todo o Império Romano. Como Gary Macy resume, as pessoas instruídas, nesse período, estavam se afastando cada vez mais das religiões clássicas da Grécia e de Roma e adotando como crenças pessoais os ensinamentos dos grandes filósofos da Grécia antiga. No entanto, enquanto muitos estavam passando das religiões clássicas para as filosofias da época, outros, como Justino Mártir, consideravam essas filosofias insatisfatórias e se voltaram para o cristianismo, em busca de respostas para a vida [citação 129]. Justino não apenas se voltou para o cristianismo, mas foi também um dos primeiros cristãos a ser lembrado como alguém que conscientemente construiu uma ponte entre as filosofias da época e a crença cristã.

Embora houvesse uma série de filosofias proeminentes no Império greco-romano desse período, foi cada vez mais o pensamento associado a Platão (morto em 347 a.C.) que influenciou pensadores cristãos como Justino. Embora o platonismo passe por uma série de desenvolvimentos ao longo dos séculos — e os estudiosos façam uma distinção entre platonismo, médio platonismo e neoplatonismo —, certas características

Citação 129: [...] uma chama foi acesa em minha alma; e o amor pelos profetas e por aqueles homens que são amigos de Cristo me possuiu; e, enquanto revolvia suas palavras em minha mente, julguei que apenas essa filosofia era segura e aproveitável. Assim, e por esse motivo, sou filósofo e gostaria que todos tivessem o mesmo sentimento que eu e não abandonassem os ensinamentos do Salvador. (Justino Mártir, *Primeira Apologia*, 8, in: Jasper; Cuming, Orações *da Eucaristia*)

60. Detalhe do afresco de Rafael *A Escola de Atenas* (Vaticano, 1510-1511); Platão, à esquerda, e Aristóteles, à direita. Platão aponta para os céus, indicando sua crença na verdade das formas ou ideais "acima" ou fora do domínio dos sentidos, enquanto Aristóteles gesticula em direção à terra, indicando seu interesse pelo mundo ao nosso redor, que pode ser apreendido pelos sentidos.

duradouras dessa linha filosófica a tornaram bastante receptiva ao pensamento cristão emergente. Um dos aspectos mais atraentes da filosofia platônica para os pensadores cristãos foi a teoria do conhecimento de Platão. O filósofo faz um nítido contraste entre o mundo dos sentidos e o mundo superior das "ideias" ou formas. Ele acreditava que o conhecimento adquirido por meio dos sentidos era imperfeito e não confiável. O verdadeiro conhecimento, de acordo com Platão, vem através do intelecto, pois é apenas a mente que pode captar o que é essencialmente real [ilustração 60].

A ênfase de Platão na verdadeira percepção como uma questão mais de mente do que de sentidos ofereceu uma estrutura pronta para expor as realidades espirituais da fé cristã aos incrédulos. Em termos da Eucaristia, por exemplo, forneceu uma construção filosófica crível para explicar como os elementos eucarísticos poderiam realmente ser o corpo e o sangue de Cristo, quando pareciam ser apenas pão e vinho para os sentidos. De um modo geral, portanto, as várias formas da filosofia platônica foram úteis para os cristãos em sua tentativa de negociar uma relação plausível e acessível entre o mundo físico e o espiritual, e por afirmarem a importância de uma disposição interior ou espiritual, em vez de exterior e material. Esta não era uma luta nova no judaísmo-cristianismo. Antes, por exemplo, havíamos observado como os profetas hebreus enfatizavam a noção de que o essencial no sacrifício não eram seus aspectos físicos, mas a disposição interior que idealmente acompanhava esse sacrifício [citação 69]. Agora, os cristãos tinham um veículo para estender esse entendimento por meio de uma filosofia amplamente aceita em todo o império e não enraizada no judaísmo.

A filosofia de Platão afetou até mesmo a maneira como os teólogos cristãos usaram a tipologia. No centro teológico de Alexandria, por exemplo, Clemente de Alexandria e seu discípulo Orígenes (morto em cerca de 254) desenvolveram uma abordagem mais filosófica e decididamente platônica da tipologia. Como David Power resume, essa abordagem dá primazia à vida do espírito e vê o espírito como limitado e embaraçado pelo corpo; assim, os eventos históricos relatados nas Escrituras não valem muito por si mesmos. Embora as Escrituras tenham um sentido literal e contem histórias verdadeiras, é o sentido espiritual delas que será considerado mais importante.

A manobra inovadora de empregar filosofias seculares da época foi uma mudança efetiva e, em última análise, sísmica para a teologia cristã no Ocidente. Essas filosofias forneceriam uma plataforma para a teologia eucarística, por exemplo, que não estava mais ancorada em textos bíblicos, em sabedoria popular ou na prática humana. Em vez disso, o suporte para tal teologia seria uma série de abstrações e sistemas de ideias, que acabaria por se distanciar bastante dos processos de pensamento dos crentes comuns. A filosofia se tornaria a "serva" da teologia e, em muitos estágios do pensamento cristão, a construção de qualquer teologia eucarística seria impossível sem ela. Mesmo em nossos dias, o legado de Justino e dos outros "teólogos filosóficos" de sua época perdura. Nos Estados Unidos, por exemplo, nenhum candidato pode avançar para a ordenação presbiteral sem formação filosófica obrigatória equivalente ao diploma de bacharel em filosofia.

Latim e *Sacramentum*

Outro desenvolvimento significativo nesse período foi o surgimento do latim como língua para o culto e a teologia cristãos. Enquanto Jesus provavelmente falava um pouco de grego, a língua principal de Jesus e seu círculo estreito de discípulos era o aramaico, uma língua semítica intimamente relacionada ao hebraico e que se tornara a língua comum dos judeus na Palestina. No entanto, a língua de uso geral no império era o grego, que também se tornou a língua dominante do cristianismo emergente. Todos os livros do Novo Testamento foram escritos em grego. O culto cristão, é claro, não estava confinado ao grego, aramaico ou hebraico, sendo conduzido em qualquer idioma que servisse à comunidade local. A imagem do Pentecostes de Lucas em Atos dos Apóstolos fornece uma imagem metafórica da multiculturalidade do cristianismo emergente [citação 130]. O fato surpreendente para alguns é que a teologia transcultural e o culto multicultural não são desenvolvimentos do final do século XX, mas a base da experiência cristã emergente.

O latim era uma língua antiga levada à península italiana por pessoas do norte. Tornou-se a língua da Roma antiga e, à medida que a influência do Império Romano se expandia, viria a se tornar a língua dominante da Europa Ocidental. Mas não havia alcançado esse domínio no primeiro século do cristianismo. É verdade que o latim era a primeira língua dos administradores romanos, até mesmo na Palestina, como é evidenciado pela passagem no evangelho de João que relata como Pilatos afixou um sinal em hebraico, latim e grego à cruz de Jesus [citação 131]. Embora o latim não fosse uma língua dominante do cristianismo emergente, ganhou destaque durante o período da igreja doméstica. A notável latinisita Christine Mohrmann (morta em 1988) acredita que isso aconteceu, em parte, porque os cristãos se consideravam cada vez mais uma "terceira raça", distinta dos gentios e judeus. O uso do latim foi uma maneira importante de os cristãos se distinguirem (Mohrmann, p. 32). A adoção do latim como veículo cada vez mais distintivo do cristianismo ocidental teria um efeito claro e duradouro na teologia cristã em geral e na teologia eucarística em particular.

Assim como não se pode tomar de empréstimo uma estrutura filosófica sem que essa estrutura influencie as ideias a serem comunicadas,

---

Citação 130: Ora, em Jerusalém, residiam judeus piedosos, vindos de todas as nações que existem sob o céu. Ao rumor que se propagava, a multidão se reuniu e ficou toda confusa, pois cada um os ouvia falar em sua própria língua. Perplexos e maravilhados, eles diziam: "Todos esses que falam não são galileus? Como é que cada um de nós os ouve em sua língua materna? Partos, medos e elamitas, habitantes da Mesopotâmia, da Judeia e da Capadócia, do Ponto e da Ásia, e da Frígia e da Panfília, do Egito e da Líbia Cirenaica, os de Roma aqui residentes, todos, tanto judeus como prosélitos, cretenses e árabes, nós os ouvimos anunciar em nossas línguas as maravilhas de Deus!". (At 2,5-11)

Citação 131: Pilatos redigira um letreiro que mandou afixar sobre a cruz: ele trazia esta inscrição: "Jesus, o Nazoreu, rei dos judeus". Muitos judeus puderam ler este letreiro, porque o lugar onde Jesus tinha sido crucificado ficava próximo da cidade, e o texto estava escrito em hebraico, latim e grego. (Jo 19,19-20)

também não se pode empregar uma língua sem que a própria língua tenha uma influência semelhante. Uma das maneiras pelas quais esse processo de "latinização" afetará o pensamento cristão é pela tradução e adaptação de textos gregos como o Novo Testamento. Por exemplo, o Novo Testamento grego não fala sobre "sacramento", mas sobre *mysterion*. *Mysterion*, que ocorre vinte e sete vezes no Novo Testamento, é uma palavra difícil de traduzir. Era um termo empregado na filosofia grega e nos cultos antigos de mistério para designar ritos nos quais os devotos de um deus celebravam e participavam do destino do deus. Na tradução grega das Escrituras hebraicas conhecida como Septuaginta, a palavra aparece nove vezes e assume o sentido de um mistério divino no processo de ser totalmente revelado no futuro [citação 132]. No Novo Testamento, o termo ocorre quando Jesus explica o propósito das parábolas (por exemplo, Marcos 4,11) ou quando Paulo fala de Cristo como o "mistério de Deus" (Cl 2,2), mas nunca é usado para descrever ou explicar o culto.

Uma das traduções mais comuns do *mysterion* grego foi o latim *sacramentum*. A palavra *sacramentum,* como usada pelos romanos, tinha numerosos significados legais. Por exemplo, poderia designar uma quantia em dinheiro que as partes de uma ação judicial deveriam depositar com um magistrado antes que a ação fosse adiante. A conotação "sagrada" da palavra (do latim *sacra*, santo) vem da prática de transferir o dinheiro da parte derrotada ao Estado para fins religiosos. Outro significado comum da palavra era o de juramento [citação 109], particularmente aquele que tropas recém-alistadas faziam ao imperador. De acordo com Edward Malone, os soldados recém-iniciados também recebiam algum tipo de marca de identificação (por exemplo, uma marca com ferro quente ou tatuagem) e muitas vezes ganhavam um novo nome do exército. Esses três atos (juramento, marca de identificação e registro do novo nome) foram chamados de *sacramenta miliciae* (literalmente, "sacramentos militares"). Posteriormente, esses atos encontrariam analogias claras na iniciação de cristãos que professariam um credo, receberiam uma "marca indelével" na alma e receberiam um nome cristão. No entanto, mais importante para a história da sacramentalidade cristã foi o empréstimo da palavra *sacramentum* por parte de escritores latinos como Tertuliano — filho de um soldado que compreendia a gama de significados legais e políticos dessa palavra. Tomando essa palavra emprestada, Tertuliano inadvertidamente introduz conotações legais num entendimento cristão de culto que não existiam com o termo grego *mysterion*. No longo prazo, o resultado desse e de muitos desenvolvimentos paralelos seria o surgimento de um enorme *corpus* de literatura canônica abordando questões sacramentais. Esse é apenas um exemplo em que a virada para o latim e o empréstimo de termos seculares moldariam significativamente a teologia eucarística e sacramental.

Citação 132: Daniel respondeu na presença do rei e disse: "O mistério sobre o qual o rei se interroga, nem sábios, nem feiticeiros, nem magos, nem adivinhos conseguem expor ao rei. Mas há um Deus no céu que revela os mistérios e ele deu a conhecer ao rei Nabucodonosor o que acontecerá no futuro. Teu sonho e as visões do teu espírito no teu leito aqui estão". (Dn 2,27-28)

Citação 133: Os sacerdotes não tinham espaço sagrado para salvaguardar ou guiar para dentro e para fora por meio de ritos de passagem. Portanto, seu papel e importância mudaram. Mais importante ainda, toda a terra da Babilônia, onde os israelitas viviam, era impura de acordo com suas leis de pureza. Isso significava que o *status* religioso de todas as pessoas tinha de ser determinado de uma nova maneira [...] Era mais provável que, naquele tempo, a integridade pessoal e a lealdade à aliança, que sempre foram elementos importantes na religião de Israel, tivessem assumido significado elevado. Estas se tornaram os critérios para determinar a pureza religiosa necessária para entrar na presença de Deus. A conformidade a esses padrões decorria de uma decisão tomada livremente pelo indivíduo, e não de um padrão fixo imposto pelo grupo. Assim, os padrões significativos, porém restritivos, de pureza cultual deram lugar às demandas mais abrangentes da fidelidade à aliança. (Bergant, *Come Let Us Go up to the Mountain of the Lord*, p. 24)

Espiritualização

Outra tendência teológica nesse período inicial é a que poderia ser chamada de espiritualização. Observamos anteriormente essa tendência ao discutir o conceito em desenvolvimento de sacrifício durante esse período. A espiritualização do conceito de sacrifício em relação à Eucaristia significou uma ênfase na disposição do fiel, e não nos aspectos físicos do rito. Nesse sentido, a Eucaristia poderia continuar sendo entendida como um sacrifício, embora houvesse pouca ou nenhuma continuidade ritual reconhecível entre a Eucaristia e os sacrifícios do judaísmo.

Essa tendência à espiritualização não era um desenvolvimento distintamente cristão; e, certamente, era evidente no judaísmo. A esse respeito, o período após a destruição do templo de Jerusalém em 70 d.C. foi análogo àquele momento anterior na história judaica (587 a.C.), quando Jerusalém foi capturada, o templo foi contaminado e o culto sacrificial suspenso [citação 133]. Em ambas as situações, os líderes judeus foram forçados a repensar o culto. Uma das maneiras como isso aconteceu foi pela ênfase crescente nas atitudes internas e na integridade pessoal dos fiéis, e não na correção legal ou rubrical do culto. Essa ênfase no espírito ou na disposição adequada era um recurso importante para o judaísmo na Era Comum, quando seu centro cultual passou do templo para a sinagoga e o sacrifício físico foi substituído pela oração falada [citação 134].

De maneira paralela, as emergentes teologias cristãs do culto põem ênfase distintiva sobre os aspectos espirituais, e não físicos, do rito. A intenção certa, não a execução adequada das rubricas, é o que marca a Eucaristia Cristã desde o seu início [citação 20]. Embora surjam requisitos físicos para a Eucaristia Cristã, como pão e uma taça de vinho, os primeiros textos cristãos enfatizam que esses são alimentos e bebidas espirituais destinados a nutrir os fiéis para que vivam eternamente [citação 135].

Resumo

O culto cristão e as incipientes teologias cristãs enfatizam a importância do reino de Deus e da vida não para este mundo, mas para o próximo. Em suas origens, o cristianismo é o que James Russell chama de religião "rejeitadora do mundo" e orientada para a salvação, cujos seguidores estão seriamente focados em transcender sua existência terrena. Os crentes nessa postura de fé abraçariam ansiosamente o martírio, tão comum nos primeiros séculos do cristianismo. Essa comunidade seria igualmente receptiva ao diálogo com o platonismo, que também marcou este período. Em termos de teologia e prática eucarística, essa abordagem espiritual, que rejeita o mundo, enfatizou questões de ética e integridade pessoal na prática eucarística. Embora tenha havido al-

---

Citação 134: A atitude espiritual tanto dos rabinos, como das massas poderia ser descrita da seguinte maneira: "Nós somos absolutamente inúteis e agora somos privados até das formas anteriores de encontrar favor contigo. Antes havia um templo, e podíamos oferecer sacrifício lá, mas agora não existe mais; portanto devemos sacrificar nossa carne e sangue [...] Somos santificados em tudo o que fazemos por amor e lealdade a ti". (Nuesner, *There We Sat Down*, p. 88s.)

Citação 135: O décimo capítulo da *Didache* fornece a seguinte oração que pode ter sido usada para a Eucaristia: Nós te agradecemos, Pai santo, por teu santo nome porque fizeste um tabernáculo em nossos corações, e pelo conhecimento e fé e imortalidade, que tornaste conhecidos a nós por meio de Jesus, teu Servo; a ti seja para sempre a glória. Tu, Mestre todo-poderoso, criaste todas as coisas por amor de teu nome; tu deste comida e bebida aos homens para o prazer deles, para que pudessem dar-te graças; mas para nós nos deste de boa vontade alimento e bebida espirituais e vida eterna mediante teu Servo. Antes de todas as coisas nós te agradecemos, pois és poderoso; a ti seja para sempre a glória. Lembra-te, Senhor, de tua Igreja, para livrá-la de todo o mal e para torná-la perfeita em teu amor, pois a reúniste desde os quatro ventos e a santificaste para o teu reino que preparaste para ela; pois são teus o poder e a glória para sempre. (Audet, *La Didachè*)

guma atenção às normas para procedimentos e materiais a serem usados no culto, esles eram claramente secundários frente à ênfase no alimento espiritual e à continuidade entre oração e vida cristãs.

Mesmo nos primeiros séculos, o cristianismo iniciou crentes e encontrou culturas que eram mais "aceitadoras do mundo" do que "rejeitadoras do mundo". Encontros contínuos com essas culturas acabariam transformando o cristianismo e seu culto. Desse modo, nos próximos séculos, houve maior atenção aos aspectos tangíveis do culto, como também maior regulação deles. Houve até mesmos ensinamentos sobre a presença de Cristo na Eucaristia enfatizando a presença de seu corpo terreno sob as aparências de pão e vinho. Tais desenvolvimentos estarão distantes dos primeiros instintos cristãos de enfatizar a natureza espiritual, transmundana e ética do culto cristão e da vida cristã.

JÚLIA

Vozes do átrio despertaram Júlia de um sono profundo. No princípio, ela ficou confusa com a agitação do lado de fora da janela. Então se lembrou de que era domingo. Essa manhã haveria outra reunião na vila de seus pais em Antioquia.

Júlia estava acostumada a multidões na vila. Quando era muito jovem, seus pais costumavam organizar festas elaboradas, que duravam muito tempo até a noite. Os importantes amigos de seu pai, dignitários visitantes e às vezes um cocheiro famoso passavam horas jantando, debatendo questões não resolvidas no conselho da cidade ou ouvindo as odes do mais novo poeta de Antioquia. De seu quarto com vista para o átrio, Júlia costumava observar as multidões, desejando que todos voltassem para casa para que ela pudesse dormir. Mas depois que completou oito anos de idade, nenhuma reunião noturna barulhenta havia sido realizada na vila. Foi nesse ano que ela e seus pais foram batizados. Agora, multidões chegam à vila apenas para as manhãs de domingo.

Júlia gostaria de ter ficado na cama mais um pouco esta manhã, mas agora que tinha doze anos seus pais julgaram importante que ela recebesse os convidados. Enquanto Júlia penteava os cabelos, ela se perguntava quem poderia se juntar a eles hoje. Sempre havia velhos amigos para saudar e estranhos para receber. Alguns eram de famílias importantes e ricas, enquanto outros eram muito pobres. A mãe de Júlia havia lhe ensinado que era importante tratar a todos da mesma forma, até mesmo seus servos.

O ritual desta manhã seria familiar. Depois de amigos e estranhos serem bem recebidos, a comunidade se reunirá no jardim com Aniceto, seu bispo. A reunião começa com notícias de outras comunidades de fiéis de todas as províncias. Às vezes, há notícias tristes sobre algumas pessoas que foram presas ou até mesmo mortas por causa de sua crença. Outras vezes, há histórias de conversões ou curas prodigiosas. Após essas histórias de fé, Aniceto convida a comunidade à oração. Então eles se sentam no chão e ouvem a profetisa Cara.

Júlia conhece bem a história de como Cara conheceu o apóstolo Pedro quando ela era pequena. Ela era cega desde o nascimento, e muitos pensavam que Pedro restauraria sua visão. Mas Pedro disse a Cara que não eram seus olhos, mas sua voz que daria glória a Deus. Daquele dia em diante, Cara ouviu as histórias sobre Jesus e as cartas de instruções escritas por seus seguidores. Quando tinha a idade de Júlia, Cara já havia memorizado todas as histórias e cartas. A carta favorita de Júlia é a de Pedro. Ela gosta especialmente da parte do meio, a respeito do batismo, que Cara sempre canta.

Após a mensagem de Cara, Aniceto pergunta se há alguém na comunidade que, ouvindo as instruções, gostaria de ser batizado. Se há, o bispo os leva para a piscina no jardim e pergunta sobre sua fé. Se um número suficiente de gente dá testemunho sobre a fé e a virtude dessas pessoas, Aniceto as batiza ali mesmo. Outras não estão prontas para o batismo. O bispo as abraça e lhes garante que sempre serão bem acolhidas se retornarem, mas elas não podem permanecer pelo resto da reunião.

Depois que todos os não-batizados são escoltados para fora do jardim e o portão é trancado, a comunidade reza pelos necessitados. Após essas orações, todos compartilham o beijo da paz. Alguns homens trazem uma mesa para o jardim, e a mãe de Júlia coloca pão e vinho na mesa. Aniceto dá um passo à frente e reza pela comunidade e suas dádivas. O pai e a mãe de Júlia ajudam à mesa e auxiliam Aniceto a partir o pão e a dividir o vinho com todos os presentes.

Após o banquete sagrado, o bispo pergunta sobre os que não compareceram à assembleia. Filipe e sua esposa Romana recordam os nomes daqueles que estão ausentes e cuidam para que o pão santificado seja levado para eles e que suas outras necessidades também sejam atendidas. Muitas vezes, no final do culto, Cara começa a cantar, o que a comunidade segue até que todos estejam dispersos.

O domingo é certamente o dia da semana favorito de Júlia.

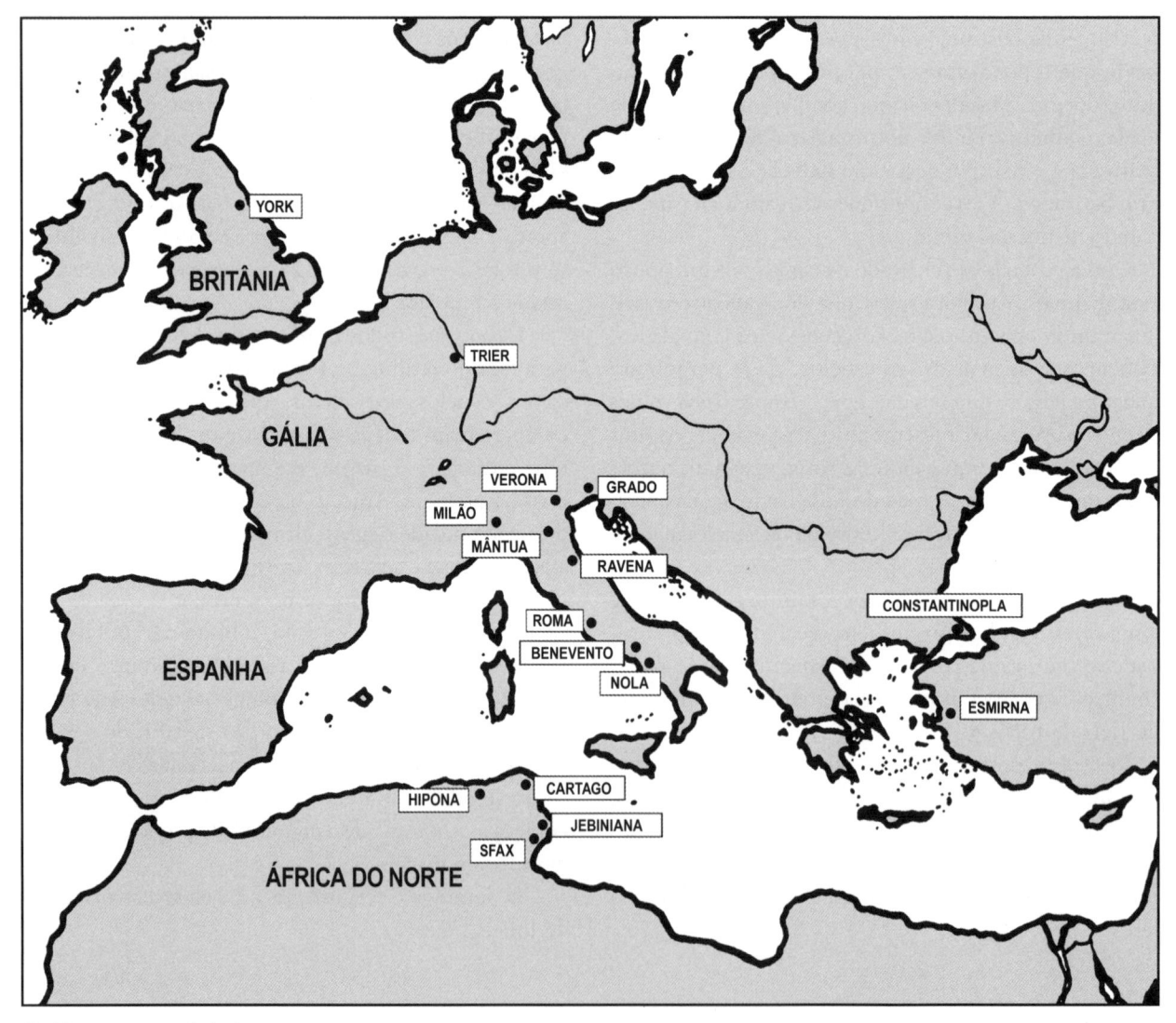

61. Mapa para o capítulo 3.

CAPÍTULO 3
A ascensão da igreja romana: 313-750

Poucos indivíduos são tão imponentes na história da igreja primitiva quanto o imperador romano Constantino (morto em 337) [ilustração 62]. Filho do imperador Constâncio (morto em 306), Constantino tornou-se um dos dois governantes do Ocidente quando seu pai morreu. Anteriormente (em 293), o imperador Diocleciano (morto em 313) havia dividido o império em oriental e ocidental [ilustração 29] para aumentar a estabilidade de seu governo. Em cada divisão do império, ele nomeou um imperador primário, ou "Augusto", e também um imperador assistente, ou "César". Constantino tornou-se o único imperador do Ocidente ao derrotar Maxêncio, seu César, em 312. A história registra [citação 136] que antes da batalha com Maxêncio, Constantino foi instruído em sonho a colocar um símbolo cristão [ilustração 63] nos escudos de seus soldados. A vitória subsequente teria supostamente selado seu compromisso com o cristianismo, embora tenha havido um debate contínuo sobre as motivações para esse compromisso. Enquanto alguns acreditam que sua principal motivação foi a fé em Cristo, outros pensam que ele apreciava o cristianismo por seu potencial político e pelas contribuições morais que poderia prestar a seu império.

Com seu co-imperador Licínio, que estava servindo como Augusto do Oriente, Constantino reconheceu em 313 o direito de existência de todas as religiões. No entanto, o "Édito de Milão", que eles emitiram, nomeia explicitamente apenas a religião cristã e estende a tolerância a outras religiões em virtude do fato de que os cristãos serão daí em diante tolerados e protegidos [citação 137]. Este gesto importante se deu no início de um reinado que veria um número crescente de privilégios estendidos ao cristianismo. Nos vinte e cinco anos seguintes, Constantino se envolveria mais em assuntos eclesiais, interviria em várias controvérsias doutrinárias e até convocaria e presidiria o Concílio de Niceia em 325, apesar de ainda não ter sido batizado. Seu batismo finalmente ocorreu no final de sua vida, depois da Páscoa do ano 337. O imperador morreu algumas semanas depois no Pentecostes do mesmo ano.

Embora a profundidade da conversão de Constantino possa ser debatida, os efeitos de sua adesão ao cristianismo são significativos. Sob seu

62. Escultura de Constantino.

Citação 136: Em sonho, Constantino foi instruído que deveria marcar os escudos [de seus soldados] com o sinal celestial de Deus e entrar em batalha dessa maneira. Ele fez como foi ordenado e colocou um símbolo para Cristo [nos escudos], dobrando a parte superior de uma letra transversal x. (Lactâncio [morto em cerca de 320], *A morte dos perseguidores*, 44)

reinado, a igreja dos mártires deu lugar a um processo de cristianização que varreria o império. Uma seita ilegal foi transformada na religião preferida do império, sendo politicamente vantajoso professá-la. A iniciação cristã, que anteriormente havia sido um compromisso um tanto arriscado por parte de um adulto crente, evoluiu para um ato familiar de batizar bebês. Com o tempo, a identidade cristã, para muitos, tornou-se mais um acidente de nascimento do que resultado de conversão.

Um subproduto da expansão da Igreja e de seu *status* elevado na sociedade foi a aquisição gradual de aparatos externos dessa nova proteção imperial. Os bispos recebiam várias honras e usavam as insígnias de magistrados civis. Isso levou algumas pessoas a criticar os bispos por suas novas posições de privilégio [citação 138]. Edifícios impressionantes para o culto cristão foram construídos, e as expectativas em relação aos ministros litúrgicos em tais ambientes evoluíram. Durante essa época, começou a emergir um corpo de especialistas para assumir a responsabilidade pela forma de culto mais imperial que se desenvolveu em Roma. Isso foi apropriado para o que se tornaria a religião oficial do estado sob o imperador Teodósio (morto em 395) em 380.

Constantino também exerceu uma influência de longo alcance na civilização ocidental em geral, e no cristianismo em particular, movendo o centro de seu governo de Roma para a antiga cidade de Bizâncio no Bósforo. Lá, ele reconstruiu drasticamente a cidade velha, que renomeou como Constantinopla [ilustração 61]. Ao fazer isso, Constantino forneceu ao império oriental uma capital apropriada, geograficamente bem situada para controlar a parte oriental de seu império. A ascensão da cidade de Constantinopla prenunciou o colapso político de Roma durante o século seguinte.

Embora a influência de Constantino na história da Igreja seja inegável, ela também não deve ser exagerada. Ele teve uma profunda influência, direta e indireta, no desenvolvimento do cristianismo, e durante seu reinado houve muitas mudanças óbvias na Igreja e em seu culto. Paul Bradshaw nos lembra, contudo, que todo desenvolvimento ocorrido na época não era necessariamente resultado da liderança constantiniana. Pelo contrário, muitos desenvolvimentos no século IV tiveram suas raízes no século III e até mesmo antes disso [citação 139].

Após a morte de Constantino em 337, o império foi dividido entre seus três filhos (Constantino II, Constante I e Constâncio II). Embora reunidos por um breve período sob o imperador Teodósio, as partes oriental e ocidental do império acabaram se separando permanentemente. À medida que o império oriental crescia, o ocidental declinava: tribos bárbaras provenientes do Norte invadiram a Grã-Bretanha, a Gália, a Espanha e o norte da África [ilustração 64]. Quando os visigodos invadiram a Itália, o imperador ocidental Honório, em desespero, mudou sua capital de Roma para a cidade mais segura de Ravena em 404.

63. Moeda romana (cerca de 350 d.C.) representando o imperador Magnêncio, sucessor de Constantino, e o *Chi Rho*, símbolo do cristianismo.

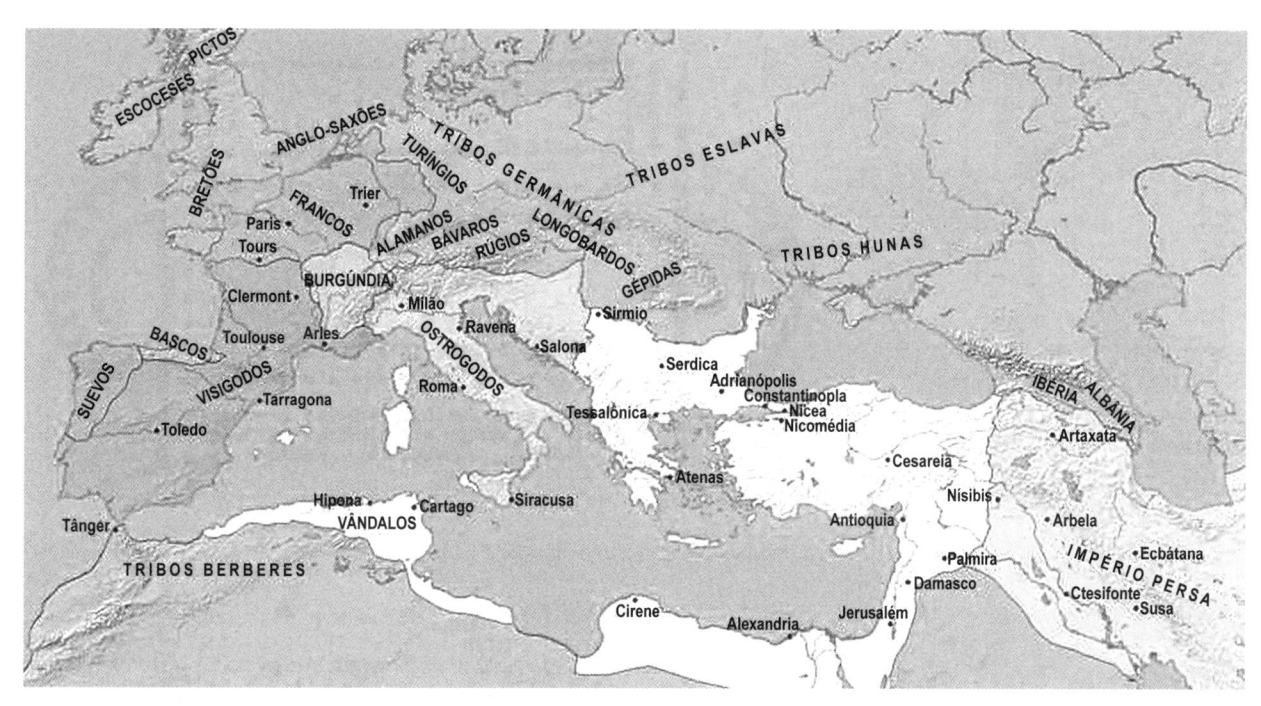

64. Império Romano e Europa Bárbara, 500.

Roma foi saqueada pelos visigodos em 410 e novamente pelos vândalos em 455. O último imperador romano, Rômulo Augusto, foi deposto em 476 e o chefe militar germânico, Odoacro, tornou-se o primeiro governante bárbaro do que hoje chamamos de Itália.

Durante esse período de crescente instabilidade no império ocidental, a Igreja cresceu e se estabeleceu como uma das poucas instituições confiáveis em Roma durante as invasões bárbaras. Isso se aplica não apenas aos campos social e espiritual, mas também ao âmbito político. Por exemplo, não é o imperador romano Valentiniano II, mas o Papa Leão Magno (morto em 461), que é lembrado por ter se encontrado com Átila, o Huno, em 452, no campo de Átila, em Mântua, convencendo-o a aceitar um pagamento de tributo e poupar Roma. Essa história destaca a crescente influência da Igreja e sua liderança após o colapso do Império Romano.

ARQUITETURA

Paralelamente à evolução da igreja dos mártires para igreja oficial do Império Romano, houve uma dramática transição nos cenários do culto cristão. Uma variedade de locais continuou a ser empregada pelos cristãos para o seu culto nesta época. Muitas igrejas domésticas permanentemente renovadas continuaram, sem dúvida, a florescer na região mediterrânea. No entanto, o crescimento do número de membros e da es-

Citação 137: Eu, Constantino Augusto, e eu também, Licínio Augusto, reunidos felizmente perto de Mediolanum [Milão] [...] cremos [...] daqueles assuntos nos quais se funda o respeito à divindade, a fim de conceder tanto aos cristãos quanto a todos os demais a faculdade de seguirem livremente a religião que cada um desejar, de maneira que [...] assim tomamos a determinação de que a ninguém seja negada a faculdade de seguir livremente a religião que tenha escolhido para o seu espírito, seja cristã ou qualquer outra que achar mais conveniente; a fim de que a suprema divindade cuja religião prestamos esta livre homenagem possa nos conceder o seu favor e benevolência". (Lactâncio, *A morte dos perseguidores*, 48)

Citação 138: [Os bispos] são abastados, pois enriquecem com os presentes de nobres damas. Andam em carruagens, vestidos em trajes requintados. Eles dão jantares tão suntuosos que seus banquetes rivalizam com os dos reis. (Amiano Marcelino [nascido em cerca de 330], História, 27.3.14-15, in: van der Meer; Mohrmann, *Atlas of the Early Christian World*)

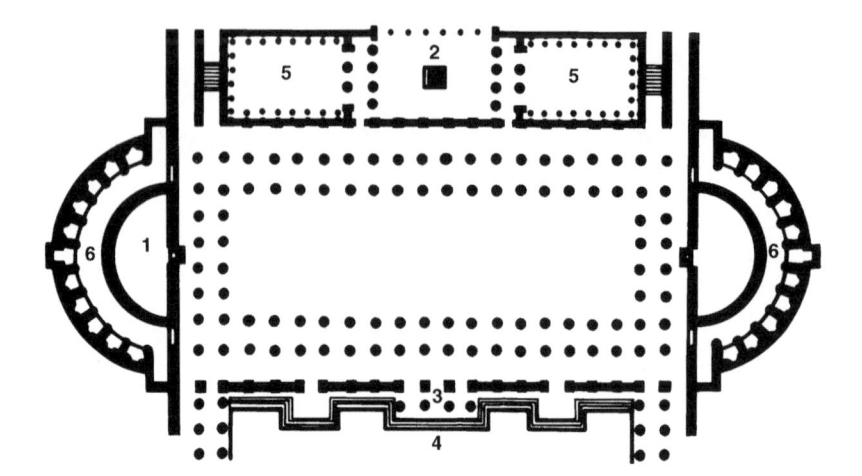

1. Altar
2. Coluna de Trajano
3. Entrada a partir do fórum
4. Fórum de Trajano
5. Biblioteca
6. Tribunal para juízes e assessores

65. Basílica Úlpia. (Segundo Gardner, p. 190)

tatura do cristianismo exigia cada vez mais um novo tipo de espaço de culto, especialmente nas grandes cidades do império. Na era anterior, vimos que edifícios preexistentes estavam sendo remodelados em grandes salões, ou o que L. Michael White chamou de *aula ecclesiae*, alguns também foram construídos nessa época. Contudo, após a ascensão de Constantino, essa preferência por grandes espaços retangulares levou os cristãos a adotar a basílica como o novo paradigma dos espaços de culto. Edifícios separados para o batismo e para veneração dos mártires também surgiram durante esse período.

66. Reconstrução artística do interior da Basílica Úlpia.

67. Basílica de Trier.

Basílica

A palavra "basílica" é derivada da palavra grega para rei (*basileus*). Posteriormente, passou a significar "salão do rei". Os romanos construíram essas estruturas retangulares como salas de reunião. O que distingue arquitetonicamente uma basílica de outras estruturas retangulares são a existência de pelo menos uma abside e, frequentemente, a presença de naves laterais separadas do espaço principal por uma série de colunas. Frequentemente usadas em tribunais, elas também eram utilizadas para uma ampla variedade de fins comerciais, administrativos e cívicos. Algumas basílicas eram de tamanho bastante modesto e podiam, por exemplo, ser integradas à casa de um cidadão abastado, que a usava para conduzir negócios. Outras eram estruturas públicas gigantescas, criadas como monumentos ao poder do Império Romano e projetadas para impressionar, se não assombrar, os visitantes. A Basílica Ulpia era um desses edifícios [ilustração 65]. Construída por volta de 112 d.C., dominava o quadrante noroeste do Fórum Romano. Essa estrutura imponente tinha 130 m de comprimento e 42 m de largura, com um espaço fechado espetacular, sob um enorme teto abobadado [ilustração 66]. Cada um dos dois lados mais curtos do edifício incluía uma abside. Este edifício multifuncional abrigava tribunais, escritórios administrativos e de negócios. Era também o local de vários eventos oficiais. A criação de uma estrutura como essa foi possível porque os romanos haviam aperfeiçoado uma forma extraordinariamente forte de concreto, adicionando areia vulcânica fina à mistura que lhes permitia construir gigantescos espaços fechados.

Citação 139: [Em alguns casos], a chamada revolução constantiniana não inaugurou novas práticas e atitudes litúrgicas tanto quanto criou condições em que alguns costumes preexistentes puderam alcançar uma maior medida de preeminência do que outros, que não eram mais considerados adequados à nova situação da Igreja. (Bradshaw, *The Search for the Origins of Christian Worship*, p. 67)

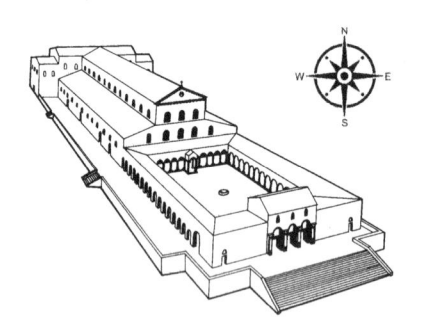

68. Antiga Basílica de São Pedro. (Gardner, p. 217)

69. Basílica de Santo Ambrósio, Milão.

Assim como os cristãos haviam tomado de empréstimo casas e outros espaços menores para o culto nos séculos anteriores, eles também tomaram um empréstimo arquitetônico da cultura da Roma imperial. Por causa de seu novo *status*, mais publicamente aceitável neste momento, eles se voltaram para a basílica. Após o triunfo de Constantino e a legalização do cristianismo, a basílica tornou-se um modelo preferido para as igrejas cristãs. Em vez de empregar o estilo basílica de abside dupla, como a Basílica Úlpia e outras, os cristãos adotaram o estilo de abside única. Versões menores desse *design* haviam sido empregadas em algumas construções domésticas, e esse *design* também foi empregado em algumas salas de audiências maiores, como o edifício imperial em Trier [ilustração 67]. Nesse projeto, uma das absides foi removida e substituída por uma entrada principal. O resultado foi um caminho longitudinal, dramático, às vezes ladeado por colunas, levando à abside, que era o ponto focal do edifício. Ao escrever sobre a adaptação desse edifício pelos cristãos, Richard Krautheimer observa que "a basílica cristã, tanto em função quanto em *design*, era uma nova criação dentro de uma estrutura habitual".

Um dos primeiros grandes edifícios cristãos foi a Antiga Basílica de São Pedro [ilustração 68], construída sobre o que se acreditava ser o local do sepultamento do apóstolo Pedro. Iniciado possivelmente já em 319, o edifício foi concluído na década de 340. De proporções imensas, tinha mais de 118 m comprimento e mais de 60 m de largura. Além do *design* retangular, semelhante ao da sala de audiências imperial, a Antiga Basílica de São Pedro incluía um grande átrio do lado de fora da igreja para a reunião do povo. Embora esses átrios fechados tenham desaparecido quase por completo, ainda hoje existe um em frente à basílica de Santo Ambrósio, em Milão [ilustração 69]. Também era notável na Antiga Basílica de São Pedro a colunata dupla em ambos os lados da nave e os transeptos curtos, resultando numa forma rudimentar de cruz. Christian Norberg-Schulz supõe que essa forma de cruz é uma marca registrada das igrejas dedicadas aos apóstolos, e seu *design* lembra que os apóstolos foram os primeiros a tomar a cruz de Cristo. Esse projeto arquitetônico também distinguia essas igrejas das basílicas seculares, que não tinham transeptos.

A basílica funcionava como uma espécie de caminho fechado. Originalmente, havia pouca coisa no corpo dessas igrejas interrompendo o movimento desde o átrio até a abside; assentos ou bancos com encosto na nave constituem uma adição muito posterior. O trono do bispo costumava ser colocado no centro da abside, onde o funcionário cívico se sentaria se fosse uma basílica secular. O trono episcopal era cercado pelo colégio de presbíteros que permaneciam sentados num banco longo e baixo [ilustração 70]. A congregação geralmente ficava de pé na nave — embora algumas fontes indiquem que os fiéis permaneciam

1. Presbitério: lugar na abside para o trono dos bispos e bancos para presbíteros.
2. *Sanctuarium* (santuário): local do altar, aberto por uma barreira baixa do corpo da igreja.
3. *Solea-scholas*: área processional realçada por dois muros baixos. Essa área era usada principalmente nas cerimônias de entrada e saída pontificais, mas também era usada para a leitura das Escrituras.
4. *Senatoreum* e *Matroneum*: áreas separadas por barreiras e usadas para a apresentação das ofertas na procissão do ofertório e para a recepção da Eucaristia pelos leigos: homens (*viri*) e mulheres (*mulieres*).

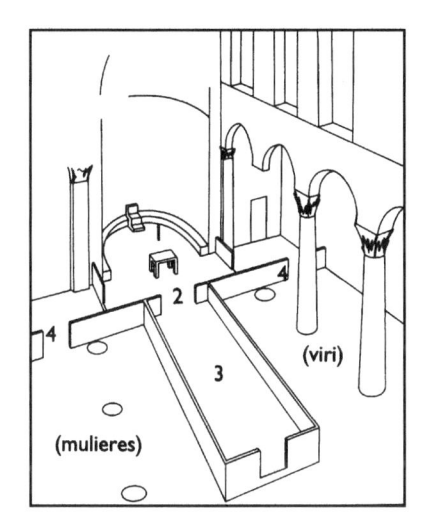

70. Composição de uma capela-mor romana antiga. (Segundo Thomas Mathews)

sentados na nave —, frequentemente com uma separação entre homens e mulheres [citação 140]. O altar era uma estrutura autônoma — às vezes construída de madeira, mas com mais frequência de pedra nas grandes basílicas — situado em frente à abside, para que as pessoas pudessem se reunir em torno dele [citação 141]. Com o passar dos séculos, os altares foram se afastando do povo, para o interior da abside, que passou a ser chamada de "santuário" (em latim, *sanctuarium*, "local ou nicho sagrado"). No século IV, as mulheres foram excluídas do santuário em alguns lugares [citação 142]. Outros indícios mostram que em algumas igrejas em Roma, pelo menos no século V, o santuário e o caminho que levavam a ele estavam abertos apenas ao clero e ao coro que participavam da procissão [ilustração 70].

Dado o contexto mediterrâneo para o surgimento do cristianismo, não é de surpreender que as imagens de luz e sol fossem importantes para a liturgia cristã e influenciassem a arquitetura. Uma das principais religiões do Império Romano era o culto a Mitra, o antigo deus persa da luz e da sabedoria. Constantino era um conhecido adorador do sol; e há evidências de que sua decisão, em 321, de fechar os tribunais aos domingos estava enraizada em suas tendências tanto ao mitraísmo quanto ao cristianismo. Os templos de várias religiões construídas nesse contexto costumavam ser projetados com uma nítida relação com o sol, para que os fiéis pudessem, por exemplo, orar em direção ao sol nascente. Existem evidências difundidas já no terceiro século de que os cristãos não estavam apenas orando na direção do Oriente, mas eram incentivados a fazê-lo. No século IV, há diretrizes claras de que os edifícios das igrejas cristãs deviam estar voltados para o Oriente. Embora

Citação 140: Antes de tudo, o edifício deve ser oblongo, voltado para o sol nascente, com sacristias de cada lado em direção ao leste, para que se assemelhe a um navio. Que o trono do bispo seja instalado no meio, com o presbitério sentado em ambos os lados dele e os diáconos em pé e próximos, bem trajados com suas vestes completas, parecendo os marinheiros e oficiais de um navio. Relativamente a eles, os leigos devem sentar-se em direção à outra ponta, em completa ordem, tranquila e adequada, e as mulheres devem sentar-se sozinhas, como também devem manter o silêncio. No meio, o leitor deve se manter de pé sobre algo alto e ler os livros de Moisés. (*Constituições apostólicas* [final do século IV], 2.57.3-7, in: McKinnon, p. 108s.)

Citação 141: Consequentemente, a mesa, como a fonte, fica no meio, para que os rebanhos possam cercar a fonte por todos os lados e usufruir dos benefícios das águas de salvação. (João Crisóstomo [morto em 407], *Segunda instrução batismal*, 2)

Citação 142: As mulheres não devem se aproximar do altar. (Concílio de Laodiceia [cerca de 363] cânone 44, in: Mansi, *Sacrorum Conciliorum*)

71. Concepção artística do baldaquino erguido por Constantino. (Bergere, p. 21)

Citação 143: Até alguns cristãos pensam que é tão apropriado [adorar o sol] que, antes de entrar na basílica do abençoado Apóstolo Pedro, que é dedicada ao Deus vivo e verdadeiro, quando sobem os degraus que levam à plataforma elevada, eles viram-se, inclinam-se em direção ao sol nascente e, com o pescoço dobrado, prestam homenagem ao brilhante orbe. (Leão Magno [morto em 421], Sermão 22)

Citação 144: Erguendo-se na corda da abside, [este] monumento foi isolado por uma grade de bronze. Um baldaquino, apoiado em quatro colunas espirais de videira, erguia-se acima dele; além disso, uma arquitrave sobre duas colunas ligava o baldaquino aos cantos da abside, as aberturas na abside sendo fechadas por cortinas. (Krautheimer, *Early Christian and Byzantine Architecture*, p. 56)

existam indícios sólidos de que as igrejas do Oriente e do Ocidente tinham sua abside voltada na direção do sol, isso não se aplica às primeiras basílicas de Roma, algumas das quais têm suas absides voltadas para o oeste — como São João de Latrão e a Antiga Basílica de São Pedro. Leão Magno (morto em 461) fornece evidências para o contínuo culto ao sol em Roma e, além disso, confirma o fato de que algumas igrejas têm suas absides voltadas para o oeste. Em sermão proferido quando era bispo de Roma, ele repreende alguns cristãos por adorarem o sol enquanto caminhavam para a igreja [citação 143].

A Antiga Basílica de São Pedro, construída por Constantino, era uma igreja martirial e não a igreja do bispo. Consequentemente, não abrigava a cadeira ou *cathedra* dos bispos — que ficava na São João de Latrão —, mas a *confessio* (em latim, literalmente, uma "confissão"; por extensão, "um anúncio de fé") ou o que se pensava ser a tumba de São Pedro [citação 144]. Embora não possamos ter certeza da construção ou colocação do altar na antiga basílica constantiniana, é provável que fosse uma estrutura portátil. Toynbee e Perkins opinam que em festivais especiais esse altar seria colocado dentro do gradeamento de bronze, em frente ao santuário de São Pedro e sob o baldaquino [ilustração 71]. Em outros momentos, o foco do culto provavelmente estava afastado do santuário e mais voltado na direção da nave. Para essas ce-

72. Reconstrução do transepto da Antiga Basílica de São Pedro, com a *confessio* à esquerda e a parte posterior do grande arco à direita.

rimônias, é provável que o altar portátil fosse posicionado próximo ao grande arco que separava a nave da abside [ilustração 72].

Uma inovação arquitetônica que ocorreu durante o papado de Gregório Magno (morto em 604) teve o efeito não intencional de distanciar ainda mais as pessoas do altar. Ao que parece, Gregório pretendia tornar possível celebrar a Eucaristia "sobre" o corpo de São Pedro. Toynbee e Perkins calculam que, para conseguir isso, a antiga abside constantiniana foi erguida quase 1,8 m acima do nível do antigo pavimento para formar um novo presbitério elevado (p. 216). A fim de construir uma cripta grande o suficiente para permitir o acesso ao santuário-tumba, agora embaixo do presbitério, o chão foi afundado 60 cm abaixo do nível da igreja constantiniana. Para construir degraus que subiam até o presbitério e desciam para a cripta, a plataforma foi estendida por quase seis metros para o interior do transepto em direção à nave. Isso destruiu a maior parte do antigo santuário, exceto pela parte central da *confessio* cujo um lado era visível entre os dois conjuntos de escadas. A parte superior do antigo santuário foi incorporada ao novo altar, colocado diretamente sobre o que se pensava ser a tumba do apóstolo [ilustração 73]. O ambão, que provavelmente se originou como uma plataforma de madeira, também foi movido para dentro do santuário. Embora projetada para fornecer uma conexão mais forte en-

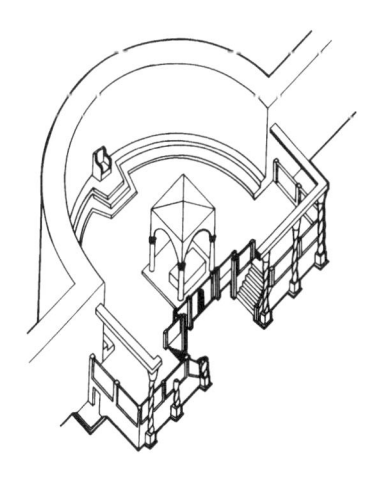

73. Basílica de São Pedro em Roma, cerca de 600, com altar erguido sobre o túmulo de São Pedro. (Segundo J. B. Ward-Perkins apud Jones, p. 483)

tre a Eucaristia e o túmulo do mártir, essa reconstrução moveu o altar e o presidente para mais longe dos fiéis e acima deles. Consequentemente, o altar neste santuário cristão central não era mais um local em torno do qual as pessoas podiam se reunir, mas se assemelhava mais a um palco que as pessoas observavam de baixo.

Batistérios e martíria

Além do surgimento das basílicas cristãs, também surgiu durante esse período o que Spiro Kostof chama de "edifícios ocasionais". Eram especialmente importantes os locais para o batismo e os que comemoravam os mártires. Embora o *layout* longitudinal da basílica pudesse ter sido usado para essas estruturas — como era o caso do martírio da Antiga Basílica de São Pedro em Roma — edifícios ocasionais geralmente empregavam uma construção de planta central. De uma perspectiva arquitetônica, esse *design* de planta centralizada era eficaz para celebrar um objeto específico, como uma tumba ou uma fonte batismal. "Para tanto, o arquiteto levantava um dossel diretamente acima do objeto, uma cúpula simbólica do céu que marcaria o objeto como santificado." (Kostof, p. 258). A tradição romana de construir mausoléus circulares [ilustração 74] foi certamente uma influência importante na preferência cristã por moldar edifícios ocasionais nesta forma simbólica, com suas muitas conotações de perfeição e vida eterna.

Citação 145: "Antes de tudo, [o Imperador] adornou a caverna sagrada, onde os anjos brilhantes anunciaram boas novas de um novo nascimento para todos os homens, reveladas pelo Salvador. Esta característica principal, o magnânimo imperador adornou-a com colunas bem escolhidas e ornamentos vários, não poupando arte para conferir-lhe beleza." (Eusébio [morto em cerca de 340], *Vida de Constantino* 3,28, in: *História eclesiástica*)

74. O mausoléu de Adriano, agora mais conhecido como Castel Sant'Angelo, é uma enorme estrutura circular iniciada por Adriano (morto em 138) como sepulcro para ele e sua família, concluída em 139 d.C.

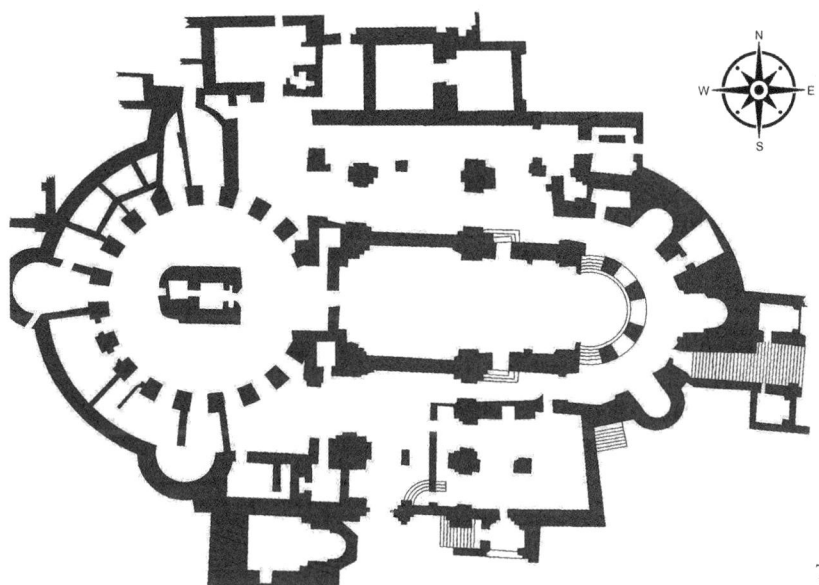

75. Planta baixa do Santo Sepulcro, Jerusalém.

A Anastasis ("ressurreição", em grego) em Jerusalém é um dos mais famosos edifícios de planta centralizada do cristianismo. Ainda de pé hoje, foi reconstruída várias vezes ao longo dos séculos. Ela foi originalmente construída em meados do século IV, entre 348 e 381 [ilustração 75]. Em seu centro encontra-se o que se pensava ser o túmulo de Cristo. Os arquitetos de Constantino aplanaram a área ao redor dessa estrutura em forma de caverna no Gólgota e criaram um anel de colunas ao redor dela [citação 145]. Os mártires, que eram venerados por imitar a morte de Cristo, eram frequentemente homenageados com edifícios de planta centralizada semelhantes sobre seus túmulos, chamados de martíria. Um pátio e uma grande basílica também foram construídos no local em Jerusalém; posteriormente, a Anastasis ocupou o extremo ocidental de um longo complexo de edifícios e pátios no Gólgota. A expansão do edifício acabou por obscurecer o *design* original, mas no coração da Anastasis há uma estrutura de planta centralizada.

A crença cristã no batismo como participação na morte e ressurreição de Cristo [citação 146] contribuiu para a ressonância arquitetônica entre os martíria e os batistérios. Isso é particularmente evidente na tendência de conferir uma forma de edifício de planta centralizada aos batistérios, que eram construídos separadamente. Um exemplo histórico dessa influência pode ser visto num batistério localizado na antiga cidade de Grado, no nordeste da Itália [ilustração 76]. O edifício octogonal, datado do século V e restaurado em 1925, fica ao lado de uma catedral do século VI. A forma octogonal é um lembrete do "oitavo dia", um símbolo de ressurreição e eternidade no pensamento cristão. Dentro do edifício octogonal há uma fonte hexagonal, simbolizando, entre outras coisas, o sexto dia da semana (sexta-feira), quando Jesus foi martirizado.

76. Interior do batistério do século V em Grado, um edifício octogonal, mostrando uma fonte hexagonal no interior.

Citação 146: Assim como Cristo foi verdadeiramente crucificado, sepultado e ressuscitado [...] tu és considerado digno de ser crucificado, sepultado e ressuscitado com ele em semelhança pelo batismo. (Cirilo de Jerusalém [morto em cerca de 386], *Sermão catequético*, 3.2, in: Yarnold, *The Awe-Inspiring Rites of Initiation*)

Citação 147: A centralidade da procissão na celebração cristã primitiva [...] exige que levemos suas representações na arte mais a sério. A crescente proliferação de procissões na arte do final dos séculos V e VI coincide, de fato, com o surgimento de procissões participativas públicas. A multidão solene de figuras indo juntas em direção a um único objetivo é um recurso visual que teve profundas ressonâncias para o adorador cristão. Não foi por acaso que a arte cristã primitiva aproveitou o modo processional como o maior esquema de organização para a decoração do interior da igreja. (Matthews, The Clash of Gods, p. 151)

Citação 148: Desde o tempo do imperador Justiniano [morto em 565], a centralização tornou-se o traço distintivo da arquitetura eclesiástica bizantina. (Norberg-Schulz, Meaning in Western Architecture, p. 125)

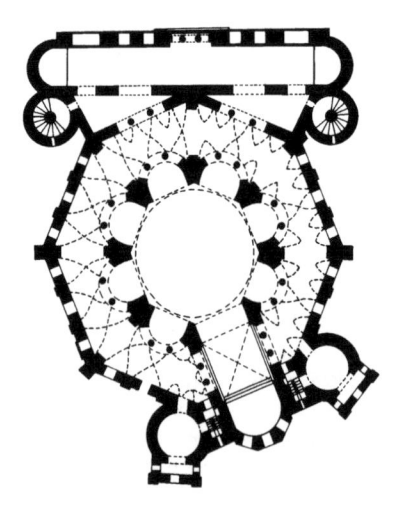

77. São Vital em Ravena. (Segundo Gardner, p. 235)

Planta longitudinal *versus* centralizada

Embora os edifícios de planta centralizada continuassem sendo construídos para o culto dos cristãos no Ocidente, a forma longitudinal da basílica era a preferida. Isso se devia, em parte, à capacidade que um *design* basilical tem de suportar procissões litúrgicas — como as procissões de entrada, evangelho e comunhão — que se tornaram cada vez mais importantes no culto desse período [citação 147]. Nos séculos posteriores, uma planta centralizada foi frequentemente integrada a um edifício de estilo basilical no Ocidente. Isso foi realizado pela adição de uma cúpula central a um edifício cruciforme em forma de basílica [ilustração 177] ou pela conexão de uma estrutura de planta centralizada à extremidade absidal de uma basílica.

Enquanto os construtores cristãos no Ocidente demonstravam clara preferência pelo *design* retangular da basílica, os cristãos do Oriente adotaram a igreja abobadada de planta centralizada [citação 148]. Embora existam muitas razões culturais e históricas que contribuíram para essa crescente distinção arquitetônica entre o cristianismo oriental e o ocidental, também existem razões espirituais e teológicas. Alguns afirmam que as igrejas de planta centralizada incorporam uma eclesiologia mais comunitária, enquanto a forma da basílica reflete uma imagem mais hierárquica da Igreja. No entanto, Robert Taft provavelmente está mais próximo da verdade quando sugere a ideia de que a arquitetura e a iconografia bizantinas contribuem para a noção de que nesses espaços o culto é vivenciado como participação na liturgia celestial. Esse é certamente um sentimento que se tem, por exemplo, ao entrar na igreja de São Vital em Ravena, Itália. Essa igreja foi concluída por volta do ano 548, depois que essa antiga capital do Reino ostrogótico foi capturada dos ostrogodos e unida ao Império bizantino de Justiniano. São Vital consiste em dois octógonos concêntricos com uma abóboda encimando o interno [ilustração 77]. São Vital não foi a primeira igreja bizantina de planta centralizada — uma distinção que pertence à igreja de São Sérgio e São Baco em Constantinopla, cuja construção começou em 527. No entanto, na condição de importante monumento na nova sede do governo bizantino na Itália, São Vital influenciou bastante o *design* das igrejas em parte considerável do Império Bizantino. Isso se deve, sobretudo, aos mosaicos de tirar o fôlego que caracterizam a igreja de São Vital como um dos grandes tesouros do cristianismo.

Resumo

É evidente uma grande diversidade no desenvolvimento da arquitetura cristã durante esse período. Pode-se também detectar uma flexibilidade geral, que permitiu à comunidade moldar seus espaços de acordo com as necessidades em evolução. No entanto, algumas tendências podem ser detectadas no âmbito de tal diversidade e flexibilidade.

78. Cristo representado na abside da Basílica de São Vital, Ravena.

Logo após a ascensão de Constantino como único governante do Ocidente, o culto cristão migrou para o fórum público. Salas simples ou casas reformadas que podiam acomodar 25, 50 ou até mesmo 100 pessoas lentamente deram lugar a enormes espaços fechados que, em alguns casos, podiam acomodar milhares. Os espaços de culto eram cada vez mais construídos no estilo das basílicas dos salões de audiências, cujo longo caminho interno levava à abside, onde o trono do imperador ou outra autoridade estatal foi substituído pela cadeira do bispo. Os edifícios auxiliares, por outro lado, geralmente eram projetados sobre uma planta centralizada; essa forma tornou-se preferencial para igrejas no Oriente no século VI.

Embora pareça haver algumas igrejas semelhantes a salões antes da época de Constantino, o que marca a arquitetura de culto depois de Constantino são tanto o tamanho quanto a natureza pública dos novos edifícios. Embora seja verdade que, anteriormente a esse período, os espaços usados para culto eram frequentemente bem conhecidos por não-cristãos [citações 90 e 95], eles não foram projetados para permitir a observação pública dos rituais e às vezes protegiam a comunidade de culto da visão pública. No entanto, à medida que o cristianismo evoluiu como

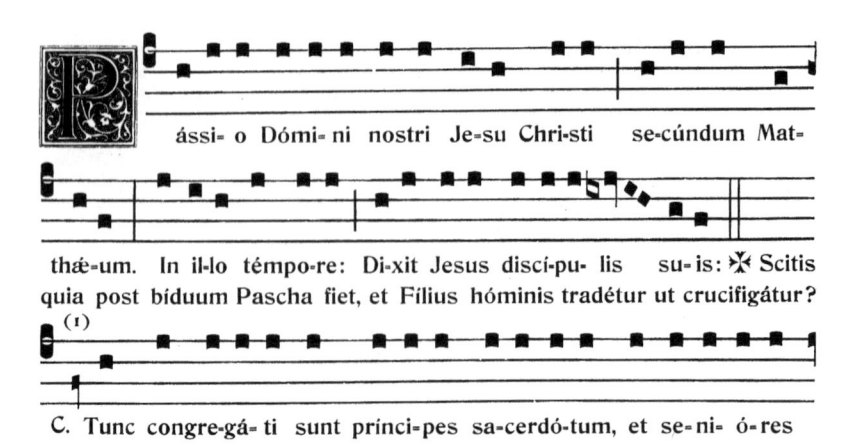

79. Canto ou cantilação tradicional da Paixão do Evangelho de Mateus, cantado no Domingo de Ramos.

Pássio Dómini nostri Jesu Christi secúndum Matthǽum. In illo témpore: Dixit Jesus discípulis suis: ✠ Scitis quia post bíduum Pascha fiet, et Fílius hóminis tradétur ut crucifigátur?
C. Tunc congregáti sunt príncipes sacerdótum, et senióres

Citação 149: Se removermos o íncubo da interpretação imperial que sobrecarregou sua imagem, o Cristo que emerge é bem mais vigoroso e mais versátil do que fomos levados a acreditar. Seu lugar de direito é entre os deuses do mundo antigo. É com eles que ele se envolveu em combate mortal, e é deles que extrai seus atributos mais potentes. Depois que Cristo assumiu o trono de Júpiter, o pai dos deuses não teve mais que um tamborete para se sentar. Suas estátuas foram derretidas, e ele nunca mais apareceu nas moedas do reino. Da mesma forma, tão logo Cristo adotou o olhar amável e atencioso de Asclépio e apareceu em todos os lugares fazendo os milagres que o deus curador reivindicara, os santuários de Asclépio foram abandonados. Assumindo a beleza juvenil de um Dionísio ou um Apolo, Cristo atraiu seus seguidores para seus próprios santuários e igrejas. Como andrógino, ele transcendeu a dicotomia dos sexos; ele era um deus da criação, bem como um deus da vitória. Assumindo uma auréola divina e um traje de ouro olímpico, Cristo substituiu todo o panteão da antiguidade.
(Mathews, *The Clash of Gods*, p. 179)

religião oficial do império, ele começou a adaptar seu culto e as estruturas arquitetônicas do culto de modo tal que os rituais pudessem ser observados por crentes, inquiridores, curiosos ou até mesmo pelos críticos.

À medida que os prédios e os rituais que eles abrigavam se tornaram mais públicos, eles passaram a refletir com mais obviedade os contextos culturais em que estavam inseridos. Em grandes cidades imperiais como Roma, isso significava que os presidentes começavam a parecer e agir cada vez mais como oficiais de tribunal. Da mesma forma, a iconografia [ilustração 78] que adornava esses edifícios começou a retratar Cristo mais como imperador, filósofo, mágico ou concorrente dos deuses antigos, não como Bom Pastor [citação 149]. Os edifícios foram configurados internamente para corresponder a esses desenvolvimentos. Um resultado foi a restrição de certas partes dos edifícios ao clero e outras autoridades. Posteriormente, todos os leigos seriam excluídos do santuário, que se tornou o domínio privilegiado do clero.

Nesse contexto, a linguagem da comunidade cristã para si mesma e os espaços de culto que ela criou continuaram a evoluir. Já vimos que, na época anterior, o termo grego *ekklesia* ("assembleia") começou a ser usado para designar tanto a comunidade quanto o edifício permanentemente renovado em que a comunidade se reunia. Christine Mohrmann acredita que o equivalente termo latim *ecclesia* passa por uma transição paralela no início do século IV. Ela também acredita que o termo grego *kyriakón*, que também apareceu na era anterior, tornou-se um termo técnico importante no século IV, mais popular que a *ekklesia* por nomear os lugares onde os cristãos se reuniam para rezar. O equivalente latino, *dominicum*, também se tornou um termo popular no século IV [citação 150], embora venha a desaparecer no decorrer do século V. Finalmente, no século IV, os cristãos adotaram a palavra *basílica* no sentido de um edifício de igreja. Enquanto alguns defendem a ideia de que a basílica cristã só aparece após a ascensão de Constantino, Mohrmann observa que a palavra já aparecera como designação para uma igreja uma década antes de Constantino se tornar imperador. Ela também assevera que, no começo, esse era um termo relativamente neutro para os cristãos e não indicava um estilo arquitetônico determinado ou fixo.

MÚSICA

James White comentou certa vez que cada igreja é um instrumento musical. Essa máxima nos ajuda a entender que, como todo instrumento musical, um espaço de culto influencia a música e é influenciado por ela. Os edifícios que empregamos para o culto não são apenas espaços visuais, mas também espaços acústicos. A evolução dos locais de culto para a comunidade cristã — de espaços emprestados a igrejas domésticas permanentemente renovadas a salões e, posteriormente, basílicas — foi um fator significativo na formação da música dos cultos do período. Não é de surpreender que, tal como os espaços que a abrigavam, a música litúrgica no final desse período será significativamente diferente daquela de seu início.

Orações e leituras

Na arena da proclamação pública, a prática cristã no século IV era semelhante à dos séculos anteriores, no sentido de que havia pouco discurso público que não era musical em certa medida. Isso era evidente em relação à proclamação de textos importantes, como leituras, discursos e orações eucarísticas. Na medida em que os presidentes proclamavam peças oratórias e orações — especialmente nas basílicas da época, cada vez mais espaçosas –, esses textos migraram mais para o cântico do que para o que chamaríamos de discurso. O mesmo poderia ser dito das leituras. A tradição da cantilação de leituras, que os seguidores de Jesus haviam experimentado na sinagoga, continuou ininterrupta.

É difícil determinar o estilo exato de cantilação nestes séculos. Como a notação musical só se desenvolveu em período posterior, os padrões de cantilação — como todas as melodias — tinham de ser memorizados [citação 151]. Embora a memória viva do canto dessa época tenha sido perdida, exemplos posteriores de tons de salmo podem indicar como algumas leituras eram cantiladas nesse período [ilustração 79].

Vários desenvolvimentos não-musicais também oferecem dicas sobre a cantilação das leituras nessa época. Por exemplo, observamos anteriormente que o ministério do leitor — e não apenas o ato de ler em público — está bem documentado no terceiro século. No século IV, esse é um ministério relativamente fixo no cristianismo. Alguns serviam como leitores por muitos anos [citação 152], o que lhes poderia ter permitido desenvolver padrões característicos de cantilação. Esses

Citação 150: À tua esquerda está o morro do Gólgota, onde o Senhor foi crucificado e, a poucos passos dele, o jazigo onde eles colocaram seu corpo, e ele ressuscitou no terceiro dia. Por ordem do imperador Constantino, agora foi construída ali uma "basílica" — quero dizer, um "lugar para o Senhor" [*dominicum*] — que tem ao lado cisternas de notável beleza e, ao lado destas, um tanque onde as crianças são batizadas. (O peregrino de Bordeaux [333], in: Wilkinson, *Egeria's Travels*, p. 158)

Citação 151: A menos que os sons sejam lembrados, eles perecem porque não podem ser anotados. (Isidoro de Sevilha [Isidori Hispalensis Episcopi, morto em 636], *Etimologias*, 3.15)

Citação 152: Às vezes, uma criança já era designada como leitor, e somente quando chegava aos trinta anos era encarregada da tarefa de acólito ou subdiácono. [...] Se alguém começava na idade adulta, o primeiro ministério era frequentemente o de leitor ou exorcista. Depois de dois anos [...] era elegível para ser um acólito ou subdiácono. (Osborne, *Priesthood*, p. 197)

80. Ambão da Basílica de Beyazit, século VI. (Mathews, *Early Churches of Constantinople*, figura 56)

Citação 153: O canto de leitor é mais individual e mais efêmero, alguns podem dizer mais livre, relacionando-o ao carisma e à espontaneidade do culto cristão primitivo, em oposição à busca por ordem e uniformidade que caracterizam a liturgia medieval. (McKinnon, *The Advent Project*, p. 63)

Citação 154: Ninguém cantará na assembleia, exceto os cantores estabelecidos segundo os cânones, que sobem ao ambão e cantam a partir do pergaminho. (Concílio de Laodiceia [cerca de 363], cânone 15, in: Mansi, *Sacrorum Conciliorum*)

padrões podem ter sido transmitidos de uma geração de leitores para a seguinte numa comunidade específica. Por outro lado, James McKinnon recorda a distinção feita por Dom Jean Claire entre "canto de *schola*" (*schola*, em latim, "local ou sistema de aprendizagem", "escola") e "canto de leitor". Na visão de McKinnon, o primeiro é marcado por um repertório desenvolvido e por uma organização significativa para manter esse repertório. Ele caracteriza o último como individual e consonante com a espontaneidade do culto cristão primitivo [citação 153]. Assim, poderia ser problemático falar de um *corpus* específico de "canto de leitor", sendo melhor pensar num estilo de cantilação cujo objetivo principal era permitir que os fiéis ouvissem e compreendessem a Palavra proclamada.

Os desenvolvimentos arquitetônicos ressaltam a importância de proclamar a Palavra no culto e fornecem evidências de apoio sobre a importância dos leitores na liturgia. Os primeiros espaços permanentes de culto permitiam um ambiente livre no meio da assembleia que poderia ser empregado para a proclamação da Palavra. As igrejas posteriores forneceram uma estrutura especial para esta ação: o ambão. Como já vimos, a evidência documental de um púlpito ou ambão já existe no terceiro século [citação 112]. A evidência arqueológica de ambos está em destaque no século IV e se multiplica exponencialmente nos séculos seguintes [ilustração 80].

Outras evidências literárias do século IV conectam ao ambão não apenas o leitor, mas também o recém-emergente salmista ou cantor [citação 154]. Essa distinção entre salmista e leitor é baseada nos diferentes textos que cada um desses ministros proclama desde o ambão, com apenas salmistas ou cantores proclamando o salmo. No capítulo anterior, observamos que os salmos de Davi provavelmente eram tratados como outras leituras no culto cristão inicial e poderiam ter sido executados de uma maneira indistinguível da leitura de outras passagens bíblicas [citação 107]. No entanto, em meados do século IV, desenvolveu-se, em alguns lugares, um padrão para a leitura de salmos de uma maneira marcadamente diferente de outras leituras bíblicas. Provavelmente, essa execução abrangeu tanto uma intensificada atenção ao lirismo latente da salmodia quanto uma preferência crescente por uma forma responsorial, em vez da leitura direta de um salmo do começo ao fim. Essa distinção entre leitor e salmista pode sugerir não apenas a existência de "canto de leitor" e "canto de *schola*", mas também "canto de salmista", que compartilharia a liberdade do canto de leitor, mas com um nível de musicalidade mais marcado.

Cânticos litúrgicos bíblicos e não bíblicos

Durante o período de 313 a 750, a liturgia eucarística adquiriu muitos dos elementos musicais que hoje são familiares. Os salmos bíblicos eram centrais. Eles eram cantados na entrada, com um refrão de aleluia antes do evangelho, e no que chamávamos formalmente ofertório e comunhão. A visão tradicional é que esses salmos bíblicos — eventualmente conhecidos como "próprio da missa" — se desenvolveram lentamente ao longo de muitos séculos. Recentemente, James McKin-

81. Introito do Advento, *Graduale Romanum* (1979).

non desafiou essa visão e propôs um cenário muito diferente para o desenvolvimento do próprio da missa romana. Sua reconstrução histórica pressupõe o surgimento do "canto de *schola*" como distinto do "canto de leitor" mais individualista, livre e efêmero [citação 153]. Segundo McKinnon, o canto de *schola* se distinguia pelo repertório e pela organização, incluindo a criação de um grande *corpus* de cantos e a manutenção desse repertório ano após ano. Essas duas tarefas relacionadas poderiam ser realizadas apenas por um grupo estabelecido de músicos quase profissionais (McKinnon, *Advent Project*, p. 63).

A *schola cantorum* romana (em latim, "escola de cantores") era um grupo desse tipo, e McKinnon acredita que ela decidiu produzir um ciclo completo de próprios de missa para todas as datas do ano da Igreja, começando com o Advento. O trabalho começou no final do século VII com introitos, graduais, ofertórios e comunhões, resultando num *corpus* quase perfeito desses "próprios" para a época do Advento-Natal [ilustração 81]. No entanto, os membros da *schola* não foram capazes de concluir esse ambicioso projeto para o restante do ano da Igreja; apenas conseguiram compor os introitos e comunhões. Não puderam compor novos graduais e ofertórios para todos os dias e, com frequência, usavam o mesmo canto para dias diferentes. A composição de aleluias, que chegaram tarde aos próprios da missa, mal havia começado antes que esse período criativo chegasse ao fim, por volta de 720 d.C.

O surgimento do "ordinário" da missa

Além do "próprio" da missa, esta época também viu o surgimento e a padronização do que um período posterior chamará de "ordinário" da missa, composto por textos bíblicos e não bíblicos. O *Kyrie* se originou como uma aclamação no culto imperial romano e aparece pela primeira vez em litanias cristãs no Oriente no século IV. Pelo menos no século VIII, já fazia parte da missa. Embora originalmente fosse uma resposta importante do povo, no século VIII era cantado apenas pelo coro nas missas papais. Posteriormente, os leigos foram eliminados da participação no canto do *Kyrie* durante a Eucaristia.

O *Gloria* (em latim, "Glória") foi escrito como imitação dos salmos de David, uma de suas primeiras formas apareceu no Oriente, no final do século IV [citação 155]. Originalmente empregado no Oriente como parte da oração da manhã, o *Gloria* passou a integrar a Eucaristia Romana possivelmente no século VI.

Utilizado inicialmente no Natal, depois aos domingos e em festas de mártires quando o bispo presidia, os padres podiam incluir o Glória na missa apenas durante a noite de Páscoa e no dia de sua ordenação. Contudo, no início dos anos 700, nos reinos francos, o Glória era empregado aos domingos e em festas, independentemente de quem pre-

Citação 155: Glória a Deus nas alturas e paz na terra aos homens de boa vontade, Nós vos louvamos, a Vós cantamos hinos, Vos bendizemos, Vos glorificamos, Vos adoramos, por Vosso excelso Pontífice, que é Deus, ingênito, único, inacessível, por Vossa imensa glória. Senhor, rei celeste, Deus Pai onipotente. Senhor Deus, Senhor Cordeiro de Deus imaculado que tira os pecados do mundo, acolhei a nossa súplica. Vós que estais acima dos Querubins. Pois só Vós sois santo, só Vós, ó Senhor, Deus e Pai de Jesus Cristo. Ó Deus de toda natureza criada, nosso rei, a quem nós damos glória, honra e adoração. (*Gloria das Constituições apostólicas* 7.47, in: Funk, *Didascalia et Constitutiones Apostolorum*)

sidisse. Embora haja alguma evidência de que as pessoas se uniam para cantar o Glória — até mesmo fora da missa —, ele se tornou cada vez menos um hino que incluía as vozes da assembleia.

Uma forma primitiva do *Sanctus* (em latim, "Santo") já é citada na *Epístola aos coríntios*, de Clemente (cerca de 96 d.C.) [citação 156], embora não haja indícios de que este texto prescreva qualquer uso litúrgico particular ou fixo. No século III, há uma referência relativamente clara ao uso do *Sanctus* na Eucaristia, por Orígenes (morto em cerca de 254), e há muito mais referências do Oriente no quarto século. No entanto, a primeira evidência de que o *Sanctus* fazia parte da missa no Ocidente só aparece por volta do ano 400, no norte da Itália. Desde sua primeira introdução na Eucaristia, parece que o *Sanctus* era cantado por todo o povo. No Ocidente ele manteve sua posição de aclamação do povo por mais tempo do que qualquer outro elemento desse "ordinário" emergente. Em alguns lugares, indícios até mesmo do século XII indicam que as pessoas ainda cantavam o *Sanctus* na missa.

Um elemento final do ordinário emergente que foi introduzido durante esse período foi o *Agnus Dei* (em latim, "Cordeiro de Deus"). Há um consenso geral de que essa litania foi introduzida na liturgia romana pelo Papa Sérgio I (morto em 701) [ilustração 82], nascido em Palermo de uma família síria de Antioquia. É difícil encontrar um precedente exato para o *Agnus Dei* nas igrejas do Oriente. No entanto, as práticas litúrgicas e o simbolismo dessas igrejas, familiares a Sérgio, forneceram-lhe o pano de fundo para importar diretamente esse elemento ou moldá-lo de forma mais criativa para a igreja romana. Um exemplo dessa simbologia era a tradição em numerosas fontes orientais de se referir ao pão santificado como "cordeiro". Os primeiros documentos romanos a mencionar o *Agnus Dei* indicam que a litania era repetida até que se terminasse de partir o pão [citação 157]. A repetição contínua das frases curtas que compõem a liturgia indica que, desde sua introdução na liturgia, a assembleia se unia para cantar o *Agnus Dei*.

Hinos

Durante os anos de paz que se seguiram ao reconhecimento da Igreja por Constantino, a hinografia cristã floresceu. Isso se devia, pelo menos em parte, à maneira como a hinografia da época era associada ao envolvimento congregacional e empregava um estilo de composição relativamente popular. Hilário de Poitiers (morto em 367) foi fundamental na introdução de hinos métricos no Ocidente a partir do Oriente, onde se desenvolviam havia mais de um século. Ambrósio de Milão (morto em 387) popularizou a forma em latim e às vezes é chamado de pai da hinografia ocidental. Ambrósio entendeu a atração e acessibilidade desse tipo de música [citação 158]. Ele dividiu seus textos hínicos

82. Papa Sérgio I.

Citação 156: Seja ele o nosso orgulho e franqueza. Submetamo-nos à sua vontade. Consideremos como toda a multidão de seus anjos, estando junto dele, está a serviço de sua vontade. De fato, a Escritura diz: "Miríades e miríades estão junto dele; milhares e milhares estão a seu serviço. E gritam: 'Santo, santo, santo é o Senhor dos Exércitos! Toda a criação está cheia de seu esplendor'". (I Clemente 34:5-6, in: *The Epistles of St. Clement of Rome and St. Ignatius of Antioch*)

Citação 157: Enquanto os diáconos estavam partindo o pão sobre as patenas, o arquidiácono acenou com a cabeça para a *schola*, indicando que eles deveriam começar o *Agnus Dei*, que continuaram a cantar até acabarem de partir o pão. (Ordo romano, 3:2 [cerca de 700 d.C.], in: Andrieu, *Les Ordines Romani*)

[Partitura musical com três melodias]

Ae-ter-ne re-rum con-di-tor, Noctem di-em-que qui re- gis, Et tempo-rum das tem-po-ra, Ut al- le-ves fa- sti- di- um.

83. Três melodias para o hino *Aeterne rerum conditor* (em latim, "Eterno Criador de Todas as Coisas") de Ambrósio de Milão.

Citação 158: Dizem também que as pessoas são desencaminhadas pelos encantos dos meus hinos. Certamente, eu não nego. (Ambrósio de Milão [morto em 387], Sermão contra Auxêncio 24, in: McKinnon)

Citação 159: Está decidido que, exceto pelos salmos ou outras partes dos escritos canônicos do Antigo e do Novo Testamento, nenhuma composição poética pode ser cantada na Igreja. (Primeiro Concílio de Braga [563], cânone 12, in: Mansi, *Sacrorum Conciliorum*)

Citação 160: Os leitores e cantores não têm o direito de usar o *orarium* ou de ler ou cantar assim vestidos. (Concílio de Laodiceia [cerca de 363], cânon 23, in: Mansi, *Sacrorum Conciliorum*)

Citação 161: Decreto que os salmos antes das outras leituras devem ser cantados pelos subdiáconos ou, se necessário, por aqueles de ordens menores. Decreta-se que, nesta visão, aqueles que servem ao altar sagrado [isto é, diáconos] não servirão como cantores. Seu único dever na missa é proclamar a leitura do evangelho. (Gregório Magno [morto em 604], Sínodo Romano de 595, in: Mansi, *Sacrorum Conciliorum*)

em estrofes curtas, cada uma seguindo o mesmo padrão (por exemplo, número de linhas, metro e esquema de rima) da estrofe anterior [ilustração 83]. Ao fazer isso, Ambrósio canonizou princípios básicos para a escrita de hinos que perduram há séculos. Embora a música dos hinos de Ambrósio não tenha sobrevivido até os dias atuais, Richard Hoppin sugere que esses primeiros hinos podem ter sido cantados conforme melodias de músicas seculares conhecidas. Se isso é verdade ou não, a música era provavelmente tão acessível e envolvente quanto os textos, o que a qualificaria como uma forma autêntica de música "*folk*".

A hinografia latina popular nasceu numa época em que a assembleia no Ocidente estava intimamente envolvida no evento do culto e compreendia a linguagem da liturgia. Contudo, o florescimento da hinografia latina nos próximos séculos correu de forma paralela a um declínio lento, mas constante, da participação direta da assembleia na ação eucarística. Assim, embora alguns hinos fossem cantados na missa pelos fiéis, nunca causaram impacto na estrutura da missa, nem se tornaram uma parte constitutiva dela. Quanto mais o hino latino se desenvolvia, mais periférico se tornava para a Eucaristia, assim como as ações dos batizados viriam a se tornar periféricas para as ações dos padres e outros ministros. As tentativas oficiais de banir hinos não bíblicos da liturgia [citação 159] tiveram pouco efeito sobre sua popularidade. Muitos hinos latinos acabaram sendo incorporados à Liturgia das Horas ou empregados em devoções populares.

Músicos e sua música

Os especialistas em música, ou equivalentes antigos dos músicos profissionais de hoje, aumentaram em número e tipo durante essa época. A primeira evidência de um cantor especialmente nomeado que conduziu os cantos sozinho vem do Oriente, na última parte do século IV [citação 154]. É também nessa época que encontramos as primeiras distinções claras entre leitores e cantores litúrgicos, igualmente no Oriente [citação 160]. Há testemunhos a respeito da existência de coros no Oriente e no Ocidente nesses séculos, embora haja poucos indícios para apoiar a lenda popular de que o Papa Gregório Magno (morto em 604) fundou uma escola de coro (*schola cantorum*) em Roma. Gregório, no entanto, realmente limitou o ministério que cantava salmos e fazia outras leituras a subdiáconos ou outros de ordens menores [citação 161].

Esse número crescente de especialistas exerceu sua liderança musical, particularmente nas liturgias presididas pelo bispo. No entanto, é importante notar que, nessa época em que presidiam os presbíteros, havia cultos que tinham um estilo e tom diferentes dos cultos episcopais. Roma era uma cidade incomum por causa de seu tamanho e importância imperial. Embora as estimativas variem, é possível que no auge do império — que acredita-se ter ocorrido quando o imperador Trajano (morto em 117 d.C.) estava no poder — Roma tivesse cerca de um milhão de habitantes. Devido ao tamanho e à di-

1. São Sisto
2. Santos João e Paulo
3. Santos Quatro Mártires Coroados
4. São Clemente
5. Santos Marcelino e Pedro
6. São Pedro Acorrentado
7. São Martinho nos Montes
8. Santa Praxedes
9. Santo Eusébio
10. Santa Pudenciana
11. São Vital
12. Santa Susana
13. São Ciríaco
14. São Marcelo
15. São Lourenço em Lucina
16. São Lourenço em Dâmaso
17. São Marcos
18. Santa Anastácia
19. Santos Nereu e Aquileu
20. Santa Balbina
21. Santa Sabina
22. Santa Prisca
23. Santa Maria em Trastevere
24. Santa Cecília
25. São Crisógono

84. Mapa das igrejas titulares de Roma.
© 2001 Katherine W. Rinne

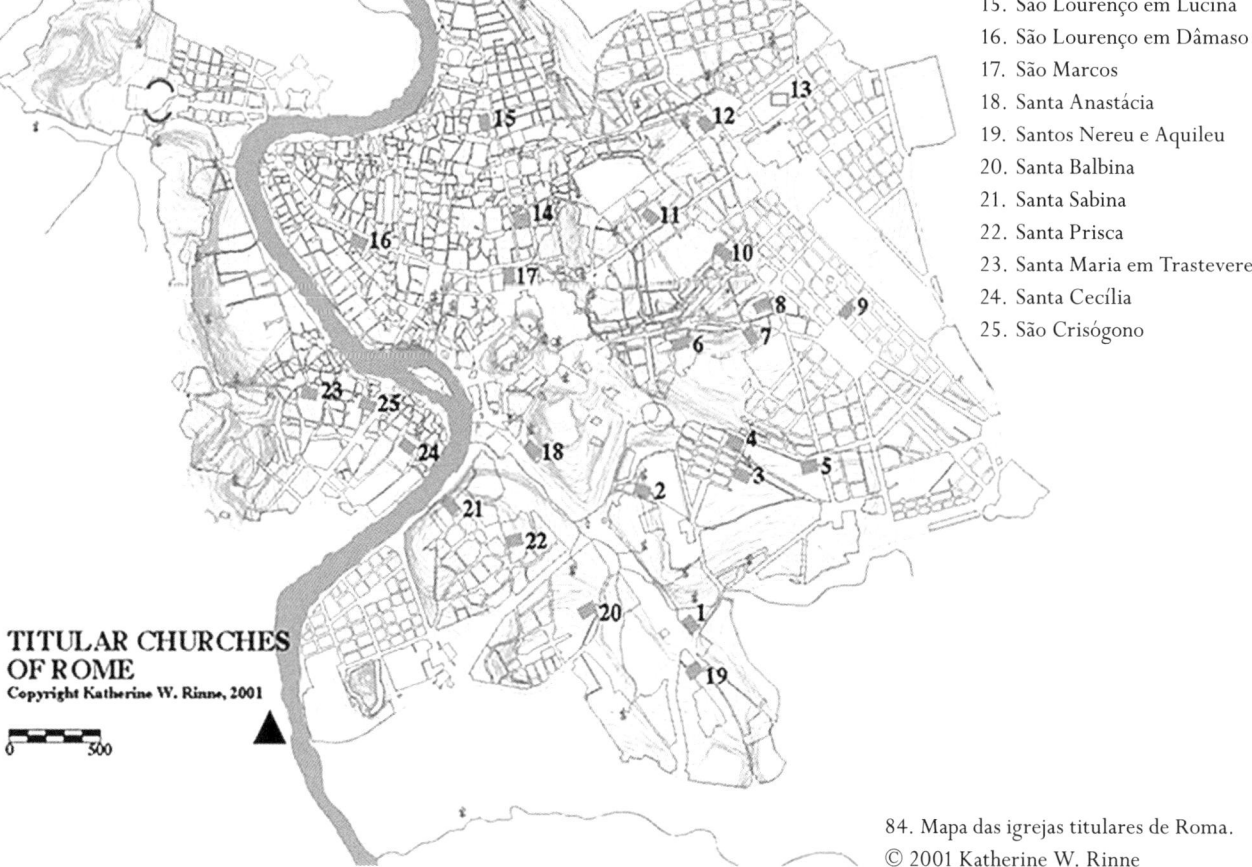

versidade cultural da população, Roma foi uma cidade que viu o surgimento de muitas igrejas domésticas, que atendiam às necessidades de bairros específicos e geralmente de grupos culturais específicos. O estabelecimento de locais de culto permanentes em Roma resultou num sistema de igrejas de bairro ou *tituli* (em latim, literalmente "títulos") — vinte e cinco deles no século V [ilustração 84] —, bem como numa série de grandes basílicas como a igreja-santuário da Antiga Basílica de São Pedro e a igreja do bispo de São João de Latrão (início do século IV). Já existem evidências do século V de que o bispo de Roma se mudava regularmente de igreja para igreja (do latim *statio*, "estação") para celebrar a Eucaristia. Cantores especiais teriam se juntado a ele nessas liturgias "estacionais". Embora o povo participasse de muitos responsos e refrões, nas missas com o bispo os especialistas em música teriam desempenhado um papel mais proeminente e a voz do povo teria sido mais abafada. Por outro lado, quando os presbíteros conduziam o culto nos títulos, é provável que o papel vocal das pessoas fosse mais proeminente.

À medida que a liturgia romana — especialmente a celebrada pelo bispo — assumiu destaque como modelo de culto no cristianismo ocidental, houve uma diminuição paralela da voz do povo no meio da celebração eucarística. Isso foi notório quando a liturgia romana foi exportada para lugares onde o latim não era a língua dos fiéis comuns. Como esse foi um processo gradual, em alguns lugares as pessoas mantiveram um papel mais central e audível. Posteriormente, contudo, assim como as pessoas em praticamente todos os contextos geográficos estavam cada vez mais distanciadas fisicamente do centro da ação litúrgica, elas também passaram a se distanciar musicalmente. É notável nessa época o crescente número de restrições sobre mulheres e meninas no culto. Assim como foram as primeiras a serem proibidas de entrar no santuário, também foram proibidas de assumir papéis de liderança na música. Essas proibições se originaram no Oriente [citação 162] e se espalharam para o Ocidente.

Citação 162: As mulheres são ordenadas a não falar na igreja, nem mesmo em voz baixa, nem podem cantar junto ou participar dos responsos; ao contrário, devem ficar caladas e orar a Deus. (A doutrina dos trezentos e dezoito padres [cerca de 375], Quasten, *Music and Worship in Pagan and Christian Antiquity*, p. 81)

Famílias de canto

É difícil saber exatamente como soava a música desse período. Durante esses séculos, muitos centros litúrgicos do Oriente e do Ocidente — incluindo Milão, Constantinopla e Benevento — desenvolveram seus próprios estilos de canto. Alguns desses repertórios, como o canto beneventano do sul da Itália central, não são mais o repertório vivo do culto de um povo. Eles são até mesmo difíceis de reconstruir, dado o desaparecimento de manuscritos ou o processo pelo qual alguns desses *corpora* de canto foram dominados por outras tendências musicais da época.

O *corpus* de canto latino mais amplamente reconhecido — pelo menos em nome — é o canto gregoriano. A origem mítica desse canto está inserida numa das muitas lendas sobre o Papa Gregório Magno, que teria supostamente escrito esse *corpus* de cantos para a igreja romana no final do século VI [ilustração 85]. A verdadeira história desse repertório é, contudo, muito mais complexa e ainda está sendo debatida. A história do canto gregoriano se entrelaça com a de outro repertório chamado "Antigo Canto Romano".

James McKinnon oferece um resumo perspicaz da relação entre esses dois *corpora* de cantos em seu livro *The Advent Project* (p. 375–403). Ele observa que, na segunda metade do século XX, vários estudiosos estavam convencidos de que havia dois "dialetos" de canto distintos, que coexistiam na cidade de Roma. Uma expressão comum dessa teoria afirmava que o canto romano original é o que hoje é chamado de "canto romano antigo", cantado nas basílicas de Roma desde a época de Gregório Magno, mas só veio a ser registrado por escrito no final do século XI. Um segundo *corpus* de canto era o que chamamos de "canto gregoriano". Esse repertório só foi desenvolvido na época do Papa Vitaliano (morto em 672) e foi obra da *schola cantorum*. Pensa-se que esse cântico estava muito mais associado à liturgia papal e era concebido como um estilo de música digno do papado. Também se pensava ser "um canto de apelo musical universal em oposição ao canto urbano paroquial" (McKinnon, p. 375). De acordo com essa teoria, o canto gregoriano foi transportado para o norte até o Império Carolíngio durante o papado do Papa Estêvão II (morto em 757) e foi anotado nesse domínio por volta do ano 900.

McKinnon acredita que essa teoria de "dois cantos" é implausível por várias razões. Em vez disso, ele propõe uma variação de outra teoria, segundo a qual havia apenas uma forma original de canto romano que passou por uma série de mudanças, tanto no processo de sua transmissão ao Império Carolíngio quanto durante seu longo período de transmissão oral em Roma. A reconstrução de McKinnon baseia-se na distinção anteriormente observada entre canto de leitor e canto de *schola* [citação 153]. Em sua cronologia, o "canto de leitor" era o estilo original do canto em Roma. Embora esse canto possa ter diferido significativamente de igreja para igreja, McKinnon afirma que as igrejas de Roma compartilhavam consideravelmente o que ele chama de "substância melódica pan-romana". Como observado acima, McKinnon acredita que os membros da *schola cantorum* decidiram produzir um ciclo completo de próprios de missa para todas as datas do ano da Igreja, começando com o advento. Esse trabalho de canto de *schola* começou no final do século VII e o projeto terminou em torno de 720.

De acordo com McKinnon, os "graduados" da *schola* passaram a servir como cantores nas igrejas urbanas (*tituli*) e assim transmitiram

85. Gregório Magno retratado com o Espírito Santo na forma de pomba sobre seu ombro direito, "ditando" as melodias dos cantos que ele escreve.

esse canto recém-desenvolvido à cidade. Membros da *schola* também o levaram para outras regiões como o Império carolíngio. McKinnon acredita que houve um intervalo de menos de um século entre a criação desse novo canto de *schola* e seu registro definitivo pelos francos. Em Roma, no entanto, esse canto de *schola* só veio a ser escrito quase quatrocentos anos depois. É assim que McKinnon faz distinção entre o canto "gregoriano" (escrito dentro de um século após a sua transmissão) e o "romano antigo" (escrito quase quatrocentos anos após o seu desenvolvimento).

Ainda não está decidido se a reconstrução de McKinnon resistirá ao teste do tempo. Nesse ínterim, é uma estrutura convincente e útil para negociar a relação entre o canto "gregoriano" e o canto "romano antigo" e, mais importante, para imaginar como a música para a liturgia cristã pode ter se desenvolvido no Ocidente.

Resumo

Os desenvolvimentos na música de culto que marcam esse período são notáveis e dramáticos. Antes do século IV, seria difícil falar de estilos distintivos da música cristã, assim como seria difícil falar de estilos característicos da arquitetura cristã. Estilos musicais e arquitetônicos foram tomados de empréstimo da cultura circundante e lentamente adaptados para uso litúrgico. No entanto, com o amadurecimento do cristianismo a ponto de ser considerado um espaço público adequado para o imperador de Roma, o grau de empréstimo foi recebido com igual e crescente adaptação e inovação. Assim, no final dessa era, há arquitetura e música cristãs distintivas, embora ainda culturalmente ligadas aos seus contextos locais, especialmente o de Roma.

Parece que o culto cristão dessa época ainda ocorre no que notamos ser um "intenso ambiente sonoro", de modo que todo discurso litúrgico público tinha algum nível de musicalidade. Ao mesmo tempo, começam a se desenvolver distinções entre o plano mais musical e o menos musical, entre leitores e cantores, entre o que Jean Claire considerava canto de leitor e canto de *schola*. Essas distinções acabarão se tornando separações, especialmente nas igrejas do Ocidente. Por enquanto, porém, a liturgia cristã ainda é o que poderíamos chamar de "liturgia musical". O crescente número de especialistas em música ainda está compartilhando o ambiente acústico com outros ministros e assembleias. Todavia, movimentos como aquele que McKinnon batizou de "Projeto do Advento" apontam para a proeminência cada vez maior de músicos treinados que passarão a dominar o cenário musical da liturgia oficial e especialmente episcopal. Como equilíbrio para essa mudança, as pessoas cultivavam formas populares de música religiosa que não eram essenciais para a celebração da Eucaristia, como os hinos. Em todos esses desenvolvimentos, a ênfase ainda estava na música vocal, sem acompanhamento. Os instrumentos ainda não haviam encontrado um lugar no culto cristão.

LIVROS

A Eucaristia do período pós-Constantino se tornou marcadamente mais complexa do que a da era anterior. Essa complexificação é resultado de vários fatores. Um deles é o notável crescimento do cristianismo. Como observado no capítulo 2, alguns calculam que os cristãos representavam pelo menos 10% de um império de cinquenta ou sessenta milhões de pessoas até o início do quarto século. Essa porcentagem aumentou dramaticamente durante o reinado de Constantino (morto em 337) e nos séculos seguintes. Esse crescimento no número de fiéis passou a exigir não apenas locais novos e maiores, mas níveis de planejamento e organização que eram desnecessários em uma igreja doméstica. Além de expandir os números, a aliança entre o imperador e a Igreja influenciou a qualidade e o estilo do culto. A etiqueta imperial passou a contribuir para a elaboração de vestimentas, de pessoal e gestual apropriados a um ambiente basilical para aquela que se tornou a religião oficial do império. Finalmente, as muitas controvérsias doutrinárias e os desenvolvimentos teológicos dessa época exigiram novos níveis de precisão na oração pública. Assim, a era da improvisação deu lugar à de textos aprovados. Essas novas pressões dogmáticas, imperiais e numéricas exigiam novos livros para descrever os rituais cada vez mais complexos e auxiliar aqueles que os conduziam. Além de novos gêneros e quantidades de livros, a qualidade dos manuscritos produzidos nesse período também começou a mudar. Alguns livros litúrgicos dessa época são verdadeiras obras de arte, valorizados tanto pela aparência quanto pelo conteúdo.

Tipos de livros litúrgicos

As categorias que os estudiosos contemporâneos usam para catalogar livros medievais não existiam na Idade Média. Consequentemente, livros antigos assumiram uma variedade de formas e foram chamados por muitos nomes diferentes. Esta seção empregará identificações padrão para esses livros, que serão descritos em suas formas mais puras, embora reconheça que os manuscritos da época nem sempre existiam em estados tão puros.

Antifonários e cantatórios. Em Roma, desenvolveu-se uma série de livros que continham os textos de cantos para os próprios da missa ou aqueles textos cambiáveis cantados na entrada, entre as leituras, durante a

> Citação 163: São Gregório ordenou às igrejas inglesas que comemorassem as têmporas do verão, conforme estabelecido em seu antifonário e missal durante a semana após o Pentecostes. Tais observâncias não estavam presentes apenas em nossa antifonia, mas também as vi com meus próprios olhos nos livros romanos nas igrejas de Pedro e Paulo. (Egberto de Iorque [morto em 766], Sobre o fundamento católico, 16, in: *Patrologia Latina* 89:441)

procissão das oferendas e na comunhão. O antifonário da missa (do latim *antiphonarium* ou *liber antiphonarius* ou *antiphonale*, termos também empregados para o "antifonário do ofício") continha os textos das antífonas, ou seja, aquelas sentenças geralmente extraídas da Bíblia que eram cantadas entre os versículos dos salmos durante as procissões de entrada e da comunhão. Existem evidências indicando que essas coleções circulavam fora de Roma no início do século VIII [citação 163].

O cantatório (do latim *cantatorium*) continha os cânticos cantados por um solista entre as leituras (os versos do gradual, do trato e do aleluia) e, às vezes, continha os versos para o ofertório. O nome em franco para o cantatório era "gradual" (do latim, *gradale* ou *graduale*). Derivado da palavra *gradus* (em latim, "degrau"), ou o degrau do ambão em que o cantor permanecia em pé para cantar os cânticos entre as leituras, *graduale* posteriormente tornou-se o nome do livro que contém todos os cânticos da missa.

Até mesmo os medievais às vezes se confundiam com os vários nomes desses livros, e o renomado estudioso Amalário de Metz (morto em 850) dedica algum tempo num de seus trabalhos para explicar algumas dessas diferenças na nomenclatura [citação 164].

Bíblias, livros de evangelhos, livros de epístolas e lecionários. Nessa fase do desenvolvimento da liturgia, a leitura do Antigo Testamento, das epístolas e dos evangelhos poderia ser considerada um elemento tradicional na celebração da Eucaristia. Originalmente, é provável que as leituras fossem proclamadas a partir do códice de uma Bíblia completa. Isso levou alguns a concluírem que era comum a prática da *lectio continua* (em latim, "leitura contínua") ou a leitura sequencial de livros da Bíblia na liturgia eucarística. Contudo, não parece ser esse o caso [citação 165]; ao que tudo indica desde os primeiros tempos as leituras eram escolhidas para se harmonizarem com a festa ou o dia que estavam sendo celebrados. Quanto às seções das Escrituras lidas em festividades antigas como a Páscoa, os costumes certamente se desenvolveram desde o início, mas não havia diretrizes sólidas antes dos séculos V ou VI. A improvisação ainda era generalizada, sob o olhar atento do bispo local. Havia também uma diversidade significativa da quantidade de leituras proclamadas, e há indícios dispersos de que ainda aparecia durante a Eucaristia nesse período o que consideraríamos leituras não-bíblicas. A prática comum no Ocidente era o uso de três leituras: por exemplo, uma do Antigo Testamento, uma segunda de uma epístola e a terceira de um evangelho. No entanto, há algum debate acerca do uso de três leituras pela igreja romana. Indícios mostram que Roma usava apenas duas: uma epístola e um evangelho.

Constantino supostamente teria encomendado cinquenta manuscritos da Bíblia para uso litúrgico [citação 166]. As Bíblias originalmente litúrgicas eram marcadas com sinais ou notas nas margens de

> *Ebdomada* III *die Dominica ad scum Laurentium.* Scd. Luc. cap. CXXVI. *Erat Iesus eiciens daemonium usque Beati qui audiunt verbum Dei et custodiunt illud.*
>
> A terceira semana [de Quaresma] no domingo na São Lourenço [fora dos muros]. De acordo com Lucas, capítulo 126 [segundo a divisão feita por Eusébio]. "Jesus expulsava um demônio" [Lucas 11,14] até "Bem-aventurados os que ouvem a palavra de Deus e a observam" [Lucas 11,28].

86. Um capitular.

cada página, indicando onde uma leitura começava e, às vezes, onde terminava. Essa era uma ferramenta relativamente eficaz para especificar leituras em Bíblias dessa época, que não eram divididas em capítulos e versículos — algo que só ocorrerá no final da Idade Média.

Além desses indicadores marginais, uma segunda ferramenta para indicar leituras era uma lista separada chamada capitular (do latim *capitulum*, "um capítulo"), que frequentemente incluía a data, a festa litúrgica, o local onde o culto deveria ocorrer, o livro bíblico do qual a(s) leitura(s) era(m) extraída(s), e o começo ou *incipit* (em latim, "começa", "principia") e o final ou *explicit* (em latim, "termina") para cada leitura [ilustração 86].

Eric Palazzo fornece um guia útil para distinguir três tipos dessas listas ou capitulares. Um capitular enumera as epístolas a serem lidas, o que posteriormente dará origem ao livro de epístolas chamado epistolário (do latim *epistula*, "carta"). Um segundo tipo de capitular prescreve as leituras do evangelho que darão origem ao evangeliário (do latim *evangelium*, "boas novas"). Um terceiro gênero de capitular combina os dois tipos anteriores e será fundamental para a origem do lecionário da missa (do latim *lectio*, uma "leitura"). Ainda existem listas capitulares de epístolas e evangelhos do século VI e é provável que já existissem no século V.

Além de notas marginais e listas independentes, um terceiro método para fornecer leituras para a liturgia eucarística era a elaboração de um livro específico que continha apenas um tipo de leitura. Esse livro conteria, por exemplo, os textos completos dos quatro evangelhos e seria acompanhado por anotações marginais ou por um capitular evangélico para indicar qual parte do evangelho deveria ser lida em que dia. Esse não seria, contudo, um verdadeiro evangeliário (com os textos evangélicos organizados de acordo com o modo como deveriam ser proclamados liturgicamente), mas, em vez disso, o que é mais apropriadamente chamado de Livro dos Evangelhos. Exemplos de tais livros já existiam no século V [ilustração 87].

Quando todas as leituras para um dia litúrgico são reunidas no mesmo livro — combinando evangeliários e epistolários — o resultado é um "lecionário da missa" (também havia lecionários para o Ofício Divino). A primeira evidência documental de um lecionário da Missa vem do final do século V [citação 167]; e ainda existem manuscritos do século VI. Embora os lecionários sejam, claramente, desenvolvimentos posteriores às notas ou listas marginais, eles não substituíram automaticamente esses outros dois meios para indicar leituras da missa, especialmente porque a produção de lecionários teria sido consideravelmente mais cara e trabalhosa. Todos os métodos de indicação de leituras para a liturgia eucarística foram utilizados em graus variados durante grande parte desse período.

87. Painel de encadernação para uma cópia dos evangelhos do início do século V.

Citação 164: O volume que chamamos de antifonário é chamado por três nomes pelos romanos: o que chamamos de *Gradale*, eles chamam de *Cantatorium*, que, de acordo com seu costume antigo, ainda está encadernado num único volume em algumas de suas igrejas. O restante, eles o dividem com dois nomes: a parte que contém os responsórios é chamada de *Responsoriale*; e a parte que contém as antífonas, eles chamam de *Antiphonarius*. (Amalário de Metz [morto em 850/1], *Liber de Ordine Antiphonarii*, *Prologus* 17, in: *Amalarii episcopi Opera*)

Citação 165: Nenhum testemunho nos permite afirmar, nem mesmo nos tempos mais antigos, que a *lectio continua* era a prática na missa. (Martimort, *Les Lectures liturgiques et leurs livres*, p. 19)

Citação 166: Parece apropriado solicitar de Vossa Excelência que façais 50 códices das escrituras sagradas — que sabeis que são muito necessárias para a Igreja — elegantemente escritas em magníficos pergaminhos por especialistas versados nas artes antigas. (Carta de Constantino [morto em 337] a Eusébio [morto em cerca de 340], citado em Eusébio, *Vida de Constantino*, 36, in: *História eclesiástica*)

Calendários e martirológios. A comemoração dos mortos sempre foi um elemento essencial do culto cristão, especialmente da Eucaristia. Há indícios de que, desde os primeiros anos, os seguidores de Jesus faziam um banquete anual de acordo com o calendário judaico comemorando sua morte. Os calendários cristãos acabaram se desenvolvendo como auxílio para recordar e venerar os mortos, especialmente mártires que eram homenageados como imagens do crucificado. Policarpo de Esmirna foi um dos primeiros a ser amplamente venerado após o seu martírio em 23 de fevereiro do ano de 155. Listas de datas e locais das mortes de mártires começaram a se desenvolver após esse período. Uma das primeiras listas, a *depositio martyrum* (latim, "enterro [lista] dos mártires") [ilustração 88], data de 354. À medida em que esses primeiros calendários litúrgicos se expandiram, tornaram-se verdadeiros martirológios, que incluíam não apenas o dia do aniversário da morte do mártir e o local do martírio ou do sepultamento, mas também uma breve "história" (do latim, *historia*) resumindo a vida, as virtudes e o tipo de morte do mártir. Posteriormente, eles listavam não apenas mártires, mas muitas outras categorias de santos.

Um dos martirológios mais antigos foi aquele atribuído a Jerônimo (morto em 420), conhecido como martirológio jeronimiano (de "Jerônimo"). Composto na Itália do século V, a obra contém poucos detalhes biográficos sobre os santos listados e a atribuição a Jerônimo é apócrifa. O primeiro martirológio "histórico", que contém relatos mais amplos sobre seus santos, pode ser atribuído ao estudioso inglês Beda (morto em 735).

Por certo, os calendários continuaram sendo importantes para a celebração da Eucaristia, designando qual festa seria celebrada, mas os martirológios acabaram por desempenhar um papel mais importante na Liturgia das Horas.

Libelli Missarum e sacramentários. À medida que o culto se tornou mais complicado e formalizado, a prática de improvisar a oração pública diminuiu e apareceram livros contendo orações previamente compostas para os presidentes da assembleia. Outra influência proveio do rápido desenvolvimento doutrinário do cristianismo durante esse período e da crescente preocupação com a correta teologia. Os principais concílios da Igreja nos séculos IV e V estavam definindo doutrinas cristológicas centrais e outras. Como as orações públicas são, por sua própria natureza, teológicas, era e é essencial que a teologia nessas orações seja ortodoxa. Embora escrever uma oração não assegure sua ortodoxia, as orações escritas podiam ser revisadas e aprovadas pelos bispos, concílios ou outros professores instruídos [citação 168].

Os primeiros livros litúrgicos não eram, realmente, livros; assemelhavam-se mais a pequenos panfletos manuscritos. Inicialmente, es-

---

Citação 167: Musaeus, presbítero da igreja de Marselha, a pedido do santo bispo Venério, extraiu das sagradas escrituras leituras adequadas para os dias de festa durante o ano inteiro. Ele também fez o mesmo para os responsórios e salmos apropriados às estações do ano e suas leituras. (Genádio de Marselha [morto em cerca de 505], *Sobre autores eclesiásticos*, 79 [*De viris illustribus*])

Citação 168: As orações de muitos estão sendo corrigidas todos os dias, uma vez lidas pelos eruditos, e muitas coisas contra a fé católica são nelas encontradas. Muitos se apegam cegamente a orações compostas não apenas por tagarelas inábeis, mas também por hereges, e as usam porque, em sua simples ignorância, não são capazes de avaliar as orações e considerá-las boas. (Agostinho [morto em 430], *Sobre o batismo contra os donatistas*, 6.47, in: Bouley, *From Freedom to Formula*, p. 165)

25 de dezembro	VIII Kal. Ianu.	Natus Christus in Bethleem Iudeae.

──────── Mense Ianuario ────────

20 de janeiro	XIII Kal. Feb.	Fabiani in Calisti et Sebastiani in Catacumbas.
21 de janeiro	XII Kal. Feb.	Agnetis in Nomentana.

──────── Mense Februario ────────

22 de fevereiro	VIII Kal. Mart.	Natale Petri de catedra.

──────── Mense Martio ────────

7 de março	Non. Mart.	Perpetuae et Felicitatis, Africae.

──────── Mense Maio ────────

19 de maio	XIIII Kal. Iun.	Partheni et Caloceri in Calisti, Diocletiano VIIII et Maximiano VIII cons. [304].

──────── Mense Iunio ────────

29 de junho	III Kal Iul.	Petri in Catacumbas et Pauli Ostense, Tusco et Basso cons. [258].

──────── Mense Iulio ────────

10 de julho	VI Id.	Felicis et Filippi in Priscillae; et in Iordanorum Martialis, Vitalis, Alexandri; et in Maximi, Silani; hunc Silanum martyrem Novati furati sunt; et in Praetextati, Ianuari.
30 de julho	III Kal Aug.	Abdos et Sennes in Pontiani, quod est ad Ursum piliatum.

──────── Mense Augusto ────────

6 de agosto	VIII Id. Aug.	Xysti in Calisti, et in Praetextati, Agapiti et Felicissimi.
8 de agosto	VI Id. Aug.	Secundi, Carpophori, Victorini et Severiani in Albano; et Ostense VII ballistaria, Cyriaci, Largi, Crescentiani, Memmiae, Iulianae et Smaragdi.
9 de agosto	III Id. Aug.	Laurenti in Tiburtina.
13 de agosto	Id. Aug.	Ypoliti in Tiburtina et Pontiani in Calisti.
22 de agosto	XI Kal. Sept.	Timotei, Ostense.
28 de agosto	V Kal. Sept.	Hermetis in Bassillae, Salaria vetere.

──────── Mense Septembre ────────

5 de setembro	Non. Sept.	Aconti in Porto, et Nonni et Herculani et Taurini.
9 de setembro	V Id. Sept.	Gorgoni in Labicana.
11 de setembro	III Id. Sept.	Proti et Iacinti in Bassillae.
14 de setembro	XVIII Kal. Octob.	Cypriani Africae, Romae celebratur in Calisti.
22 de setembro	X Kal. Octob.	Bassillae, Salaria vetere, Diocletiano XIII et Maximiano VIII cons. [304].

──────── Mense Octobre ────────

14 de outubro	Prid. Id. Octob.	Calisti in Via Aurelia, miliario III.

──────── Mense Novembre ────────

9 de novembro	V Id. Nov.	Clementis, Semproniani, Claudi, Nicostrati in comitatum.
29 de novembro	III Kal. Dec.	Saturnini in Trasonis.

88. *Depositio Martyrum.* (Denis-Boulet, p. 53s.)

89. Uma página do Sacramentário de Verona.

ses *libelli missarum* (em latim, "pequenos livros de missas") continham as orações e o prefácio de uma ou mais missas para uma igreja em particular. Às vezes, vários *libelli* eram reunidos numa coletânea de materiais frequentemente sem relação entre si. Coletâneas desses livretos existiam em certas partes do cristianismo até o final do quarto século. Embora *libelli* individuais dessa época não tenham sobrevivido, uma coletânea do final do século VI chegou até nós. A coletânea é, às vezes, chamada de *Sacramentário leoniano*, embora, na realidade, ele não seja um sacramentário e nem obra de Leão Magno (morto em 461). Pelo contrário, é uma coleção privada de formulários e orações, adaptando materiais das liturgias papais para uso dos presbíteros nos *tituli* romanos, atribuída falsamente a Leão na edição de 1735 na obra de Giovanni Bianchini. Hoje em dia é considerada mais apropriadamente *A coletânea veronense de Libelli Missarum*, em homenagem à cidade que abriga o único manuscrito conhecido do texto [ilustração 89].

Sacramentário é um livro que contém textos dos quais necessita aquele que preside a Eucaristia ou outro rito litúrgico. O primeiro sacramentário autêntico que sobreviveu é o *Sacramentário gelasiano antigo*, um título baseado numa hipótese improvável de que a obra era atribuível ao Papa Gelásio (morto em 496). Esse trabalho foi originalmente compilado em Roma, entre 628 e 715. Havia dois tipos de sacramentários empregados em Roma durante esse período: um para liturgias papais e outro para cultos presididos por presbíteros nos *tituli*. O *Gelasiano antigo* parece ter se originado como esse segundo tipo, embora elementos papais estejam entrelaçados ao longo do livro. Essa mistura pode ser explicada, em parte, pelo fato de que a única versão deste sacramentário em nossa posse é um manuscrito copiado num mosteiro perto de Paris por volta de 750, onde o escriba introduziu materiais de um sacramentário papal (ou sacramentário "gregoriano") nesse sacramentário presbiteral (ou "gelasiano").

Ordos. O culto cristão, cada vez mais complexo, exigia instruções escritas para sua execução sem dificuldades. Essas instruções normalmente não eram incluídas nos livros de orações ou de música, mas coletadas num volume separado conhecido como *ordo* (latim, "ordem" ou "disposição"). No capítulo anterior, observamos que as diretrizes da Igreja já forneciam algumas instruções sobre como o culto deveria prosseguir. Essas disposições, no entanto, foram concebidas para uma igreja cujo culto era mais doméstico e improvisatório. Com a crescente complexidade do culto,

---

A-2 APRIL 103

20 ✠ FIFTH SUNDAY OF EASTER
Wh HOURS*   **Pss I** Seasonal prop
   MASS   Prop Gl Cr Easter Pf I-V
   RDGS   52: Acts 6:1-7 Ps 33:1-2,4-5,18-19
             1 Pt 2:4-9 Jn 14:1-12

We are "a chosen race, a royal priesthood" (2) called to place our faith (3) and trust (Ps) in the Spirit of Jesus who guides the community of faith (1)

21 Monday: Easter Weekday [5]; *Anselm, bishop, doctor*
m   HOURS   **Pss I** Seasonal wkdy *Sanctoral*
Wh   *Common of pastors or of doctors*
Wh MASS   Prop Easter Pf I-V
V²R² RDGS   285: Acts 14:5-18 Ps 115:1-4,15-16
             Jn 14:21-26

Barnabas and Paul attempt to reveal (2) to the Gentiles the true nature of the living God (1,Ps).

Anselm, † 1109; abbot of Bec in Normandy; later (1093) archbishop of Canterbury; twice exiled for defending the rights of the Church; theologian and philosopher: *fides quaerens intellectum*; authored *Proslogion, Cur Deus Homo*, and *The Procession of the Holy Spirit*; known as the "Father of Scholasticism."

22 Tuesday: Easter Weekday [5]
Wh HOURS   **Pss I** Seasonal wkdy
V²R² MASS   Prop Easter Pf I-V
    RDGS   286: Acts 14:19-28 Ps 145:10-13b,21
             Jn 14:27-31a

Paul and Barnabas recount their blessings (Ps) to the church in Antioch (1), and the peace they experienced in the Lord's service (2).

90. Uma página de um *ordo* contemporâneo.

Citação 169: Depois que o diácono retorna da leitura do evangelho, o subdiácono, que segurou o livro durante a leitura do evangelho, recebe o evangeliário e, segurando-o no alto, segue o outro subdiácono em procissão. Então, segurando o livro perto de seu coração, do lado de fora de sua vestimenta, ele o abre para que possa ser beijado por todos os vários graus de clérigos que estão no santuário, de acordo com a ordem de classificação. (*Ordo romano* I [cerca de 700], 64, in: Andrieu, *Les Ordines Romani*)

91. Exemplo de um armário (*armarium*) com os quatro evangelhos. Esses armários ficavam na sacristia ao lado da abside da basílica. Baseado num detalhe de um mosaico no chamado mausoléu de Gala Placídia, em Ravena, cerca de 450 d.C.

com seu *status* oficial no império e as preocupações com a ortodoxia e a sequência correta, esses precursores se mostraram inadequados e foram substituídos pelo *ordo*. Os *ordos* se mostraram particularmente importantes quando o culto romano foi exportado para cristãos fora de Roma, que não estavam familiarizados com alguns dos padrões da liturgia romana.

Como os *libelli missarum*, os *ordos* também eram originalmente livretos ou, às vezes, até mesmo uma única página de instruções. Posteriormente, muitos deles foram reunidos em coleções. A coleção mais antiga conhecida são os "Ordos Romanos" (do latim *Ordines Romani*) do século VII [citação 169]. Como o sacramentário gelasiano, os Ordos Romanos refletem o uso romano, embora a coleção tenha sido compilada fora de Roma e, portanto, contenha muitos elementos não romanos.

Ordos eram livros litúrgicos auxiliares, usados na preparação para o culto, mas normalmente não eram empregados durante a liturgia em si. Por fim, esses e outros livros se fundiriam com sacramentários para produzir a mistura de orações e rubricas típicas dos missais de hoje. Os *ordos* existem ainda hoje [ilustração 90] e são produzidos por muitas dioceses, ordens religiosas e até mesmo igrejas nacionais. No entanto, o *ordo* contemporâneo tem mais em comum com calendários antigos do que com coleções como os *Ordos* romanos.

Reverência pelo livro

Eram comuns os gestos de respeito pelo primeiro livro litúrgico, a Bíblia, que as pessoas protegiam a todo custo durante os tempos de perseguição. Durante a era pós-Constantino, aumentaram os sinais de reverência pelos livros litúrgicos. Arquitetonicamente, isso significava fornecer não apenas lugares especiais para proclamar a palavra, como o ambão [ilustração 80], mas também armários especiais (do latim *armaria*) para guardar as Escrituras quando elas não estavam em uso [ilustração 91]. Somente pessoas especialmente designadas podiam ler e cuidar de livros rituais. Os leitores, que desde a antiguidade eram guardiões das Escrituras, foram posteriormente substituídos por clérigos de escalão superior, sendo os diáconos responsáveis por proclamar o evangelho [citação 161] e os subdiáconos responsáveis pela leitura da epístola. A descrição de uma missa papal do século VII observa que, após a proclamação do evangelho, o livro de evangelhos era beijado por todo o clero no santuário [citação 169]. Além disso, quando o livro era carregado por qualquer pessoa de posição inferior a um diácono, as mãos dessa pessoa permaneciam cobertas.

Os livros rituais tornaram-se grandes obras de arte. Embora isso se aplicasse especialmente às Escrituras, passou a se aplicar cada vez mais a outros livros. O velino (pele de vitela) e o pergaminho (pele de cordeiro) tornaram-se os materiais preferidos. Estes eram melhores do que o papiro para escrever e também para ilustração ou iluminura. Os pri-

A ASCENSÃO DA IGREJA ROMANA: 313-750   111

92. Quatro bispos, cada um portando um rico códice do evangelho ornamentado com joias, da abside de São Apolinário, em Classe, Ravena, século VI.

meiros livros iluminados dos evangelhos datam do século VI. Em raras ocasiões, o pergaminho era tingido de roxo, e ouro ou prata eram usados como tinta. Muitas capas de livros também eram magníficas obras de arte [ilustração 87]. Além dos poucos livros dessa época que sobreviveram, vários mosaicos da época atestam os inestimáveis códices de propriedade da Igreja [ilustração 92]. Durante esse período, começou até mesmo o costume de presentear com livros litúrgicos.

Padronização de conteúdo e idioma

O período pós-Constantino foi de transição da oração improvisada para textos litúrgicos mais padronizados. Embora o conteúdo da Bíblia tenha sido relativamente fixado em cerca de 200 d.C., as orações litúrgicas ainda estavam evoluindo. O primeiro exemplo escrito de uma oração eucarística só veio a aparecer no terceiro século. Os bispos, que eram os únicos presidentes da Eucaristia do século IV, mantiveram seu direito de improvisar a oração. Devido à crescente complexidade do culto, bem como às muitas controvérsias teológicas da época, desenvolveu-se um novo interesse pela ortodoxia na oração pública. Um sínodo em Hipona, do qual participou Agostinho, exigia que as orações no altar fossem dirigidas ao Padre e que as orações emprestadas de outros lugares só fossem usadas depois de examinadas [citação 170]. Vimos anteriormente que o próprio Agostinho estava preocupado com a natureza pouco ortodoxa de algumas orações. No início do século V, um concílio norte-africano tentou impor uma coletânea de orações que havia sido preparada com aprovação hierárquica [citação 171]. Embora

Citação 170: Quando alguém serve no altar, a oração deve ser sempre dirigida ao Padre. Quem quer que tome de empréstimo orações por si mesmo de outro lugar não deve usá-las, a menos que as submeta primeiro aos irmãos mais instruídos [de sua própria igreja]. (Concílio de Hipona [393], cânone 21, in: Mansi, *Sacrorum Conciliorum*)

Citação 171: Fica decidido que as orações, alocuções, missas, prefácios, louvores e imposição de mãos que foram examinadas no concílio podem ser celebrados por todos. Nenhum outro pode ser usado na igreja — nem os que se opõem fortemente à fé, nem os compostos pelos ignorantes, nem os escritos pelos menos zelosos. Exceções a esta regra são aquelas empregadas pelos mais habilidosos ou sancionadas no sínodo. (Concílio de Cartago [407], cânon 10, in: Mansi, *Sacrorum Conciliorum*)

Citação 172: O pão não deve ser colocado no altar para ser consagrado se não estiver completo, apropriado e feito especialmente para isso. (Concílio de Toledo [693], cânon 6, in: Galavaris, *Bread and the liturgy*, p. 45)

Citação 173: Talvez digais: "Meu pão é pão comum". De fato, antes que as palavras sacramentais sejam ditas, este pão é simplesmente pão. Mas quando ocorre a consagração, ele muda de pão para o corpo de Cristo. (Ambrósio, *Des Sacraments*, *[Sobre os Sacramentos]*, 4.14)

exemplos dessa legislação sejam escassos nesse período, eles testemunham uma crescente preocupação em controlar o conteúdo dos livros litúrgicos. Esse movimento em direção à padronização acabou se espalhando por toda a Igreja.

Outra padronização que se desenvolveu durante esse período foi a do latim como língua litúrgica para as igrejas ocidentais. Conforme observado no final do capítulo 2, o cristianismo nasceu na diversidade cultural, e a eucaristia era celebrada no idioma falado pela comunidade local. Em Roma, o grego era a língua dominante tanto na cidade quanto para a crescente população cristã. Como observa Cyril Vogel, foi a igreja africana, não a romana, que primeiro se aproximou do latim; e foi um grupo de teólogos do norte da África que, como Tertuliano (morto em 225) e Agostinho, criou o vocabulário jurídico e litúrgico da igreja latina do ocidente. A latinização da igreja romana foi um processo gradual, e o grego coexistiu com o latim como língua litúrgica por séculos. Contudo, ao final desse período, a maré havia mudado nitidamente, e a igreja ocidental se encontrava no caminho que tornaria o latim a língua exclusiva para o culto no Rito Romano até o século XX.

93. Um dos exemplos mais antigos existentes de um carimbo para pão eucarístico, medindo cerca de 15 cm de diâmetro, de Jebiniana (na costa da atual Tunísia). Mostra um veado entre as árvores com a inscrição *Ego sum panis vivus qui de celo descendi* (em latim, "Eu sou o pão vivo que desce do céu"). Datado do século VI. (Segundo Righetti 3:483s.)

94. Detalhe dos "sacrifícios de Abel e Melquisedec" mostrando pão em forma de coroa ou *corona*.

Resumo

De um modo geral, o único livro litúrgico no início desse período era a Bíblia. Após a conversão de Constantino, surgiu toda uma biblioteca de livros litúrgicos. Isso confirma a crescente complexidade do culto e uma crescente preocupação com o conteúdo teológico da oração pública numa época em que a Igreja estava moldando os princípios básicos da fé. Uma nova atenção ao conteúdo e à etiqueta do ritual significava novas restrições tanto em relação aos livros quanto em relação às pessoas que os usavam. O cuidado com o conteúdo de um livro estava começando a ser equivalente à preocupação com a aparência dos livros, que cada vez mais se tornavam magníficas obras de arte. A crescente reverência por livros litúrgicos — inicialmente ditada por seu conteúdo, posteriormente também por seu valor artístico — preparou o caminho para uma época vindoura, em que objetos como livros litúrgicos seriam tratados com a mesma reverência que originalmente era reservada às pessoas batizadas.

RECIPIENTES

A Eucaristia sempre foi central para a vida da comunidade cristã, mas, em certa medida, isso se tornou ainda mais evidente depois de Constantino. Inicialmente comemorada apenas no domingo, a Eucaristia logo passou a ser comemorada nos outros dias da semana. O culto comunitário, como a oração da manhã e da noite, diminuiu em importância para as pessoas comuns e se tornou cada vez mais o domínio das numerosas comunidades monásticas que se desenvolveram durante esse período. Embora muitas práticas devocionais tenham se desenvolvido,

Citação 174: O padre disse: "Não é habitual que eu pareça ingrato ao homem que tanto me ajudou. É necessário que eu lhe traga um presente". Assim, ele trouxe consigo duas coroas de pão [do latim, *coronas*] como oferenda. [...] O homem suspirou angustiado e disse: "Por que me entregas isso, padre? Este pão é sagrado e não posso comê-lo". (Gregório Magno [Grégoire I Grand], *Dialogues*, 4.55)

Citação 175: Nada dispendioso para quem carrega o corpo do Senhor numa cesta de vime. (Jerônimo [morto em 420], Epístola a Rústico, 20, in: *Patrologia Latina* 22:1086)

Citação 176: [Depois do evangelho] O subdiácono regional recebe as oferendas do pontífice e as apresenta ao próximo subdiácono, que as coloca no saco de linho que dois acólitos seguram. [Antes da comunhão] os subdiáconos, com os acólitos que carregam os sacos, vêm à direita e à esquerda do altar enquanto os acólitos estendem os braços com os sacos. Os subdiáconos avançam para que possam preparar os sacos abertos para o arquidiácono colocar as oferendas, primeiro no do lado direito e depois naquele do lado esquerdo. (*Ordo romano* 1.71, 101, in: Andrieu, *Les Ordines Romani*)

95. Detalhe de pães no lado de um sarcófago (350–380 d.C.) em Arles, numa apresentação de pães e peixes, que prefiguram a Eucaristia.

nenhuma se tornou mais importante que a Eucaristia, que dominava a piedade cristã. Na sequência desse foco eucarístico em expansão, uma variedade de recipientes se desenvolveu, especialmente para o pão.

O pão e seus recipientes

A tradição de empregar pão fermentado comum para a Eucaristia continuou durante esse período. Uma evidência documental disso é o Concílio de Toledo (693), que proíbe o uso de pão que não tenha sido feito exclusivamente para a Eucaristia [citação 172]. É um princípio bem aceito que, se uma lei da Igreja interdita algo, o que quer que esteja sendo proibido já está ocorrendo. Assim, de acordo com George Galavaris, esse cânone indica que até o final do século VII, os cristãos ainda usavam pães comuns para a Eucaristia em algumas partes do império. Ambrósio parece estar ciente dessa prática no final do século IV em Milão, pois precisou explicar aos recém-batizados que, embora a Eucaristia parecesse pão comum, era realmente o Corpo de Cristo [citação 173].

Vários textos e ilustrações artísticas, bem como muitos selos de pão desse período que sobreviveram, mostram que o pão eucarístico assumiu várias formas nessa época. Às vezes, o pão era um disco plano [ilustração 93]. Há também evidências literárias de que um pedaço de pão era, por vezes, trançado formando um círculo chamado coroa [citação 174]. Esse tipo de pão é representado num mosaico do século VI na igreja São Vital, em Ravena, com o orifício central da coroa preenchido com uma cruz [ilustração 94]. Muitas vezes, o pão era uma pequena peça redonda marcada com uma cruz. Essa era uma forma comum de pão romano, com duas linhas cruzadas dividindo o pão em quatro partes (do latim *panis quadratus*). Galavaris acredita que, antes do Édito de Milão de Constantino, este pão oferecia aos cristãos a vantagem de ter o que eles poderiam interpretar como "o sinal da cruz" em seu pão, sem levantar suspeitas das autoridades, porque era vendido publicamente nos mercados. No entanto, mesmo depois que o cristianismo se tornou legal, há evidências de que os cristãos continuaram a usar essa forma de pão para a Eucaristia, um pão convenientemente vincado para ser partido [ilustração 95].

Cestas. Dadas as formas variadas e, às vezes, o tamanho considerável do pão, as cestas continuaram sendo recipientes úteis para o pão eucarístico [ilustração 96]. Jerônimo observou a propriedade das cestas para esse fim [citação 175]. Além de cestas, outros recipientes comuns feitos de materiais comuns eram usados para guardar o pão eucarístico. Uma descrição da missa papal em Roma, no século VII, por exemplo, observa o costume antigo de pessoas levarem pão e vinho de casa para serem usados na Eucaristia, com o excedente sendo distribuído aos pobres. O pão coletado dos fiéis era colocado em sacos de linho; mais tarde, durante a cerimônia, o pão consagrado era posto e transportado em sacos de linho para que as pessoas comungassem [citação 176].

Patenas. Já vimos que, embora o pão comum, comprado na rua, fosse usado para a Eucaristia, há também uma preocupação crescente de ter um pão feito especialmente para a liturgia eucarística [citação 172]. Da mesma forma, embora recipientes domésticos comuns tivessem sido empregados na liturgia cristã desde o início, travessas ou patenas especiais (do latim *patena*) foram produzidas durante essa época para guardar o pão eucarístico. Tais utensílios passaram a ser feitos de metais preciosos com frequência cada vez maior. Patenas poderiam ser recipientes relativamente grandes usados para colocar pequenos pães, coroas ou discos de pão fermentado necessários para servir os fiéis que enchiam as basílicas da época [ver o famoso mosaico de São Vital em que Justiniano (morto em 565) carrega uma grande patena de ouro]. Segundo uma fonte do século VI, Constantino doou muitas patenas de ouro e prata à Basílica de São João de Latrão em Roma, cada uma pesando pelo menos 13 kg [citação 177]. Há patenas do século VI que medem quase 60 cm de diâmetro. Segundo uma descrição da missa papal em Roma no final do século VII, uma patena era carregada por dois

96. Cristo representado com sete jarros de vinho e sete cestas de pão. Painel da porta da Basílica de Santa Sabina, Roma, 422–430.

97. Patena de prata dourada do século VI, de Riha, na Síria, com quase 25 cm de diâmetro.

98. A assim chamada píxide de Berlim, do século IV, feita de marfim e medindo aproximadamente 11 cm de altura e 13 cm de diâmetro. (Segundo Righetti, 1:451)

Citação 177: Em seu tempo, o imperador Constantino construiu essas igrejas e as adornou: a basílica constantiniana [São João de Latrão] [...] com 7 patenas de ouro, cada uma pesando 13 kg; 16 patenas de prata, cada uma pesando 13 kg; 7 escifos do melhor ouro, cada um pesando 4,5 kg; um escifo especial de coral duro, adornado por todos os lados com joias de prásio e jacinto, incrustadas de ouro, pesando em todas as suas partes mais de 9 kg; 20 escifos de prata cada um pesando quase 7 kg; 2 *amae* do melhor ouro, cada uma pesando 22,5 kg, capacidade de 3 *medimnos* cada; 20 amas de prata, cada um pesando 4,5 kg, capacidade de 1 *medimno* cada; 40 cálices menores do melhor ouro, cada um pesando ½ kg; 50 cálices de serviço menores, cada um pesando 1 kg. (*Livro dos pontífices* [cerca de 540], 34.9)

Citação 178: Nada pode ser colocado sobre o altar, exceto a *capsa* com os remanescentes do *sancta* [...] ou a *pyx* com o Corpo do Senhor como *viaticum* para os enfermos. (Leão IV [morto em 855], *Sobre o cuidado pastoral*)

acólitos, indicando seu tamanho considerável. Mesmo as peças menores desse período indicam que o pão fermentado comum ainda estava sendo usado [ilustração 97].

Píxides. Além dos recipientes para pão durante a Eucaristia, recipientes para guardar o pão consagrado fora da missa continuaram a se desenvolver. Vários nomes foram empregados: *arca* (em latim, "caixa"), crismal (do grego *chrisma*, "unção") e píxide (do grego *pyx*, "caixa") foram alguns dos mais comuns. Como o termo "píxide" é o mais familiar deles, ele será usado aqui. A píxide usualmente era um pequeno vaso cilíndrico, no qual se podia colocar um pequeno pedaço de pão redondo ou quadrado [ilustração 98]. Há peças do quarto século. Esses estojos pequenos e portáteis eram empregados, às vezes, para levar a comunhão aos doentes [citação 178]. Também existe evidência literária de que as pessoas carregavam consigo a Eucaristia em pequenos estojos ou saquinhos em volta do pescoço como talismãs contra o mal, para dar a si mesmas a comunhão e oferecer o viático aos moribundos. Escritos irlandeses sobre os santos desta época estão cheios de histórias de monges que carregavam a Eucaristia consigo dessa maneira [citação 179].

Tabernáculos. Além de recipientes portáteis, há evidências limitadas nesse período, segundo as quais eram utilizados recipientes permanentes para o pão consagrado. Embora sejam conhecidos por vários nomes, eles serão reunidos sob o título geral de "tabernáculo" (do latim *tabernaculum*, "tenda"). A ordem da igreja síria *Constituições Apostólicas*, do século IV, e o grande doutor da Igreja Jerônimo falam de um local especial onde a Eucaristia é mantida, chamado *pastophorion* (do grego *pastos*, "câmara nupcial") [citação 180]. Essas *pastophoria* poderiam ser nichos feitos nas paredes laterais da igreja ou nos fundos da abside perto do altar. Francis Schaeffer pensa haver indícios de tais nichos eucarísticos num poema do bispo Paulino de Nola (morto em 431) descrevendo a basílica de São Félix de Nola, em cuja abside havia, segundo ele, duas câmaras pequenas e numa delas era mantido o "alimento sagrado".

Além de *pastophoria* ou nichos, Basílio (morto em 379) supostamente atesta outra forma de reservar a Eucaristia. Há evidências apócrifas de que ele encomendou um recipiente em forma de pomba, que era usado para a reserva eucarística [citação 181]. Embora o texto possa ser do final do século VIII, ele aparece como um dos primeiros testemunhos do uso de "pombas eucarísticas", que se tornam comuns e difundidas por todo o cristianismo oriental e ocidental [ilustração 99].

João Crisóstomo (morto em 407), em sua instrução batismal, fala de um baú de madeira que guardaria a Eucaristia [citação 182]. Em seu hino a Lourenço, o diácono Prudêncio (morto após 405) diz que o diácono tem chaves para o que alguns interpretaram como um recipiente para a Eucaristia [citação 183].

Durante esse período, a Eucaristia também era reservada em recipientes em forma de pequenas torres (do latim *turris* ou *turricula*, "pequena torre"). Referências a esses recipientes geralmente aparecem em fontes ocidentais, em vez de orientais. O *Livro dos Papas* do século VI, por exemplo, lista semelhante torre entre os presentes que Constantino concedeu à Antiga Basílica de São Pedro [citação 184]. Dada a data tardia dessa fonte, é mais provável que essas torres eucarísticas fossem um recipiente do século VI do que do século IV. Schaeffer acredita que, embora essas torres eucarísticas fossem de tamanhos variados, pelo menos na Gália, elas eram pequenas o suficiente para serem mantidas na sacristia e levadas ao altar quando a Eucaristia era celebrada. Tais *turriculas* provavelmente seriam mais bem compreendidas como píxides com uma tampa cônica e não plana. Outras vezes, parece que torres eucarísticas maiores, como o presente de Constantino mencionado anteriormente que pesava mais de 13 kg, eram mais fixas. Às vezes, esses recipientes eram usados em combinações, por exemplo, uma pomba eucarística colocada dentro de uma torre ou uma píxide colocada num recipiente especial dentro ou perto da sacristia. Essa combinação de recipientes é observada na missa papal do século VII: quando o papa entra, ele recebe um recipiente (do latim *capsa*, "caixa") do qual ele seleciona uma Eucaristia reservada para uso na liturgia atual, enquanto o restante é devolvido à *capsa* ao *conditorium* (em latim, "repositório"). Este talvez fosse algo como um *armarium* [ilustração 91] usado para armazenar livros.

O vinho e seus recipientes

Embora já tenhamos observado algumas exceções anteriormente, a tradição dominante para o uso eucarístico no início do cristianismo era o vinho de uva — uma mercadoria comum em todos os países do Mediterrâneo — diluído em água. O vinho tinto parece ter sido preferido, pelo menos em parte porque simbolizava o sangue. Tal como o pão, o vinho para a Eucaristia era levado de casa pelas pessoas.

Cálices. O grande número de pessoas que enchiam as basílicas cristãs após a conversão de Constantino requeria grandes vasos para a comunhão; algumas vezes, vários vasos eram empregados. Desde os primeiros tempos, o simbolismo de um pão e uma taça [citação 123] enfatizava o ideal de que uma única taça suficientemente grande para conter vinho para toda a comunidade seria usada. Às vezes, esses cálices (do latim *calix*, "taça") eram grandes recipientes em forma de vaso presos a uma base redonda, geralmente com asas laterais para ajudar no ato de

99. Pomba eucarística do século XII de Limoges, feita de cobre e esmalte banhados a ouro.

Citação 179: Um dia, quando São Comgall estava trabalhando sozinho no campo, ele colocou seu crismal na capa. Naquele dia, um bando de ladrões estrangeiros tomou de assalto a aldeia com a intenção de apreender tudo por lá — homens e animais. Quando os estrangeiros chegaram a São Comgall trabalhando no campo e avistaram o crismal em sua capa, supuseram que o crismal era o deus de Comgall. E porque temiam seu deus, os salteadores não ousaram tocá-lo." (Vida de São Comgall [morto em cerca de 602], in: Mitchell, *Cult and Controversy*, p. 272s.)

Citação 180: O local sagrado onde o corpo de Cristo é mantido, que é o verdadeiro noivo da Igreja e da nossa alma, é chamado de *thalamus* ou *pastophorion*. (Jerônimo [morto em 420], *Comentário sobre Ezequiel*, n. 40, in: Schaeffer, "The Tabernacle")

Citação 181: Basílio, tendo chamado um ourives, pediu-lhe que fizesse uma pomba de ouro puro, na qual colocou uma porção do corpo de Cristo. Ele a suspendeu sobre a mesa sagrada como uma figura da pomba sagrada que apareceu no Jordão sobre o Senhor durante seu batismo. (*Vida apócrifa de São Basílio*, n. 32, atribuída a Anfilóquio de Icônio [morto depois de 394], in: *Acta Santorum*)

Citação 182: Eu teria mostrado a ti o santo dos santos e tudo que há nele, um vaso que não contém maná, mas o corpo do Mestre, o pão do céu. Eu teria mostrado a ti não um baú de madeira armazenando as tábuas de pedra da lei, mas um que contém a carne irrepreensível e santa do legislador. (João Crisóstomo [morto em 407], "Segunda Instrução Batismal" 10.2)

Citação 183: Ele protegia bem os ritos sagrados
E guardava com chaves fiéis
O precioso tesouro da Igreja,
Distribuindo riquezas consagradas a Deus.
(Prudêncio [morto após 405], *Hino em honra da paixão do beato mártir Lourenço*, in: *The Poems of Prudentius*)

beber [ilustração 94; cf. o vaso sobre o altar]. Também existem exemplos de cálices muito menores nesse período [ilustração 100]. O material para esses recipientes — grandes ou pequenos — era mais frequentemente um metal precioso, em vez de vidro, madeira ou osso. Peças dessa época em âmbar, ônix e marfim também chegaram até nós.

O tamanho de um cálice geralmente indicava o tamanho da comunidade que o usava, porque todos os que ficavam para a celebração da Eucaristia normalmente beberiam do cálice — catecúmenos e penitentes eram dispensados após a liturgia da palavra. Evidências das missas papais em Roma, no final do século VII, mostram que cálices de tamanhos diferentes eram usados na mesma missa: um cálice grande (em latim, *calix maior*) usado para coletar as ofertas de vinho do povo, e um recipiente de tamanho considerável (em latim, *sciffus*) no qual o cálice grande era despejado para que mais oferendas de vinho pudessem ser

100. Cálice do final do século V ou do século VI da Síria, medindo 19 cm de altura e 15 cm de diâmetro.

coletadas [citação 185]. Mais tarde, na missa papal, os cálices seriam reabastecidos a partir do escifo para a comunhão do povo. Embora peculiar à igreja de Roma, essa distinção de vasos é mais um testemunho de que a comunhão sob ambas as formas era presumida para a assembleia durante esse período e de que os vasos foram criados para atender a essa necessidade.

Galhetas. As evidências deste período indicam que recipientes cada vez mais especiais eram empregados para levar o vinho e a água que eram derramados no cálice durante a Eucaristia. Sem dúvida, as pessoas originalmente levavam suas oferendas de vinho para a igreja em recipientes comuns do dia a dia. No entanto, o inventário da igreja de Cirta, datado do início do século IV, descrevia que seis jarros de prata (do latim *urceolum*, [citação 95]) haviam sido confiscados durante uma perseguição. Essa pode ser a primeira evidência literária de um vaso especial para vinho antes de ser ele derramado num cálice para consagração. Com a elaboração do ofertório e suas procissões na igreja pós-constantiniana, aumentam as evidências para esses recipientes especiais. Em documento do final do século V da Gália, as urcéolas (galhetas) são mencionadas como parte do "rito de ordenação" de um acólito [citação 186]. Na missa papal do século VII, os ricos, pelo menos, pareciam trazer suas ofertas de vinho num vaso especial (do latim *ama* ou *amula*, "vaso pequeno" [citação 185]). Esses vasos raramente eram grandes [ilustração 101], mas, quando eram acrescidos pelo número de leigos que traziam uma oferta de vinho para a igreja, resultavam em uma quantidade significativa de vinho. Como esta quantidade era demasiada para consumo, mesmo numa liturgia papal, o excedente provavelmente era distribuído aos pobres.

101. Exemplo de uma *amula* cristã primitiva. (Segundo Kraus, 1:517)

Resumo

Mudanças significativas ocorreram no número, tamanho e qualidade dos recipientes para o pão e o vinho após a ascensão de Constantino. O mais impressionante é a transição de utensílios domésticos para recipientes litúrgicos. Tornavam-se cada vez menos habituais os recipientes comuns de vime, cerâmica, madeira e vidro que havia muito tempo que eram usados para levar o pão e o vinho antes e depois de sua consagração. Ouro e prata se tornaram os materiais preferidos, a mão do artesão era mais evidente e a sacralidade do recipiente em si foi enfatizada. Assim, uma descrição de Urbano I (morto em 230?) no *Livro dos Papas* (18.2) diz que ele faz com prata todos os "vasos sagrados" (do latim, *ministeria sacrata*). Embora improvável para o terceiro século, essa linguagem parece inteiramente apropriada para o sexto século, quando foram compiladas as primeiras partes desse livro. Desse modo, como vimos

Citação 184: [Constantino] também forneceu [...] uma patena de ouro com uma torre [*turris*] do mais fino ouro e uma pomba adornada com joias de prásio e jacinto e com pérolas, 215 em número, pesando mais de 13 kg. (*Livro dos pontífices* [cerca de 540], 34.18)

Citação 185: O papa desce ao *senatorium* e [...] aceita a oferta dos nobres segundo sua hierarquia. Depois dele, o arquidiácono aceita os frascos de vinho [*amulas*] e os despeja no cálice maior [*calice maiore*] mantido diante dele pelo subdiácono regional, a quem o acólito segue com o escifo segurado fora da vestimenta e no qual o cálice cheio é esvaziado. (*Ordo romano* I [cerca de 700], 69s.)

Citação 186: Quando um acólito é ordenado [...] ele recebe um *urceolus* vazio [em latim, "jarro pequeno"] para carregar o vinho do sangue de Cristo na Eucaristia. (Estatutos antigos da Igreja [final do século V], cânone 6, in: Mansi, *Sacrorum Conciliorum*)

anteriormente a respeito da arquitetura litúrgica, os recipientes para o culto começam a adquirir sua própria sacralidade, principalmente por associação com as espécies eucarísticas.

TEOLOGIA EUCARÍSTICA

Tentar resumir o leque de pensamentos sobre a Eucaristia nesse período da história da Igreja é uma tarefa intimidante. Gary Macy implicitamente parece reconhecer isso quando intitula seu capítulo sobre a teologia eucarística dessa era como "As origens da diversidade". A diversidade teológica é abundante nessa era de crescimento impressionante da população, das estruturas e da doutrina do cristianismo. Também há considerável continuidade daquilo que os cristãos do período anterior haviam entendido sobre a Eucaristia. Essa continuidade, contudo, não é simplesmente uma conservação estática de ideias, mas uma evolução pastoral e teológica que prepararia o caminho para mudanças ainda mais surpreendentes em períodos futuros.

A continuidade é detectável em alguns dos temas centrais em que pregadores e escritores se baseiam quando procuram atrair os fiéis mais profundamente para esse mistério. Por exemplo, floresce nessa época a imagem do sacrifício e continua a haver uma forte conexão entre considerar a Eucaristia em termos sacrificiais e ver a vida cristã como um sacrifício vivo [citação 187]. Segundo Robert Daly, no entanto, há uma mudança notável no pensamento cristão sobre o sacrifício nesse período. Na época anterior, Tertuliano parecia estar inovando quando falou da oração eucarística e, por extensão, de toda a celebração eucarística como *sacrificiorum orationibus* (em latim, "orações sacrificiais"). Contudo, nesse período, é cada vez mais a celebração eucarística, em vez da vida cristã, que é moldada em termos de sacrifício. Até mesmo um escritor como Agostinho revelará uma crescente ênfase na liturgia eucarística [citação 187], não na vida ética, como o principal símbolo do sacrifício cristão. Cada vez mais, também, a trajetória iniciada em Tertuliano, de ver a oração eucarística como sacrifício, vai se desenvolver a tal ponto que a própria oração será entendida como um sacrifício oferecido pelo sacerdote. O Cânon romano — que aparece pela primeira vez nesta época e em meados do século VI e é considerado a "oração canônica" (do latim *prex canonica*) — está cheio de linguagem de sacrifício e oferta e contribuirá significativamente para o pensamento ocidental sobre a Eucaristia como primordialmente o "sacrifício da missa" [citação 188].

Outra demonstração de continuidade e descontinuidade diz respeito ao uso da tipologia na explicação do significado da Eucaristia. Como observado anteriormente, a abordagem tipológica se baseou em

Citação 187: Após a santificação do sacrifício de Deus [a oração eucarística] — pois Ele desejou que nós mesmos fôssemos Seu sacrifício, como foi demonstrado quando foi apresentada pela primeira vez a ideia de que também nós somos o sacrifício de Deus, isto é, ele é um sinal da realidade que nós somos — depois que a santificação do sacrifício divino foi realizada, dizemos a oração do Senhor. (Agostinho [m. 430], Sermão 227, in: Sheerin, *The eucharist*)

Citação 188: Portanto, suplicamos e rogamos a vós, Pai Misericordioso, por Jesus Cristo, vosso Filho, nosso Senhor, que aceiteis e abençoeis esses dons, essas ofertas, esses sacrifícios sagrados e imaculados [*illibata sacrificia*]; antes de tudo, aqueles que vos oferecemos para vossa santa Igreja Católica, para que vos digneis a lhe trazer paz, protegê-la, unificá-la e guiá-la por toda a terra, una com vosso servo N. nosso papa. (*Cânon Romano*, cerca de 700)

imagens das Escrituras Hebraicas para interpretar a Eucaristia. Essa forma de teologização continua a ser proeminente ao longo dos séculos IV e V, tanto no Oriente quanto no Ocidente. Enrico Mazza observa, no entanto, que durante o século IV se desenvolve uma segunda forma de teologizar sobre a Eucaristia que não se baseia em imagens bíblicas ou em categorias filosóficas como aquelas derivadas das obras de Platão. Mazza caracteriza esse novo tipo de teologização como aquele que "se restringe a afirmar o realismo do sacramento de uma maneira ingênua e decididamente rudimentar, terminando na afirmação de uma identidade física completa entre o pão e o Corpo de Cristo e entre o vinho e o sangue de Cristo" (Mazza, p. 148). Como um exemplo do que ele considera uma tendência generalizada, Mazza cita uma instrução de Ambrósio (morto em 397) [citação 189], que é hábil em explicações tipológicas, mas parece compelido a empregar essa forma mais rudimentar de teologização. Esta e outras explicações semelhantes parecem dar um novo foco à mudança dos elementos eucarísticos, cuja transformação é da ordem de um milagre.

Citação 189: Podes dizer: "Vejo algo diferente. Como és capaz de afirmar que estou recebendo o corpo de Cristo?" É isso que ainda devemos apresentar. Quão grandes são os exemplos que usamos para mostrar que essa realidade [o pão] não é o que a natureza formou, mas o que a bênção consagrou, e que o poder da bênção é maior que o da natureza, uma vez que a benção muda a própria natureza. (Ambrósio [morto em 397], *Sobre os mistérios* 50, in: Mazza, *The Celebration of the Eucharist*, p. 152)

Espírito e palavra

Cada vez mais, durante esse período, vários escritores falam da "mudança" que ocorre nos elementos eucarísticos e como essa mudança ocorre. Tentar ressaltar que os elementos eucarísticos são diferentes da comida comum não é novidade nesta fase do cristianismo. No entanto, uma evolução na teologia eucarística está passando de um estágio de afirmação de que o pão e o vinho se tornam o Corpo e Sangue de Cristo, para "como" ou "quando" essa mudança ocorre. Está claro desde o nascimento do cristianismo que a Eucaristia era celebrada em memória de Jesus, e um lugar de destaque nessa memória pertence à paixão, à morte, à ressurreição e à última refeição de Jesus com seus discípulos, que antecipou esse mistério pascal. Na sua origem, a Eucaristia Cristã não foi de maneira alguma imaginada como reconstituição daquela Última Ceia — assim, a refeição literal pôde desaparecer da Eucaristia Cristã sem muita argumentação. Em vez disso, a Eucaristia foi e é uma participação num memorial vivificante da morte e ressurreição de Jesus, que não apenas lembra um passado histórico, mas também realiza e torna presente o contínuo poder desses eventos por meio do Espírito Santo.

No final do século IV, teólogos como Cirilo de Jerusalém (morto em cerca de 386) e Teodoro de Mopsuéstia (morto em 427) começaram a indicar, de uma nova maneira, um papel particular do Espírito Santo na transformação dos elementos. Esses desenvolvimentos teológicos e litúrgicos são paralelos às reflexões doutrinárias sobre o Espírito Santo, culminado no Concílio de Constantinopla (381), que definiu com autoridade a divindade do Espírito Santo e a consubstancialidade do Espírito com o Pai e o Filho. Segundo Cirilo, é pela invocação do Espírito Santo — o que chamamos agora de epiclese (do grego, "invocação") — que os elementos se tornam o Corpo e Sangue de Cristo [citação 190].

Uma abordagem diferente, também evidente no final do século IV, pode ser encontrada nos ensinamentos de Ambrósio para os recém-batizados em Milão. Em sua catequese mistagógica, Ambrósio está explicando aos recém-batizados sobre o pão e o vinho na Eucaristia que parecem ser comidas comuns, mas, na verdade, são o Corpo e Sangue de Cristo. Quando o assunto é explicar como isso acontece, enquanto Cirilo e outros escritores do Oriente enfatizam o papel do Espírito Santo, Ambrósio destaca o papel central das palavras de Jesus da Última Ceia, que fazem parte da liturgia eucarística em Milão nessa época [citação 191]. Mais do que abordar a questão de "como" essa consagração ocorre, Ambrósio fornecerá a primeira evidência existente para notar "quando" a mudança nos elementos ocorre, observando que, antes que o sacerdote repita as palavras de Jesus, o pão "não é o corpo de Cristo, mas, depois da consagração [do latim *consecrationem*], digo-vos que agora é o corpo de Cristo" (Sobre os mistérios, 54, in: Mazza, *The Celebration of the Eucharist*).

Ironicamente, Ambrósio parece contradizer o texto litúrgico que ele cita no meio dessa instrução batismal. O bispo de Milão é a nossa primeira fonte para seções da oração eucarística que serão conhecidas como Cânon Romano. O texto que ele cita, incluindo as palavras de Jesus, não parece permitir esse "momento de consagração", apesar do comentário de Ambrósio. Nesse texto, mesmo antes da recitação da narrativa da instituição, anuncia-se que os elementos já são a "figura" do Corpo e Sangue de Cristo [citação 192]. Como observamos no capítulo anterior, figura e prefiguração são algumas das ferramentas tipológicas usadas pelos escritores para estabelecer conexões entre os "tipos" do Antigo Testamento e as realidades cristãs. O texto eucarístico que Ambrósio cita ainda emprega essas imagens tipológicas, mas a explicação de Ambrósio aqui é tudo menos tipológica. Assim, como Mazza resume, "ele se sente compelido a deixar de lado esse método de interpretação para desenvolver outro que é modelado segundo os milagres do Antigo Testamento que mostram o poder da palavra de Deus. São as palavras celestiais, isto é, as palavras que Cristo diz como Deus, que operam o milagre da consagração" (Mazza, p. 154).

Ambrósio não foi o único autor aqui, pois já nos escritos de pessoas como Justino Mártir (cerca de 165) [citação 193] o papel das "palavras que vêm dele" é lembrado na explicação de como os elementos se tornam Corpo e Sangue de Cristo. No entanto, a promoção e o desenvolvimento distintivos dessas ideias por parte de Ambrósio fo-

---

Citação 190: Uma vez santificados por esses hinos espirituais, clamamos ao Deus misericordioso que envie o Espírito Santo em nossas ofertas, para que ele faça do pão o corpo de Cristo e do vinho o sangue de Cristo; pois, claramente, tudo o que o Espírito Santo toca é santificado e transformado. (Cirilo de Jerusalém, *Catequese mistagógica*, [cerca de 348], 5.7, in: Yarnold, *The Awe-Inspiring Rites of Initiation*)

Citação 191: Como algo que é pão pode ser o corpo de Cristo? Bem, com que palavras é realizada a consagração, e de quem são essas palavras? As palavras do Senhor Jesus. Tudo o que foi dito antes são as palavras do sacerdote [...] mas quando chega o momento de trazer o mais sagrado sacramento à existência, o sacerdote não usa mais suas próprias palavras: ele usa as palavras de Cristo. Portanto, é a palavra de Cristo que traz esse sacramento à existência. (Ambrósio, *Sobre os sacramentos* [cerca de 391], 5.14, in: Yarnold, *The Awe-Inspiring Rites of Initiation*)

Citação 192: O sacerdote diz: "Faze para nós com que esta oferta seja aprovada, espiritual, aceitável, porque é a figura [*quod est figura*] do corpo e do sangue de nosso Senhor Jesus Cristo. Antes de sua paixão, ele tomou o pão em suas santas mãos, olhou para o céu, para ti, Pai santo, Deus todo-poderoso e eterno, deu graças, abençoou-o, partiu-o e o deu a seus apóstolos e discípulos, dizendo: 'Tomai e comei disso todos, porque isto é o meu corpo que será partido para muitos.' [...] Do mesmo modo, tomou também o cálice depois da ceia, antes de sua paixão, olhou para o céu, para ti, Pai santo, Deus todo-poderoso e eterno, deu graças, abençoou-o e o deu a seus apóstolos e discípulos, dizendo: 'Tomai e bebei disso todos, porque este é o meu sangue'". (Ambrósio, *Sobre os sacramentos* [cerca de 391], 5.21-22, in: Yarnold, *The Awe-Inspiring Rites of Initiation*)

ram extremamente influentes. Seus pontos de vista sobre o papel da narrativa da instituição são repetidos por seu discípulo mais famoso, Agostinho (morto em 430), e posteriormente se tornaram a visão padrão no Ocidente. Outro fator que contribui para esse desenvolvimento é a evolução contínua do Cânon romano que, como construção literária, acaba por colocar a narrativa da instituição no centro estrutural de uma oração cuidadosamente construída, destacando seu papel transformador central dessa oração no Ocidente [ilustração 102]. O Oriente, no entanto, continuará a honrar o papel do Espírito Santo na santificação dos elementos eucarísticos, tanto em suas teologias quanto nas estruturas de suas orações. Por fim, esses fios da Palavra e do Espírito serão tecidos novamente para o Ocidente por meio das reformas do Concílio Vaticano II (1962-1965). Contudo, um desemaranhamento considerável desses fios teológicos ocorrerá antes do início de qualquer nova tecedura.

Citação 193: Pois não recebemos essas coisas como se fossem comida e bebida comuns. Assim como Jesus Cristo, nosso Salvador, fez-se carne pela palavra de Deus e assumiu carne e sangue para nossa salvação, também pela palavra de oração que vem dele, o alimento sobre o qual foi pronunciada a ação de graças torna-se carne e sangue do Jesus encarnado. (Primeira apologia, 66.2, in: Sheerin, *The Eucharist*)

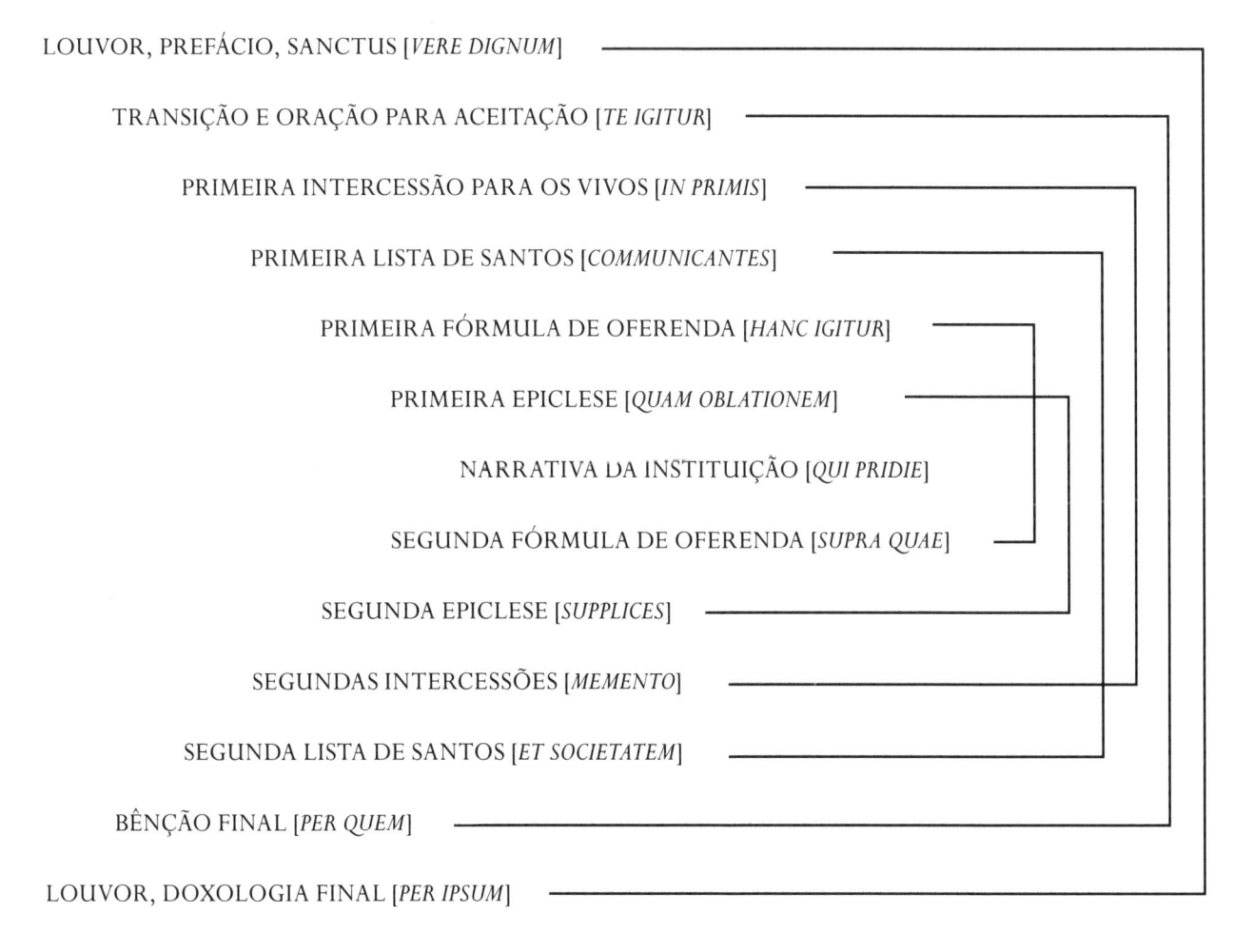

LOUVOR, PREFÁCIO, SANCTUS [*VERE DIGNUM*]

TRANSIÇÃO E ORAÇÃO PARA ACEITAÇÃO [*TE IGITUR*]

PRIMEIRA INTERCESSÃO PARA OS VIVOS [*IN PRIMIS*]

PRIMEIRA LISTA DE SANTOS [*COMMUNICANTES*]

PRIMEIRA FÓRMULA DE OFERENDA [*HANC IGITUR*]

PRIMEIRA EPICLESE [*QUAM OBLATIONEM*]

NARRATIVA DA INSTITUIÇÃO [*QUI PRIDIE*]

SEGUNDA FÓRMULA DE OFERENDA [*SUPRA QUAE*]

SEGUNDA EPICLESE [*SUPPLICES*]

SEGUNDAS INTERCESSÕES [*MEMENTO*]

SEGUNDA LISTA DE SANTOS [*ET SOCIETATEM*]

BÊNÇÃO FINAL [*PER QUEM*]

LOUVOR, DOXOLOGIA FINAL [*PER IPSUM*]

102. Esquema do Cânon Romano baseado na ideia de Ralph Keifer.

Da mistagogia ao batismo infantil

Um conjunto de fontes frequentemente citado em nossa discussão sobre a Eucaristia dessa época é o que é conhecido como catequese mistagógica (do grego *mystes*, "iniciado nos mistérios" + *agogos*, "condutor"). Trata-se de instruções normalmente dadas aos recém-iluminados por seu bispo nos dias seguintes à sua iniciação. Há também uma tradição de oferecer tais reflexões antes que os candidatos experimentem os sacramentos da iniciação [citação 194]. Portanto, não é a cronologia que torna essas instruções "mistagógicas", mas o fato de que essas instruções estão enraizadas nos "mistérios", o que hoje chamaríamos de liturgia.

Já estudamos os ensinamentos de quatro das grandes mistagogias dessa época: Cirilo de Jerusalém, Ambrósio de Milão, João Crisóstomo e Teodoro de Mopsuéstia. A própria existência, para não mencionar a importância, de suas instruções, nos ensina muito sobre o pensamento eucarístico da época. Antes de tudo, a Eucaristia não era considerada separadamente do processo de iniciação e era a culminação dos ritos centrais incorporadores que hoje chamamos de batismo e confirmação. Isso explica, em parte, por que praticamente não há tratados individuais sobre a Eucaristia nessa época que tentem estabelecer algum ensino sistemático sobre esse sacramento central. Esses tratados terão de esperar séculos para aparecer. As reflexões e os ensinamentos sobre a Eucaristia eram impelidos pastoralmente pelas necessidades litúrgicas ou desafios de uma igreja local, não por alguma realidade especulativa. É por isso que grande parte de nosso material desta época é proveniente de bispos em atividade, preocupados com realidades pastorais prementes. Consequentemente, é apropriado considerar as teologias eucarísticas da época como expressões da teologia local e uma forma de teologia prática, enraizada numa prática eclesial muito particular.

Outra percepção eucarística que encontra grande ressonância nessa tradição mistagógica é o estreito vínculo entre as reflexões sobre a Eucaristia e o que significa ser Igreja. Agostinho, em particular, despende energia significativa e notável eloquência traçando paralelos entre a Eucaristia e a Igreja. Mazza considera Agostinho o herdeiro mais importante do pensamento de Paulo sobre a Eucaristia como um sacramento da unidade. Paulo também era um teólogo pastoral, particularmente preocupado com a unidade da comunidade de Corinto. Seu breve tratamento da Última Ceia nasce de preocupações com divisões nessa comunidade [citação 20], ele se esforça em enfatizar que a própria comunidade é o Corpo de Cristo e que há consequências éticas e eclesiais para essa identidade. Agostinho faz eco à preocupação de Paulo com a unidade e avança ainda mais nessa ideia. Com o princípio da "participação", Agostinho ensina que a Igreja, como Corpo de Cristo, participa do Corpo eucarístico de Cristo, de modo que eles são idênticos e dife-

---

Citação 194: Não é sem uma boa razão e cuidadoso pensamento que vos expliquei todas essas coisas com antecedência [à vossa iniciação], meu povo amoroso. Mesmo antes que realmente as aprecieis, eu queria que sentísseis grande prazer ao voar nas asas da esperança. Desejo que adoteis uma disposição de alma digna do rito e, como o abençoado Paulo vos aconselhou, "pensai nas coisas que estão no alto", elevando seus pensamentos da terra para o céu, do visível para o invisível. Vemos essas coisas mais claramente com os olhos do espírito do que com as percepções dos sentidos. (João Crisóstomo, Instrução batismal 2.28, in: Yarnold, *The Awe-Inspiring Rites of Initiation*)

rentes (Mazza, 158). Para Agostinho, tal como para Paulo, essa identidade surge não pela mera participação física na Eucaristia, mas pelo autêntico viver cristão [citação 195].

Embora seja uma parte rica e estimada de nossa tradição, essa era de ouro da mistagogia durou relativamente pouco. Em parte, isso ocorreu devido à expansão bem-sucedida do cristianismo. À medida que mais e mais cristãos no império foram batizados, o número de batismos de adultos diminuiu. No início do século VII, o batismo infantil se tornou a norma em muitos lugares. Como consequência, a vinculação entre a Eucaristia e a iniciação desaparecerá em grande parte e, em vez de um sacramento de "unidade", será dada maior atenção ao papel que a Eucaristia desempenha na santidade e na salvação individuais.

Citação 195: Se quereis entender o corpo de Cristo, ouve o Apóstolo [Paulo] que diz aos fiéis: "Vós sois o corpo de Cristo e os seus membros". Se vós sois o corpo e os membros de Cristo, na mesa do Senhor está o vosso mistério: recebei o vosso mistério. Ao que sois, respondeis 'amém' e, ao respondê-lo, o confirmais. É dito a vós: "o corpo de Cristo", e respondeis: "Amém". Sede membro do corpo de Cristo, para vosso "amém" ser verdadeiro. (Agostinho, Sermão 272 [cerca de 405–411], in: Sheerin, *The Eucharist*)

Indignidade e o sagrado

Existem outros desenvolvimentos nesta época que, embora não pareçam estar diretamente ligados à Eucaristia, contribuirão para mudanças dramáticas no pensamento sobre a Eucaristia e, particularmente, na maneira como as pessoas abordam a Eucaristia. De um modo geral, podemos dizer que, desde o início do século IV até meados do século VIII, há uma mudança significativa na antropologia teológica dos cristãos. Se a antropologia é o estudo do que significa ser humano, a antropologia teológica pode ser considerada o estudo do que significa ser um ser humano diante de Deus. É uma generalização justa — reconhecendo as muitas exceções — que as pessoas batizadas no início desta era compartilhavam uma imagem comum de si mesmas como abençoadas e dotadas do Espírito Santo. Nas palavras da oração eucarística da *Tradição apostólica* (séculos III-IV), consideravam-se "dignas de permanecer em vossa presença e vos servir". Por causa de muitos fatores, até o final dessa era, uma visão muito diferente dos batizados estará refletida no Cânon romano: não tanto como de *circumstantes* (em latim, "os que se encontram ao redor"), mas pecadores [citação 196]. Embora muitos fatores tenham contribuído para essa mudança, destacaremos três deles: a heresia ariana, a doutrina do pecado original e o surgimento de práticas penitenciais.

Ário (morto em 336) era um sacerdote em Alexandria que tinha reputação de pregador talentoso e estudante astuto da Bíblia. Por volta de 320, enquanto servia numa das igrejas mais importantes de Alexandria, começou a ensinar uma visão particular da Trindade, sustentando que o Filho não era igual ao Pai. Segundo Ário, o Filho, apesar de divino, ainda era uma criação do Pai e inferior a ele. Ele usou passagens bíblicas pontuais para provar seu argumento [citação 197]. Seu ensino cai sob a categoria do que é chamado de "subordinacionismo", a doutrina de que um membro da Trindade é subordinado a outro. Antes de

Citação 196: E a todos nós, pecadores, que confiamos na vossa imensa misericórdia, concedei, não por nossos méritos, mas por vossa bondade, o convívio dos apóstolos e mártires [...] (Cânon romano [cerca de 700])

Citação 197: Publicarei o decreto: o Senhor me disse: "Tu és meu filho; eu, hoje, te gerei". (Sl 2,7)

Ário, houve muitas pessoas que defenderam pontos de vista subordinacionistas, incluindo mestres reverenciados da Igreja como Justino e Ireneu, ambos venerados como santos pela Igreja. Ário é diferente desses dois luminares e de outros, porque o subordinacionismo não era apenas um aspecto de seus ensinamentos, mas constituía o ponto central de sua contribuição teológica. Ele também era diferente por causa do suporte filosófico que foi capaz de aduzir.

Ário tornou-se um defensor desse modo particular de subordinacionismo num momento característico no desenvolvimento da filosofia ocidental. Já observamos a influência de Platão no pensamento cristão emergente. Filosofias baseadas nas percepções fundamentais de Platão continuaram se desenvolvendo de muitas maneiras distintivas. Um grande desenvolvimento da filosofia platônica foi possível graças ao trabalho de Plotino (morto em 270), considerado o fundador do estágio da filosofia platônica conhecido como neoplatonismo. Um conceito-chave que Plotino enfatizava era a natureza do "um". O "um", em sua visão, era a fonte de toda a realidade. Ário, contando com essa força filosófica muito influente, teve dificuldade em lidar com uma Trindade que parecia "numerosa" quando sua formação filosófica o levava a acreditar que, por trás de tudo o mais, havia apenas o "um". O talento de pregação de Ário, associado a essa nova ferramenta filosófica, forneceu um ímpeto surpreendente a uma forma particular de subordinacionismo, conhecido para sempre como arianismo.

Ário foi denunciado por muitas pessoas influentes. No Concílio de Niceia (325), convocado por Constantino, ele foi condenado. No entanto, seus pontos de vista — bem argumentados, baseados nas escrituras e fundamentados na filosofia de Platão, reverenciado por tantos pensadores cristãos — não haviam morrido. Imperadores e um grande número de bispos continuaram a ser persuadidos pelo raciocínio de Ário, sendo o mais importante deles o imperador romano Constâncio (361). Mesmo após repetidas condenações, o arianismo floresceu entre as tribos germânicas ao norte dos Alpes até o século VI.

As visões de Ário acabaram por desvanecer, mas a reação a elas continuou. Se ele negava que o Filho era igual ao Pai, aqueles que sustentavam a visão oposta (a visão "ortodoxa") despendiam uma energia incalculável promovendo uma divindade do Filho igual à do Pai. No processo, a humanidade do Filho — também afirmada concílio após concílio — começou a desaparecer da imaginação religiosa da época. Jesus Cristo, verdadeiramente Deus e verdadeiramente humano, acabou sendo celebrado apenas por ser o primeiro. A humanidade de Jesus, tão fundamental para uma antropologia teológica que venerava outros humanos em busca do divino, começou a evaporar. Nesse processo, os humanos comuns deixaram de encontrar uma ressonância na Trindade, que refletia cada vez menos uma dimensão humana, e as pessoas batizadas comuns encontravam cada vez menos uma base para se identificar com o Cristo. Desse modo, aqueles que ousaram tocar no assunto da comunhão não encontraram mais um aliado; eles não mais encontraram um Deus que se deleitava com sua humanidade. Em vez disso, eles encontraram um Deus — na pregação, nas orações e na iconografia —tão dessemelhante que duvidavam se poderiam ter uma relação com ele e questionavam ainda mais se poderiam aceitá-lo em sua língua.

Outro elemento que contribuiu para essa mudança na antropologia teológica entre os cristãos dessa época foi o surgimento da doutrina do pecado original. A base bíblica desse ensino é encontrada nos escritos de Paulo. Ao fazer comparações entre Cristo e Adão, Paulo reflete sobre como o pecado veio ao mundo por meio de Adão e se espalhou para todos [citação 198]. Essa ideia encontrou ressonância em inúmeros escritores do cristianismo primitivo. Em meados do século II, por exemplo, Melitão de Sardes elaborou um famoso sermão (em grego: *Peri Pascha*, "Sobre a Páscoa") no qual ele observa como o pecado foi "estampado" em toda alma. Já Cipriano de Cartago (morto em 258) vinculou o batismo a esse pecado, argumentando que as crianças não devem ser mantidas fora do batismo porque, como herdeiras de Adão, elas "contraíram o contágio da morte antiga" (Epístola 58.5). Muitos outros escritores ocidentais refletiram sobre essa indesejada herança de Adão, e, no final do século IV, havia uma crença generalizada de que todos os seres humanos herdavam não apenas as consequências do pecado de Adão, mas também o pecado em si.

Um dos eventos que galvanizou o pensamento cristão sobre o pecado original foi o ensinamento de Pelágio (morto em 435), um pensador influente da Grã-Bretanha que ensinou em Roma. Pelágio e seus seguidores eram ascetas que estavam preocupados com a moralidade decadente de seu tempo. Como antídoto para a moral em declínio, os "pelagianos" enfatizavam a responsabilidade pessoal dos indivíduos pela vida moral. Eles também sustentavam a ideia de que os seres humanos poderiam alcançar algum nível de perfeição espiritual por sua própria iniciativa, o que parecia não dar espaço para a graça de Deus na vida das pessoas. Por certo, o próprio Pelágio não parecia interessado no ensino do pecado original, mas alguns de seus seguidores estavam. Foi especialmente Celéstio (morto no início do século V) que argumentou enfaticamente contra essa doutrina. Os ensinamentos de Celéstio e, por extensão, os de Pelágio, foram condenados no Concílio de Cartago em 411.

Antes do Concílio de Cartago, Agostinho havia escrito sobre o pecado original e ensinado que, por causa desse pecado, podia-se considerar a raça humana uma "massa condenada" (em latim *massa damnata*, *A Simpliciano* 1.2.16), expressão que ele repetirá no final da vida em sua

Citação 198: [...] o pecado entrou no mundo, e pelo pecado, a morte, e assim a morte atingiu todos os homens, porque todos pecaram. (Rm 5,12)

obra *Cidade de Deus* (12.12). Em 415, Agostinho escreve uma carta a Jerônimo acerca da origem da alma. Nessa carta, ele considera o caso de uma criança que morre sem batismo e conclui que a criança não batizada não será salva [citação 199]. Ao condenar os pelagianos, a doutrina de Agostinho é muito influente e se torna central no entendimento da Igreja sobre o pecado original.

Essa doutrina antipelagiana sobre a natureza essencialmente pecaminosa da humanidade, combinada à tendência antiariana de enfatizar a divindade de Cristo, contribuiu para uma mudança significativa na antropologia teológica da época. No início da Idade Média, os cristãos comuns se consideravam mais pecadores do que agraciados, mais diferentes de Deus do que semelhantes a ele, e indignos de algo tão sagrado quanto a comunhão. Já no final do século IV, bispos como Ambrósio e João Crisóstomo reclamavam da pouca frequência com que alguns cristãos recebiam a Eucaristia.

> Citação 199: Toda alma, mesmo a alma de uma criança, precisa ser libertada da culpa do pecado, e [...] não há libertação senão por Jesus Cristo e Jesus Cristo crucificado. (*Carta 166*, 7, in: *The Confessions and Letters of Augustine*)

Resumo

Os desenvolvimentos teológicos dessa época correspondem à amplitude das mudanças que vimos no ritual eucarístico desses séculos. Existem muitas linhas de continuidade com a teologia da igreja primitiva. Por outro lado, o aumento da sofisticação teológica dos bispos pastorais da época e as doutrinas dogmáticas dos grandes concílios ecumênicos em face de novas heresias não apenas produziram novos entendimentos sobre a Eucaristia, mas também influenciaram as atitudes dos batizados em relação a esse sacramento cristão central. Além disso, com o crescimento da Igreja em todo o império, era cada vez maior o número de crianças nascidas na fé, em contraposição a adultos tomando uma decisão em relação ao batismo. Como consequência, a recepção eucarística foi adiada para um número crescente de recém-batizados, o vínculo entre o batismo e a Eucaristia foi diminuído, e esta última passou a ser cada vez menos compreendida como o ponto culminante da iniciação cristã.

FÉLIX

Félix está convencido de que tem o melhor avô de Roma inteira. Félix nunca conheceu seu pai e mal se lembra da mãe, que morreu quando ele tinha três anos de idade. O avô de Félix tem sido sua única família há quase tanto tempo quanto é capaz de se lembrar. Eles fazem tudo juntos. Quando o vovô se levanta, Félix se levanta. Quando o avô vai ao mercado, Félix vai ao mercado. E quando o vovô trabalha para fazer sandálias em sua pequena loja na encosta do Monte Esquilino, Félix vai trabalhar fazendo sandálias. Quando era mais novo, Félix apenas fingia fazer sandálias, brincando com pedaços de couro e uma faca de madeira. Mas agora, com oito anos de idade, ele está aprendendo a medir um pé com giz no chão de pedra da loja e a escolher o couro certo para as diferentes partes das sandálias. Logo seu avô vai ensiná-lo a cortar o couro. Enquanto isso, Félix é responsável por tingir as tiras das sandálias e colocá-las ao sol para secar.

Mas hoje não há trabalho. Hoje é domingo e haverá um grande culto na igreja de Santa Maria, na colina. Félix se lembra das histórias que ouviu sobre os velhos tempos em que o domingo era dia de trabalho. Mas o imperador que acreditava em Jesus fechou os tribunais aos domingos. Pouco depois, todos os que criam em Jesus tomaram o domingo como um dia livre. Félix acha que Constantino deve ter sido um homem muito grande.

Embora Félix e seu avô não trabalhem hoje, levantam-se antes do amanhecer porque querem um bom lugar dentro da igreja antes do início do culto. Eles passam pelos vendedores de pão pelas ruas que levam à Santa Maria, mas sabem que o café da manhã terá de esperar até o primeiro banquete do pão celestial. Uma multidão já está adentrando a igreja quando eles chegam. Também há muitas pessoas cantando hinos e respondendo às ladainhas, mas Félix e seu avô conseguem abrir caminho na multidão e chegar à barreira que cria uma passagem para o altar. Félix gosta desse local porque a barreira é baixa o suficiente para que ele possa descansar os braços e o queixo sobre ela e se apoiar durante o longo serviço. Se ficar na ponta dos pés e esticar o pescoço, Félix poderá olhar a passagem aberta para observar o movimento ao redor do altar. Nesse momento, a área atrás do altar está cheia de bispos e presbíteros cantando e orando com o povo, enquanto diáconos correm por toda parte.

A multidão atrás de Félix e seu avô é tão densa que eles não conseguem ver a parte dos fundos da igreja, mas o avô sempre parece saber quando algo está para acontecer. Ele tem ido à liturgia do bispo há quase cinquenta anos e conhece o culto por dentro e por fora. O vovô sussurra que toda a agitação no fundo e o movimento no santuário devem significar que o santo Bispo Leão chegou.

Com efeito, em alguns minutos, um dos subdiáconos, acompanhado por um acólito, serpenteia pela multidão. O acólito está carregando um belo livro na frente dele sobre um pano branco. Quando eles passam, Félix quase consegue estender a mão e tocar o livro, sua capa dourada e as pedras preciosas que reluzem. Félix se estica sobre a barreira para vê-los levar o livro para o santuário, colocá-lo no altar e depois retornar atravessando a multidão. Alguns minutos depois, os cantores que estavam de pé ao lado do altar saem do santuário. O avô diz que eles vão se juntar à procissão que agora está se formando na parte de trás da igreja. Quando os cantores saem, o cântico da assembleia cessa e as pessoas percebem que a procissão está prestes a começar.

Uma canção irrompe na parte de trás da igreja, "Introibo ad altare Dei" — "Eu irei ao altar de Deus". Primeiro entoado por algumas vozes fortes, o refrão logo é retomado por toda a congregação, cujas vozes ecoam em todo o vasto salão. O coro de homens, acompanhado por garotos não muito mais velhos que Félix, canta textos alternados enquanto percorrem a multidão para formar uma guarda de honra dentro da barreira. Félix se contorce ao longo da grade, tentando ver os membros do coro que formam duas filas dentro da passagem, homens do lado de fora e meninos do lado de dentro. Finalmente, Félix encontra um local a cerca de três metros do avô, bem no final da barreira, onde consegue uma visão desobstruída da passagem — e bem a tempo. Uma nuvem de incenso anuncia que a procissão principal está chegando à frente da igreja. Depois que o homem com o incenso passa, sete portadores de tocha o seguem, com o rosto todo vermelho por causa das tochas ardentes. Depois vêm os subdiáconos e os diáconos. Um deles, Marcos, mora um pouco abaixo na mesma rua de Félix e seu avô. No final da procissão, vê-se o bispo.

Embora seja um homem idoso de barba longa, o bispo se move constantemente entre a multidão, cumprimentando o povo e muitas vezes deixando para trás o arquidiácono, que caminha à sua direita. Félix fica paralisado quando o velho se aproxima. Enquanto a multidão se separa para deixá-lo entrar na passagem, o bispo avista Félix encostado na beira da barreira, estende a mão e suavemente lhe dá um tapinha na cabeça quando ele passa.

Foi um serviço longo, mas Félix não se lembra de nada. Ele não se lembra do esplêndido canto do evangelho, da coleta de oferendas pelos diáconos ou das orações solenes. Ele nem se lembra de ter bebido do cálice de ouro. O que Félix recorda, e um dia dirá ao próprio neto, foi o momento em que o santo Bispo Leão estendeu a mão e o abençoou.

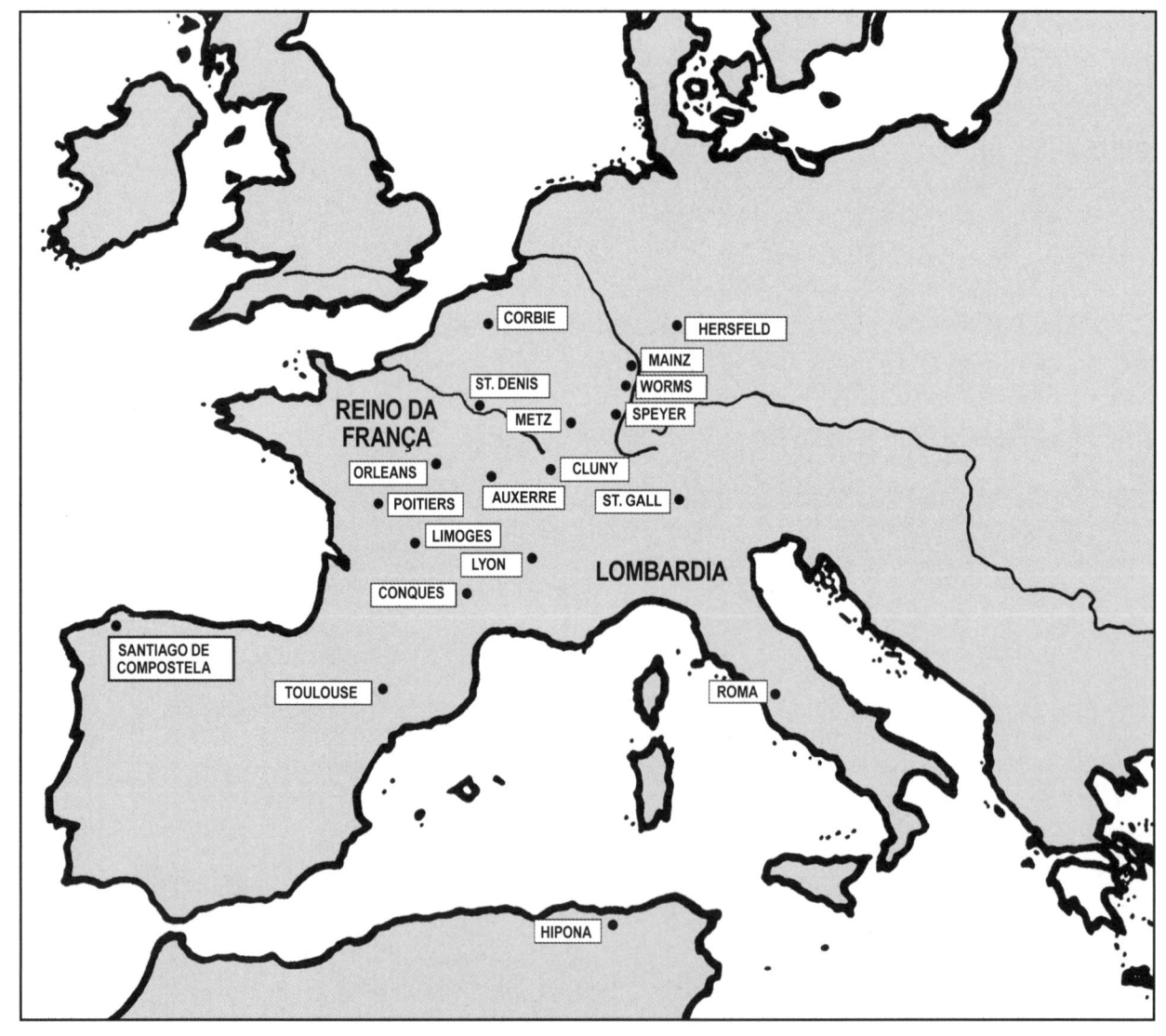

103. Mapa para o capítulo 4.

CAPÍTULO 4

A germanização da liturgia: 750-1073

Ao fundar Constantinopla no ano 330, Constantino conseguiu estabelecer uma capital geograficamente central para o império [ilustração 61]. Também foi capaz de construir para o mundo greco-romano um centro cristão e a primeira capital desprovidos de templos pagãos e colocados sob a proteção da Mãe de Deus. Segundo Baldovin, a cidade em si poderia ser considerada uma *domus dei* (em latim, "casa de Deus") [citação 200]. Essa mudança geográfica do poder político para o Oriente preparou a dissolução do Império Romano no Ocidente e a divisão final entre as igrejas do Oriente e do Ocidente. Distante das fortalezas da porção oriental do império, enfraquecido pela corrupção interna e oprimido pela migração das tribos alemãs [ilustração 104], o governo civil romano entrou em colapso no final do século V. Embora as estru-

Citação 200: O culto, no contexto do final da antiguidade e do início do mundo medieval, não era apenas uma curiosidade de devotos nem uma atividade definida em meio a muitos eventos culturais ou sociais da vida da cidade. Pelo contrário, era uma expressão do próprio coração da vida urbana, do próprio significado da *civitas* como um lugar sagrado. A *domus ecclesiae* do período pré-constantiniano pode ter se tornado uma *domus dei* nos séculos seguintes, mas a própria cidade se tornou uma casa para a assembleia cristã. Ela poderia até ser concebida como uma *domus dei*. (Baldovin, *The Urban Character of Christian Worship*, p. 268)

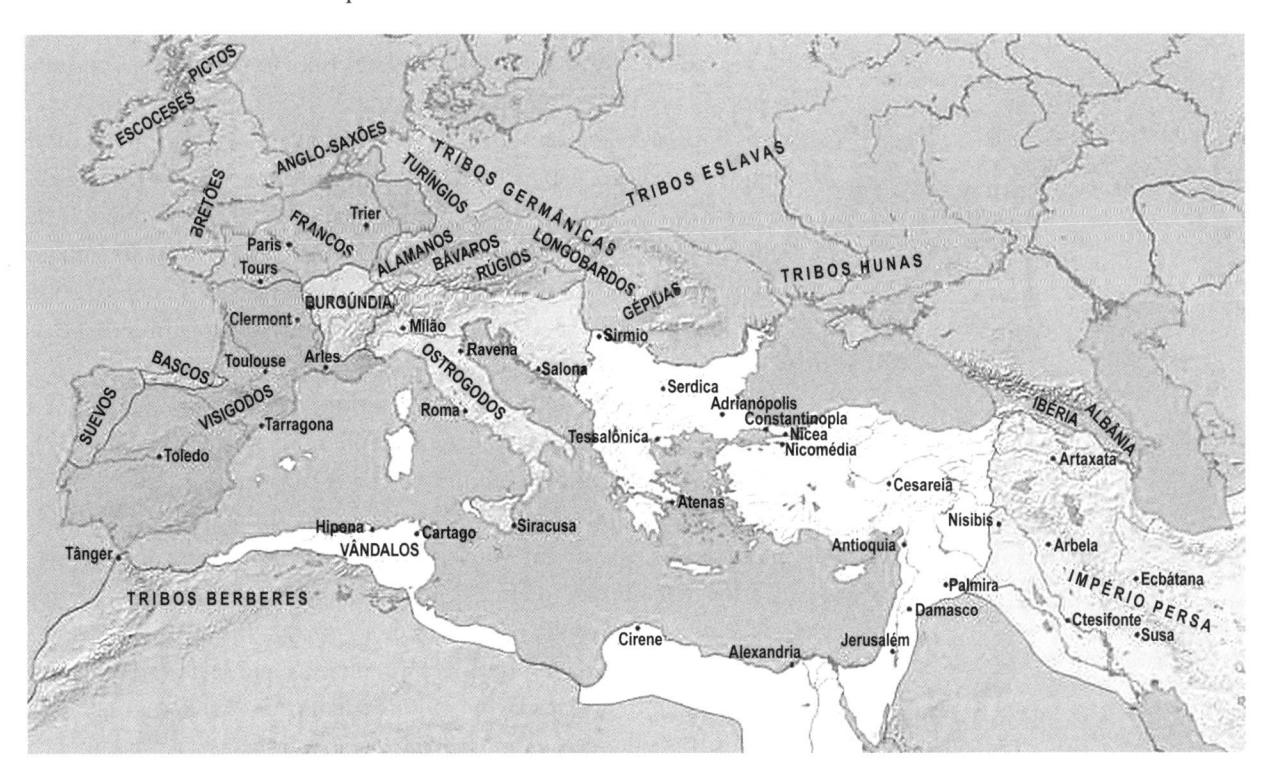

104. Império Romano e Europa Bárbara, 500.

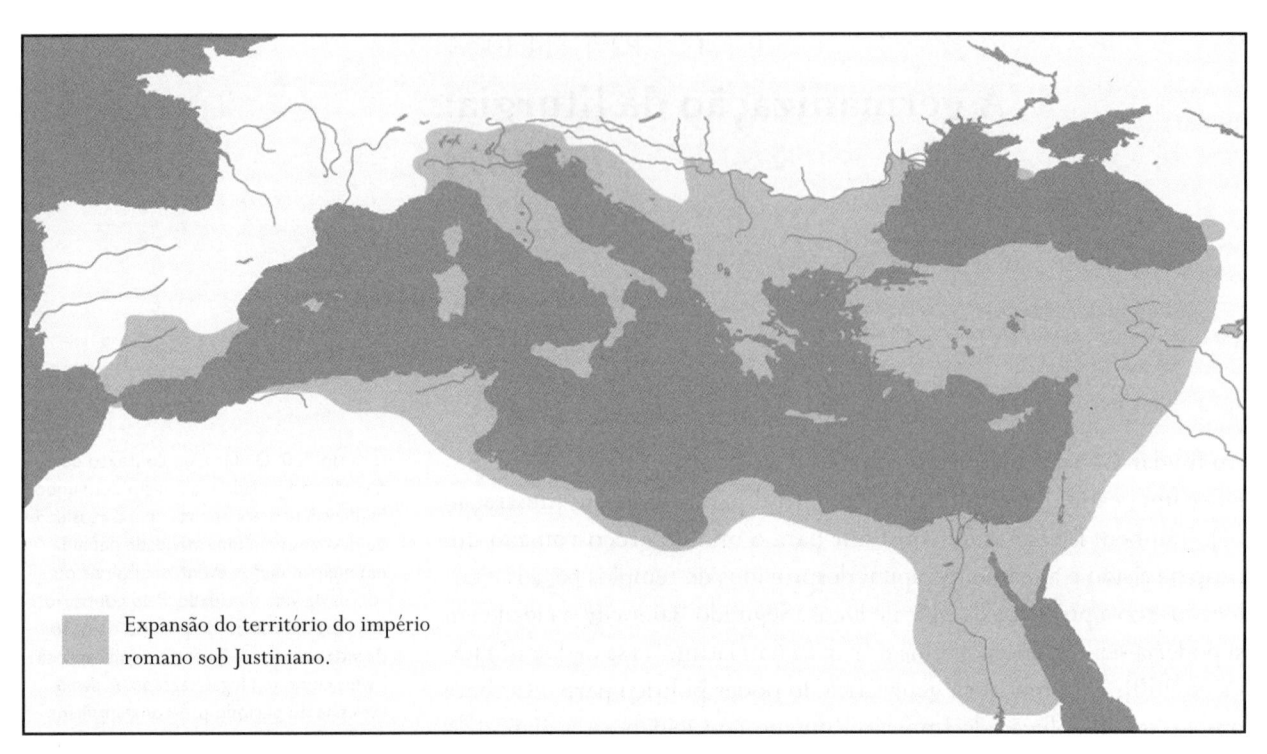

Expansão do território do império romano sob Justiniano.

105. Mapa do império de Justiniano, 565.

turas eclesiásticas continuassem intactas, os laços com o imperador e a igreja no Oriente começaram a diminuir.

É verdade que o imperador Justiniano (morto em 565) reconquistou a porção ocidental do império [ilustração 105] e manteve laços eclesiásticos entre a sede imperial de Constantinopla e a igreja romana. Por exemplo, as eleições papais realizadas em Roma exigiam a ratificação do imperador bizantino. Nesse sentido, é famosa a correspondência de Gregório Magno (morto em 604) para o imperador Maurício (morto em 602), pedindo-lhe que não aprovasse sua eleição. No entanto, essa prática terminará no século VIII, à medida que os dois mundos e as duas igrejas se distanciam.

Outra mudança religiosa e política significativa nessa época foi a disseminação do islã. Após a morte do profeta Maomé (morto em 632), o islã se espalhou rapidamente por toda a Arábia, para a Pérsia, Síria, Egito, Túnis, Trípoli, Argélia, Marrocos e Espanha [ilustração 106]. Numa batalha decisiva em Tours, em 732, as forças francas lideradas por Carlos Martel (morto em 741) interromperam a expansão do Emirado Islâmico de Córdoba para além da Península Ibérica. Esse evento catapultou Martel e seus filhos para a liderança que seria fundamental para o surgimento do sacro imperador romano.

James Russell oferece uma introdução esclarecedora à nova aliança entre a Igreja e os francos, que leva à "germanização do cristianismo medieval". Segundo Russell, o cristianismo entrou em contato com a sociedade germânica no final do século IV. No entanto, foi o cristianismo ariano (ver p. 125s.) que foi aceito por muitos visigodos e depois transmitido a outros povos germânicos. Os francos e alguns outros grupos alemães permaneceram pagãos até o final do século V. Então, um jovem e astuto rei franco chamado Clóvis (morto em 511) foi batizado em união com a igreja de Roma em 498, possivelmente como uma maneira de consolidar sua posição política. De acordo com Russell, no entanto, Clóvis não era cristão de fato, e os francos permaneceram em grande parte pagãos durante esse período. Na medida em que o cristianismo se espalhou efetivamente entre os francos, ele parece ter sido "uma interpretação folclórico-religiosa fundamental do cristianismo, e talvez mais adequadamente descrito como um desenvolvimento sincrético" (Russell, p. 179). Esse processo de "germanização" terá um enorme impacto na liturgia e em sua teologia, algo que exploraremos ao longo deste capítulo.

O reino merovíngio, assim nomeado em homenagem ao avô de Clóvis, Meroveu, foi drasticamente enfraquecido durante o século VII por uma série de lutas internas pelo poder; e o cristianismo estava em

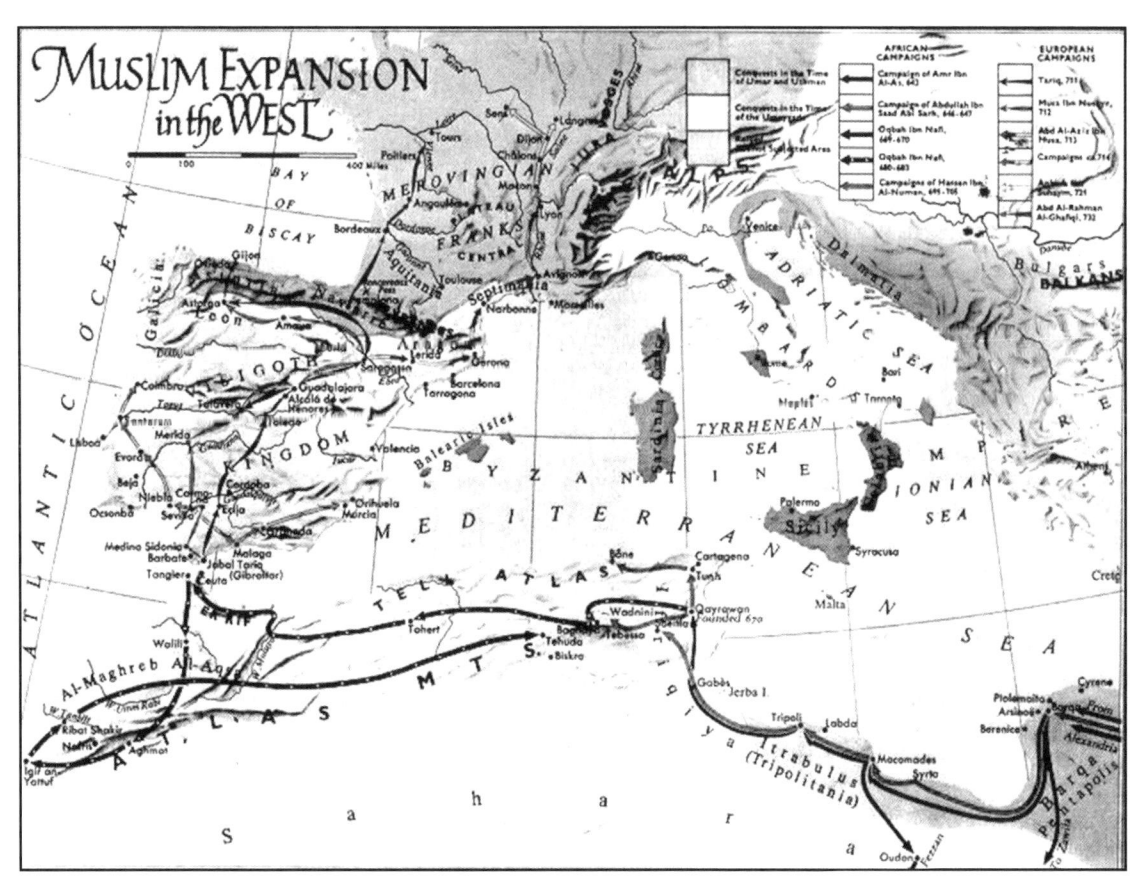

106. Mapa da expansão islâmica, 661–750.

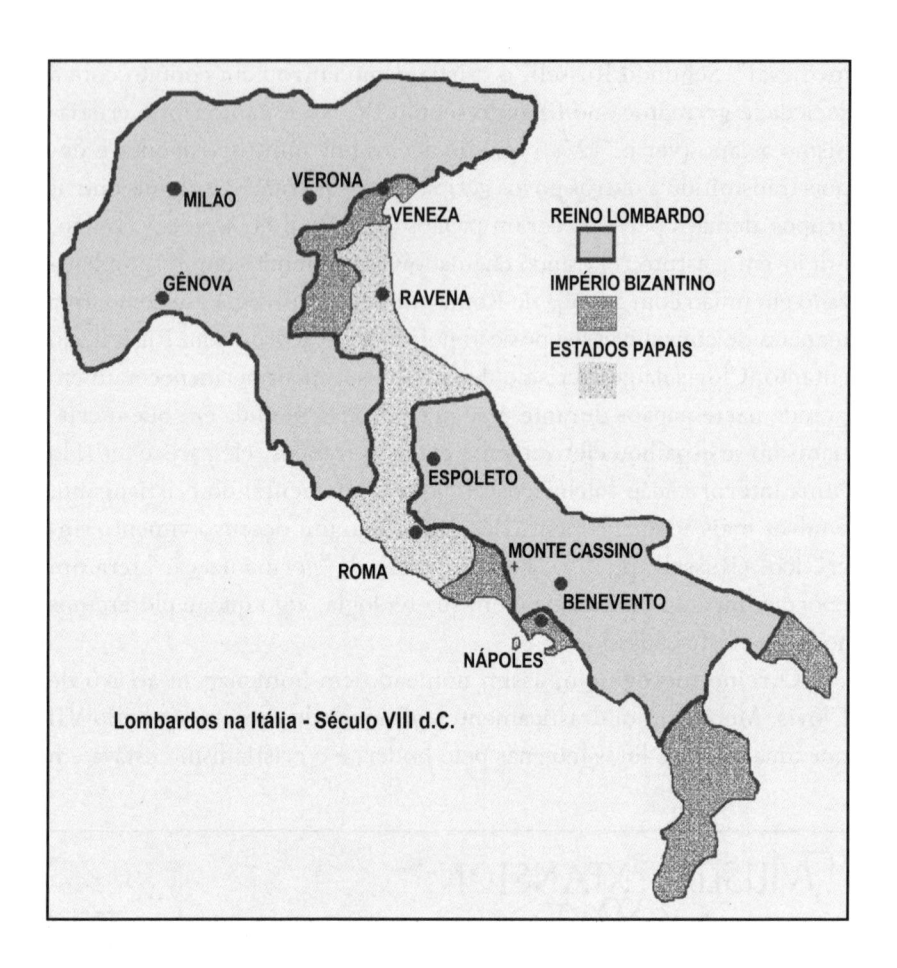

107. O reino lombardo, século VIII.

Lombardos na Itália - Século VIII d.C.

Citação 201: Por volta do ano 783, Carlos Magno solicitou ao Papa Adriano I que lhe enviasse uma cópia do genuíno Sacramentário Romano. [...] O Sacramentário chegou dois anos depois e foi exibido na biblioteca de Aachen como *liber authenticus*. No entanto, descobriu-se que apresentava defeitos. Formulários de missa [...] missas votivas e bênçãos estavam faltando. Para remediar a situação, que deve ter sido bastante embaraçosa para o imperador, [Bento de Aniane] teve de acrescentar textos suplementares retirados dos costumes galicanos. [...] Essas adições foram a princípio um complemento distinto ao Sacramentário Romano, mas depois foram incorporadas ao Sacramentário em si, resultando em um híbrido romano-franco-germânico. Assim, eles não apenas forneceram o que faltava ao Sacramentário Romano, mas também o adaptaram efetivamente a um povo que tinha uma preferência especial pelo dramático, pelo verboso e pelo moralizante. (Chupungco, *Cultural Adaptation of the Liturgy*, p. 28s.)

desordem naquela região. Com o início do século VIII, no entanto, as coisas começaram a mudar para os francos. A mudança na sorte política é simbolizada na vitória de Carlos Martel. Em termos religiosos, houve uma nova onda de missionários anglo-saxões, sendo o mais importante deles São Bonifácio (morto em 754). Segundo Russell, o relacionamento entre Bonifácio e Carlos Martel era mutuamente benéfico. Carlos e seus descendentes desafiavam o reino merovíngio, e a afiliação à igreja de Roma fornecia uma fonte alternativa de legitimação sagrada. Bonifácio precisava de um protetor local para seus esforços missionários, e Roma precisava de alguém para se defender dos lombardos, que haviam invadido a Itália no final do século VI e agora constituíam uma presença ameaçadora [ilustração 107].

Em 751, o Papa Zacarias reconheceu o filho de Carlos Pepino III (morto em 768 e também chamado de Pippin) como rei dos francos. Em julho de 753, logo depois que Pepino prometeu defender a Igreja, ele e seus filhos Carlomano (morto em 771) e Carlos Magno (morto em 814) foram consagrados na Saint Denis. Em 774, Carlos Magno derrotou os lombardos e assumiu o título de "Rei dos lombardos". Um título mais importante lhe foi conferido em 800, quando viajou para

Roma e, no dia de Natal, foi coroado imperador pelo Papa Leão III (morto em 816).

Além de responder a ameaças políticas e militares externas, outros grandes desafios para essa nova dinastia foram a unificação interna e a reforma do reino franco. Em grande parte, isso foi realizado inicialmente pela reforma da Igreja, que havia experimentado um declínio significativo no século VII e, em seguida, pelo seu emprego como um agente de unificação para o reino. Um passo importante nesse processo de reunificação foi o estabelecimento de uma liturgia unificada. Para esse fim, Pepino e Carlos Magno tentaram impor a liturgia romana à igreja franca. Antes disso, o estilo de culto entre o povo franco podia ser chamado de "galicano", embora não fosse de forma alguma um rito unificado como o de Roma. Algumas características do culto galicano foram: 1) sua propensão a dirigir as orações a Cristo, não ao Pai, 2) variações significativas nas orações de acordo com o ano eclesiástico — incluindo a oração eucarística, 3) o uso do triságio e o "Cântico dos três jovens" (Dn 3,35-66) durante a Liturgia da Palavra 4) a colocação do sinal da paz antes da oração eucarística.

A fim de promulgar a liturgia romana em todo o reino, livros e funcionários litúrgicos foram importados de Roma. Missionários anglo-saxões que tinham fortes laços com Roma ajudaram nesse empreendimento. A incompletude dos livros romanos [citação 201], combinada com as diferenças significativas entre os temperamentos romano e franco, resultou tanto na imposição da liturgia romana quanto no surgimento de um novo gênero de culto. Essa forma híbrida de culto, que mistura a sobriedade do estilo romano com elementos dramáticos, às vezes é chamada de liturgia "franco-romana" ou "romano-franco-germânica". Essa forma acabará por ser adotada por toda a Europa, mesmo por Roma, e será a liturgia predominante da igreja latina durante o final da Idade Média. O resultado é verdadeiramente uma germanização do cristianismo medieval e de seu culto.

108a. Saint Jean em Poitiers, reconstrução da vista norte do edifício original do século IV. (cerca de 12 × 8 m)

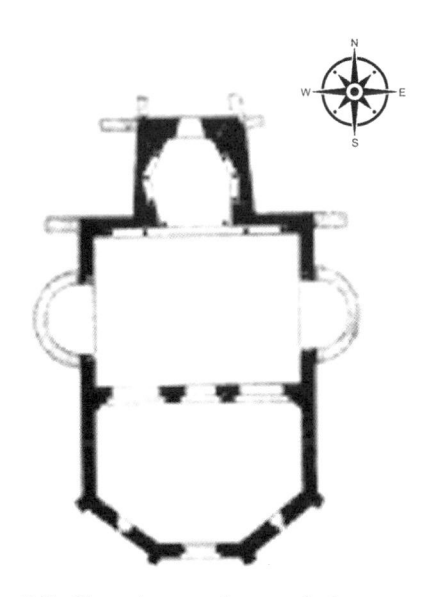

108b. Planta da expansão merovíngia, mostrando nártex de cinco lados no lado oeste do edifício original do século IV e a abside pentagonal no lado leste do edifício original.

ARQUITETURA

Nos séculos seguintes à legalização de sua religião, os cristãos usaram vários tipos de edifícios para seus cultos. No entanto, como observado no capítulo anterior, a forma da basílica adquiriu proeminência como uma forma preferida para os espaços de culto cristão no Ocidente. Isso também continuou na era merovíngia, embora existam poucos monumentos dessa época, pois a arquitetura desse período era em grande parte impermanente. Uma exceção é o batistério de Saint Jean em Poitiers. Construída sobre fundações romanas, essa pequena basílica foi ampliada ainda mais com um nártex e uma abside entre os séculos VI e

VII [ilustração 108]. Os restos de outra basílica merovíngia podem hoje ser encontrados, por exemplo, em Saint Germain des Pres, em Paris, e abaixo da Igreja de St. Piat, em Tournai.

O florescimento do reino carolíngio também foi um período de um renascimento arquitetônico. Refletindo a confiança de novas lideranças e influências, os construtores abandonaram a escala menor do período merovíngio e começaram a construir estruturas grandes e espaçosas. Uma inspiração importante foi a lenda de Roma. Embora o Império Romano tivesse desmoronado muito tempo atrás e a cidade fosse apenas uma sombra de seu esplendor anterior, o mito da Roma antiga — às vezes chamado de *romanitas* (em latim, "roma-nismo") — e especialmente do primeiro imperador cristão, Constantino, continuou inspirando. Com base nos precedentes lendários da Roma imperial, muitos edifícios construídos sob Carlos Magno e seus herdeiros eram de tamanho monumental e *design* geométrico. Os projetos arquitetônicos de Carlos Magno aprimoraram suas tentativas de reforma litúrgica. Como sua preocupação era substituir as formas locais de culto "galicano" pelo culto romano "oficial", ele realmente ajudou a substituir as formas arquitetônicas locais por uma versão idealizada da arquitetura do império de Constantino.

Embora houvesse emulação de um ideal romano, as igrejas carolíngias — como a liturgia que as atravessava — eram bem diferentes daquelas de Roma de Constantino. Enquanto as primeiras basílicas cristãs eram grandes espaços abertos com poucas divisões arquitetônicas, as igrejas dessa época foram moldadas para respeitar a crescente separação entre clérigos e leigos. Elas também tiveram de lidar com novos requisitos rituais, como o desenvolvimento de missas privadas e mudanças na prática batismal que ditavam a construção de fontes adequadas para bebês e não para adultos. Uma solução arquitetônica para essas mudanças litúrgicas foi a subdivisão do edifício em várias seções, cada uma com um foco ritual diferente. Mais adiante, consideraremos mais a fundo essas várias subdivisões.

O edifício eclesial mais importante de Carlos Magno foi a capela palatina em Aachen. Projetado por Odo de Metz — uma das primeiras vezes em que temos o nome do arquiteto de uma igreja no Ocidente — o edifício foi modelado com base na igreja de São Vital em Ravena, construída durante o reinado do imperador Justiniano [ilustração 109]. A capela de Aachen, que mais tarde se tornou a catedral dessa cidade, prefigura outro importante desenvolvimento arquitetônico carolíngio: a expansão do "Westwerk" dos edifícios das igrejas. Em muitas igrejas, o santuário estava localizado na extremidade leste do edifício. A face ocidental das igrejas de épocas anteriores era geralmente simples e sem adornos. Em Aachen, no entanto, a fachada ocidental evoluiu para uma estrutura vertical maciça de múltiplos níveis, culminando em duas tor-

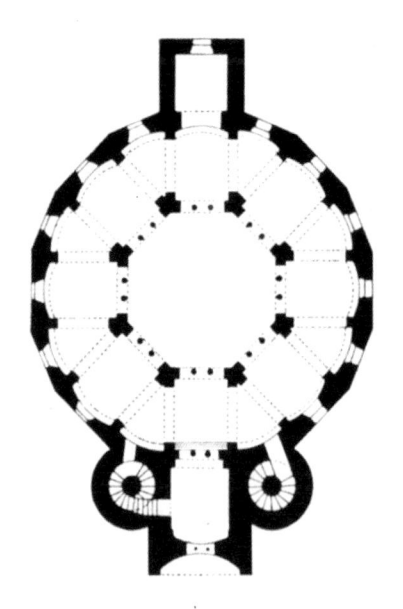

109. Planta da Basílica de São Vital, 526-547.

110. Reconstrução da capela de Aachen.

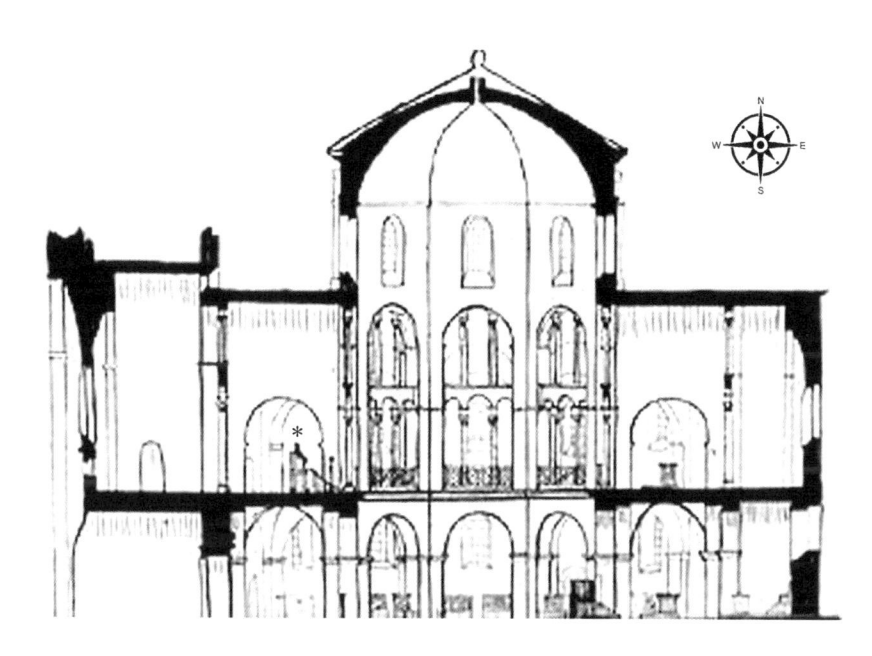

111. Vista sul da capela de Aachen. O trono de Carlos Magno (*) estaria na frente do *Westwerk*.

res imponentes [ilustração 110] — um conceito emulado em muitas igrejas subsequentes. Ainda há discussão sobre o significado desse *Westwerk*, e suas funções eram provavelmente múltiplas. Alguns acham que o objetivo principal era fornecer torres sineiras. Os sinos eram de crescente importância para as igrejas cristãs e, no século VIII, podiam ser fundidos em bronze e outros metais, em vez de serem fabricados pela rebitagem de chapas de ferro forjado. Outros sustentam que o *Westwerk* fornecia um equilíbrio arquitetônico para a fachada leste bem articulada, que frequentemente abrigava o santuário. Outros ainda acreditam que a fachada ocidental servia como contraponto arquitetônico e político, simbolizando a reivindicação de autoridade do imperador dentro da igreja [citação 202]. Essa última interpretação encontra ressonância na capela de Aachen, onde o trono de Carlos Magno ocupava a galeria superior no lado ocidental do edifício, com o imponente *Westwerk* atrás do imperador [ilustração 111].

Em 843, o Império Carolíngio foi dividido entre os três netos de Carlos Magno e depois repartido ainda mais em 870, prenunciando o surgimento da Alemanha e da França modernas. No início do século X, uma forte liderança no reino "alemão" floresceu sob Otto I, que inicialmente se tornou rei em 936 e depois reinou como Sacro Imperador Romano (962-973). A arquitetura do Império otoniano (936-1024) desenvolveu e refinou o estilo carolíngio e poderia ser caracterizada como "imperial". Um projeto de construção notável desse período é a igreja de São Miguel em Hildesheim, originalmente a igreja da abadia de uma comunidade beneditina. Essa planta basilical tem uma abside voltada para o oriente e também uma em direção ao ocidente, mas, em vez de simbolizar os âmbitos do sacerdote e do rei,

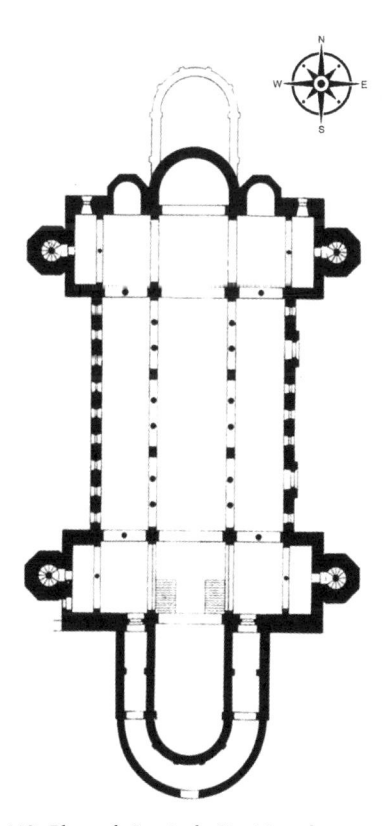

112. Planta da Igreja de São Miguel em Hildesheim.

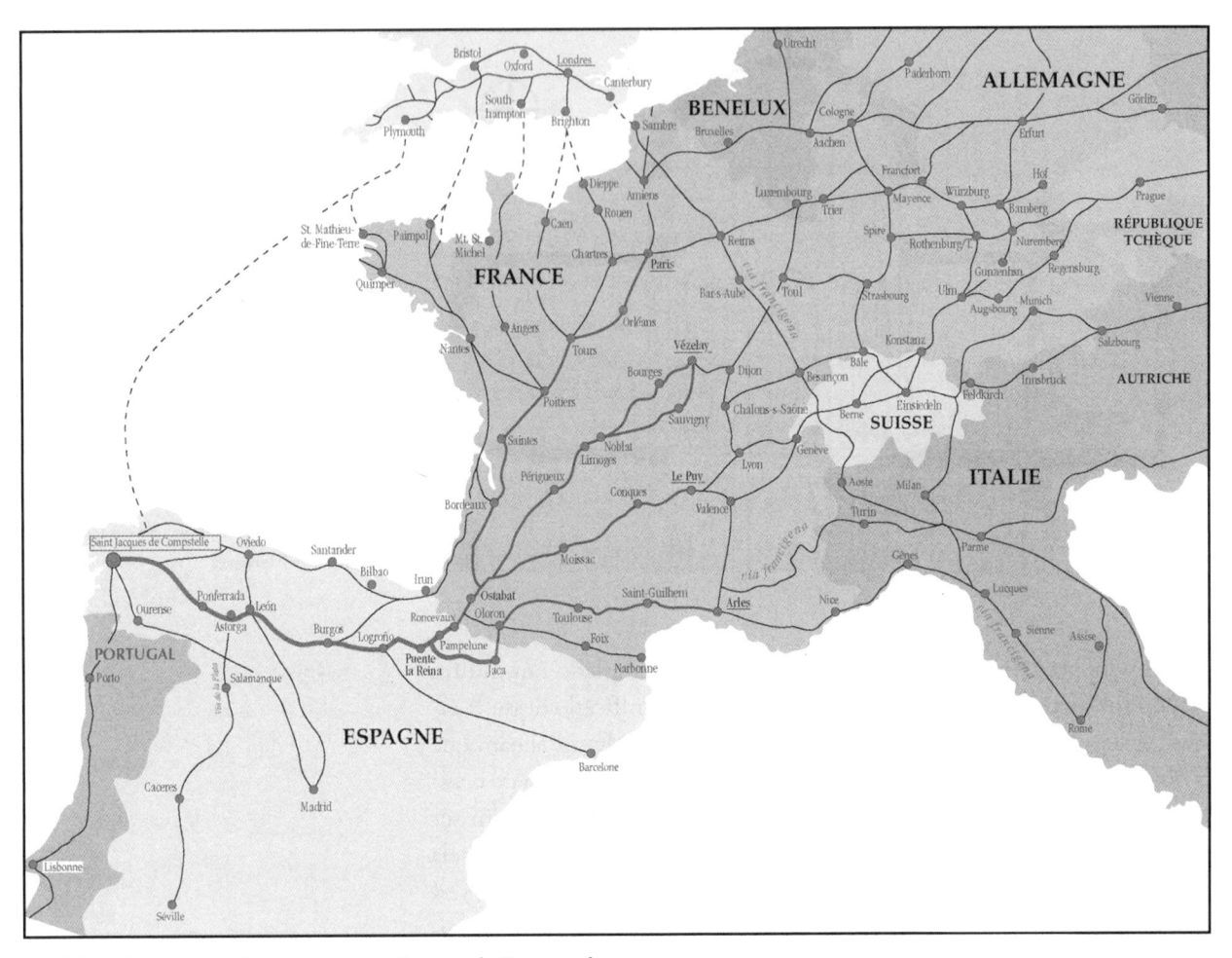

113. Mapa de peregrinação com rotas para Santiago de Compostela.

Citação 202: Servindo como uma *cappella imperialis* [em latim, "capela imperial"] da qual o imperador poderia participar no serviço, a *Westwerk* pode ser entendida como uma manifestação da pretensão do governante à autoridade sobre a Igreja. [...] De função semelhante, uma abside ocidental foi introduzida em algumas igrejas ao mesmo tempo, e a dupla daí resultante concretizava o *regnum* [em latim, "poder real"] e o *sacerdotium* [em latim, "poder sacerdotal"], entre os quais se estende o caminho da redenção. (Norberg-Schultz, Meaning in Western Architecture, p. 155)

a abside oriental é o lugar do altar e o foco da Eucaristia, enquanto a abside ocidental é o local do coro monástico, onde a Liturgia das Horas era celebrada [ilustração 112].

A arquitetura românica, propriamente dita, é um fenômeno dos séculos XI e XII, embora o termo em si tenha sido cunhado apenas em 1818 pelo arqueólogo francês Charles-Alexis-Adrien de Gerville (morto em 1853). Ao contrário das arquiteturas carolíngia e otoniana, ela não está ligada a um império ou dinastia específica, sendo mais um fenômeno popular que reflete o espírito da época — o que alguns chamam de estilo de construção "pan-europeu", em vez de regional. A influência do monaquismo beneditino nesse período, que mostrou uma acentuada preferência por esse estilo de arquitetura, não deve ser subestimada na disseminação dessa forma. Outros fatores foram a ascensão da classe média, uma nova promessa econômica e relativa estabilidade política, os quais contribuíram para uma perspectiva mais positiva no século XI. Nessa era otimista, os cristãos estavam em movimento,

114a. Santa Fé, Conques, França.

cruzando a Europa em peregrinação [ilustração 113]. Um dos mais famosos destinos de peregrinação medieval era Santiago de Compostela, no noroeste da Espanha. As relíquias de São Tiago (*Santiago*, no dialeto espanhol da Galiza) foram "descobertas" em 813; e, do século X até os dias atuais, milhões de pessoas têm percorrido mais de oitocentos quilômetros ao longo de *el camino de Santiago*. Os centros de peregrinação foram beneficiários de economias em expansão que se desenvolveram em torno das relíquias, que eram o foco dessas peregrinações, é também em torno delas que muitas das grandes igrejas românicas da Europa foram construídas. Exemplo notável de uma igreja de peregrinação românica é a igreja da abadia de Santa Fé, em Conques, na França [ilustração 114].

Como observa Spiro Kostof, não existe uma igreja românica "típica"; embora seja um "estilo pan-europeu", o românico variava de acordo com a região e as necessidades da comunidade. No entanto, é possível enumerar algumas características básicas desse estilo, muitas das quais foram antecipadas em edifícios carolíngios e otonianos. Isso incluiu o uso de formas geométricas básicas, especialmente o arco redondo, para obter uma sensação de proporção e harmonia gerais. A adição de torres e abóbadas mais altas conferiu a esses edifícios um novo senso de verticalidade. Por causa do risco de incêndio imposto por telhados de madeira de igrejas pré-românicas (por exemplo, a de São Miguel em Hildesheim), as abóbadas de pedra e alvenaria foram aperfeiçoadas. Com frequência, as paredes logo abaixo da abóbada, conhecidas como o clerestório (do francês antigo *cler*, "brilhante"), eram transpass-

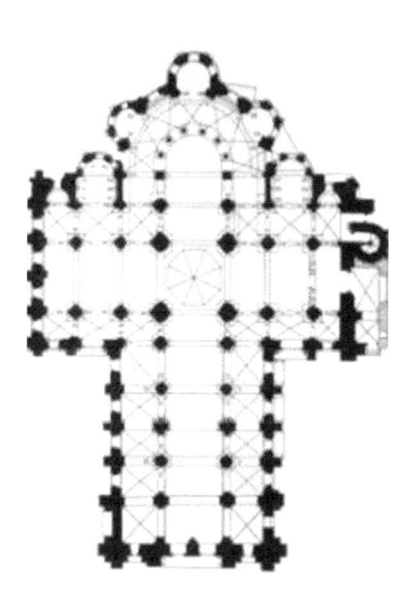

114b. Planta da Santa Fé.

Citação 203: A abóbada interior da Catedral de Worms (dedicada em 1018) tem 27 metros; a da catedral de Mainz (975-1037) tem mais de 29 metros; a Catedral de Speyer (1030-1061) tem mais de 33 metros.

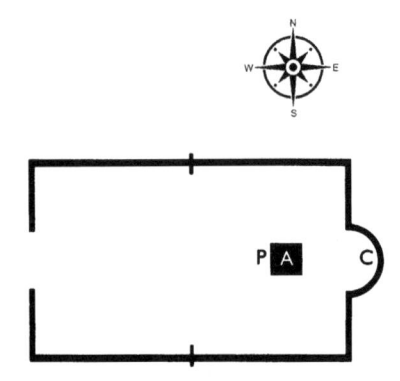

115a. Arranjo de presidente (P), cadeira (C) e altar (A) na basílica com abside voltada para o leste.

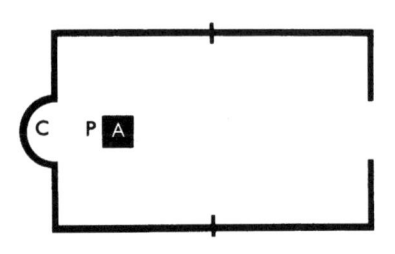

115b. Arranjo de presidente (P), cadeira (C) e altar (A) na basílica com a entrada voltada para o leste.

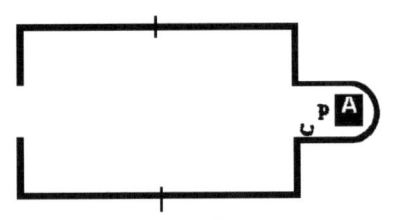

115c. Arranjo com o altar (A) contra a parede dos fundos da abside, com presidente (P) e as pessoas de frente para o altar; cadeira (C) ao lado.

sadas por janelas. O aumento do peso dessa abóbada [citação 203] exigia paredes, colunas e pilares maciços. Isso serviu para subdividir as paredes da nave em seções ou tramos uniformes. Por um lado, essa subdivisão regular do edifício resultou numa espécie de ondulação rítmica ao longo da nave, mas também contribuiu para a sensação de um edifício subdividido em unidades separadas, em vez do grande salão aberto que marcava a basílica anterior.

Altar principal

Como observado anteriormente, uma basílica é um tipo de caminho fechado. Como todo caminho leva a algum lugar, na basílica cristã pós-constantiniana esse lugar era a abside. Sendo ponto arquitetônico focal, ela tornou-se naturalmente um ponto litúrgico. Inicialmente, a abside era o lugar do trono do bispo, com o altar na nave. No entanto, uma variedade de fatores teológicos e culturais mudou essas posições.

Originalmente, o altar era uma mesa de madeira, frequentemente móvel e, em geral, colocada no corpo da igreja, para que a comunidade pudesse se reunir em torno de pelo menos três lados dela. O presidente se mantinha de pé em qualquer lado do altar que lhe permitisse encarar o leste, o lugar do sol nascente, um símbolo da ressurreição e uma importante metáfora para os cristãos que viviam no Mediterrâneo banhado pelo sol. Se a abside apontasse para o leste, então o presidente ficava no mesmo lado do altar em que se encontrava a comunidade e de frente para a mesma direção para a qual ela se voltava. Se a entrada da basílica apontava para o leste, o presidente ficava de frente para as pessoas do outro lado do altar [ilustração 115]. O segundo arranjo era mais comum no Ocidente após a época de Constantino até o período de ascensão franca. Durante o século VIII, o primeiro arranjo, com o sacerdote de costas para o povo, tornou-se mais comum. Com o tempo, o altar foi empurrado para dentro da abside até acabar perto da parede dos fundos ou contra ela, com o presidente e a comunidade de frente para o altar, quer este apontasse para o leste ou não. Posteriormente, colocou-se mais ênfase nos ornamentos da parte posterior, chamados de retábulo, do que na própria mesa do altar.

Existem muitos fatores que levaram ao movimento do altar para fora do corpo da igreja em direção à parede dos fundos. Por exemplo, já vimos [ilustração 73] que sob Gregório Magno o altar foi movido do corpo da igreja para o interior da abside sobre o túmulo de São Pedro. Essa prática romana foi idealizada e repetida em algumas igrejas francas, mesmo que elas não possuíssem tais relíquias. No âmbito cultural, o povo ao norte dos Alpes não entendia a língua latina. Esse movimento arquitetônico do altar para a abside simbolizava, portanto, uma separação linguística que já ocorria entre os batizados e o presidente na ação eucarística central. Também já analisamos a teoria da germanização proposta por Russell, segundo a qual os francos e outros povos germânicos tinham uma imaginação religiosa diferente da dos cristãos de outros lugares ou épocas anteriores. Uma dessas características, segundo Russell, é uma interpretação mais mágico-religiosa do cristianismo, e não o que ele considera uma interpretação ética e doutrinária mais original. Russell acredita que essa visão germânica mais "mágica" pode ajudar a explicar certos desenvolvimentos litúrgicos bem reconhecidos entre os povos germânicos, incluindo grande distância física e espiritual entre as pessoas e o presidente, que assumia a responsabilidade pela realização dos atos sagrados e aumentava o foco nos objetos empregados nos mistérios sagrados (Russell, p. 191).

Outra mudança foi observada no material usado para fazer altares. Altares de pedra, já mencionados por João Crisóstomo no século IV, eram obrigatórios em alguns lugares no século VI [citação 204] e para todo o reino franco por ordem de Carlos Magno em 769. A prática de construir altares sobre os túmulos dos santos acabou sendo substituída pela incorporação das relíquias dos santos dentro do próprio altar. Anteriormente, o único ato essencial para dedicar uma igreja ou um altar era a celebração da Eucaristia. No final do século VIII, Ordos romanos descrevem o depósito de relíquias no altar como parte central da consagração de uma igreja. Um deles até mesmo prescreve o encerramento de relíquias junto com três pequenos pedaços de pão consagrado ao consagrar um altar [citação 205]. Quando os altares foram transferidos para o santuário, impossibilitando a reunião dos fiéis ao seu redor, e foram cada vez mais associados a relíquias, eles começaram a se parecer cada vez menos com mesas e mais com sarcófagos.

Citação 204: Os altares não podem ser consagrados a menos que sejam feitos de pedra. (Concílio de Epaona, Gália [517], cânon 26, in: Mansi, *Sacrorum Conciliorum*)

Citação 205: Então ele coloca três porções do corpo do Senhor dentro da *confessio* e três de incenso, e as relíquias são fechadas dentro da *confessio*. (Ordo romano 42:11 [cerca de 720-750], in: Andrieu, *Les Ordines Romani*)

Altares secundários

Uma diferença significativa entre as igrejas ocidentais desse período e as da era anterior foi o impulso de incluir mais de um altar dentro de uma igreja. Embora algumas evidências apontem para a existência de altares secundários antes do século VII [citação 206], foi após o século VII, na Gália, que o número de altares dentro das igrejas aumentou de modo geral. Vários fatores contribuíram para essa tendência. O aumento da demanda por missas foi de grande importância.

Desde o período da igreja doméstica, a Eucaristia era originalmente celebrada apenas aos domingos, e somente uma vez nesse dia, numa determinada comunidade. Cada vez mais, o sábado também se tornou um dia litúrgico. No norte da África, Cipriano fornece evidências de que havia uma celebração diária da Eucaristia, algo que mais de um século depois Agostinho também reconheceria. No entanto, Agostinho também conhecia lugares onde a missa era celebrada apenas aos

Citação 206: O presbítero Leuparicus, que nos trouxe vossas saudações fraternas, informou-nos de vossa igreja construída em homenagem aos benditos apóstolos Pedro e Paulo e também aos mártires Lourenço e Pancrácio. Soubemos que naquela igreja existem 13 altares, quatro dos quais ainda serão dedicados. (Gregório Magno, *Carta ao Bispo Paládio de Saintes* [cerca de 590], VI:50)

sábados e domingos, e, em alguns lugares — como Roma —, apenas aos domingos. Segundo Daniel Callam, existem poucas evidências de missa diária na Gália, mesmo durante o século VI, mas logo isso começaria a mudar. Callam acredita que esse desenvolvimento era, em parte, o produto de comunidades monásticas lideradas por bispos. Nesses contextos, a prática ascética de receber a comunhão — bastante comum na igreja primitiva fora da missa — migrou para uma celebração completa da Eucaristia.

No entanto, não foi o impulso para a missa diária por si só que gerou a necessidade de múltiplos altares num único espaço. O crescente pedido de missas para os mortos foi mais influente. A oração pelos mortos é uma antiga tradição cristã. Desde Atos Apócrifos de João (cerca de 170 d.C.), há evidências de que a Eucaristia era celebrada pelos mortos. Tertuliano (morto em 225) documenta que, pelo menos em sua comunidade montanista do norte da África, havia uma prática de celebrar a Eucaristia no aniversário da morte de alguém [citação 207]. A crescente preocupação com o estado dos mortos levou a práticas às vezes bizarras; e houve fortes condenações de vários sínodos à prática de dar o pão eucarístico aos cadáveres (Hipona em 393, Auxerre em 578, Trullo em 692).

Richard Rutherford acredita que Agostinho, mais do que qualquer outra figura, foi responsável por fornecer a direção que o cristianismo ocidental medieval tomaria ao orar pelos mortos. Especialmente influente foi sua insistência em que a oração, a esmola e, particularmente, a Eucaristia eram eficazes para os mortos (Rutherford, p. 18). Em consonância com os ensinamentos de Agostinho, havia uma história influente de Gregório Magno. Um de seus monges morreu em desgraça, e Gregório o condenou veementemente. Por causa da intervenção de outros monges, Gregório ordenou que fosse celebrada missa por trinta dias consecutivos; após a eucaristia final, o monge morto apareceu a Gregório, confirmando que ele fora libertado da purgação pelas celebrações eucarísticas. Essa nova abordagem do papel da Eucaristia em alterar o estado dos cristãos mortos [citação 208] inevitavelmente contribuiu para o aumento da demanda por parte dos fiéis por celebrações da Eucaristia para seus entes queridos falecidos. Posteriormente, alguns deixariam dinheiro para que missas fossem celebradas para si mesmos após sua própria morte; aqueles com recursos extraordinários estabeleceriam até mesmo mosteiros cujo objetivo de fundação era a oferta de missas e orações pela alma do doador fundador e de sua família.

Outra fonte de pedidos para a celebração da Eucaristia provinha de uma nova forma de penitência que surgira no continente no século VII. Os monges irlandeses introduziram essa nova forma de penitência, conhecida como penitência "tarifária". Semelhante à forma de reconciliação individual que é familiar aos católicos romanos de hoje, esse ritual

---

Citação 207: Fazemos ofertas pelos mortos no dia do aniversário de sua morte. (Tertuliano, A Coroa [211 d.C.], n. 3, in: *Corpus Christianorum*)

Citação 208: Com o advento da severa disciplina penitencial, o ser cristão tornou-se cada vez mais uma preocupação com o pecado; cuidar dos cristãos mortos tornou-se, por sua vez, uma preocupação com o preço do pecado. Assim, para Gregório e seus contemporâneos, até o cristão fiel era considerado um pecador cujo destino imediato após a morte era pelo menos um destino de purificação. [...] Foi nesse ponto que se acreditou que as orações da igreja, e especialmente a missa, poderiam beneficiar os mortos. Está implícito no ensino de Gregório um novo sentido de algo que se aproxima do automático: se, pela "realização" de tantas orações e missas, a libertação de uma alma do fogo purificador seria alcançada contanto que o falecido tivesse adquirido o direito a essa ajuda durante a vida. (Rutherford, *The Death of a Christian*, p. 26s.)

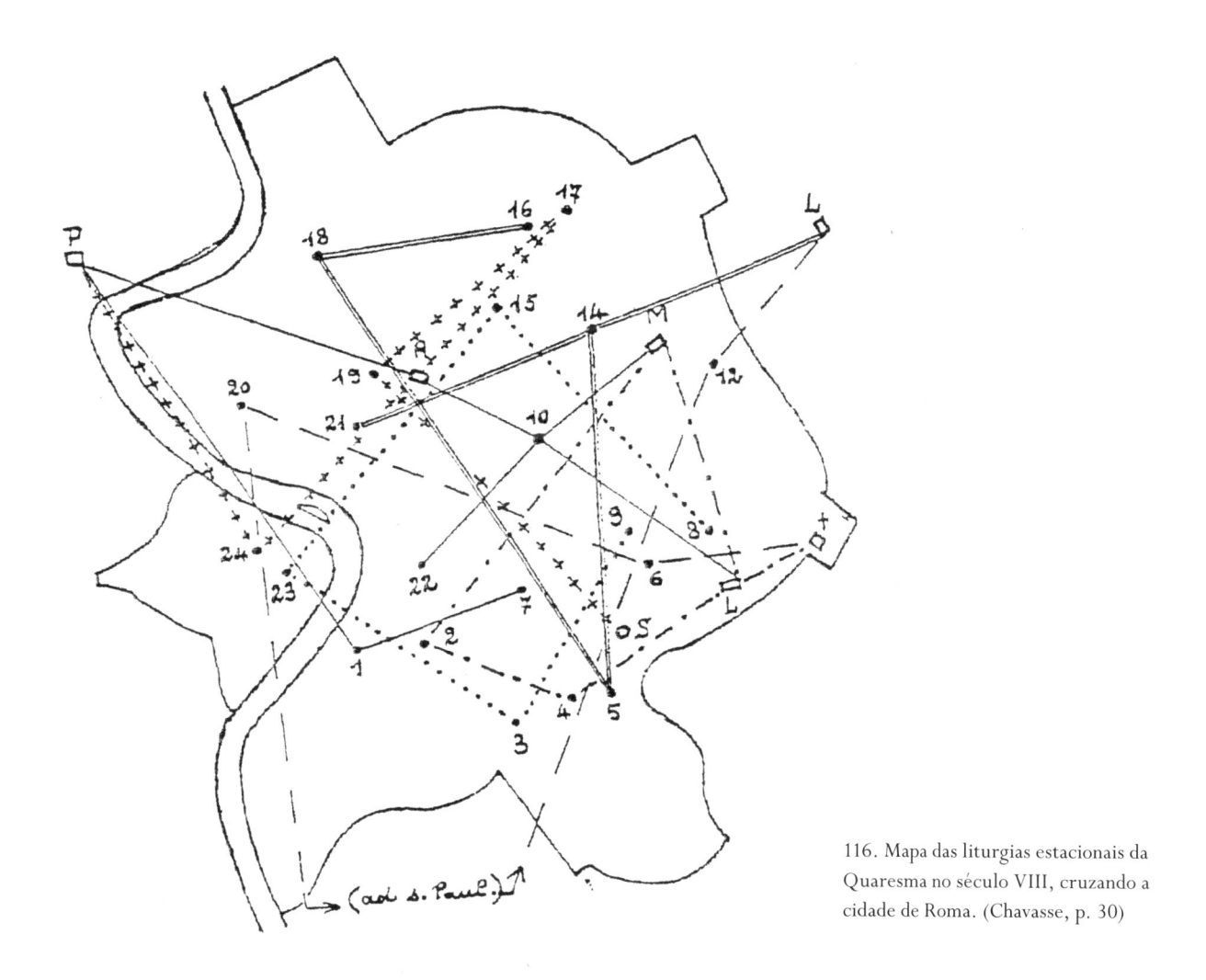

116. Mapa das liturgias estacionais da Quaresma no século VIII, cruzando a cidade de Roma. (Chavasse, p. 30)

exigia que o confessor impusesse uma tarifa ou penitência específica ao penitente, proporcional à seriedade do pecado confessado. Muitas dessas tarifas eram reunidas em coletâneas conhecidas como penitenciais. Algumas penitências eram bastante severas, mas podiam ser "comutadas", geralmente por meio de doações em dinheiro. Num desenvolvimento relacionado a isso, o período carolíngio também testemunhou a elaboração de estipêndios de missa. Tratava-se de uma oferenda monetária dada a um sacerdote para que celebrasse a missa para a intenção particular do doador. Às vezes, era necessário um estipêndio para a celebração de uma ou mais missas, que serviam de comutação para a tarifa imposta como penitência [citação 209]. Como consequência, o aumento de estipêndios e, particularmente, a crescente demanda por missas como comutações de penitências constituíram outro fator que contribuiu para a necessidade de mais altares num único edifício eclesiástico.

Um fator final que contribuiu para a multiplicação de altares nesse período foi a tentativa das igrejas ao norte dos Alpes de imitar a liturgia

Citação 209: Quem está disposto a confessar seus pecados deve confessar com lágrimas, pois as lágrimas não pedem perdão, elas o merecem; ele deve pedir a um presbítero que cante missa para ele [...] o canto de uma missa é suficiente para fazer redenção por doze dias; dez missas, por quatro meses; vinte missas, por oito meses; trinta missas, por doze meses — se os confessores assim o determinarem. (Penitencial de Beda [século VIII] in: McNeill; Gamer, *Medieval Handbooks of Penance*, p. 233)

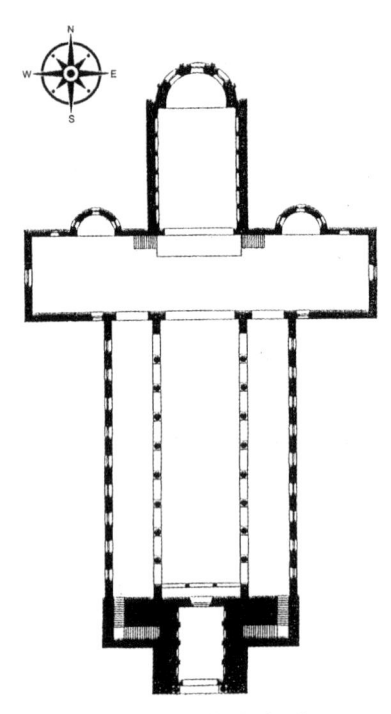

117. Planta da igreja da abadia de Hersfeld, cerca de 1037.

estacional de Roma. Conforme observado no capítulo anterior, liturgia estacional é o nome dado à prática do bispo de Roma de celebrar regularmente a Eucaristia nas diferentes igrejas ou "estações" da cidade. Essas missas papais itinerantes, que incluíam procissões separadas realizadas pelos fiéis da igreja estacional designada, serviam a um propósito pastoral na Roma cosmopolita. Como Antoine Chavasse demonstrou, essa prática contribuiu para um sentimento de unidade entre os fiéis, especialmente durante a Quaresma, quando essa unidade era importante para a preparação para o batismo e para sustentar o jejum compartilhado nesse período [ilustração 116].

Já observamos como os livros romanos foram importados por Carlos Magno, a fim de promover o uso da liturgia romana em todo o reino. O sacramentário, como o enviado pelo Papa Adriano [citação 201], continha um esboço do sistema estacional como existia em Roma no século VIII. Como os cristãos do norte não moravam em cidades como Roma ou Constantinopla, com amplas redes de igrejas urbanas, eles adaptaram a ideia da liturgia estacional às suas próprias circunstâncias. Às vezes, isso significava um padrão muito modesto de procissões entre duas ou três igrejas. Frequentemente, uma única igreja ou um mosteiro eram tratados como se fossem a cidade de Roma. Numerosos altares eram erguidos como paralelos simbólicos às estações romanas, inicialmente nas igrejas carolíngias e depois nas igrejas românicas.

Área do coro

Evidências indicam que em alguns lugares, no início do século V, os leigos estavam proibidos de acessar áreas específicas próximas ao altar. Já reconhecemos certos fatores teológicos e culturais que contribuíram para o movimento do altar da área da nave para a abside e a consequente separação da mesa para longe da comunidade reunida. Mesmo antes dessa mudança, no entanto, havia um impulso crescente de criar um recinto sagrado no meio da nave, levando a várias soluções arquitetônicas. No Ocidente, uma barreira baixa costumava ser construída para conter as multidões [ilustração 70]. Essa barreira criava um caminho dentro do espaço processional mais amplo, normalmente aberto apenas ao clero e ao coro que participavam da procissão de entrada no início do culto. O coro, com frequência composto por homens e meninos, geralmente liderava essas procissões e criava uma espécie de guarda de honra uma vez dentro da barreira pela qual o restante do clero passava em procissão. Com o tempo, essa ação ritual receberia apoio e atenção arquitetônicos mais elaborados.

Um fator que contribuiu para a ampliação e separação desse espaço de "coro" incluía mudanças na celebração da Liturgia das Horas. Cada vez mais, monges e clérigos seculares eram os participantes centrais, e

118. Reconstrução do interior da terceira igreja de Cluny (iniciada em 1088) ilustrando o coro fechado, separado da nave por uma sólida parede, em frente à qual se encontram altares para os serviços para os leigos. (Segundo Conant apud Norberg-Schulz, p. 171)

às vezes únicos, na Liturgia das Horas, uma vez que esta era celebrada em idioma que a maioria dos cristãos ao norte dos Alpes não entendia (latim) e, devido ao custo exorbitante dos livros, normalmente exigindo a memorização de todos os 150 salmos pelos participantes. Em muitas igrejas, o santuário foi ampliado e a abside alongada para fornecer um espaço para esta celebração. O resultado foi uma basílica híbrida com um santuário estendido que continha uma área de coro para os monges ou cônegos [ilustração 117]. Às vezes, grades ou paredes eram erguidas para separar o coro da nave, demarcando o lugar dos monges ou clérigos em relação ao lugar dos leigos. Elas eram frequentemente conhecidas como *"rood" screens* (do inglês antigo *rod*, cruz), pois eram, com frequência, encimadas por uma grande cruz ou crucifixo. No século XI ou XII, algumas dessas paredes já eram sólidas, apresentando aos leigos um obstáculo visual à Eucaristia e a outros serviços que aconteciam no santuário. Por causa disso, um segundo altar era frequentemente construído para as pessoas fora dos limites do coro [ilustração 118].

Citação 210: Para clérigos e monges [...] não é apropriado que as mulheres se aproximem do altar. (Carlos Magno, *Admonição Geral* [789], 17)

Deambulatório

A importância das relíquias para as novas igrejas gerou um grande número de peregrinos. Multidões de visitantes de igrejas com relíquias, juntamente com o acesso cada vez mais restrito à área principal do altar, especialmente para as mulheres [citação 210], levou a um importante acréscimo nas igrejas pré-românicas e românicas: o deambulatório. O deambulatório representava uma solução arquitetônica para os problemas que surgiam quando um grande número de pessoas tentava se mover pelas igrejas, especialmente em busca de veneração por relíquias. A relíquia mais importante da igreja estava geralmente dentro ou debaixo do altar principal, o que, por causa de restrições canônicas e arquitetônicas, era inacessível aos leigos comuns. Outro problema era a multidão de peregrinos afluindo por corredores laterais estreitos ou tentando se espremer em cantos apertados, onde por vezes eram colocados altares ou relicários laterais. A solução foi o desenvolvimento de uma passagem ao longo do anel mais externo da abside, que permitia aos peregrinos circular por essa parte da igreja enquanto os monges ou clérigos entoavam a Liturgia das Horas [ilustração 119]. Isso também deu às pessoas acesso a relíquias localizadas numa capela perto do deambulatório ou no santuário principal. Se as relíquias estivessem localizadas no santuário principal, elas poderiam ser vistas de trás através de uma abertura na parede da abside. Como os deambulatórios podiam ser isolados, eles ajudavam qualquer comunidade que desejasse cobrar um pedágio de um peregrino visitante que desejasse entrar no deambulatório e ver a relíquia. Tais práticas existem ainda hoje. O deambulatório também dava espaço para mais capelas laterais, que eram comuns nas grandes igrejas de peregrinação da Idade Média e se tornariam uma característica padrão da maioria das grandes igrejas das eras românica e gótica. Os deambulatórios também forneciam rotas processionais para monges e clérigos residentes para recriar suas versões modificadas da liturgia estacional. O primeiro deambulatório desse tipo parece ter se originado na agora destruída igreja de São Martinho em Tours.

Resumo

Arquitetonicamente, este período viu o pleno florescimento das tendências iniciadas no período anterior. A área do santuário foi definitivamente separada do corpo da igreja por barreiras legais e arquitetônicas. Fez-se uma transição de uma mesa de madeira em torno da qual a assembleia podia se reunir para um grande altar de pedra, geralmente na forma de um sarcófago, empurrado contra a parede dos fundos e embelezado com uma tela ornamental conhecida como retábulo. Criou-se um espaço de coro central para monges ou clérigos, dando destaque a

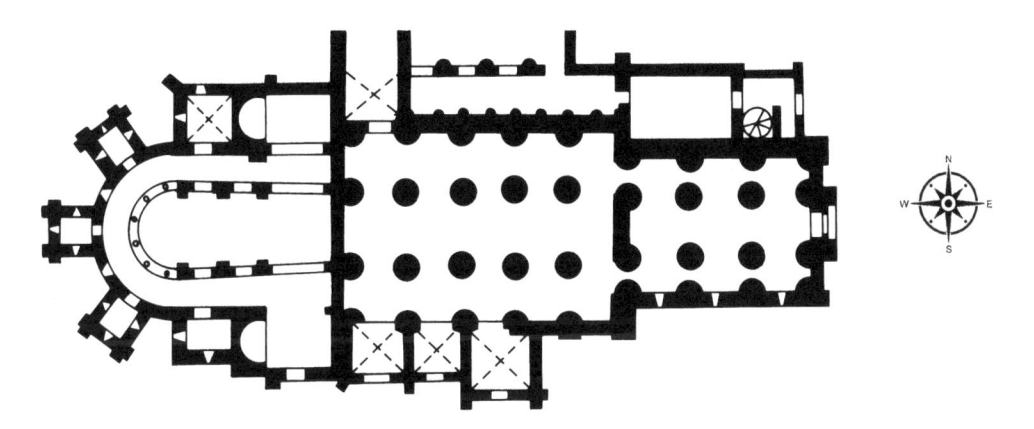

119. Igreja de São Filiberto em Tournus (950-1120), mostrando uma forma inicial de um deambulatório ao redor da abside, com relíquias principais na capela situada na extremidade leste. (Segundo Poinard, *Tournus: Abbaye Saint-Philibert*)

seu lugar cada vez mais privilegiado como elite eclesiástica e litúrgica. E o número de altares se multiplicou. Como muitos desses desenvolvimentos ocorreram em países ao norte dos Alpes, onde o idioma da liturgia não era mais o idioma do povo, eles contribuíram para a separação entre a comunidade e a ação litúrgica.

MÚSICA

A tendência para a subdivisão arquitetônica do edifício da igreja durante essa época serve como analogia visual para os desenvolvimentos musicais no Ocidente cristão nesse momento. Arquitetonicamente, as igrejas maiores fixavam lugares especiais para o sacerdote (santuário), os monges ou clérigos (coro) e os leigos (nave e transeptos). Da mesma forma, poderíamos dizer que a música litúrgica da época estava dividida entre o sacerdote, o coro e os leigos. Na medida em que havia música, o coro teria sido a voz dominante na música da Eucaristia. O sacerdote gradualmente se retirou para a oração privada ou silenciosa, enquanto a assembleia era cada vez mais excluída da ação musical central.

Diferentemente da era anterior, houve o surgimento de padrões de culto eucarístico que eram essencialmente não-líricos. Isso foi resultado de vários desenvolvimentos, alguns dos quais já observamos, como, por exemplo, a crescente aceitabilidade e, em seguida, a procura da celebração da Eucaristia pelos mortos ou como parte da comutação de uma penitência. Muitas, se não a maioria, dessas celebrações ocorriam sem um coro e, frequentemente, sem a presença de uma assembleia. Tais missas privadas eram desprovidas de música

> **Citação 211: Características da Europa feudal**
> - O feudalismo é uma organização descentralizada que surge quando a autoridade central não pode desempenhar suas funções e quando não pode impedir a ascensão dos poderes locais.
> - Numa sociedade feudal, os poderes civis e militares em nível local são assumidos por grandes proprietários de terras ou outras pessoas de riqueza e prestígio semelhantes.
> - Esses líderes locais e seus séquitos começam a formar uma classe guerreira distinta do povo de seu território.
> - A distinção entre direitos privados e autoridade pública desaparece, e o controle local tende a se tornar um assunto pessoal e até mesmo hereditário.
> - Os líderes feudais, com frequência, assumem a responsabilidade pela segurança econômica de seus territórios e ditam como os recursos serão utilizados, ao mesmo tempo em que estabelecem monopólios sobre algumas atividades. Isso fortalece sua presença no nível local e também torna suas posses ainda mais valiosas.
> - As aristocracias feudais são geralmente organizadas com base em acordos privados, contratos entre indivíduos.
> - Os acordos privados que formavam a rede de serviços mútuos eram chamados contratos de homenagem e fidelidade; "homenagem" porque um dos contratantes concordava em se tornar o servo [*homme*], ou "homem" do outro; e fidelidade porque prometia ser "fiel" a ele. (Nelson, *Lectures in Medieval History*, cap. 18)

e, por fim, tornaram-se silenciosas. Por conseguinte, é durante essa época no Ocidente que o anteriormente observado "ambiente sonoro elevado" do culto eucarístico diminuiu e a conexão estreita entre Eucaristia e lirismo foi interrompida. A partir daí, passou a ser possível e até mesmo comum celebrar a Eucaristia como um evento recitado, não cantado ou entoado.

Outro fator que contribuiu para o surgimento do culto eucarístico não-lírico foi o crescimento de pequenas igrejas "paroquiais" rurais. Embora originalmente o cristianismo fosse, em grande parte, um fenômeno urbano, a maioria dos cristãos vivia em ambientes rurais durante o início do período medieval. Calcula-se, geralmente, que 90 a 95% de todos os europeus do norte, durante essa época, viviam em pequenas aldeias ou no campo. O campo não era o local de grandes catedrais, embora a maioria das igrejas monásticas maiores estivesse fora das cidades. No campo eram mais comuns igrejas muito pequenas. Algumas delas foram fundadas por bispos e ofereciam serviços sob seu mandato e autoridade. No entanto, como observa Kevin Madigan, o tipo mais comum de igreja no final do primeiro milênio era o da igreja fundada e governada por um senhor local. Essas "igrejas particulares" — que chegam a dezenas de milhares — eram especialmente comuns ao norte dos Alpes e eram uma consequência da germanização e da feudalização paralela da Europa [citação 211]. Essas estruturas modestas, muitas vezes construídas de madeira e com piso de terra, eram divididas em nave e santuário sem área para o coro. Embora possa ter havido nessas igrejas alguns casos em que o canto vernáculo pontuava a celebração, aqui também o ambiente auditivo do culto era mais abafado, se não silencioso.

Muitas grandes catedrais dessa época constituíam importantes centros para o desenvolvimento e a execução da música litúrgica. No geral, porém, foram os grandes mosteiros do período medieval que serviram de centro de aprendizado para o Ocidente cristão; eles abrigaram os desenvolvimentos litúrgico-musicais dessa época.

A *Schola*

Quando Pepino III e, depois dele, Carlos Magno ordenaram o uso da liturgia romana em todo o seu reino, eles também exigiram que fosse empregada a música litúrgica oficial de Roma [citação 212]. Para realizar essa tarefa, músicos romanos foram trazidos para o reino franco para ensinar os cânticos. Enviar cantores era essencial para atingir esse objetivo musical nessa época em que não se havia desenvolvido um sistema preciso de notação. Embora não seja obra de Gregório Magno, parece que as escolas de cantores (do latim, *schola cantorum*) existiam em Roma no período logo após sua morte, e McKinnon acredita que é seguro assumir que essa organização estava bem estabelecida por volta de 675 (p. 87) O papel central do *schola cantorum* é bastante evidente no primeiro Ordo romano por volta do ano 700 [citação 157]. Posteriormente, escolas de cantores foram criadas ao norte dos Alpes em grandes centros como Metz, São Galo e nas Ilhas Britânicas, em York.

Cantores treinados foram fundamentais para a liderança musical-litúrgica nos grandes centros e mosteiros episcopais do início da Idade Média. Na Eucaristia, isso significava que esses músicos lideravam os cânticos para as várias partes próprias e ordinárias da missa, com a comunidade inicialmente fornecendo refrões ou responsos. A importação de cantores romanos, de práticas de canto romano e de cânticos latinos para o reino franco — onde o latim era amplamente desconhecido pelos leigos — foi o começo de um processo que leva-

Citação 212: Para todo clérigo: todos devem cantar o canto romano em sua totalidade, que deve ser executado apropriadamente, tanto para o ofício quanto para a missa. Isso deve ser realizado de acordo com o desejo do rei Pepino, nosso pai de feliz memória, e por causa da aliança pacífica entre a Gália e a santa Igreja de Deus, levada a cabo em completo acordo com a Sé Apostólica. (Carlos Magno, *Admonição geral* [789], 80)

120. Abóbadas de berço na nave da terceira igreja de Cluny, iniciada em 1088. (Segundo Conant apud Norberg-Schulz, p. 171)

121a. Forma inicial de polifonia (*organum* à oitava) no estilo nota contra nota, cerca de 850. (Davidson; Apel, p. 21)

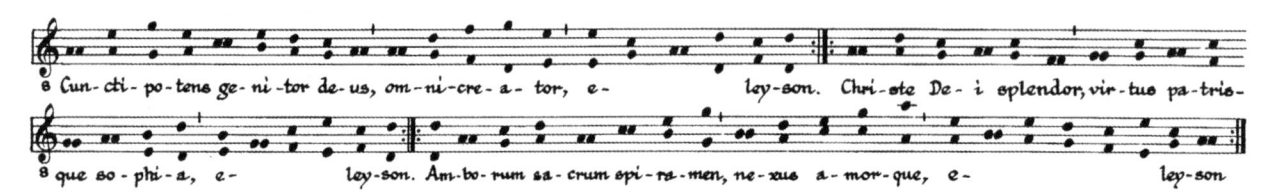

121b. Exemplo de *organum* livre do século XI. (Davidson; Apel, p. 21)

Citação 213: Duas cidades e duas *scholas* podem receber crédito pela criação do próprio da missa gregoriana. Houve Roma e sua *schola* que realizaram o primeiro milagre, o milagre fundamental de criar o próprio da missa em sua maneira original, com seus maravilhosos conjuntos de textos para os ciclos temporal e santoral e suas melodias que podemos discernir vagamente em sua manifestação franca. E houve Metz com sua *schola*, que ajustaram as melodias romanas à forma que conhecemos e amamos. (McKinnon, *The Advent Project*, p. 402s.)

ria à exclusão gradual da congregação da participação no canto das partes comuns e próprias da missa.

Muitos estudiosos concordam que foi nesse período que se desenvolveu o que chamamos de "canto gregoriano". Observamos anteriormente um pouco do debate sobre a origem exata e a natureza desse canto, além das diferentes visões acerca da relação entre o canto gregoriano e o canto romano antigo. Recentemente, James McKinnon levantou a hipótese de que os cantos de *schola* que se desenvolveram em Roma a partir do final do século VII teriam sido exportados para fora de Roma, onde foram definitivamente escritos pelos francos dentro de um século após sua transmissão. São chamados por ele de "gregorianos", enquanto os mesmos cânticos originais que permaneceram em Roma só foram escritos no século XI; daí a origem do "canto romano antigo". Praticamente todos os estudiosos concordam que quaisquer cânticos que tenham sido transportados ao norte dos Alpes eram modificados no processo de sua codificação e registro. Foi essa interseção do original romano com a modificação franca — talvez centrada num grande manancial litúrgico como Metz — que produziu o que hoje chamamos de canto gregoriano [citação 213]. Essa forma linear de música soava muito bem nas longas igrejas românicas — especialmente naquelas com abóbadas de berço [ilustração 120].

Além do canto gregoriano, músicos talentosos ao norte dos Alpes também desenvolveram a polifonia, na qual duas ou mais vozes soavam simultaneamente. Na sua forma mais antiga, conhecida como *organum*, uma segunda voz era combinada nota contra nota com uma voz de canto original. As primeiras formas de *organum* utilizavam um único texto cantado simultaneamente em tons paralelos (*organum* paralelo); as formas posteriores incluíram o canto simultâneo do mesmo texto em diferentes tons (*organum* livre) [ilustração 121]. Novos desenvolvimentos

*Sanctus, * Sánctus, Sánctus Dóminus Dé-us Sá-ba-oth. Pléni sunt caéli et tér-ra gló-ri-a tú-a. Ho-sánna in excél-sis. Benedíctus qui vé-nit in nómine Dómini. Ho-sánna in excél-sis.*

122. Sanctus da composição gregoriana XV (*Dominator Deus*), século X. (*De Liber Usualis*, p. 58)

na polifonia, com vozes múltiplas e complexas e padrões rítmicos cada vez mais intricados, contribuíram para obscurecer os textos litúrgicos. Em contraste com isso, o canto gregoriano era uma música centrada na palavra, que apoiava e aprimorava o texto [ilustração 122]. Nesse sentido, o canto gregoriano estava em continuidade com a tradição da música eclesiástica anterior, embora fosse executada num idioma que as pessoas comuns não entendiam mais. A polifonia, por outro lado, contribuiu para o fosso cada vez maior entre a música e os textos litúrgicos que ela originalmente deveria aprimorar.

Nos centros monásticos do norte, desenvolveram-se sistemas de notação musical. Até esse momento, apenas os textos dos cânticos podiam ser registrados, enquanto a música tinha de ser memorizada [citação 151]. Em meados do século IX, um sistema relativamente eficaz de sinais ou "neumas" foi desenvolvido para ajudar o cantor a recordar um canto previamente aprendido [ilustração 123]. Em meados do século XI, o sistema era tão preciso que a música já podia ser aprendida a partir do registro na página [ilustração 124].

Os leigos

O início da Idade Média foi uma era de transição para a participação dos leigos na oração cantada na igreja. No início dessa era, pelo menos nas catedrais e nos centros de culto mais proeminentes, as pessoas ainda se juntavam para cantar algumas partes do ordinário da missa, apesar de terem pouco ou nenhum papel musical no próprio da missa, com exceção de uma participação num ocasional *Gloria Patri* (em latim, "Glória ao Pai") como parte do *Introito* (do latim *introi-*

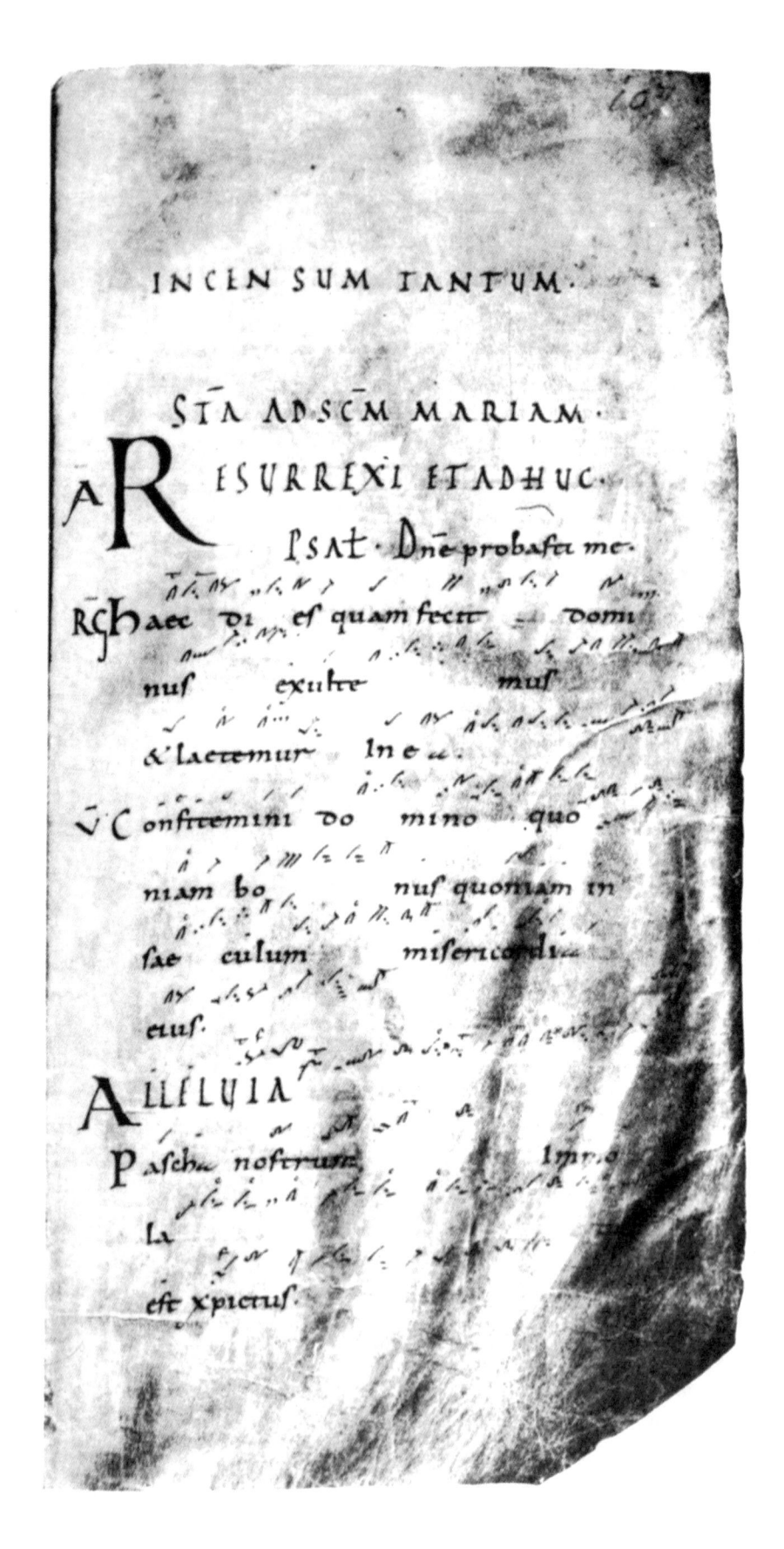

123. Exemplo de um estágio inicial de notação musical de cerca de 900, manuscrito Saint Gall 359. (Apel, *Gregorian Chant*, placa 1)

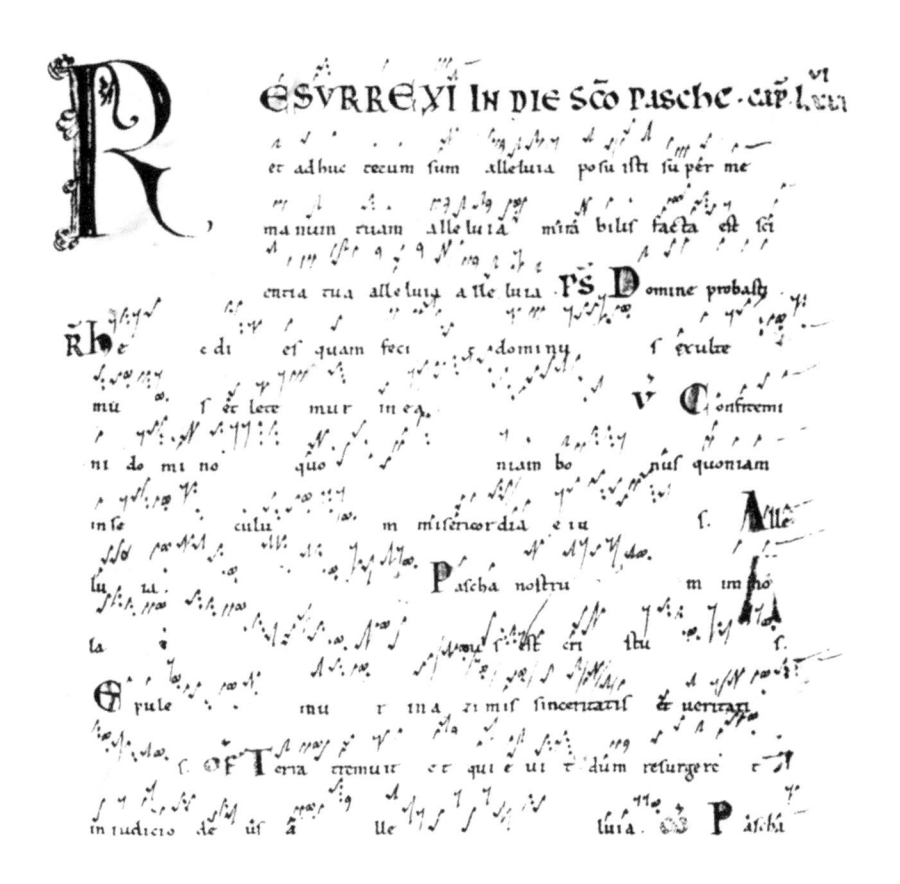

124. Exemplo de uma notação do século XI, em neumas e em letras. (Apel, *Gregorian Chant*, lâmina 4)

tus, "entrada"). Enquanto o primeiro *Ordo* romano (cerca de 700), por exemplo, apresenta apenas a *schola* cantando o *Kyrie*, há evidências de que as pessoas se uniram a esse canto no reino franco até o final do século IX. No entanto, mais do que qualquer outra parte do ordinário, foi o *Sanctus* que continuou a ser a música do povo. Vários decretos, desde os de Carlos Magno [citação 214] até aqueles de importantes bispos, garantiram que as pessoas participassem do *Sanctus* em alguns lugares até o século XII.

Um dos fatores que contribuíram para a sobrevivência do *Sanctus* como música da assembleia foi a forte tendência de definir o texto para uma melodia de canto a uma só voz, mesmo quando a polifonia estava se desenvolvendo. Ainda que o povo não entendesse a língua, e talvez não entendesse o texto e nunca ninguém lhe tivesse "ensinado" a música, a repetição contínua de um arranjo gregoriano do *Sanctus* [ilustração 122] pela *schola* poderia ter sido suficiente para sustentar o envolvimento da assembleia nessa parte do ordinário. Posteriormente, no entanto, a proliferação de arranjos polifônicos do ordinário, mais a crescente tendência de recitar o cânon em silêncio, praticamente emudeceriam a assembleia durante o canto do *Sanctus*.

Enquanto a voz da congregação era cada vez menos essencial para a liturgia eucarística, isso não significa que a comunidade parou de ele-

Citação 214: O sacerdote juntamente com os santos anjos e o povo de Deus devem cantar "Santo, Santo, Santo" com uma voz comum. (Carlos Magno, *Admonição geral* [789], 70)

> Citação 215: Nesse mosteiro de Streoneshalh, vivia um irmão singularmente dotado da graça de Deus. Ele era tão habilidoso na composição de canções religiosas e devocionais que, quando qualquer passagem das escrituras lhe era explicada pelos intérpretes, ele podia rapidamente transformá-la em poesia encantadora e comovente em sua própria língua inglesa. Esses versículos seus instigaram o coração de muitas pessoas. (Beda [morto em 735], História eclesiástica do povo inglês, 4.24)

var sua voz musical durante esse culto. De particular importância nesse período foi o desenvolvimento de canções religiosas vernáculas, que às vezes eram permitidas ou até solicitadas para a missa. Já nos escritos de Beda (morto em 735), que escreveu uma história célebre da igreja inglesa, existe um relato de que esse cântico religioso existia na Inglaterra no início do século VIII [citação 215].

Já observamos a prática estacional em Roma e as várias maneiras pelas quais ela foi imitada e truncada nas igrejas ao norte dos Alpes. As procissões eram uma parte importante das liturgias estacionais romanas e, durante essas procissões, as pessoas se juntavam ao canto, muitas vezes de litanias ou de outros cantos responsoriais. Procissões paralelas nos reinos francos foram momentos em que foram empregadas canções religiosas vernáculas. O grande movimento de peregrinação da época para santuários como Santiago de Compostela também gerou um enorme repertório de canções de peregrinação vernáculas. Tais canções processionais ocasionalmente também chegavam ao culto eucarístico.

Outro momento dentro da missa que parecia permitir música vernácula com certa regularidade era o tempo após a homilia. Quando acontecia, a homilia era quase sempre um evento vernáculo, mesmo que o restante do culto não o fosse. Consequentemente, a homilia muitas vezes precipitava respostas da assembleia, como na Hipona do século V, em que os membros da congregação de Agostinho alternadamente aplaudiam, suspiravam, riam ou batiam audivelmente no peito quando o grande bispo pregava. Provavelmente menos por causa dos precedentes antigos e mais por causa da resposta natural, há evidências, pelo menos no século X, nos territórios germânicos, de que uma breve aclamação de uma ou duas linhas conhecidas como *Ruf* (em alemão, "chamada") às vezes era cantada depois um sermão. Ocasionalmente, as pessoas também empregavam várias formas do refrão *Kyrie eleison* após o sermão. Esse refrão onipresente — que, conforme mostram evidências medievais posteriores, às vezes era até mesmo cantado pelo povo durante o credo — apareceu após o sermão em pelo menos algumas ocasiões como uma relíquia da antiga oração dos fiéis, que havia desaparecido da liturgia romana.

O sacerdote

À medida que a voz do povo era cada vez mais silenciada na Eucaristia, o sacerdote também desenvolveu um modo silencioso de oração. Nas missas com uma assembleia, o padre costumava cantar alguns dos textos litúrgicos, reminiscente de uma época em que nenhum discurso público podia ser feito sem música. No entanto, dois desenvolvimentos contribuíram para a diminuição do papel musical do presidente e para o domínio musical do coro na Eucaristia. A primeira delas foi a crescente tendência de o padre orar silenciosamente na missa. Durante essa época, por exemplo, introduziu-se na missa um grande número de orações pessoais para o presidente. Um dos tipos mais proeminentes dessas orações é o que Jungmann chama *apologiae* (em latim, "apologias", no sentido de justificação), que ele descreve como declarações pessoais de culpa e indignidade, geralmente associadas a orações pedindo a misericórdia de Deus — orações que Jungmann considerava bastante estranhas à antiga tradição romana (*Mass of the Roman Rite*, I: 78). A introdução dessas orações depreciativas é compreensível em face das doutrinas antipelagiana e antiariana, que eram bastante influentes no início da Idade Média. Como observado anteriormente, no início da Idade Média os cristãos comuns se consideravam mais pecadores do que agraciados, mais diferentes de Deus do que semelhantes a ele e indignos de algo tão sagrado quanto a comunhão. Os clérigos também estavam claramente conscientes de sua indignidade diante de Deus, especialmente num ato tão formidável como a Eucaristia.

Um dos exemplos mais dramáticos do emudecimento do presidente eucarístico é o completo silêncio do padre durante o cânon da missa. Evidências oriundas da Gália por volta de 775 mostram que o presidente mudava seu tom de voz quando iniciava o cânon, de modo que apenas aqueles de pé, o seu redor, podiam ouvir [citação 216]. No final do século IX, fontes semelhantes indicam que o cânon havia se tornado completamente silencioso [citação 217].

Um segundo desenvolvimento que marcou a diminuição do papel cantado do presidente foi a missa privada, que, conforme observamos anteriormente, desenvolveu-se durante esse período. Numa missa privada, o padre assumia praticamente todos os ministérios — exceto quando ele tinha um acólito auxiliar —, incluindo a leitura silenciosa de textos cantados que normalmente seriam cantados pelo coro. Evidências de padres que dizem missa sem assembleia podem surgir já no século VII. Originalmente, certos elementos, como os textos dos cânticos, eram simplesmente descartados. Existem indícios de que as missas para os mortos no século IX não tinham textos de cânticos desde o início; ao que parece, elas se originaram como missas silenciosas sem música. A evidência de que os padres começaram a recitar textos de cânticos durante missas privadas provém do século IX [citação 218]. Portanto, é a partir deste momento que se pode inicialmente distinguir entre o que será chamado missa cantada (*missa cantata*) e o que será conhecido como missa lida (*missa lecta*).

Citação 216: E o pontífice inicia o cânon com uma voz diferente, para que possa ser ouvido apenas pelos que estão ao redor do altar. (*Ordo romano* XV [cerca de 775], 39, in: Andrieu, *Les Ordines Romani*)

Citação 217: E quando o *Sanctus* termina, apenas o pontífice se levanta e inicia o cânon em silêncio. (*Ordo romano* V [cerca de 850], 58, in: Andrieu, *Les Ordines Romani*)

Citação 218: Repetidamente, fazemos essa recomendação a todos, para que todo sacerdote possa oferecer, se assim desejar, um sacrifício razoável e aceitável a Deus. [...] Quando alguém celebra a missa, que comece primeiro com um salmo e depois com o *Gloria Patri* ou uma antífona, seguidos pelo *Kyrie eleison*. Da mesma forma, na comunhão, que empregue uma antífona e um salmo, acrescentando sempre o *Gloria Patri*, que é um louvor à Santíssima Trindade. (*Ordo romano* XV, 155, in: Andrieu, *Les Ordines Romani*)

Resumo

Embora os músicos especializados apareçam no tempo de Constantino, eles ganharam destaque crescente durante esse período de germanização, e a voz congregacional foi proporcionalmente diminuída na Eucaristia. É verdade que a assembleia, de fato, cantava, e que ela cantava na Eucaris-

125. Centros de escrita carolíngios na Gália.

tia. Todavia, esse canto não era mais no idioma oficial da liturgia, nem era geralmente considerado essencial ao culto, muito menos parte integrante dele. Uma exceção parece ter sido o *Sanctus*, e parece haver uma propensão particular entre alguns povos germânicos a cantar durante a liturgia. A música congregacional que se desenvolvia era mais frequentemente associada à peregrinação, às devoções ou até mesmo, em alguns lugares, à Liturgia das Horas, não à Eucaristia. À medida que o papel musical da congregação diminuía, o presidente começou a desconsiderar a natureza musical dos textos litúrgicos que ele era obrigado a recitar. Os presidentes não apenas liam o que em época anterior teria sido cantado, mas passaram a ler em silêncio, não em voz alta.

LIVROS

Não é de surpreender que, no atual estudo da história litúrgica, haja mais interesse em arquitetura e música do que na história e desenvolvimento de livros litúrgicos. Arquitetura e música são formas de arte poderosas e duradouras que capturam facilmente a imaginação religiosa. Nesta era computadorizada de livros produzidos em massa e *e-books* para *download*, o poder do manuscrito litúrgico artesanal pode ser difícil de entender. Ironicamente, contudo, os manuscritos do início da Idade Média tiveram um papel decisivo tanto na comunicação do rito romano quanto na sua transformação em rito franco-romano.

Já observamos que a importação de livros de Roma foi uma estratégia fundamental no plano de Pepino e Carlos Magno para a introdução da liturgia romana em seu reino. Numa reviravolta irônica, no entanto, o reino franco se tornou um grande centro para a produção de manuscritos litúrgicos [ilustração 125], que foram transformados no processo e posteriormente reintroduzidos em Roma, contribuindo poderosamente para a adoção oficial do rito franco-romano no coração do cristianismo ocidental [citação 201]. Mosteiros beneditinos foram centrais para esse desenvolvimento.

Como observou Richard Clement, embora a Regra de São Bento não mencione a produção de livros, ela exige que os monges leiam todos os dias. Como a propriedade privada de livros era proibida, uma biblioteca comunitária era essencial. Os *scriptoria* acabaram se tornando parte integrante de todos os principais mosteiros, a fim de atender a essa necessidade [ilustração 126]. Uma influência paralela foi, de acordo com Clement, a fundação de um mosteiro por Cassiodoro (cerca de 580) que, em meio ao declínio da sociedade, entendeu que uma das funções de um mosteiro era servir como repositório da cultura clássica. Para esse fim, ele forneceu várias diretrizes para a produção de livros e elevou o escriba monástico à posição de uma pessoa de *status* considerável. Embora seu próprio mosteiro não tenha sobrevivido a ele,

126. O *scriptorium* foi projetado para permitir a máxima quantidade de luz solar durante o dia. Eremitério camaldulense, Fonte Avellana, construído em cerca de 1000.

o trabalho de Cassiodoro inspirou Gregório Magno. "O exemplo fornecido por Cassiodoro e o envolvimento direto de Gregório redirecionaram o movimento beneditino, de modo que a produção e a preservação de livros se tornaram parte integrante do monasticismo ocidental" (Clement, p. 16). Foi nesses mosteiros que a grande maioria dos livros litúrgicos dessa época foi criada e a liturgia da época foi notadamente transformada nesse processo.

Duas tendências um tanto contraditórias marcaram o desenvolvimento de livros litúrgicos durante esse período. A primeira, dando prosseguimento à tendência do período anterior, foi a criação de novos livros para a liturgia. Uma segunda tendência, bastante diferente, foi a reunião de vários livros litúrgicos num único volume. O resultado dessa segunda evolução foi o surgimento de um novo gênero de livros litúrgicos independentes que promoveram a oração litúrgica mais individualizada, como a celebração particular da missa e a recitação individual da Liturgia das Horas.

Quase todos os livros mencionados anteriormente — antifonário, cantatório, Bíblia, livro de evangelhos, livro de epístolas, lecionário, calendário, martirológio, sacramentário e *ordo* — continuaram de várias formas. Apenas os *libelli missarum* desapareceram. Dos livros existentes, o lecionário e o sacramentário foram os que sofreram maior desenvolvimento nesse período. Embora os livros litúrgicos estivessem sendo empregados como uma maneira de unificar um reino, ainda havia uma enorme diversidade na maneira como esses livros em evolução eram modelados e nomeados. Portanto, como ocorria em muitos outros aspectos do culto medieval, não há aqui uma categorização estrita que se possa delinear, mas sim grandes tendências nos livros litúrgicos dessa época.

O antifonário para a missa e o gradual

Como observado no capítulo anterior, os vários textos cantados para a missa estavam contidos numa série de diferentes livros em Roma. Visto que a liturgia romana foi importada em outras partes do Ocidente, esses livros, como a própria liturgia, se espalharam e se transformaram. No reino franco, há evidências de produção de alguns livros contendo apenas seções dos textos de cânticos de missas, como o cantatório, que normalmente continha os textos cantados entre as leituras, embora os francos tenham chamado esse livro de "gradual" (do latim *gradale* ou *graduale*). Mais frequentemente, no entanto, os vários textos cantados para as missas estavam sendo reunidos num único livro chamado "antifonário da missa" (*antiphonarius missae*) [citação 164]. Também existia outro tipo de antifonário nessa época; ele continha os cânticos empregados durante a Liturgia das Horas. Com o tempo, o termo "antifonário" foi abandonado como designação para qualquer livro contendo os cânticos da missa e o nome "gradual" foi adotado como o termo apropriado para tal livro. Por fim, o termo "antifonário" limitou-se a se referir ao livro que contém os cânticos da Liturgia das Horas. Com o passar dos séculos, esses livros começaram a incluir não apenas os textos a serem cantados, mas também as marcações musicais primitivas, que ajudavam o cantor a recordar a melodia aprendida anteriormente para um determinado texto. Por fim, notações foram integralmente introduzidas nesses livros.

Lecionário

No último capítulo, observamos que, após o período de Constantino, a Bíblia começou a ser substituída como um livro litúrgico cristão. Em seu lugar, uma comunidade podia ler um Livro dos Evangelhos, usado ao lado de um "capitulário", listando os pormenores de cada leitura para cada festa litúrgica. Além desse livro, uma comunidade também deveria ter outro contendo textos completos de epístolas, por exemplo, as de São Paulo, que teriam seu próprio capitulário. Esses livros foram precursores do evangeliário e do epistolário, que não continham todos os textos dos quatro evangelhos, nem todos os escritos de São Paulo, mas apenas os segmentos que deveriam ser lidos durante a Eucaristia, os quais também eram arranjados de acordo com o calendário litúrgico. Como Gy observou, o desenvolvimento de evangeliários e epistolários simboliza importantes desenvolvimentos eclesiológicos. Um tipo específico de livro (por exemplo, o epistolário) era identificado com uma pessoa em particular, um papel litúrgico e um *status* eclesiástico na Igreja (por exemplo, o subdiácono). Esses livros expressavam distinções em evolução em ordens e contribuíam simbolicamente para consolidar essas distinções. Por exemplo, os subdiáconos já aparecem no século III [citação 102], e um documento do século IV, como as *Constituições apostólicas*, fala de sua ordenação, mas seu papel e colocação exatos como um passo para a ordenação sacerdotal e a mais inferior das "grandes ordens" no Ocidente só foram teologicamente esclarecidos e aceitos no século XIII. Seu papel distintivo na missa romana medieval e sua identificação com um livro litúrgico específico durante esse período certamente contribuíram para esse consenso final.

Além de epistolários individuais, evangeliários e livros dos evangelhos que continuaram a ser muito populares durante esse período, os lecionários estavam claramente em desenvolvimento nesse período. Já observamos que há, no final do século V, evidência documental sobre lecionários [citação 167] e manuscritos parciais do século VI chegaram até nós. No entanto, como Martimort observou, os primeiros lecionários completos que sobreviveram são do final dos séculos VIII e IX. Esses livros contendo todas as leituras para a missa, organizados de acordo com o ano litúrgico continuaram a se multiplicar, mas, até o próximo período, não substituirão epistolários, evangeliários, nem mesmo os livros de evangelhos. Antes disso, porém, lecionários completos foram combinados com sacramentários. Isso acabou resultando no desenvolvimento do missal plenário, que apareceu no século X.

Missal plenário

Um dos novos livros mais significativos desse período foi o missal plenário. Normalmente, esse livro continha materiais de cinco outros livros: textos de cânticos do antifonário para a missa, leituras do epistolário e do evangeliário, orações do padre do sacramentário e instruções rubricais do *ordo*. Inúmeros fatores contribuíram para o surgimento do missal. Um deles foi o aumento da missa privada, anteriormente observado. Vários ministros necessitavam de vários livros, mas, numa missa privada, o padre assumiu praticamente todos os papéis. Um livro único foi útil para esse fim. Além de questões de praticidade, outro fator que contribuiu para isso foi uma mudança de atitude em relação aos cânticos da missa. No Ocidente cristão, os cânticos oficiais da missa eram, cada vez mais, prerrogativa das *scholas*. Não apenas os leigos, mas também o padre, começaram a perder seu papel de gerador fundamental de música na Eucaristia. Em muitas situações, como as das igrejas particulares da época, não havia cantores ou *schola* treinados e os cânticos rituais estavam muito além da capacidade da congregação. Não parecia apropriado descartar esses cânticos por completo. Além disso, como Eric Palazzo observa, havia uma crescente piedade entre os sacerdotes nesse período que começou a definir a Eucaristia mais em termos de devoção pessoal do que de celebração eclesial. Em tal ambiente, recitar textos musicais poderia tornar a Eucaristia uma atividade devocional mais completa. Por fim, instruções determinariam que os textos dos cânticos — inicialmente na ausência de um coro [citação 218] e, depois, até mesmo na presença dele [citação 260] — fossem recitados pelo padre.

Pontifical

Outro novo tipo de livro que apareceu durante esse período foi o livro do bispo ou "pontifical" (do latim *pontifex*, "bispo"). Como o missal plenário, o pontifical combinava materiais de uma variedade de livros num único volume. No início, isso geralmente significava as rubricas dos *ordines* romanos com as orações correspondentes de um sacramentário. Os pontificais, como os sacramentários, começaram como *libelli* (em latim, "pequenos livros"), que às vezes continham o texto de uma única liturgia na qual o bispo teria presidido, como uma ordenação ou a consagração de uma igreja. Juntamente com os *libelli* do século IX, há também evidências de que o rolo (em latim, *rotulus*) retornou por um breve período como um formato preferido para os pontificais em alguns lugares — e também como formatos magnificamente decorados para o *Exultet* (em latim, "exulte") cantado na Vigília da Páscoa [ilustração 127]. Como os sacramentários, esses *libelli* eram frequentemente reunidos, criando uma forma rudimentar do pontifical. Como Rasmussen demonstrou, havia certa aleatoriedade em torno desses sacramentários primitivos dos séculos IX e X, eles não tinham estrutura ou conteúdo fixos. Isso mudou com a composição do Pontifical Romano-Germânico, composto entre 950 e 962 em Mainz. Esse grande livro, contendo 258 seções, é um pontifical genuíno, bem organizado, que foi elogiado como um dos principais monumentos litúrgicos do Império otoniano. Como muitos outros livros litúrgicos germânicos, ele posteriormente migrou de volta para Roma, onde se tornou fundamental para o desenvolvimento do Pontifical Romano.

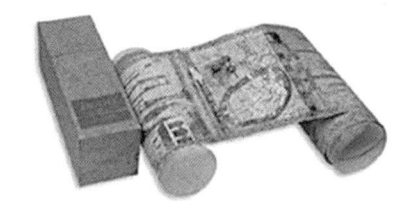

127. Rolo com o Exultet, do século X, Benevento, Itália.

As razões para o aparecimento desse novo livro são múltiplas. Certamente há aqui um elemento de praticidade, como demonstrado pela proliferação dos diversos *libelli* contendo rubricas e textos para um ritual episcopal específico. Sem dúvida, era mais fácil presidir usando um único livro do que manipular sacramentários, *ordines* e outros volumes ao mesmo tempo durante um culto. No entanto, como observado anteriormente, o surgimento de um livro desse tipo simboliza profundas mudanças eclesiológicas, particularmente na redefinição do sacerdócio e no episcopado durante esse período. Observamos que, na era anterior, os padres estavam se tornando presidentes comuns da Eucaristia, mas o bispo ainda era visto como o liturgista principal de uma igreja, não apenas celebrando a Eucaristia, mas também como o presidente habitual para iniciação, reconciliação e outros ritos da Igreja. No entanto, com o desenvolvimento de tantas igrejas particulares nessa época, o padre tornou-se o presidente comum aos olhos da maioria dos cristãos, especialmente ao norte dos Alpes. Os bispos, por outro lado, adquiriram nova influência social e política durante os impérios carolíngio e otoniano. Eles eram importantes conselheiros de reis e imperadores, não apenas em questões teológicas, mas também em questões educacionais, financeiras e políticas. Como observa Palazzo, isso foi cada vez mais perceptível sob Otão I, que estabeleceu um *Reichskirchensystem* (em alemão, "sistema eclesiástico imperial") que vinculava o bispo diretamente ao imperador. Alguns bispos mantinham postos civis e eclesiásticos no império e, sob Otão I, o arcebispo de Mainz (o local de composição do Pontifical Romano-Germânico) também foi arquichanceler do império; por acaso, também era filho do imperador.

O resultado cumulativo dessas mudanças seria a redefinição do bispo, menos como um ofício pastoral diretamente conectado à vida de culto comum dos cristãos e mais como uma figura administrativa e jurídica. Teologicamente, isso acabaria resultando na remoção do episcopado como ponto culminante do processo de ordenação. Em vez disso, o sacerdócio seria o ápice dos vários ritos de ordenação; os bispos, por outro lado, seriam "consagrados" e não ordenados — um ritual que confere nova dignidade e jurisdição, mas não é mais uma ordem maior na Igreja. Pontificais, similarmente a outros livros litúrgicos, foram símbolos e veículos dessa evolução.

Sacramentários

Este foi um período de crescimento incomum para o sacramentário, e há mais manuscritos de sacramentários desse período do que de qualquer outro. Posteriormente substituído no final da Idade Média pelo missal plenário, os sacramentários eram o livro litúrgico predominante no início da Idade Média [ilustração 128]. A igreja franca moldou definitivamente o conteúdo e a forma do sacramentário para o cristianismo ocidental. Já aludimos a isso ao observar o papel central que o sacramentário do Papa Adriano desempenhou no desenvolvimento da liturgia franco-romana. Esse *Hadrianum* era do tipo gregoriano ou daquele usado para as missas papais em Roma. Um segundo tipo de sacramentário usado em Roma na era anterior foi o gelasiano, destinado ao culto presidido por presbíteros nos *tituli*. Fora de Roma, havia outros tipos de sacramentários não extraídos diretamente de nenhuma dessas fontes, como os antigos sacramentários galicanos ou francos. Quando o *Hadrianum* foi recebido pelos francos, apesar de ser um volume esplêndido que teve grande exposição, foi considerado bastante incompleto, sem textos para um número maior de missas, inclusive para os domingos após a Epifania, ritos funerários, ritos penitenciais e uma variedade de missas votivas. Assim, Bento de Aniane foi encarregado de escrever um suplemento estendido do *Hadrianum*, chamado *Hucusque* (a primeira palavra latina do suplemento, "Até este ponto"). Ao fazer isso, ele se baseou principalmente nessas fontes não romanas [citação 219]. Nos séculos seguintes, esse "Hadrianum suplementado" foi reorganizado, adquiriu mais materiais (por exemplo, dos sacramentários francos do estilo gelasiano do século VIII) e evoluiu para o que às vezes é chamado de tipo de sacramentário misto gregoriano [ilustração 129]. Esse gênero híbrido de materiais franco-romanos foi reintroduzido em Roma e desempenhou um papel fundamental no desenvolvimento do *Missal romano*.

Resumo

Os livros são mais do que meios convenientes para comunicar textos litúrgicos ou orientações rubricais. Eles são, entre outras coisas, uma

128. Primeira página de um sacramentário do século IX, Saint Gall 348. (Righetti, 1:215)

Citação 219: Até este ponto, o sacramentário presente é, obviamente, a obra do bem-aventurado Papa Gregório. [...] Como existem outros materiais litúrgicos que a Santa Igreja se vê obrigada a usar, mas que o supracitado Padre omitiu por saber que já haviam sido produzidos por outras pessoas, julgamos útil reuni-los como flores da primavera, organizá-los num lindo buquê e — depois de corrigir e emendá-los cuidadosamente e atribuir-lhes títulos apropriados — apresentá-los neste trabalho separado, para que leitores diligentes possam encontrar tudo o que precisam para o presente. Observe-se que quase tudo incluído aqui foi extraído de outros sacramentários. (Prefácio ao *Hucusque*, Bento de Aniane [morto em 821], in: Vogel, *Medieval Liturgy*, p. 87)

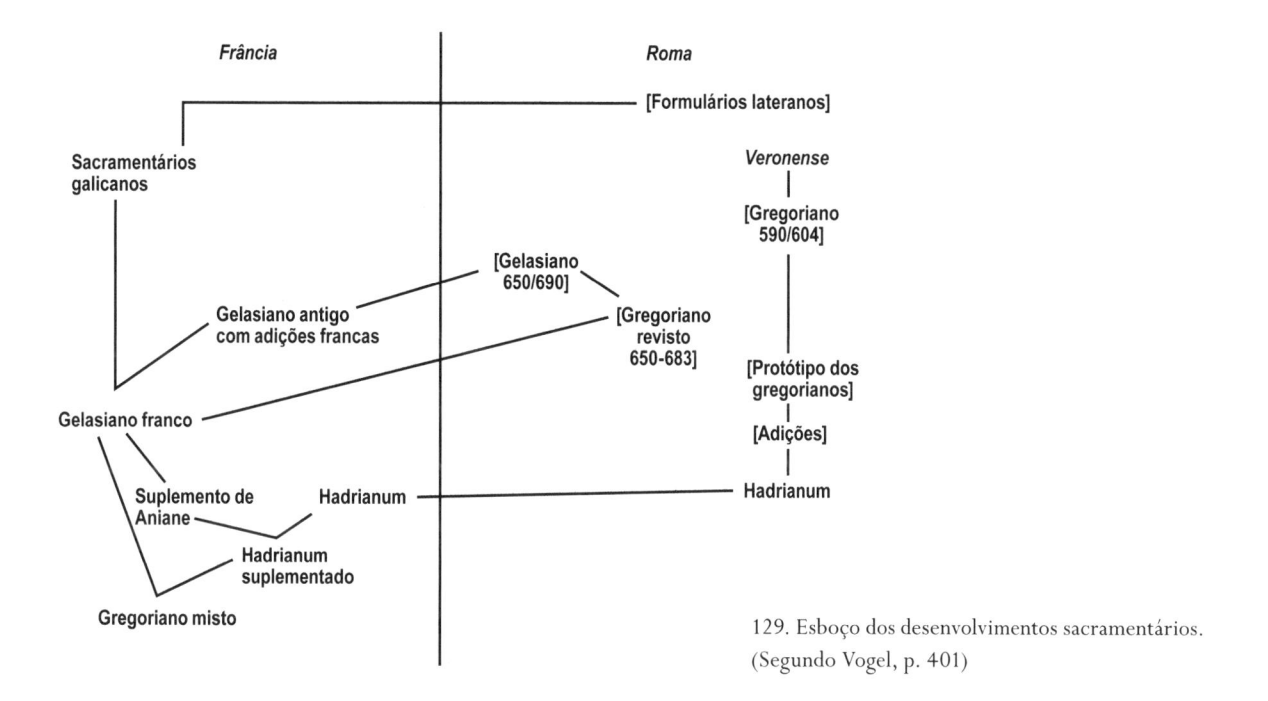

```
        Frância           │        Roma
                          │
                          ├── [Formulários lateranos]
                          │
Sacramentários            │        Veronense
galicanos                 │           │
                          │     [Gregoriano
                          │      590/604]
          [Gelasiano      │           │
           650/690]       │           │
  Gelasiano antigo        │     [Gregoriano
  com adições francas     │      revisto
                          │      650-683]    [Protótipo dos
                          │                   gregorianos]
                          │                        │
  Gelasiano franco        │                   [Adições]
         │                │                        │
  Suplemento de  Hadrianum─┼──────────────── Hadrianum
  Aniane                  │
         │  Hadrianum     │
         │  suplementado  │
  Gregoriano misto        │
```

129. Esboço dos desenvolvimentos sacramentários. (Segundo Vogel, p. 401)

personificação dinâmica da eclesiologia da Igreja. Vimos, por exemplo, que materiais para ministros individuais, como os cânticos litúrgicos para os cantores, acabaram se consolidando num único volume para um único gênero litúrgico, como, por exemplo, o gradual para a celebração cantada da Eucaristia. Posteriormente, todo ministro pertencente ao que seria chamado de "ordens maiores" (subdiácono, diácono e sacerdote) possuía seu próprio livro litúrgico (epistolário, evangeliário e missal plenário). O bispo, que originalmente fora o presidente desejado para diferentes formas do sacramentário, adquiriu um novo livro (o pontifical), indicativo da mudança de seu *status*. Tomadas em conjunto, essas mudanças nos livros ilustram os amplos desenvolvimentos ministeriais dessa época: a consolidação de especialistas como responsáveis musicais centrais; a redefinição dos ministérios de modo que estivessem alinhados com o objetivo final da ordenação sacerdotal; a centralidade do sacerdote no culto cristão ao ponto de que até a congregação pôde ser eliminada e o distanciamento do bispo do centro da liturgia pastoral.

Alguns livros litúrgicos do início da Idade Média, como aqueles do período anterior, eram ilustrados com iluminuras, às vezes ricamente encadernados e produzidos como belas obras de arte. Por causa de sua beleza, ocasionalmente um manuscrito bíblico ou litúrgico era dado como presente para nunca ser empregado no culto em si, passando a ser, então, um artefato litúrgico ou bíblico valioso por sua aparência e não por permitir que uma comunidade orasse [ilustração 130]. No entanto, até mesmo na arte de livros destinados ao uso litúrgico, alguns

130. Capa de livro de marfim dos evangelhos de Lorsch, século VIII.

Citação 220: O pão que é consagrado em corpo de Cristo deve ser maximamente puro sem fermento ou qualquer outro aditivo. (Alcuíno, Epístola 90 aos irmãos em Lyon [798])

livros litúrgicos medievais parecem indicar um distanciamento em relação aos batizados, cuja existência comum estava bastante afastada de tanta riqueza e beleza.

RECIPIENTES
O pão e seus recipientes

Desde o início do cristianismo, o pão usado na Eucaristia era feito de ingredientes semelhantes aos do pão usado para refeições comuns e, muitas vezes, se parecia com ele. Já observamos, no entanto, que, embora elaborado com ingredientes comuns, no século IV o pão destinado ao culto eucarístico era muitas vezes carimbado, marcado ou modelado de uma maneira específica, diferenciando-o daquele da culinária comum. Uma tradição era preparar o pão eucarístico na forma de discos planos. Os carimbos para pães desse período [ilustração 93] demonstram que esses discos eram maiores e mais grossos do que as hóstias (do latim, *hostia*, "vítima") de uma época posterior. Após o século IX, no entanto, há uma mudança significativa na receita do pão eucarístico, com o pão ázimo se tornando habitual e finalmente obrigatório no Ocidente cristão. Alcuíno de York (morto em 804), consultor-chave em assuntos educacionais e eclesiásticos para Carlos Magno e uma das figuras mais proeminentes do renascimento carolíngio, forneceu um dos primeiros testemunhos dessa mudança [citação 220]. Essa nova restrição contra o uso de fermento e outros aditivos acabou produzindo o pão eucarístico redondo, achatado e branco.

As razões para essa mudança foram muitas e complexas. Elas incluíam uma ênfase contínua na indignidade dos leigos, algo já observado no final do último capítulo. Pessoas indignas não iam à comunhão regularmente, nem, por consequência, traziam oferendas ou pão e vinho à igreja. Desse modo, o número de comungantes diminuiu significativamente e as processões do ofertório foram eliminadas em muitos lugares. Com o crescimento das missas privadas durante essa época, essa processão não teria propósito. Onde a processão do ofertório sobreviveu, as oferendas das pessoas não eram usadas na missa. Cada vez mais, os elementos oferecidos na Eucaristia eram preparados por monges ou clérigos, e a confecção de hóstias se tornava um procedimento altamente ritualizado em mosteiros e outras casas religiosas [citação 221]. Além disso, à medida que o caráter extramundano da Eucaristia foi enfatizado, usar o pão que era completamente diferente da culinária normal tornou-se apropriado. A imagem do pão sem fermento, preparado de modo especial, empregado nos sacrifícios do templo judeu, forneceu um precedente bíblico para o emprego de pão puro, de preparo especial, na Eucaristia. Outro fator no uso do pão ázimo foi o amplo entendimento da Eucaristia como a reconstituição da vida e da morte de Jesus. Russell acredita que essa é uma das influências da germanização, que produziu uma interpretação mais dramática e representacional da liturgia, com ênfase no drama histórico da paixão e morte de Cristo (p. 6). Essa perspectiva deu suporte ao uso do pão sem fermento, pois é isso que Jesus teria usado na Última Ceia. Embora possam ser encontradas evidências de pães eucarísticos em forma de anel ou outras formas [ilustração 131], na virada do milênio o alimento eucarístico comum era a "hóstia".

Aumentos no número de missas privadas e diminuições no número de comungantes, juntamente com a mudança para o pão ázimo, contribuíram para uma redução no tamanho da hóstia. A prática de colocar o pão na língua das pessoas em vez das mãos, evidente desde o século IX [citação 222], também foi um fator no tamanho decrescente da hóstia. No século XI, pequenas hóstias eram normalmente preparadas para os comungantes.

Patenas. As mudanças no pão eucarístico provocaram mudanças nos recipientes que o guardavam. As cestas desapareceram como recipientes eucarísticos durante esse período. As patenas, anteriormente grandes o suficiente para acomodar um pedaço grande de pão — se não todo o

131. Uma tabuleta de marfim do século IX, parte de uma capa de livro retratando o culto episcopal do período medieval inicial. Um cálice com asas está sobre o altar e três hóstias em forma de anel repousam sobre a patena.

Citação 221: É tarefa [do sacristão] preparar as hóstias, e ele deve tomar todo o cuidado para garantir que estejam perfeitamente puras e apropriadas. Em primeiro lugar, se possível, o trigo deve ser colhido grão por grão com muito cuidado e, em seguida, colocado em saco limpo, feito de bom pano, confeccionado e reservado para esse fim; um servo de bom caráter o levará ao moinho, onde fará que outro grão seja moído primeiro, para que aquele do qual as hóstias serão feitas possa ser moído sem qualquer mistura de sujeira. Quando a farinha for trazida de volta, o sacristão puxará uma cortina em volta do local e do vaso em que a farinha será peneirada; e ele realizará seu trabalho numa alva e com um amito na cabeça. No dia em que as hóstias forem feitas, o sacristão e seus ajudantes devem lavar as mãos e o rosto antes de começarem; eles devem usar alvas e amitos, com exceção de quem segura os ferros, e ministrar com eles. Deve-se borrifar água sobre a farinha, sobre a mesa absolutamente limpa, amassá-la com firmeza e esprêmé-la até que afine, enquanto o irmão que segura os ferros em que as partículas são assadas tem as mãos cobertas de luvas. Nesse ínterim, enquanto as hóstias estiverem sendo cozidas e assadas, esses irmãos recitarão os salmos "familiares" das respectivas horas, e as próprias horas canônicas, ou, se preferirem, salmos de igual duração retirados em ordem do saltério. Deve ser mantido silêncio absoluto. (*As Constituições Monásticas de Lanfranc* [cerca de 1077], n. 87, em Knowles, p. 125)

Citação 222: Ninguém deve colocar a Eucaristia nas mãos de homens ou mulheres leigos, mas apenas em sua boca. (Sínodo de Rouen [878], cânon 2, in: Mansi, *Sacrorum Conciliorum*)

Citação 223: Proibimos fazer do chifre de um animal um cálice ou patena para o sacrifício. (Sínodo de Celchyth/Chelsea, cânon 10, in: Mansi, *Sacrorum Conciliorum*)

pão para os comungantes —, ficaram menores. Pequenas patenas já estavam em uso no período pós-Constantino. No início da Idade Média, contudo, elas se tornaram a regra, independentemente do tamanho ou natureza da comunidade de culto. Como era cada vez mais comum reservar numa píxide qualquer pão que pudesse ser distribuído, a patena não era mais um recipiente para a comunhão do povo, mas se destinava apenas a guardar a hóstia do padre. Jungmann observa que, durante esse período, torna-se habitual colocar a hóstia na patena no ofertório e que se intensificou a prática de levar a patena e o cálice juntos ao altar neste momento da missa. Essa combinação de recipientes contribuiu para a preocupação e, posteriormente, para exigência de que a patena ficasse suavemente sobre o cálice. O resultado, já presente no século X, foi a evolução para a pequena patena na forma de um disco côncavo [ilustração 132].

Durante esse período, apareceram diretrizes dispersas sobre os materiais para a patena e outros recipientes eucarísticos, especialmente na Inglaterra. Os primeiros requisitos eram proibitivos — impedindo o uso de certos materiais, como madeira ou chifre de animais [citação 223]. Em geral, contudo, poucas diretrizes sobre o material para a patena aparecem antes do final da Idade Média. Desenvolveu-se muito mais legislação em torno do material para o cálice. Em geral, a patena era feita com os mesmos elementos usados para o cálice; ouro e prata se tornaram materiais comuns para ambos. Esses recipientes especiais, distinguíveis por seus materiais preciosos e tamanhos reduzidos, foram ainda diferenciados por rituais especiais e orações de consagração [citação 224]. Essa preocupação galicana por consagrar recipientes — algo que não era visto em Roma durante essa época — dá suporte à teoria de Russell para o que ele chama de perspectiva mais "mágica" dos povos germânicos, contribuindo para o foco intensificado nos objetos empregados no culto.

Píxides. Como observado no capítulo 3, a píxide — um recipiente no qual se guardava o pão eucarístico fora da missa — assumiu várias formas. Um novo desenvolvimento que contribuiu nesta época para a evolução da píxide foi a sua transformação de recipiente usado fora da celebração eucarística para um que acabaria por se tornar um recipiente eucarístico padrão dentro da missa. Já observamos como as patenas diminuíram de tamanho durante esse período e acabaram se tornando o receptáculo exclusivo para a hóstia do padre. As pequenas hóstias para os leigos eram colocadas numa píxide. Seus propósitos originais eram levar o pão consagrado aos enfermos, dar a comunhão a si mesmo ou carregar o pão consagrado como talismã [citação 179]. Há evidências de que tais píxides ficavam sobre o altar durante a missa, o que dá a entender que havia pelo menos alguma continuidade da prática de levar a comunhão aos doentes diretamente da mesa eucarística, não de um tabernáculo, o que se tornou procedimento comum [citação 225]. Essa prática prenunciou um tempo em que a píxide habitualmente permanecia sobre o altar durante a Eucaristia, não mais guardando uma "oferenda" para os doentes, mas contendo pequenas hóstias para a comunhão dos fiéis na missa. Tal como no caso das patenas, era cada vez mais costumeiro nesse período consagrar as píxides antes de serem usadas na liturgia [citação 226].

O vinho e seus recipientes

Não parece haver tantas diretrizes sobre os ingredientes usados para o vinho quanto as que existem para o pão no primeiro milênio do cristianismo. Segundo Patrick McSherry, uma das razões para isso é a suposição cultural de que o vinho, por definição, é igual a "vinho de uva" (p. 10). O Quarto Concílio de Orleans é uma das poucas fontes antigas que fornecem uma diretiva sobre a necessidade do uso de vinho para a Eucaristia [citação 227]. Enquanto o vinho, por definição, é fermentado, há também evidências de que o suco não fermentado da uva, ou o *mustum* (abreviação em latim para *vinum mustum*, "vinho novo"), foi usado para a Eucaristia. Segundo os *Decretais de Graciano* (cerca de 1140), o Papa Júlio I (morto em 352) teria permitido o uso de uvas não fermentadas para a missa [citação 228]. Embora essa declaração pareça ser uma falsificação — talvez por Burcardo de Worms (morto em 1025) —, sua aparente linhagem papal lhe deu credibilidade e o uso de *mustum* foi, portanto, permitido pelos principais canonistas e teólogos da Idade Média, e ainda é permitido hoje com certas restrições.

Cálices. Há evidências de que, especialmente no início desse período, grandes cálices comparáveis em tamanho aos do período anterior ainda eram utilizados. Alguns cálices eram feitos com asas [ilustração 131], reminiscentes de taças. Cálices irlandeses antigos desse estilo sobreviveram e são obras de arte particularmente belas [ilustração 133], os exemplares com asas se tornaram cada vez mais raros e desapareceram no Ocidente após o século XII. Como no período anterior, cálices de diferentes tamanhos poderiam ter sido usados na mesma missa, especialmente quando a congregação era grande e o vinho consagrado era compartilhado com os fiéis em cálices de "comunhão" menores. Cada vez mais, os cálices desse período se tornavam menores do que os da era anterior, em grande parte por causa de um declínio na comunhão das pessoas, particularmente pelo fato de beberem da taça e por causa também da crescente prevalência de missas privadas. Mesmo quando as pessoas, de fato, recebiam comunhão, era cada vez mais raro que real-

132. Exemplo de cálice do século XI, com uma patena pequena o suficiente para caber em cima do bojo e grande o suficiente para acomodar a hóstia do sacerdote.

133. O cálice de Ardagh do século VIII, 17,8 cm de altura e 19,5 cm de diâmetro.

Citação 224: Senhor, dignai-vos a consagrar e santificar esse cálice através desta unção e nossa bênção, em Cristo Jesus, nosso Senhor, que vive e reina [convosco para todo o sempre]. (Missal dos francos [*Missale Francorum*, século VIII], 63)

Citação 225: Se houver uma píxide, ela pode sempre ficar sobre o altar com a oferta sagrada para o *viaticum* dos enfermos. (Reginaldo de Prüm [morto em 915], Livro de processos sinodais e instruções eclesiásticas, 9, in: *Patrologia Latina* 137: 187)

Citação 226: Deus Trino, Todo-Poderoso, derramai o poder de vossa bênção em nossas mãos, para que, através de nossa bênção, este vaso possa ser santificado e, pela graça do Espírito Santo, se torne um novo sepulcro para o corpo de Cristo. Por nosso Senhor Jesus Cristo, vosso filho, que vive convosco. (Missal dos francos [*Missale Francorum*, 8 c.], 68)

134. Cânula de comunhão.

mente bebessem do cálice, muitas vezes com temor de que o precioso Sangue fosse derramado. Como discutiremos abaixo, um estágio na separação das pessoas da taça exigia que elas comungassem o precioso Sangue utilizando uma cânula.

Um desenvolvimento de *design*, aparente na maioria dos cálices fabricados durante esse período, foi a inclusão de um nó na haste que separava a base da taça. Existem alguns exemplos de cálices da época anterior com esta característica [ilustração 100]; embora não fosse de modo algum um traço padrão em todos os cálices, cada vez mais passou a ser. Um dos fatores que contribuíram para a padronização desse elemento foi a crescente prática de padres unirem o polegar e o indicador depois de terem tocado a hóstia consagrada. Embora contestada por alguns [citação 229], essa prática se tornou a regra geral no século XIII. Um nó na haste do cálice tornava mais fácil pegá-lo sem derramar o conteúdo sagrado (por exemplo, para a comunhão do padre), enquanto os dedos do sacerdote estavam unidos dessa maneira.

A legislação referente ao material para fabricação de cálices aparece pela primeira vez durante esse período. Inicialmente, certos materiais eram proibidos, como havia sido o caso da patena [citação 223]. Posteriormente, as diretrizes exigiam que o cálice fosse feito de ouro ou prata. As leis não eram coerentes nesse ponto, vários materiais como bronze ou cobre também eram permitidos, de acordo com diferentes sínodos ou indivíduos. Também foram feitas exceções para igrejas pobres que, por exemplo, tinham permissão de usar estanho. Mais tarde, a preferência de que cálices deveriam ser feitos apenas de ouro, prata, ou pelo menos estanho, foi incorporada à lei da Igreja [citação 230]. Como os cálices passaram a ser fabricados quase exclusivamente a partir de metais anteriores e foram removidos das mãos dos leigos, sua sacralidade foi enfatizada ainda mais pelos ritos de consagração que, similarmente aos de outros recipientes eucarísticos, surgiam nessa época.

Cânulas. Um dos utensílios eucarísticos mais incomuns desse período foi o tubo eucarístico, ou cânula eucarística (do latim *calamo, fistula, pugillaris*), empregado como uma espécie de canudo ao receber a comunhão da taça [ilustração 134]. A evidência mais antiga desse utensílio vem da Roma do século VIII, onde a cânula foi empregada para a comunhão do povo durante a missa do bispo [citação 231]. Desde pelo menos o século XIII até as reformas do Vaticano II, a cânula foi usada em ocasiões especiais pelo papa e seu diácono e, menos frequentemente, pelos bispos durante uma liturgia pontifícia. As fontes mais antigas, no entanto, não indicam que as pessoas ou outros clérigos usassem a cânula para a comunhão. Alguns estudiosos sugerem a ideia de que, como certas cânulas de comunhão eram feitas de ouro, poderíamos concluir que eram utilizadas pelo clero. Entretanto, é razoável concluir que prata e ouro eram usados não por causa da dignidade do comungante, mas por causa da natureza preciosa do vinho consagrado. Em geral, a cânula era usada para a comunhão dos leigos durante a missa, embora também pareça ter sido usada para dar comunhão aos enfermos fora da missa. Esse distintivo recipiente eucarístico serviu na transição da época em que as pessoas bebiam diretamente do cálice para um período em que as pessoas comuns não recebiam o vinho consagrado. Até o final do século XIII, a comunhão laica a partir do cálice havia desaparecido na maioria dos lugares.

Resumo

Os recipientes eucarísticos desse período sofreram uma redução em sua capacidade de conter as espécies eucarísticas, quando não em seu tamanho. Ao mesmo tempo, aumentou a insistência no uso não apenas de materiais preciosos, mas especificamente de ouro e prata na fabricação desses recipientes. Esses fenômenos simbolizavam certos desenvolvimentos na teologia eucarística que exploraremos abaixo. Algumas pessoas, durante esse período, concentraram-se cada vez mais em localizar a presença de Cristo no pão e no vinho. Essa ênfase na presença de Cristo sob as espécies eucarísticas praticamente ignorou outros modos da presença de Cristo, em especial sua presença na assembleia. No ambiente germanizado ao norte dos Alpes, os recipientes que continham as espécies sagradas passaram, até certo ponto, a ser considerados mais preciosos do que a própria comunidade. Os recipientes foram consagrados ao mesmo tempo em que as pessoas começaram a sofrer limitações na maneira como podiam receber a comunhão. O pão transformado na forma de uma hóstia não era mais colocado em suas mãos, mas em sua língua. Beber através de uma cânula substituiu o ato de beber diretamente da taça; por fim, a taça foi completamente afastada dos leigos. De maneira metafórica, belos cálices e patenas vieram substituir os batizados como os principais recipientes da presença de Cristo.

TEOLOGIA EUCARÍSTICA

Ao discutir os desenvolvimentos eucarísticos no final dos dois últimos capítulos, tentamos indicar onde houve linhas de continuidade ou descontinuidade em relação às teologias eucarísticas de épocas anteriores. Certamente é possível fazer o mesmo ao considerar as teologias eucarísticas que emergem no início da Idade Média. Por outro lado, a Igreja cristã no Ocidente no final deste período pode parecer muito distante da igreja do século V ou VI. Muito disso pode ser explicado pelos pris-

---

Citação 227: Ninguém deve presumir, na oferta do cálice sagrado, oferecer algo que não seja o que é confiavelmente o fruto da videira misturado com água, porque é considerado sacrilégio oferecer algo diferente do que o Salvador instituiu de acordo com seus mandamentos mais sagrados. (Quarto Concílio de Orleans [541], cânon 4, in: Mansi, *Sacrorum Conciliorum*)

Citação 228: Mas se for necessário, um cacho de uvas pode ser espremido no cálice, ao que se acrescenta água, porque o cálice do Senhor, de acordo com os preceitos dos cânones, deve ser oferecido com vinho misturado à água. (*Decretais de Graciano*, parte 3 ["A respeito da consagração"], distinção 2, cânon 7, in: McSherry, *Wine as Sacramental Matter*, p. 68)

Citação 229: Assim, nem sempre os dedos devem ser unidos, mesmo que alguns o façam com excessiva cautela. [...] Dito isto, contudo, não podemos tocar em nada com os dedos, exceto o corpo do Senhor. (Bernoldo de Constança [morto em 1100], *Micrologus*, cânon 16, in: Migne, *Patrologia Latina*)

Citação 230: Se o cálice com a patena não for de ouro, deve ser inteiramente de prata. Se, no entanto, algum lugar é muito pobre, o cálice deve ser pelo menos feito de estanho. (*Decretais de Graciano*, parte 3 ["A respeito da consagração"], distinção 1, cânon 45, in: Migne, 187: 1720)

Citação 231: Então o arquidiácono aceita o cálice do bispo principal e despeja o conteúdo de volta ao cálice maior acima mencionado. Em seguida, o arquidiácono entrega o cálice menor ao subdiácono regional, que lhe dá uma cânula [*pugillarem*] com a qual comunga o povo. (*Ordo romano I*, n. 111)

mas político e geográfico, sobretudo no que diz respeito à ascensão do Islã. Como consequência do enorme sucesso do Islã em todo o Oriente Médio, norte da África e Península Ibérica, as igrejas ocidentais ficaram muito mais separadas de suas contrapartes orientais durante o início da Idade Média. Isso, combinado à ascensão política das tribos germânicas e à subsequente germanização da Igreja e seu culto, colocou a Eucaristia Romana e suas teologias em trajetória bastante distintiva em termos de pensamento e prática.

O que é real?

É comum encontrar referências teológicas à "síntese agostiniana". Embora a expressão possa significar muitas coisas, em termos de teologia sacramental ou eucarística ela normalmente se refere à maneira célebre pela qual Agostinho fundiu a doutrina bíblica e a fé cristã com a filosofia platônica tardia. Por exemplo, assim como Platão podia falar sobre o visível que apontava para elementos essenciais que não podiam ser vistos, Agostinho podia falar sobre os sacramentos como "sinais" que apontavam para as coisas essenciais espirituais [citação 232]. Assim, ao falar sobre a Eucaristia, Agostinho ensinou que, na Última Ceia, Cristo deu aos discípulos a "figura (latim, *figura*) de seu corpo e sangue" (*Sobre Salmo* 3) e, além disso, ao explicar a Eucaristia, insistia em que "o que vês é transitório, porém a realidade invisível aí significada não passa, mas permanece" (*Sermão* 227). Para Agostinho, não havia um abismo inseparável entre o visível e o espiritual; pelo contrário, havia continuidade entre os dois. A *figura* visível era tanto útil quanto essencial para apontar as verdades eternas que não podiam ser apreendidas apenas pelos sentidos.

Autores como Jaroslav Pelikan comentam sobre o estado confuso dessa síntese agostiniana durante o início da Idade Média. Tal confusão é óbvia nos escritos de vários autores desse período, que demonstram progressivamente uma incapacidade para esse pensamento elástico ou simbólico e, em vez disso, recorrem a entendimentos mais literais dos sacramentos e da Eucaristia. Um exemplo célebre vem de Floro (cerca de 860), um diácono em Lyon. Amalário de Metz havia governado por um breve período a diocese de Lyon. Durante esse tempo, Floro soube, a respeito dos ensinamentos de Amalário, que as três partes diferentes da hóstia representavam os três corpos diferentes de Cristo: o Cristo ressuscitado, a Igreja e os fiéis falecidos [citação 233]. Para simbolizar isso, Amalário ensinou que a hóstia deve ser dividida em três partes, com uma parte a ser colocada na taça, uma na patena e outra sobre o altar. Floro, no entanto, acusou Amalário de subdividir o Corpo único de Cristo e encontrou apoio suficiente para sua interpretação mais literal dos escritos de Amalário, de modo que eles foram censurados no Concílio de Quierzy em 838.

Citação 232: Essas coisas [...] são chamadas sacramentos [em latim, a palavra *sacramentum* significa "sinal"] pela razão de que se vê nelas uma coisa, mas se entende outra. O que é visto tem aparência física, o que é entendido tem fruto espiritual. (Agostinho, *Sermão* 272 [cerca de 405-411], in: Sheerin, *The Eucharist*)

Citação 233: O corpo de Cristo é triforme [...] primeiro, o santo e imaculado [corpo] assumido pela Virgem Maria; segundo, o que anda na terra; terceiro, o que está no sepulcro. (Amalário, *O livro dos ofícios*, 3.35.1-2, in: Pelikan, *The Christian Tradition*)

Uma testemunha mais crucial do estado confuso da síntese agostiniana durante esse período é Pascásio Radberto (morto em cerca de 860), monge e, posteriormente, abade do mosteiro de Corbie. Para ajudar os outros monges a entender melhor o mistério da Eucaristia, Pascásio escreveu o primeiro trabalho minucioso sobre teologia eucarística no Ocidente, *Sobre o corpo e o sangue do Senhor* (originalmente composto de 831 a 833, revisado em 844). Como Gary Macy aponta, Pascásio estava fundamentalmente preocupado com questões de salvação e com como a Eucaristia contribuía para nossa salvação ao nos unir a Cristo. Pascásio acreditava que a salvação ocorre por estarmos unidos ao corpo "real" de Cristo. Para explicar como a Eucaristia contribui para essa união, Pascásio refletiu sobre a relação entre o Corpo eucarístico de Cristo e o corpo histórico de Cristo. Ele concluiu que os Corpos histórico e eucarístico de Cristo não são apenas relacionados ou semelhantes, mas idênticos, e foi a comunhão com esse corpo de Cristo nascido de Maria que possibilitou nossa salvação. No que Macy chama de sua formulação mais crua dessa crença, Pascásio escreve numa carta a um certo Fredugard: "(Cristo), no entanto, vive por causa do Pai porque ele nasceu o unigênito do Pai, e nós vivemos por causa dele porque nós o comemos" (Macy, *Theologies of the Eucharist*, p. 28).

Pascásio era sensível a alguns dos problemas dessa abordagem mais literal da presença eucarística e, portanto, acha necessário falar da presença de Cristo como um evento místico que só pode acontecer pelo poder milagroso de Deus [citação 234]. Ele também estava ciente de que a salvação não acontecia magicamente pela ingestão do corpo de Cristo, mas requeria a disciplina da vida cristã. Apesar dessa conscientização, Pascásio — assim como todo teólogo — era limitado pelos recursos de sua cultura e idade. Vivendo no intervalo entre o declínio da síntese agostiniana e o surgimento de uma nova síntese a ser oferecida por teólogos como Tomás de Aquino (morto em 1274), ele não possuía as ferramentas para dar nuances a sua explicação sobre a presença de Cristo na Eucaristia. Macy resume:

> Pascásio desejava afirmar a presença de Cristo, na qualidade de Deus e de homem, na Eucaristia, pois somente pelo contato com a natureza do Deus-homem que nossa própria natureza poderia ser redimida. A teologia de Pascásio foi uma tentativa simples e unificada de explicar o papel da Eucaristia na salvação do cristão. Sua simplicidade, que por si só pode ser vista como virtude, também pode ser seu principal vício, pois, embora possa ser entendida como implicando um contato espiritual de nossa natureza com a do verdadeiro Deus-homem [...] também pode ser entendida como o mais grosseiro tipo de cafarnaísmo [citação 235].

Citação 234: Porque não é correto devorar Cristo com os dentes, [Deus] desejou no mistério que este pão e vinho fossem verdadeiramente feitos em sua carne e sangue mediante a consagração pelo poder do Espírito Santo [...] para que pudessem ser misticamente sacrificados pela vida do mundo; de modo que, a partir da Virgem, por meio do Espírito, a verdadeira carne é criada sem a união do sexo e por meio dessa criação, a partir da substância do pão e do vinho, o mesmo corpo e sangue de Cristo podem ser misticamente consagrados. (Pascásio Radberto, *O corpo e o sangue do senhor* [844], in: McCracken, *Early Medieval Theology*, 4.1)

Citação 235: Cafarnaísmo é um nome dado à crença de que o Corpo de Cristo na Eucaristia é Seu Corpo físico milagrosamente escondido de nossos sentidos, para que não fiquemos chocados ao perceber que estávamos comendo carne humana. O termo é uma referência aos judeus de Cafarnaum nos evangelhos que perguntaram: "Como este homem pode nos dar sua carne para comer?" (Jo 6,52). (Macy, *Theologies of the Eucharist*, p. 28)

Nessa época, Pascásio não era a única voz que tentava discernir o que era "real" na presença eucarística de Cristo. Outro monge de seu próprio mosteiro foi atraído para a discussão a convite do imperador. Quando Carlos II se tornou imperador, Pascásio lhe enviou uma versão revisada de *Sobre o corpo e o sangue do Senhor*. Carlos, por sua vez, escreveu a Ratramno (morto em 868), também monge de Corbie, e fez duas perguntas: 1) Os fiéis receberam o corpo e o sangue de Cristo em mistério ou em verdade? e 2) Eles receberam o mesmo corpo e o mesmo sangue que o nascido de Maria? Ratramno, que era um pouco mais próximo do pensamento de Agostinho, distinguia entre dois tipos diferentes de realidade: realidade em forma ou aparência (*in figura*) e a realidade subjacente discernida pela fé (*in veritate*). Essa distinção permitiu a Ratramno admitir a diferença entre a realidade física ou percebida (como o pão eucarístico) e as realidades espirituais (como o Corpo de Cristo), que não são perceptíveis aos sentidos, mas são acessadas apenas pela fé. Para ele, tal como para Agostinho, as realidades espirituais eram mais "reais" ou mais importantes que as realidades físicas. Assim, ele pôde concluir que a presença eucarística de Cristo é real, mas Cristo é recebido em mistério, não como uma realidade física. Consequentemente, na comunhão não recebemos o corpo de Cristo nascido de Maria; antes, recebemos o Corpo espiritual de Cristo.

É notável que esses dois monges, com perspectivas muito diferentes da presença eucarística, aparentemente vivessem em paz um com o outro dentro do mesmo mosteiro. Além disso, nenhum deles foi condenado em vida, apesar de suas visões teológicas serem quase diametralmente opostas às da época. No entanto, foi a visão de Pascásio — mais compatível com a imaginação germânica — que passou a dominar a imaginação religiosa da maioria dos cristãos e de muitos teólogos nos séculos seguintes. O próprio Ratramno parece ter sido amplamente esquecido, e seus escritos foram posteriormente atribuídos a João Escoto Erígena (morto em cerca de 877) e, sob esse nome, foram condenados pelo sínodo de Vercelli em 1050.

O clímax das controvérsias sobre o "real" na presença eucarística durante esse período convergiu em torno do talentoso teólogo, mas um tanto conflituoso, Berengário de Tours (morto em 1080). No final do século XI, a maioria dos teólogos do Ocidente — como o célebre doutor da igreja Pedro Damião (morto em 1072) — afirmava que, como Pascásio havia ensinado, o corpo histórico e o eucarístico de Jesus eram idênticos [citação 236]. Berengário refutou vigorosamente essa posição; muitos de seus argumentos estão resumidos em seu trabalho principal sobre o tema, *Sobre a Santa Ceia*.

Por um lado, isso parece alinhar Berengário com Ratramno e indica que a síntese agostiniana ainda estava viva e operante no século XI. No entanto, como Macy observa, Berengário está, na verdade, muito

Citação 236: O que a fé católica sustenta, o que a santa Igreja ensina fielmente [...] [é que] o próprio corpo de Cristo que a bendita Virgem gerou [...] esse mesmo corpo, digo sem dúvida, e nenhum outro, agora recebemos do altar sagrado.
(Pedro Damião [morto em 1072], Sermão 45, in: *The Christian Tradition*, p. 193)

distante de Agostinho e da visão platônica tardia de que coisas deste mundo, apreendidas pelos sentidos, apontam para coisas transcendentais que só são apreendidas pelo pensamento ou pela fé. Para Berengário, os reinos físico e espiritual eram bastante distintos, e havia um espaço intransponível entre eles. Essa posição filosófica básica não podia permitir a Berengário acreditar que havia algo do Cristo histórico ou do "corpo nascido de Maria" presente na Eucaristia.

Uma das questões eucarísticas que revelaram o pensamento de Berengário dizia respeito ao tipo de "mudança" que ocorria no pão e no vinho pela consagração. Sua crença básica era que pão e vinho não podem deixar de ser pão e vinho, porque isso seria contra a natureza [citação 237]. Num exemplo célebre, Berengário sustenta a imagem de Saulo de Tarso, que, na linguagem de Berengário, foi "transformado" em Paulo, o apóstolo, mas nessa mudança o apóstolo continuou a ser, no nível físico, quem ele havia sido anteriormente, enquanto, ao mesmo tempo, se tornara algo novo espiritualmente. A crença análoga de que o pão continuava sendo pão, bem como o mistério da presença de Cristo após a consagração, foi rotulada de "impanação" (do latim *panis*, "pão").

Além de seus argumentos baseados na filosofia, Berengário também apresentou um argumento cristológico relativamente rudimentar, mas agudo, que provava, em sua perspectiva, que a Eucaristia consagrada não podia ser idêntica ao corpo histórico de Cristo. Em termos simples, Berengário argumentou que o corpo histórico de Cristo, nascido de Maria, deixou este mundo na Ascensão. A fenda divina entre o céu e a terra não permitia que Cristo estivesse fisicamente presente na Eucaristia, mas apenas espiritualmente. Pensar de outra maneira seria acreditar que o corpo ascendido de Cristo poderia ser cortado e que inúmeros pedaços da carne divina eram despachados para a terra onde eram devorados [citação 238]. Além disso, "se o corpo do Senhor aparecesse todos os dias em todas as liturgias em todo o mundo, então certamente todos os dias o corpo do Senhor cresceria cada vez mais, e, finalmente, haveria uma montanha do corpo de Jesus" (Macy, *Banquet's Wisdom*, p. 76). Isso, é claro, era absurdo e, na mente de Berengário, consolidava seu argumento de que Cristo era recebido espiritualmente e não fisicamente na Eucaristia.

No processo dessas explicações, Berengário empregou a útil distinção entre *sacramentum* ou sinal externo e *res* ou a realidade subjacente. Assim, ele pôde descrever um sacramento como forma visível de uma graça invisível; formulação que se tornaria definição padrão de um sacramento na teologia medieval posterior (Macy, *Theologies of the Eucharist*, p. 40). Contudo, tais distinções entre visível e invisível, físico e espiritual não foram bem aceitas por seus contemporâneos. A maioria considerou o trabalho de Berengário um ataque ao pensamento de Pascásio e uma agressão frontal aos próprios fundamentos da teologia

Citação 237: Pela consagração no altar, pão e vinho tornam-se o sacramento da fé, não por deixarem de ser o que eram, mas por permanecerem o que eram e serem transformados em outra coisa. (Berengário [morto em 1080], *Opusculum*, in: Pelikan, *The Christian Tradition*, p. 198)

Citação 238: Uma porção da carne de Cristo não pode estar presente no altar [...] a menos que o corpo de Cristo no céu seja cortado e uma partícula que foi cortada dele seja enviada ao altar. (Berengário, *Sobre a Santa Ceia* 37, in: Pelikan, *The Christian Tradition*, p. 194)

eucarística. Berengário foi ora severamente criticado, ora condenado. Convocado para um Sínodo Romano em 1059, ele foi obrigado a assinar uma confissão que Macy chama de "uma das declarações mais infelizes e teologicamente ineptas já apresentadas pela Igreja sobre o assunto da Eucaristia" (*Banquet's Wisdom*, p. 77). Na declaração, que trazia o selo oficial da ortodoxia de Roma, leem-se não apenas as ideias de Pascásio, agora resumidas no pronunciamento extremamente literal da Igreja sobre a natureza da presença eucarística de Cristo, mas também uma linguagem que dá a entender que "sacramento" é quase o oposto do real [citação 239].

O irascível Berengário não se intimidou com sua censura e retornou a Tours, onde rejeitou a confissão de 1059, atacou os erros teológicos presentes nela e reiterou suas crenças anteriores. A tempestade de fogo foi reacendida, e, dentro de vinte anos, Berengário estava de volta a Roma, prestando um novo juramento sobre a fé eucarística [citação 240]. Embora similar em muitos aspectos ao juramento de 1059, essa declaração mais sutil introduziu a linguagem da substância, tomada de empréstimo do pensamento de Aristóteles (morto em 322 a.C.), cujos escritos estavam sendo redescobertos no Ocidente cristão. Essa linguagem prenunciou o surgimento de uma nova síntese na era seguinte. Com ferramentas de linguagem cada vez mais sutis, os teólogos continuariam sondando a natureza da "presença real" de Cristo na Eucaristia e lutando por uma linguagem aceitável que satisfizesse a necessidade humana de compreensão e, ao mesmo tempo, respeitasse a natureza misteriosa dessa realidade divina.

Coisas sagradas

O cristianismo é, por definição, uma religião encarnacional, dado que uma crença fundamental para todos os cristãos é que o Verbo se fez carne (João 1,14). Uma consequência da encarnação é a crença de que, assim como Deus escolheu mediar a presença divina por meio de Jesus Cristo uma vez na história, outras pessoas e até os dons da criação podem ser reflexos de Deus e mediadores da presença divina, embora nenhum o seja tão perfeitamente ou absolutamente como Jesus foi. Essa crença cristã no potencial de mediação das pessoas e até de coisas para moldar um relacionamento com Deus é ocasionalmente conhecida como "princípio sacramental". Embora tenha levado algum tempo para esse entendimento evoluir, é claro desde o início que os cristãos valorizavam coisas como pão e vinho, óleo e água como mediadores da presença de Deus e agentes úteis para nos levar a um relacionamento mais próximo com Deus. Essa atitude faz sentido para um povo cuja religiosidade está fundamentada num instinto básico de gratidão por tudo o que Deus fez por ele na criação e na história humana (ver p. 31s.). Em

---

Citação 239: Confesso [...] que o pão e o vinho que são colocados no altar não são meramente um sacramento [*non solum sacramentum*] após a consagração, mas também o verdadeiro corpo e sangue de nosso Senhor Jesus Cristo, e que estes são verdadeiramente, fisicamente e não meramente sacramentalmente [*non solum sacramentum sed in veritate*], tocados e quebrados pelas mãos dos sacerdotes e esmagados pelos dentes dos fiéis. (Confissão de Berengário, 1059, in: *Patrologia Latina* 150:41)

Citação 240: [Afirmo que] o pão e o vinho que são colocados no altar [...] são transformados substancialmente no verdadeiro, próprio e vivo corpo e sangue de Jesus Cristo, nosso Senhor, e que, após a consagração, ele é o verdadeiro corpo de Cristo que foi nascido da Virgem [...] e o verdadeiro sangue de Cristo que foi derramado de seu flanco, não apenas por meio do sinal e poder do sacramento, mas em sua natureza real e em verdadeira substância. (Confissão de Berengário, 1079, in: Mansi, 20:524)

alguns aspectos, este livro inteiro é construído com base na presunção de um princípio sacramental e tenta demonstrar de que modo coisas como recipientes, livros, arquitetura e artes musicais afetam a maneira de várias comunidades cristãs expressarem e criarem relações com o Deus de Jesus Cristo.

Como vimos, os cristãos de épocas anteriores demonstravam grande reverência a coisas como o pão consagrado, os recipientes que continham os elementos consagrados e outros objetos litúrgicos, como o Livro dos Evangelhos. Também observamos que, muito antes da ascensão dos francos, havia evidências de que o pão eucarístico estava sendo usado como uma espécie de talismã sagrado e que houve um declínio na recepção da comunhão por alguns fiéis. Surgiram também novos métodos para explicar o mistério eucarístico, que desafiava o entendimento agostiniano dos símbolos. Nathan Mitchell fala disso como uma mudança do símbolo para a alegoria [citação 241].

Assim, é possível encontrar linhas de evidência mostrando que, antes da ascensão das tribos germânicas, a Eucaristia era tratada mais como um objeto sagrado do que como um encontro sagrado com o Deus de Jesus Cristo, e que a liturgia eucarística era mais um drama sagrado para ser observado com admiração à distância do que o ensaio comunitário do chamado batismal para nos tornarmos o que comemos. No entanto, essas tendências na devoção e na prática eucarísticas não eram pastoralmente nem teologicamente difundidas de maneira convencional. As múltiplas forças do início da Idade Média, especialmente no norte da Europa, mudariam isso.

A imaginação germânica não apenas ampliou as tendências anteriores em piedade e pensamento eucarísticos, mas o fez no contexto de uma visão de mundo diferente. Desse modo, a tendência de enfatizar a importância dos elementos eucarísticos, mais do que as relações eucarísticas que eles deveriam promover, produziu um efeito bastante diferente num mundo germânico que, segundo Russell, tinha um instinto para o mágico em detrimento do ético e facilmente investiu poder sagrado em objetos. Da mesma forma, a compreensão do significado de frases bíblicas importantes como "Isto é o meu corpo" resultou em interpretações radicalmente diferentes da presença num mundo que não abraçava mais a síntese agostiniana e tinha dificuldade em acreditar que símbolos — ou até mesmo "sacramentos" — eram reais.

No contexto dessa nova mentalidade, os recipientes não eram apenas forjados com metais preciosos, mas também passavam por um ritual especial de bênção ou consagração. Isso afirmava uma perspectiva a partir da qual as coisas deste mundo não eram dignas de uso litúrgico, a menos que fossem ritualmente transformadas de objetos profanos em objetos sagrados. Num movimento paralelo, as pessoas comuns eram cada vez mais proibidas de tocar esses objetos sagrados. Para po-

---

Citação 241: As alegorias tendem a reduzir a ambiguidade inerente de pessoas, coisas e eventos, atribuindo um significado a cada ação ou objeto. [...] O movimento do símbolo à alegoria é, portanto, um movimento da ambiguidade à clareza, do significado múltiplo ao significado único, da revelação à explicação. A estratégia ambígua dos símbolos provoca ação; a estratégia redutora da alegoria provoca passividade. Enquanto os símbolos exigem que se procure e lute pelo significado, as alegorias explicam o significado. (Mitchell, *Cult and Controversy*, p. 52s.)

der tocar objetos sagrados — sem mencionar a mudança de um objeto de profano para sagrado ou de mero pão para o Corpo de Cristo — as próprias pessoas tinham de ser abençoadas, consagradas e "transformadas". No início, essa transformação era realizada por meio dos sacramentos de iniciação, especialmente o batismo e a eucaristia. Para os cristãos medievais, essa transformação ocorreu cada vez mais pelos ritos de ordenação.

Embora os rituais de Roma certamente tivessem liturgias de ordenação, esses eram ritos relativamente modestos que normalmente incluíam a imposição de mãos e uma oração central de bênção. Como Sharon McMillan explica, a exiguidade desse ritual fazia sentido quando se localizava no rico contexto eclesial da igreja romana, que incluiria um amplo processo de nomeação e eleição pela comunidade. No império carolíngio, no entanto, o contexto eclesial era muito diferente, principalmente desde que o processo de eleição foi abreviado e depois praticamente abandonado, fazendo que a ordenação fosse efetivamente reduzida ao "estágio de bênção" (McMillan, p. 164s.). No processo, o estágio de bênção foi radicalmente transformado pela adição de vários ritos que investiam o sacerdote de novos poderes, incluindo a capacidade de mover as coisas do reino do profano para o do sagrado, o que efetivamente também o transferia de um reino para o outro.

Uma das adições rituais mais reveladoras a esse respeito foi a inclusão da unção das mãos no ritual de ordenação dos sacerdotes. Observamos ao longo deste capítulo a tendência nessa época de consagrar altares, recipientes e até igrejas com orações recém-compostas e ações rituais inventivas. Portanto, se um sacerdote vai tocar esses altares, segurar esses recipientes e, o mais importante, transformar o pão e o vinho em Corpo e Sangue de Cristo, é evidente que ele terá de passar por uma transformação ritual semelhante. Como as mãos são instrumentos sacramentais essenciais para tocar, segurar e transformar, foram as mãos do sacerdote que receberam atenção litúrgica especial nos ritos de ordenação germanizados. É novamente o *Missal dos Francos* do século VIII que contém os primeiros textos existentes a respeito desse ritual [citação 242].

Talvez ainda mais impressionante tenha sido a introdução do ritual conhecido como *traditio instrumentorum* (em latim, "entrega dos instrumentos"), em que o bispo entregava ao candidato à ordenação uma patena com uma hóstia não consagrada e um cálice contendo vinho não consagrado. Como observa McMillan, isso imitava a prática anteriormente observada, contida nos *Estatutos antigos da Igreja*, do século V, segundo a qual o bispo entregava vários instrumentos para simbolizar o ministério de várias "ordens menores", como as de leitor, porteiro e acólito [citação 186]. Pela primeira vez no Pontifical Romano-Germânico (composto entre 950 e 962), no entanto, vemos recipien-

Citação 242: Que estas mãos sejam ungidas com óleo santificado e com o crisma da santificação: como Samuel ungiu Davi rei e profeta, também sejam ungidas e aperfeiçoadas em nome de Deus Pai e Filho e Espírito Santo, fazendo a imagem da santa cruz do Salvador, nosso Senhor Jesus Cristo, que nos redimiu da morte e nos leva ao reino dos céus. (Missal dos francos [8 c.], n. 34, in: McMillan, "Como o presbítero se torna sacerdote")

tes litúrgicos sendo entregues no ritual de ordenação de sacerdotes. Além disso, o texto que acompanhava esse ritual deixava claro, nas palavras de McMillan, que "esse ato constitui a própria essência da ordenação presbiteral", pois "o bispo proclama essa fórmula declarativa [citação 243] ao mesmo tempo em que os candidatos tocam os instrumentos" (McMillan, p. 169). Esse ritual era tão importante que, nos séculos seguintes, teólogos da estirpe de Tomás de Aquino considerariam a *traditio instrumentorum* um rito essencial para a ordenação sacerdotal.

O efeito cumulativo dessas tendências germanizantes, que davam grande importância às coisas sagradas no contexto de uma nova visão de mundo que desconfiava do simbólico, foi uma crescente "reificação" (do latim *res*, "coisa") da liturgia. Enquanto ações simbólicas empregando coisas que expressavam e criavam relações sempre foram importantes no culto cristão, agora elas aparentemente ganhavam vida própria, muitas vezes fora das ações sacramentais que originalmente as definiram e, às vezes, independentemente de qualquer relação comunal ou divina que fosse seu contexto apropriado. Dito de outra maneira, assim como os ritos transformados de ordenação de padres, a Eucaristia Cristã tornou-se cada vez mais "instrumentalizada" ou tratada como uma ferramenta para alcançar fins espirituais. Cada vez mais um nome do que um verbo, cada vez mais uma coisa a ser reverenciada do que uma ação da qual alguém deveria participar, a Eucaristia e suas teologias eram menos uma atividade privilegiada que fundava, moldava e missionava os batizados; e mais um tesouro sagrado para ser salvaguardado e reverenciado.

Citação 243: Recebe o poder de oferecer sacrifício a Deus e celebra a missa pelos vivos e pelos mortos, em nome do Senhor. (Pontifical romano-germânico [960–962], in: McMillan, "Como o presbítero se torna sacerdote")

Teologia sacramental

Um fenômeno interessante e comum na história é a ocorrência de uma mudança sem necessidade de qualquer classificação ou adequação até anos ou talvez séculos depois de sua manifestação. Observamos esse fato no início deste capítulo, quando observamos que, embora houvesse um consenso geral de que a arquitetura "românica" era um desenvolvimento dos séculos XI e XII, o termo só foi cunhado em 1818 pelo arqueólogo francês Charles Alexis-Adrien de Gerville (morto em 1853). Isso acontece com frequência nas artes; por exemplo, Johann Sebastian Bach (morto 1750) não fazia ideia de que sua morte acabaria sendo saudada como o fim da era musical "barroca" no Ocidente. O mesmo fenômeno ocorre amiúde na teologia e na filosofia. Por exemplo, Gregório Magno (morto 604) não sabia que sua morte seria considerada por muitos o fim da chamada era patrística (do latim, *pater* ou pai) na teologia cristã.

É claro que os monges Pascásio e Ratramno, assim como o mestre Berengário, sabiam que estavam envolvidos em debates muito importantes sobre a teologia eucarística da Igreja. Também eram muito conscientes sobre sua conexão com as teologias passadas: Pascásio, por exemplo, inspirou-se nos principais escritos de Hilário de Poitiers (morto em 367); e Berengário, nos ensinamentos de Ratramno — embora, como vimos, na época de Berengário, os trabalhos tivessem sido atribuídos erroneamente a João Escoto Erígena. No entanto, Pascásio, Ratramno, Berengário e muitos de seus contemporâneos não tinham ciência de que estavam mudando o caminho da teologia eucarística em uma direção nova e diferente.

Muitos escritores contemporâneos reconhecem, por exemplo, que Pascásio escreveu o primeiro trabalho teológico sistemático sobre a Eucaristia que conhecemos. Uma grande quantidade dos primeiros mestres e santos havia escrito sobre a Eucaristia, mas suas doutrinas — como as de Agostinho, que citamos com frequência — estavam regularmente espalhadas por vários sermões, comentários e outros tratados teológicos que lidavam com outros assuntos teológicos e pastorais, além da Eucaristia. Nathan Mitchell ressalta ainda que Pascásio é o primeiro autor cristão conhecido por nós que fala de forma extensiva sobre a Eucaristia separadamente dos outros sacramentos da iniciação (isto é, batismo e confirmação), e o faz de uma maneira abstrata, que parece desconectada das experiências de qualquer comunidade particular de fé.

No final do capítulo 3, chamamos a atenção para a tradição da "instrução mistagógica" por parte de grandes bispos que traziam à luz a célebre reflexão teológica dos iniciados cuja jornada para a plena comunhão com a Igreja culminava na Eucaristia. Como observado, tais reflexões e doutrinas sobre a Eucaristia foram, pastoralmente, impulsionadas pelas necessidades ou desafios litúrgicos de uma igreja local, e não por alguma realidade especulativa. É por isso que chegou até nós tanto material mistagógico de bispos em atividade, preocupados com realidades pastorais prementes.

No entanto, ao contrário das reflexões mistagógicas de Ambrósio, Cirilo, Agostinho e outros, a teologia de Pascásio e outros desta época era separada de todo o processo iniciador. Além disso, era separada das experiências reais desses processos por parte de qualquer comunidade — algo completamente estranho à autêntica reflexão mistagógica. Como Mitchell resume:

> Para os primeiros padres, a doutrina era derivada da doxologia, das ações litúrgicas de oração e ação de graças na Eucaristia: *lex orandi, lex credendi* [latim, "a lei da oração (estabelece) a lei da fé"]. Para Pascásio, no entanto, era possível levantar questões sobre a doutrina eucarística que não resultavam imediatamente da experiência e da ação ritual de uma comunidade em oração. (Mitchell, *Cult and Controversy*, p. 74)

Na teologia contemporânea, os autores, às vezes, distinguem entre uma "teologia *da* liturgia ou *sobre a* liturgia" e uma "teologia *a partir da* liturgia". Embora várias outras distinções possam ser feitas sobre a relação entre teologia e liturgia, essa estrutura simples pode ajudar a iluminar o contraste entre os padres anteriores e os escritos de Pascásio estabelecido por Mitchell. Enquanto Agostinho e Hilário e tantos teólogos cristãos que antecederam o processo de germanização fizeram declarações teológicas mais especulativas *sobre* a liturgia, que poderiam ser consideradas teologias *da* liturgia, é justo dizer que suas reflexões teológicas, de modo comum e consistente, *partem da* liturgia. Isso significa que as práticas litúrgicas reais e as experiências dessas práticas pelas pessoas — incluindo as experiências dos próprios teólogos — foram a base para essa teologização. Isso, em geral, não se aplica ao trabalho de Pascásio e daqueles que o seguiram. Por certo, Pascásio estava claramente preocupado com a vida espiritual dos monges que ele instruía — característica que deve ter algo que ver com o fato de ter sido eleito abade de seu mosteiro —, mas seu estilo de teologizar não se baseava em suas experiências. Em vez disso, seu método teológico era mais abstrato, fundamentando-se em certos entendimentos de salvação e encarnação. Além disso, seus escritos não nos mostram praticamente nada sobre como a liturgia na abadia de Pascásio era realizada. A sua posição apresentava uma teologia menos *baseada* nos eventos litúrgicos e nas experiências das pessoas sobre esses eventos, e mais uma teologia *sobre a* liturgia ou *da* liturgia.

Posteriormente, a teologia e o ensino de teologia no Ocidente sofreram o que Edward Farley considera uma fragmentação significativa. Essa é uma realidade tão difundida hoje em dia que muitos que estudam teologia simplesmente não lhe dão atenção, nem sempre percebem as subdivisões ou mesmo as separações no empreendimento teológico. O estudo e o ensino das Escrituras são diferentes, em método e conteúdo, da história da Igreja, assim como a teologia moral é diferente da cristologia. Nessa mesma linha, considere-se com que frequência a teologia dos sacramentos é ensinada por certa pessoa numa escola, enquanto a prática sacramental é ensinada por outra. Às vezes, a primeira está localizada num departamento de "teologia sistemática", enquanto a segunda está alojada num "ministério" ou divisão "prática".

Embora Pascásio e seus colegas não sejam responsáveis por tais desenvolvimentos, as sementes dessas separações atuais podem ser encontradas em seus trabalhos. Esses primeiros teólogos medievais iniciam uma trajetória que posteriormente permitirá às pessoas teologizar sobre sacramentos sem fundamentar essa teologização no próprio evento litúrgico. Em outras palavras, pode-se dizer que alguns dos primeiros teólogos medievais abriram o caminho para o desenvolvimento de uma teologização sobre a liturgia ou sacramentos que mais tarde será conhecida como "teologia sacramental". Isso é bem diferente da teologia de uma era anterior (por exemplo, mistagogia), fundamentada em eventos litúrgicos e nas experiências dos fiéis nesses eventos, que no final do século XX foi considerada uma teologia *com base no* evento litúrgico ou "teologia litúrgica".

Resumo
De muitas maneiras, este não foi um período de grande síntese nas teologias eucarísticas. Pelo contrário, foi mais um momento de questionamento e exploração teológica. O ímpeto que tornou necessários esse questionamento e essa exploração foi uma série de mudanças sísmicas no cenário político, cultural e religioso da Europa. Como placas tectônicas imaginárias, a visão de mundo que fluía ao longo do cristianismo ao sul dos Alpes e nos grandes centros do norte da África criou estresse crescente, à medida que se confrontou com a imaginação religiosa e os quadros culturais dos povos germânicos. Nos tremores e terremotos ideológicos que se seguiram, muitos dos marcos teológicos da igreja patrística foram abandonados. Embora grandes teólogos como Agostinho, Ambrósio e Hilário continuassem sendo citados, a lógica interna de seu pensamento era muitas vezes incompreensível para os pensadores dessa época que não dialogavam mais com os *corpus* de conhecimento acumulados antes da queda de Roma e que sofriam, mais do que eles sabiam, de um declínio geral no aprendizado após as invasões germânicas. Ironicamente, contudo, embora as sínteses eucarísticas credíveis e sustentáveis entre os teólogos viessem a surgir somente na próxima era, a imaginação religiosa de muitos cristãos comuns estava a caminho de certa síntese. A imaginação germânica ainda está em muitos aspectos conosco; e muitos católicos romanos hoje compartilham mais um instinto para uma interpretação mágico-religiosa dos sacramentos do que um instinto ético, doutrinário ou até mesmo escatológico. Assim, embora teologicamente não seja tão determinante, essa era deixou uma inegável marca devocional e espiritual na prática cristã.

O IRMÃO ELREDO

O irmão Elredo não se lembra da própria idade. Ninguém no mosteiro se lembra. O registro de sua entrada na abadia foi perdido no grande incêndio de 836. Agora, cego e sem poder andar, Elredo recorda que já era monge professo quando lançou-se a pedra angular da nova igreja em 838. Isso foi quase oitenta anos atrás. Alguns dos jovens monges brincam dizendo que "o velho irmão Elredo realmente conheceu São Bento".

Elredo não tem muito contato com os jovens monges. Passa a maior parte de seus dias apoiado perto da grande janela da enfermaria, cochilando ao sol. A enfermaria no segundo andar da abadia tem vista para o claustro principal. Os sons das oficinas da abadia, do refeitório e da sala do capítulo chegam à enfermaria através da janela. Esses sons são os companheiros fiéis de Elredo.

Embora seja incapaz de ver a nova ala dos dormitórios ou assistir às procissões pelo claustro, os sons dos monges trabalhando ou em oração tranquilizam-no por saber que sua amada abadia continua a prosperar. Os sinos nas torres da igreja da abadia são amigos especiais, chamando os monges à oração, às refeições e à cama. Quer sejam os sinos, os gritos no claustro ou os cânticos da igreja, quase tudo o que Elredo sabe sobre o mosteiro hoje em dia chega até ele pela audição. Isso é apropriado para o ex-diretor de coral do mosteiro.

É fim de tarde na festa patronal do mosteiro. Elredo cochila enquanto ouve os monges cantarem a Nona hora. De repente, ele acorda com um braço forte embaixo dele e sabe que o irmão Accadam — ou o irmão Touro, como Elredo o chama — chegou para levá-lo para a cama. Pelo menos é o que Elredo acha. Mas, em vez de carregá-lo pelo corredor sul em direção à cela de Elredo, o irmão Touro toma o corredor principal até o dormitório central e depois desce as escadas para a igreja. O irmão Elredo vai à missa solene da tarde para a festa patronal.

Os cânticos que sobem do coro da abadia trazem lágrimas aos olhos do velho monge. Incapaz de andar por quase uma década, Elredo raramente se junta aos monges no coro. Somente em raras ocasiões o prior dá permissão ao irmão Accadam de trazer o velho monge para a igreja. Talvez o prior pense que este será o último banquete patronal de Elredo com eles. Elredo não se importa com o motivo, pois o Touro o abaixa gentilmente para um cadeiral do coro superior. Elredo está de volta à sua amada igreja.

Elredo conhece de cor todos os cantos. O introito começa, e, após a antífona, o coro irrompe com o Salmo 99, "Iubilate Deo omnis terra, servo Domino in laetitia". Embora mais de oitenta vozes se juntem ao salmo, Elredo capta facilmente as vozes inseguras dos noviços sentados do outro lado, à esquerda. Eles se esforçam diante do tom solene raramente empregado para este texto. Uma voz jovem interpreta mal a deixa do cantor e, em vez do Salmo 99, canta a frase inicial do Salmo 65, "Iubilate Deo omnis terra psalmum dicite nomini eius". Elredo lembra de seus anos como postulante e noviço, lutando para memorizar todos os salmos antes de sua profissão de votos.

Ao longo dos anos, ele aprendeu não apenas os salmos e seus cânticos simples, mas também centenas de outras músicas e textos. Ele os aprendeu com o irmão Romanus, que havia recebido sua formação como cantor no Mosteiro dos Santos Apóstolos na Cidade Eterna. Elredo tinha sido um aluno tão bom que o irmão Romanus lhe pediu que ensinasse aos oblatos os cânticos simples. E no ano em que o novo coro foi consagrado, quando o irmão Romanus foi ao encontro de Deus, Elredo o sucedeu como mestre de coro na abadia.

"Desiderium animae eius" — a frase inicial do canto ofertório arranca Elredo de seu devaneio. O padre Abade deve estar agora no altar, erguendo ao alto a grande patena e o cálice de prata que milagrosamente sobreviveram ao fogo. Elredo sorri para si mesmo quando a antífona se eleva das vozes desses filhos de Bento. Que momento e local mais perfeito para fazer a oferta final! "Posuisite in capite eius coronam de lapide pretioso", cantam os monges. "Pusestes em sua cabeça uma coroa de pedras preciosas". O verso do ofertório se torna o epíteto final do velho monge. Antes que as últimas notas desapareçam da abóbada, Elredo aceita sua própria coroa de glória.

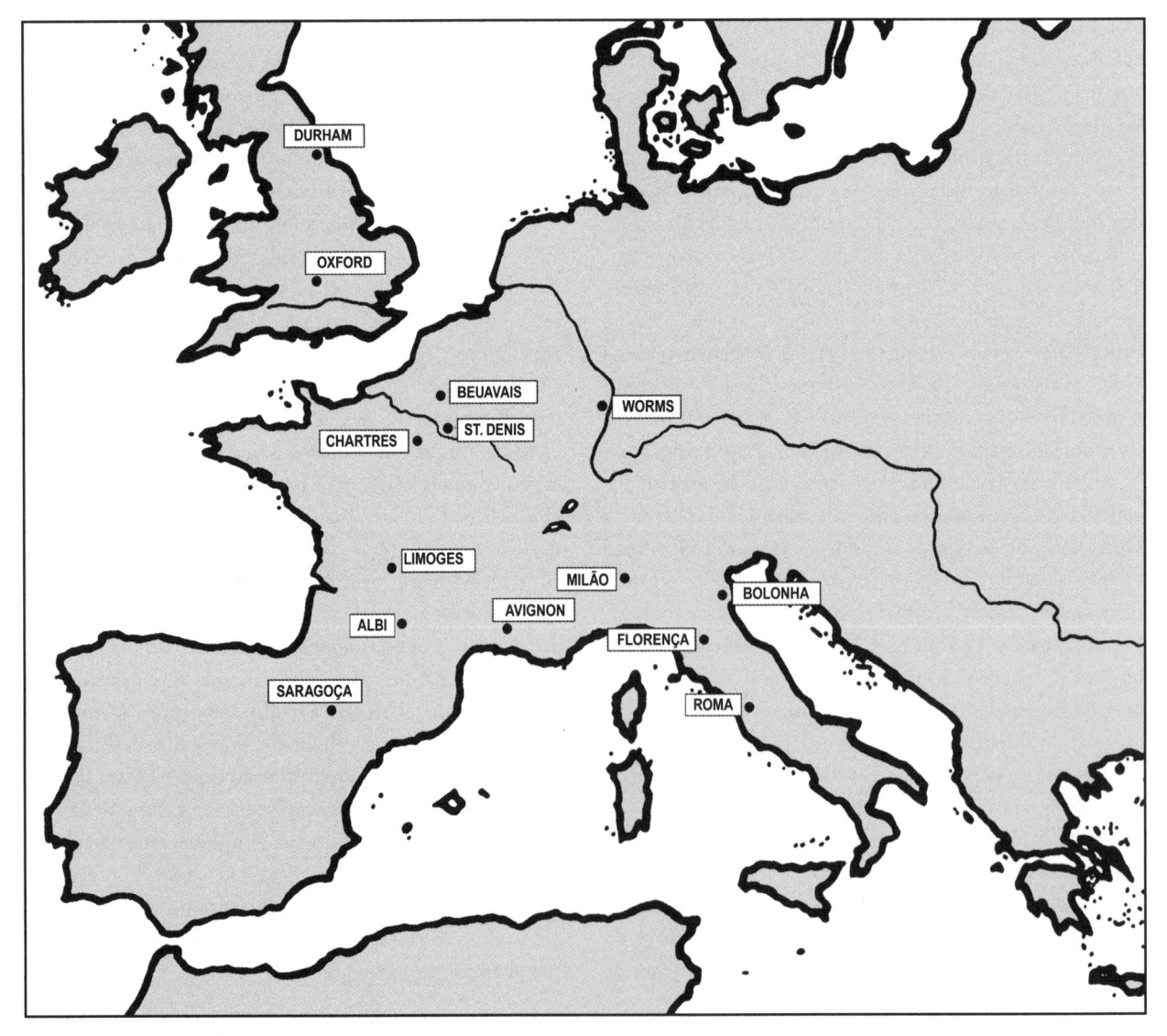

135. Mapa para o capítulo 5.

CAPÍTULO 5

Síntese e antítese como prelúdio da Reforma: 1073-1517

A era em consideração neste capítulo é fonte de narrativas ricas e diversas, muitas das quais continuam a cativar a imaginação contemporânea. Foi uma época de cruzadas e novas explorações mundiais, de monarquias imponentes, pragas devastadoras, rotas comerciais para o Extremo Oriente e um cisma escandaloso entre as igrejas do Oriente e do Ocidente. Monumentos em pedra e vidro, música e mármore desse período povoam nossos museus, e as bibliotecas ainda estão cheias de clássicos da literatura, da filosofia e do pensamento político dessa época. Alguns pensam que essa chamada Alta Idade Média fornece orientações básicas para as artes e a educação no Ocidente que se estendem até os nossos dias. Outros encontram aí não apenas o surgimento de novas línguas e o nascimento ou redefinição de países e nações, mas também o início do que hoje conhecemos como Europa. É claro que não podemos recontar ou esperar delinear nem mesmo os traços mais gerais de tais mudanças. Em vez disso, precisamos considerar algumas das principais correntes culturais e políticas dessa época que nos permitirão contextualizar e apreciar os desenvolvimentos eucarísticos da época.

Algo fundamental para a história litúrgica foi a reafirmação da influência e do controle papais sobre a Igreja. Enquanto os ideais romanos foram respeitados e imitados no período anterior, após a queda do império, a própria Roma foi bastante reduzida em população, poder político e influência teológica. Para sobreviver, vários papas forjaram alianças com aliados mais fortes ao norte e, no processo, cederam autoridade em questões mais básicas como a nomeação de bispos ou abades e o direito de reivindicar a lealdade primária desses prelados. Às vezes, senhores feudais ou monarcas simplesmente designavam a si mesmos para posições eclesiais, como o imperador Carlos II (morto em 877), que assumiu o cargo de abade da famosa abadia de Saint Denis, seguido por seus sucessores e outros membros da realeza menor por quase um século. No entanto, a maré começou a mudar com a ascensão de uma série de papas fortes no final do século XI, particularmente Gregório VII (papa de 1073 a 1085). Um ato simbó-

136. Representação do século XII do conflito entre Gregório VII e Henrique IV.

Citação 244:
Os Ditados do Papa
1. Que a igreja romana foi fundada somente por Deus.
2. Que somente o pontífice romano tem direito de ser chamado universal.
3. Que só ele pode depor ou restaurar os bispos.
4. Que os legados do pontífice, ainda que de grau inferior, em um concílio estão acima de todos os bispos e podem contra estes pronunciar sentença de deposição.
5. Que o papa pode depor os ausentes.
6. Que, dentre outras coisas, nós não devemos permanecer na mesma habitação com aqueles excomungados pelo papa.
7. Que somente ele, conforme as necessidades da ocasião, poderá formular novas leis, reunir novas congregações, fundar uma abadia de um canonicato, dividir um bispado que seja rico e reunir os que sejam pobres.
8. Que só o papa pode usar a insígnia imperial.

lico de seu espírito reformista foi a excomunhão do recalcitrante imperador alemão Henrique IV (morto em 1108) [ilustração 136]. Isso foi uma inversão e tanto, já que no século XI era comum que imperadores depusessem papas. Gregório perdeu a batalha de curto prazo para Henrique e foi expulso de Roma, mas sua visão de reforma acabou por prevalecer, e, na Concordata de Worms (1122), foi resolvida a chamada "controvérsia das investiduras".

Esse novo vigor papal se manifestaria numa crença expansiva de que os papas não eram apenas "vigários de Pedro", mas que agora eram "vigários de Cristo". Os chamados Ditados do Papa, atribuídos a Gregório VII, apresentam o papa não apenas como pessoa investida de poder no reino espiritual e até mesmo numa posição de santidade quase hereditária (n. 23), mas também investida de poder no campo político, em que príncipes beijavam seus pés (n. 9) e ele podia depor qualquer imperador (n. 12) [citação 244]. Embora essas declarações possam parecer absurdas para o leitor contemporâneo, elas faziam sentido num mundo em que o cristianismo e toda a Europa eram praticamente sinônimos. R. W. Southern observa que essa identificação da Igreja com toda a sociedade organizada é a característica fundamental que distingue a Idade Média dos períodos anteriores e posteriores da história (p. 16). Não estando apenas *no* mundo, a Igreja era claramente *do* mundo, aparecendo como um estado ao lado de outros estados, com seus próprios tribunais, sistema tributário e burocracia. Analogamente, era cada vez mais necessário contar com o papa, como outros monarcas da época, como o líder temporal desse vasto, embora muitas vezes fragmentado, império.

O cristianismo havia se tornado a cristandade, e as implicações sacramentais foram enormes. Como Southern observa, o batismo tornou-se tão involuntário para grandes segmentos dessa população quanto o nascimento, e as obrigações assumidas no batismo permaneciam para sempre, juntamente com as obrigações e penalidades daí resultantes, tanto no reino terreno quanto no espiritual (p. 18). Quanto à prática litúrgica e eucarística, houve um notável exercício de direção, crítica e controle romanos sobre assuntos litúrgicos nunca vistos antes. Isso não significa que havia um abrangente plano papal de empregar a liturgia como veículo para unificar ou controlar as diversas vertentes do cristianismo europeu — algo paralelo ao que vimos com Pepino e Carlos Magno. Em vez disso, a preocupação era mais voltada à estabilidade e redefinição do papado e da Igreja. A liturgia, como a representação ritual mais importante da Igreja, foi consequentemente atraída para este serviço. Foi o papa e sua cúria em expansão que cada vez mais aprovavam festas, decidiam qual ensino eucarístico era ortodoxo, assumiam o controle das canonizações e concediam indulgências.

Devido à crescente influência dos modos romanos, até mesmo as decisões litúrgicas locais tiveram impacto de longo alcance. Sob Inocêncio III (morto em 1216), por exemplo, a carga de trabalho dos clérigos que lidavam com os negócios papais era tão exigente que a obrigação de recitar a Liturgia das Horas se tornou extraordinariamente pesada. Como resultado, foi desenvolvido um novo *ordo* para o breviário (do latim, *breviarium*, "abreviação") da casa pontifícia. Quando Francisco de Assis (morto em 1226) desenvolveu uma regra para seus seguidores, ele instruiu que eles seguissem a oração da igreja romana [citação 245]. Contando aos milhares na época de sua morte, os seguidores de Francisco espalharam essa prática específica da casa pontifícia por toda a Europa e além dela.

A aceitação e a posterior disseminação do que no último capítulo identificamos como liturgia "franco-romana" foram ainda mais influentes. Após séculos de germanização, a liturgia eucarística de Roma havia sido transformada e foi incorporada aos textos de oração e às rubricas dos livros litúrgicos da época. Tais livros foram produzidos quase exclusivamente nos países do norte, onde as influências germanizantes foram mais fortes. No início da Idade Média, Roma tinha uma capacidade limitada para produção de livros litúrgicos e histórias relatam que o bispo de Roma às vezes oferecia presentes

9. Que os príncipes beijarão os pés do papa.
10. Que somente seu nome deve ser recitado em todas as igrejas.
11. Que seu nome é o único no mundo.
12. Que lhe é permitido depor imperadores.
13. Que lhe é permitido transferir bispos se necessário.
14. Que o papa tem o poder de ordenar um clérigo sacerdote de qualquer igreja.
15. Que aquele que é ordenado pelo papa pode dirigir outra igreja, mas não pode deter posição subordinada, nem pode receber de outro bispo um grau superior.
16. Que nenhum sínodo pode ser chamado de geral sem sua ordem.
17. Que nenhum livro ou capítulo será considerado canônico sem a autoridade do papa.
18. Que toda sentença proferida pelo papa não poderá ser retratada por ninguém e que somente ele poderá retratá-la.
19. Que o Papa não pode ser julgado por ninguém.
20. Que ninguém se atreverá a condenar alguém que recorra à sede apostólica.
21. Que à sede apostólica se devem dirigir os casos mais importantes de cada igreja.
22. Que a igreja romana nunca errou, não errará por toda eternidade segundo o testemunho das Escrituras sagradas.
23. Que o pontífice romano, ordenado canonicamente, é indubitavelmente santificado pelos méritos de São Pedro, segundo o testemunho de Santo Enódio, bispo de Pavia, e de muitos padres santos que concordam com ele, como está contido nos decretos de São Símaco, o papa.
24. Que por ordem e consentimento do Papa, pode ser lícito a subordinados fazer acusações.
25. Que ele pode depor ou restaurar bispos sem convocar um sínodo.
26. Que aquele que não concorde com a igreja romana não será considerado católico.
27. Que ele pode absolver os súditos de juramento de fidelidade a iníquos.

(Henderson, *Select Historical Documents of the Middle Ages*, p. 366s.)

137. Selo da Universidade de Paris.

Citação 245: Que os [irmãos] clérigos recitem o Ofício Divino de acordo com o rito da santa Igreja Romana, exceto o saltério, razão pela qual podem ter breviários. (Francisco de Assis [morto em 1126], *Regra de 1223*, cap. 3, in: Armstrong)

Citação 246: Papa Gregório V [morto em 999] fez um acordo em 998 com a abadia de Reichenau, estipulando que, em troca de certos privilégios concedidos por ocasião da bênção de um novo abade, os monges deveriam enviar, entre outras coisas, um novo sacramentário. (Jungmann, *The Mass of the Roman Rite*, 1:96)

ou privilégios aos mosteiros francos em troca desses itens preciosos [citação 246]. Tais livros e as práticas associadas a eles retornaram a Roma, onde essa liturgia híbrida foi adotada, particularmente por uma série de papas alemães formados nessa tradição mista. As fontes dessas influências germânicas foram logo esquecidas e esse amálgama litúrgico acabou por se tornar conhecido simplesmente como Rito Romano.

O surgimento das grandes universidades também foi importante para o desenvolvimento da teologia eucarística nesse período. Muitos fatores contribuíram para esse novo fenômeno, incluindo o sucesso de excelentes escolas catedrais e monásticas, como as de Tours e Saint Denis, a migração de muitos camponeses para cidades e vilarejos florescentes que podiam abrigar essas instituições e a explosão de novos aprendizados estimulados por coisas como a recuperação dos escritos de Aristóteles, controvérsias doutrinárias e o crescimento da literatura canônica. Paris [ilustração 137], Bolonha e Oxford foram três das grandes escolas que ganharam notoriedade no século XIII. Enquanto recebiam privilégios e imunidades de monarcas e papas, as universidades eram frequentemente consideradas um "terceiro poder", posicionado estrategicamente entre Igreja e estado. Líderes seculares e eclesiásticos tinham interesse em apoiar essas instituições e, por sua vez, procuravam o apoio de suas opiniões acadêmicas, especialmente nas faculdades de teologia e direito. Como um método-chave no ensino de teologia e filosofia nas universidades era a disputa, essas instituições também se tornaram lugares de controvérsia e dissidência, onde surgiriam poderosos desafios para confrontar a Igreja, o estado e até mesmo as sínteses teológicas formadas nessas universidades.

O crescimento das universidades e o aumento da atenção ao aprendizado especulativo nessas instituições contribuíram para o crescente fosso entre a crença e a compreensão das pessoas comuns e as dos especialistas em teologia. Como vimos, Pascásio estava interessado em que seus monges tivessem uma compreensão adequada da teologia eucarística. Cada vez mais, porém, as explicações sobre a Eucaristia e a presença eucarística exigiam um nível de sofisticação teológica inacessível ao clero comum. Consequentemente, embora as imaginações religiosas e as práticas devocionais dos crentes comuns e de muitos clérigos continuassem evoluindo, tal evolução ocorreu muitas vezes em contradição com as visões especulativas de grandes teólogos como Tomás de Aquino ou Boaventura (morto em 1274).

Além dessa crescente dissonância entre a teologia sacramental especulativa e as práticas devocionais das pessoas comuns, houve outros pontos de discórdia e reviravoltas durante essa era dinâmica. Por exemplo, eram crescentes a inquietação e a crítica eclesial na população cada vez maior de camponeses libertos que se esforçavam para sobreviver nos novos ambientes urbanos. Enquanto muitas pessoas comuns lutavam no nível da subsistência, os famosos mosteiros e igrejas que haviam adquirido riqueza e privilégios substanciais eram vistos com suspeita. A formação relativamente escassa para os clérigos seculares muitas vezes os deixava mal equipados para representar os ensinamentos da Igreja ou viver uma vida respeitável no ministério. Nesse vazio, às vezes surgiam pregadores leigos carismáticos para expor contradições na vida pública e no ensino da Igreja e de seus ministros. Alguns, como Francisco de Assis, foram cau-

138. "Os três vivos e os três mortos", representação da praga em manuscrito medieval.

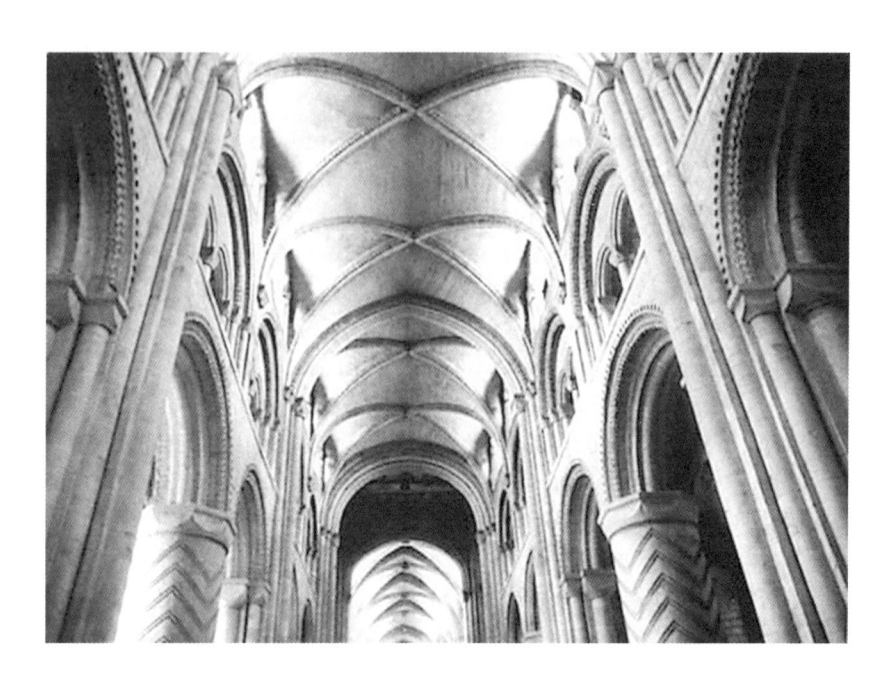

139. Catedral de Durham, exemplo de abóbadas de cruzaria.

telosamente acolhidos pela Igreja e, posteriormente, estimularam movimentos efetivos de reforma dentro da Igreja. No entanto, com outros, como Pedro Valdo (morto em cerca de 1217) e os Homens Pobres de Lyon (ou valdenses), a alienação se tornou muito grande, a condenação oficial se seguiu e, muitas vezes, cruzadas eram lançadas contra esses hereges.

O papado, que, segundo alguns acreditam, atingiu seu apogeu no século XIII, posteriormente sofreu sério declínio e desordem. Durante a maior parte do século XIV, os papas viveram fora de Roma, em Avignon (1309–1377), frequentemente peões de uma monarquia francesa cada vez mais poderosa. Quando a corte papal finalmente retornou a Roma, os antipapas abundavam durante o período do chamado grande cisma (1378-1417). Esse conflito eclesial interno refletia uma desordem crescente no continente: o clima piorou a tal ponto que Brian Fagan chamou isso de "Pequena Era do Gelo"; houve fome, as guerras eram numerosas e a peste bubônica [ilustração 138] varreu a Europa. Estima-se que cerca de um terço da população da Europa tenha sido devastado por esses desastres cumulativos.

Os séculos XIV e XV certamente testemunharam um renascimento nas artes e na literatura. Os estudos humanísticos dos clássicos latinos e gregos abriram uma nova era de aprendizado no Ocidente, e um tempo de descobertas estava florescendo. Para a Igreja e sua liturgia, no entanto, a era terminou numa trajetória menos promissora do que quando começou. A nova síntese teológica estava sob ataque, assim como muitas práticas litúrgicas e devocionais da Igreja. A reforma e a contrarreforma logo se seguiriam.

ARQUITETURA

No início desse período, nasceu no Norte o que mais tarde seria conhecido como o estilo gótico na arquitetura. Quase três séculos depois, o estilo renascentista surgiria na Itália. A evolução desses novos estilos significou mais do que proezas avançadas de engenharia, novas habilidades na construção de contrafortes ou formas imaginativas de repensar o arco. Mais do que uma compilação e refinamento de velhos elementos arquitetônicos em formas agradáveis, esses desenvolvimentos arquitetônicos distintivos refletiam novas maneiras de ver o cosmos, o mundo e os fiéis que os habitavam. Eles também corporificavam visões particulares do que significava ser Igreja, em que todo ministério e toda pessoa tinham um lugar e papel designados numa ordem hierárquica bem definida.

O nascimento do gótico

Como outras designações, o que chamamos de gótico não era originalmente conhecido por esse nome, mas era chamado de *opus modernum* (em latim, "estilo moderno"). O uso arquitetônico do termo gótico pode ter se originado com o arquiteto florentino Leon Battista Alberti (morto em 1472). A palavra é derivada do termo latino para os godos, a tribo germânica que saqueou Roma em 410 [ilustração 104] e carregava a implicação depreciativa de "bruto" ou "rude". A arquitetura gótica tomou de empréstimo e refinou elementos-chave já presentes na paisagem das últimas igrejas românicas. Por exemplo, observamos anteriormente que os arquitetos românicos haviam construído com sucesso abóbadas de pedra e alvenaria, geralmente semicirculares ou "abóbadas de berço". Devido ao seu peso, esses tetos exercem uma tremenda pressão lateral, e as paredes tinham de suportar todo o peso. Como consequência, essas paredes eram frequentemente muito espessas e tinham poucas janelas. Contudo, no final do século XI, em locais como a Catedral de Durham, na Inglaterra, os arquitetos estavam construindo abóbadas de cruzaria em vez de abóbadas de berço [ilustração 139], que direcionavam o peso verticalmente para os pilares. Os compartimentos entre as nervuras consistiam em alvenaria leve, o que diminuía a pressão no sistema de suporte abaixo e permitia que as paredes fossem perfuradas por janelas e galerias. Os pilares, por sua vez, podiam ser fortalecidos por contrafortes de alvenaria, os arcobotantes — às vezes chamados de "contrafortes voadores" porque pareciam "voar" do pilar que estava sendo reforçado, geralmente sobre o teto de uma nave lateral e conectando-se à superestrutura mais forte que compunha as paredes exteriores e suportes do edifício.

Embora a Catedral de Durham tivesse abóbadas de cruzaria, arcobotantes e até arcos ogivais, tão característicos da arquitetura gótica,

140. Ste. Chapelle em Paris, abóbada da capela superior.

Citação 247:
Quem quer que tu sejas,
se buscas enaltecer a glória destas portas,
Não te maravilhes com o ouro e o custo,
mas com o trabalho da obra,
A nobre obra é clara, mas,
sendo de nobre clareza,
a obra Iluminará as mentes para que,
através das luzes verdadeiras,
cheguem à Luz Verdadeira,
onde Cristo é a verdadeira porta.
A porta dourada define desta maneira
a luz inerente a este mundo:
A mente entorpecida eleva-se à verdade
através daquilo que é material,
E, ao ver esta luz, ressuscita da
sua submersão anterior.
(Abade Suger [morto em 1151], poema sobre as portas da igreja de Saint Denis, in: Panofsky, *Gothic Architecture and Scholasticism*, p. 47–49)

em vez de arredondados, ela não era um edifício gótico. Otto von Simson argumenta que, embora esses edifícios tivessem a tecnologia de construção semelhante àquela encontrada em estruturas góticas posteriores, faltavam-lhes elementos centrais. Um deles era uma nova maneira de usar a luz. A "luminosidade" gótica não deve ser confundida com o "brilho", pois não são a mesma coisa. Isso é evidente em muitas igrejas góticas, como a de Chartres, cujos ricos vitrais podem fazer a nave parecer bastante escura até mesmo no meio do dia. Von Simson observa que o tipo especial de luminosidade que caracteriza o gótico é a relação da luz com a substância material das paredes. Ele explica: "Numa igreja românica, a luz é algo distinto e contrastante em relação à substância pesada, sombria e tátil das paredes. A parede gótica parece ser porosa: a luz filtra através dela, permeando-a, fundindo-se a ela, transfigurando-a" (p. 3). O esqueleto refinado do edifício gótico, com o impulso descendente do telhado desviado para pilares e contrafortes, permitindo enormes espaços abertos cheios de janelas e galerias [ilustração 140], foi o feito de engenharia que permitiu o surgimento dessa nova estética. Ao fazer isso, esses edifícios também afirmavam um ponto teológico distinto. Na mente medieval, a luz era um mediador privilegiado e misterioso de Deus. A catedral gótica, com grandes e impressionantes vitrais, oferecia um novo tipo de convite para um poderoso encontro com a esfera divina [citação 247].

Além da luminosidade, outra característica do gótico era sua personificação da ordem [ilustração 141]. Esses séculos foram épocas de grandes realizações, especialmente na sistematização e organização de ideias no Ocidente. Exemplos eternos disso são os compêndios teológicos ou *Summas* teológicas (em latim, "sumário"), como os de Tomás de Aquino e Boaventura. Enquanto mentes talentosas buscavam uma vasta síntese da ordem divina no papel, os arquitetos realizavam uma síntese paralela em pedra. Assim, uma maneira de considerar a catedral gótica é como uma síntese arquitetônica do universo divinamente ordenado. Internamente, por exemplo, o edifício era bem organizado, com cada parte individual integrada ao todo [citação 248]. Dentro do universo medieval, cada pessoa tinha um lugar e função específicos ordenados por Deus. A catedral gótica corporificava essa visão hierárquica. Ela reconhecia e acentuava a centralidade do sacerdote e os mistérios que ele encenava nos limites sagrados do santuário. Se a catedral gótica era o epítome da ordem, ela também personificava um notável grau de exclusão litúrgica. Como Ernst Cassirer observou, durante a Idade Média a importância de uma pessoa era demonstrada de acordo com sua proximidade com a primeira causa [citação 249]. Na liturgia eucarística, isso significava proximidade física em relação ao altar onde Deus se fazia presente. O distanciamento dos leigos, e até mesmo das várias ordens do clero, em relação ao altar durante a celebração eucarística era uma mensagem clara sobre graus de santidade ou indignidade na igreja medieval.

Dado que as igrejas góticas foram erguidas no contexto da cristandade europeia, em que se pensava que Igreja e sociedade eram uma coisa só, sua personificação da ordem e suas correspondentes mensagens de dignidade não estavam confinadas ao interior da igreja. Como

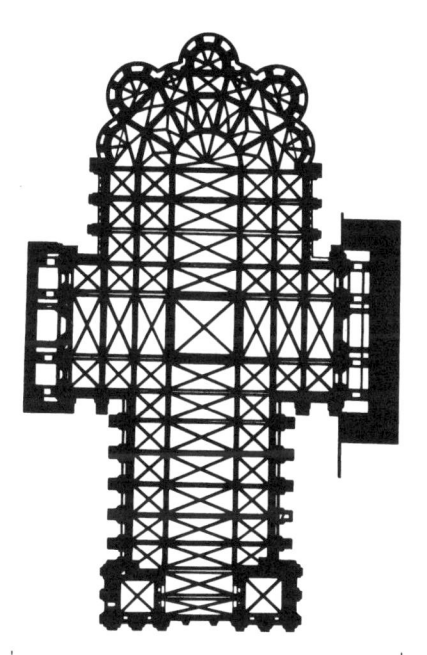

141. Planta da Catedral de Chartres, iniciada em 1145 e reconstruída após o incêndio de 1194. (Segundo Norberg-Schulz, p. 195)

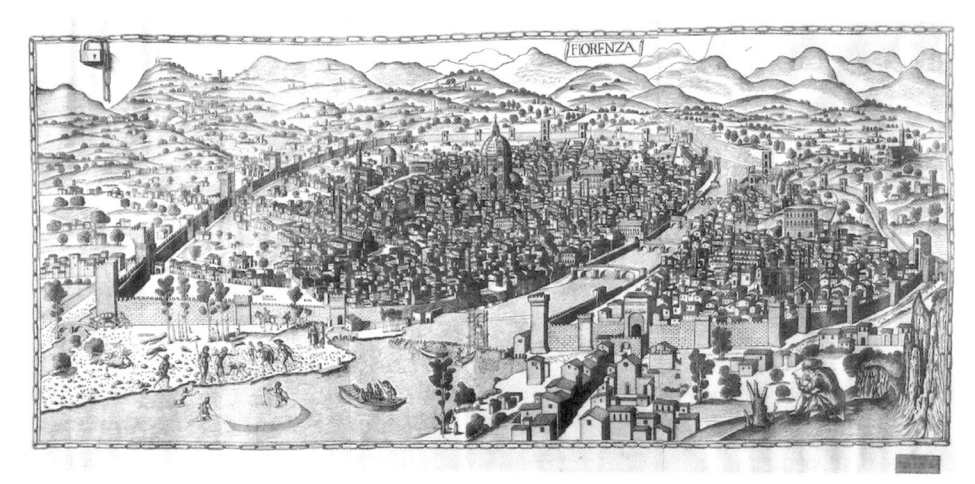

142. Mapa do século XV de Florença, com o complexo da catedral no centro.

Citação 248: Como a *summa* da Alta Escolástica, a catedral do Alto Gótico visava, antes de tudo, à "totalidade" e, portanto, tendia a aproximar-se por síntese, como também por eliminação, de uma solução perfeita e final; portanto, podemos falar do plano do Alto Gótico ou do sistema do Alto Gótico com muito mais confiança do que seria possível em qualquer outro período. Em suas imagens, a catedral do Alto Gótico procurava corporificar todo o conhecimento cristão [...] com tudo em seu lugar e suprimindo o que não encontrava mais seu lugar. No projeto estrutural, procurou similarmente sintetizar todos os principais temas transmitidos por canais separados e, finalmente, alcançar um equilíbrio sem paralelo entre o tipo de plano basilical e o centralizado. (Panofsky, *Gothic Architecture and Scholasticism*, p. 44s.)

Citação 249: No sistema religioso da Idade Média, a cada fase da realidade é atribuído um lugar único; e seu lugar é acompanhado por uma completa determinação de seu valor, que se baseia na maior ou menor distância que a separa da primeira causa. (Cassirer, *The Philosophy of the Enlightenment*, p. 39)

Christian Norberg-Schulz reconhece, esses edifícios são simbólicos de uma re-concepção da cidade medieval. Em sua língua, as igrejas românicas frequentemente apareciam mais como "fortalezas" contra o mundo exterior. As igrejas góticas eram diferentes e, através de suas estruturas abertas, irradiavam uma presença divina para o ambiente circundante que era moldado ao redor da catedral [ilustração 142]. Assim, Norberg-Schulz conclui que "a era gótica estendeu o conceito de *Civitas Dei* [em latim, "Cidade de Deus"] ao ambiente urbano como um todo, com a cidade concebida como um organismo dotado de sentido" (p. 185), certamente com a igreja em seu centro.

O gótico como a personificação da ordem acabou evoluindo para o gótico como a personificação do extremo e do frenético. O estilo gótico extravagante do final dos séculos XIII e XIV passou a obscurecer a síntese e a ordem do gótico dos períodos inicial e intermediário. Essa evolução em pedra e vidro espelhava a ordem cada vez mais confusa e contestada da Igreja e da sociedade medievais tardias. Liturgicamente, também, houve um aumento de confusão, com algumas práticas extremas e um foco geral no que poderia ser considerado secundário, não em ações e símbolos litúrgicos primários. A devoção popular concentrava-se em ver a hóstia, não em recebê-la; a preocupação em reduzir o tempo que alguém teria de passar no purgatório levou a práticas problemáticas, até escandalosas, em torno de estipêndios de missa e indulgências. Posteriormente, como a grande abóbada da Catedral de Beauvais, as práticas eucarísticas que haviam sido libertadas de suas fundações bíblicas e patrísticas começaram a desmoronar sob seu próprio peso.

O estilo renascentista italiano

À medida que o avanço da arquitetura gótica começou a estagnar, dissipando-se depois, um novo e poderoso movimento social e artístico estava florescendo ao sul dos Alpes. Embora a palavra "renascimento" (do latim *renasci*, "nascer de novo") tenha sido usada para descrever muitas eras e movimentos, o uso desse termo atualmente costuma referir-se ao Renascimento italiano dos séculos XIV a XVI. Muitos fatores contribuíram para o surgimento dessa era. Um fundamento distinto para esse movimento foi o retorno à literatura e à filosofia dos antigos gregos e romanos (daí a noção de "renascimento"). Figuras medievais como Tomás de Aquino e outros escolásticos já haviam se inspirado nos escritos de Aristóteles e Platão para moldar suas teologias. No entanto, o retorno aos clássicos no Renascimento italiano foi um empreendimento muito mais abrangente, com amplo impacto social.

No contexto cristão da Alta Idade Média, esses clássicos eram decididamente "pagãos" e sua visão de mundo ou ética frequentemente contradiziam os ensinamentos da Bíblia e da Igreja. Por exemplo, esses escritos estimulavam um novo apreço pelos prazeres deste mundo, em vez de apoiar qualquer estética que depreciasse os prazeres mundanos pela recompensa de uma vida futura. Outra característica dos clássicos greco-romanos era a ênfase no valor, na dignidade e na unidade da natureza humana. Embora o cristianismo primitivo certamente ensinasse o valor do indivíduo, esse ensinamento diminuiu ao longo do tempo. Com maior ênfase na pecaminosidade dos batizados, a crescente divisão entre clérigos e leigos — sintomática da crescente divisão entre céu e terra — e o impacto coletivo do feudalismo, o ser humano individual não era muito valorizado no esquema medieval das coisas [citação 250]. Numa surpreendente inversão dessa tendência, o Renascimento, imitando os clássicos antigos, não apenas valorizava o indivíduo, mas às vezes imaginava o ser humano no centro do universo [ilustração 143]. Esse amplo movimento intelectual, fundamental para o Renascimento italiano, é, portanto, apropriadamente chamado de "humanismo".

A arquitetura renascentista também recorreu aos clássicos do mundo greco-romano para se inspirar. O vocabulário arquitetônico da Roma antiga, ainda visível nesta época (embora frequentemente em ruínas) com suas colunas, arcos arredondados e cúpulas, substituiu a visão gótica. Uma fonte escrita importante para esse "renascimento" foi

Citação 250: A civilização medieval suprimiu o ego. No regime feudal, o indivíduo isolado tinha pouca posição. Ele adquiria *status* e proteção principalmente como membro de um grupo definido, senhorial ou servil. O sistema senhorial girava em torno da comunidade e não do indivíduo. Quando as cidades eliminaram o jugo do feudalismo, elas prometeram liberdade coletiva e corporativa, em vez de liberdade individual. Nas relações comerciais, a vida em grupo era primordial, tanto nas guildas da cidade quanto nas aldeias camponesas das propriedades senhoriais. Tudo era regulado por lei e costume. O indivíduo que tentasse desafiar a autoridade e a tradição, em questões de pensamento ou ação, era desencorajado ou esmagado. (Kreis, "Renaissance Humanism")

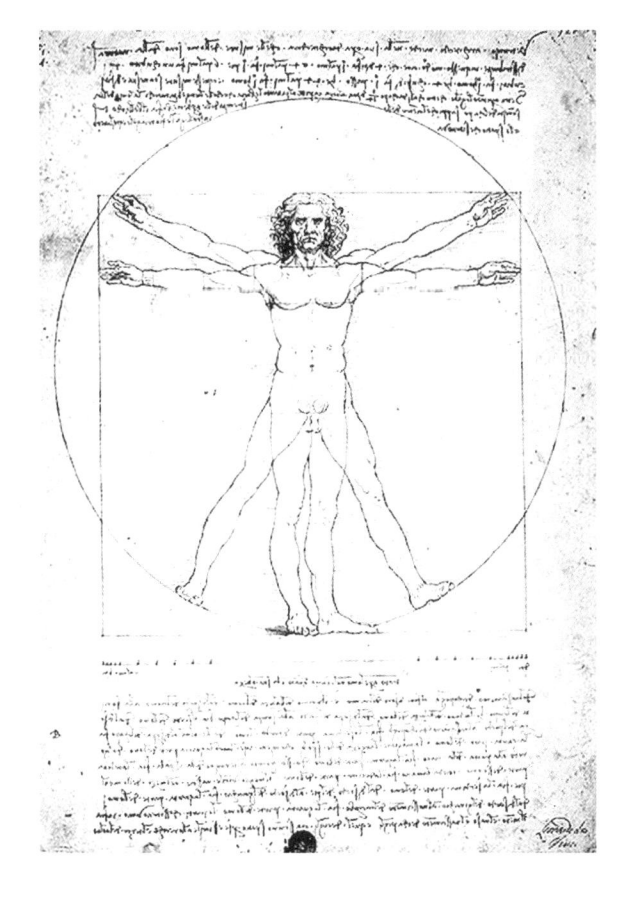

143. Esboço de Leonardo da Vinci ilustrando os princípios da proporção.

144. Catedral de Florença.

Citação 251: Uniformidade é a paridade entre as partes; cada uma correspondendo ao seu oposto, como na figura humana. Os braços, pés, mãos, dedos são semelhantes e simétricos entre si; assim devem corresponder as respectivas partes de um edifício. (Vitrúvio, De Architectura, 2:4, in: *The Architecture of Marcus Vitruvius Pollio*)

De Architectura (em latim, *Sobre arquitetura*), do arquiteto romano Vitrúvio (morto após 27 d.C.). Embora empregassem os avanços feitos pelos construtores góticos, os arquitetos renascentistas encontraram novas maneiras de construir abóbadas e contrafortes que incorporavam elementos clássicos em vez de medievais. Suas obras eram marcadas por um novo senso de harmonia fundado na crença vitruviana de que o corpo humano [ilustração 143] fornecia a proporção ideal para a arquitetura e a arte [citação 251]. Alguns arquitetos renascentistas também preferiram igrejas de planta central à basílica longitudinal, tão característica do período gótico.

Embora certamente não seja o primeiro edifício do Renascimento italiano, um dos símbolos mais duradouros dessa revolução arquitetônica é a catedral abobadada de Santa Maria del Fiore (em italiano, "Santa Maria da Flor") em Florença [ilustração 144]. Ela foi iniciada em 1296 como uma estrutura gótica, mas em 1366 os líderes da cidade decidiram que o estilo gótico não deveria mais ser seguido e que um novo tipo de edifício no estilo romano deveria ser construído. O *Duomo* (em italiano, "domo" ou "catedral") ainda seguia inacabado no início do século XV, principalmente porque ninguém era capaz de propor um plano possível para criar um domo que pudesse abarcar um espaço aberto com mais de 42 metros de largura. Foi o escultor, que mais tarde se tornou arquiteto, Filippo Brunelleschi (morto em 1466) que levou a cabo a façanha, com um *design* arrojado que empregava uma cúpula interna e outra externa, resultando no que ainda é a maior cúpula de alvenaria do mundo.

A catedral concluída de Santa Maria del Fiore personificava muitos aspectos da arquitetura renascentista. Por exemplo, ela era um empreendimento cívico e não eclesiástico; e os líderes da cidade não apenas contrataram o arquiteto original em 1296 como também decidiram mudar o estilo do edifício em 1366, organizando uma competição em 1418 para encontrar um arquiteto para concluir a cúpula.

Ao contrário do caso de praticamente todas as catedrais góticas, conhecemos os nomes dos três principais arquitetos que criaram a estrutura (Arnolfo di Cambio, morto antes de 1310; Francesco Talenti, morto em cerca de 1369; e Filippo Brunelleschi, morto em cerca de 1446). A genialidade de um indivíduo como Brunelleschi foi bem celebrada até mesmo durante sua vida. O edifício, especialmente a cúpula com seu *design* octogonal, corporificava os princípios de simetria adotados pelo antigo arquiteto romano Vitrúvio. Finalmente, notamos que os edifícios góticos irradiavam um tipo de presença divina (de dentro para fora) para o ambiente circundante. Por outro lado, o *Duomo* pode ser considerado um edifício virado do avesso, com as nervuras externas na cúpula chamando a atenção para a engenhosidade octogonal de Brunelleschi; uma torre sineira alta e independente (com mais de 60 metros de altura) projetada por Giotto (morto em 1337); e um exterior vívido de faixas de mármore branco, verde e rosa, em contraste com um interior bastante simples e quase árido. Este não é um edifício que irradia de dentro para fora, mas um edifício cujo exterior proclama a pujança política, o poder financeiro e o gênio do povo de Florença. Certamente, essa era uma visão humanística de como Deus deveria ser glorificado.

Divisão do espaço

Havia diferenças significativas entre a arquitetura gótica e a renascentista, incluindo a maneira como os interiores das igrejas eram configurados. Ao mesmo tempo, havia muitos paralelos na arquitetura eclesiástica no Ocidente durante esse período, incluindo semelhanças na maneira como os espaços interiores eram divididos.

Altares principais. Um ponto de convergência fundamental nesses edifícios era o altar principal, fosse ele posicionado na parte de trás de um longo coro gótico ou centralizado sob uma cúpula renascentista. Frequentemente elevado sobre muitos degraus, às vezes marcados com retábulos elaborados, ele dominava o recinto mais sagrado e era um ponto focal para os fiéis, apesar de muitas vezes se encontrar a uma grande distância deles. Esse era o lugar onde Cristo era feito presente e onde ele ressuscitava sob a aparência de pão na elevação da missa.

No *ordo* romano IX (cerca de 880–900), há evidências de que, no final do cânon, o bispo levantava os elementos consagrados do altar. Segundo Nathan Mitchell, no final do século XII, no Ocidente, desenvolveu-se uma nova prática de levantar a hóstia quando o padre recitava a

145. Elevação da hóstia.

Citação 252: Se um padre parasse depois das palavras "Isto é o meu corpo", argumentou Peter Cantor, nenhuma consagração teria ocorrido. Sua lógica era direta: "Um corpo verdadeiro não pode existir sem sangue; mas não há sangue neste sacramento até que o vinho seja consagrado; portanto, o pão só é verdadeiramente consagrado quando toda a fórmula para ambas as espécies é dita pelo padre". (Mitchell, *Cult and Controversy*, p. 152s.)

parte da narrativa da instituição que assim começava: "Na noite em que ia ser entregue, ele tomou o pão…" Essa inovação seria bem explicada pela tendência germanizante a uma interpretação dramática e representacional da liturgia que observamos no capítulo anterior. Essa prática coincidiu com um debate teológico sobre quando exatamente a consagração ocorria. Pedro Cantor representava o que Mitchell chama de escola de "consagração única", que sustentava que o único ato de consagração incluía pão e vinho, e que nenhum deles podia ser consagrado sozinho [citação 252]. Parece que, em resposta a essa posição, que acabou sendo rejeitada pela Igreja, e para evitar qualquer dúvida sobre quando a consagração ocorria, um sínodo parisiense, por volta de 1208, ordenou que, antes da consagração, o pão fosse segurado na altura do peito e, somente após a repetição das palavras de Cristo sobre o pão, ele deveria ser elevado [ilustração 145] para que pudesse ser visto por todos (Mitchell, p. 156). Embora levasse séculos para que a elevação do cálice se tornasse habitual, essa elevação do pão se tornou tão significativa no final da Idade Média que se fazia o possível para garantir que hóstia fosse vista. Às vezes, uma cortina escura era puxada atrás do altar como um contraste com a hóstia branca. Em outras ocasiões, uma vela especial de consagração era erguida por um servidor para iluminar o pão. Muitas vezes, os sinos tocavam para sinalizar esse momento crucial. Um dos gestos de reverência mais incomuns foi a construção de um dispositivo mecânico acima do altar-mor na Inglaterra

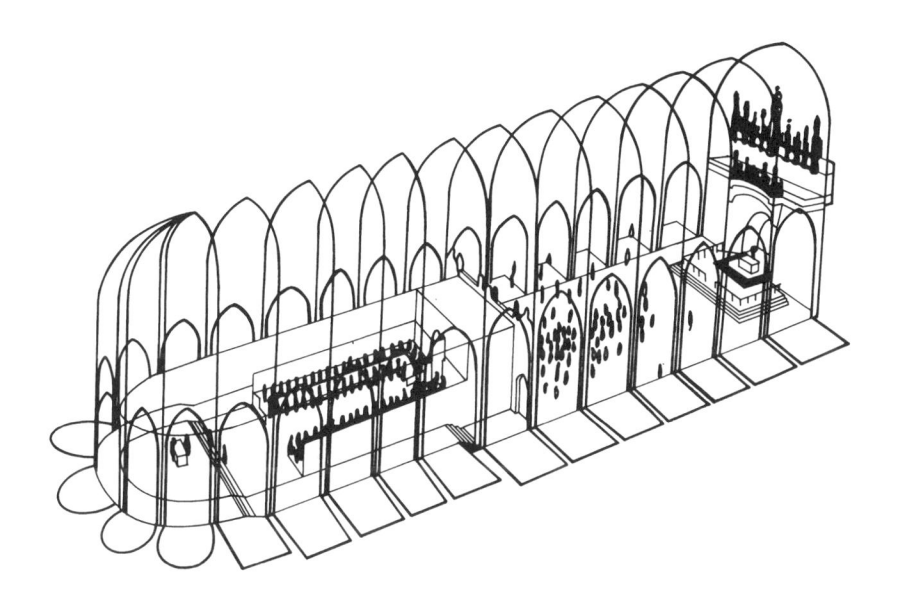

146. Desenho esquemático da catedral de Albi, indicando as posições dos clérigos no coro, o altar-mor, a tela do coro e as pessoas fora da tela. (Quinn, p. 40)

do início do século XVI. No momento da consagração, esse artifício fazia que os anjos descessem ao altar, onde permaneciam até a conclusão do pai-nosso (Thurston, p. 380s.). Embora um pouco estranha, essa prática ressalta que a elevação havia se tornado o centro ritual da liturgia, comemorado no centro arquitetônico da igreja.

Área do coro. Já no período anterior, a área em que monges ou clérigos rezavam a Liturgia das Horas havia começado a se transformar num espaço permanente e restrito que separava a assembleia do santuário principal. As telas do coro continuaram a evoluir, às vezes aparecendo como barreiras elaboradas e impenetráveis que praticamente excluíam os fiéis da ação litúrgica central [ilustração 146]. O crescente interesse em ver a hóstia consagrada muitas vezes tornava necessário acrescentar portas a essas telas, que podiam ser abertas durante o cânon da missa para que as pessoas pudessem assistir à elevação. Às vezes, os púlpitos eram erguidos sobre essas barreiras para que as pessoas pudessem ouvir qualquer pregação ocorrida durante a liturgia, algo que acontecia com crescente frequência sob a influência de ordens de pregadores como dominicanos e franciscanos. Dentro dos limites do coro, muitas vezes se encontravam magníficos cadeirais onde monges ou clérigos celebravam a Liturgia das Horas ou assistiam à missa [ilustração 147].

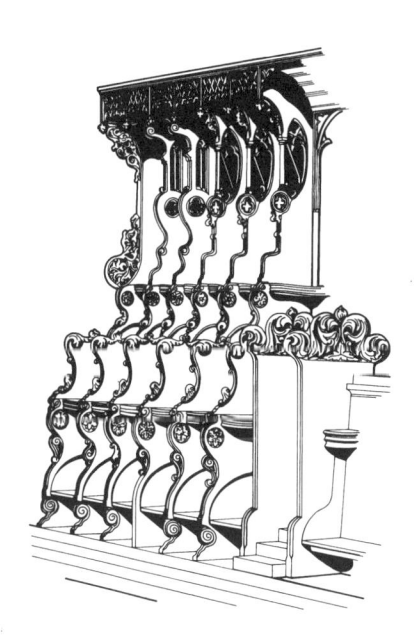

147. Cadeiral do coro de Maulbronn, entalhe do século XV. (Atz, p. 154)

Altares laterais. A popularidade da missa privada, bem como o aumento da veneração de relíquias, levou a uma multiplicação de altares laterais nas igrejas dessa época. Nas mais antigas, nem sempre projetadas para acomodar missas privadas simultâneas, altares laterais adicionais eram acrescentados sempre que um espaço aberto conveniente pudesse ser encontrado. No final da Idade Média, no entanto, a necessidade de múltiplos altares laterais foi incorporada ao próprio *design* do edifício. Com frequência, pequenas capelas para esses altares irradiavam da abside ou da nave. Nas mãos de um gênio como Brunelleschi [ilustração 148], o resultado foi a incrível combinação de uma maravilhosa nave aberta ladeada por inúmeros espaços circunscritos. A teologia embutida em semelhante edifício é aquela que reconhece uma comunidade de fé com uma liturgia pública oficial, ao mesmo tempo em que admite que as necessidades espirituais da comunidade (de leigos e ordenados) não foram sempre, ou nem mesmo essencialmente, atendidas pelo culto público oficial.

Bancos de igreja. Desde o início do culto cristão, faziam-se concessões para que certas pessoas se sentassem durante a Eucaristia. Nas casas que serviram como os primeiros espaços de reunião, às vezes um banco era colocado ao longo da parede da sala de jantar onde os cristãos se reuniam. Quando a comunidade abandonou a tradição greco-romana de reclinar-se enquanto jantava e optou por permanecer em pé durante a Eucaristia — um símbolo da ressurreição —, bancos ou assentos raramente estavam disponíveis para toda a comunidade e, quando as pessoas se sentavam, sentavam-se no chão. Assentos eram fornecidos ao bispo e, com menos frequência, a outros ministros ou pessoas mais idosas. No período pós-constantiniano, assentos também eram providenciados para o imperador e outros dignitários. Nos mosteiros ou nas catedrais, bancos eram fornecidos aos monges ou clérigos que ocupavam a área do coro diante do altar. Desde o período carolíngio, existem evidências de que bancos, esteiras ou assentos espalhados estavam disponíveis para os leigos, geralmente fornecidos por iniciativa deles próprios. Durante os séculos XIV e XV, a disponibilidade de bancos e assentos se tornou mais generalizada. Igrejas cheias de bancos tornaram-se comuns

148. Igreja de *Santo Spirito* em Florença por Brunelleschi, iniciada em 1436 e concluída em 1482, ilustrando como uma multidão de altares laterais com capelas individuais se integra ao desenho de uma igreja. Brunelleschi pretendia expressar a inclusão de tantas capelas laterais externamente, articulando a parede externa de cada capela com um semicírculo. Estes semicírculos foram posteriormente ocultados com uma parede reta ao redor do contorno do edifício. (Kostof, p. 383)

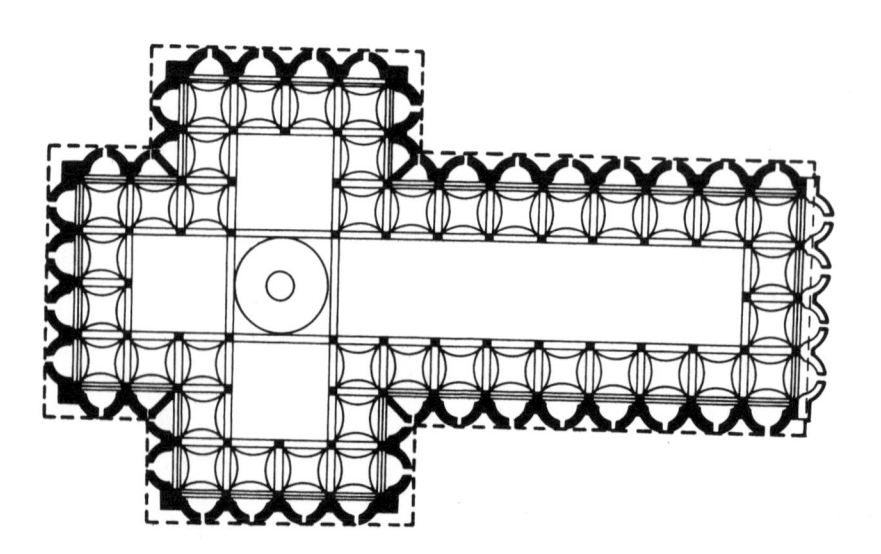

após o século XVI. Embora seja uma característica usual nas igrejas ocidentais hoje em dia, sua aparência simbolizou uma mudança significativa na atitude da assembleia e contribuiu para sua postura cada vez mais estática no culto [citação 253].

> Citação 253: A partir do século XIV, ocorreu uma revolução em muitas igrejas paroquiais. A assembleia literalmente se sentou durante o serviço após a introdução dos bancos de igreja. Esta, antes móvel e capaz de ir onde a pregação era mais bem ouvida ou a missa mais bem vista, ficou estática. [...] Uma assembleia sentada pode ter sido a mudança mais significativa no culto cristão desde Constantino. (James White, *A Brief History of Christian Worship*, p. 101s.)

Resumo

A Alta Idade Média foi um dos períodos mais inventivos da história da arquitetura eclesiástica. Duas sínteses incomuns no Renascimento gótico e italiano deixaram marca permanente nas visões ocidentais de como os espaços de culto deviam ser projetados. Juntamente com magníficas realizações artísticas e de engenharia, esses desenvolvimentos sinalizaram mudanças significativas na assembleia eucarística. Por exemplo, a proximidade histórica e geográfica entre a introdução da elevação e o nascimento da arquitetura gótica foi mais do que uma coincidência. Ao contrário, eles constituíam elementos análogos que afirmavam tanto a predominância dos aspectos visuais da liturgia quanto a tendência de reduzir o papel da assembleia ao papel de espectador eucarístico. Os edifícios gótico e renascentista foram projetados menos para a audição e para a resposta da assembleia e mais para a sua visualização. No processo, normalmente os crentes eram mantidos à distância da ação sagrada do padre, que ocupava o centro arquitetônico e litúrgico desses edifícios. Com a adição de bancos, a comunidade assumiu um novo grau de inação na liturgia eucarística.

MÚSICA

A paisagem musical da eucaristia medieval tardia era um estado de coisas diversificado e paradoxal. Por um lado, *scholas* e coros haviam assumido um novo destaque na liturgia eucarística, especialmente nas catedrais e outras grandes igrejas urbanas. Quanto à composição musical para esses músicos de elite, esse foi um período de desenvolvimento incomumente fértil para a música eclesiástica. Por outro lado, o crescente fenômeno da missa privada indica que, com muita frequência, a Eucaristia era celebrada sem música. Quanto aos fiéis, foi nítido o declínio de seu papel musical na celebração pública da Eucaristia, mas suas vozes não puderam ser completamente silenciadas. Para analisar essa situação complexa, consideraremos duas tendências musicais básicas da época: a adição de mais de uma voz durante uma peça e as mudanças textuais que acompanharam esse desenvolvimento musical. À luz dessas duas mudanças, que afetam amplamente a música de *scholas* e coros, consideraremos como e quando a voz da congregação foi ouvida.

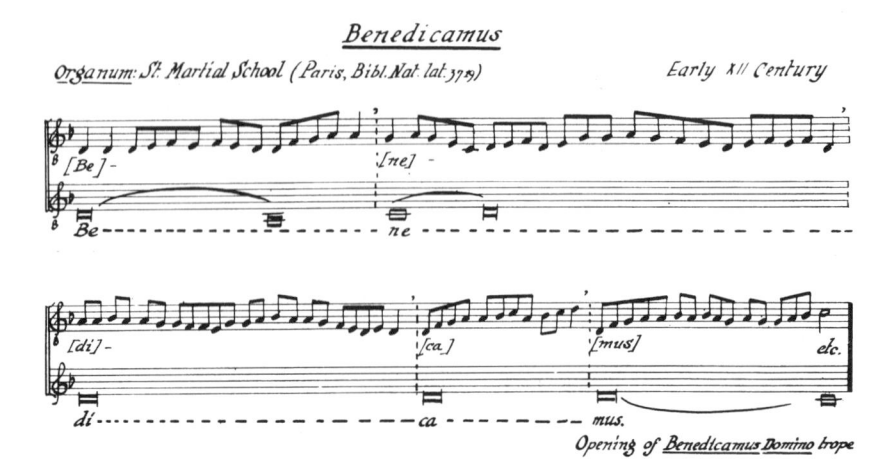

149. *Organum* de duas partes com melodia gregoriana de movimento lento na voz inferior e ornamentação florida na voz superior. Início do século XII. (Gleason, p. 30)

Multiplicação de vozes

A polifonia apareceu no século IX e ganhou destaque durante o final da Idade Média. Certamente, obras de canto continuaram a ser executadas na liturgia e novas obras para canto também foram compostas. Existe até mesmo uma célebre mística desse período, Hildegarda de Bingen (morta em 1179), cujos cânticos litúrgicos escritos para as freiras de seu convento chegaram até nós. No entanto, à medida que conventos e mosteiros deram lugar a catedrais como os centros de culto cristão no Ocidente, o canto cedeu seu destaque à polifonia.

Obras simples de *organum* em duas partes, já existentes na era anterior, foram sucedidas por composições de três e quatro partes. Além da adição de mais linhas melódicas a essas composições, às vezes a escrita era de estilo mais floreado. Em alguns trabalhos baseados em melodias gregorianas, o canto era realizado muito lentamente na voz mais baixa, enquanto passagens ornamentadas eram cantadas na (s) voz (es) superior (es) [ilustração 149]. No capítulo 4, observamos que, independentemente de sua origem, o canto gregoriano era uma música centrada na palavra, projetada para apoiar e aprimorar o texto litúrgico. Desenvolvimentos sucessivos na polifonia frequentemente contribuíam para obscurecer o texto litúrgico, além de ofuscar a melodia original, que era reduzida a um zumbido subjacente, às vezes executada nos órgãos primitivos da época.

Esses desenvolvimentos melódicos foram acompanhados por avanços rítmicos, como a introdução de um padrão rítmico repetido. Esse padrão repetido foi uma das técnicas usadas pelos compositores do século XIII para organizar suas composições [ilustração 150]. A música resultante — marcada com uma nova coerência e verticalidade rítmicas criada por muitas linhas melódicas uma sobre a outra — era muito parecida com a catedral gótica da época, com suas abóbadas altas e padrões repetitivos de pilares e contrafortes. Ambas tiveram um efeito se-

Modo	Metro	Equivalente musical
1	Trocaico: longa breve	
2	Lâmbico: breve longa	
3	Dactílico: longa breve breve	
4	Anapéstico: breve breve longa	
5	Espondaico: longa longa	
6	Tríbraco: breve breve breve	

Modo	Ordo perfeito	Padrão de ligaduras	Equivalente moderno
1	Terceiro	3 2 2	
2	Terceiro	2 2 3	
3	Segundo	1 3 3	
4	Segundo*	3 3 2*	
5	Primeiro	1 1 1 or 3	
6	Terceiro		

150. Os seis padrões rítmicos conhecidos como "modos rítmicos" empregados na organização do ritmo de algumas músicas medievais mais tardias. (Hoppin, p. 222, 224)

melhante na assembleia: transcendiam a compreensão das pessoas comuns, enquanto invocavam um sentimento de assombro e admiração.

A composição polifônica inicial da Eucaristia estava confinada às partes modificáveis ou do próprio da missa. No século XIV, alguns compositores voltaram sua atenção para as configurações polifônicas destinadas ao ordinário da missa. Uma razão para essa mudança foi a consciência de que as composições do ordinário poderiam ser mais úteis do que os próprios, que geralmente eram cantados apenas uma vez por ano. Também é possível que os textos do ordinário, que eram utilizados havia muitos séculos, tenham sido considerados uma parte mais venerável do ritual. Assim, por muito tempo, os músicos estavam menos inclinados a se afastar das composições gregorianas tradicionais do ordinário. Durante o final da Idade Média, no entanto, a música ocidental passou por desenvolvimentos artísticos significativos, independentemente da liturgia. Nesse contexto, por causa da recém-descoberta independência das artes musicais em relação à liturgia da Igreja e por causa do desejo de explorar novos territórios de composição, os compositores se sentiram ousados o suficiente para aplicar técnicas po-

151. Exemplo de um texto de tropo cantado na voz superior (*Stirps Jesse*) contra um original gregoriano *Benedicamus Domino*. Início do século XII. (Gleason, p. 33)

lifônicas ao ordinário da missa. A primeira composição completa do ordinário da missa por um único compositor foi *La Messe de Notre Dame*, de Guillaume de Machaut (morto em 1377). Enquanto as melodias de canto e a maioria das primeiras obras de polifonia eram compostas anonimamente, Machaut e seus contemporâneos musicais se tornaram alguns dos primeiros compositores a alcançar a fama por suas realizações individuais. Paralelamente à ascensão de arquitetos individuais, observada anteriormente, esse desenvolvimento sinalizava ainda que a música estava assumindo uma vida separada do culto. A independência artística, seja na música seja na arquitetura, contribuiu para a crescente tendência dos artistas de usar a liturgia como cenário para suas realizações artísticas, independentemente de elas contribuírem para o engajamento religioso da assembleia. Isso não significa que esses artistas não estavam preocupados em glorificar a Deus com suas artes, pois muitos estavam. A glorificação de Deus, no entanto, não era necessariamente casada com a santificação das pessoas.

Alterações textuais

A adição de inúmeras vozes a uma única melodia pode ser uma obra de grande beleza. Contudo, o som simultâneo de linhas melódicas independentes na polifonia dificulta — especialmente para os que não são treinados musicalmente — identificar ou reproduzir qualquer uma das melodias de uma peça construída desse modo. Embora essa música tenha sido, sem dúvida, inspiradora, a obscuridade das várias linhas melódicas a tornava inacessível para a maioria das pessoas. Ninguém saía da igreja cantarolando uma obra polifônica.

Essa obscuridade melódica encontrou um paralelo na obscuridade crescente dos textos na música litúrgica da época. Os próprios e o ordinário da missa se desenvolviam a partir de um estoque textual comum: salmos, litanias e hinos ou orações tradicionais. Mesmo que o povo não falasse latim, anos ouvindo o *Sanctus* cantado ou outros cânticos permitiram que as pessoas comuns se familiarizassem com esses textos. O canto simultâneo de um só texto em dois ou três ritmos diferentes ou o canto de dois ou três textos diferentes ao mesmo tempo não permitia essa familiarização.

152. Moteto baseado em gradual para a Páscoa, *Haec Dies* (Este é o dia), com um texto em latim *Virgo virginum* (Virgem das virgens) na segunda voz e ou um texto em latim *O mitissima* (Ó, dulcíssima Virgem Maria) ou um antigo texto em francês *Quant voi* (Quando vejo retornar a temporada de verão) na voz superior. (Davidson; Apel, p. 33)

Vários desenvolvimentos na polifonia contribuíram para um obscurecimento progressivo dos cânticos litúrgicos. No *organum*, um tropo ou segundo texto às vezes era cantado em contraponto aos textos originais [ilustração 151]. Às vezes, apenas um fragmento do texto original era empregado na voz inferior. Esse tipo de composição era chamado de *clausula* (do latim claudere, "claudicar"). Posteriormente, um texto em latim foi adicionado à voz superior, ou vozes superiores, da *clausula*, criando assim o moteto (do francês *mot*, "palavra"). Em alguns motetos, um segundo texto em latim ou francês era ocasionalmente acrescentado [ilustração 152]. A politextualidade resultante, casada com a polifonia musical, obscureceu bastante os textos. Embora este seja um exemplo decididamente extremo, havia uma preocupação crescente no final desta época sobre a incapacidade de ouvir ou entender os textos litúrgicos. Isso era evidente não apenas no caso das pessoas comuns, mas também de humanistas altamente instruídos. Por exemplo, o grande linguista Erasmo (morto em 1536) poderia reclamar da obscuridade dos textos litúrgicos [citação 254].

Citação 254: A música moderna da Igreja é elaborada de modo que a congregação não consegue ouvir uma palavra distinta. Os próprios coristas não entendem o que estão cantando, mas, de acordo com padres e monges, isso constitui toda a religião. (Erasmo, *Um breve comentário sobre música na igreja*, in: Froude, *Life and Letters of Erasmus*)

Canção vernácula

Embora não seja possível impedir as pessoas de cantar, é possível restringir quando e onde o seu canto é permitido. Em nenhum momento da história do culto cristão a canção da assembleia foi completamente suprimida. Durante o final da Idade Média, no entanto, seu canto foi cada vez mais marginalizado na liturgia eucarística. Anteriormente, a assembleia se juntava para cantar várias partes do ordinário e até mesmo o próprio da missa. A última parte do ordinário que parece ter pertencido ao povo foi o *Sanctus*. Indícios literários apontam que, em alguns lugares até o século XII, esse texto antigo era considerado um canto do povo. A evidência musical também atesta uma convicção persistente de que o *Sanctus* pertencia ao povo. Quando os compositores começaram a aplicar técnicas polifônicas ao ordinário da missa, não escreveram obras completas que incluíssem *Kyrie*, *Gloria*, *Sanctus*, *Benedictus* e *Agnus Dei*. Em vez disso, eles compuseram peças individuais. O *Sanctus* foi uma das últimas partes do ordinário a receber tratamento polifônico. Por exemplo, a "Missa de Tournai" é o exemplo mais antigo conhecido em que todos os cinco movimentos do ordinário foram reunidos sob um único título. O ordinário é, na verdade, uma compilação de materiais compostos entre o final do século XIII e meados do século XIV. Cada parte da missa é composta polifonicamente, com exceção do *Sanctus*. Esta peça, que data do período anterior, é monofônica, exceto pela composição polifônica das palavras *in excelsis* que ocorrem no final de cada seção de *Hosanna*. Isso não significa necessariamente que a congregação foi capaz de cantar essa versão mais simples do *Sanctus*.

No entanto, atesta pelo menos a memória viva de que as congregações cantaram essa parte.

Quando a composição polifônica dominou o *Sanctus*, a voz da assembleia foi excluída do que poderia ser considerado seu último canto litúrgico integral. Desse ponto em diante, embora a voz da assembleia ainda soasse na liturgia eucarística, seu papel musical pode ser considerado periférico e dispensável, mais ocorrendo "na" liturgia do que sendo, realmente, uma voz "da" liturgia. Um símbolo dessa mudança foi a crescente tradição de a assembleia cantar em seu próprio idioma, em vez de cantar as partes oficiais da missa em latim. Foi especialmente no povo de língua germânica que o canto vernáculo assumiu proeminência litúrgica [citação 255]. Havia três lugares na missa em que a música vernácula parece ter ocorrido com alguma regularidade.

Procissões. No capítulo anterior, observamos como os fiéis participavam vocalmente das procissões que acompanharam a prática da liturgia estacional em Roma e em outras cidades. Existem inúmeras fontes da Idade Média que relatam como canções religiosas populares foram empregadas em procissões fora da Eucaristia. Canções natalinas inglesas às vezes eram usadas como canções de procissão. O *laude* italiano (do latim *lauda*, "louvor") desempenhou um papel importante nas procissões religiosas populares. As *Geisslerlieder* alemãs (em alemão, *Geissel*, "chicote" + *Lied*, "canção" ou "canções dos flagelantes") acompanhavam as procissões dos flagelantes. Além disso, os grandes movimentos de peregrinação desses séculos geraram um grande repertório de canções de peregrinação. Embora não existam muitas evidências explícitas documentando o uso de tais canções de procissão na Eucaristia, há indícios suficientes de seu uso religioso em outras liturgias, mostrando que elas também podem ter sido cantadas, por exemplo, durante os ritos de entrada da missa em dias especiais. Essa é provavelmente uma das razões pelas quais diversos sínodos diocesanos e provinciais no final da Idade Média ordenavam que os cânticos em latim da missa não fossem truncados nem abandonados em favor dos cânticos vernáculos.

Sequências. A sequência, que ainda existe na missa católica em ocasiões especiais como a Páscoa, era um tipo particular de hino cantado após o Aleluia, que se desenvolveu no século IX. Era normalmente em latim e cantado por músicos, embora, em alguns lugares, paráfrases vernáculas tenham se desenvolvido ao lado dos textos oficiais, permitindo que a assembleia participasse. Às vezes, o texto vernáculo paralelo era interpolado na sequência, com a congregação cantando uma estrofe após cada verso em latim [citação 256]. Em outras situações, o texto vernáculo era executado após a sequência. Muitos textos bem conhecidos surgiram da apropriação das sequências pelo povo.

Citação 255: Toda a terra exalta em louvor a Cristo com cânticos vernáculos, mas especialmente o povo germânico, cuja língua é especialmente adequada para o canto comunitário. (Gerhoh de Reichersberg (1148), in: Ruff, "A Milennium", p. 11)

Citação 256: Em torno de outras festas, como *Ressurreição, Ascensão* e *Corpus Christi*, várias músicas são acompanhadas por sequências: por exemplo, na sequência "*Victimae pascali laudes*", o vernáculo "*Christ ist erstanden*" ocorre regularmente a cada dois versos. Na sequência em torno da Ascensão, "*Summi triumphum etc.*", é cantada a prosa vernácula "*Christ fuer gen himel*". ("Crailsheimer Schulordnung" [1480], in: Crecelius, *Alemannia*)

Sermão. Um terceiro "ponto fraco" na Eucaristia medieval que permitiu a inserção de música vernácula popular ocorria após o sermão, que por si só era quase sempre um evento vernáculo, mesmo quando o restante do culto não era. Como observado anteriormente, há evidências, pelo menos do século X, de que as pessoas de língua germânica inseriam uma breve aclamação de uma ou duas linhas, chamada *Ruf*, após o sermão. Nos séculos posteriores, uma *Leise* (do grego *eleison*, "tem piedade") também poderia ser cantada aqui. Eram hinos populares germânicos que se desenvolveram a partir do refrão *Kyrie eleison*, cuja forma abreviada (*Kyrieleis*) concluía cada estrofe. Os *laudes* italianos (do latim *lauda*, "louvor") com seus refrões de congregação estavam intimamente ligados à pregação de franciscanos e outros grupos penitentes; o próprio Francisco havia composto louvores vernáculos. A maioria dos indícios mostra que os louvores eram cantados em serviços especiais dos leigos que formaram confraternidades conhecidas como *laudesi*, que cultivavam o canto desses louvores [ilustração 153]. Por causa da conexão estreita entre *laude* e pregação mendicante, é possível que *laudes* também fossem cantados em ocasiões em que tais mendicantes pregavam no contexto da Eucaristia — especialmente para os *laudesi*.

Posteriormente, desenvolveu-se uma espécie de ofício vernáculo ligado ao sermão. Ele incorporava aspectos da antiga oração dos fiéis, do canto e do anúncio. Conhecido como *prône* (do latim *praeconium*, "anúncio"), formas nascentes desse serviço já aparecem no final do século IX, embora um serviço totalmente desenvolvido só venha a aparecer no século XIV. Embora não fosse uma parte oficial da missa, esse culto se tornou bastante comum e foi provavelmente um dos pontos mais consistentes da liturgia eucarística em que os fiéis teriam cantado.

Resumo

Como observado no início da seção, o cenário musical dessa época era rico e paradoxal. Esboçamos a riqueza criativa e composicional, mas o paradoxo foi apenas apontado. Uma estrutura para apreender algo das contradições musicais desse período é a distinção anteriormente observada entre música "na" liturgia e música "de" liturgia. Existem muitos tipos de música que podem ocorrer na liturgia, mas não são necessariamente integrantes do culto oficial da Igreja nem essencialmente conectados a ele. A música litúrgica pode ser definida como aquela que se une à ação litúrgica, que serve para revelar todo o significado do rito e, por sua vez, deriva todo o seu significado do evento litúrgico e não simplesmente de sua estrutura litúrgica.

Antes da Alta Idade Média, encontramos poucos exemplos de músicas na liturgia eucarística que não atendem a essa definição de música litúrgica. Durante esse período, no entanto, podemos começar a iden-

153. Manuscrito de uma lauda do século XIV.

tificar desenvolvimentos que levaram à composição musical que era religiosa ou sagrada, mas não necessariamente litúrgica. Os gênios musicais talentosos, por exemplo, às vezes pareciam mais interessados em transpor os limites da composição do que em aprimorar a ação eucarística. Pela primeira vez na cristandade, esses músicos tinham locais não religiosos para escrever e executar suas obras e às vezes havia pouca diferenciação entre o que eles escreviam para a corte ou para a Igreja. Como observado anteriormente, isso não é para insinuar que seus motivos não eram religiosos; mas podemos dizer que, em vez de se conectar intimamente com as ações rituais, sua arte musical frequentemente assumia vida própria. Isso é compreensível numa época em que o padre permanecia a certa distância, muitas vezes de costas para o povo, orando de maneira inaudível e até (como veremos a seguir) recitando para si mesmo, em seu próprio ritmo, os mesmos textos que os músicos estavam cantando. Esses desenvolvimentos não careceram de críticas. João XXII (morto em 1334) publicou um dos primeiros documentos papais autênticos que tratavam especificamente da música e desafiavam a introdução de muitas práticas composicionais contemporâneas na música litúrgica da época [citação 257]. Mas isso contribuiu pouco para mudar a prática.

Citação 257: Certos discípulos de uma nova escola [...] estão voltando sua atenção para novos tipos de música [...] pois banalizam a melodia com uma segunda ou terceira voz e às vezes chegam a sobrecarregá-la com textos seculares adicionais. [...] Pelo grande número de notas adicionais, as melodias do cantochão — com seus modestos padrões ascendentes e descendentes pelos quais os vários modos são distinguidos — são obscurecidas. (João XXII [morto em 1334], *Ensinamento dos Santos Padres* [1324–1325])

Da mesma forma, os leigos estavam desenvolvendo atividades devocionais fora do que poderíamos considerar a liturgia oficial da Igreja. Suas canções religiosas podiam acompanhar uma procissão abençoando uma colheita, pontuar uma feira da cidade ou até mesmo ser cantadas durante a liturgia. Embora muitas vezes inspiradas em textos litúrgicos como o *Kyrie*, essas canções religiosas começaram a assumir uma identidade separada da liturgia. Assim, houve, de fato, ocasiões em que tais canções religiosas pontuaram a ação litúrgica, mas elas não eram circunscritas nem definidas por tal ação. A música litúrgica era cada vez menos da alçada dos batizados e, nesse vazio, canções devocionais e religiosas proliferaram.

LIVROS

Tal como no caso das catedrais, das composições musicais do ordinário e dos recipientes litúrgicos, todo livro litúrgico é um símbolo rico e complexo. Cada um deles simboliza, por exemplo, algo sobre o que significa ser Igreja. Como já visto sobre a era anterior, a tendência de combinar materiais de dois ou mais livros litúrgicos num único volume continuou durante a Alta Idade Média. É verdade que novos livros se desenvolveram, mas a tendência geral para livros nessa época foi a consolidação. O lecionário, por exemplo, era uma combinação de epistolário e evangeliário, contendo assim todas as leituras necessárias para a celebração da missa. O pontifical reuniu todos os textos que um bispo precisaria para a Eucaristia e outras cerimônias especiais. Se a era anterior pode ser considerada a idade do sacramentário, então esse período de consolidação foi principalmente a era do missal plenário, a compilação litúrgica mais importante da época. Eclesiologicamente, esse livro central da missa simbolizava a primazia do sacerdote, que teólogos como Tomás de Aquino definiram essencialmente em termos de seu papel eucarístico durante a consagração [citação 258]. No século XIII, o presbiterato, não o episcopado, era considerado o cume do processo de ordenação; não se pensava mais que os bispos devessem ser ordenados, mas apenas consagrados.

Citação 258: Um sacerdote tem dois atos: um principal, que é consagrar o corpo de Cristo; outro secundário, que é preparar o povo de Deus para a recepção desse sacramento. (Tomás de Aquino, *Summa Theologica*, supl., questão 40, art. 4, solução.)

Os livros da época também apontam para tendências mais amplas nas culturas da época. Um deles foi o crescimento da alfabetização entre os leigos. Parte desse crescimento foi resultado da expansão da classe de comerciantes, para quem a leitura era uma habilidade cada vez mais valiosa. Além disso, havia muitas outras profissões da época, de xerifes ingleses a funcionários da realeza, que exigiam habilidade em leitura. A expansão das universidades – com formação em artes, direito e medicina, além de teologia – atesta a disseminação da alfabetização no final da Idade Média. Além da política, da Igreja ou do comércio,

154. Uma xilogravura do romance *De Claris Mulieribus* (latim, "Sobre mulheres famosas"), de Giovanni Boccaccio (morto em 1375).

também parece que a leitura fornecia uma forma de entretenimento nos círculos sociais. Por exemplo, no século XIV surgiu o "romance", um gênero de literatura para a classe alta que relatava contos divertidos com claras conotações morais [ilustração 154]. Livros de natureza religiosa mais explícita também foram produzidos para os leigos.

Duas outras tendências moldaram a aparência e o conteúdo dos livros litúrgicos dessa era. Uma foi o incrível desenvolvimento artístico da ilustração manuscrita durante o final da Idade Média. Artesãos frequentemente anônimos criavam livros de magnificência visual. Alguns gêneros, como livros de Horas, praticamente não continham texto, de modo que eram mais vistos do que lidos. No auge desta arte manuscrita, ocorreu um desenvolvimento muito diferente na arte da impressão. Muitos ocidentais celebram Johann Gutenberg (morto em 1468) como o inventor da impressão do modo que a conhecemos, embora os chineses já tivessem imprimido livros no século VI com um método de xilogravura, e os coreanos tivessem uma prensa de tipos móveis em 1241. A convergência de múltiplos desenvolvimentos na qualidade de tinta, papel e tecnologia, combinada com a habilidade e a visão de Gutenberg, permitiu-lhe produzir livros de distinção incomum, ainda celebrados por sua qualidade incomparável.

A mudança do manuscrito para o livro litúrgico impresso teria um efeito significativo nas práticas de culto. Como os manuscritos eram produzidos individualmente, eles capturavam a liturgia de um tempo, um local e uma prática de celebração muito particulares. Por certo, um missal ou um ordinário do século XIII continham material padrão encontrado em livros semelhantes da época, mas também incluíam textos, rubricas e ilustrações distintivos. Assim, por exemplo, o Ordinário de Saint Denis do século XIII incluiu orações adicionais para que as bênçãos das uvas fossem inseridas no cânon da missa por ocasião da festa da Transfiguração (6 de agosto). Alguns livros litúrgicos incluíam textos vernáculos juntamente com o latim, como um epistolário da Espanha do século XIV que, segundo Martimort, continha um texto em latim do profeta Isaías para o Natal com um texto paralelo em catalão. A impressão, por outro lado, tinha o potencial de introduzir uma uniformidade em textos nunca antes experimentada no culto cristão. Essa uniformidade textual só foi alcançada na próxima era, mas a explosão das prensas em toda a Europa no século XV preparou o caminho para esse desenvolvimento. Elizabeth Eisenstein estima, por exemplo, que no ano 1500, havia 220 prensas em operação na Europa Ocidental e pelo menos oito milhões de livros impressos (p. 13-17).

A seguir, examinaremos gêneros específicos desses livros em vista dessa mudança de simbolização nos livros litúrgicos do final da Idade Média. Primeiro, consideraremos dois livros-chave para os clérigos e depois examinaremos o surgimento de livros de oração para os leigos.

Missal plenário

O missal plenário não era desconhecido para esta época e já havia aparecido em alguns lugares no século IX. Esse volume era uma combinação de cinco outros livros (o antifonário, o epistolário, o evangeliário, o sacramentário e o *ordo* da missa) e facilitou enormemente a celebração da missa por um único padre sem outros ministros. Embora raro antes da virada do milênio, o missal plenário se tornou um dos manuscritos mais produzidos no final da Idade Média. À medida que o missal plenário se tornou mais popular, o sacramentário viu sua popularidade decair [citação 259].

Citação 259: Na primeira metade do século XII, os sacramentários eram uma pequena minoria; no décimo terceiro, eram excepcionais e no décimo quarto eram sobras arcaicas. (Vogel, *Medieval Liturgy*, p. 105)

Como observado no capítulo anterior, o missal plenário se desenvolveu por várias razões. Entre elas, destacavam-se os requisitos da missa privada e a tendência de reduzir textos cantados para textos lidos. Quanto a estes últimos, vimos que já no século VIII havia em alguns lugares evidências de que os padres liam textos de canções na ausência de um coro, como o salmo de entrada ou o salmo de comunhão [citação 218] ou que eles até mesmo repetiam textos de canções privadamente, enquanto uma *schola* ou cantor as cantava. Essa prática se espalhou, e, em meados do século XIII, surgiu uma legislação indicando que todos os textos dos cânticos deveriam ser lidos pelo presidente [citação 260]. Essa prática não apenas simbolizava a centralidade do sacerdote na ação eucarística, mas efetivamente anunciava que, embora coros ou pessoas pudessem cantar textos na missa, seu canto não era essencial nem eficaz para cumprir os requisitos da Eu-

In Die Sancto Pasche. Ad Matutinas primitus sonet classicum. Postea sonent campane duppliciter et non dicatur *Ad Dominum*. Sollempnitas ista sollempnitatum dicitur. Matutine hoc modo celebrentur. Primitus abbas incipiat *Domine labia mea* at postea dicatur *Deus in adiutorium et Gloria Patri*. Post Gloriam statim cantetur Invit. *Alleluya Surrexit Dominus vere* inter duo altaria a IIII in cappis. Ps. *Venite exultemus*. Remaneant cantores in choro et non cantetur Hy. set mox incipiat ebdomadarius Ant. super Ps. *Ego sum qui sum*. Ps. *Beatus vir*. Ant. *Postulavi Patrem*. Ps. *Quare*. Ant. *Ego dormivi*. Ps. *Domine quid multiplicati*. Ant. omnes dicantur sine neumate et per totam ebdomadam. V. *Surrexit Christus*. Prima Lc. a diacono alba dalmatica induto qui veniens stet abbatem et abbas benedicat incensum...

[No dia santo da Páscoa. Nas matinas, primeiro soou o sino. Em seguida, os sinos da torre tocam aos pares. O *Ao Senhor* não é dito. Essa solenidade é chamada de festa das festas. Matinas são celebradas desta maneira: Primeiro, o abade começa com "Senhor, abri meus lábios" e depois é dito "Deus, vinde em meu auxílio" e "Glória ao Pai". Imediatamente após a doxologia, o *invitatorium* "Aleluia, o Senhor verdadeiramente ressuscitou" é cantado por quatro cantores trajando capas, de pé entre os dois altares com o Salmo "Vinde, cantemos com júbilo". Os cantores permanecem no coro. O hino não é cantado. O líder começa a antífona antes do salmo "Eu sou quem eu sou". O Salmo "Bem-aventurado é o homem". Antífona "Pedi ao pai". Salmo "Por quê". Antífona "Eu adormeci". Salmo "Senhor, quão numerosos". Todas as antífonas são ditas sem modulação durante toda a semana. Versículo "Cristo ressuscitou". A primeira leitura é lida por um diácono vestido com dalmática branca. Ele permanece diante do abade que abençoa o incenso...]

155. Instruções para a celebração da Páscoa do ordinário da Abadia de St. Denis, perto de Paris, início do século XIII. Seguem-se uma transcrição em latim; as rubricas em redondo e os textos de oração em itálico. (Foley, *First Ordinary of the Royal Abbey of St. –Denis in France*, p. 386)

Citação 260: [Depois que o padre beija o altar] o diácono coloca o missal no lado direito do altar e o subdiácono deposita o livro do evangelho no lado esquerdo. [...] Então, todos os ministros, reunidos no missal e permanecendo de pé à direita do padre [na ordem de sua hierarquia] dizem o *Introito* e o *Kyrie eleison*. [Então, todos ficam sentados enquanto o coro termina de cantar]. [...] No final do *Kyrie eleison*, o padre se levanta e, parado no meio do altar, começa o *Gloria in excelsis* — se é para ser dito naquele dia — com os outros ministros organizados atrás dele, de acordo com a hierarquia, como observado anteriormente. Quando o sacerdote diz "Deo", ele junta as mãos. Então, começando com o sacerdote e os outros a seguir, eles se movem para o lado direito do altar, onde os outros ministros ficam à direita do sacerdote, de acordo com sua posição, conforme observado anteriormente. Quando terminam de dizer o *Gloria*, o sacerdote e o diácono permanecem lá enquanto o coro termina de cantá-lo.
(*Ordinarium juxta ritum sacri Ordinis Fratru Praedicatorum* [O Ordinário dominicano de 1267], n. 47 e 49)

caristia. Todos os textos e ações cruciais para a celebração válida da missa pertenciam ao sacerdote.

Finalmente, não se deve esquecer que essa era uma época de mobilidade e peregrinação. O fenômeno de tantos leigos e clérigos em movimento também teria contribuído para a crescente necessidade de livros portáteis. Questões de mobilidade foram especialmente importantes para membros de algumas das novas ordens religiosas — como franciscanos e dominicanos. Não eram monges, mas mendicantes (do latim *mendicare*, "implorar"), que eram proibidos de possuir terras e deviam ganhar a vida mendigando. Os mendicantes não faziam voto de estabilidade a um único mosteiro como os beneditinos, mas eram itinerantes cujo ministério e meios de subsistência exigiam que viajassem de um lugar para outro. Os livros portáteis foram muito importantes para apoiar essa nova forma de vida religiosa.

Ordinário

Nos séculos seguintes à conversão de Constantino, coleções de rubricas se desenvolveram para ajudar os ministros a executar a cada vez mais complexa liturgia romana. As primeiras coleções desses *ordos* — os *ordines* romanos anteriormente citados— datam de Roma do século VII. Durante o período de germanização, essas coletâneas foram amplamente utilizadas. No final da Idade Média, novas influências levaram à expansão gradual desses *ordos*. Uma dessas influências foi o desejo de incluir instruções para todos os dias do ano da Igreja e não apenas para os rituais especiais descritos nos *ordos*. Outro fator foi a necessidade de usar rubricas romanas em outros lugares além de Roma. Isso exigiu novas adaptações das coleções. No processo, as rubricas ou direções foram combinadas com as poucas palavras iniciais ou o *incipit* (em latim, "começa") dos textos litúrgicos pertinentes [ilustração 155]. O resultado foi o um novo gênero de livro litúrgico chamado "ordinário" (em latim, *liber ordinarius*). Como um *ordo* romano, o ordinário nunca era usado durante o culto; ao contrário, era consultado previamente, no processo de preparação. O ordinário era, portanto, um livro litúrgico auxiliar que fornecia textos e instruções para celebrar os ofícios, a Eucaristia e uma variedade de outros ritos e devoções. O livro era organizado de acordo com o calendário litúrgico e geralmente composto para uma igreja ou uma comunidade religiosa específica, manifestando, assim, uma das características dos manuscritos litúrgicos mencionados anteriormente. O caráter local desses livros era uma de suas principais vantagens, porque, em meio às diversas práticas litúrgicas que marcaram a Idade Média, eles esclareceram como os ritos específicos eram realizados em mosteiros ou catedrais particulares. Os ordinários apareceram pela primeira vez no século XII, mas logo se tornaram obsoletos. Dois fatores principais contribuíram para sua obsolescência. A primeira foi a crescente presunção de que todo livro litúrgico deveria incluir todos os textos necessários, juntamente com as rubricas. Assim, uma das características únicas do ordinário — a inclusão de rubricas — acabou sendo incorporada a todos os livros litúrgicos. Um segundo fato foi a padronização gradual dos livros litúrgicos no Ocidente. Esse desenvolvimento, grandemente aprimorado pela evolução da indústria gráfica, acabou eliminando a necessidade e até mesmo a descrição de ritos e costumes locais tão característicos do ordinário.

Livros de oração do povo

Na era anterior, vimos que livros litúrgicos especiais foram desenvolvidos para os vários ministros, mas nenhum foi desenvolvido para o uso dos leigos. Os livros de música iam para os cantores, os epistolários para os subdiáconos, os evangeliários para os diáconos e assim por diante. Não apenas os livros litúrgicos eram atribuídos a esses vários clérigos, como também há evidências crescentes de que os leigos eram proibidos de tocá-los. Por exemplo, há indícios de que, ao norte dos Alpes, os leigos realmente podem ter participado do ato de beijar o Livro dos Evangelhos durante a Eucaristia [citação 261]. No entanto, Jungmann relata que, em 1221, o Papa Honório III decretou que o direito de venerar o Livro dos Evangelhos passaria a ser restrito a *personis inunctis* (em latim, "pessoas ungidas"), de modo que somente presbíteros e bispos podiam ter tal privilégio (*The Mass of the Roman Rite*, I: 449–450), mas não os diáconos, subdiáconos e o monte de outros clérigos menores regularmente incluídos no ritual até esse momento. Proibidos de até mesmo manusear os livros oficiais da liturgia, os leigos começaram a desenvolver seus próprios livros. Esse processo não deixa de ser relacionado às tendências musicais da Idade Média: as pessoas foram cada vez mais eliminadas do cântico oficial da liturgia e, consequentemente, desenvolveram seus próprios cânticos religiosos, principalmente para uso fora dos limites do culto oficial.

Embora os livros litúrgicos geralmente fossem propriedade de comunidades de culto, indícios mostram que, após a conversão de Constantino, algumas pessoas tinham livros para suas orações pessoais. O grande livro de oração cristão era o Saltério, e alguns indivíduos — especialmente os ricos ou os poderosos — tinham cópias pessoais [ilustração 130], embora nem sempre fique claro que esses livros eram realmente usados para oração. Antes do período carolíngio, os leigos tinham pouca necessidade de livros para auxiliar no acompanhamento da liturgia eucarística, porque a liturgia era celebrada para eles geralmente em um idioma e em um estilo nativos e, portanto, era mais facilmente

---

Citação 261: E quando o diácono desce do ambão, o subdiácono [que está de pé em ordem de posição] recebe o livro dos evangelhos, que [segurando diante do peito fora da vestimenta] ele estende para ser beijado: primeiro ao bispo ou ao sacerdote, depois a todos em ordem de posição que estavam de pé perto e então todo o clero e o povo. (*Ordo romano* V [cerca de 900], n. 38)

156. Santa Ana ensinando Nossa Senhora a ler, de um livro de horas (1524). (Manuscrito Rosenwald 10, Biblioteca do Congresso)

Citação 262:
Loued [praised] be thou, kyng [king];
and blessed be thou, kyng;
of alle thy gyftes [gifts] gode [good],
and thanked by thou, kyng;
Ihseu, al my ioying [joying]
that for me split thy blode [blood]
and dyed upon the rode [rood]
thou gyue [give] me grace to sing
the song of thy louing [praising]
(início do século XIV. Tradução em inglês de uma oração de elevação, in: *The Lay Folks Mass Book*, p. 40)

Tradução:
Louvado sejas, ó rei;
e bendito sejas, ó rei;
por todos os teus bons dons,
e agradecido sejas, ó rei;
Jesus, toda a minha alegria,
que derramaste teu sangue por mim
e na cruz morreste,
concede-me a graça de cantar
o cântico de teu louvor.

compreendida. No entanto, a importação do Rito Romano para as comunidades de língua não latina e o progressivo distanciamento e a marginalização final dos leigos da atividade eucarística central propiciaram um clima apropriado para o desenvolvimento de livros de oração para uso leigo durante a Eucaristia e fora dela.

Muitas vezes esses livros não ofereciam uma tradução, nem mesmo o texto original em latim das orações que o padre rezava no altar. Antes, tais livros geralmente continham vários salmos, litanias e ofícios dos mortos ou da Virgem Maria. Eles acabaram sendo chamados de "livros das horas" e, na Inglaterra, eram conhecidos como *"the prymers"*, pois eram às vezes empregados como o texto "primário" para ensinar alguém a ler, seja em latim ou em inglês. Algo que simbolizava esse propósito era a inclusão frequente de uma ilustração de Santa Ana ensinando Virgem Maria a ler [ilustração 156]. Posteriormente, as orações e meditações relacionadas à Eucaristia foram adicionadas a alguns livros das horas [ilustração 157]. Orações semelhantes às ditas pelo padre também eram ocasionalmente incluídas nesses livros, às vezes para quase toda a missa. Em outros casos, eram oferecidas meditações ou interpretações alegóricas da missa, e o leigo era instruído a orar certo número de Pais-Nossos e Ave-Marias para cada parte da missa. Finalmente, surgiram livros e seções de livros mais especificamente focados em instruir os leigos sobre como assistir ou "ouvir" a missa. O *Livro da Missa para o Povo Leigo*, por exemplo, apareceu no final do século XII na França e ao longo dos anos foi traduzido para outras línguas, passando a incluir orações e outros materiais adicionais no processo. Continha

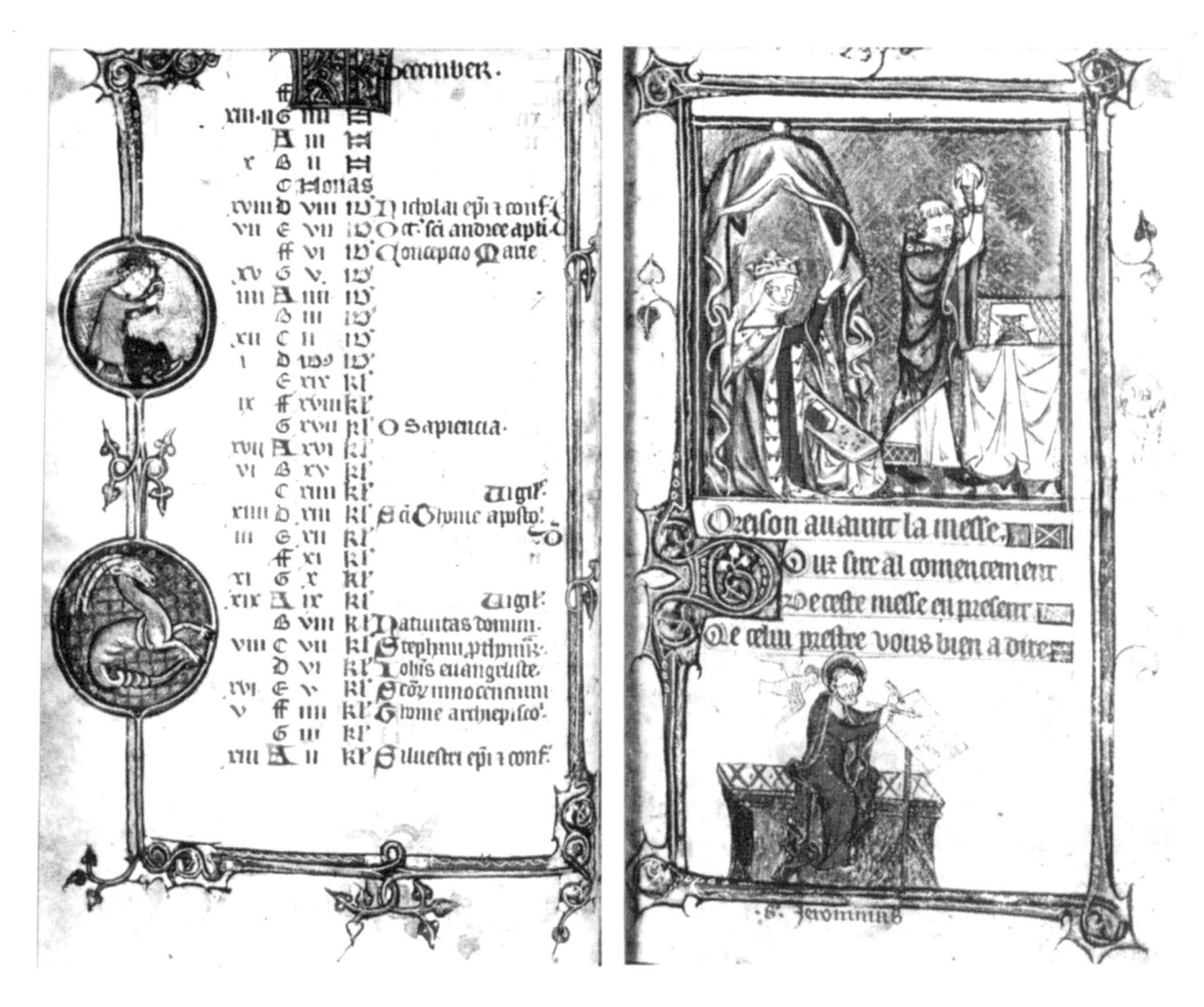

157. Duas páginas de *Horas de Taymouth*, um livro de horas do início do século XIV, escrito para uma nobre da época, provavelmente Joana, filha de Eduardo II da Inglaterra. As páginas reproduzidas mostram a última página de um calendário litúrgico, que começou o livro, e uma oração feita antes da missa (*Oreison avaunt la messe*) junto com uma ilustração, possivelmente mostrando a própria nobre assistindo à missa. Embora a oração seja feita antes da missa, a ilustração é do momento ritual mais característico e importante da missa, a elevação. (Harthan, p. 46)

algumas das primeiras orações para saudar a hóstia durante a elevação [citação 262]. No entanto, nesse e em outros livros da época, o cânon da missa e os próprios, que mudavam, eram raramente ou nunca impressos, tanto em latim como em tradução.

Resumo

A subdivisão da igreja medieval tardia em vários segmentos para sacerdotes, coro e leigos encontrou um análogo nos livros litúrgicos da época. Cada grupo tinha seu próprio lugar no edifício, e o lugar do sacerdote no altar principal do santuário era claramente o mais importante. Da mesma forma, livros característicos foram desenvolvidos para cada grupo. O livro para o sacerdote era de destaque, incorporando em seu conteúdo o material essencial de praticamente todos os outros livros litúrgicos para a celebração da missa. O reconhecimento implícito da natureza reverenciada desse livro se refletia na prática crescente, já evidente no século XIII, de repousar o missal sobre uma almofada ou um suporte de madeira que podiam ser cobertos com um pano ricamente bordado. Como Cyrille Vogel observou, o missal plenário não era apenas um livro novo, mas também um símbolo de uma nova compreensão da missa [citação 263]. No final da Idade Média, as pessoas batizadas comuns eram bastante marginalizadas da atividade central da Eucaristia e, até certo ponto, podiam até mesmo ser consideradas irrelevantes para a ação eucarística.

A criação de livros de oração para leigos poderia ser entendida como uma resposta parcial a essa situação. O surgimento de tais livros foi auxiliado por um movimento religioso em direção a mais interioridade e meditação entre algumas pessoas na última parte dessa era. Como observado na introdução do capítulo, em muitos lugares havia enormes discrepâncias entre a opulência da Igreja e a pobreza das pessoas comuns. Linhas de resistência às ênfases religiosas nos aspectos externos eram evidentes em muitos grupos, os quais, em vez disso, enfatizavam a vida interior e a meditação, particularmente a paixão de Cristo. Francisco de Assis e seus seguidores foram os primeiros exemplos dessa tendência. Grupos mais extremos como os cátaros (do grego *katharos*, "puro") rejeitavam a matéria e as coisas da carne como malignos, incluindo a doutrina da encarnação e todos os sacramentos. Eles foram condenados e perseguidos. Um anseio mais convencional pelas coisas interiores foi simbolizado no influente movimento dos séculos XIV e XV, conhecido como *Devotio Moderna* (em latim, "devoção moderna"), e no manual espiritual mais famoso desse movimento, a *Imitação de Cristo* (cerca de 1418) [ilustração 158], provavelmente de autoria de Tomás de Kempis (morto em 1471).

Embora os livros individuais de oração e meditação tenham sido úteis para a reflexão pessoal, eles também contribuíram para o isolamento litúrgico dos indivíduos, não apenas da ação do sacerdote, mas também uns dos outros. Observar, ouvir e finalmente ler eram as formas dominantes de participação disponíveis para os fiéis durante a Eucaristia. Devido à prática generalizada da missa silenciosa, à incapacidade da maioria dos leigos de entender o latim e à complexidade de qualquer música que pudesse ter sido executada, a escuta era um modo de participação cada vez menos importante. Em vez disso, a assembleia foi deixada sozinha para assistir à liturgia, orar ou ler em silêncio en-

> Citação 263: O missal plenário é [...] o resultado de uma nova maneira de encarar a missa. A celebração eucarística deixa de ser uma *actio liturgica* (em latim, "ação litúrgica") na qual o celebrante, ministros, cantores e pessoas colaboram e têm papéis distintos e cooperativos a desempenhar. Como resultado, o sacerdote celebrante, como único ator nesse processo litúrgico, receberá um novo tipo de livro a partir de então.
> (Vogel, *Medieval Liturgy*, p. 105)

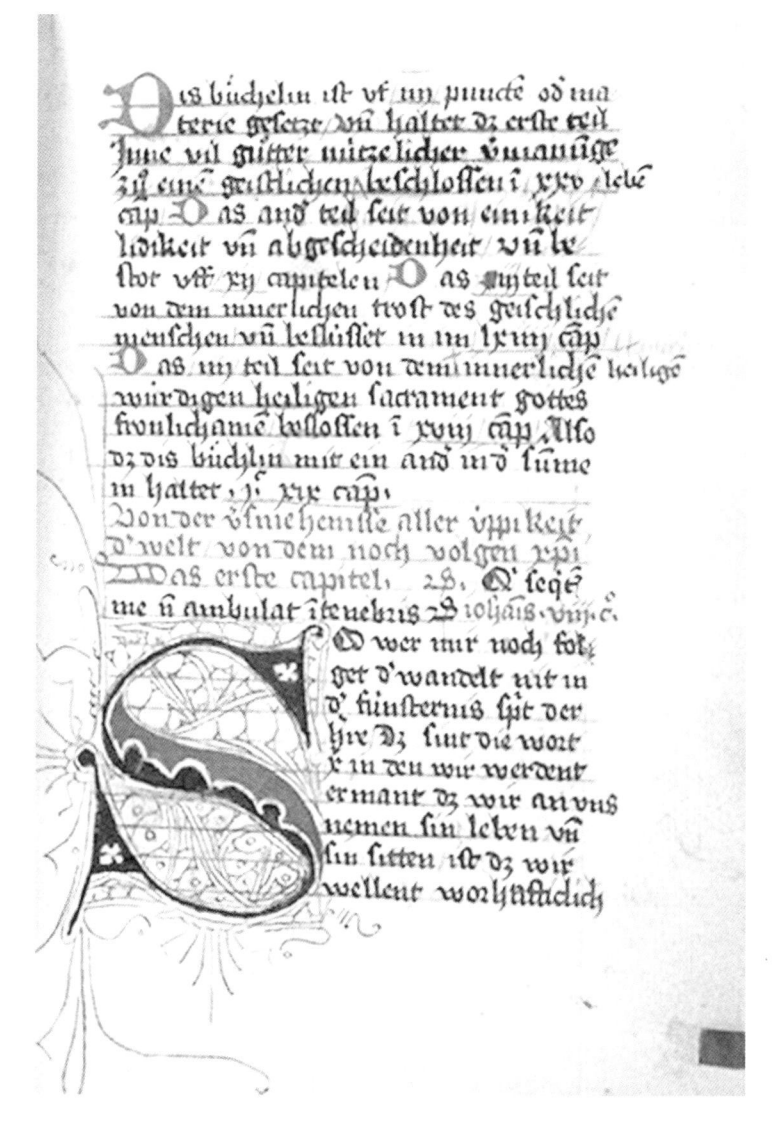

158. Uma página manuscrita do século XV da obra *Imitação de Cristo*.

quanto ela ocorria. Por certo, essas atividades foram satisfatórias para muitos leigos, mas contribuíram para o isolamento litúrgico do povo e a fragmentação da assembleia litúrgica.

RECIPIENTES

Durante o final da Idade Média, duas tendências um tanto contraditórias influenciaram o desenvolvimento dos recipientes eucarísticos. A primeira foi um aumento contínuo no número de recipientes para o pão. O mais importante foi o surgimento de recipientes para a exibição da hóstia. Enquanto aumentavam os tipos de recipientes para guardar o pão consagrado, o número de vasos ou utensílios para o vinho consagrado diminuía. Durante esse período, a taça foi totalmente afastada das pessoas. A comunhão para os leigos era dada apenas sob a forma de pão. Teologicamente, essa prática foi apoiada pela nova teoria da "concomitância" (do latim *per concomitantiam*, "por associação"), defendida por teólogos como Tomás de Aquino, que sustentava que, quando o pão era consagrado em Corpo de Cristo, o sangue de Cristo também se fazia presente.

Essas tendências enfatizaram a crescente raridade de comunhão por parte dos leigos. As razões para essa situação eram múltiplas e complexas. Por um lado, esse foi o resultado cumulativo de séculos de teologia e prática que enfatizaram a indignidade dos batizados, seu *status* eclesial de segunda classe e sua necessidade de penitência. Por outro lado, as pessoas comuns encontraram satisfação ritual numa ampla variedade de outras devoções e práticas populares nas quais eram participantes mais ativos. Assim, apesar das restrições ao recebimento da comunhão, a maioria dos batizados não se sentia eucaristicamente destituída e alguns podiam passar anos ou até mais sem receber a comunhão. Teologicamente, essa prática foi justificada por uma teoria que estava se desenvolvendo e propunha que o sacerdote recebesse a comunhão pelo povo [citação 264]. Em resposta à diminuição da recepção da Eucaristia pelos fiéis, a Igreja decretou — sob ameaça da negação de um enterro cristão — que todos os batizados deviam ir à comunhão pelo menos uma vez por ano durante o período da Páscoa; dada a presunção de sua pecaminosidade e necessidade de penitência, o decreto exigia primeiramente sua confissão anual [citação 265]. O decreto parece ter sido eficaz, e, como observa Vauchez, era raro encontrar um leigo que não se confessava pelo menos uma vez por ano; por outro lado, como ele observa, a comunhão frequente permaneceu reservada a uma elite espiritual extremamente limitada (p. 105). Também é importante reconhecer que, quando as pessoas iam à comunhão, poucas vezes era para a missa durante o ritual da comunhão, mas normalmente antes ou depois da celebração eucarística, em geral num altar lateral.

Uma exceção com relação à frequência foi o desejo de alguns místicos, principalmente mulheres, de uma comunhão mais regular. Como Caroline Walker Bynum argumentou, muitos professores, pregadores e confessores enfatizavam a magnificência desse sacramento e o consequente perigo na recepção, plantando as sementes do terror eucarístico no coração de muitos fiéis. Isso, juntamente com um senso bem enraizado de indignidade, efetivamente manteve muitas pessoas afastadas da comunhão. Por outro lado, Bynum acredita que alguns dos devotos descobriram que esse medo piedoso realmente havia intensificado sua fome eucarística. Isso não significa necessariamente que tais devotos comungassem com mais frequência. Para ilustrar esse ponto, Bynum relata a história de Margarida de Cortona (morta em 1297), "que implorou

---

Citação 264: Otto de Bamberg [morto em 1139] disse que os pomerânios convertidos deveriam comungar por meio de seus sacerdotes se eles próprios não pudessem receber. Bertoldo de Regensburg [morto em 1272] explicou que o sacerdote comungante "nutre a todos nós", pois ele é a boca e nós somos o corpo. Guilherme Durando, o Velho [morto em 1296], sugeriu que os fiéis comungassem três vezes por ano "por causa da pecaminosidade", mas "os sacerdotes diariamente por todos nós". Ludolfo da Saxônia [morto em 1377] argumentou que a Eucaristia é chamada de nosso pão diário porque os ministros a recebem diariamente por toda a comunidade. (Bynum, *Holy Feast and Fast*, p. 57)

Citação 265: Todos os fiéis de qualquer sexo, depois de terem atingido a idade de discernimento, devem confessar individualmente todos os seus pecados de maneira fiel a seu próprio sacerdote, pelo menos uma vez por ano, e ter o cuidado de fazer o que puderem para executar a penitência imposta a eles. Devem receber reverentemente o sacramento da Eucaristia, pelo menos na Páscoa, a menos que se decida, por uma boa razão e com o conselho de seu próprio sacerdote, que devem abster-se de recebê-lo por um tempo. Caso contrário, serão impedidos de entrar numa igreja enquanto viverem; e que lhes seja negado um enterro cristão quando morrerem. (Quarto concílio de Latrão [1215], cap. 21, in: Denzinger, *The Sources of Catholic Dogma*)

freneticamente ao confessor por comunhão frequente, mas quando recebeu o privilégio [...] absteve-se por temer sua indignidade" (p. 58). Para alguns místicos, essa tensão era resolvida por meio de visões; para outros, o substituto aceitável era manter o olhar fixo na hóstia durante sua elevação na missa ou no ostensório em tempos de bênção ou adoração. Essa "comunhão ocular" tornou-se um importante exercício espiritual para os fiéis comuns durante esse período, alcançando o status de "segundo sacramento" ao lado da recepção (Bynum, p. 55).

O pão e seus recipientes

No século XI, o uso do pão sem fermento, observado pela primeira vez no século IX, tornou-se universal no Ocidente. A prática de assar hóstias de dois tamanhos separados — uma maior para o padre, e outra menor para os leigos — também se tornou uma prática geral. Já no século XIV, assar hóstias havia se tornado, em alguns lugares, algo que exigia aprovação eclesiástica. O que há de novo nesse período é o desenvolvimento de recipientes, como sepulcros e ostensórios da Páscoa, projetados para guardar o pão consagrado, sem qualquer expectativa de que ele seria consumido pelos fiéis. De maneira especial, isso sinaliza o culminar de séculos de desenvolvimento, mencionados anteriormente, que deixaram os fiéis mais como observadores ou adoradores da Eucaristia do que como participantes ativos da comunhão.

Cibório. Nessa época, vasos para transportar a Eucaristia para fora da igreja eram cada vez mais distintos daqueles empregados para guardar a Eucaristia dentro da igreja. A píxide era o vaso usado para guardar a Eucaristia fora da igreja, especialmente para levar a comunhão aos enfermos. Observamos anteriormente que, no final do primeiro milênio, estava se tornando habitual em alguns lugares o ato de colocar a píxide de comunhão para os doentes ou moribundos no altar durante a Eucaristia [citação 225]. Presume-se que ela continha as hóstias não consagradas, que seriam consagradas durante a Eucaristia que se seguia. Posteriormente, tornou-se habitual usar a píxide para a comunhão de quaisquer que fossem os fiéis que deviam recebê-la, normalmente antes ou depois da missa. Isso ocorreu, em parte, devido ao tamanho reduzido da patena, que tinha dimensão suficiente para apenas uma grande hóstia a ser consumida pelos sacerdotes. As hóstias menores, assadas para comungantes leigos, tinham de ser mantidas em outro vaso. A píxide, já utilizada para a comunhão dos enfermos e moribundos, foi adotada para esse fim. No processo, a forma da píxide evoluiu. A píxide da missa tinha o formato daquelas antes empregadas fora da Eucaristia — geralmente redondas, com uma tampa cônica, às vezes encimada por uma cruz —, mas agora, de modo

Citação 266: Nesse dia solenizamos o sepultamento do Corpo de nosso Salvador [...] nessa parte do altar, onde houver espaço, haverá uma representação como se fosse um sepulcro, envolvido por uma cortina, em que a santa Cruz, depois de venerada, será colocada. [...] Quando tiverem colocado a cruz nesse local, imitando o sepultamento do Corpo de nosso Senhor Jesus Cristo, eles cantarão [...] e durante a noite os irmãos serão escolhidos, dois e três [...] que devem vigiar fielmente, cantando salmos. [...] No dia santo da Páscoa, [...] antes que os sinos sejam tocados para as Matinas, os sacristãos devem pegar a cruz e colocá-la em seu devido lugar. [...] Enquanto a terceira lição está sendo lida, quatro dos irmãos devem se vestir, um dos quais, usando uma alba como se, para algum propósito diferente, entrará e seguirá furtivamente para o local do "sepulcro" e lá ficará sentado em silêncio, segurando uma folha de palmeira na mão. Outros três irmãos, vestidos com o pluvial e segurando turíbulos, devem [...] ir ao local do "sepulcro" [...] como se procurassem algo [...] imitando o anjo sentado na tumba e as mulheres que vinham com perfumes para ungir o corpo de Jesus. Quando [...] aquele que estiver sentado vir estes três se aproximarem... ele começará a cantar suave e docemente *"Quem quaeritis"* (em latim, "A quem buscais"). [...] Os três responderão juntos "Ihesum Nazarenum" ("Jesus de Nazaré"). Então, o que estiver sentado dirá: *"Non est hic. Surrexit sicut praedixerat. Ite, nuntiate quia surrexit a mortuis"* ("Ele não está aqui. Ele ressuscitou como havia predito. Ide, anunciai, porque ele ressuscitou dos mortos"). A esse comando, os três retornarão ao coro dizendo *"Aleluia. Resurrexit Dominus."* ["Aleluia, o Senhor ressuscitou"]. Quando isso for cantado, aquele que estiver sentado, como se estivesse chamando-os de volta, deve dizer a antífona *"Venite et videte locum"* ["Vinde e vede o lugar"]; depois, erguendo-se e levantando o véu, ele lhes mostrará o lugar vazio da cruz, apenas com o linho em que a cruz fora embrulhada. (*Regularis Concordia*, n. 46–51)

159. Cibório de meados do século XV, do sul da Alemanha, constituído por um recipiente típico em forma de píxide sobre uma haste.

semelhante ao cálice, elas ganharam uma haste [ilustração 159]. A píxide da missa passou a ser chamada de cibório (do grego *kiborion*, vaso para sementes em forma de taça).

Sepulcros de Páscoa. Um dos "vasos eucarísticos" mais exclusivos da época era o Sepulcro de Páscoa. Desenvolveu-se a partir de uma prática dramática, já registrada no documento inglês *Regularis Concordia* (latino, "Acordo Monástico"), escrito para monges e monjas ingleses entre 970 e 973. O documento contém rubricas e textos para o que muitos consideram ser o nascimento do drama litúrgico. No sábado santo, eles "enterravam" a cruz; antes das matinas de Páscoa, o sacristão removia a cruz, e durante as matinas da Páscoa eles reencenavam brevemente o encontro da manhã pascal entre as mulheres e o anjo registrado nos evangelhos (por exemplo, Mateus 28,1-7) [citação 266]. Essa prática se espalhou por toda a Inglaterra, no continente e continuou na Inglaterra até a Reforma do século XVI. Originalmente, apenas uma cruz era "enterrada" neste ritual, mas, posteriormente, as pessoas também começaram a enterrar uma hóstia consagrada. Os primeiros sepulcros eram estruturas portáteis de madeira [ilustração 160]; embora exista também uma ampla literatura sobre as evidências de sepulcros esculpidos em pedra, Christopher Herbert demonstrou recentemente que eles são extremamente raros e praticamente inexistentes nessa época. Ocasionalmente, os indivíduos ricos e pessoas proeminentes projetavam seus túmulos com uma tampa plana elevada, para que os sepulcros portáteis pudes-

160. Sepulcro de Páscoa de madeira. (*Birmingham and Midland Institute Transactions*, Seção Arqueológica, p. 80)

sem repousar sobre eles no Sábado Santo, às vezes na esperança de que, enquanto a hóstia consagrada estivesse descansando em seu túmulo, não sofressem no purgatório. O desenvolvimento de tais sepulcros e seus rituais circundantes foi um dos exemplos mais poderosos do instinto medieval para uma representação dramática, quase literal, das crenças cristãs na liturgia. Eles também eram testemunhos tangíveis da profunda preocupação entre os cristãos em relação ao purgatório, e da forte expectativa da maioria dos crentes de que esse estágio de sofrimento e purgação era uma suposta parte de sua transição para a vida eterna.

Ostensórios. Nenhum recipiente é mais simbólico da teologia eucarística no final da Idade Média do que o ostensório. Ele se desenvolveu em resposta a um complexo de tendências litúrgicas e devocionais, algumas das quais já observamos: por exemplo, o afastamento da taça dos fiéis, o aumento do foco no pão consagrado, o sentimento de indignidade para a comunhão por parte dos leigos, a tendência a uma exibição litúrgica mais dramática e visual, o surgimento da elevação e o literalismo que — como evidenciado pela tradição do sepulcro da Páscoa — tendia a tratar a hóstia consagrada como uma relíquia de Cristo, o mártir divino. Essas mesmas forças contribuíram para o surgimento da festa de *Corpus Christi* (em latim, "O Corpo de Cristo") em meados do século XIII, com suas procissões celebradas e outros rituais honrando a presença de Cristo no pão consagrado. Por outro lado, é notável que um banquete para o "Sangue Precioso" só tenha aparecido no século XIX. Por fim, recipientes específicos foram criados para uma exibição mais permanente da hóstia. A primeira evidência literária clara de tais recipientes vem da vida de Doroteia de Montau (morta em 394), que mais tarde foi beatificada e declarada padroeira da Prússia. Seu biógrafo observou a intensa devoção de Doroteia ao santo sacramento e descreveu como a Eucaristia era diariamente exibida para ela num ostensório primitivo, quando ela levava a vida de anacoreta numa cela dentro da igreja de Marienwerder [citação 267].

Há ostensórios dos séculos XIV e início do XV que chegaram até nós [ilustração 161]. Alguns deles foram modelados a partir de relicários da época, que mantinham relíquias num cilindro de vidro ou cristal. Essa evolução não foi apenas o resultado de uma adaptação prática de um recipiente para outro uso, mas o reconhecimento implícito de que a Eucaristia era venerada como a última relíquia cristã, e Cristo era o mártir supremo. Posteriormente, o ostensório se transformou num recipiente característico, constituído por uma haste com um nó e uma janela plana para conter uma grande hóstia consagrada. Ostensórios eram, às vezes, concebidos para harmonizar com a arquitetura circundante. O costume predominante de fabricar recipientes sagrados de ouro ou prata continuou com o ostensório. Por serem recipientes para exibição, contendo o sacramento mais precioso da igreja,

Citação 267: Seu confessor decidiu socorrê-la com a deleitável festa do corpo de nosso Senhor, pela qual ela ansiava tão intensamente durante a missa. [...] Diariamente, por cerca de vinte semanas antes de sua morte, seu confessor [...] com a permissão do bispo da diocese e o prior, trancou a hóstia num relicário apropriado, onde cálices e outros utensílios da missa eram mantidos fechados a chave. Esse relicário foi anexado a um banco em frente à cela de Doroteia. Que esse aprisionamento da hóstia no banco e essa comunhão noturna agradavam a Deus, o mais amado tornou óbvio para Doroteia em palavras e ações. (von Marienwerder, *The Life of Dorothea von Montau*, p. 169)

161. Ostensório, cerca de 1400. (Museu Brukenthal)

eram frequentemente adornados com pedras preciosas e intrincado trabalho em metal.

No final da Idade Média, era generalizada a devoção ao santíssimo Sacramento. A prática era ao mesmo tempo fonte de nutrição espiritual profunda e experiência mística, além de ocasião para crenças duvidosas e até mesmo mágicas. Assim sendo, houve grande apoio à prática, como também uma séria preocupação com ela. O Papa Leão X (morto em 1521), por exemplo, deu permissão para a exposição do santíssimo Sacramento durante a missa, uma prática destinada a acrescentar mais solenidade à celebração eucarística. Por outro lado, Nicolau de Cusa (morto em 1464), um dos líderes da Igreja mais instruídos do final da Idade Média, reconheceu certos perigos nessa prática, que muitas vezes levavam a crenças bastante populares, mas teologicamente insustentáveis [citação 268]. No entanto, apesar de tais objeções, essa prática e seus correspondentes recipientes se desenvolveram ainda mais nos próximos séculos.

Tabernáculos. Em muitos lugares, a Eucaristia continuou a ser reservada, como havia sido na época anterior, por exemplo, numa píxide suspensa sobre o altar, numa caixa ou torre especial, num pequeno gabinete ou armário de sacristia. Posteriormente, foram desenvolvidos locais mais seguros para reservas públicas. A preocupação com a segurança do sacramento levou alguns concílios desse período a prescrever que a Eucaristia deveria ser mantida num ambiente seguro e fechado à chave [citação 269]. Tabernáculos de parede permanentes apareceram na Itália no século XII [ilustração 162]. Mais comum no norte da Europa era a "casa sacramental". Esses locais de reserva podiam ser estruturas imponentes, às vezes parecendo torres de catedral, geralmente localizadas dentro ou perto do santuário [ilustração 163]. Às vezes, esses tabernáculos maiores eram projetados para viabilizar a exposição do sacramento, ou permitindo que um ostensório fosse posicionado atrás de uma grade dentro do tabernáculo ou, tendo um receptáculo para guardar a hóstia consagrada, embutido na frente do tabernáculo. Ocasionalmente, podemos encontrar exemplos de tabernáculos ou sacrários construídos diretamente sobre o altar-mor [ilustração 164]. Embora inicialmente constituísse exceção, essa prática viria a se tornar a regra nas igrejas católicas durante o próximo período.

O vinho e seus recipientes

Observamos anteriormente que era costume, desde os tempos mais remotos, usar vinho de uva na celebração da Eucaristia Cristã. Havia poucas prescrições sobre o vinho destinado ao uso sacramental, com exceção do Quarto Concílio de Orleans em 541 [citação 227]. No final da Idade Média, no entanto, teólogos como Tomás de Aquino ar-

---

Citação 268: O cardeal Nicolau de Cusa, quando viajou pela Alemanha em 1450 como cardeal legado, reprovou em muitos lugares a longa exposição do santíssimo Sacramento e o transporte do sacramento, descoberto, sob todo e qualquer pretexto. Ele também proibiu mais fundações de confraternidades do santíssimo Sacramento, salientando que o sacramento havia sido instituído como alimento, não como peça de exibição. O mal ameaçador era que [as pessoas] venerassem, sim, o sacramento, mas vissem nele, em primeiro lugar, a fonte da bênção temporal. Uma visão da hóstia sagrada, especialmente na Consagração, deveria produzir efeitos benéficos: [...] quem contemplasse a hóstia sagrada pela manhã não ficaria cego naquele dia, não morreria repentinamente, não passaria fome e assim por diante. (Jungmann, *Pastoral Liturgy*, p. 71)

162. Exemplo de um tabernáculo de parede, século XIII, da Basílica de São Clemente, em Roma. (Righetti, 1:436)

Citação 269: Decretamos que, em todas as igrejas, o crisma e a Eucaristia devem ser reservados sob a proteção confiável de fechadura e chave. (Quarto Concílio de Latrão [1215], cap. 20, in: Mansi, *Sacrorum Conciliorum*)

gumentaram que apenas o vinho da uva era matéria apropriada para a Eucaristia [citação 270]. A oitava sessão do Concílio de Florença (22 de novembro de 1439) confirmou que apenas o vinho de uva era matéria aceitável para a Eucaristia, uma posição que no início do século XX se tornou parte do direito canônico da Igreja Católica Romana e continua em vigor hoje. A produção de vinho para uso sacramental era um trabalho amplamente monástico na Idade Média.

Cálices. Enquanto novos recipientes para o pão estavam em desenvolvimento, o número de recipientes para o vinho diminuiu. O cálice era claramente um recipiente secundário para a devoção laica, que foi tão influente em contribuir para alguns dos desenvolvimentos dos recipientes de pão mencionados acima. O cálice não era um objeto de grande devoção dos leigos, porque havia sido retirado do povo na maioria dos lugares no século XII. Embora contivesse o Sangue de Cristo, essa espécie não podia ser vista durante a liturgia nem facilmente conservada após a celebração. Por conseguinte, o vinho eucarístico não era objeto de intensa veneração como a hóstia. Sintomática disso foi a introdução tardia da elevação do cálice durante a missa. Embora algumas evidências indiquem uma elevação do cálice no início do século XIII, essa era uma ocorrência rara, que se espalhou mais amplamente no século XIV. Como observa Jungmann; no entanto, a prática não era muito evidente em Roma e os missais romanos impressos do início do século XVI (1500, 1507 e 1526) não mencionam a elevação do cálice. Foi somente com o *Missal de Pio V* (1570) que Roma indicou que essa segunda elevação seria igual à da hóstia consagrada (*A missa do rito romano*, II: 207-208).

Cálices de duas asas caíram em desuso durante o final da Idade Média, e a comunhão da taça pelos leigos chegou ao fim. A parte da taça dos cálices desse período era geralmente em forma de cone e ligada a uma haste hexagonal ou octogonal. O nó era muitas vezes esmaltado, esculpido com imagens ou até mesmo moldado com um elaborado *design* arquitetônico, refletindo em miniatura o estilo do edifício circundante. Sinos foram adicionados a alguns cálices, possivelmente para chamar a atenção quando levantados durante a elevação [ilustração 165]. A base aumentada do cálice era frequentemente dividida em seis ou oito compartimentos e às vezes adornada com medalhões esmaltados. Vários sínodos regulavam os materiais aceitáveis na fabricação de cálices. Madeira, vidro e cobre eram geralmente proibidos. O estanho era permitido, frequentemente como concessão a igrejas pobres, enquanto o ouro e a prata eram preferidos [citação 230].

Galhetas. No capítulo 3, relatamos os indícios, possivelmente desde o século IV, de recipientes especiais que carregavam água e vinho antes de serem despejados no cálice da Eucaristia. Esses recipientes eram ge-

Citação 270: Só com o vinho da videira se pode celebrar este sacramento. Primeiro, por causa da instituição de Cristo, que o fundou com esse vinho, como demonstrado pelo que ele próprio disse quando o fez [Mt 26,29]: "Não tornarei a beber do fruto da videira". Segundo, [...] para matéria deste sacramento, se toma o que, própria e geralmente, possui tal espécie. Ora, propriamente se chama vinho ao ser extraído da uva; ao passo que outros líquidos assim se chamam por causa de certa semelhança com o vinho da videira. Terceiro, porque o vinho da videira é mais conducente ao efeito deste sacramento, que é a alegria espiritual; pois, está escrito [Sl 103,15]: "O vinho alegra o coração do homem". (Tomás de Aquino, *Suma Teológica*, parte 3, questão 74, art. 5, solução)

163. Uma torre eucarística do período medieval tardio da Áustria. (Righetti, 1:439)

164. Um tabernáculo (1471) de Mino da Fiesole, no altar-mor da catedral de Volterra, com um receptáculo redondo para guardar a hóstia consagrada embutido na face do tabernáculo.

Citação 271: Em algumas igrejas, o subdiácono leva o cálice na mão esquerda, a patena na direita e os pousam sobre o corporal. Um cantor leva a hóstia em um pano e vinho em uma galheta; outro cantor oferece a água a ser misturada com o vinho. (Willian Durando [morto em 1296], *Guillelmi Duranti Rationale*, 4:25)

Citação 272: Levanta, Sir John, levanta. Ergue-a mais um pouco. (Fortescue, *The Mass*, p. 341 s.)

ralmente usados em batizados para levar as oferendas de pão e vinho para a liturgia. Por várias razões, essa prática desapareceu ao longo dos séculos. Um fator que contribuiu para essa mudança foi a alteração de regras sobre a forma e a qualidade do pão eucarístico, que impedia as pessoas comuns de trazê-lo como uma oferta litúrgica. Depois, houve a lenta retirada do cálice dos batizados. Como o vinho consagrado não lhes era mais oferecido na missa, havia pouca motivação para trazê-lo como oferta eucarística. De uma perspectiva mais mundana, o vinho não era uma bebida tão difundida nos países do norte como no Mediterrâneo. Em vez disso, a cerveja era mais popular, produzida inicialmente por alguns mosteiros beneditinos nos séculos VIII e IX, depois fabricada comercialmente em alguns dos novos centros urbanos no ano 1000. Para muitas pessoas, o vinho simplesmente não era uma bebida que elas normalmente tomavam e, portanto, não era uma oferenda normalmente acessível a elas para a Eucaristia.

Embora exista alguma evidência de que a procissão do ofertório tenha sobrevivido em ocasiões especiais até o século XII — e por mais tempo em alguns lugares —, ela estava ausente no Rito romano medieval, praticado pela Cúria Romana. Pelo menos até o século XIII, era o subdiácono quem trazia o cálice e a patena com a hóstia ao altar no início do ofertório. Como Jungmann relata, havia alguma discordância, mesmo no século XV, sobre quando o vinho e a água deveriam ser despejados no cálice. Alguns sacerdotes derramavam esses elementos antes do início da missa (*A missa do rito romano*, II: 60). Em sua famosa obra litúrgica *Rationale Divinorum Officiorum* (em latim, "A justificativa dos ofícios divinos") do final do século XIII, o bispo Guilherme Durando (morto em 1296) descreveu a prática que, com algumas variações, se tornou comum: um subdiácono trazia uma patena e um cálice vazios ao altar, seguido por dois cantores carregando a hóstia, uma galheta de vinho e uma galheta de água [citação 271].

Com a introdução deste ato de despejar vinho e água no altar, as galhetas se tornam recipientes comuns para toda celebração da Eucaristia. Embora fossem vasos secundários, usados na preparação das ofertas e nunca em contato com as espécies consagradas, eram ainda assim vasos litúrgicos. Geralmente eram pequenos frascos que continham apenas um pouco de líquido, já que supriam vinho apenas para a comunhão do sacerdote, e água, algumas gotas da qual eram adicionadas ao cálice antes de sua consagração; também era necessário um pouco de água para lavar os dedos do padre durante o rito ofertório, bem como para limpar seu cálice após a comunhão. Muitas vezes, esses vasos eram feitos de vidro ou cristal, para que o vinho e a água pudessem ser facilmente distinguidos. No entanto, com o aumento do uso de vinho branco em vez de vinho tinto, tornou-se habitual marcar as galhetas com um "A" (em latim *aqua*, "água") e "V" (*vinum*, "vinho"). Às vezes, as galhetas, como os principais vasos eucarísticos, eram feitas de metais preciosos [ilustração 166] e, por vezes, eram até mesmo incrustadas com joias.

Resumo

O desenvolvimento de recipientes eucarísticos nesse período ilustra algumas tendências significativas na teologia eucarística que abordaremos abaixo. Uma tendência geral foi o aumento da ênfase na visão e não na audição como o caminho fundamental para a crença. Ver era crer, e a crença para muitos cristãos foi inspirada e sustentada pela visão da hóstia, que se tornou o ponto alto do ritual da liturgia eucarística. Foi também a ocasião para muitas crenças duvidosas [citação 268]. Ver a hóstia era tão importante que às vezes os padres recebiam um estipêndio especial para prolongar a elevação ou inserir outras elevações, por exemplo, depois do "Cordeiro de Deus". Há uma história segundo a qual uma congregação na Inglaterra gritava para que o presidente levantasse um pouco mais a hóstia caso ela não pudesse ser facilmente vista [citação 272]. Os recipientes desse período refletem essa preocupação com o pão. Receber o vinho tornou-se impensável. Dada a indignidade dos leigos comuns, receber o pão tornou-se um empreendimento perigoso e tão pouco frequente que a Igreja teve de exigir a recepção anual. A visão do pão era o substituto comum de sua recepção.

165. Cálice com sinos, mostrando influência arquitetônica gótica.

TEOLOGIA EUCARÍSTICA

Embora possa parecer uma fórmula gasta, as modificações ocorridas na teologia eucarística desse período, paralelas às que consideramos nas artes e artefatos medievais tardios, são diversas. No entanto, houve uma série de tendências centrais ou o que os sociólogos chamam de "fluxos" nos desenvolvimentos teológicos da época. Na verdade, alguns desses rituais e fluxos teológicos se contradiziam. Essa foi uma tendência crescente no final da Idade Média, que finalmente eclodiu na Reforma e Contrarreforma do século XVI. Consideraremos três questões que tiveram papel central nos desenvolvimentos eucarísticos nessa época: 1) os debates acadêmicos sobre o "quê" seria e "como" ocorria a presença de Cristo na Eucaristia; 2) o entendimento popular da natureza do Corpo eucarístico de Cristo, 3) consideração do "efeito" da presença de Cristo para os crentes.

Hoje, a Igreja Católica Romana mantém certas verdades ou formulações dogmáticas que surgiram durante esse período. Nessa época, contudo, tais ideias não eram tão uniformes ou universais como poderíamos imaginar. Talvez seja útil lembrar que uma das principais formas de instrução nas universidades desse período e um dos métodos básicos da teologia escolástica eram as disputas. Assim, era comum encontrar

166. Galhetas.

professores e líderes respeitados da Igreja defendendo posições diferentes sobre determinado assunto.

Presença eucarística: o debate acadêmico
No capítulo anterior, mostramos algumas das inovações no pensamento eucarístico no século IX com a obra de Pascásio Radberto. Esse pioneiro teológico foi o primeiro a tentar explicar, de maneira sistemática, como Cristo estava presente na Eucaristia. Por causa de vários fatores culturais, bem como o estado subdesenvolvido da linguagem teológica e dos sistemas teológicos no final do milênio, suas formulações eram um tanto grosseiras e propensas ao que, em última análise, era considerado uma posição errônea, afirmando que a presença de Cristo na Eucaristia era idêntica à sua presença histórica e era, portanto, literal, corporal e física.

Como ocorreu com todos os pensadores importantes, o trabalho de Pascásio gerou uma grande quantidade de respostas, não apenas em seu próprio tempo, mas nos séculos seguintes. Isso se devia, pelo menos em parte, à ampla aceitação de seus instintos eucarísticos sobre a natureza física da presença tanto de mestres influentes como de pessoas comuns. Já no início, contudo, muitos se opuseram a suas formulações. A evolução de uma resposta apropriada às ideias bastante atraentes, mas altamente problemáticas, de Pascásio baseou-se em desenvolvimentos da linguagem e da filosofia. Já vimos que no segundo juramento de Berengário, em 1079 [citação 240], apareceu a linguagem da "substância" (do latim *sub* + *stare*, "estar sob"), emprestada do pensamento de Aristóteles (morto em 322 a.C.), cujos escritos estavam ressurgindo nesse momento no Ocidente cristão. Além dessa linguagem da substância ou da *essência de uma coisa*, os teólogos no final do século XI começaram a adotar outra ideia de Aristóteles, a de "acidentes", das *características de uma coisa* que não alteram sua essência ou substância, mas lhe são meramente acidentais. Por exemplo, uma substância é uma rosa, e seus acidentes podem ser que ela seja vermelha, espinhosa ou que tenha uma haste longa; outra substância é o pão, e seus acidentes podem ser que ele seja de trigo, redondo, sem fermento e branco. A substância de uma coisa nunca pode ser tocada ou percebida com os sentidos, mas apenas com o intelecto. Acidentes, por outro lado, são percebidos pelos sentidos.

Esses dois conceitos ou estruturas permitiram a teólogos medievais, como Tomás de Aquino, oferecer uma explicação muito sutil de como o pão foi transformado no Corpo de Cristo, mesmo que, após a consagração, a hóstia ainda se parecesse com pão. Tomás de Aquino explicou que, antes da consagração, a substância da hóstia era pão e os acidentes eram de um tipo particular de pão; mas, após a consagração, enquanto os acidentes permaneciam os mesmos, a substância havia sido transformada no Corpo de Cristo [ilustração 167]. O termo téc-

> Antes da consagração
> Acidentes do pão
>
> Antes da consagração
> Acidentes do pão
>
> Se não há consagração,
>
> Se há consagração,
>
> a Substância é Pão
>
> a Substância do Pão é "transformada" e agora a Substância é Cristo.

167. Uma metáfora visual do entendimento de Aquino sobre a transubstanciação.

nico para essa "transformação" da substância era transubstanciação, um termo que apareceu já no século XII.

Tomás de Aquino era um homem de grande fé e ele não foi tão ousado a ponto de insinuar que essa estrutura poderia "explicar" completamente o mistério da presença eucarística de Cristo. No início de sua *Suma*, ele reconheceu o problema de falar sobre os mistérios divinos na linguagem humana. Aquino percebeu que a linguagem sobre Deus ou sobre mistérios como a Eucaristia não era exata, mas, segundo ele, "analógica". Uma analogia pode ser definida como uma "semelhança na diferença". Assim, enquanto Tomás de Aquino ensinava que a presença de Cristo sob a forma de pão era "parecida" ou "semelhante" a uma mudança na substância do pão, ele reconhecia fundamentalmente que este era um milagre além da compreensão humana. A tentativa de Tomás de Aquino para explicar a presença de Cristo foi brilhante, mas ele estava ciente de suas falhas. Uma delas foi que Tomás de Aquino realmente contradisse Aristóteles, que ensinara que nunca podemos ter os acidentes de uma coisa com a substância de outra. Tomás de Aquino usou a linguagem de Aristóteles, mas não ofereceu uma explicação "aristotélica". Em vez disso, ofereceu uma explicação do ponto de vista da fé, o que Aristóteles não havia feito. Anselmo de Canterbury (morto em 1109) uma vez definiu a teologia como "fé em busca de compreensão".

Tal como Anselmo, Tomás de Aquino era um homem de fé que buscava compreensão. Ele também reconhecia, no entanto, que a compreensão não substituía a fé, mas a exigia. A transubstanciação era uma explicação de fé, não uma prova lógica da presença eucarística de Cristo.

Gary Macy mostrou claramente que, enquanto muitos hoje sustentam que o termo transubstanciação tem um significado fixo, isso não era reconhecido na Alta Idade Média, quando havia vários entendimentos do termo, mesmo depois que ele foi oficialmente usado pela primeira vez nos decretos do Quarto Concílio de Latrão em 1215. Várias posições diferiam em relação não apenas a "qual" substância estava presente após a consagração, mas também a "como" qualquer mudança na substância ocorria [citação 273]. A posição de Tomás de Aquino acabaria se tornando a doutrina padrão da Igreja Católica Romana e apareceria nos documentos do Concílio de Trento (1545-1563). Esse concílio, no entanto, não decretou que os católicos devessem acreditar nessa formulação, mas chamou a explicação de mais apropriada (em latim, *aptissime*) e a recomendou aos crentes. No início, contudo, a posição de Tomás de Aquino foi contestada. Por exemplo, o brilhante filósofo franciscano João Duns Escoto (morto em 1308), ensinando na Universidade de Oxford, argumentou que a explicação de Tomás causava mais problemas do que resolvia. O teólogo inglês John Wycliffe (morto em 1384) também rejeitou a explicação de Tomás de Aquino por ser não-bíblica. Posteriormente, o conceito de transubstanciação tornou-se um ponto central de disputa entre muitos reformadores do século XVI.

Crença popular acerca do corpo eucarístico de Cristo

Teólogos universitários, como Tomás de Aquino e Duns Escoto, abandonaram as formulações um tanto grosseiras de Pascásio e empregaram estruturas e argumentos filosóficos sofisticados na tentativa de explicar o mistério eucarístico. A elite teológica estava envolvida em debates às vezes bastante rarefeitos, mas as pessoas comuns, assim como muitos religiosos e clérigos, mantinham um tipo diferente de fé eucarística, que estava muito mais de acordo com os ensinamentos de Pascásio. Muitas pessoas no final da Idade Média — como a maioria das pessoas hoje em dia — não entendiam as distinções entre substância e acidentes, nem entendiam que, na estrutura de Aristóteles, a substância não era perceptível por meio dos sentidos, sendo, antes, o que os filósofos chamavam de realidade "metafísica" (do grego *meta* + *physika*, "além da natureza") em vez de realidade "física". Para essas pessoas, a presença de Cristo na Eucaristia era realmente um milagre que não era apenas sacramental ou místico, mas um milagre em carne e sangue.

Como Bynum documenta, foi simbólica dessa crença a crescente ênfase na "carne e sangue", em vez do "pão do céu" ou do ainda mais

---

Citação 273: "[...] não havia entendimento comum da categoria de substância, muito menos concordância quanto ao uso do termo 'transubstanciação' ou ao significado do termo quando usado. De fato, os teólogos da época do Quarto Concílio de Latrão [1215] se encaixavam aproximadamente em três campos no que tange à mudança eucarística. 1) Alguns acreditavam que pão e vinho permaneciam presentes, junto com o Corpo e Sangue do Senhor; 2) outros achavam que a substância do pão e do vinho havia sido aniquilada, permanecendo apenas a substância do Corpo e do Sangue. Por fim, 3) um terceiro grupo argumentava que a substância do pão e do vinho era transformada na substância do Corpo e do Sangue com as palavras da consagração. A terminologia moderna categorizaria a primeira teoria como 'consubstanciação'; a segunda como 'aniquilação' ou teoria da 'sucessão'; e a terceira como 'transubstanciação'." (Macy, *Treasures from the Storeroom*, p. 82s.)

168. Detalhe do milagre de Rafael de Bolsena (1512-1513) nos Museus do Vaticano.

metafórico "Corpo de Cristo" nos sermões, hinos e histórias dos séculos XIII e XIV. Talvez o mais emblemático nessa tendência tenha sido a explosão de histórias de milagres eucarísticos. Algumas delas relatam a aparição do menino Jesus no lugar da hóstia. Outras eram chocantemente explícitas, às vezes descrevendo a aparição de carne crua. Eram comuns histórias de hóstias sangrando. Uma das mais célebres foi o "Milagre de Bolsena", imortalizado num afresco de Rafael [ilustração 168]. Essa história do século XIII refere-se a um jovem padre da Boêmia atormentado por dúvidas sobre se Cristo estava realmente presente na hóstia consagrada. Enquanto estava em peregrinação, o padre parou em Bolsena, ao norte de Roma, onde celebrou a missa. Ao dizer as palavras de consagração, começou a pingar sangue da hóstia, que escorreu por sua mão e manchou o corporal. O padre, chocado, interrompeu a missa e foi levado para a cidade vizinha, Orvieto, onde morava o Papa Urbano IV (morto em 1264). Depois de ouvir a história e após uma breve investigação, o papa ordenou que a hóstia e o corporal com manchas de sangue fossem levados a Orvieto, onde os guardou como relíquias. O corporal manchado de sangue ainda é venerado naquela catedral.

Já enumeramos alguns dos fatores que explicam, em certa medida, por que essas histórias eram tão populares e poderosas na mente medieval. Elas certamente ecoavam uma imaginação germanizada que era inclinada ao aspecto físico e tinha uma propensão ao que Russell chamava de interpretação "mágico-religiosa" dos sacramentos. Além disso, esses milagres seriam mais facilmente aceitos num clima religioso, como o do final da Idade Média, em que "ver" se tornava mais importante do que "ouvir" para a confirmação da fé de alguém. Também podem haver razões teológicas e psicológicas mais profundas para a centralidade de tais histórias na fé dos cristãos medievais.

Citação 274: Milagres de hóstias sangrentas, que proliferam a partir do século XII, às vezes têm conotações sinistras. A hóstia se torna carne para anunciar sua violação; o sangue é uma acusação. Quando a freira Vilburga [morta em 1289] levou a hóstia à sua cela para ajudá-la a evitar a tentação sexual, ela se revelou, num milagre bastante comum, como um lindo bebê que proferia as palavras do Cântico dos Cânticos. Mas quando outra freira escondeu uma hóstia que ousou não engolir por estar em pecado mortal, ela se transformou em carne. [...] Da mesma forma, Pedro Damião fala de uma hóstia que protestou contra seu abuso quando empregada de forma supersticiosa: uma mulher que tentou conjurá-la descobriu que metade dela havia se transformado em carne. Cesar de Heisterbach relata que, quando outra mulher tentou usar a hóstia consagrada como amuleto do amor e depois a escondeu com culpa na parede da igreja, ela se transformou em carne e sangrou. (Bynum, *Holy Feast*, p. 63s.)

Foi durante esse período que os leigos deixaram de receber a comunhão do cálice. Já observamos como essa prática foi apoiada teologicamente pela teoria da "concomitância", que afirmava que, quando o pão era consagrado no Corpo de Cristo, o Sangue de Cristo também estava presente. De certa forma, essas histórias de hóstias que sangram são imagens folclóricas vívidas, que demonstram a aceitação dessa teologia. Os leigos não recebiam o Sangue de Cristo, e mesmo que a elevação do cálice tivesse sido introduzida, eles nunca viam o vinho consagrado, apenas o cálice que o continha. Somente tais histórias de milagres confirmavam de maneira visual e explícita esse novo ensinamento da Igreja e tranquilizavam os fiéis de que o Sangue redentor de Cristo — frequentemente relatado como pingando de uma hóstia consagrada — ainda estava no centro desse sacramento.

Eamon Duffy oferece outra interpretação dessas histórias e sua importância para os crentes medievais. Mais do que simplesmente anunciar a salvação no Sangue de Cristo, Duffy argumenta que imagens do Sangue de Cristo, como a de Caim derramando o sangue de Abel no livro de Gênesis, "clamavam por vingança" (p. 104). Evidências para essa interpretação aparecem nas muitas histórias eucarísticas dessa época que servem como um tipo de conto de moralidade sobre a Eucaristia, ilustrando que, quando alguém tenta usar a hóstia consagrada de maneira inadequada, a carne crua ou uma hóstia sangrando aparecem como imagens vívidas de ira divina e punição por tal conspurcação [citação 274].

Um dos lados mais sombrios dessa devoção e de suas poderosas histórias de culpa e vingança era a conexão entre histórias de profanação eucarística, a perseguição de hereges e especialmente a perseguição aos judeus. Em seu livro *Gentile Tales: The Narrative Assault on Late Medieval Jews*, Miri Rubin oferece um olhar perturbador sobre esse gênero de histórias eucarísticas. Em sua forma mais generalizada, a narrativa de profanação da hóstia é a história de um judeu que adquire uma hóstia consagrada e a submete a várias formas de abuso [ilustração 169]. A hóstia sangra milagrosamente, o judeu aterrorizado tenta se livrar dela, mas, não importa onde é escondida, a hóstia se revela aos cristãos que, em seguida, promovem diversas formas de vingança contra o judeu e outros na comunidade judaica. Milagres de hóstias sangrentas tornam-se, assim, histórias extraordinárias de julgamento, ortodoxia e crença correta. Eram advertências explícitas para os crentes, bem como para os incrédulos, de que a fé e a reverência eucarística adequadas eram necessárias para evitar a vingança de Deus.

Os efeitos da presença de Cristo

Os cristãos sempre acreditaram que celebrar a Eucaristia dava glória a Deus, mas também oferecia benefícios tanto à Igreja quanto aos cris-

SÍNTESE E ANTÍTESE COMO PRELÚDIO DA REFORMA: 1073-1517   233

1. Um cristão furta uma hóstia de um ostensório sobre o altar.
2. Um cristão vende a hóstia a um judeu.
3. Judeus carregam a hóstia para uma sinagoga.
4. Sangue escorre da hóstia quando é profanada.
5. Hóstias são enviadas para outros judeus em Praga e Salzburgo.
6. Quando os judeus tentam queimar a hóstia, anjos e pombos voam para fora do forno e uma criança aparece no lugar da hóstia.
7. Judeus são presos.
8. Alguns judeus são decapitados.
9. Alguns judeus são torturados.
10. Judeus são queimados.
11. O cristão também é punido.
12. A sinagoga é transformada em igreja.

169. Panfleto de Passau (cerca de 1490) relatando uma história de profanação em doze quadros. (Rubin, *Gentile Tales*, p. 82)

tãos individualmente. Muito antes de existir um sacramento independente como o da penitência, por exemplo, a Eucaristia era considerada o primeiro sacramento da reconciliação e uma ação importante para curar o Corpo de Cristo. Foi considerada pelos antigos um "antídoto" contra o pecado e uma fonte de caridade divina. A Eucaristia era tradicionalmente entendida como o convite à unidade com outros cristãos e o sacramento pelo qual os crentes se tornam conformes à imagem de Cristo, e até mesmo "divinizados".

No final da Idade Média, houve maior ênfase, especialmente na pregação do dia, sobre os efeitos da "audição" da missa — com ou sem recepção da comunhão. Esses "frutos" da missa eram frequentemente reunidos em listas de seis, dez ou doze efeitos praticamente garantidos de assistir à liturgia eucarística. Embora teólogos e líderes da Igreja tivessem criticado essa pregação, ela foi muito popular e continuou inabalável. Embora tais listas frequentemente incluíssem crenças comuns — como a crença de que ouvir a missa era uma maneira de se unir mais a Cristo ou de se fortalecer contra a tentação — outros frutos prometidos da missa pareciam ser mais mágicos. Por exemplo, acreditava-se que, quando fosse à missa, a pessoa não envelheceria, não sofreria morte súbita naquele dia, seria curada de doença e que um raio não atingiria seu celeiro ou sua casa [citação 275].

Dada a centralidade da elevação, que, como já foi observado, era um momento de orações especiais e atos de reverência, não é de surpreender que muitas crenças mágicas tenham sido associadas ao ato de ver a hóstia. Como Eamon Duffy resume: "com o olhar fixo na hóstia, mães em trabalho de parto podem garantir parto seguro; viajantes, uma chegada segura; quem come e bebe, uma boa digestão" (p. 100). Embora essas crenças possam nos parecer tolas, elas faziam sentido para as pessoas que viviam sob a ameaça da condenação eterna, que eram muitas vezes reduzidas a espectadores na liturgia da Igreja e eram cercadas por uma prática eucarística que enfatizava a intercessão, em vez de louvor ou ação de graças. Aqui, a imaginação germânica, com todas as suas tendências mágico-religiosas, satisfazia as necessidades dos cristãos comuns, para quem a vida era uma luta real. Muitos pregadores não eram diferentes de seus paroquianos e, com pouca educação e, às vezes, pouca orientação das autoridades da Igreja, ficavam felizes em repetir essas crenças, que também eram consoladoras, para si mesmos.

Além da crença comum sobre os vários benefícios disponíveis para aqueles que assistiam à missa ou contemplavam a hóstia consagrada na elevação, também se desenvolveram nessa época teologias e práticas que destacavam como os benefícios da liturgia eucarística poderiam ser aplicados àqueles que não estavam presentes no culto, incluindo os mortos. Como documentou Gil Ostdiek, uma das importantes mudanças de entendimento que permitiram essa prática diz respeito ao papel

---

Citação 275:
Thy fote that day shall not the fayll;
Thyn eyen from ther syght shall not blynd;
Thi light spekyng, eyther in fabill or tale,
That veniall synnes do up wynd,
Shall be forgeven, & pardon fynd..
Thy grevouse othes that be forgett,
In heryng of messe are don a-way;
An angel also thi steppis doth mete,
& presentith the in hevyn that same day...
Thyn age at messe shall not encrease;
Nor sodeyn deth that day
shall not the spill;
And without hostill [housel]
yf thou hap to dissease,
It shall stond therfore; &
beleve thou this skyll,
Than to here messe thou maste have will,
Thes prophitable benefitts to the be lent,
Wher God, in fowrm of bred,
his body doth present.
(Poema do manuscrito 354 do Balliol College [cerca de 1530], in Duffy, *The Stripping of the Altars*, p. 100)

Tradução:
Não falhará teu pé naquele dia;
Teus olhos de sua visão não ficarão cegos;
Tua fala leviana, seja em fábula ou conto,
Que pecados veniais sobem ao vento,
Será expiada e encontrará perdão.
Teus graves juramentos
que são esquecidos,
Ao ouvir a missa, são dissipados;
Um anjo também encontra teus passos,
E no mesmo dia te apresenta no céu...
Tua idade na missa não aumentará;
Nem uma súbita morte
naquele dia te ceifará;
E se, porventura, adoeceres
sem receber a comunhão,
Ela estará contigo; e crê nessa aptidão,
Então de ouvir a missa terás vontade,
Esses benefícios proveitosos
a ti serão concedidos,
Onde Deus, sob a forma de
pão, apresenta seu corpo.

de Cristo na Eucaristia. Antes, Cristo era considerado o ator central da ação eucarística e aquele que liderava a assembleia no oferecimento dessa oração. Ao longo dos séculos, no entanto, Cristo acabou se tornando o objeto de oração e adoração, sendo substituído pelo sacerdote que assumiu o papel de ator central na missa. Por causa dessa mudança, surgiram várias opiniões sobre a capacidade do sacerdote de dirigir os benefícios da missa para certos grupos ou indivíduos.

Duns Escoto foi o primeiro a elaborar uma teologia sistemática desses "frutos da missa". Segundo seu ensino amplamente aceito, a graça salvadora, ou os "frutos" da morte de Cristo, foi uma fonte tríplice de bênção: 1) primeiramente, e de modo mais importante, para o sacerdote que celebrava a missa; 2) depois, para toda a igreja e, finalmente, 3) para aqueles a quem a missa era oferecida. Enquanto Escoto baseava seus ensinamentos numa teologia razoável da oração intercessora, ele estava de fato oferecendo sua melhor justificativa teológica para uma prática bem conhecida da época: os estipêndios da missa. Já vimos como estipêndios de missa apareceram no período carolíngio, geralmente relacionados à comutação de uma penitência [citação 209]. Cada vez mais, no entanto, os estipêndios eram associados às missas pelos mortos. Isso era perfeitamente compreensível, dada a imaginação medieval sobre o purgatório. No entanto, isso também levou a práticas e crenças propensas a exageros e até mesmo abusos.

Na imaginação popular, quanto mais, melhor. Havia uma preocupação generalizada por quantidade em vez de qualidade na oração pelos mortos. Era prática comum organizar várias missas ofertadas para um parente amado. Além disso, a preocupação com o destino após o julgamento levou muitas pessoas abastadas a fornecer dinheiro para a celebração das missas depois de sua própria morte. Os testamentos desse período estão repletos de tais exemplos. Como os estipêndios estavam se tornando uma parte importante da economia da igreja local, elas também eram a ocasião para atividades às vezes escandalosas. Apesar dos ensinamentos e da legislação contrários, os padres às vezes recebiam vários estipêndios para uma única missa. Outras vezes, recebiam estipêndio para celebrar uma "missa seca" (em latim, *missa sicca*), geralmente celebrada sem uma casula, na qual o padre simplesmente lia os textos da missa (com exceção de ofertório, consagração e comunhão) sem pão ou vinho. Embora os padres normalmente tivessem permissão para celebrar apenas uma missa por dia, não havia tais restrições às "missas secas", que podiam ser oferecidas repetidamente, a cada vez por um novo estipêndio. Eamon Duffy relata que, pelo menos no final do período medieval na Inglaterra, a leitura do evangelho era aceita como um substituto para a celebração da missa, e "a leitura de um evangelho era explorada por clérigos ansiosos por maximizar sua renda" (p. 215). Autoridades eclesiásticas condenavam constantemente tais práticas e quase nenhuma sobreviveu após o século XVI. Tais abusos, no entanto, alimentaram vários indivíduos e movimentos que criticavam cada vez mais as práticas litúrgicas e devocionais da Igreja, antecipando os movimentos reformistas do século XVI.

Resumo

Essa foi uma era de grandes avanços teológicos, com o surgimento de grandes escolas de teologia, célebres filósofos-teólogos e *Sumas* duradouras. Foi também um tempo marcado por uma distância significativa, até mesmo separação, entre o ensino das grandes figuras da escola ou escolásticos e o do clero ou dos leigos comuns. Talvez as inversões teológicas que ocorreram nas teologias eucarísticas dessa época tenham sido um dos eventos mais notáveis, quando comparadas com os de um tempo anterior na Igreja. Vimos, por exemplo, que não era mais Cristo, mas o sacerdote que passou a ser visto como o ator principal no culto. O sacerdote também tomou o lugar da assembleia, não exigindo mais sua resposta, e até mesmo recebendo comunhão por ela, segundo alguns. O culto era menos um ato de ação de graças e mais de oferta e intercessão, com grande atenção aos efeitos do sacrifício de Cristo. Em alguns aspectos, a liturgia eucarística desse período estava mais focada nos mortos do que nos vivos. Uma inversão final diz respeito à compreensão básica do que era o verdadeiro Corpo de Cristo.

Em seu clássico estudo sobre a Eucaristia e a Igreja na Idade Média, Henri de Lubac analisou a expressão latina *corpus mysticum* ou "corpo místico" (de Cristo). Enquanto em nossos dias costumamos pensar no Corpo místico como uma referência à Igreja, De Lubac mostra que, desde sua origem no século V até o período carolíngio, a expressão *corpus mysticum* geralmente se referia à hóstia consagrada. A Igreja era o "Corpo de Cristo" ou o *corpus verum* (em latino, "corpo verdadeiro"). Dadas todas as controvérsias eucarísticas do período medieval, parecia necessário afirmar, com renovado vigor, que Cristo estava realmente presente na Eucaristia, mesmo que essa presença não fosse a mesma de seu corpo histórico. Às vezes, isso era feito afirmando que o pão consagrado era o "corpo sacramental" de Cristo. Posteriormente, contudo, tornou-se comum referir-se à hóstia consagrada como o "corpo verdadeiro" (*corpus verum*) e, numa inversão reveladora, a Igreja tornou-se o "corpo místico" (*corpus mysticum*). Na análise de De Lubac, essa mudança simbolizou e contribuiu para uma crescente lacuna entre o corpo sacramental e o corpo eclesial, entre a Eucaristia e a Igreja. Assim, em vez de uma fonte de espiritualidade e missão para a Igreja, a Eucaristia tornou-se quase uma mercadoria na visão de algumas pessoas, um substantivo em vez de um verbo e um poder fora de suas vidas, em vez de um alimento para a vida cristã.

CLOTILDE

Embora fosse inverno e ela pudesse sentir a umidade do pavimento de pedra através de suas muitas camadas de roupa, Clotilde nunca cogitou em permanecer de pé. Lembrou-se de ter aprendido quando criança que a elevação da hóstia era o mais sagrado de todos os eventos; até as árvores balançavam em adoração à elevação da partícula. E, como sua mãe costumava lembrá-la, se a natureza em toda a sua majestade era tão receptiva, Clotilde, como uma das menores criaturas de Deus, deveria se ajoelhar também.

Depois que o padre abaixou a hóstia até o altar e se ajoelhou lentamente, Clotilde se levantou. No inverno passado, sua artrite havia piorado. Ela achou difícil se ajoelhar e ainda mais difícil levantar-se. Agora que seus filhos haviam crescido e tinham suas próprias famílias, Clotilde não podia mais contar com sua ajuda quando visitava a catedral. Mas isso nunca a impediu de fazer sua peregrinação diária à grande igreja de Chartres.

Clotilde se afastou do altar lateral de São Martinho, fazendo que o sangue voltasse lentamente às pernas doloridas. Olhou para a abóbada enquanto a luz do sol explodia contra as janelas do clerestório na parede sul da nave. Embora ela já tivesse vindo ali milhares de vezes, Clotilde nunca deixou de se maravilhar com as janelas milagrosas e suas várias atmosferas à luz do sol cambiante. Só Deus poderia imaginar tantos tons de azul! Enquanto observava as cores brincando sobre a pedra, ela pensou no marido que trabalhara na catedral por tantos anos. Foi enquanto ele estava trabalhando no telhado no transepto sul que ocorreu o acidente que o matou. O funeral na catedral inacabada parecia um memorial adequado para um homem que havia trabalhado a vida toda nesse edifício. Quase trinta anos após sua morte, Clotilde ainda sentia uma proximidade especial com ele quando estava na catedral "deles". Ao baixar os olhos do teto, Clotilde notou um alvoroço incomum dentro da grande igreja naquela manhã. Sempre havia uma série de atividades na catedral, mas esse domingo parecia ser especialmente movimentado. Dezenas de pequenos grupos se reuniam em torno dos inúmeros altares da igreja, assistindo à missa. Durante todo o tempo, dezenas de visitantes de perto e de longe deambulavam pela catedral, boquiabertos com os vitrais ou comprando velas numa das muitas barracas ao longo dos corredores sul da Igreja. Alguns dias, parecia haver tantos vendedores quanto visitantes, vendendo de tudo, de remédios fitoterápicos a relíquias dos Três Reis. A própria Clotilde já possuía um pedaço de pano que tocara uma relíquia da verdadeira cruz. Ela havia dado seu pequeno tesouro a uma amiga cujo filho estava com febre. Depois que a criança se recuperou, Clotilde deixou a relíquia com a família, que agora nutria uma devoção especial à cruz.

Como todas as pessoas da cidade de Chartres, Clotilde orgulhava-se da catedral. Porém, mais do que as torres, os vitrais ou a abóbada, ela valorizava sobretudo o véu de Nossa Senhora. Foi esse manto da Mãe de Deus que estimulou os citadinos a construir um edifício tão monumental, e foi essa preciosa relíquia que serviu de foco para intermináveis peregrinações. Mesmo agora, um grande grupo de peregrinos, de joelhos, contornava o deambulatório até o altar onde a túnica era exibida.

A própria Clotilde estava pensando em fazer uma visita à Capela da Nossa Senhora para ver a relíquia quando um sino tocou, anunciando o início da missa do bispo. Embora raramente ficasse até o final da missa, Clotilde gostava dos floreios iniciais desse ritual. Da sacristia lateral, ela podia ver o início da longa procissão. Primeiramente saiu pela porta um jovem robusto, carregando a cruz do bispo com seu brasão de armas. Um fluxo de cantores e clérigos menores veio depois. Clotilde nunca conseguia se lembrar quem dentre esses era sacerdote, quem seria ou quem não seria sacerdote. Ela decidiu anos atrás que a solução mais simples para esse dilema era chamar todos eles de "padre". Dessa forma, ela nunca ficaria envergonhada e eles nunca ficariam ofendidos. Depois dos "padres" ordenados e não ordenados, vieram os cônegos da catedral, envoltos em camadas de roxo e branco. Suas vestes eram certamente mais bonitas do que qualquer coisa que Clotilde já possuíra. Algumas daquelas roupas eram forradas de peles — um luxuoso antídoto contra o frio do inverno. No final da procissão estava o arcebispo com a mitra. Quando ele passou, as multidões se ajoelharam e receberam uma benção da mão enluvada, adornada com um enorme anel de ametista.

A música que acompanhava a procissão era gloriosa. O órgão tocou uma música lenta e simples que o coro adornou com uma melodia atrás da outra. Quando o Introito conduziu o arcebispo ao santuário, as portas da grande grade do coro se fecharam atrás dele. Ela ainda podia ouvir a música do outro lado da grade, mas já não conseguia assistir ao ritual. Tudo bem, pensou Clotilde, pois era hora de fazer sua própria peregrinação até o véu de Nossa Senhora. Afastando-se do santuário interdito, Clotilde apressou-se em direção à Capela da Nossa Senhora, onde se juntaria aos amigos em oração. No momento em que entrou no deambulatório, de certa distância ouviu o convite: "Ave Maria, *gratia plena...*"

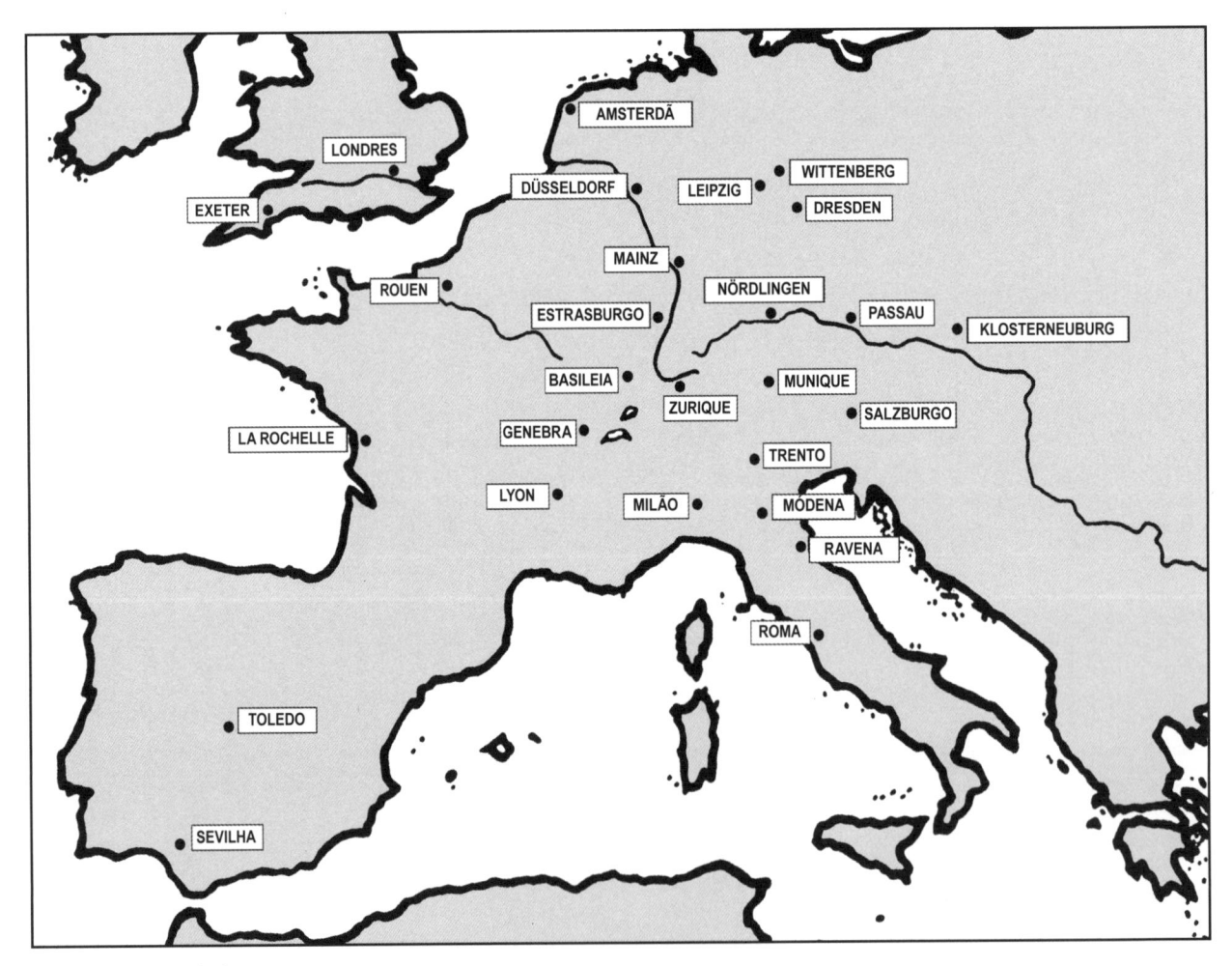

170. Mapa para capítulo 6.

CAPÍTULO 6

Reforma e contrarreforma: 1517-1903

Nesse estágio de nosso estudo, fica claro que, embora existam crenças centrais e fulcrais sobre a Eucaristia ao longo dos séculos, a mudança também é uma constante. Assim, embora observemos continuidades, até agora demos atenção significativa às mudanças no âmbito da Eucaristia, particularmente no que se refere à arte e ao ambiente circundante. Houve também mudanças consideráveis na maneira como a Eucaristia era acessada e compreendida pelos fiéis, teólogos e líderes eclesiásticos ao longo dos séculos. Neste capítulo, continuaremos vendo semelhante constância e mudanças, mas, de certa forma, as mudanças se mostrarão mais rápidas. Isso é especialmente evidente nos campos político, social e cultural. Liturgicamente, mudanças importantes e rápidas também ocorreram, particularmente no século XVI. No entanto, por causa da natureza estabilizadora e contrarreformista do Concílio de Trento (1545-1563) e de suas consequências, o ritmo da mudança na prática eucarística católica romana diminuiu após o século XVI e, em alguns lugares, parece até ter cessado. Entretanto, como James White demonstrou em *Roman Catholic Worship*, até mesmo no período após as reformas tridentinas, havia muita efervescência na prática e no pensamento eucarísticos católicos romanos.

Politicamente, a paisagem passou por uma reformulação radical durante essa época. No início do século XVI, os monarcas governavam o que conhecemos hoje como Inglaterra, Espanha, Portugal, França e Alemanha. O papa também era um importante governante temporal e, no século XVIII, controlava a maior parte da Itália central. Esses e outros monarcas do período estavam interessados em proteger e, ao mesmo tempo, expandir seus domínios. Com efeito, o século XVI, às vezes chamado de "era da exploração", foi o tempo em que a maioria das grandes potências europeias dedicou energia significativa à colonização contínua da África e à exploração dos "novos mundos" da América do Norte e do Sul. As principais potências europeias acumularam vastos domínios em todo mundo, e várias divulgaram a mitologia de que o sol nunca se punha em seus impérios. No entanto, o esplendor das monarquias europeias não deveria continuar e, ao final dessa era, nenhuma grande monarquia dominante permaneceu na Europa. Onde havia monarcas, eles foram reconfigurados como "monarquias constitucionais", com o poder político real residindo num governo eleito, como na Inglaterra e na Espanha contemporâneas. O papa continuou sendo um governante temporal e eclesiástico, mas, com a perda dos estados papais no século XIX, o Vaticano foi reduzido ao menor Estado-nação independente do mundo, e a influência temporal do papa foi proporcionalmente reduzida.

A tensão entre nações tão poderosas moldou os cenários político e religioso do período. Henrique VIII da Inglaterra (morto em 1547), por exemplo, foi homenageado pelo Papa Leão X (morto em 1521) com o título "defensor da fé" por causa da objeção de Henrique às ideias reformistas de Martinho Lutero (morto em 1546). Dentro de alguns anos, no entanto, Henrique seria excomungado por Roma pelo que foi considerado um segundo casamento inválido. Obcecado em produzir um herdeiro masculino, ele procurara obter a nulidade em Roma de seu primeiro casamento e, como não teve êxito, Henrique acionou uma série de procedimentos legais que resultaram em sua declaração como Chefe Supremo da igreja da Inglaterra. Para Henrique, isso era essencialmente um movimento político, não uma reforma teológica ou litúrgica. Ao contrário de muitos reformadores do continente, Henrique era teologicamente conservador e permaneceu comprometido com a doutrina católica romana. Por exemplo, em 1539, ele aprovou uma série de leis que afirmavam crenças como a transubstanciação, bem como a prática de missas e confissões privadas. Após sua morte, no entanto, a Igreja da Inglaterra promulgou reformas litúrgicas e teológicas mais dramáticas.

As forças políticas no continente também ajudaram a moldar reformas religiosas e litúrgicas. Por exemplo, a partir do século XIV, existia uma confederação de pequenos Estados ou "cantões" no que hoje conhecemos como Suíça. Em número crescente, esses cantões se uniram contra o Sacro Imperador Romano, alcançando a sua independência no final do século XV. No processo, os líderes locais buscaram independência em relação à Igreja e tentaram diminuir sua influência na vida política, educacional e econômica. Os primeiros experimentos da Suíça em democracia política e social ofereceram um clima que permitia o enraizamento de algumas das reformas teológicas e litúrgicas mais radicais do século XVI. Os instintos teológicos de tais reformadores para remover intermediários sacerdotais entre Deus e os batizados e buscar imagens eucarísticas mais afinadas à solidariedade do que ao sacrifício são explicados, em parte, por esse poderoso contexto social [citação 276].

Essas forças políticas e sociais ajudam a explicar por que as reformas de Martinho Lutero se deflagraram tão rapidamente na Europa. Antes dele, João Wycliffe (morto em 1384) já havia traduzido a Bíblia para o vernáculo em 1382 e estava se pronunciando contra a transubstancia-

Citação 276: A ordenação do culto como sacrifício e a ordenação do culto como sacramento de oferta e graça relacionam-se à duas percepções diferentes da ordem social. [...] Uma sociedade medieval que vivia com uma divisão da população em categorias sociais e que percebia a organização total das coisas como uma ordem que unia os fiéis do céu, purgatório e terra, podia encontrar sua unidade espiritual, e até mesmo sua unidade temporal, no ato do sacrifício. Por outro lado, a ordenação do culto como sacramento reflete uma percepção da sociedade que começa com a solidariedade fundamental de todos na graça de Cristo, e vê nesta unidade de sacramento o modelo de uma ordem social a ser construída. É menos propensa a aprovar as classificações hierárquicas de ordem social ou eclesial e mais sintonizada com a ordem da sociedade como obra de todo o povo. O fato de a graça de Cristo prevalecer sobre essa ordem é expressa na gratuidade do sacramento [...] pela qual todos participam na igualdade do chamado comum [...] em torno das imagens da santa solidariedade e da mesa comum da Ceia do Senhor. (Power, *The Sacrifice We Offer*, p. 145)

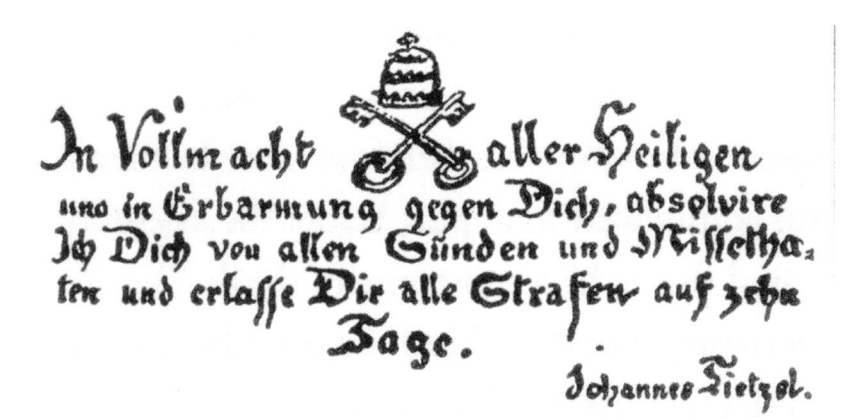

171. Indulgência de Tetzel. Tradução: "Na autoridade de todos os santos e em compaixão de ti, eu te absolvo de todos os pecados e más ações, e comuto toda punição por dez dias."

ção. Da mesma forma, o reformador boêmio Jan Hus (morto em 1415) pregou contra indulgências e exigiu que o cálice fosse devolvido ao povo. No entanto, esses apelos reformistas não provocaram uma onda significativa de reforma na Igreja e em seu culto, mas arderam sob a superfície. No início do século XVI, contudo, o clima havia mudado. O papado estava em sério declínio; a praga e o clima terrível haviam atingido a Europa, revoltas camponesas e distúrbios civis desafiavam reis e imperadores; novas ideias questionando os modos antigos abundavam nas universidades e a corrupção na Igreja era galopante [citação 277].

Nesse contexto, os desafios de Lutero às práticas e ensinamentos pastorais da Igreja encontraram profunda ressonância. Sacerdote católico e monge agostiniano, Lutero era professor de Escrituras Sagradas na Universidade de Wittenberg, na Alemanha, e passava por uma luta religiosa pessoal na segunda década do século XVI. Jaroslav Pelikan acredita que o contexto imediato para essa luta foi o fracasso do sacramento da penitência e a falta de certeza de Lutero sobre se a contrição dele ou alguma outra pessoa era adequada (*The Christian Tradition*, 4:129). Lutero resolveu esse dilema ensinando e estudando as Escrituras, particularmente passagens como Romanos 4, que enfatizavam a justificação pela fé, não pelas obras. Essa resolução pessoal o preparou para denunciar a venda de indulgências [ilustração 171]. Como padre em Wittenberg, ele percebeu que poucas pessoas estavam se confessando. Em vez disso, estavam comprando indulgências, substitutos para a penitência que pareciam oferecer a promessa de perdão e salvação, quer as pessoas modificassem o modo de viver ou não. Em 1517, Lutero compôs uma série de noventa e cinco teses [citação 278] destinadas a servir de base para uma discussão sobre indulgências. Ele as pregou na porta da igreja do castelo em Wittenberg e as enviou numa carta ao seu superior, a alguns bispos e amigos. No final daquele ano, elas já haviam sido publicadas em vários lugares e logo desencadearam a agitação que estava latente em toda a Europa.

Citação 277: A depravação tornou-se tão corriqueira que os que se sujam com ela não percebem mais o mau cheiro do pecado. (Adriano VI [morto em 1523], in: Jedin; Dolan, *History of the Church*, V:7)

Citação 278: Tese 21: Erram, portanto, os pregadores de indulgências que afirmam que a pessoa é absolvida de toda pena e salva pelas indulgências do papa. [Martinho Lutero, 95 Teses (1517), in: *Luther's Works*]

172. Bula papal, *Exsurge Domine* ("Levantai-vos, Senhor"), condenando os erros de Martinho Lutero (junho de 1520).

Citação 279: Também é considerado abuso que um sacerdote aceite ofertas de várias pessoas para a celebração da missa e, em seguida, procure satisfazer esses pedidos com apenas uma única missa. Esse abuso admitido deixa uma impressão duradoura, porque o título de missa é realmente aplicado a ganhos monetários simples. Há nisto inúmeros escândalos, o que causa grande ofensa a Cristo, ao Senhor e à Igreja. [...] Também é observado o abuso de que, enquanto a missa conventual está sendo celebrada, os cadáveres são levados para a igreja, o que perturba completamente os ritos sagrados. [...] Ainda mais sério é o ato escandaloso frequentemente observado de muitos padres que equilibram o cálice sobre a cabeça com as duas mãos após a consagração, de modo que, às vezes [...] há o maior perigo de derramar seu conteúdo. ("Abusos relacionados ao sacrifício da missa", relatados por uma comissão especialmente designada do Concílio de Trento [8 de agosto de 1562], in: Mansi, *Sacrorum Conciliorum*)

Infelizmente, a venda de indulgências, que perturbou Lutero, foi autorizada pelo Papa Leão X. Em 1520, Lutero foi condenado por Leão [ilustração 172]. Embora Lutero tenha se apresentado perante o imperador Carlos V (1558), ele foi apoiado por vários príncipes alemães que esperavam usar essa agitação religiosa para enfraquecer a influência política do imperador e do papa. Protegido pelo Príncipe-eleitor Frederico da Saxônia (morto em 1525), Lutero se escondeu em Wartburg, onde produziu uma tradução alemã da Bíblia em onze semanas. Enquanto isso, a reforma correu por toda a Europa. As ideias de Lutero foram condenadas por alguns, adotadas por outros e também criticadas por não terem ido longe o suficiente. Reformadores mais radicais como Ulrich Zwingli (morto em 1531), em Zurique, pensavam que Lutero permitia muitas ideias e práticas não encontradas na Bíblia e pedia uma reforma estritamente prescrita pelo Novo Testamento. Martin Bucer (morto em 1551) lançou as bases para a reforma em Estrasburgo e tentou assumir uma posição intermediária entre Lutero e Zwingli. Isso se deu especialmente no que se referia a questões da Eucaristia e da natureza da presença real que causavam diferenças entre esses reformadores. Em outubro de 1529, Lutero, Zwingli, Bucer e outros se encontraram no castelo de Marburg, na esperança de chegar a um acordo. Embora os participantes realmente tivessem assinado artigos demonstrando uma crença compartilhada em coisas como o batismo infantil e a rejeição do sacrifício da missa, eles não podiam concordar com a natureza da presença real. Como resume James White, esse amplo abismo entre os pontos de vista de Lutero e Zwingli sobre a Eucaristia se tornou permanente e levou a divisões nas tradições reformistas que ainda permanecem. (White, *Protestant Worship: Traditions in Transition*, 59)

Na década de 1530, praticamente toda a Escandinávia e as Ilhas Britânicas, bem como partes significativas da Alemanha, Áustria e até mesmo parte da França, haviam rompido os laços com Roma. Já na década de 1520, surgiram pedidos para que um concílio da Igreja resolvesse a situação. As guerras entre Carlos V e o rei francês dificultaram a convocação de tal concílio. Além disso, alguns papas temiam que um concílio pudesse limitar sua autoridade ou contestar algumas de suas opiniões, um medo bastante real desde que o Concílio de Constança (1414-1418) havia deposto três papas para encerrar o "Grande Cisma", designado a eleição de um papa alternativo e declarado tais concílios como a autoridade suprema da Igreja. Depois de muitas falsas partidas, um concílio em Trento finalmente se formou em 1545, reunindo-se esporadicamente por quase vinte anos (1545-1547, 1551-1552, 1562-1563). O concílio abordou muitos dos abusos que haviam suscitado a reforma [citação 279]. Como consequência, a instrução do clero foi bastante melhorada, a pregação regular foi incentivada no culto de domingo e o povo recebeu melhor preparação para receber os sacramentos. Por outro lado, o concílio parecia pouco disposto a se reconciliar com os reformadores, e era provavelmente incapaz disso. Os ensinamentos de Lutero, Zwingli e outros foram cabalmente condenados. A Igreja Católica Romana manteve-se firmemente apegada à maioria das doutrinas desafiadas pelos reformadores, resultando numa espécie de entrincheiramento teológico que durou séculos. Essa contrarreforma católica foi ao mesmo tempo reformadora e disruptiva para o cristianismo ocidental e até mesmo para a própria Igreja Católica Romana.

Os ensinamentos do Concílio de Trento não foram aceitos nem executados em todos os lugares pelos católicos romanos. Isso era especialmente válido na França, onde um movimento por liberdade em relação à autoridade do papado tinha raízes profundas. Por causa desse "galicanismo" generalizado, o culto católico romano na França só se conformou às diretrizes de Roma no século XIX. Por motivos políticos e culturais, o Sacro Imperador Romano José II (morto em 1790) passou a restringir o controle do papa, que incluía diretrizes para tornar a liturgia mais simples e mais inteligível no império: um movimento conhecido como "josefismo". Leopoldo, irmão do Imperador (morto em 1790), foi Grão-Duque da Toscana, onde apoiou reformas semelhantes. O Sínodo de Pistoia (1786), realizado sob seus auspícios, adotou os princípios do galicanismo e do josefismo, mas foi ainda mais longe, ordenando que deveria haver apenas um altar em cada igreja, uma missa a cada domingo e condenando completamente o uso do latim na liturgia. Mesmo nos Estados Unidos, o primeiro bispo católico romano no novo país, John Carroll (morto 1816), foi inspirado por princípios de inteligibilidade e autodeterminação, defendendo a participação dos leigos na administração da Igreja, o direito do povo de escolher os próprios bispos e até mesmo a celebração da liturgia no vernáculo.

Devido à enorme diversidade entre os vários "protestantes" (do latim *protestans*, "que testemunha ou protesta") — uma diversidade respeitada na reunião de Marburg —, a reforma desassociada da Igreja Católica Romana continuou a se desenvolver [ilustração 173]. Por exemplo, os reformadores "anabatistas" (do grego *ana* + *baptismos*, "novamente batismo"), mais radicais do que Zwingli, rejeitaram o batismo infantil como não bíblico e se separaram, formando suas próprias comunidades de fé. Nos séculos seguintes, Quakers rejeitariam todos os

	Ala esquerda	*Centro*	*Ala direita*	
Séc. XVI	Anabatista	Reformada	Anglicana	Luterana
Séc. XVII	Quacre	Puritana		
Séc. XVIII		Metodista		
Séc. XIX	Fronteira			
Séc. XX	Pentecostal			

173. Diagrama de James White das tradições do culto protestante.

174. Ilustração de Newton como geômetra divino, de William Blake (morto em 1827).

sacramentos externos, enquanto John e Charles Wesley desencadeariam uma reforma na igreja da Inglaterra que passaria a ser conhecida como metodismo, os Estados Unidos, por sua vez, testemunhariam o florescimento de diferentes estilos de cultos em igrejas livres.

Enquanto a face do cristianismo ocidental era fundamentalmente reconfigurada durante esse período, também ocorriam desenvolvimentos surpreendentes nas ciências e na filosofia. Já no século XVI, Nicolau Copérnico (morto em 1543) reimaginou o universo com o sol no centro, não a terra, posição fortalecida pelo trabalho de Galileu Galilei (1642). Isaac Newton (1727) posteriormente reinventou nossa compreensão da ótica, da matemática e das leis da gravidade. Mudanças paralelas na filosofia, o nascimento das ciências sociais e os avanços nas comunicações e na indústria alastraram-se por essa era em ritmo espantoso, anunciando o início do que chamamos de era "moderna". Muitas dessas mudanças revelaram uma crença na capacidade das pessoas de entender o funcionamento do universo e talvez até mesmo de aproveitar os poderes criativos que antes eram pensados como possuídos apenas por Deus [ilustração 174]. Uma era da razão e do empirismo, ou a Era do Iluminismo, surgiu, oferecendo novas ferramentas e poderosos desafios à teologia e ao culto das igrejas. Os princípios iluministas foram fundamentais para mudanças no culto protestante durante a última parte dessa era e foram igualmente uma força por trás do galicanismo, do josefismo, do Concílio de Pistoia e até mesmo da visão de John Carroll. Mas o impacto total do Iluminismo na liturgia só se tornaria evidente no século XX.

ARQUITETURA

A revolta eclesiástica do século XVI e sua reformulação radical do cristianismo ocidental tiveram um impacto significativo na arquitetura da igreja. No catolicismo romano, por exemplo, a igreja pós-tridentina emergiu dos desafios da reforma com um novo otimismo e senso de vitalidade. O estilo arquitetônico energético que simbolizou essa exuberância — ou o que às vezes é percebido como triunfalismo — veio a ser conhecido como barroco. Embora outros estilos arquitetônicos tenham vindo depois, como o rococó e o neoclassicismo, eles nunca substituíram o barroco como o símbolo arquitetônico da Igreja Católica Romana pós-tridentina.

Algumas comunidades protestantes, como luteranas e anglicanas, também empregavam o estilo barroco em suas igrejas. No entanto, muitas igrejas protestantes estavam mais preocupadas em permitir à comunidade ouvir e responder à palavra do que em criar edifícios visualmente impressionantes, característicos do barroco. Em algumas vertentes do protestantismo, os desafios à prática eucarística e à teologia contribuíram para um papel reduzido da Eucaristia. Zwingli, por exemplo, sugeriu que a Ceia do Senhor fosse celebrada apenas quatro vezes por ano. Como consequência, os altares assumiram muito menos importância em algumas comunidades protestantes, enquanto o púlpito adquiriu uma importância renovada.

Basílica de São Pedro em Roma

Mais do que qualquer outro projeto de construção do século XVI, a reconstrução da Basílica e São Pedro em Roma registrou a transição do renascimento para a arquitetura barroca. A basílica do século IV, construída por Constantino, encontrava-se em mau estado havia algum tempo, quando Júlio II (morto em 1513) lançou a pedra angular da nova igreja em 1506. Ironicamente, a venda de indulgências que tanto instigara Martinho Lutero foi o apoio financeiro dessa reconstrução. A igreja do século XVI foi inicialmente concebida em grande estilo renascentista. Donato Bramante (morto em 1514) projetou um espaço de plano central que consistia numa série de pequenas cruzes gregas (quatro braços de igual comprimento) ao redor de uma grande cruz grega. Esse plano se destinava a expressar simbolicamente a posição da Igreja no centro da igreja ocidental, do cristianismo e do mundo. Após a morte de Bramante, o ritmo de trabalho diminuiu até Michelangelo

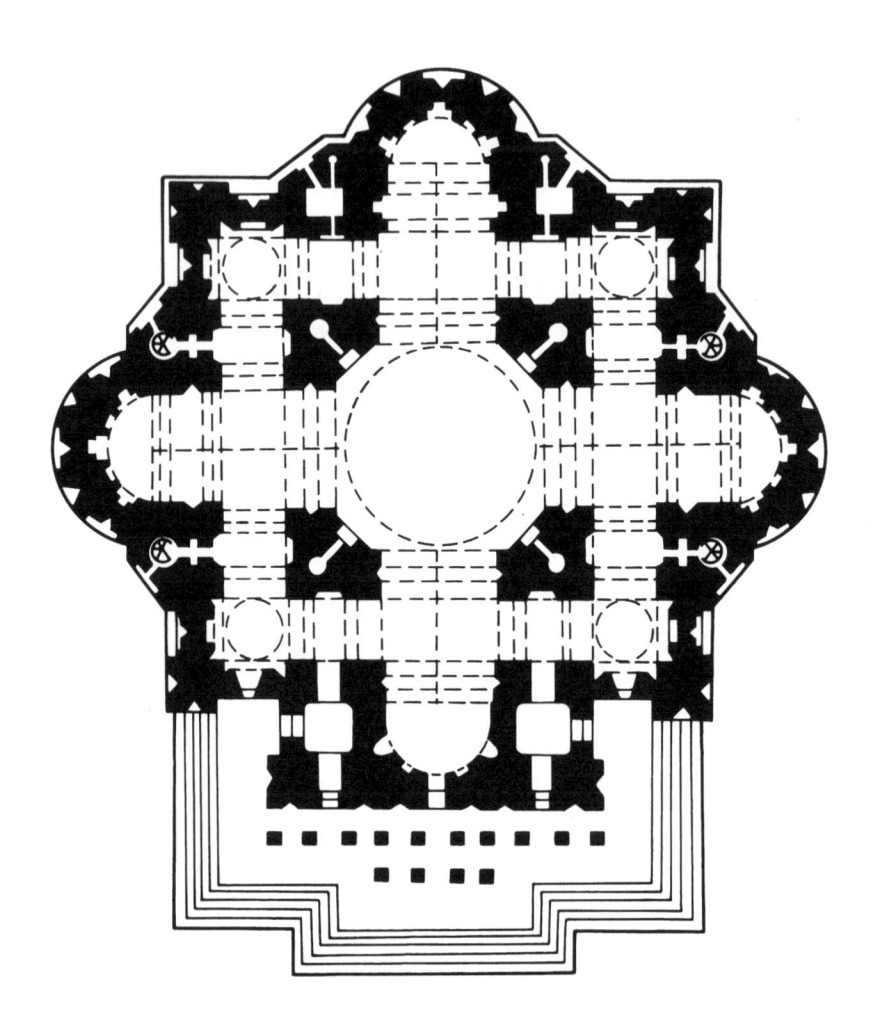

175. Planta de Michelangelo para a Basílica de São Pedro em Roma. (Gardner, p. 552)

Citação 280: Como a igreja de São Pedro é mãe de quase todas as outras, ela devia ter colunatas, o que a mostraria como se estendesse os braços maternalmente para receber católicos, de modo a confirmá-los em sua fé, aos hereges, para reuni-los à Igreja, e aos infiéis, para iluminá-los na verdadeira fé. (Bernini, in: Norberg-Schulz, *Meaning in Western Architecture*, p. 287s.)

(morto em 1564) assumir o cargo de arquiteto em 1546. Ao simplificar o projeto de Bramante e circundar o espaço num quadrado transversal, Michelangelo converteu a basílica de São Pedro de um edifício renascentista composto por partes relacionadas, mas um tanto independentes, para um trabalho massivo de unidade dinâmica, anunciando o início do barroco [ilustração 175].

Após a morte de Michelangelo, a planta da basílica de São Pedro foi alterada pela adição de uma nave, transformando-a de uma cruz grega para um uma cruz latina (três braços iguais e um alongado) [ilustração 176]. Esta adição acomodava melhor a liturgia romana e as procissões integradas à liturgia. Infelizmente, a adição obscureceu a grande cúpula de Michelangelo, que hoje só pode ser apreciada da parte de trás do edifício. O estágio final da transição da basílica de São Pedro de uma construção renascentista para uma barroca foi a adição de uma *piazza* projetada por Gian Lorenzo Bernini (morto em 1680). Esse enorme espaço (mais de 240 metros de largura em seu ponto mais largo) é cercado por uma colunata elíptica de dois braços, composta por 284 colunas de mármore travertino, encimadas por 162 estátuas de santos de

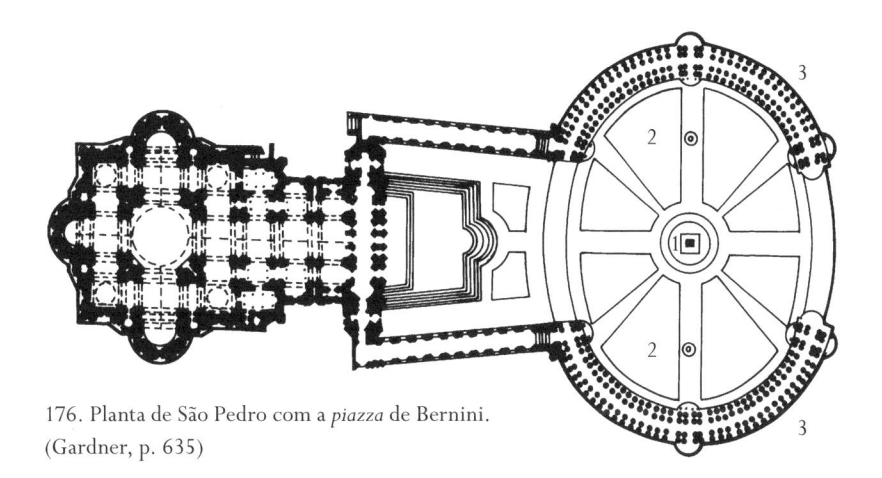

176. Planta de São Pedro com a *piazza* de Bernini. (Gardner, p. 635)

1. Obelisco
2. Fonte
3. Colunata

3,6 metros de altura. Consagrada em 1666, a praça de Bernini é um dos espaços públicos mais dramáticos já criados. Fiel às intenções do artista [citação 280], a praça chama para o abraço da igreja mãe de Roma.

Il Gesù e o barroco

Entre as primeiras das verdadeiras igrejas barrocas está a *Il Gesù* (em italiano, "a [Igreja de] Jesus"), a igreja mãe dos jesuítas. *Il Gesù* simbolizava a vitalidade e engenhosidade desta nova comunidade e de seu fundador, Inácio de Loyola (morto em 1556). Os jesuítas eram uma nova forma de vida religiosa no século XVI: altamente centralizados, bem organizados, móveis e livres das exigências de uma vida litúrgica comum, especialmente o Ofício Divino, que Inácio não exigia que seus seguidores cantassem juntos. Sua nova igreja incorporava o espírito renovado dessa comunidade, um espaço muito mais aberto e dinâmico em comparação ao espaço subdividido de muitas igrejas góticas. Projetada e construída em Roma, entre 1568 e 1584, *Il Gesù* se tornou um dos *designs* mais copiados da história eclesiástica [ilustração 177]. Sua popularidade foi o

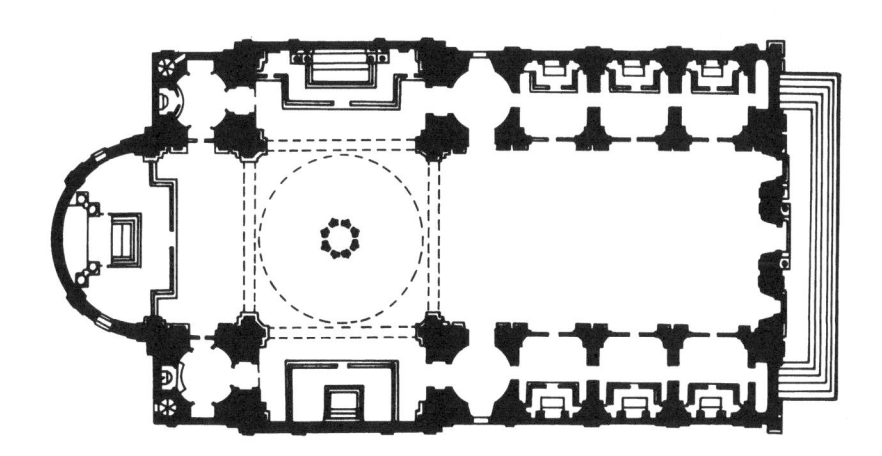

177. Planta de *Il Gesù*. (Norberg-Schulz, p. 277)

resultado de várias inovações importantes, incluindo a eliminação de corredores laterais, o encurtamento da abside e a remoção do coro de seu lugar entre o altar e a assembleia — uma afirmação arquitetônica da eliminação do Ofício Divino como um exercício comunitário entre os jesuítas. O resultado foi um grande espaço aberto com sua área central enfatizada por uma cúpula. Como as igrejas-salão da Alemanha do século XIII, tão populares nas ordens mendicantes medievais, essas igrejas deram nova atenção ao púlpito e ao ato de pregar. Sem coro de monges para obstruir a vista, sem as grades do coro e sem abside alongada para distanciar as pessoas da ação sagrada, *Il Gesù* atraía os leigos para uma proximidade mais íntima da ação litúrgica.

No entanto, a participação direta do povo na Eucaristia, mesmo em uma igreja como *Il Gesù*, permaneceu limitada. James White (*Roman Catholic Worship*, 2–3) explica esse fenômeno comparando esse novo projeto para igrejas com o de um teatro. O santuário elevado, encurtamento da abside e eliminação de barreiras visíveis, incluindo a falta de colunas internas, praticamente transformaram o altar-mor num palco. Como uma plateia, a assembleia podia assistir ao drama da missa se desenrolar diante deles com poucas obstruções visíveis; e a acústica aprimorada pela abside encurtada e pela abóbada de pedra também tornava a pregação mais audível. Os atores da liturgia, no entanto, não incluíam a assembleia, mas apenas os ministros do santuário, particularmente o sacerdote. Assim, embora a assembleia estivesse fisicamente mais próxima da ação eucarística em tal edifício, ela permanecia liturgicamente distante.

Arranjos litúrgicos comuns nas igrejas católicas romanas

Como continuaremos a ver, o Concílio de Trento e o trabalho realizado posteriormente contribuíram para uma nova uniformidade no culto católico romano. Havia, por exemplo, uma uniformidade mais clara na doutrina eucarística e, devido às revisões dos livros litúrgicos, muito mais uniformidade na celebração da missa. Embora não houvesse diretrizes arquitetônicas reais nos decretos do Concílio de Trento, a tendência rumo à uniformidade gerada por esse concílio na doutrina e nas rubricas estimulou um instinto semelhante de conformidade nos arranjos litúrgicos das igrejas católicas romanas. Isso foi inicialmente evidente em lugares como o norte da Itália, depois em toda a Europa e, finalmente, em todo o mundo, quando missionários europeus exportaram o rito romano e pressupostos arquitetônicos sobre a celebração desse rito ao redor do mundo. Muitos componentes de um arranjo típico de uma Igreja Católica Romana nunca foram inicialmente exigidos por lei, pois tornaram-se tão habituais que eram amplamente presumidos, mas alguns acabaram se tornando legalmente obrigatórios.

Citação 281: Além da celebração da Eucaristia, a Igreja tinha uma tradição muito antiga de reservar o pão eucarístico. O objetivo desta reserva é levar a comunhão aos enfermos e ser objeto de devoção particular. Mais apropriadamente, essa reserva deve ser designada em espaço projetado para devoção individual. Uma sala ou capela especificamente projetada e separada do espaço principal é importante para que não ocorra confusão entre a celebração da Eucaristia e a reserva. Aspectos ativos e estáticos da mesma realidade não podem reivindicar a mesma atenção humana ao mesmo tempo. (Comissão Episcopal para a Liturgia, *Environment and Art in Catholic Worship*, 78)

178. Altar-mor da Catedral da Cidade do México.

Por exemplo, existe uma tendência generalizada de tabernáculos nessa época fazerem a transição final, deixando de ser um recipiente litúrgico para se tornar um acessório arquitetônico. Como veremos, o costume ditava e, por fim, a lei exigia que o tabernáculo fosse fixado à mesa do altar. Em muitos lugares, o tabernáculo e os retábulos adjacentes se tornaram uma superestrutura central que podia acomodar a exposição do santíssimo Sacramento, com tabernáculo e uma plataforma de exposição ladeados por um grupo de nichos cheios de anjos e santos em adoração ou velas e flores [ilustração 178]. Por vezes, um cenário teatral tão realçado obscurecia a ação eucarística à mesa e contribuía para indistinção e a confusão entre, de um lado, o que um documento católico romano posterior caracterizaria como o espaço "ativo" para a celebração eucarística e, de outro, o local de reserva mais "estático" [citação 281].

Outra adição, comum a muitas igrejas católicas romanas e outras ao longo do século XX, foi uma balaustrada para a comunhão. Segundo

> Citação 282: Não há nada nas rubricas sobre uma balaustrada do altar; ela não é prescrita em nenhum lugar. É puramente utilitária, para proteger o coro da irreverência [especialmente em uma igreja lotada]; mas tornou-se uma necessidade na administração da sagrada comunhão em grandes igrejas. (O'Connell, *Church Building and Furnishing*, p. 13)

Jungmann, esta parece ter se desenvolvido a partir da prática de estender um pano para os comungantes ajoelhados junto ao altar; posteriormente, esses panos foram colocados sobre mesas ou bancos, que evoluíram para a balaustrada da comunhão (*Missa do rito romano*, II: 375). A primeira legislação concernente a esse modo de receber a comunhão vem de Milão no final do século XVI. Embora onipresente nas igrejas católicas romanas (e também em algumas outras igrejas cristãs) depois do Concílio de Trento, as balaustradas para comunhão nunca são mencionadas na lei, nem mesmo nas rubricas do rito tridentino [citação 282].

Carlos Borromeu (morto em 1584), arcebispo de Milão, que publicou as detalhadíssimas *Instruções sobre a fábrica e as alfaias eclesiásticas* (1577), foi influente na padronização de alguns arranjos litúrgicos. Ele declarou uma clara preferência pelo *design* da igreja cruciforme, afirmou a importância do tabernáculo no altar, deu instruções claras sobre a necessidade e o *design* da inovação que passamos a conhecer como um "confessionário" e até prescreveu a forma, o tamanho e os materiais para as fontes que forneciam água benta com a qual os fiéis que deveriam se abençoar ao entrar na igreja. Embora a maioria dessas ideias não tivesse peso de lei, a influência de Borromeu foi significativa. Como secretário de Estado do Vaticano, ele ajudou a reabrir o Concílio de Trento e participou de sua sessão final (1562-1563). Ele ficou encarregado de produzir o *Catecismo romano* (1566) após o término do concílio; também trabalhou nas revisões do *Breviário* (1568) e do *Missal romano* (1570), além de ocupar a posição de "Prefeito do Concílio Tridentino" (1564-1565). Assim, a visão litúrgica de um cardeal italiano que presidia na suntuosa Catedral de Milão teve ramificações para as simples paróquias católicas romanas ao redor do mundo.

Igrejas da Reforma

Enquanto os edifícios das igrejas católicas romanas eram cada vez mais semelhantes em seus arranjos internos, a crescente diversidade no protestantismo gerou uma nova pluriformidade nos arranjos litúrgicos dessas casas de culto. Inicialmente, as comunidades reformistas assumiram as igrejas existentes e as adaptaram às próprias necessidades. Em alguns lugares, isso significou remover estatuária e iconografia (como em Zurique, em 1524) e, em outros lugares, significou criar novas imagens que eram consideradas mais corretas do ponto de vista teológico [ilustração 179]. Quanto ao *design* interior dessas igrejas, na Inglaterra, as grades do coro que dividiam a igreja em uma nave e uma área do coro [ilustração 180] foram frequentemente mantidas, a nave sendo usada pela assembleia para matinas e vésperas, e a área do coro sendo empregada para serviços de comunhão. Essa divisão simbolizava o que se tornaria o papel cada vez mais secundário da Eucaristia no culto anglicano,

REFORMA E CONTRARREFORMA: 1517-1903 253

179. Retábulo de Lucas Cranach, o Velho (morto em 1553), para a Igreja da Cidade em Wittenberg.
Painéis superiores, da esquerda para a direita: batismo, Ceia do Senhor, confissão. Painel inferior: a crucificação.

180. Parede do coro do final do século XV da Catedral de York, na Inglaterra.

eclipsado pelas orações matutina e vespertina. A área do coro era menor que a nave e, como local da Ceia do Senhor, presumia a presença de menos fiéis, enquanto as matinas de domingo na nave se tornavam o principal culto da semana. Sem dúvida, o *Livro de Oração Comum* de 1549 presumia a comunhão diária — chegando a fornecer uma exortação a ser dada pelo sacerdote "se no domingo ou dia de folga o povo for negligente em comparecer à comunhão". Apenas três anos mais tarde, no entanto, o *Livro de Oração Comum* de 1552 incluiu a seguinte injunção: "todo paroquiano deve comungar, pelo menos três vezes ao ano: das quais a Páscoa deve ser uma". Esse requisito mínimo acabou se tornando a norma geral dessa época.

181. Torre eucarística, construída entre 1460 e 1480, na Catedral de Ulm.

No continente, a renovação dos espaços de culto geralmente incluía a eliminação de telas do coro, bem como a remoção de elaborados retábulos e tabernáculos. Em muitas renovações, o púlpito era comumente movido em direção ao centro. No entanto, dada a crescente diversidade de tradições e a natureza descentralizada da Reforma Protestante, é difícil fazer generalizações sobre os rearranjos litúrgicos nos edifícios existentes e sempre podem ser encontradas exceções. Por exemplo, a torre eucarística do século XV, com vinte e seis metros de altura, sobreviveu na Catedral de Ulm [ilustração 181], embora não fosse mais usado para reserva da Eucaristia, e a Catedral Luterana em Estocolmo realmente recebeu um novo altar de ébano e prata e retábulos em 1640.

182. Igreja Metodista Unida de São Jorge, na Filadélfia, construída em 1769.

A insatisfação com algumas dessas reformas e a necessidade de igrejas adicionais levaram à criação de novos edifícios para o culto protestante. Um elemento comum a praticamente todas essas novas igrejas era a centralidade do púlpito [ilustração 182], que enfatizava a nova reverência à palavra de Deus nas Escrituras e a importância da pregação no culto protestante. Essa ênfase na Palavra ofuscava a celebração da Ceia do Senhor, que Zwingli, por exemplo, pensou que deveria ser comemorada apenas quatro vezes por ano em Zurique. Embora a maioria dessas igrejas tivesse altares, estes eram, com frequência, mesas simples e portáteis que eram guardadas ou colocadas de lado naqueles domingos em que a comunhão não era celebrada. Leipzig na época de Johann Sebastian Bach (morto em 1750), por outro lado, forneceu uma prática muito diferente e um tanto excepcional, uma vez que o culto dominical principal nessa cidade luterana "sempre incluía a celebração da Sagrada Comunhão" (Stiller, 49). Nesse cenário, um altar permanente era mais apropriado.

Como observou Spiro Kostof, um ponto em comum na arquitetura protestante emergente era "uma mudança de um espaço processional para um espaço de auditório, de um plano longitudinal para um centralizador". Kostof ressalta ainda que essa centralização não é apenas horizontal, mas também vertical, gerando "a galeria, algumas vezes sucessivas fileiras como numa casa de ópera, atraindo toda a congregação ao redor do ponto focal" (p. 539). Um exemplo impres-

183. Frauenkirche de Dresden, restaurada e rededicada em 2005 após sua destruição durante a Segunda Guerra Mundial.

sionante dessa centralização horizontal e vertical é a Frauenkirche, recentemente reconstruída em Dresden, com suas múltiplas galerias todas focadas no santuário, com seu altar barroco, órgão Silbermann e púlpito posicionado ao centro [ilustração 183]. No entanto, a maioria das igrejas protestantes de planta centralizada era mais austera, e a ênfase católica romana nos elementos visuais do culto foi rejeitada pelos principais segmentos da Reforma. Foi a ênfase renovada na Palavra e na pregação que levou os arquitetos da Reforma, como o inglês Christopher Wren (morto em 1723), a construir edifícios mais adequados para ouvir do que para ver [citação 283]. A mudança do espaço processional para o espaço de auditório — de um lugar que enfatizava o movimento para um que focava na audição — contribuiu para o aumento da popularidade dos assentos, primeiramente nas igrejas protestantes e depois nas católicas romanas, especialmente na Europa setentrional e na América do Norte. Como os teatros da época, as igrejas estavam cheias de bancos, que simbolizavam algo da imobilidade e até mesmo passividade dos fiéis. Em alguns casos, a introdução de bancos coincidiu com uma renovada separação de ho-

Citação 283: Os romanistas, de fato, podem construir igrejas maiores; basta-lhes ouvir o murmúrio da missa e ver a elevação da hóstia, mas as nossas devem ser adaptadas para auditórios. (Christopher Wren [morto em 1723] apud Addleshal; Etchells, *The Architectural Setting of Anglican Worship*)

Citação 284: Na Saint Alphege [...] em 1620, o Sr. Loveday foi denunciado por sentar-se no mesmo banco com sua esposa, "o que é considerado altamente indecente"; ele foi ordenado a comparecer; por não fazê-lo, "o Sr. chanceler tomou conhecimento" de sua obstinação. O assunto foi finalmente solucionado pelo reitor, que lhe ofereceu um assento em seu banco. (Neale, *History of Pues*, p. 35)

mens e mulheres durante o culto [citação 284], algo que Carlos Borromeu havia sugerido para católicos romanos em 1577, embora essa ideia específica pareça ter sido ignorada.

Resumo

A Reforma e a Contrarreforma produziram teologias diversas, até mesmo contraditórias, a respeito da crença cristã e das práticas sacramentais, especialmente em relação à Eucaristia, ao batismo, à reconciliação e à ordenação. Uma diversidade semelhante desenvolveu-se nos espaços de culto para um cristianismo ocidental cada vez mais fragmentado, o que é um forte testemunho do significado teológico das artes arquitetônicas. Por exemplo, os fiéis comuns intuíram que era incongruente frequentar o mesmo espaço tradicional quando os ensinamentos fundamentais sobre a natureza da presença real ou o papel da Palavra haviam mudado significativamente. Em meio a essa diversidade, havia correntes claras operando nos edifícios da Igreja desse período. Os protestantes e, em menor grau, os católicos romanos, deram ênfase renovada à pregação, o que resultou em igrejas projetadas com absides mais curtas e outras concessões a preocupações acústicas. Algumas comunidades protestantes e até mesmo judaicas adotaram o estilo barroco, mas foram particularmente os católicos romanos que se deleitaram com a exibição visual e talvez até mesmo com o triunfalismo desse estilo. Os reformadores mais "à esquerda" [ilustração 173] geralmente rejeitavam esse estilo altamente embelezado e preferiam interiores simples e até austeros, moldados numa planta centralizada.

À medida que a criatividade teológica da Reforma e da Contrarreforma diminuiu, as autoridades eclesiásticas, de várias perspectivas cristãs, frequentemente se ocupavam mais de apologética do que de teologia construtiva ou especulativa. Assim, à medida que as linhas entre várias denominações e igrejas se solidificavam, a liderança muitas vezes se preocupava mais em defender posições previamente definidas do que em refletir sobre as diferenças doutrinárias como fonte de uma nova visão ou mesmo de reconciliação. De certa forma, os desenvolvimentos arquitetônicos nos séculos seguintes simbolizaram algo desse entrincheiramento ou mesmo estagnação. Há, por exemplo, uma degeneração do barroco, simbolizada pelo furioso *design* da igreja de São João Nepomuceno, em Munique (1733-1746) [ilustração 184]. Esse edifício, como muitos do estilo rococó, tem mais que ver com superfícies decorativas, inventivas e prazer visual do que com substância arquitetônica. Talvez ainda mais reveladores tenham sido os muitos "revivalismos" arquitetônicos, como o neoclassicismo (cerca de 1750-1850), o renascimento românico

184. Detalhe do santuário e parede lateral da São João Nepomuceno em Munique.

(cerca de 1840–1900) e o renascimento gótico (séculos XIX e início do século XX). Esses reflorescimentos ocorreram durante o Iluminismo, quando os estudiosos ocidentais estavam cada vez mais interessados numa análise mais "objetiva" da história. Numa era de mudanças tão rápidas e questionamento das crenças cristãs básicas, James White opina que esses revivalismos estilísticos, talvez como o estudo da história, indicavam um profundo desejo de um passado seguro, até mesmo um passado que nunca existiu. A nostalgia de uma época anterior era uma realidade espiritual que encontrou expressão na arquitetura revivalista.

MÚSICA

Embora algumas inovações arquitetônicas como o barroco possam ter irradiado de Roma, as inovações na música litúrgica — especialmente no canto congregacional — pertenceram aos reformistas. As razões para isso incluíam a habilidade musical dos primeiros reformistas, como Martinho Lutero; o foco da Reforma na Palavra de Deus, juntamente com a capacidade da música de servir à Palavra; e a forte tradição da música vernácula nas áreas de língua alemã nas quais a Reforma começou. Enquanto os reformistas enfatizavam o canto congregacional, os oficiais da Igreja Católica Romana buscavam um estilo mais restrito de polifonia latina. No entanto, a influência da hinografia da Reforma e as influências que a multiplicaram não puderam ser completamente evitadas. Enquanto os compositores protestantes continuavam a explorar a hinografia e seus muitos derivados, algumas comunidades católicas romanas fizeram o mesmo. No geral, contudo, a música litúrgica católica romana não estava focada na congregação e — tal como a arquitetura circundante — dirigiu-se para o aspecto teatral. Em ambas as tradições, a influência da ópera e os desenvolvimentos da música orquestral eram inconfundíveis.

Canto na Reforma

Martinho Lutero não era apenas um reformista habilidoso, mas também um músico talentoso. Persuadido da primazia da Palavra de Deus, ele também estava convencido de que a música era uma das maneiras mais importantes de comunicar essa Palavra [citação 285]. Dedicado ao princípio teológico do "sacerdócio de todos os crentes", Lutero transferiu a ênfase da música das *scholas* clericais e do que consideraríamos músicos profissionais para a música da congregação. Com simples blocos de construção musicais e textuais — muitos deles tomados de empréstimo de cantos compostos anteriormente e até canções seculares —, Lutero construiu uma música baseada nas escrituras que era ao mesmo tempo cantável e duradoura. Suas melodias geralmente eram escritas em movimento gradual, no intervalo de nona, em composições silábicas, frequentemente empregando uma forma musical de auto-ensaio [ilustração 185]. Com mais eficiência do que outros, Lutero foi capaz de transformar canção religiosa não litúrgica em música litúrgica. Ao fazer isso, ele integrou ainda mais a comunidade e o hino vernáculo ao culto.

Embora a influência de Lutero tenha sido vasta, seus pontos de vista não foram compartilhados por todos os reformistas. Zwingli, por exemplo, considerava a música um elemento essencialmente secular, que não tinha lugar no culto. Zwingli era o maior talento musical dentre os líderes da Reforma protestante, mas eliminou toda a música das igrejas de Zurique durante sua vida. João Calvino (morto em 1564) manteve o meio termo entre Lutero e Zwingli. Por um lado, ele baniu a polifonia do culto porque ela obscurecia a Palavra; ele também achava

---

Citação 285: Ao lado da palavra de Deus, a música merece o maior louvor. [...] O próprio Espírito Santo a honra como um instrumento para seu trabalho adequado, quando nas Escrituras Sagradas ele afirma que, por meio dela, seus dons foram instilados nos profetas. [...] Assim, não foi sem razão que os pais e profetas não queriam que nada mais fosse associado tão intimamente à palavra de Deus quanto a música. (Martinho Lutero, "Prefácio a *Symphoniae iuncundae*, de Georg Rhau" [1538], in: *Luther's Works* 53:323)

Citação 286: Sempre que se canta com o órgão no contexto dos serviços divinos [...] os textos devem ser recitados com uma voz clara e simples de antemão, para que a eterna recitação dos textos sagrados não escape a ninguém. Toda a razão para cantar nos modos musicais não é dar prazer vazio ao ouvido, mas para que as palavras possam ser entendidas por todos. (Discussão no Concílio de Trento [10 de setembro de 1562], in: Mansi, *Sacrorum Conciliorum*)

185. "Fortaleza poderosa", de Martinho Lutero (Leupold, *Luther's Works*, vol. 53, p. 284)

186. Salmo 136 do *Saltério de Genebra* de 1562. (Grout, *A History of Western Music*, p. 317)

que a música instrumental nos distraía de Deus. Por outro lado, incentivou o canto a partir de textos das escrituras e procurou alguns dos melhores músicos de sua época (por exemplo, Louis Bourgeois, morto em 1561) e poetas (especialmente Clément Marot, morto em 1544). Sua contribuição duradoura à música congregacional foi a introdução da salmodia métrica vernácula na liturgia reformada. A coleção resultante de versos rimados compostos para melodias simples foi o *Saltério de Genebra* (1562) [ilustração 186].

Responsos católicos romanos

Ciente dos muitos abusos musicais e litúrgicos que contribuíram para o início da Reforma, o Concílio de Trento enfatizou a inteligibilidade e o comedimento na música de igreja [citação 286]. Em linguagem que lembra João XXII [citação 257], a vigésima segunda sessão do concílio (17 de setembro de 1562) emitiu um decreto suplementar que bania da Igreja Católica Romana todas as músicas que continham coisas "lascivas ou impuras". Trento, é verdade, procurou impedir compositores e intérpretes de se entregarem à teatralidade da música secular, mas nunca desafiou a predominância de coros e cantores clericais sobre a congregação na música litúrgica. A insistência na inteligibilidade dos textos, por exemplo, se referia apenas à inteligibilidade dos textos em latim, que eram frequentemente reconhecidos por causa de sua repetição, mas raramente entendidos pelos leigos e até por alguns clérigos com formação insuficiente. Embora alguns líderes católicos romanos tivessem apoiado uma liturgia vernácula, Trento decretou que não era "considerado aconselhável que [a missa] fosse celebrada em todos os lugares no idioma vernáculo" (17 de setembro de 1562, p. 148). A sugestão de que a polifonia fosse banida da Eucaristia também não prevaleceu.

A reafirmação do latim e da polifonia, além da ênfase um tanto paradoxal na inteligibilidade, contribuiu para a afirmação implícita de Trento em relação à obra de Giovanni da Palestrina (morto em 1594). Mais do que praticamente qualquer outro compositor da Contrarreforma, Palestrina alcançou uma clareza e moderação que respeitavam os ditames do Concílio e a tradição polifônica. Embora Palestrina fosse um compositor de polifonia, suas obras compartilhavam certas características com a hinografia de Martinho Lutero. Como Lutero, Palestrina frequentemente escrevia partes em movimentos graduais, muitas vezes no intervalo de nona, apoiando-se em harmonias consoantes, evitando cromatismos e demonstrando grande respeito pelo texto. Há uma história bem divulgada que — possivelmente sob os auspícios de Carlos Borromeu (um dos cardeais encarregados da reforma da música eclesiástica) — Palestrina apresentou sua *Missa Papae Marcelli* [ilustração 187] para líderes da Igreja (talvez até ao próprio Papa). Esse desempenho supostamente ajudou a convencer os líderes da Igreja a não proibir a polifonia na liturgia. Embora a história não possa ser comprovada nem refutada, é inegável que as composições de Palestrina foram celebradas mesmo em sua época como paradigmas da polifonia inteligível. Tal avaliação aparece impressa já em 1607 nos escritos do compositor italiano Agostino Agazzari (morto em 1640). Por outro lado, eram avaliações de profissionais embebidos na tradição polifônica e fluentes em latim litúrgico. A história nos diz pouco sobre o que os fiéis comuns pensavam da música de Palestrina.

Embora não seja apoiada pelo Concílio de Trento, a música vernácula continuou a existir e a se desenvolver dentro do culto católico romano. Esse desenvolvimento foi estimulado, em parte, pelo exemplo de reformistas como Martinho Lutero. Isso também parece enraizado no nacionalismo que marcou essa época, bem como no Iluminismo, que enfatizava a razão e a inteligibilidade. *Ein neue Gesangbuchlein*

187. *Kyrie* da *missa Papae Marcelli*, de Palestrina, composto em cerca de 1561. (edição Eulenburg)

Geistlicher Lieder, de Michael Vehe (em alemão, *Um novo livro de cânticos espirituais*, 1537) é frequentemente identificado como o primeiro hinário católico romano vernáculo. Embora Vehe (morto em 1559) refutasse publicamente muitos aspectos da Reforma e tenha se tornado o bispo católico romano de Halberstadt, ele aparentemente entendia que a poderosa tradição da hinografia vernácula em áreas de língua alemã não podia ser ignorada na Contrarreforma. Anthony Ruff cataloga uma série de hinários e diretrizes católicos romanos para cantar no vernáculo do século depois de Trento em áreas de língua alemã [citação 287]. No século dezoito, os hinos eram permitidos em alguns lugares (geralmente de língua alema) como substitutos do próprio e do ordinário da missa. Essa *Singmesse* (em alemão, "missa cantada") deu às pessoas um novo senso de participação.

Também no Novo Mundo, a hinografia vernácula estava se enraizando entre os católicos romanos, mas por motivos diferentes daqueles que estimularam esse canto no continente. O canto vernáculo era uma prática que ajudava os missionários a atrair convertidos e a transmitir doutrina religiosa. Os missionários que trouxeram o catolicismo para a Nova Espanha trouxeram também a liturgia latina e sua rica tradição de polifonia, especialmente a da Espanha do século XVI. Eles também compuseram ou incentivaram a composição de hinos e música ritual nos idiomas locais. Ainda hoje há exemplos de hinos escri-

Citação 287: "Um sínodo provincial em Salzburgo aprovou o 'antigo costume' de cantar hinos congregacionais para várias estações do ano eclesiástico. Michael Peterle publicou um hinário de língua alemã em Praga, em 1581, que dava ao povo um hino a ser cantado após a primeira leitura para cada festa e estação do ano [...] [e] versoes métricas vernáculas do *Kyrie*, do *Glória*, do *Credo* e do *Pai-Nosso*. [...] Os jesuítas de Innsbruck publicaram um *Catholisch Gesangbuechlein* ["Pequeno hinário católico"] em 1588. [...] o *Catholisch Gesang-Buch* ["Hinário católico"] de Nicolaus Beuttner[...] [foi] publicado em 1602 [...] [e] reimpresso pelo menos dez vezes até 1718.[...[Em 1625, David Gregor Corner [...] publicou um hinário alemão; a reedição de 1631 em Viena continha quase quinhentos hinos. [Um] hinário publicado em Praga em 1655 defendia o canto de hinos alemães na missa solene latina, uma prática comum em países de língua alemã." (Ruff, p. 13)

188a. *Kyrie* da *missa Salisburgensis*, frequentemente atribuída a Orazio Benevoli (morto em 1672), mas é possivelmente obra de Heinrich Biber (morto em 1704), escrita para o 1100º aniversário da fundação da diocese de Salzburgo. Metade superior da página um. (*Denkmaler der Tonkunst in Osterreich*, 20:1)

tos em várias línguas indígenas que existiam em toda a Nova Espanha, como o *nauatale* e o *mochica*. De maneira similar, quando os missionários seguiram os conquistadores até a região que conhecemos como Peru, eles encontraram culturas ricas, com artes rituais e musicais altamente desenvolvidas. Alguns missionários eram conhecidos por terem incentivado o canto de quechua (a língua do Império Inca) em diferentes partes da missa e contavam com a música local para moldar o canto litúrgico. Essa dupla prática missionária de importar a liturgia latina e, ao mesmo tempo, apoiar talentos musicais indígenas é um fenômeno dos séculos XVI e XVII, que se estendeu do México às Filipinas. A hinografia católica romana nos EUA de língua inglesa é um fenômeno posterior, mas bem documentado. Em 1787, por exemplo,

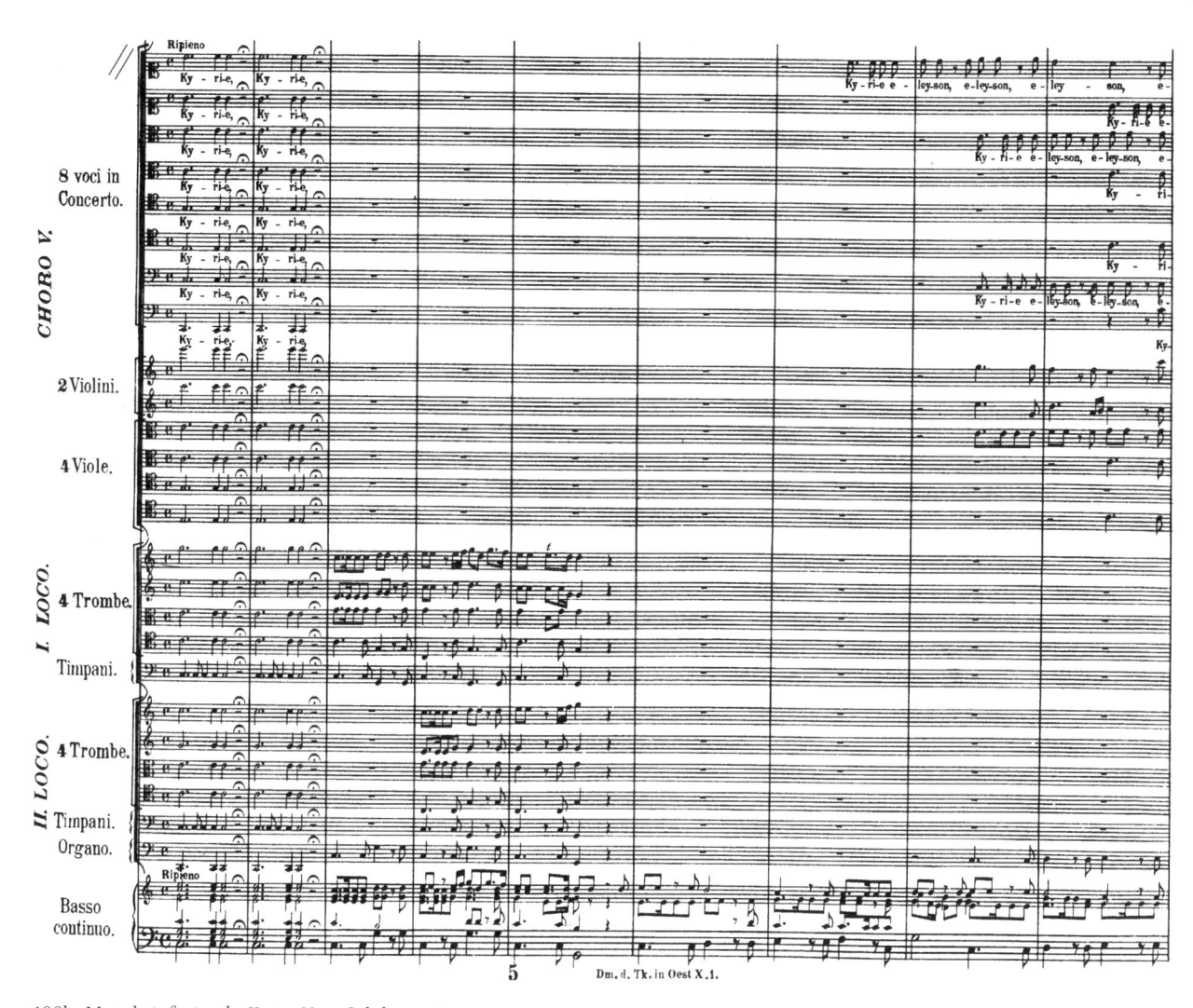

188b. Metade inferior do *Kyrie*, *Missa Salisburgensis*.

os católicos romanos nos EUA tiveram sua primeira coleção de hinos vernáculos ingleses em *A Compilation of the Litanies and Vesper Hymns and Anthems as They are Sung in the Catholic Church*, de John Aitken (Filadélfia, 1787). Embora a hinografia vernácula tivesse sido recomendada pelo Primeiro Sínodo Nacional em Baltimore em 1791 [citação 288], ela nunca foi uma tendência dominante na Eucaristia católica romana nos EUA durante esta época. Embora houvesse exceções, é justo afirmar que a participação ativa da assembleia não foi muito valorizada na Eucaristia católica romana após Trento. Consequentemente, a música congregacional — na medida em que existia — era mais música *no* culto do que música *do* culto. De um modo evidente, a assembleia era musicalmente dispensável.

Citação 288: [Aos domingos e dias de festa] a missa deve ser solenemente celebrada com cânticos. [...] Espera-se que, durante os diversos serviços, alguns hinos ou orações no vernáculo sejam cantados. ("*Statuta Synodi Baltimorensis Anno 1791 Celebratae*" [Primeiro Sínodo Nacional em Baltimore de 1791], 17)

Elaboração, Reforma e pietismo

Embora tenha demorado mais para se desenvolver, as características que marcaram a arquitetura barroca nos séculos XVI e XVII acabaram caracterizando a música barroca nos séculos XVII e XVIII. A ópera estava se tornando uma forma musical dominante na Europa, e sua ênfase na *performance* heroica, exibindo solistas talentosos apoiados por grandes coros e orquestras luxuosas, influenciou claramente a música da Igreja [citação 289]. Embora nem todas as tradições cristãs tivessem adotado formas operísticas na oração pública, a música de culto em praticamente todas as denominações passou por um processo de elaboração durante essa época. Ao contrário da vontade de Calvino, que sancionava apenas melodias para uma só voz, os calvinistas se voltaram para composições de múltiplas vozes para o Saltério. Os compositores da reforma inglesa escreveram hinos e arranjos polifônicos do Serviço, que incluíam música para a Oração da Manhã, a Oração da Tarde e a Santa Comunhão. Os luteranos compuseram missas, motetos corais, concertos corais e cantatas corais ou sacras. Na Igreja Católica Romana, o comedimento composicional de Palestrina foi vastamente abandonado. Um dos exemplos mais incomuns pode ter sido a *Missa Salisburgensis* (em latim, "Missa de Salzburgo") para dezesseis vozes, orquestras e órgãos [ilustração 188]. Embora extrema, não se tratava de uma composição isolada, e música instrumental como a *sonata da chiesa* (em italiano, "sonata para igreja"), de Arcangelo Corelli (morto em 1713), ou a operística *Stabat Mater*, de Giovannin Pergolesi (morto em 1736), tipificam a composição da época que simplesmente dominou a liturgia [citação 290].

Enquanto a ópera influenciou a composição de peças musicais maiores para o culto, um novo espírito de pietismo influenciou as obras congregacionais menores da época. Inspirado pelo puritanismo inglês e pela reforma suíça, o pietismo surgiu no luteranismo do século XVII. Reagindo ao que alguns consideravam uma ênfase exagerada nos dogmas e nas declarações confessionais que costumavam ser fonte de conflito, alguns líderes espirituais pediram uma ênfase renovada na fé cristã sincera e na vida ética. Essa abordagem mais pessoal e até mesmo subjetiva do cristianismo, enfatizando a piedade e a moralidade pessoal dos crentes, exerceu uma influência significativa no canto congregacional da maioria das denominações cristãs. Um resultado desse movimento foi uma rica e bela hinografia [ilustração 189]. Tais hinos eram muitas vezes simplesmente escritos na primeira pessoa do singular e associados a melodias atraentes e acessíveis. Nas mãos de compositores e poetas menos talentosos, no entanto, essa tendência pode se transformar em música sentimental, previsível e desprovida de imaginação. Hinos também eram compostos para ensinar doutrina. Isso era evidente nos hinos de John Wesley (morto em 1791) e especialmente

Citação 289: O temperamento vitorioso da era pós-tridentina, que mais uma vez teve a coragem de absorver toda a riqueza da cultura contemporânea no cosmo católico [...] encontrou sua voz triunfal nessa música. [...] Às vezes acontecia que essa música sacra, que havia caído progressivamente nas mãos dos leigos, se esquecia que devia servir à ação litúrgica. Resultado disso foi que muitas vezes a música se encaixava muito mal na estrutura litúrgica. E, como esta última era pouco compreendida e porque a consideração estética começou a dominar, a liturgia não só foi encoberta por essa arte sempre crescente como também foi suprimida, de modo que, mesmo nessa época, havia ocasiões de festival que poderiam ser mais bem descritas como "concertos eclesiásticos com acompanhamento litúrgico". (Jungmann, *The Mass of the Roman Rite*, I:148–49)

Citação 290: Descobri, para meu espanto, que os católicos – que tinham música em suas igrejas por vários séculos e cantam uma missa todos os domingos, se possível, em suas principais igrejas – até hoje não possuem uma que possa ser considerada ao menos toleravelmente boa, ou, de fato, que não seja realmente desagradável e operística. É o caso de Pergolese e Durante, que introduziram os pequenos trinados mais risíveis em seu Glória, indo até os *finales* de ópera dos dias atuais. Se eu fosse católico, começaria a trabalhar em uma missa nesta mesma noite e, qualquer que fosse o resultado, seria a única missa escrita com uma lembrança constante de seu propósito sagrado. (Felix Mendelssohn [morto em 1847], Carta ao Pastor Bauer, Dusseldorf [12 de janeiro de 1835], in: Wienandt, *Opinions on Church Music*, p. 122)

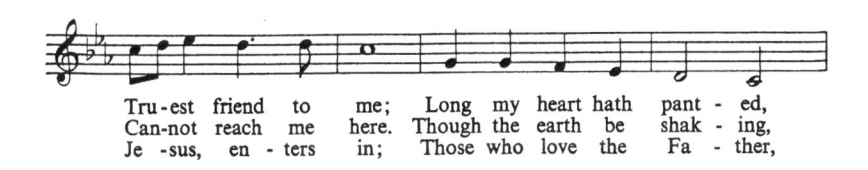

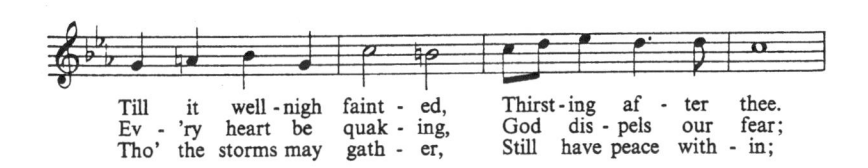

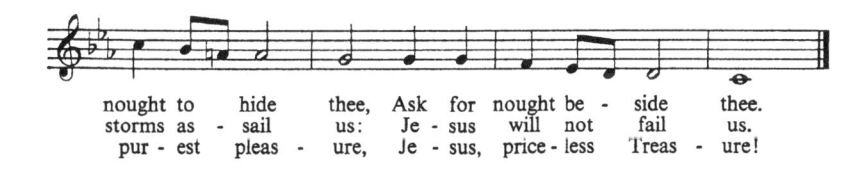

189. Exemplo de hino pietista com melodia de Johann Cruger (morto em 1662) e letra de Johann Franck (morto em 1677). "Jesus, priceless treasure" tradução para o inglês de Catherine Winkworth (morta em 1878). (*The Catholic Hymnal and Service Book*, Benziger, 125)

nos de Charles Wesley (morto em 1788) — mais de 5.500 — cujas letras serviram para transmitir as doutrinas básicas do movimento metodista de John Wesley. Na introdução de *A Collection of Hymns for the Use of the People Called Methodist* (1780), John Wesley ressalta que essa grande coleção contém "todas as verdades importantes de nossa religião mais santa".

Houve vozes moderadoras importantes em meio às tendências teatrais e sentimentais dos séculos XVII e XVIII. Como o órgão e outros instrumentos eram proibidos na capela papal, o estilo *a cappella* (em italiano, "[como] na capela") de Palestrina encontrou um lar e um patrocinador permanentes em Roma. Na Alemanha, o mestre luterano Johann Sebastian Bach (morto em 1750) era um compositor barroco profundamente litúrgico que podia iluminar habilmente um texto enquanto alcançava novas alturas de expressão musical. Contudo, no final do século XVIII, a música litúrgica vocal e coral se encontrava num estado geral de declínio, à medida que as igrejas eram substituídas como patronas das artes por príncipes seculares. Embora algumas grandes obras religiosas tenham sido escritas para a liturgia (como as missas de Mozart, morto em 1791), a maioria foi escrita para apresentações não litúrgicas em igrejas ou salas de concerto — como a *Missa Solemnis* (em latim, "Missa Solene") de Beethoven (morto em 1827), ou *Ein deutsches Requiem* (em alemão, "Um réquiem alemão"), de Brahms (morto em 1897). A prevalência da missa baixa no catolicismo romano significou um grande declínio no número de composições de missas. Em vez disso, motetos incidentais e interlúdios para órgãos ocuparam os compositores sacros.

O surgimento da música sacra composta para a sala de concertos encontrou a oposição de uma nova reforma na música da Igreja Católica Romana. Esse movimento de restauração buscou um retorno ao canto e polifonia gregorianos no estilo de Palestrina. A célebre Sociedade de Santa Cecília, cuja obra foi sancionada pelo Papa Pio IX em 1870, defendeu essa reforma. Efetiva em rejeitar as elaborações características dos períodos barroco e romântico, essa reforma também se opunha ao canto de traduções ou paráfrases vernáculas do ordinário da missa (conhecidas como *Deutsches Hochamt* alemã, "Missa solene alemã"), que eram populares nos países de língua alemã na época. O século XIX também foi um período de muito trabalho acadêmico sobre canto, especialmente no mosteiro francês de Solesmes, que forneceu grande parte da erudição para uma nova edição vaticana do canto que apareceu no início do século XX.

Resumo
Embora as várias reformas que surgiram durante o século XVI não tivessem raízes musicais, a música do período refletia bem as posições da Reforma e da Contrarreforma. Nos séculos seguintes, a música continuou a simbolizar e servir às trajetórias básicas da teologia e do culto na esfera protestante e católica romana. Um caminho principal do protestantismo foi afastar a ênfase no aspecto visual, que era cada vez mais característico do culto católico romano, voltando-se para o aspecto auditivo. A crença de Lutero na centralidade da Palavra de Deus e na capacidade da música de servir à Palavra foi fundamental para essa mudança. A Igreja Católica Romana corrigiu muitos abusos musicais e litúrgicos, mas finalmente manteve uma afirmação implícita da primazia

190. Carta de São Jerônimo na primeira página do primeiro volume da Bíblia de Gutenberg.

do visual no culto. Celebrada por seus desenvolvimentos arquitetônicos durante esse período, a Igreja Católica Romana fez poucas concessões musicais para a assembleia em sua Contrarreforma. Consequentemente, os fiéis costumavam ficar calados e, quando cantavam, isso raramente era central para a ação litúrgica.

LIVROS

No capítulo anterior, observamos o nascimento da indústria da impressão no Ocidente e observamos que alguns estimavam que, no ano de

1500, havia 220 impressoras em operação em toda a Europa Ocidental e pelo menos oito milhões de livros impressos. Mais da metade desses livros era de natureza religiosa. Obras populares incluíam livros de teólogos como Tomás de Aquino; a *Imitação de Cristo* [ilustração 158], de Tomás de Kempis; e especialmente a Bíblia. A aliança inicial entre essa nova tecnologia e a religião, e particularmente entre a impressão e a Bíblia, foi simbolizada pelo primeiro livro impresso de Gutenberg: a Bíblia de quarenta e duas linhas (1453-1455) [ilustração 190]. Essa impressão da tradução da Bíblia de Jerônimo no século V para o latim, conhecida como Vulgata (do latim *vulgata*, "comum" ou "conhecido"), foi seguida por mais de cem outras impressões dessa tradução bíblica em 1500.

Além de produzir textos bíblicos ou clássicos, essa invenção revolucionária também foi empregada para disseminar novas ideias por meio de livros, panfletos e até mesmo páginas únicas. Já vimos o poder desta publicação na folha avulsa divulgando a história antissemita de um roubo de hóstia por um judeu em Passau [ilustração 169] e na venda de indulgências [ilustração 171] que provocaram o desafio de Lutero à Igreja. Dado o debate sobre indulgências, é irônico que o primeiro exemplo datável de impressão de tipos móveis no Ocidente seja uma carta de indulgência emitida pelo Papa Nicolau V em 1451 e impressa por Gutenberg em 1454.

A impressão possibilitou a rápida troca de ideias e serviu como catalisador da mudança [citação 291]. Paradoxalmente, também serviu para conter a maré de mudanças em alguns locais, criando novos padrões de uniformidade. Antes da prensa móvel, os manuscritos tinham de ser copiados à mão. Às vezes, erros eram cometidos, alterações eram introduzidas ou glosas eram adicionadas aos textos tradicionais. Por mais conscencioso que fosse o escriba, não havia dois manuscritos medievais exatamente iguais [ilustração 155]. Até mesmo mudanças no Cânon Romano — apesar do fato de a palavra "cânon" significar "imutável" — eram habituais, como no exemplo anteriormente observado do ordinário de St. Denis do século XIII, que incluía orações adicionais pelas bênçãos das uvas para serem inseridas no cânone da missa na festa da Transfiguração (ver p. 212). A prensa móvel possibilitou, entretanto, a produção de cópias idênticas do mesmo livro. Para aqueles que tentaram impor esses livros e para aqueles que os aceitaram, uma nova era de uniformidade litúrgica havia começado.

Livros protestantes

No estágio inicial da Reforma, os livros litúrgicos impressos raramente eram abrangentes. Frequentemente uma combinação de instrução, rito e comentário, esses livros muitas vezes tinham mais afinidade com as ordens eclesiásticas da missa do que com os livros litúrgicos da Idade Média.

Citação 291: Com Gutenberg, a Europa entra na fase tecnológica do progresso, quando a própria mudança se torna a norma arquetípica da vida social. (McLuhan, *The Gutenberg Galaxy*, p. 155)

Esforços iniciais. Em 1520, Martinho Lutero lançou um desafio veemente ao sistema sacramental católico romano em seu panfleto *O cativeiro babilônico da igreja* [ilustração 191]. Embora este documento criticasse severamente a liturgia romana, Lutero não publicou uma revisão da missa. No Natal de 1521, outro teólogo reformista de nome Andreas Karlstadt (morto em 1541) celebrou uma Eucaristia modificada na qual a narrativa da instituição foi lida em alemão, a elevação foi eliminada e os comungantes assumiram o controle do pão e do vinho. Naquela época, Lutero estava isolado no castelo de Wartburg e, à distância, se opôs bastante a essa reforma, embora ela tenha sido oficialmente aceita pelo conselho da cidade de Wittenberg no início de 1522. A primeira missa da Reforma publicada foi provavelmente a *Missa evangélica* de 1522 dos irmãos carmelitas em Nördling. Em 1523, outra missa foi criada pelo anabatista Thomas Müntzer, que também publicou uma composição alemã do Ofício Divino. Em dezembro de 1523, Lutero finalmente publicou *O formulário da missa e da comunhão para a igreja de Wittenberg*. Essa revisão em latim satisfez alguns reformistas — incluindo seu autor [citação 292] —, e liturgias vernáculas continuaram a aparecer. O panfleto de Zwingli *Um ataque ao cânon da missa* (1523) incluía uma proposta para a reforma da liturgia eucarística. Seu *Ato e uso da ceia do Senhor* (1525) oferecia uma revisão ainda mais radical. Em 1523, Leo Jud (morto em 1542) produziu um rito vernáculo para Zurique; e, em janeiro de 1524, Matthis Zell (morto em 1548) e Theobald Schwartz (morto em 1561) fizeram o mesmo para Estrasburgo. Na mesma época, William Farel (morto em 1565) preparou a primeira liturgia reformada em francês; e Johannes Oecolampadius (morto em 1531) publicou a *Forma e a maneira da Ceia do Senhor em Basileia*. Essa avalanche de liturgias vernáculas pressionou Lutero a produzir *Missa alemã e ordem do culto*, que ele celebrou em outubro de 1525 e publicou no início de 1526.

O amadurecimento dos ritos reformados. As décadas seguintes a esses primeiros rituais reformados testemunharam o lento surgimento de publicações mais abrangentes. Além dos numerosos hinários que apareceram durante esse período, seguidores de Lutero — como o popular pastor de Wittenberg, Johann Bugenhagen (morto em 1558), — produziram *Kirchenordnungen* (em alemão, "ordens da igreja") para a maioria das principais cidades e principados da Alemanha, Dinamarca e Suécia, onde as reformas de Lutero haviam sido adotadas. Elas continham instruções para a vida e o culto reformados da igreja, incluindo instruções sobre a forma do ritual, o conteúdo da pregação e até mesmo os arranjos da igreja e as vestimentas apropriadas. Diretrizes da igreja semelhantes para os seguidores de Calvino foram elaboradas na Holanda e em cidades suíças como Berna, enquanto esses documentos apareceram em Zurique para os seguidores de Zwingli.

191. Retrato em xilogravura de Martinho Lutero na folha de rosto de seu panfleto, *O cativeiro babilônico da Igreja*, impresso em Estrasburgo por Johann Pruess em 1520.

Citação 292: Gostaria de ter uma missa alemã hoje. Também estou ocupado com isso. Mas gostaria muito que ela tivesse um verdadeiro caráter alemão. Pois traduzir o texto ao latim e reter o tom ou as notas em latim tem minha sanção, embora isso não pareça polido ou bem feito. Tanto o texto quanto as notas, a prosódia, a melodia e o modo de execução devem brotar da verdadeira língua materna e de sua inflexão; caso contrário, tudo isso se torna uma imitação à maneira dos símios. (Martinho Lutero, *Contra os Profetas Celestiais* [1524], in: *Luther's Works*, vol. 40, p. 141)

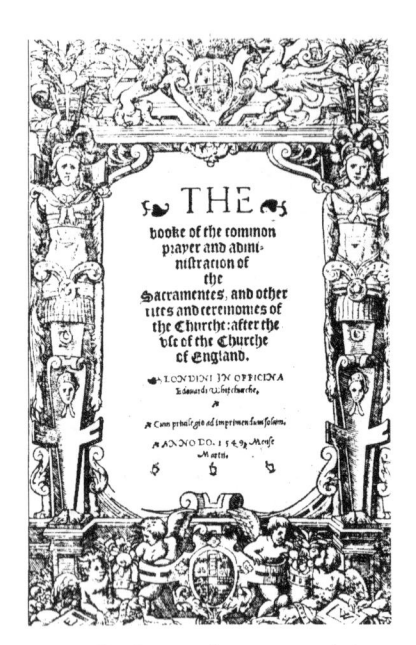

192. Folha de rosto da primeira edição do *Book of Common Prayer* ou *First Prayer Book of King Edward VI*, publicado em Londres, 1549.

Martin Bucer (morto em 1551), que exerceu influência significativa no pensamento de Calvino, revisou a liturgia de Estrasburgo em seu *Saltério, com prática eclesiástica completa* (1539). Em 1540, João Calvino publicou um rito (agora perdido) para Estrasburgo, embora ainda exista uma edição de 1542 e outra de 1545 de seu *A forma das orações e hinos da igreja*. Na Inglaterra, a morte de Henrique VIII em 1547 abriu o caminho para novas publicações litúrgicas que eram em grande parte obra do arcebispo de Canterbury, Thomas Cranmer (morto em 1556). O primeiro *Livro da oração comum e da administração dos sacramentos* [ilustração 192] apareceu em 1549 durante o reinado do rei Eduardo VI (morto em 1553). O descontentamento com este trabalho, às vezes conhecido como o *Primeiro livro de oração do rei Eduardo*, levou a uma segunda edição do *Livro da oração comum*, em 1552. Estes foram trabalhos fundamentais na liturgia inglesa e continuam sendo hoje uma fonte para o culto anglicano e episcopal. Sob a influência de Calvino e Cranmer, o reformador escocês John Knox (morto em 1572) publicou *A forma das orações e ministração dos sacramentos* (1556) para as congregações protestantes inglesas em Genebra. Este trabalho foi adotado pela igreja escocesa em 1562. Os puritanos adaptaram o trabalho de Knox em seu *Livro da forma das orações comuns* (1586).

Os séculos XVII e XVIII. Embora as orientações gerais para a liturgia reformada tenham surgido durante o século XVI, importantes publicações litúrgicas continuaram a aparecer durante os séculos XVII e XVIII. Por exemplo, em meio a suas lutas com seu monarca Carlos I (morto em 1649), o Parlamento inglês aboliu o *Livro de oração comum* e, em 1645, aceitou em seu lugar um novo *Diretório para o culto público a Deus*, também conhecido como *Diretório de culto de Westminster* (1644). Esse *Diretório* foi empregado por apenas quinze anos na Inglaterra, e, com a ascensão de Carlos II (morto em 1685) e a restauração da monarquia inglesa em 1660, o *Livro de oração comum* foi restaurado e uma nova edição foi lançada em 1662. Embora oficialmente rejeitado na Inglaterra, o *Diretório* teve um uso contínuo na igreja da Escócia e, nas palavras de James White, estava destinado a se tornar normativo para todos os presbiterianos. O primeiro serviço destinado a ser utilizado exclusivamente na América do Norte também apareceu durante esse período. Trata-se de *O serviço dominical dos metodistas na América do Norte* (1784), de John Wesley.

Livros romanos

O chamado para refazer os livros litúrgicos de Roma soou muito antes da Reforma. Já no século XV, o já citado Nicolau de Cusa [citação 268], que se tornou bispo de Brixen, ordenou que todos os missais em

193. Cânon do *Missale romanum* de 1474.

sua diocese fossem postos em conformidade com um modelo aprovado. Durante o início do século XVI, demandas semelhantes por reformas emanaram de vários locais. Logo houve pedidos não apenas de realinhamento de livros no interior de uma única diocese, mas também de livros uniformes em toda a igreja latina. Na verdade, durante alguns séculos, houve algumas tendências nessa direção para livros como o *Missal romano*. O missal da corte papal havia se tornado bastante popular na Idade Média, particularmente a revisão de Haymo de Faversham, o ministro geral da Ordem Franciscana (1240-44). Sua revisão foi posteriormente adotada pela própria corte papal e formou a base do primeiro missal impresso em 1474 [ilustração 193]. Alguns estimam que havia mais de 325 impressões deste *Missale Romanum* (em latim, "Missal romano") entre 1474 e 1570, quando foi substituído pelo missal de 1570.

A décima quarta sessão do Concílio de Trento antecipou o trabalho sobre livros litúrgicos em seu decreto sobre as Escrituras (8 de abril de 1546). Nesse decreto, os padres do concílio ordenaram que os livros das Escrituras e comentários não poderiam ser impressos sem aprovação eclesiástica [citação 293]. Em 20 de julho de 1562, Pio IV (morto em 1565) nomeou uma comissão para compilar uma lista de abusos na missa. A primeira lista, divulgada em 8 de agosto de 1562, era longa e implicava um trabalho enorme para um concílio que estava chegando ao fim [citação 279]. Ao condenar alguns dos abusos mais flagrantes da vigésima segunda sessão (17 de setembro de 1562), o concílio deixou a reforma da liturgia e de seus livros para o papa [citação 294].

Inicialmente, apenas o missal e o breviário deveriam ser reformados. Sua publicação em 1568 e 1570 levou à adoção do breviário, do missal e rubricas romanos por toda a igreja latina. Considerado mais uma purificação dos ritos existentes do que obras originais, este missal e breviário romanos foram impostos a todas as dioceses e comunidades religiosas cujas tradições litúrgicas tinham menos de duzentos anos. A uniformidade esperada e finalmente alcançada com esses livros foi aclamada na bula de Pio V, impressa em todo *Missal romano* de 1570 a 1965 [citação 295]. Tal uniformidade não poderia ter sido alcançada sem a contribuição de Gutenberg. O sucesso do breviário e do missal novos incentivou novas reformas. O martirológio romano foi promulgado em 1584; o pontifical, em 1595, e o ritual romano, em 1614. Embora revisões menores desses ritos tenham ocorrido nos séculos seguintes, os livros litúrgicos publicados nos cinquenta anos após Trento permaneceram em vigor até a segunda metade do século XX.

Resumo

De modo similar às diferentes maneiras pelas quais católicos e protestantes romanos desenvolveram música e arquitetura durante o século XVI, também são notáveis as diferentes maneiras pelas quais vários segmentos da Reforma e Contrarreforma usaram a máquina impressora. Para os reformadores protestantes, a imprensa foi em grande parte um instrumento de mudança. Inúmeras ordens de culto rolaram de prensas primitivas para as mãos de ministros e leigos. Esses ritos vernáculos, economicamente e linguisticamente acessíveis a muitos crentes, contribuíram muito para apoiar a crença no sacerdócio dos leigos, um princípio primordial da reforma. No entanto, enquanto a maioria dos protestantes usava a prensa como agente de mudança, a Igreja Católica Romana a usava para obter uniformidade e obediência — um objetivo compartilhado por Thomas Cranmer que, ao contrário de outros re-

---

Citação 293: E querendo [...] colocar um freio nesta parte aos impressores que, sem moderação alguma e persuadidos de que lhes é permitido, a quanto se lhes queira, imprimirem sem licença dos superiores eclesiásticos os livros da Sagrada Escritura, notas sobre ela e exposições indiferentemente de qualquer autor [...] [este Concílio] decreta e estabelece que de ora em diante seja impressa, da maneira mais correta possível, a Sagrada Escritura, principalmente a antiga edição da Vulgata, e que a ninguém seja lícito imprimir nem fazer com que sejam impressos livros de coisas sagradas ou pertencentes à religião sem o nome do autor da impressão, nem vendê-los, nem ao menos tê-los em sua casa, sem que primeiro sejam examinados e aprovados pela Igreja, sob pena de excomunhão e de multa estabelecida no último Concílio de Latrão. (Concílio de Trento, quarta sessão [8 de abril de 1546], in: *Cânones e decretos do Concílio de Trento*)

Citação 294: O santo concílio [...] encarregou alguns Padres de considerar o que deveria ser feito com relação a várias censuras e livros suspeitos ou perniciosos e responder a este santo concílio. Ao ouvir agora que eles concluíram este trabalho, que, no entanto, devido à variedade e à multiplicidade de livros, o santo concílio não pode estimar de maneira distinta e fácil, razão pela qual ele ordena que tudo o que foi feito por eles seja entregue ao santíssimo pontífice romano; que o trabalho, pelo julgamento e autoridade dele, seja completado e tornado público. (Concílio de Trento, vigésima quinta sessão, [3 a 4 de dezembro de 1563], in: *Cânones e decretos do Concílio de Trento*)

Citação 295: É muito apropriado que exista uma maneira de cantar os salmos na igreja de Deus e um ritual de celebrar a missa. [...] e, a partir de agora, nada deverá ser acrescentado, eliminado ou alterado. (Pio V, *Quo Primum* [14 de julho, 1570])

formadores protestantes, promoveu um ideal de uniformidade no culto inglês. Textos e rubricas aprovados por Roma foram reproduzidos para toda a Igreja. Contudo, esses textos em latim foram produzidos apenas para o clero. No século XVII, houve um movimento na França para tornar a liturgia mais compreensível às pessoas comuns. Para esse fim, Josef de Voisin publicou uma tradução francesa do missal do Concílio de Trento em 1660. Esse trabalho levou a uma rápida condenação papal [citação 296], que não apenas suprimiu esse movimento de tradução, mas também serviu de base para uma proibição geral de traduzir livros litúrgicos romanos, uma proibição que durou até o século XIX. Contrariando essa proibição, apareceram muitos livros de orações não oficiais para os leigos, como o primeiro missal vernáculo dos EUA, *The Roman Missal, Translated into the English Language for the Use of the Laity* (1822), de autoria do bispo John England, de Charleston. No entanto, tais traduções geralmente não eram acompanhadas de movimentos para atrair o povo à participação ativa na liturgia. Em vez disso, tendiam a incentivar a oração privada em meio ao que deveria ser uma oração pública, ironicamente conduzida por um padre que rezava em particular no altar. Esse uso de livros de orações vernáculas no culto público dá crédito ao *insight* de Marshall McLuhan de que a impressão é a tecnologia do individualismo (p. 206).

RECIPIENTES

Como já foi observado, o tamanho e o estilo dos vasos eucarísticos costumam estar relacionados ao tamanho e ao estilo arquitetônico dos espaços de culto em que são usados. Os espaços domésticos eram complementados por recipientes domésticos, os edifícios imperiais exigiam taças e pratos impressionantes forjados com materiais específicos, e as igrejas góticas ornamentadas foram o cenário para cálices e ostensórios adornados com sinos e minúsculos arcos góticos. Após o século XVI, uma relação visível entre a arquitetura circundante e os recipientes eucarísticos ainda era evidente em alguns segmentos do culto católico romano. Nas igrejas protestantes, tendências divergentes, como a ênfase na comunhão para todos diretamente do cálice e o declínio na frequência da Eucaristia levaram a modificações díspares e às vezes contraditórias nos recipientes eucarísticos.

Recipientes católicos romanos

Após o Concílio de Trento, nenhum novo gênero de recipientes se desenvolveu dentro da Igreja Católica Romana. A principal mudança estrutural, observada anteriormente, foi a união do tabernáculo com o

Citação 296: Chegou ao nosso conhecimento, e o percebemos com grande tristeza, que, no reino da França, certos filhos da perdição, curiosos sobre novidades, o que é perigoso para as almas, e desdenhosos dos regulamentos e práticas da Igreja, tiveram a audácia em traduzir para o francês o *Missal romano*, que até agora foi escrito em latim em conformidade com o uso aprovado por tanto tempo na Igreja; uma vez traduzido, eles o imprimiram, tornando-o disponível para todas as pessoas, de qualquer posição ou sexo. Desse modo, eles tentaram, com um receoso esforço, derrubar e pisotear a majestade abrangente que a língua latina deu aos ritos sacrossantos e expor a dignidade dos mistérios divinos à multidão vulgar. [...] Nós abominamos e detestamos essa novidade que deforma a beleza perpétua da Igreja e que facilmente gera desobediência, temeridade, atrevimento, sedição, cisma e muitos outros males. Por conseguinte [...] condenamos, reprovamos e interditamos perpetuamente o missal já traduzido para o francês ou que no futuro possa ser traduzido e publicado por alguém. (Papa Alexandre VII [12 de janeiro de 1661], in: Swidler, *Aufklärung Catholicism*, p. 75])

Citação 297: Decretamos que a Eucaristia, *viaticum* ou o corpo de Cristo, bem como o crisma, o óleo sagrado e o óleo dos enfermos — para que possam ser tratados com devoção apropriada em local distinto e seguro — sejam armazenados nas igrejas ou em sacristias, em locais designados e preparados para isso. (Sínodo de Ravena [1311], in: Mansi, *Sacrorum Conciliorum*)

Citação 298: O bispo deve tomar o máximo cuidado para que nas catedrais, igrejas colegiadas, paróquias e outras igrejas onde a Eucaristia sagrada é habitualmente reservada, esta seja posta sobre o altar principal, exceto em caso de necessidade ou pelo que parecer ser outra razão válida. (Concílio de Milão [1565], in: Mansi, *Sacrorum Conciliorum*)

altar-mor. De fato, esse desenvolvimento foi um estágio final na transição do tabernáculo de um "recipiente" para uma característica arquitetônica. Estilisticamente, os estilos barroco e rococó foram especialmente influentes no *design* de cálices e ostensórios.

Tabernáculos. Antes do século XVI, a Eucaristia era geralmente reservada numa píxide suspensa sobre o altar, num armário de sacristia, num nicho de parede na igreja ou em uma torre eucarística. Embora haja casos em que a Eucaristia já era reservada no altar desde o século IX, essa era uma ocorrência relativamente rara antes do século XV, sendo claramente apenas uma opção para a reserva [citação 297]. Durante o século XVI, a reserva num tabernáculo afixado ao altar principal tornou-se uma opção preferida na Itália [ilustração 194], conforme relatado em vários sínodos diocesanos e provinciais [citação 298]. É essa preferência nova e um tanto regional que Carlos Borromeu canoniza em suas *Instruções sobre a fábrica e as alfaias eclesiásticas* (1577). O ritual de 1584 para a diocese de Roma continha a primeira diretiva romana explícita para colocar o tabernáculo sobre o altar. Uma diretiva semelhante foi incluída no Ritual romano de 1614 [citação 299]. No entanto, como observa Pierre Jounel, ao contrário dos outros livros rituais produzidos após o Concílio de Trento, o Ritual romano apenas foi proposto para a igreja universal, não imposto a ela (Martimort, p. 18s.). O caráter proposicional desse ritual reconhecia implicitamente a grande diversidade de práticas em coisas como a localização de tabernáculos, bem como a natureza inovadora dessas novas propostas. Embora o Ritual romano tivesse sido amplamente aceito, tabernáculos na França e torres eucarísticas na Alemanha continuavam sendo comuns. Somente em 1863 a Sagrada Congregação dos Ritos proibiu as igrejas de reintroduzir a prática de reservar a Eucaristia em torres eucarísticas, píxides suspensas ou outros métodos antigos de reserva. Isso não significava que as igrejas que demonstrassem ter um costume de utilizar uma dessas formas alternativas de reserva tivessem de abandoná-las. Em vez disso, simplesmente proibia a adoção de tais formas de reserva para igrejas antigas ou novas que não as praticavam. Essa diretiva não foi surpreendente, mas simplesmente enfatizava o costume da época de não apenas colocar tabernáculos sobre o altar como também de construí-los no altar-mor da igreja. Por fim, o tabernáculo foi transformado de um recipiente eucarístico independente para um aspecto da arquitetura das igrejas.

Cálices e ostensórios. A maioria das modificações artísticas nos recipientes católicos romanos durante a era pós-tridentina dizia respeito a recipientes que tinham pouca relação com a comunhão sacramental dos fiéis. A remoção da taça dos leigos na época anterior contribuiu para a pa-

194. Tabernáculo incrustado no altar-mor em Módena, Itália. (Anson, p. 88).

195. Cálice barroco do século XVII.

dronização da forma e do tamanho do cálice. Os cálices só precisavam conter uma pequena quantidade de vinho e algumas gotas de água para a comunhão do sacerdote. Embora continuasse havendo elaborações artísticas de cálices, eles praticamente não tinham função ritual. Devido ao seu tamanho em relação à patena do sacerdote e às possibilidades artísticas de um vaso que ficava de pé, em vez de repousar diretamente sobre o altar, os cálices eram geralmente o recipiente eucarístico mais bonito empregado durante a missa. Com frequência, os cálices e ostensórios refletiam a arquitetura barroca e rococó desse período. A forma cônica, tão popular na era gótica, costumava ser abandonada por uma taça redonda em forma de sino ou tulipa.

As hastes angulares com nós simples e bases geométricas foram substituídas por hastes arredondadas com nós suavemente definidos que frequentemente se fundiam em dois ou três nós menores e terminavam numa base em forma de monte [ilustração 195].

196. Ostensório barroco de Klosterneuburg (1712–14), Alemanha.

197. O altar-mor ornamentado da Catedral de Toledo (cerca de 1500) inclui uma estátua de Santa Maria na seção central do nível inferior; um enorme ostensório se encontra acima da estátua.

> Citação 299: Deve-se tomar cuidado para que os elementos consagrados — em número suficiente para proporcionar comunhão aos enfermos e outros fiéis — sejam sempre reservados numa píxide de material sólido e apropriado, limpo, com uma tampa bem apertada e coberta com um véu de seda branca. Na medida do possível, ela deve ser reservada num tabernáculo ornamentado e imóvel, localizado no meio do altar, e trancado com uma chave. (Ritual romano [1614] IV.I.5)

> Citação 300: A Ceia do Senhor foi de grande importância. Numa época em que a celebração frequente da Eucaristia era rara na maioria das igrejas paroquiais, [John] Wesley pregava sobre "O dever da comunhão constante", insistindo que o "fazei isso" significava que deveria ser feita com a maior frequência possível. O próprio Wesley recebeu a comunhão em média uma vez a cada quatro ou cinco dias ao longo de sua vida. Tal frequência era rara no protestantismo desde o século XVI, e era necessária grande habilidade para que Wesley tentasse fornecer clero anglicano suficiente para atender às necessidades do povo metodista quanto ao sacramento. Wesley observou que, para muitos cristãos sem entusiasmo, a Eucaristia poderia ser um rito tanto de confirmação como de conversão. (White, *Protestant Worship*, p. 154)

Ostensórios também refletiam a arquitetura das igrejas pós-tridentinas. Em vez dos ostensórios estáticos e geométricos dos períodos gótico ou renascentista, os barrocos costumavam ser recipientes exuberantes, às vezes adornados com raios de metais preciosos, cobertos de joias que emanavam da hóstia ao centro [ilustração 196]. Às vezes, a prodigalidade e até mesmo as dimensões exageradas de um ostensório eram necessárias para que ele se destacasse numa igreja cujo interior luxuoso podia facilmente ofuscar um recipiente mais modesto. Um exemplo extremo é o enorme ostensório construído no estilo gótico tardio da Catedral de Toledo [ilustração 197]. Como os tabernáculos do século XVI, esses ostensórios não eram mais simplesmente vasos eucarísticos, mas uma característica de *design* permanente de algo que poderia ser considerado arquitetura eucarística. Além dessas características arquitetônicas monumentais, também é possível encontrar — muitas vezes na Espanha — ostensórios processionais monumentais, particularmente importantes para a festa de *Corpus Christi* [ilustração 198].

Recipientes protestantes

Como vimos, vários grupos protestantes mantinham opiniões divergentes sobre o papel e a frequência das celebrações eucarísticas. Lutero,

198. Ostensório de procissão espanhol.

por exemplo, considerava normativa a Eucaristia semanal. Zwingli preferia um culto de pregação semanal, com a Eucaristia celebrada apenas quatro vezes por ano. A ênfase na Palavra de Deus em praticamente todos os segmentos do protestantismo, juntamente com as influências do pietismo e do racionalismo durante o século XVIII, contribuiu para um declínio geral na frequência da Eucaristia, até mesmo nas tradições mais sacramentais. Assim, num reavivamento sacramental como o Metodismo [citação 300], o ideal da Eucaristia semanal acabou se tornando, na prática, três serviços de comunhão por ano.

Essas visões teológicas e práticas pastorais discordantes produziram uma divergência semelhante nos vasos eucarísticos. Em alguns lugares, foram criados belos vasos eucarísticos, enquanto em outros lugares eles foram praticamente eliminados. Quando novos vasos eram necessários após a eliminação dos antigos cálices e patenas, era costume usar peças domésticas, de modo semelhante ao que aconteceu inicialmente com os recipientes dos cultos no nascimento do cristianismo. Com o tempo, novos tipos de recipientes se desenvolveram. Consideraremos esses desenvolvimentos sob as rubricas de adaptação, eliminação, substituição e invenção.

Adaptação. Lutero e Cranmer foram dois dos reformadores que tinham a Eucaristia em alta estima. Não surpreende que suas tradições e as pessoas influenciadas por elas tenham produzido recipientes de comunhão que eram belas obras de arte. Na Alemanha, por exemplo, isso significou criar recipientes semelhantes aos usados no culto católico romano, mas com uma estética protestante distintiva. Havia belas *Abendmahlskelche* (em alemão, "taças da Ceia do Senhor" ou cálices) criadas para uso durante a Eucaristia [ilustração 199], bem como *Hostiendosen* (em alemão, "caixas para hóstias" ou píxides) [ilustração 200]. Como observado anteriormente [ilustração 179], houve uma mudança necessária nas artes pictóricas nas igrejas reformadas que muitas vezes, por exemplo, eliminavam imagens de santos e confiavam em imagens mais biblicamente fundamentadas. Assim, também, nesses novos vasos eucarísticos elaborados, há uma nova estética protestante, evidente na iconografia baseada nas escrituras, como videiras e uvas reminiscentes de João 15 ou uma imagem do Cordeiro de Apocalipse 5. Às vezes, uma passagem das Escrituras é gravada diretamente no recipiente que acompanha essas imagens, como uma taça de comunhão do século XVII do norte da Alemanha com a inscrição *Ego sum Pastor bonus* (em latim, "Eu sou o bom pastor", João 10,11) acima da imagem de Cristo como o Bom Pastor.

Eliminação e substituição. Muitas igrejas da Reforma durante o século XVI sofreram expurgos, incluindo a destruição de imagens, a eliminação de barreiras arquitetônicas, a remoção de tabernáculos e o desmonte de órgãos de tubos. A necessidade de alguns reformado-

199. Cálice de prata criado para uma comunidade evangélica em Oberwinter, Alemanha (1659); aproximadamente 18 cm de altura.

200. Píxide ou recipiente para hóstia de uma igreja da Reforma em Essen, Renânia, Alemanha, fabricada em 1685.

res de estabelecer uma ruptura definitiva com a tradicional missa católica romana contribuiu para a eliminação de muitos recipientes eucarísticos. Na Inglaterra, por exemplo, durante o reinado de Eduardo VI (morto em 1553), foi ordenado que todos, exceto uma taça e um prato, fossem removidos de todas as igrejas. No entanto, como Eamon Duffy documentou, a adesão local a essas demandas às vezes era lenta e muitas vezes relutante [citação 301]. Ostensórios e píxides, assim como taças e pratos, eram destruídos, vendidos ou doados [citação 302].

No continente, uma Eucaristia simplificada, celebrada apenas três ou quatro vezes por ano, geralmente resultou numa redução drástica no número de recipientes sagrados em posse de uma congregação em particular. Quando surgia a necessidade de novos recipientes, era habitual em muitos lugares do continente, na Inglaterra e no Novo Mundo, tomar de empréstimo recipientes seculares. Canecas para cerveja, tigelas, copos de vinho, canecas simples tornaram-se taças de comunhão para muitas congregações. Uma variedade semelhante de bandejas e pratos guardava o pão eucarístico. Às vezes, esses recipientes eram extremamente simples, como as placas de madeira que Zwingli preferia. Outras vezes, recipientes que originalmente embelezavam as mesas dos ricos eram doados a igrejas [ilustração 201].

Invenção. A restauração da taça para os leigos pelos reformadores acabou produzindo dois novos recipientes para o vinho. Frascos especiais para transportar vinho antes de sua consagração haviam aparecido no século IV. O conteúdo desses vasos era despejado em cálices, que guardavam o vinho durante o serviço. Evidências indicam que durante a Reforma outros recipientes além do cálice guardavam o vinho antes e depois de sua consagração. Usava-se jarras ou canecas para levar o vinho para a mesa, onde um pouco dele era entornado numa taça. Como as taças do período raramente tinham dimensões apropriadas para conter vinho suficiente para todos os fiéis, uma grande quantidade de vinho permanecia nas jarras, que eram usadas para reabastecer as taças durante a comunhão. Algumas das jarras ou canecas, produzidas para uso doméstico, eram doadas para igrejas. Outros tipos similares de vaso foram criados intencionalmente para uso no culto [ilustração 202].

Outro recipiente que resultou da devolução da "taça" à comunidade foi a bandeja de comunhão. Essa contribuição dos EUA aos recipientes eucarísticos consistia numa bandeja que continha vários copinhos para o vinho [ilustração 203]. Essas bandejas parecem ter sido uma invenção do século XIX. A preocupação com higiene aparentemente contribuiu para essa novidade no mesmo século em que Louis Pasteur (morto em 1895) e outras pessoas estabeleceram um entendi-

---

Citação 301: [Na aldeia inglesa de Morebath], a relíquia mais concreta de catolicismo romano restante era o cálice com o qual [o padre] Christopher ainda ministrava a comunhão. O arcebispo Parker pensava que, onde houvesse um cálice, as pessoas ali imaginariam a missa. Em todo o país ocidental, no início dos anos 1570, houve uma campanha episcopal para recolher e derreter os cálices da pré-reforma e substituí-los por respeitáveis taças de comunhão protestantes feitas para um propósito definido. [...] Morebath foi convocada para levar seu cálice aos Comissários Reais em South Molton em março de 1571: sendo obrigada a vender o cálice. [...] Morebath, na verdade, não comprou imediatamente uma taça de comunhão, como deveria fazer: ela dispunha de outro pequeno cálice, sem patena, que utilizou pelo restante da vida do [padre] Christopher. (Duffy, *The Voices of Morebath*, p. 178)

Citação 302: A píxide quebrada e vendida a Thomas Clepole na presença de paroquianos, 1564. (Relatório da Igreja em Edenham, apud Peacock, *English Church Furniture*)

201. Grande bandeja de prata semelhante a uma transformada numa "patena de credência" doada à igreja de St. Martin, Salisbury, em 1662.

mento básico da natureza e disseminação de bactérias. O uso de taças individuais — que Daniel Sack vincula a um médico em Rochester, Nova York, por volta de 1896 (p. 37) — colocou a teoria científica popularizada e a conveniência pastoral acima do antigo símbolo de uma taça para cada comunidade de fé.

Uma segunda contribuição americana digna de nota diz respeito não à forma do vaso da comunhão, mas ao seu conteúdo. Segundo Sack, um pregador metodista que havia se tornado dentista com o nome de Thomas Welch ficou incomodado com o uso de álcool na comunhão. Sua busca por uma substituição não alcoólica resultou no "suco de uva". Embora tenha sido seu filho quem fundou a empresa que produzia o Welch's Grape Juice, foi a visão de Charles Welch [citação 303] que acabou levando à prática generalizada entre alguns protestantes nos EUA de substituir o vinho por suco de uva durante a Ceia do Senhor. Como a maioria dos reformadores havia retornado ao pão fermentado comum no século XVI, essas mudanças do século XIX levaram à situação irônica resumida por James White como "vinho de verdade para os católicos romanos, pão de verdade para os protestantes".

Citação 303: Quando Charles Welch morreu, em 1926, seu testamento observava que "o suco de uva não fermentado nasceu em 1869 da paixão de servir a Deus ajudando sua igreja a dar, em sua comunhão, 'o fruto da videira', não a 'taça dos demônios'". Ao longo do caminho, a paixão criou uma empresa multimilionária. (Sack, *Whitebread Protestants*, p. 29)

Resumo

Embora tenham ocorrido algumas alterações nos recipientes durante esse período, o tempo após a Reforma não foi primordialmente uma época de ênfase na comunhão. Consequentemente, os recipientes para a comunhão não eram uma preocupação litúrgica significativa. Os católicos romanos estavam acostumados a contemplar a hóstia consagrada e o cálice durante a elevação na missa, ou a contemplar a hóstia consagrada durante os períodos de adoração, quando era exposta num ostensório. A recepção da comunhão pelos fiéis permaneceu um evento pouco frequente. Somente o sacerdote recebia o vinho e, nesse período, foi seu cálice que teve alguma elaboração. Mais significativamente, ao que parece, o tabernáculo deu um passo final em sua evolução, pois passou de um recipiente portátil para um elemento arquitetônico. No processo, ele foi transferido para o centro do espaço de culto, um local restrito ao sacerdote e ministros designados.

Generalizações sobre recipientes protestantes são mais difíceis. Em alguns lugares, os tabernáculos foram mantidos e usados; em outros, foram mantidos, mas permaneceram sem uso, e, em outros lugares, foram desmontados ou destruídos. Algumas comunidades protestantes continuaram a fabricar e usar belos recipientes artesanais, enquanto outras voltaram à antiga tradição cristã de usar taças e pratos encontrados nas casas dos fiéis. Foi a reintrodução da comunhão laica a partir da taça que levou ao aparecimento de novos recipientes para algumas comunidades protestantes durante esse período.

202. Galheta luterana do século XVIII.

203. Uma bandeja de comunhão contemporânea.

TEOLOGIA EUCARÍSTICA

Discordâncias sobre teologia e prática eucarística não são novos nem exclusivos desse período do cristianismo. Desde o nascimento do cristianismo, houve perguntas sobre o que é a Eucaristia, o que faz, quais elementos rituais devem ser incluídos, quem é convidado e quem deve conduzir. As opiniões divergentes sobre essas questões levaram a debates acalorados, condenações e até divisões entre cristãos. Nunca antes, porém, essas divergências levaram a tal fratura do cristianismo. É verdade que a divisão entre o cristianismo ocidental e a ortodoxia oriental em 1054 foi uma escandalosa fratura do Corpo de Cristo, mas essa divisão não era, em sua essência, um desacordo sobre liturgia ou eucaristia. Questões sobre a presença real, o número de sacramentos, o papel da ordenação, o efeito da confissão sacramental e o papel litúrgico da Palavra de Deus foram, contudo, centrais para a fragmentação do cristianismo no século XVI. Além disso, não era apenas a teoria sobre essas questões que preocupava os reformadores, mas as práticas pastorais e seus efeitos na vida e na fé dos crentes comuns. Ao contrário de Pascásio, Berengário ou Tomás de Aquino, muitos dos pensadores eucarísticos do século XVI estavam preocupados em mudar rituais e não apenas com a teologia abstrata. Consequentemente, a Reforma gerou uma amplitude de diversidade eucarística em teologia e prática nunca vistas antes. Também provocou respostas fortes e restritivas que contribuíram para a polarização dos cristãos no Ocidente durante essa era.

Presença real

No *Cativeiro babilônico da igreja*, Martinho Lutero tocou em muitos temas que ressoariam por toda a Reforma. Um deles era um "cativeiro", no qual, ele assim acreditava, os cristãos eram metaforicamente "afastados" do ensino das Escrituras pela "palavra monstruosa e... ideia monstruosa" da transubstanciação. Lutero refutava essa ideia por motivos bíblicos, observando que esse não era o ensino da igreja ao longo de mil e duzentos anos e que ela até mesmo contradizia o ensino de Aristóteles [ver p. 229]. Lutero não condenava as pessoas por acreditarem na transubstanciação, mas argumentava que os cristãos deveriam ter outras formulações da presença real. Ele acreditava claramente que a verdadeira carne e sangue de Cristo estavam presentes no pão e vinho verdadeiros — ambas as "substâncias" juntas. Essa visão é às vezes conhecida como "consubstanciação", embora Lutero nunca tenha usado o termo e explicasse a coexistência de Cristo e os elementos de uma maneira mais pastoral [citação 304].

Como observamos no capítulo anterior [citação 273], houve uma ampla gama de crenças durante o final da Idade Média sobre o significado exato do termo "transubstanciação", e muitos defendiam a posi-

---

Citação 304: Se nos ativermos ao sentido simples da linguagem, podemos afirmar sobre um pedaço de ferro incandescente "isto é fogo" ou "o ferro que ali repousa é puro fogo"[...] [isto] nada mais é do que dizer que o ferro e o fogo estão um no outro, de modo que onde o ferro está o fogo também está. E ninguém é tão estúpido que necessite aqui de uma grande e astuta sofística para lhe dizer que madeira não é pedra, ferro não é fogo, água não é terra. Como agora ferro é fogo e fogo é ferro, de acordo com o sentido simples da linguagem, e os dois estão um no outro como um, embora cada um retenha sua própria natureza [...] "Isto é o meu corpo" [...] significaria o mesmo que dizer pão e corpo são como um ou estão um no outro como o fogo e o ferro. (Martinho Lutero, *Contra os profetas celestiais*, in: *Luther's Works*, vol. 40, p. 196)

204. Zwingli, por Hans Asper (morto em 1571)

ção que Lutero finalmente adotou. No entanto, como Macy observa, as teologias que sustentavam a coexistência de elementos de pão e vinho juntamente com a presença de Cristo eram alvo de críticas crescentes. Já no final do século XIII, Tomás de Aquino sustentou que esse ensinamento era errôneo e não uma interpretação ortodoxa do ensinamento sobre transubstanciação do Quarto Concílio de Latrão. A posição foi posteriormente rejeitada como ensino ortodoxo no século XV, embora continuasse a ser ensinada por alguns críticos da teologia da transubstanciação de Aquino, como John Wycliffe.

Praticamente todos os teólogos importantes da reforma no século XVI concordaram com Lutero em rejeitar a noção de transubstanciação, que muitas vezes era incorretamente atribuída a Tomás de Aquino. Embora houvesse unanimidade em rejeitar o que havia se tornado o ensino oficial da Igreja Católica Romana sobre esse assunto, não havia acordo quanto à apropriada teologia da presença a ser aceita, como a reunião em Marburg sublinhou tão nitidamente. O reformador que mais discordou de Lutero, e com a visão mais divergente da presença eucarística, foi Zwingli [ilustração 204].

Embora existam muitos fatores que contribuíram para as visões particulares de Zwingli sobre a presença eucarística, dois parecem especialmente importantes. Em primeiro lugar estava a crença de que nada físico poderia afetar a alma. O fundamento bíblico para essa crença era: "É o espírito que vivifica; a carne para nada serve" (Jo 6,63), um texto que Zwingli inseriu como evangelho em sua liturgia eucarística reformada de 1525. Essa ideia permeou grande parte dos esforços reformadores de Zwingli e, em parte, explica, por exemplo, por que ele rejeitou a música, que ele via como distração mundana e sem lugar no culto. A fé e a crença, de acordo com Zwingli, estavam sintonizadas em coisas espirituais, não criadas nem visíveis. Por conseguinte, havia um tipo de dualismo em seus ensinamentos que criava uma divisão muito clara, até mesmo uma oposição, entre o espiritual e o material. Os sacramentos eram exercícios do mundo espiritual e não material. Uma segunda questão importante que moldou a teologia sacramental de Zwingli foi o conceito de juramento, que já observamos como um dos primeiros significados de "sacramento" [citação 109]. Para Zwingli, tomar parte num sacramento era essencialmente anunciar publicamente o compromisso com Deus. Não era, como Lutero e outros sustentavam, apenas e essencialmente um sinal da aliança de Deus conosco. Em vez disso, Zwingli enfatizava os sacramentos como ocasiões rituais para as pessoas professarem sua fé, não como momentos para receber graças especiais.

À luz dessas ideias fundamentais, Zwingli sustentou que a presença de Cristo na Eucaristia era espiritual ou metafórica, não substancial. Ele interpretou as palavras da Última Ceia de Jesus "isto é meu corpo", no seguinte sentido: "isto significa meu corpo". Ele não compartilhava a crença de que o pão consagrado fosse o Corpo de Cristo, mas, antes, uma espécie de auxílio visual para ajudar os batizados a anunciarem a crença em Cristo, uma crença que deve ser manifesta numa vida verdadeiramente cristã [citação 305]. Como observa James White, a ênfase para Zwingli não estava realmente na parte do "isto é" no texto da Última Ceia de Cristo, porém muito mais em seu comando: "fazei isto". Em contraste com Lutero, que era bastante tradicional atentando-se aos elementos eucarísticos, Zwingli voltou seu foco eucarístico para a comunidade "declarando de uma nova maneira a realidade da presença de Cristo como uma transubstanciação da congregação e não dos elementos" (White, *Protestant Worship*, p. 59).

Havia muitas outras importantes vozes reformistas oferecendo novas formulações para entender a natureza da presença eucarística de Cristo. João Calvino, que mantinha um meio-termo entre Lutero e Zwingli, acreditava que os comungantes realmente compartilhavam o Corpo e o Sangue de Cristo, porém a presença não estava no altar, mas no céu. A teologia do Espírito Santo desenvolvida por Calvino permitia-lhe argumentar que o Espírito Santo era o único verdadeiro *vinculum communicationis* (em latim, "vínculo de comunicação") entre Cristo e os batizados. O Espírito Santo, de acordo com Calvino, não causa a presença de Cristo na Eucaristia sobre o altar, mas, por meio do sinal visível do sacramento, nos une ao seu corpo que está no céu [citação 306]. As diferentes visões de Calvino, Zwingli e Lutero ilustram algo da di-

---

Citação 305: O que significa, então, comer? Significa justamente que proclamas diante de teus irmãos que és um membro de Cristo, um daqueles que confiam em Cristo e, além disso, isso te compromete a uma vida cristã, de modo que, se não renunciares a teus caminhos pecaminosos, ficarás isolado dos outros membros. (Ulrich Zwingli, in: Brilioth, *Eucharistic Faith and Practice*, p. 158)

Citação 306: Pois, como não duvidamos de que o corpo de Cristo seja limitado pelas características gerais comuns a todos os corpos humanos e que esteja contido no céu [...] até que Cristo retorne para o juízo, então consideramos totalmente ilícito trazê-lo de volta sob esses elementos corruptos ou imaginá-lo presente em todos os lugares. Tampouco isso se faz necessário para que desfrutemos de uma participação nele, uma vez que o Senhor nos prodigaliza esse benefício por meio de seu Espírito, para que nos tornemos com ele um só corpo, espírito e alma. O "vínculo desta conexão" é, portanto, o Espírito de Cristo, com quem nos juntamos em unidade, e é como um canal através do qual nos é transmitido tudo o que o próprio Cristo é e tem. (João Calvino, *Institutas da religião cristã*, 4.17.12, in: Battles, II: 1373)

205. Sessão do Concílio de Trento.

versidade de perspectivas teológicas entre os reformadores protestantes e alertam contra quaisquer generalizações sobre o que os protestantes acreditam a respeito da presença real.

A resposta católica romana definitiva a essas diferentes visões e desafios ocorreu em outubro de 1551, durante a décima terceira sessão do Concílio de Trento [ilustração 205]. Em seu decreto sobre a Eucaristia, os padres do concílio anunciaram que Cristo está "verdadeira, real e substancialmente contido" na Eucaristia sob a aparência de pão e vinho. Empregando a linguagem e as perspectivas de Tomás de Aquino, o mesmo decreto declarou ainda que a consagração provocava uma mudança pela qual toda a substância do pão era transformada no Corpo de Cristo, e toda a substância do vinho era transformada no Sangue de Cristo. Ele também, com certa cautela, usou a linguagem da transubstanciação. Dado todo o debate sobre esse assunto desde o século XIII, não apenas entre os reformadores protestantes, mas mesmo entre tantos teólogos católicos romanos, o concílio decretou que essa mudança fosse "adequada e apropriadamente chamada de" transubstanciação (em latim, *convenienter et proprie ... est appellata*). Mais precisamente, os padres do concílio anexaram uma série de cânones ao final do decreto sobre a Eucaristia que condenava veementemente, entre outras coisas, aqueles que não sustentavam a mudança substancial, aqueles que ensinavam que Cristo só estava presente como sinal e aqueles que sustentavam que a substância do pão continuava após a consagração [citação 307].

Citação 307: Cânon 1: Se alguém negar que no santíssimo Sacramento da Eucaristia está contido verdadeira, real e substancialmente o corpo e sangue juntamente com a alma e divindade de Nosso Senhor Jesus Cristo e, por conseguinte, o Cristo todo, e disser que somente está nele como sinal, figura ou virtude — seja excomungado. Cânon 2. Se alguém disser que no sacrossanto sacramento da Eucaristia fica a substância do pão e do vinho juntamente com o corpo e o sangue de Nosso Senhor Jesus Cristo e negar aquela admirável e singular conversão de toda a substância de pão no corpo e de toda a substância do vinho no sangue, ficando apenas as aparências de pão e de vinho, que a Igreja com suma propriedade chama de transubstanciação — seja excomungado. (Decreto sobre a Eucaristia [1551], Concílio de Trento, in: *Canons and Decrees of the Council of Trent*, p. 149)

Sacrifício e sacerdócio

Outra questão teológica altamente contestada no século XVI foi a relação entre Eucaristia e sacrifício. Martinho Lutero, em seu *Cativeiro babilônico*, desafiou a posição oficial da Igreja Católica Romana sobre o sacrifício, considerando-a a "mais perversa" dos três cativeiros (os outros dois sendo a remoção da taça da comunhão das pessoas e a doutrina da transubstanciação). Sua preocupação fundamental, como já aparente em seu questionamento do uso de indulgências, era que certas práticas religiosas estavam sendo tratadas como se, de alguma forma, dessem aos seres humanos influência sobre Deus. Muitas práticas religiosas, na visão de Lutero, estavam sendo tratadas como comércio [citação 308]. Portanto, essa não era simplesmente uma ideia teológica à qual Lutero se opunha, mas uma prática pastoral central que havia degenerado. Em vez de pensar na Eucaristia como um sacrifício, Lutero enfatizava que a Ceia do Senhor era o testamento de Cristo e a promessa do perdão do pecado. Em vez de algo que oferecemos a Deus, ele argumentava que a Eucaristia era algo que Deus nos oferecia, um presente divino em vez de uma obra humana.

Assim como houve um amplo consenso entre os reformadores protestantes em rejeitar o conceito de transubstanciação, houve nesse mesmo grupo uma aceitação praticamente unânime das críticas de Lutero à Eucaristia como sacrifício. Nos debates públicos sobre religião em 1523, por exemplo, Zwingli proclamou que a missa não era um sacrifício, mas uma comemoração do sacrifício único da cruz e um selo de redenção por meio de Cristo. Calvino também procurou proteger o que considerava a herança bíblica do único e definitivo sacrifício de Cristo na cruz e, portanto, considerava "diabólico" pensar na celebração eucarística como um sacrifício.

Em parte, esses reformadores, como Lutero, estavam respondendo às práticas, às vezes escandalosas, associadas aos estipêndios e à "compra" de missas para todo tipo de necessidades, especialmente para os mortos. A corrupção era galopante nesse sistema, o que dava a impressão de que graças, e até mesmo a salvação, podiam ser compradas e vendidas. Nas palavras de James White, os leigos comuns dessa época tinham dificuldade em considerar a oferta de uma missa "algo distinto de um suborno a Deus" (*Protestant Worship*, p. 39). Uma coisa relacionada a isso, e incômoda para muitas pessoas de ambos os lados da Reforma, era a frequente falta de conexão entre a oferta da missa e o chamado ao discipulado cristão. A ameaça do juízo final não parecia estimular muitos crentes a uma vida cristã radical, especialmente se pudessem adquirir as indulgências certas, reservar recursos suficientes ou contar com parentes para que missas fossem celebradas por eles após sua morte. O sistema de estipêndios e da oferta de missas, fundamentado em abordagens questionáveis da doutrina do sacrifício eucarístico, sustentava uma imagem de salvação mais semelhante à magia do que

---

Citação 308: E o sacramento sagrado foi transformado em mercadoria, um mercado e um negócio para fazer lucro. Aqui, participações, irmandades, intercessões, méritos, aniversários de casamento, dias especiais e produtos semelhantes são vendidos e comprados, trocados e permutados na igreja. Os sacerdotes e monges dependem disso para toda sua subsistência. (Martinho Lutero, *O cativeiro babilônico da igreja*, in: *Luther's Works* 36:35-36)

de conversão e de compromisso pessoais sustentados. Isso não significa que existissem poucos católicos romanos comprometidos entre os fiéis; eles eram provavelmente tão numerosos nesse período quanto em qualquer época. Infelizmente, o sistema sacramental dessa época nem sempre aprimorava sua jornada para o discipulado.

Relacionada a essa crítica do sacrifício, havia uma reconsideração do sacerdócio que era tão central nessa ação de oferecimento. Lutero novamente assumiu a liderança aqui, na esperança de remover o que ele percebia como intermediários entre Deus e os batizados. Em seu *Cativeiro babilônico*, ele argumentou que todos os cristãos são "igualmente sacerdotes" e todos têm o "mesmo poder em relação à palavra e ao sacramento". Essas ideias não eram completamente originais e, por exemplo, podiam ser encontradas no século anterior nos ensinamentos dos seguidores de John Wycliffe, conhecidos como Lollards. Em sua carta aberta à nobreza alemã, Lutero ofereceu uma exposição das Escrituras demonstrando que, pelo batismo, todos são consagrados ao sacerdócio [citação 309]. Embora sua linguagem possa, às vezes, parecer severa, a abordagem mais moderada de Lutero (que alguns reformadores até consideravam "conservadora") em relação à Reforma era evidente na maneira como ele acreditava que a prática da ordenação deveria continuar, embora ele não considerasse a ordenação um sacramento, mas um "rito eclesiástico". No pensamento de Lutero, essa era uma maneira apropriada pela qual as comunidades designavam seu líder pastoral e o comprometiam com o trabalho de administrar os meios da graça.

Fora de Roma, havia um amplo consenso sobre esse conceito de "sacerdócio de todos os fiéis", o qual se tornou um princípio central para a maioria dos reformadores protestantes. A maioria das comunidades protestantes também mantinha um clero e ensinava que a ordenação era normalmente exigida para presidir os dois sacramentos do batismo e da Eucaristia. Essa ordenação, no entanto, era uma questão de boa ordem, autorização apropriada e, da perspectiva da maioria dos protestantes, não alterava os ordenados em nenhum sentido teológico. Devido a esse entendimento, muitos dos aparatos medievais do sacerdócio não sobreviveram na Reforma Protestante. Lutero considerava as vestimentas da missa, como muitas outras coisas externas, *adiaphora* (em grego, "coisas indiferentes") ou não essenciais, mas não proibiu seu uso, que continuou por algum tempo entre os luteranos. Outros, como Andreas Karlstadt, se opuseram a essa prática e, em sua celebração radical do culto de Natal em 1521 (ver p. 271), esse professor universitário — que conferiu o doutorado a Lutero na Universidade de Wittenberg — vestiu sua toga preta acadêmica. Essa prática tornou-se comum, e até Lutero foi retratado com tal vestimenta [ilustração 179]. Essa "toga de Genebra" tornou-se comum entre os reformadores do século XVI, que também rejeitaram o termo "padre" e se referiam ao seu

Citação 309: Todos somos sacerdotes consagrados por meio do batismo, como São Pedro diz em 1 Pedro 2 "Vós sois um sacerdócio real e um reino sacerdotal [...]" Quando um bispo consagra, isso nada mais é do que, no lugar de toda a comunidade, na qual todos têm igual poder, ele tomar uma pessoa e a encarregar de exercer esse poder em nome dos outros. (Martinho Lutero, À nobreza cristã da nação alemã [1520], in: *Luther's Work* 44:128)

clero como pastores ou presbíteros. A questão das vestimentas foi mais controversa na Inglaterra do século XVI, onde, por fim, foram impostas as instruções encontradas no primeiro *Livro de Oração Comum*, exigindo que o clero usasse uma capa pluvial para as celebrações da Eucaristia e uma sobrepeliz para todos os outros presidentes.

A Igreja Católica Romana reconheceu que as práticas eucarísticas abusivas eram abundantes, e o Concílio de Trento promulgou em 1562 um decreto mencionando alguns desses abusos [citação 310]. Ao mesmo tempo, o concílio não se absteve de maneira alguma de falar sobre o "sacrifício da missa" e emitiu um decreto acerca da "Doutrina referente ao sacrifício da missa" em 1562. Na verdade, o concílio não usou praticamente nenhuma outra imagem para a Eucaristia senão a do sacrifício. Além disso, como a oferta da missa estava tão intimamente ligada à sua compreensão do sacerdócio — pois os católicos romanos acreditavam na época que era o sacerdote que oferecia o sacrifício —, o concílio condenava qualquer um que negasse o papel do sacerdócio ordenado, particularmente em relação ao oferecimento da missa [citação 311].

Como David Power reconheceu, esses dois sistemas de culto radicalmente diferentes — um focado na Eucaristia como testamento ou dádiva, outro enfatizando o oferecimento e o sacrifício — precisam ser entendidos nos termos das diferentes imagens de sociedade e das forças políticas divergentes em atividade entre comunidades protestantes e católicas romanas [citação 276]. As reformas mais radicais, como as de Zwingli e Calvino, ocorreram em comunidades que exibiam o que chamaríamos de tendências democráticas. Já observamos como uma pequena confederação de Estados, no que hoje é a Suíça, se uniu contra o Sacro Imperador Romano e conquistou a independência no final do século XV. Esse contexto mais amplo permite compreender como, por exemplo, um conselho municipal eleito numa cidade suíça como Zurique poderia assumir responsabilidade por decisões religiosas, incluindo aquelas sobre o culto, e que tal culto pareceria mais democrático. Embora não ocorresse uma forma de democracia tão avançada quanto na Suíça, havia até mesmo no Sacro Império Romano do século XV uma necessidade reconhecida de reforma, alimentada, em parte, por governantes locais que buscavam mais independência para o imperador e o papa. Por exemplo, em meados dos anos 1400, surgiram confederações avulsas de estados alemães, incluindo a Saxônia, que lutavam coletivamente por mais controle local. Em 1489, a união representativa de todos os Estados no interior do império (a dieta imperial ou *Reichstag*) permitiu pela primeira vez a participação de representantes das cidades imperiais na tomada de decisões. Em 1495, a Dieta de Worms chegou a estabelecer um tribunal para julgar disputas entre príncipes. Embora o imperador e os príncipes certamente mantivessem o equilíbrio de poder, tais mudanças continuariam a desafiar seu poder.

Citação 310: E constando ainda que foram introduzidos, seja pelo vício dos tempos, seja por descuido ou corrupção dos homens, muitos abusos alheios à dignidade de tão grande sacrifício, decreta o Santo Concílio, a fim de restabelecer sua devida honra e culto, para a glória de Deus e a edificação do povo cristão, que os Bispos Ordinários locais cuidem com esmero e estejam obrigados a proibir e retirar tudo o que foi introduzido pela avareza, que é um culto dos ídolos, ou pela irreverência, que não se pode encontrar separada da impiedade, ou pela superstição, falsa imitadora da piedade verdadeira [...] e, quanto à avareza, proíbam absolutamente as condições de quaisquer espécies de pagamentos, contratos e o quanto se dá pela celebração de novas missas; igualmente as importunas e grosseiras cobranças, em vez de pedidos, de esmolas e outros abusos semelhantes, que não ficam muito distantes do pecado de simonia ou ao menos de uma sórdida ganância. (Concílio de Trento, Decreto sobre o que se deve observar e evitar na celebração da missa [1562], in: *Canons and Decrees of the Council of Trent*, p. 150s.)

Citação 311: Cânon 2: Se alguém disser que, por aquelas palavras "Fazei isto em memória de mim", Cristo não instituiu como sacerdotes os Apóstolos ou que não lhes ordenou e aos demais sacerdotes que oferecessem Seu Corpo e Sangue, seja excomungado. Cânon 3: Se alguém disser que o sacrifício da missa é apenas um sacrifício de louvor e de ação de graças ou mera recordação do sacrifício consumado na cruz, mas que não é propiciatório, ou que apenas é aproveitável àquele que o recebe, e que não se deve oferecer pelos vivos nem pelos mortos, pelos pecados, penas, satisfações nem outras necessidades, seja excomungado. (Concílio de Trento, Cânones do sacrifício da missa [1562], in: *Canons and Decrees of the Council of Trent*, p. 149)

No interior dessa ordem social em mudança, pode-se entender por que a democratização do culto; a remoção de intermediários sacerdotais; uma ênfase no sacerdócio de todos os crentes; a preferência por uma teologia eucarística menos hierárquica baseada na *koinonia*, em vez de sacrifício; e uma preferência pela acessibilidade de línguas vernáculas na Bíblia, na hinografia e na liturgia seriam adotadas. Na Igreja Católica Romana, por outro lado, nenhum movimento democrático foi oficialmente apoiado, e uma monarquia inquestionável teve continuidade. Por certo, o Papa acabaria cedendo sua posição como monarca temporal com a perda dos Estados papais no século XIX, mas sua liderança espiritual era praticamente incontestável e completa, culminando na promulgação da doutrina da infalibilidade papal no Primeiro Concílio Vaticano em 1870. Nesse reino, o sacrifício sacerdotal, os textos tradicionais em latim, as proibições contra o vernáculo e uma clara divisão teológica e política entre clérigos e leigos continuavam fazendo sentido.

Inculturação

Embora o termo "inculturação" [citação 312] só apareça no século XX, a influência mútua entre cultura e culto vem ocorrendo desde o nascimento do cristianismo. Muitas vezes, esse processo é gradual. A Reforma Protestante pode, em certo sentido, ser bem entendida como um movimento radical em direção à inculturação, em que certas sensibilidades culturais ou contextuais participaram de teologias tradicionais e práticas de culto da igreja, dando origem a algo novo. De fato, pode parecer que, ao rejeitar as posições de Lutero e outros reformadores protestantes, a Igreja Católica Romana rejeitou todo processo de inculturação, mas é útil adotar uma perspectiva mais sutil.

Oficialmente, a Igreja Católica Romana no século XVI reconheceu que havia vários ritos antigos existindo ao lado do Rito Romano. Alguns deles surgiram de comunidades religiosas, como os Ritos cistercienses ou dominicanos, outros estavam relacionados a áreas geográficas específicas, como o Rito ambrosiano de Milão ou o Rito moçárabe (também chamado de "visigótico" ou "espanhol antigo") desenvolvido na Espanha. Ao promulgar o *Missal romano tridentino* de 1570, Pio V reconheceu que qualquer rito desse tipo com mais de duzentos anos de idade podia continuar. Ao mesmo tempo, esse Papa, que estava muito preocupado com a uniformidade no culto [citação 295], deu permissão para que os que celebravam de acordo com outros ritos usassem o novo *Missal romano* [citação 313].

Além dessas expressões oficialmente sancionadas do que poderia ser visto como adaptações litúrgicas, havia inúmeras outras práticas e experimentos para adaptar a liturgia a vários contextos culturais.

Citação 312: Pode-se definir a inculturação litúrgica como o processo pelo qual elementos pertinentes de uma cultura local são integrados aos textos, ritos, símbolos e instituições empregados por uma igreja local para seu culto. Integração significa que os componentes culturais influenciam o padrão litúrgico da composição de formulários, da sua proclamação, da realização de ações rituais e da simbolização da mensagem litúrgica nas formas de arte. (Chupungco, "Liturgy and Inculturation", in: *Handbook for Liturgical Studies* II:339)

Citação 313: Somente este novo rito deve ser usado, a não ser que, ou por uma instituição aprovada desde a origem pela Sé Apostólica, ou então em virtude de um costume, a celebração destas missas nessas mesmas Igrejas tenha um uso ininterrupto superior a 200 anos. A estas Igrejas Nós, de maneira nenhuma, suprimimos nem a referida instituição, nem seu costume de celebrar a missa; mas, se este missal que acabamos de editar lhes agrada mais, com o consentimento do Bispo ou do Prelado, junto com o de todo o Capítulo, concedemos-lhes a permissão, não obstante quaisquer disposições em contrário, de poder celebrar a missa segundo este rito. (Pio V, *Quo Primum* [14 de julho de 1570])

Às vezes, como mencionado anteriormente, isso significava a inclusão do hino vernáculo na missa latina oficial [citação 287]. No continente, uma forma mais radical de adaptação litúrgica ocorreu na França durante os séculos XVII e XVIII. Tentando reafirmar sua herança galicana (do latim *Gallicanus*, em referência à antiga igreja da "Gália" ou França) e insistindo em mais independência política para Roma, os líderes cívicos e eclesiásticos franceses empreenderam várias ações teológicas e legislativas que afirmavam o papel do monarca francês sobre o Papa e apoiaram formas distintivas de música litúrgica e de culto em francês. Esse movimento "neogalicano" produziu um grande corpo de cânticos, novos missais, breviários e outros livros litúrgicos. Klauser calcula que, na Revolução Francesa, no final do século XVIII, 80 das 130 dioceses haviam abandonado a liturgia de Trento e estavam seguindo uma forma neogalicana de liturgia.

Esse período também foi uma época de grande exploração e atividade missionárias. Muitas das adaptações litúrgicas que acompanharam essas missões não foram documentadas e se perderam. Dentre as que foram documentadas, uma das mais fascinantes é a que ocorreu na China no século XVII. Matteo Ricci (morto em 1610) [ilustração 206] foi um missionário jesuíta italiano que chegou à China no final do século XVI. Linguista talentoso, Ricci foi um intelectual célebre na corte de Pequim, onde se tornou matemático da corte. Culturalmente astuto, Ricci reconheceu que os ensinamentos do venerado filósofo Confúcio (morto em 479 a.C.) eram fundamentais para a vida da elite chinesa a quem Ricci e outros jesuítas pretendiam converter ao catolicismo romano. A crença no confucionismo incluía a prática de certos rituais, especialmente cerimônias para honrar os antepassados. Ricci e seus companheiros argumentavam que esses rituais não eram supersticiosos, não tratavam os ancestrais como ídolos e deveriam ser permitidos aos católicos chineses. Após a morte de Ricci e após quase um século de controvérsia, Roma decretou que os católicos chineses não poderiam participar dessas práticas, que foram condenadas [citação 314]. O Papa Bento XIV (morto em 1758), que corroborou esse decreto de condenação, exigiu ainda que todos os missionários da região prestassem juramento em defesa da doutrina da Igreja Católica Romana sobre esse assunto e rejeitassem os rituais de Confúcio — juramento que estava em vigor até ser retirado pela Propagação da Fé em 1939.

Neoescolasticismo e a teologia manualista
Além dos desafios bíblicos e pastorais dos reformadores protestantes do século XVI, outro desafio à teologia católica romana nessa época foi a ênfase do Iluminismo na razão humana (racionalismo) e na experiên-

---

Citação 314: 2. O culto de Confúcio na primavera e no outono, juntamente com o culto dos antepassados, não é permitido entre os convertidos católicos [...]. 3. Os funcionários públicos chineses e os candidatos aprovados nos exames metropolitanos, provinciais ou prefeiturais, caso tenham sido convertidos ao catolicismo romano, não têm permissão de cultuar nos templos confucianos no primeiro dia e no décimo quinto dia de cada mês [...]. 4. Nenhum católico chinês pode adorar antepassados em seus templos familiares. 5. Seja em casa, no cemitério ou durante o tempo de um funeral, um católico chinês não tem permissão para realizar o ritual de culto aos antepassados. [...] Esse ritual é de natureza pagã, independentemente das circunstâncias. (Papa Clemente XI, *Ex Illa Dei* [1715], in: *China in Transition, 1517-1911*, p. 23)

206. Retrato de Matteo Ricci, S.J. (morto em 1610).

cia humana. Como Gerald McCool afirmou, o racionalismo foi o único adversário fora da igreja que os teólogos católicos romanos levaram a sério. Em resposta, desenvolveu-se o que, de certo modo, poderia ser considerado uma abordagem mais "científica" da teologia entre alguns teólogos católicos romanos. Como Francis Fiorenza descreve, esse estilo de teologia emprega um método dedutivo e é bastante dependente de uma forma filosófica de raciocínio fundamentada no trabalho dos filósofos gregos antigos, especialmente Aristóteles.

Embora algumas vezes chamada de "neoescolasticismo" ou "neotomismo", essa forma de teologia era bem diferente da de Tomás de Aquino e dos outros teólogos escolásticos do período medieval. Para "teólogos escolásticos" do século XIII, como Tomás, a teologia era uma exploração, a fé buscando entendimento, e começava com disputa. O empreendimento teológico nesse período foi consequentemente uma disciplina expansiva, não impulsionada pela apologética ou pela necessidade de defender a Igreja oficial, e estreitamente relacionada ao nascimento das universidades, onde novas ideias eram avidamente exploradas. A neoescolástica, por outro lado, desenvolveu-se num momento em que a Igreja Católica Romana estava em posição mais defensiva, perdia influência política na Europa, era teologicamente desafiada pelo protestantismo e enfrentava a adversidade intelectual do Iluminismo.

Foi nesse clima que o neoescolasticismo surgiu. Simbólico dessa abordagem "científica" da teologia era o "manual" teológico, uma espécie de enciclopédia de informações teológicas sistematicamente organizadas de acordo com princípios distintos. Como Fiorenza resume, uma característica desses manuais é que eles começam com doutrina eclesiástica, não com alguma questão disputada, como era típico de Tomás e outros escolásticos. Para a neoescolástica, o ensino da Igreja Católica Romana era considerado fundamental e constituía o prisma pelo qual se consideravam outras fontes teológicas, como as Escrituras ou o ensino dos primeiros escritores cristãos. Essa colocação das Escrituras em segundo lugar é, em parte, uma resposta às reformas protestantes e seu princípio de *sola scriptura* (em latim, "somente pela Escritura"). Os teólogos neoescolásticos argumentavam que as Escrituras eram frequentemente mal interpretadas e exigiam que a doutrina oficial da igreja se protegesse contra tais erros. Quando as Escrituras ou outros textos da tradição eram empregados, eles eram "reduzidos a textos-prova para uma proposição específica [...] citados independentemente de seu contexto e eram interpretados principalmente como demonstrações da verdade de uma tese doutrinária específica" (Fiorenza, p. 32) Como resultado, essa abordagem manual da teologia no neoescolasticismo foi altamente apologética e autoritária.

Enquanto centros de neoescolasticismo estavam se desenvolvendo em Roma, França, Espanha e até nas Filipinas, o movimento era particularmente forte na Alemanha. O jesuíta alemão Joseph Kleutgen (morto em 1883) foi uma figura-chave nessa época, sendo central para o avanço de todo o movimento neoescolástico. Seu livro fundamental de 1860, *Philosophie der Vorzeit* (em alemão, "Filosofia de uma época passada"), foi um trabalho combativo no qual ele argumentou que os princípios fundamentais do tomismo eram os únicos princípios capazes de satisfazer as necessidades da razão humana. A influência de Kleutgen estendeu-se à redação da versão final da Constituição dogmática sobre a fé católica, *Dei Filius* (em latim, "Filho de Deus"), promulgada no Concílio Vaticano I (1869-1870), que articulava princípios neoescolásticos básicos, particularmente em torno da relação entre fé e razão. De acordo com McCool, ele também deve ser lembrado como principal autor da encíclica de Leão XIII (morto em 1903), de 1879, *Aeterni*

Patris (em latim, "[O Filho Unigênito] do Pai Eterno"), que elogiava Tomás como o mais nobre filósofo-teólogo [citação 315] e garantia que uma abordagem neoescolástica fosse empregada na educação de todos os futuros padres católicos romanos e servisse de base para a apologética católica romana.

O efeito da teologia neoescolástica na teologia eucarística foi amplo e sustentado. Tal como a abordagem de outros sacramentos, uma abordagem "manual" da Eucaristia praticamente não dava atenção à liturgia em si, mas oferecia uma reflexão abstrata sobre o que eram consideradas verdades fundamentais. Sua abordagem "científica" era direta, concisa e metodológica. Também era reducionista e raramente dava acesso ao leitor a fontes primárias, mas, ao contrário, oferecia resumos geralmente sem nuances e, às vezes, até mesmo sem precisão. Por exemplo, discussões sobre um conceito como transubstanciação eram consideradas sem levar em conta a confiança essencial de Aquino na linguagem analógica para falar das realidades divinas (ver p. 229). Os muitos e diferentes entendimentos da transubstanciação não eram compreendidos nem reconhecidos e a cuidadosa linguagem de Trento sobre a transubstanciação, que admitia que ela era a maneira mais apropriada e, contudo, não tradicional de falar sobre presença real, foi praticamente ignorada. Em vez disso, a transubstanciação foi apresentada como um dogma atemporal [citação 316] e negá-la era essencialmente negar a crença na presença real de Cristo na Eucaristia. Tal abordagem era sintomática de uma teologia eucarística e sacramental menos preocupada com a reflexão teológica do que com a certeza e a fidelidade.

Resumo

De algumas maneiras, os desenvolvimentos teológicos dessa época podem muito bem ser entendidos pelas polaridades de inculturação e neoescolasticismo; pelas tensões entre, de um lado, o culto e a teologia que respeitam a experiência humana e o contexto histórico e, de outro, aqueles propensos a sustentar visões ortodoxas validadas pelas estruturas, ensino e liderança eclesiásticos. De uma maneira nova e controversa nessa época, os contextos locais desafiavam o "católico" ou o universal. Em termos gerais, a reação protestante se fez ver na diversidade e num movimento em direção ao polo contextual, enquanto o catolicismo romano avançou em direção à uniformidade e ao polo neoescolástico. Como grandes placas tectônicas, essas duas polaridades continuaram a se opor. Contudo, é especialmente na época seguinte que o atrito teológico dará lugar a um novo dinamismo litúrgico.

Citação 315: Nós vos exortamos, veneráveis Irmãos, com muito empenho, a que, para defesa e exaltação da fé católica, para o bem social e para a promoção de todas as ciências, ponhais em vigor e deis a maior extensão possível à preciosa sabedoria de Santo Tomás. [...] Que os mestres, cuidadosamente escolhidos por vós, façam penetrar no espírito dos discípulos a doutrina de Santo Tomás; façam, sobretudo, notar claramente quanto esta é superior às outras em solidez e elevação. Que as academias, já fundadas ou que ainda serão instituídas, expliquem e defendam esta doutrina e a utilizem para refutação dos erros dominantes. (Leão XIII [morto em 1903], *Aeterni Patris*, n. 31)

Citação 316: Como Jesus Cristo está presente? Não, como defendia Osiandro, por impanação ou por uma união pessoal ou hipostática na qual o homem divino entra com o pão; nem por consubstanciação, como mantida por Martinho Lutero, segundo a qual Cristo coexistiria com o pão e o vinho; mas pela transubstanciação, pela qual a substância do pão é transformada na substância do corpo de Cristo. Isso pertence à fé, caso contrário, as palavras "Isto é o meu corpo" não teriam sentido. (Berthier, *A Compendium of Theology*, II:76)

TOMÁS

Tomás sempre quis saber o que teria atrás da grande grade do coro. Parecia estranho agora estar sentado naquele cadeiral do coro que antes ele só conseguia vislumbrar à distância. Quantas coisas haviam mudado na catedral desde o tempo em que ele era criança!

Tomás lembrou-se do culto na igreja quando o rei Henrique ainda estava vivo. Certa vez, o próprio rei foi à catedral para a missa. Foi uma cerimônia gloriosa! Havia estandartes e oficiais por toda parte, mais clérigos e soldados do que Tomás já vira e um corpo de corneteiros na galeria.

Aquele dia também foi a primeira lembrança de Tomás da grande divisória de pedra. Ele tinha apenas quatro ou cinco anos na época, com pouco mais de 80 cm de altura, e sua visão do cortejo foi bloqueada pela multidão. Ele captou apenas vislumbres da procissão de clérigos e da realeza quando ela atravessou a nave e então desapareceu atrás da grade do coro. Tomás não achou isso justo. Ele ficou do lado de fora da grade com seu tio Geoffrey por bastante tempo, tentando descobrir o que estava acontecendo lá dentro. O jovem Tom podia ouvir o serviço, mas ele não o entendia. Tio Geoff lhe disse que era em latim. Por tudo o que Tom sabia, daria no mesmo se fosse em egípcio. Certamente não era o inglês do rei. Tom se sentiu enganado por não poder assistir o rei e o restante da escolta real durante a missa.

As coisas certamente mudaram após a morte do velho Henrique. As inovações começaram assim que o garoto Eduardo assumiu o trono. Tomás não se lembra muito das primeiras variações do serviço, a não ser que os padres pareciam muito confusos. O único consolo, na opinião de Tomás, era que o culto era em inglês, para que o padre e o povo pudessem ficar confusos juntos.

Quando as coisas pareciam estar se acalmando e o clero e a congregação estavam se acostumando à nova liturgia, Maria Sangrenta subiu ao trono. Então, como costumava dizer o tio Geoff, "o inferno se abriu". Dentro de alguns anos, a missa voltou ao latim. Dessa vez, Tomás sabia que era latim e ainda não gostava. Mas havia muitas pessoas, incluindo sua mãe, que prefeririam essa língua misteriosa. Ele nunca entendeu o motivo.

Felizmente, para Tomás, essa situação não durou muito tempo. Maria Sangrenta morreu apenas três após restaurar a missa latina. Depois, Elizabeth assumiu o trono e, no ano seguinte, a missa voltou a ser em inglês. Que anos de turbulência!

Tomás gostava de muitas coisas na nova liturgia, além do fato de poder entendê-la. Depois de assistir à missa para o rei Henrique, ele combateu mentalmente a grade do coro. Ele se perguntou como seria por trás da grade de pedra e perguntou à mãe por que ele não podia ficar do lado de dentro durante os cultos. Ele prometeu que ficaria quieto e ninguém saberia que ele estava lá. Sua mãe apenas lhe lançou aquele olhar reservado para pedidos impossíveis e perguntas sem resposta. Algumas vezes após os cultos, o jovem Tom tomava a iniciativa e ficava parado na soleira da porta, olhando para o grande coro. Nunca entrou nele completamente. Uma vez quase conseguiu, mas foi pego pelo sacristão e empurrado para fora da porta.

Relembrar esses momentos da infância foi um prazer especial quando Tomás se viu sentado em seu lugar favorito no cadeiral no interior do coro, atrás do filho daquele sacristão aposentado. Poder sentar-se lá durante o culto da comunhão talvez fosse a melhor parte do novo culto. Em vez de permanecer de pé na nave com o restante do povo durante a missa latina, Tomás agora estava sentado no cadeiral do coro onde assistiam à nova "missa". Outros a chamavam de Santa Comunhão, mas, para Tomás, sempre seria a missa. Como o antigo serviço latino, o novo culto tinha muitas orações, leituras e um longo sermão. Mas ele não se importava muito, porque podia sentar-se durante toda a primeira parte do culto, estudando todos os entalhes nos assentos ou refletindo sobre a abóbada elegante que se erguia acima do coro. Quando tinha de ficar de pé ou ajoelhar-se, era consolado, na velhice, pela presença de degraus de madeira, bem melhores do que o piso úmido de pedra da nave. Em suma, para Tomás, as mudanças que experimentara ao longo dos anos eram bem-vindas, embora ainda gostasse de divertir seus próprios filhos com histórias da grande catedral da época em que era menino.

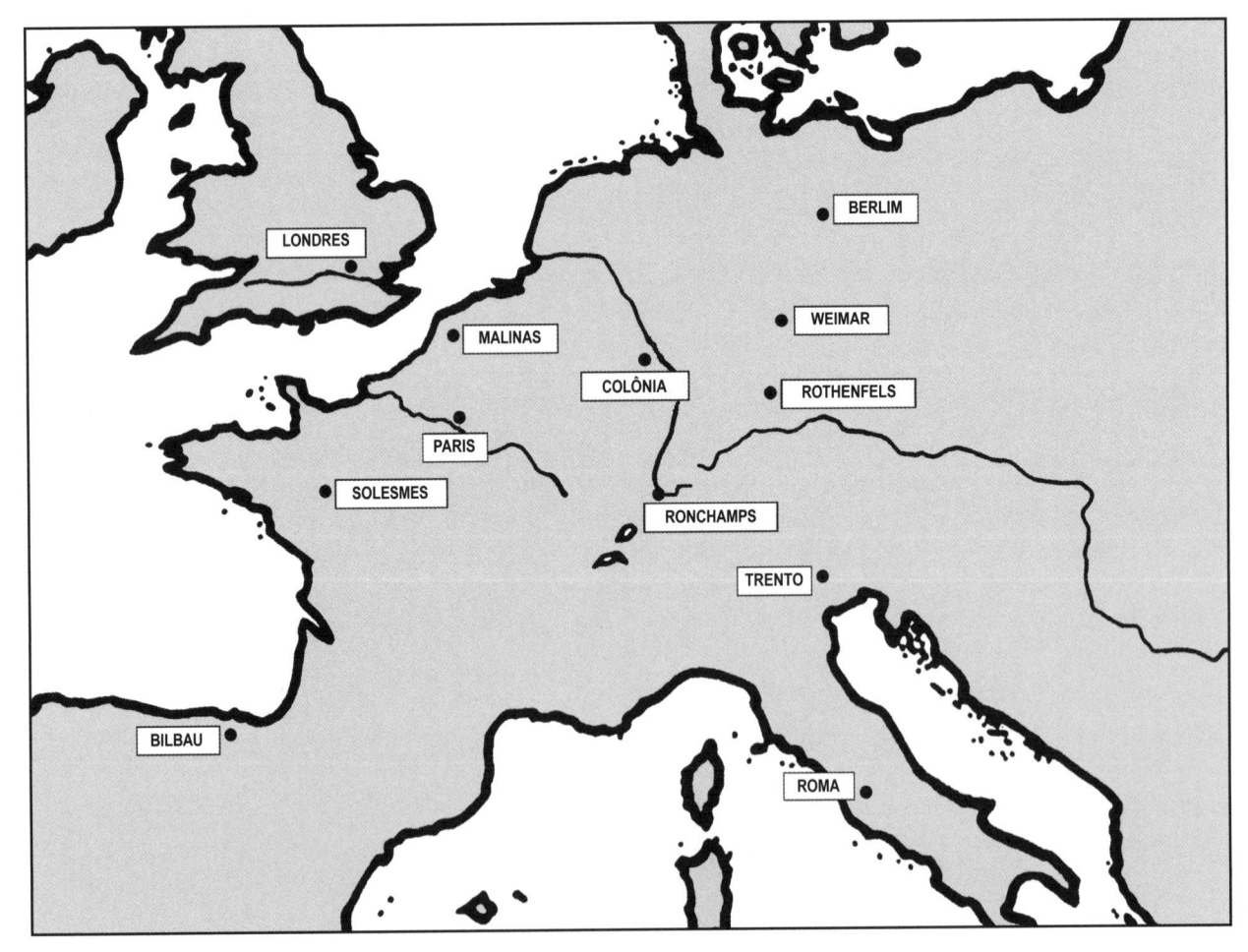

207. Mapa para o capítulo 7.

CAPÍTULO 7
Renovação, reação e uma visão em desenvolvimento: de 1903 ao futuro

É muito cedo para qualquer introdução definitiva ao atual período de mudança e reforma litúrgica. Embora tenham ocorrido muitas coisas em termos litúrgicos desde o início do século XX, indicando uma variação significativa em relação ao período anterior, também existem fortes contracorrentes na direção do restauracionismo e da recuperação das teologias e práticas medievais, tridentinas e neoescolásticas. Essas confluências geraram, simultaneamente, alegria e angústia entre os líderes litúrgicos, bem como conforto, confusão e até mesmo rancor entre os fiéis.

De modo semelhante às épocas anteriores, essas modificações estão estreitamente ligadas a tendências sociais, econômicas e políticas mais amplas. No último capítulo, observamos que, embora constância e mudança sempre tenham marcado as práticas litúrgicas das igrejas, o início da "modernidade" [citação 317] contribuiu para o aumento da rapidez da mudança e da reação à mudança. Com o início do século XX, a mudança global ocorreu com amplitude e velocidade inéditas. Por exemplo, o número de nações que conquistaram ou reafirmaram a independência desde 1900 é impressionante, desafiando até mesmo o cartógrafo digital [ilustração 208]. Aumentos populacionais foram igualmente dramáticos. Em 1900, havia 1,6 bilhão de pessoas no mundo; em 2000, esse número tinha aumentado para mais de 6 bilhões, com a vasta maioria do crescimento nos países em desenvolvimento da Ásia, África e América do Sul [ilustração 209]. Paralelamente a essas mudanças políticas e demográficas, houve rápidos desenvolvimentos nas tecnologias da comunicação, nos mercados mundiais e na geografia do poder no final do século XX. Isso alimentou a corrente internacional conhecida como "globalização", que Robert Schreiter define como "a extensão dos efeitos da modernidade para o mundo inteiro e a compressão do tempo e do espaço, tudo ocorrendo ao mesmo tempo" (p. 8). No entanto, o domínio dessas tendências mundiais não resultou na homogeneização da aldeia global ou na supressão do distintivamente local. Muitas vezes, em reação a essas forças maiores, surgem novas ênfases nas particularidades de um povo, um contexto, uma

Citação 317: A modernidade, às vezes, é identificada como um período histórico (que frequentemente se considera ter iniciado no século XVII) contrastante com outras épocas como a primitiva, a antiga ou a medieval. Harvie Ferguson oferece uma definição mais filosófica e diz que a chave para entender a modernidade é "uma compreensão genuína de nossa experiência". Formas de compreensão mais recentes no Ocidente, principalmente desde o pensamento de René Descartes [morto em 1650], são caracterizadas por autonomia, criatividade e liberdade. De modo geral, Ferguson afirma que é a categoria de experiência ou, mais precisamente, "a soberania da experiência", que marca a modernidade. (Ferguson, *Modernity and Subjectivity*, p. 199)

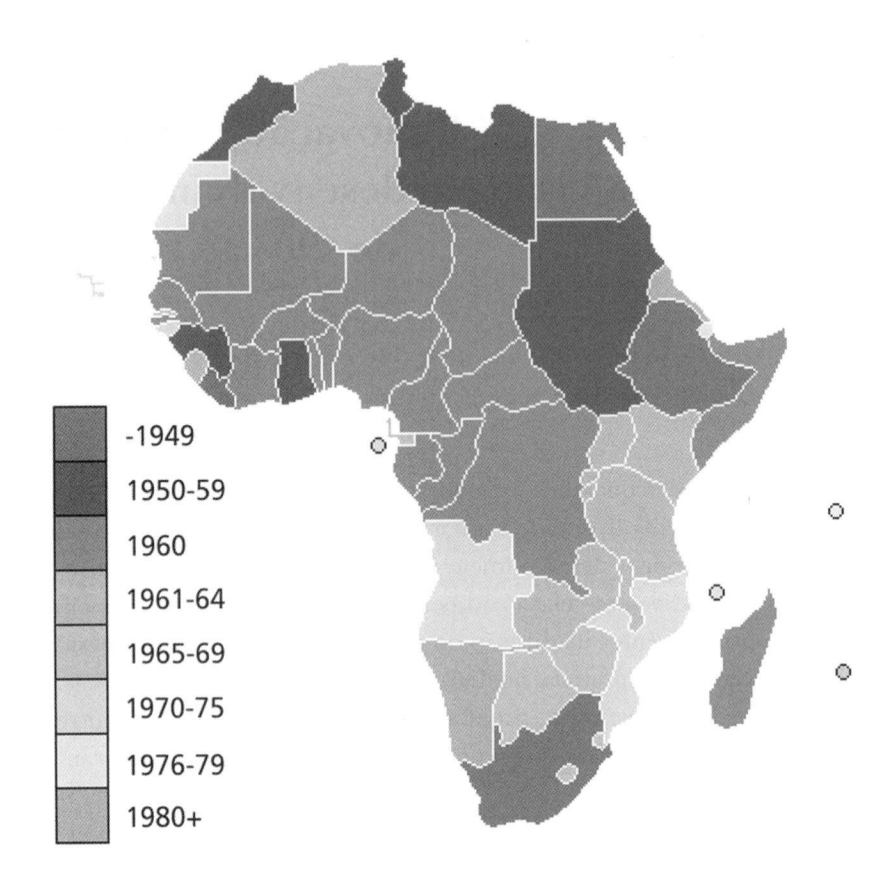

208. Mapa dos países africanos e suas datas de independência no século XX.

língua e um ambiente. Nas palavras de Roland Robertson, a globalização tornou-se "glocalização", uma mistura do global e do local. Simultaneamente a essas tendências, houve desenvolvimentos surpreendentes e uma destruição horrível. Desde o século XIX, houve uma evolução na filosofia e na teoria política com ênfase na dignidade do indivíduo. De igual modo, as ciências sociais em recente desdobramento, como a psicologia, a sociologia, a antropologia e a etnografia valorizam a pessoa humana e a experiência humana. Essa apreciação se transformou em múltiplos movimentos de libertação, que não apenas buscam liberdade nacional ou política, mas também exigem inclusão econômica e igualdade de gênero, etnia, idade e classe. No entanto, a dignidade da pessoa humana também esteve sob nova e debilitante agressão. O século XX foi o mais sangrento da história, com mais de 100 milhões de mortos apenas em decorrência de guerras. O genocídio atingiu proporções sem precedentes, com mais de um milhão de armênios mortos em 1915, pelo menos seis milhões de judeus mortos durante o Holocausto de 1939-1945, dois milhões de cambojanos mortos sob o Khmer Vermelho (1975-1978) e quase um milhão de mortos nos massacres de Ruanda de 1994. As estimativas dos mortos em guerras e atrocidades durante o século XX totalizaram quase 200 milhões de vidas. Diante

População nas principais regiões do mundo 1750-1995 (em milhões)						
Ano	Total	Europa & URSS	América do Norte	América Latina[a]	África	Ásia & Oceania
1750	694	144	1	10	100	439
(%)	100.0	20.7	0.1	1.4	14.4	63.3
1900	1,571	423	81	63	141	863
(%)	100.0	26.9	5.2	4.0	9.0	54.9
1950	2,520	549[b]	166	166	224	1,416[c]
(%)	100.0	21.8	6.6	6.6	8.9	56.2
1975	4,077	676	239	320	414	2,427
(%)	100.0	16.6	5.9	7.8	10.2	59.5
1995	5,716	727	293	482	728	3,487
(%)	100.0	12.7	5.1	8.4	12.7	61.0

a) Inclui México, América Central e América do Sul
b) 1950 e depois: exclui repúblicas asiáticas da antiga URSS
c) 1950 e depois: inclui repúblicas asiáticas da antiga URSS

209. Crescimento populacional mundial. (Carl Haub, Global and U. S. National Population Trends, *Consequences* 1:2 [verão, 1995])

desse conflito social, político e econômico, não é de surpreender que o mundo esteja atualmente passando por uma migração sem paralelo. Em 2002, as Nações Unidas relataram que o número de imigrantes no mundo havia dobrado desde 1975 e que mais de 175 milhões de pessoas residiam num país diferente daquele em que haviam nascido.

O cristianismo, como outras religiões do mundo, responde a essas forças globais como também é moldado por elas. Por exemplo, os movimentos nacionais de independência encontraram eco na grande expansão de igrejas cristãs independentes em todo o cristianismo global. Constituindo hoje o maior grupo de igrejas cristãs em lugares como o sul da África, essas igrejas independentes incorporam algo do espírito pós-colonial do século XX, rejeitando o domínio cultural de suas igrejas fundadoras, que geralmente eram euroamericanas. O crescimento dessas igrejas independentes — a maioria com forte orientação evangélica — é sintomático de significativas mudanças demográficas no cristianismo mundial. No último século, o centro de gravidade cristão mudou-se para o sul. Enquanto mais de 80% de todos os cristãos viviam na Europa e na América do Norte em 1900, o Centro para o Estudo do Cristianismo Global estima que, em 2005, essa porcentagem caiu para

40% e prevê que cairá para menos de 30% em 2050. O país cristão de mais rápido crescimento no mundo é o Brasil, mas em meados deste século poderia ser superado pela China.

As igrejas protestantes da linha principal declinaram claramente na América do Norte. Somente nos EUA, a Igreja Metodista Unida, a Igreja Presbiteriana, a Igreja Luterana Evangélica na América, a Igreja Episcopal, a Igreja Unida de Cristo e a Igreja Cristã (Discípulos de Cristo) experimentaram um declínio significativo desde 1965, enquanto a afiliação a igrejas evangélicas — especialmente igrejas pentecostais — aumentou acentuadamente. Embora o catolicismo romano tenha crescido durante esse período, ele, como muitas outras igrejas dos EUA, está passando por uma grande mudança demográfica à medida que se torna cada vez mais multicultural, especialmente com o crescimento da população hispânica. Um exemplo extraordinariamente rico desse multiculturalismo crescente é a Arquidiocese de Los Angeles. Segundo seu site oficial, o culto é oferecido regularmente em pelo menos vinte e nove idiomas naquela diocese; e alguns relatam que, em qualquer domingo, a missa é celebrada em até quarenta idiomas.

Juntamente com essas mudanças demográficas e culturais, a teologia e a prática cristãs desde o início do século XX foram confrontadas por alguns dos mesmos problemas éticos e de libertação que a sociedade secular enfrenta. Embora se possa argumentar que a teologia cristã sempre enfatizou a dignidade do indivíduo, viu-se o fortalecimento de uma voz cristã para os marginalizados, oprimidos e pobres [citação 318]. No entanto, a preocupação com questões de opressão não se limita aos economicamente desfavorecidos, de modo que as vozes da igreja também levantaram sérias questões sobre marginalização com base em gênero, etnia, deficiência física e orientação sexual. Essa constelação de preocupações se fundiu a tal ponto que Robert Schreiter considera as teologias da libertação, do feminismo e dos direitos humanos três dos quatro principais fluxos teológicos em todo o mundo no início do século XXI. Ironicamente, o século XX foi uma época em que acusações de opressão, marginalização e até abuso foram levantadas contra a igreja, que está sob novo escrutínio numa era de hipercomunicação.

É neste contexto global e eclesial mais amplo que consideramos a dinâmica de culto da era atual, frequentemente vista como uma época de reforma e renovação litúrgicas. Assim como a modernidade que floresceu no século XX tinha raízes que remontavam ao Renascimento, o fermento litúrgico da era atual também foi anunciado muito antes do século XX. Como indicado no capítulo anterior, a reforma litúrgica contínua marcou a evolução de várias igrejas protestantes nos séculos anteriores. Alguns desdobramentos — como o metodismo na América do século XVIII, o confessionalismo luterano de Wilhelm Löhe (morto

---

Citação 318: Tais perspectivas fornecem hoje uma base para o que é chamado "opção preferencial pelos pobres". Por meio dos Evangelhos e no Novo Testamento, como um todo, a oferta de salvação é estendida a todos os povos; Jesus fica do lado dos mais necessitados, física e espiritualmente. O exemplo de Jesus apresenta uma série de desafios para a Igreja contemporânea. Impõe um mandato profético de falar por aqueles que não têm ninguém para falar por eles, de ser um defensor dos indefesos que, em termos bíblicos, são os pobres. Exige também uma visão compassiva que permite à Igreja ver as coisas pela perspectiva dos pobres e impotentes, avaliando modos de vida, as políticas e as instituições sociais em termos de seu impacto sobre eles. Convoca também a Igreja a ser um instrumento para ajudar as pessoas a experimentar o poder libertador de Deus em suas próprias vidas, para que possam responder ao Evangelho com liberdade e dignidade. Finalmente, e mais radicalmente, exige um esvaziamento do eu, tanto individual quanto coletivamente, que permita à Igreja experimentar o poder de Deus em meio à pobreza e impotência. (Bispos Católicos dos EUA, *Justiça econômica para todos*, n. 52)

210. Prosper Guéranger, OSB. (1805-1875)

em 1872) na Baviera do século XIX e o movimento de Oxford na Inglaterra do século XIX — eram fortemente sacramentais. Também observamos alguns dos movimentos litúrgicos independentes do catolicismo romano nos séculos XVIII e XIX, como o galicanismo, o josefismo e o Sínodo de Pistoia.

Uma força litúrgica católica romana influente que surgiu na França dos séculos XVII e XVIII foi o jansenismo. Centrados em Paris, os jansenistas receberam tal nome por causa do teólogo flamengo Cornelius Otto Jansen (morto em 1638), um estudioso agostiniano que promoveu os ensinamentos do doutor africano em vez dos escolásticos. Algumas doutrinas jansenistas pareciam quase antilitúrgicas — por exemplo, sua ênfase na confissão e na preparação rigorosa para a comunhão — o que, na verdade, desencorajava muitas pessoas de receber a comunhão com frequência. Por outro lado, fizeram progressos significativos em conquistar a participação leiga no culto católico romano, moldando o que seria considerado um rito católico francês, atento à linguagem das pessoas comuns, que as envolveria conscientemente no cerne do culto [citação 319]. Embora os jansenistas tenham sido condenados por Roma, suas reformas litúrgicas continuaram a influenciar o culto oficial e as devoções populares na

Citação 319: O cânon da missa [é recitado] em voz alta, inteligível a todas as pessoas; [como estamos] certos de que [anteriormente] o que era dito em voz alta e o que era dito em tons mais baixos era o que se cantava, e o que não era cantado era dito de modo inteligível no altar. [...] O clero e o povo recebem comunhão na missa de seu pastor, de sua mão, e cada um responde de acordo com o costume antigo, ao receber o corpo de Jesus Cristo, imediatamente após o pastor pronunciar as palavras: *Corpus Domini nostri Jesu Christi*. As pessoas dizem *Amém*. (*Church News* [Julho de 1690], trad. F. Ellen Weaver, in: "Liturgia para os leigos")

Citação 320: Esforços devem ser feitos para restaurar o uso do canto gregoriano pelo povo, para que os fiéis possam novamente participar mais ativamente dos ofícios eclesiásticos, como costumavam fazer nos tempos antigos. (Pio X, A restauração da música sacra [1903], n. 3, in: Seasoltz, *The New Liturgy*, p. 5s.)

Citação 321: [...] Um renascimento notavelmente generalizado do interesse acadêmico pela liturgia sagrada ocorreu no final do século passado e continuou nos primeiros anos deste. [...] As cerimônias majestosas do sacrifício do altar tornaram-se mais conhecidas, compreendidas e apreciadas. Com uma recepção mais ampla e frequente dos sacramentos, o culto da Eucaristia passou a ser considerado pelo que realmente é: fonte da genuína devoção cristã. [...] Embora tenhamos satisfação com os resultados salutares do movimento que acabamos de descrever, o dever nos obriga a devotar séria atenção a esse "revivalismo", como é preconizado em alguns setores, e a adotar medidas adequadas para preservá-lo, desde o início, de excesso ou absoluta perversão. (Pio XII, A liturgia sagrada (1947), 4-7, in: Seasoltz, *The New Liturgy*, p. 108s.)

França. O monge francês Prosper Guéranger [ilustração 210] — que fundou a ordem beneditina na França, na abadia de Solesmes — foi um reformador do século XIX, creditado por ajudar a conter a influência de tais "galicanismos" ao reintroduzir a liturgia romana na França. Às vezes, focado demais na precisão histórica estritamente concebida, especialmente em relação ao culto medieval que ele considerava normativo, ele não promoveu uma imagem participativa do culto que era mais característica da liturgia cristã do século IV ou V. No entanto, ele conseguiu sustentar a liturgia romana tradicional como modelo para a oração pública e privada. Sua reforma centrada na liturgia gerou grande entusiasmo pela liturgia romana, especialmente em certos mosteiros da França e da Alemanha.

O trabalho de Guéranger e dos monges de Solesmes foi assegurado por Pio X (morto em 1914), que aprovou sua restauração do canto gregoriano para toda a Igreja. A preocupação de Pio X com a música sacra ficou evidente em sua carta apostólica de 1903, *Tra le Sollicitudini* (em italiano, "Entre os cuidados [pastorais]"). Essa carta também incluía um apelo à participação ativa do povo [citação 320] — um dos grandes temas das reformas litúrgicas do século XX, fazendo eco às correntes globais de inclusão e libertação que marcaram amplamente o século XX. Embora antecipado nos escritos de Pio X, que também defendia uma comunhão mais frequente, o movimento litúrgico moderno encontrou plena expressão com o beneditino Lambert Beauduin (morto em 1960). Seu artigo sobre a participação ativa do povo no Congresso Católico de Malines, Bélgica, em 1909, é tradicionalmente reconhecido como o nascimento desse movimento.

Depois disso, o século XX parece ter experimentado uma avalanche praticamente ininterrupta de estudos litúrgicos, experimentação pastoral e diálogo direcionado à renovação da liturgia cristã, especialmente em toda a Europa e América do Norte. No espírito do Iluminismo, com ênfase na razão humana e seu legado de ferramentas críticas, estudiosos como Louis Duchesne (morto em 1922), Gregory Dix (morto em 1952) e Josef Jungmann (morto em 1975) produziram grandes histórias litúrgicas, que ofereciam uma imagem cada vez mais sutil do desenvolvimento do culto cristão. Um experimento pastoral importante foi a *missa recitata* [em latim, "missa dialogada"], que incentivava a participação das pessoas na recitação conjunta das orações da missa e na resposta ao padre. Após a permissão do bispo local, mais de 25% das paróquias católicas romanas em Chicago introduziram a *missa recitata* em 1939 e, na metade desse século, ela havia se tornado normativa em 75% das paróquias (Pecklers, *The Unread Vision*, p. 55, 61). Ainda mais influentes foram os vários movimentos vernáculos do século. Pio X concedeu permissão para que certas áreas da Iugoslávia fizessem uso litúrgico permanente da língua paleoeslava clássica em 1906; Bento XV (morto em 1922) concedeu permissão para uso limitado de croata, esloveno e tcheco nos ritos da Igreja e, em 1929, Pio XI concedeu permissão para um ritual vernáculo na Baviera (Pecklers, *Dynamic Equivalency*, p. 32s.). Uma sociedade em defesa do vernáculo foi fundada na Inglaterra em 1942 e, em 1946, um grupo semelhante apareceu nos EUA [ilustração 211].

Embora o movimento litúrgico não fosse exclusivamente um fenômeno católico romano, tornou-se sistêmico no catolicismo romano. A encíclica de 1947 de Pio XII (morto em 1959), *Mediator Dei* — às vezes considerada a Magna Carta do movimento litúrgico —, afirmava detalhes como o valor do vernáculo e, de modo mais geral, o movimento litúrgico dos católicos romanos [citação 321]. Um ponto culminante nesse movimento foi o primeiro documento emitido pelo Vaticano II (1962-1965), a *Constituição sobre a sagrada liturgia* (1963). Embora tenha sido escrito para católicos romanos, esse documento se tornou essencial na reforma do culto em todas as igrejas cristãs. Mais do que qualquer outro documento oficial anterior, essa constituição articulou ricamente o papel autêntico do culto na vida e na missão da Igreja [citação 322].

Nathan Mitchell caracteriza as duas primeiras décadas após a *Constituição sobre a sagrada liturgia* como um tempo aberto a mudanças, à tomada de decisões colegiadas e a culturas diversas. De certa forma, poderia ser considerado um tempo em que a Igreja Católica Romana e sua liturgia contaram com as forças da modernidade. No entanto, Mitchell caracteriza o período desde 1984 como um período de crescente cautela, restrição e contenção (Mitchell, Amen Corner, p. 56). Em 1984, o Vaticano deu permissão limitada aos católicos romanos para reempregar a missa tridentina pré-conciliar, apesar de os ordinários de rito latino do mundo considerarem a missa tridentina um problema praticamente inexistente. Se as primeiras décadas após o Vaticano II podem ser consideradas um período de *aggiornamento* (em italiano, literalmente "atualização", indicando abertura para mudanças e renovações) e reconciliação com os fluxos da modernidade, Thomas O'Meara diz que, desde os anos 80, a Igreja Católica Romana parece estar voltando a uma visão do barroco do século XIX. São sintomáticas dessa mudança as várias reversões do Vaticano, especialmente em torno de questões de tradução. Um símbolo chave das mudanças foi um conjunto de diretrizes de tradução de 2001 (em latim, *Liturgiam Authenticam*, "Liturgia autêntica"), que não apenas substituiu as diretrizes publicadas anteriormente, em 1969, e reverteu radicalmente os princípios para tradução, como também reservou a Roma o direito de "preparar traduções em qualquer idioma e aprová-las para uso litúrgico" (n. 104), apesar de o Concílio de Trento ter cedido autoridade aos bispos locais para aprovar traduções.

211. *Cartoon* do periódico *Amen*, da Sociedade Vernácula dos EUA.

Citação 322: A liturgia é a meta para a qual a ação da Igreja é direcionada; é também a fonte da qual emana todo seu poder. (*Constituição sobre a sagrada liturgia* [1963], 10)

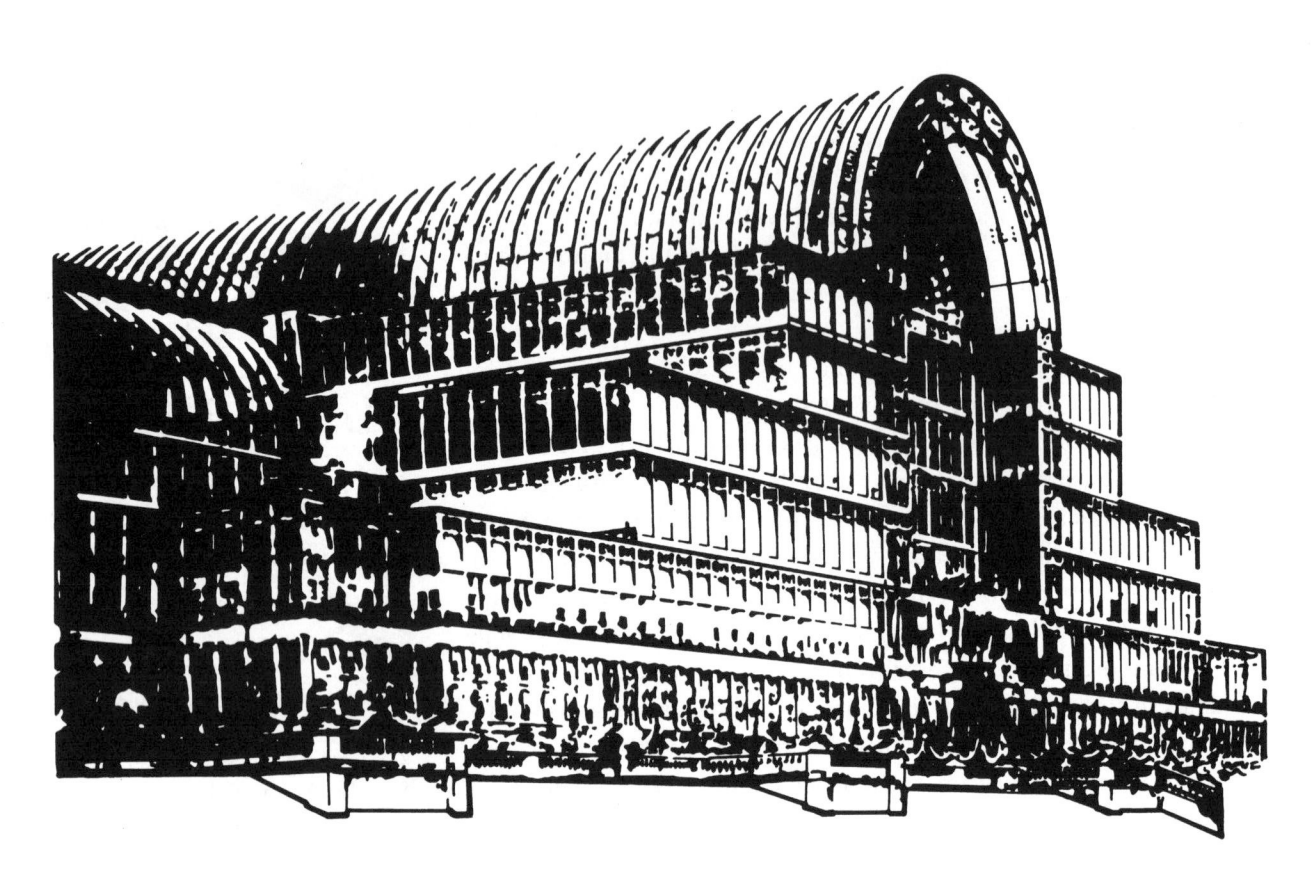

212. Palácio de Cristal, de Joseph Paxton. (Londres, 1851)

Há pouca dúvida de que grande parte do culto das igrejas cristãs, e principalmente a liturgia para os católicos romanos, foi permanentemente transformada nesse período. Isso não significa, contudo, que a transformação esteja resolvida ou completa. Forças complementares, paralelas e concorrentes no mundo e na Igreja mostram que continuaremos a viver um período de fermentação litúrgica. Espera-se apenas que a visão de participação ativa incorporada no Vaticano II, as vozes de inclusão que ecoam em todo o mundo e a promessa de caridade que reside no coração da Eucaristia Cristã se combinem de maneiras ricas e poderosas para servir ao culto cristão num novo milênio.

ARQUITETURA

A arquitetura barroca, um produto do catolicismo romano, foi o último estilo arquitetônico ocidental com raízes eclesiásticas. Durante o século XVIII, a arquitetura, como outras artes e ciências no Ocidente, tornou-se independente da Igreja. Após o Iluminismo e a revolução industrial, a Igreja e a nobreza deixaram de ditar as necessidades nas

213. Robie House, de Frank Lloyd Wright. (Chicago, 1909)

construções da sociedade. Em vez disso, os setores industrial e comercial tornaram-se as forças motrizes da arquitetura. Esses desdobramentos devem ser considerados antes de nos voltarmos para a arquitetura eclesiástica no século XX.

Desenvolvimentos seculares

Arquitetura é uma expressão do contexto e da cultura. O desenvolvimento da arquitetura secular no período moderno foi influenciado pelos movimentos filosóficos e políticos que mudaram a face da civilização ocidental. Os fluxos de libertação mencionados anteriormente e a ascensão simultânea de sistemas que pregam o valor do indivíduo e o direito inalienável do indivíduo às liberdades básicas foram especialmente influentes. Na arquitetura, esses ideais eram expressos por espaços abertos que se relacionam com seu ambiente — um conceito espacial muito diferente daquele da era barroca [citação 323].

Um dos primeiros exemplos dessa nova abertura espacial foi o Palácio de Cristal, de Joseph Paxton (morto em 1865) [ilustração 212], construído para a Exposição de Londres de 1851. Com quase 580 metros de comprimento, este edifício foi construído completamente com ferro e vidro emoldurados em madeira. Construído em seis meses a partir de milhares de partes pré-fabricadas, o Palácio de Cristal anunciou uma nova era arquitetônica por meio de seus materiais, tamanho, estilo e até mesmo técnica de construção. Essa façanha foi

Citação 323: Ao discutir a arquitetura do século XIX, temos usado repetidamente o termo "espaço aberto" para indicar a imagem de um ambiente ilimitado e contínuo em que as pessoas podem agir e se movimentar livremente — não pelo movimento em si, mas como expressão de uma nova liberdade de escolha, isto é, a liberdade de buscar e criar o próprio lugar. A nova imagem, então, é o oposto do barroco. Enquanto o espaço barroco representava um sistema integrado, o espaço aberto do século XIX expressava um novo ideal de liberdade humana. (Norberg-Schulz, *Meaning in Western Architecture*, p. 351)

possível devido aos avanços tecnológicos da revolução industrial. Um desses avanços foi o uso de ferro e, depois da metade do século, de aço, em vez de alvenaria e madeira na construção. Econômicos, resistentes ao fogo e fortes, esses materiais permitiam a construção de vastos espaços abertos, simbolizando liberdade e abertura novas. Posteriormente, os edifícios começaram a se expandir verticalmente, não horizontalmente, e os arranha-céus surgiram, em particular em Chicago e Nova York.

Enquanto alguns arquitetos fizeram experimentos nessa grande escala, Frank Lloyd Wright (morto em 1959) se concentrou na habitação unifamiliar [ilustração 213]. Embora a preocupação com a arquitetura doméstica pareça contradizer o espírito do Palácio de Cristal, ambas foram declarações sobre novas abertura e liberdade, uma no plano industrial e a outra no plano doméstico. Wright considerava seu trabalho uma arquitetura da democracia. Ele abandonou o princípio de um cômodo único para um único uso e, em vez disso, organizou espaços flexíveis que fluíam naturalmente desde o lado de fora, nos quais as pessoas podiam se mover livremente [citação 324].

Funcionalismo

Na virada do século, surgiu uma tendência contra a ornamentação nos edifícios. Adolf Loos (morto em 1933) ofereceu um resumo dramático dessa tendência, dando a entender que a ornamentação era realmente um crime [citação 325]. A rejeição da ornamentação contribuiu para uma preferência por edifícios que não escondiam sua estrutura por trás de alvenaria elaborada, mas revelavam os elementos essenciais de sua construção e materiais. Esse movimento contra a artificialidade da ornamentação tradicional, combinado com a ênfase em revelar exteriormente a estrutura interior do edifício, é chamado de "funcionalismo". Uma máxima primária do funcionalismo, articulada pelo arquiteto de Chicago Louis Sullivan (morto em 1924), foi "a forma segue a função". Na visão de Sullivan, a necessidade de continuidade entre o *design* interior e o exterior não eliminou a necessidade de ornamentação. Sullivan, ao contrário, evitava ornamentações que obscurecessem ou ocultassem a função do edifício.

O funcionalismo se tornou um princípio arquitetônico dominante durante o século XX. Na Alemanha, esse princípio foi fundamental para a escola de *design* Bauhaus, estabelecida em Weimar em 1919. O ex-diretor da Bauhaus, Mies van der Rohe (morto em 1969), mudou-se para o Instituto de Tecnologia de Illinois, Chicago, em 1937, onde deu nova expressão ao funcionalismo [ilustração 214]. Charles-Edouard Jeanneret-Gris, nascido na Suíça (morto em 1966) — mais conhecido como Le Corbusier — foi um brilhante expoente do funcionalismo.

214. Edifício Seagram, de Mies van der Rohe. (Nova York, 1956-1958)

215. O Museu Guggenheim de Bilbau, de Frank Ghery. (Bilbau, Espanha, 1997)

Uma ampla aceitação do funcionalismo contribuiu para o desenvolvimento de um estilo internacional que se espalhou pela Europa Ocidental e pelos Estados Unidos. Esse estilo evitava a ornamentação. Seu material de construção preferido era o concreto armado. Empregando, com frequência, paredes revestidas em estuque branco, longas faixas horizontais de janelas e telhados planos, os edifícios no estilo internacional projetavam um forte senso de volume, em vez de simplesmente um senso de massa. Nas últimas décadas, o funcionalismo e o estilo internacional deram lugar a uma abordagem mais pluralista da construção. Como Christian Norberg-Schulz explica, esse pluralismo pós-moderno não começa com estilos preconcebidos ou princípios básicos. Em vez disso, uma abordagem pluralista tenta primeiramente entender a natureza de cada tarefa e depois gerar uma série de soluções compatíveis. Assim, o pluralismo é mais um método do que um estilo específico e pode permitir variações regionais e estilísticas.

Esse pluralismo tornou-se mais pronunciado com importantes desenvolvimentos arquitetônicos fora do eixo euro-americano. Trabalhos criativos continuam a se desenvolver dentro deste eixo, como, por exemplo, o museu Guggenheim, revestido de titânio, em Bilbau, Espanha, de Frank Gehry [ilustração 215]. No entanto, à medida que as mudanças na população mundial continuam voltando-se para o sul cada vez mais, parte do pensamento arquitetônico mais imaginativo está se proliferando na Ásia, onde a urbanização é uma nova força importante. Assim, foi Kuala Lumpur, na Malásia, que reivindicou ter o edifício mais alto do mundo [ilustração 216], e é fora de Pequim, perto

Citação 324: Qual é então a natureza dessa ideia que chamamos de arquitetura orgânica? Estamos aqui chamando essa arquitetura de "A arquitetura da democracia". Por quê? Porque é intrinsecamente baseada na lei da natureza: lei para [pessoas], não lei acima das [pessoas]. [...] Apenas o espírito humano recebeu a forma arquitetônica apropriada. É apenas ele, também, a estrutura material da vida de cada pessoa na Terra, agora vista pelo espírito como várias formas de estrutura — em suma, orgânica. A democracia possui os meios materiais para ser ampliada de forma inteligente e transformada agora para empregar máquinas em super materiais em prol da superioridade [humana]. Portanto, a arquitetura orgânica não está satisfeita em ser empregada meramente para ganhar dinheiro — não se esse dinheiro for acumulado para se opor [à própria humanidade]. Nossa crescente insatisfação com poder autocrático ou burocracia de qualquer tipo requer sabedoria. A velha sabedoria e o bom senso são modernos até mesmo hoje; é a aplicação deles que muda. Ainda mais antiga é a sabedoria (e ela também é moderna) que reconhece esse novo conceito democrático de [humanos] livres na vida em que dinheiro e leis fundiárias são estabelecidos como subordinados aos direitos do ser humano. Isso significa, antes de tudo, que toda boa arquitetura é boa democracia. (Wright, *The Living City*, p. 28)

216. Torres gêmeas Petronas, de Cesar Pelli. (Kuala Lumpur, Malásia, 1998)

Citação 325: Evolução cultural significa que temos de eliminar qualquer ornamento de nossos artefatos. O que constitui a grandeza de nossa era é que ela é incapaz de produzir um ornamento novo. (Adolf Loos, Ornamentação e crime, in: Norberg-Schulz, *Meaning in Western Architecture*, p. 366)

da Grande Muralha original, que os principais arquitetos asiáticos estão recriando a harmonia entre casa e natureza [ilustração 217].

Arquitetura eclesiástica

Embora o século XIX tenha sido um período revolucionário para a arquitetura ocidental, isso não se aplicava à arquitetura da Igreja. Os desenvolvimentos mais notáveis na arquitetura da Igreja durante esse período foram vários revivalismos (ver p. 258s.), sendo o mais importante o revivalismo gótico. Augustus Pugin (morto 1852) foi o proponente mais franco deste revivalismo [citação 326]. O argumento de Pugin de que o gótico era o único estilo eclesiástico apropriado foi aceito não apenas pela Igreja Católica Romana, mas também por outras tradições religiosas em sua terra natal, a Inglaterra. No entanto, esse revivalismo

217. *Great Bamboo Wall House* [Casa da Grande Parede de Bambu], de Kengo Kuma (próximo de Pequim, 2002).

teve pouco impacto fora da Inglaterra, dos Estados Unidos e, ainda em menor grau, da França.

Outra produção do século XIX nos EUA foi o surgimento de "igrejas auditório" para algumas comunidades protestantes. Esses prédios eram frequentemente projetados como anfiteatros de planta radial, com grandes palcos e assentos confortáveis, irradiando de um santuário que era frequentemente dominado por um órgão imponente e um púlpito teatral. Como Jeanne Halgren Kilde observa, esses edifícios podiam fazer parte de complexos sofisticados que incluíam salões de beleza, salas de conferência e até mesmo instalações esportivas, integrando o culto como componente de uma organização de amplo alcance para as famílias urbanas. De certa forma, esses edifícios antecipavam as estruturas das megaigrejas do final do século XX e sinalizavam a crescente influência dos modelos de entretenimento para o culto. Eles também simbolizavam uma mudança no entendimento nos EUA do fiel como consumidor e do culto como um dos muitos serviços que uma igreja prestava aos batizados. Uma crítica implícita a essas obras pode ser encontrada na igreja primitiva de Frank Lloyd Wright. Seu Templo da Unidade, de 1905, em Oak Park, Illinois, é um espaço íntimo de planta central, geralmente descrito como uma joia de simplicidade e beleza. O templo é conectado por um grande hall de entrada à Unity

Citação 326: O objetivo da presente palestra é apresentar e explicar os verdadeiros princípios da arquitetura gótica ou cristã e, pelo conhecimento deles, vocês poderão testar a excelência arquitetônica. [...] Por mais estranho que possa parecer à primeira vista, é somente na arquitetura gótica que esses grandes princípios foram cumpridos; e poderei ilustrá-los desde a vasta catedral até a edificação mais simples. Além disso, os arquitetos da Idade Média foram os primeiros a tirar total proveito das propriedades naturais dos vários materiais e a fazer de seu mecanismo um veículo para sua arte. (Augustus Pugin, *The True Principles of Pointed or Christian Architecture* [1841])

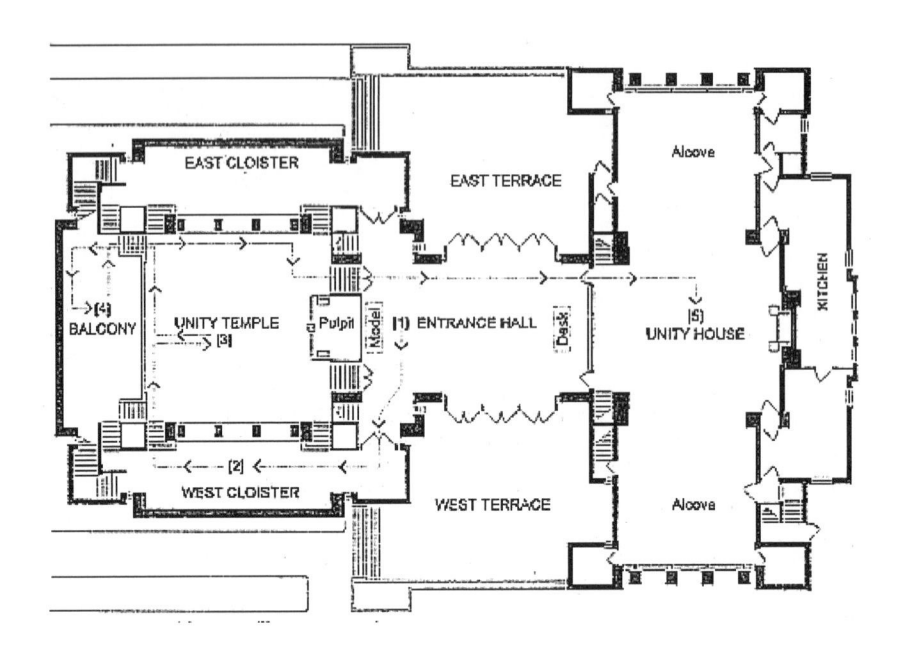

218. Planta do Templo da Unidade, de Frank Lloyd Wright. (Oak Park, Illinois, 1906)

Citação 327: A Suíça era o único país do cristianismo ocidental que, no final dos anos 30, havia criado uma tradição viva da arquitetura eclesiástica. (Hammond, *Liturgy and Architecture*, p. 62)

House [ilustração 218]. No folheto original que explica o projeto, o pastor Rodney F. Johonnot observa como esses espaços complementares atendem (sem confundir) os dois requisitos básicos de um edifício eclesiástico: o culto a Deus e o serviço às pessoas.

Ocorreram inovações, algumas das quais estruturais, na arquitetura eclesiástica do início do século XX. A Saint Eugène (1854-1855), em Paris, projetada por Louis-Auguste Boileau (morto em 1896), por exemplo, foi a primeira igreja com estrutura de ferro; e em 1928 Otto Bartning (morto em 1959) criou, em aço e cobre, a *Stahlkirche* (em alemão, "igreja de aço") em Colônia, oferecendo inovação tecnológica numa configuração tradicional. O desenvolvimento do concreto armado, patenteado por Joseph Monier (morto em 1906) em 1867, permitiu a criação de grandes espaços abertos, que refletiam uma abordagem mais democrática do culto. A noroeste de Paris, em Le Raincy, Auguste Perret (morto em 1954) construiu a igreja de Notre Dame (1922 a 1923) completamente em concreto armado, um projeto que tinha muito em comum com as igrejas-salão do século XIII [ilustração 219]. Ao oferecer uma configuração relativamente convencional de assembleia e santuário, a igreja dá a impressão de um salão único, mesmo que permita atividades devocionais tradicionais. O resultado é uma imagem mais clara da assembleia como uma entidade coletiva no culto, cujas linhas de visão claras na direção do santuário enfatizam a importância dos recentes apelos à sua participação explícita e ativa. Ainda mais influente foi a reforma de 1928 do *Schloss Rothenfels* (em alemão, "Castelo Rothenfels"), que serviu de

219. Igreja Notre Dame, de Auguste Perret. (Le Raincy, França, 1922-1923)

sede para o Movimento Juvenil Católico na Alemanha antes da Segunda Guerra Mundial. Embora houvesse uma pequena capela no castelo, a peça influente era o salão principal para múltiplos propósitos. Como descreve Frédéric Debuyst, este era um grande espaço retangular com paredes brancas nuas, janelas profundas e um pavimento de pedra. Desprovido de decoração, os únicos móveis eram cem banquinhos cuboides pretos, cuja colocação podia ser facilmente reorganizada de acordo com a necessidade. Quando a Eucaristia era celebrada, um altar provisório era erguido, cercado pelos fiéis por três lados [ilustração 220]. Esse posicionamento radical da assembleia, em proximidade da ação da palavra e do sacramento, bem como a visão mútua desobstruída, sinalizavam uma nova integração arquitetônica do que significava ser o "corpo místico" de Cristo. Essa renovação visionária foi o resultado colaborativo do líder litúrgico Romano Guardini (morto em 1968), professor de teologia católica da Universidade de Berlim e capelão do Movimento Juvenil Católico, e do arquiteto Rudolf Schwarz (morto em 1961), que influenciou gerações de arquitetos eclesiásticos com sua visão abertamente teológica.

Com o início da Segunda Guerra Mundial, a liderança europeia na arquitetura litúrgica diminuiu, com exceção da Suíça [citação 327]. Após a guerra, revigorado pela crescente força da renovação litúrgica, o trabalho inovador foi retomado. Debuyst acredita que uma marca desse período foi o abandono progressivo da planta retangular. Um exemplo importante dessa tendência nos EUA é a igreja da Abadia de Saint John em Collegeville, Minnesota. Os

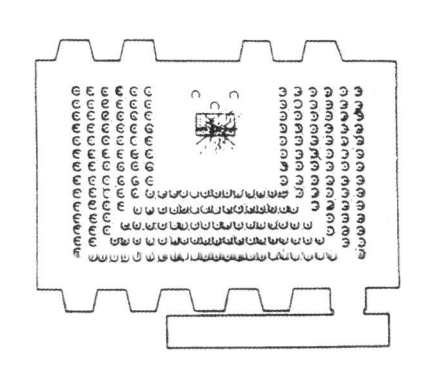

220. Planta do salão principal, configurado como uma capela, em Schloss Rothenfels, Alemanha. (Debuyst, p. 36)

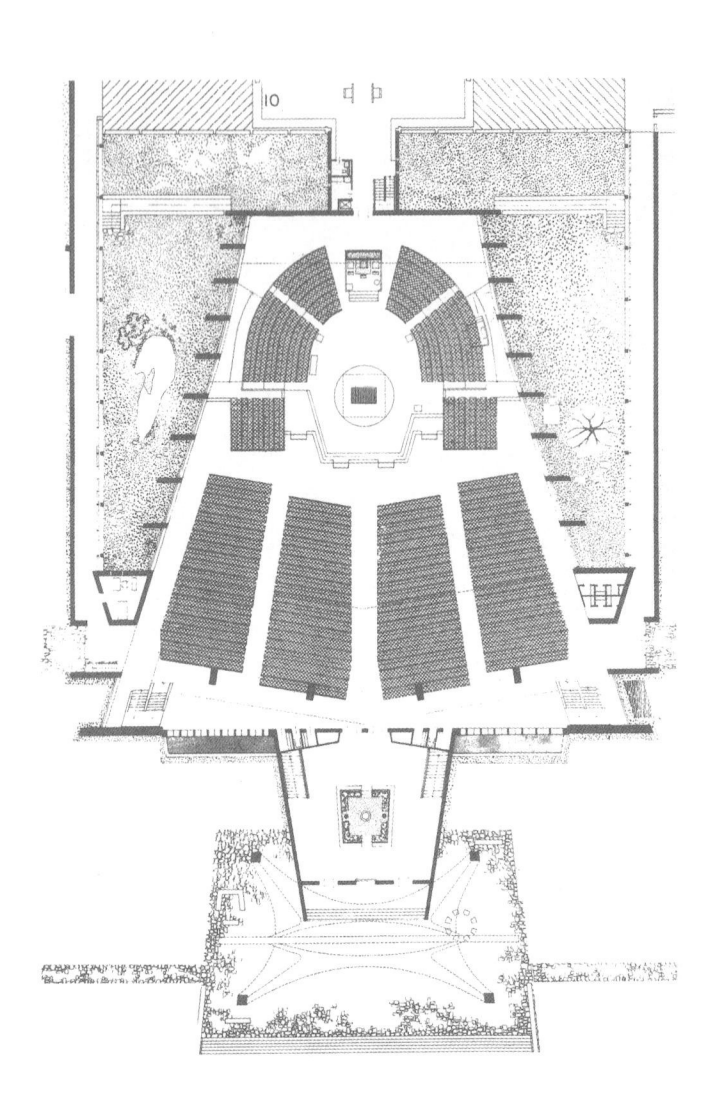

221. Planta da igreja da Abadia de São João, de Marcel Breuer. (Collegeville, Minnesota, 1958-1961)

Citação 328: Entre os símbolos com os quais a liturgia lida, nenhum é mais importante que esta assembleia de fiéis. (*Environment and Art in Catholic Worship* [1978], 28)

monges da Saint John, que por muito tempo estiveram associados ao movimento litúrgico nos EUA, selecionaram o professor de Harvard Marcel Breuer (nascido em 1891), húngaro e com formação alemã, para criar uma nova imagem do culto monástico em sua igreja de concreto armado que integra um coro para trezentos monges e um espaço de culto para mil e setecentos fiéis irradiando do santuário [ilustração 221].

A igreja mais famosa dessa época foi a Notre-Dame-du-Haut de Le Corbusier, em Ronchamps (1950-1955) [ilustração 222]. Por ter sido projetada como uma igreja de peregrinação sobre uma colina, em vez de uma igreja paroquial, ela apresenta um forte foco devocional e não é tão liturgicamente satisfatória como Schloss Rothenfels. Por exemplo, embora inúmeras barreiras tradicionalmente colocadas entre a assembleia e o santuário tenham sido omitidas, o espaço não afirma a primazia da assembleia [citação 328], como era o caso de Schloss Rothenfels ou mesmo de Raincy. Em vez disso, o interior da Notre-Dame-du-Haut

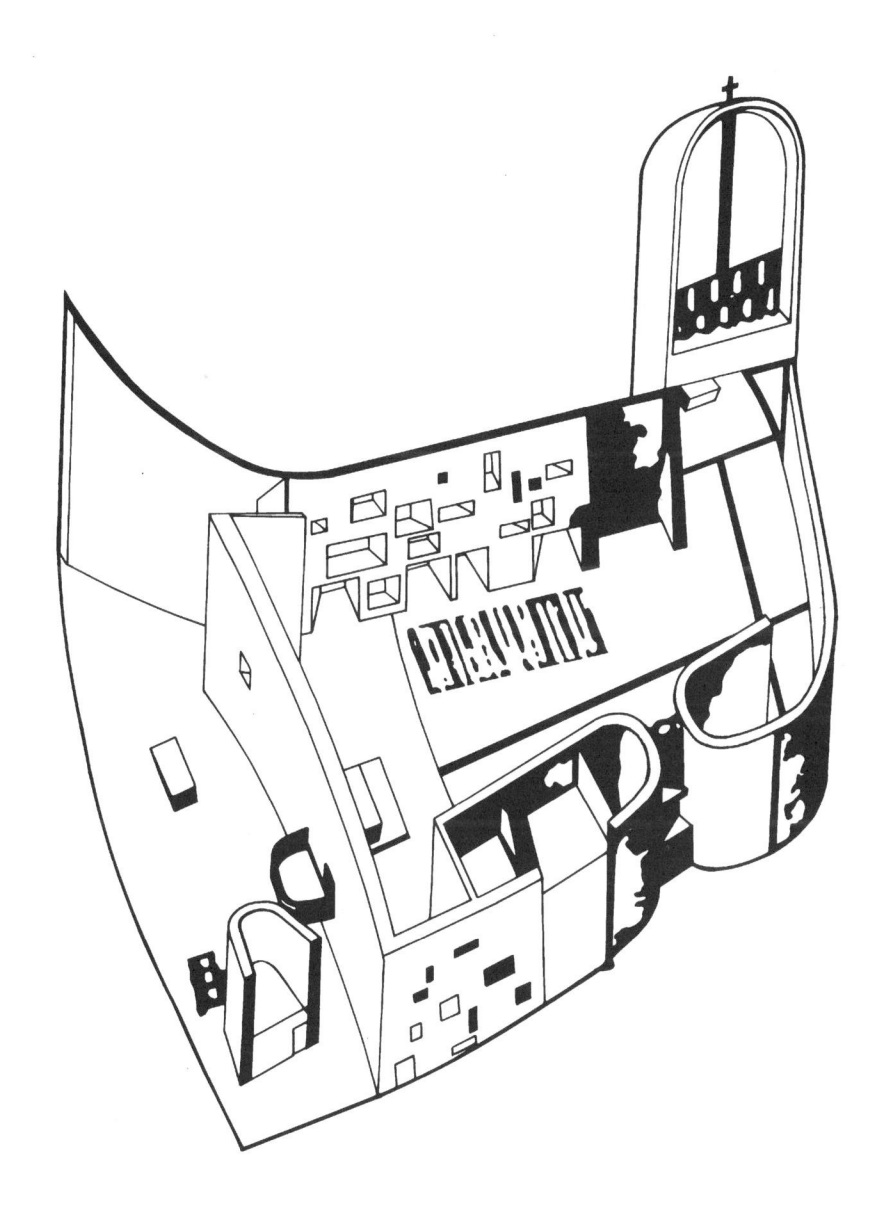

222. Planta da Notre Dame du Haut, de Le Corbusier. (Ronchamps, França; 1950–1955) (Norberg-Schulz)

aparece como uma coleção de espaços devocionais sob um único teto — uma perspectiva que as próprias palavras de Le Corbusier parecem confirmar [citação 329]. Por outro lado, o caminho de procissão colina acima até a igreja e o coro externo, voltado para o leste — chamando a comunidade eucarística para permanecer de pé sob a luz do dia — são elementos rituais convincentes. No geral, contudo, a Notre-Dame-du-Haut existe mais como um triunfo da arquitetura eclesiástica e um dos edifícios mais líricos da época do que como um modelo de espaço litúrgico interior.

Em última análise, não foi o acúmulo de avanços tecnológicos nem mesmo a nova visão do sagrado oferecida por Le Corbusier que mudaram a face da arquitetura cristã do século XX no Ocidente. Pelo contrário, foi o sucesso do movimento litúrgico, que reafirmou a natureza coletiva do culto e a centralidade da participação ativa da comunidade.

Citação 329: Ao construir esta capela, desejei criar um lugar de silêncio, oração, paz e alegria espiritual. Nossos esforços foram inspirados por seu objetivo sagrado. [...] A Virgem é exaltada por vários símbolos e algumas palavras escritas. A cruz — a verdadeira cruz do sofrimento — está erguida nesta arca; a partir de agora, o drama cristão está em posse do lugar. [...] O que todos nós registramos aqui, espero, encontrará eco no senhor e naqueles que escalam esta colina. (Fala de Le Corbusier dirigida ao bispo [25 de junho, 1955])

223. Santuário da Igreja Cristã do Norte, de Eero Saarinen. (Columbus, Indiana, 1964)

Embora essa perspectiva tenha sido defendida por muitos reformadores do século XVI, que muitas vezes optaram pelas igrejas com planta central, diversas igrejas protestantes perderam essa visão. Sob a influência do Movimento de Cambridge do século XIX, várias igrejas de língua inglesa retornaram às formas mais tradicionais dos vários revivalismos arquitetônicos (gótico, clássico e românico) que marcaram aquele século. James White observou um retorno semelhante às formas tradicionais resultantes do revivalismo do século XIX, em que a ênfase nas personalidades do púlpito e nos coros de massa desenvolveu o arranjo do palco de *show* — um movimento em consonância com o surgimento de igrejas-auditório.

Alguns visionários, incluindo Rudolf Schwarz e Otto Bartning, experimentaram espaços de planta central como uma maneira de afirmar a unidade e a centralidade da assembleia, mas essas foram inicialmente experiências isoladas. Posteriormente, o movimento litúrgico, refletindo fluxos culturais mais amplos de liberdade e igualdade, trouxe uma ênfase maior ao aspecto comunitário do culto. No início, essa ênfase ocorreu principalmente por meio de estudos acadêmicos, mas acabou tendo um amplo impacto nas formas de culto protestante e católico romano e em seu espaço. Em certo sentido, isso significava uma aceitação crescente do princípio do "funcionalismo" na liturgia [citação 330], mais comumente expressa em termos dos "requisitos rituais" do espaço. Assim, um espaço deve servir não apenas como um local de encontro individual com o Sagrado, mas também, e principalmente, como um local para a realização de um ritual público. Nesta perspectiva, o espaço litúrgico cristão é tornado sagrado antes de tudo pela ação da comunidade.

Uma virada para os princípios do funcionalismo na formação de espaços rituais refletia os princípios arquitetônicos que dominaram a Europa e os Estados Unidos no início do século XX: respeito pelos indivíduos e por sua liberdade; uma preferência por espaços abertos, de fluxo livre e flexível, adequados ao seu entorno; a conquista de um senso de volume e não de massa; uma preocupação com a autenticidade dos materiais; a exposição dos elementos essenciais da construção e a natureza dos materiais; e a rejeição da ornamentação. Enquanto Frank Lloyd Wright moldou seus espaços domésticos em torno de uma enorme lareira aberta, um número crescente de igrejas litúrgicas moldou seu espaço em torno do ambão e do altar [ilustração 223].

Um intenso fluxo de funcionalismo ainda influencia a formação de novos espaços de culto, bem como a renovação de igrejas mais antigas no Ocidente. No entanto, houve, nos anos finais do século XX, uma reação crescente a essa abordagem no catolicismo romano e, particularmente, ao documento de 1978 dos bispos americanos *Ambiente e Arte no Culto Católico*, que adotava uma abordagem mais funcional. Corroborando a visão de Mitchell a respeito de uma mudança na Igreja Católica Romana após 1984 (ver p. 303), surgiram em meados dos anos 80 preocupações crescentes sobre o que alguns consideravam uma ênfase desproporcional no papel da assembleia, a má qualidade estética de alguns espaços rituais, uma desconexão do "vocabulário católico" de vitrais ou estatuária e o que alguns consideravam desrespeito ao santíssimo Sacramento, geralmente reservado em espaços separados do espaço principal de culto.

Em resposta, alguns bispos e outros líderes pastorais exigiram que a flexibilidade que distinguia alguns arranjos das igrejas fosse restringida e que altares, ambões e outros móveis litúrgicos fossem fixados no chão. Às vezes, os tabernáculos eram levados de volta ao espaço principal de culto e até mesmo fixados a um altar central da reserva, reminiscente do século XVI. Mais reveladoras foram as "reformas corretivas" de espaços previamente construídos ou renovados de acordo com a visão presente no documento *Ambiente e arte no culto católico*. Embora essas representem uma porcentagem muito pequena do número total de reformas de igrejas nas últimas décadas, ainda houve vários projetos em que uma igreja de arranjo tradicional, posteriormente reconfigurada como um plano central com a assembleia reunida em torno do santuário, foi reformada e "restaurada" para a configuração original. Um exemplo disso é a Madonna della Strada, capela da Universidade Loyola, em Chicago, construída em 1939, renovada uma vez em

Citação 330: Um espaço adquire sacralidade a partir da ação sagrada da comunidade de fé que o utiliza. (Comissão dos bispos americanos para a liturgia, *Environment and Art in Catholic Worship* [1978], 41)

224a. Capela Madonna della Strada da Universidade Loyola, Chicago. (1983)

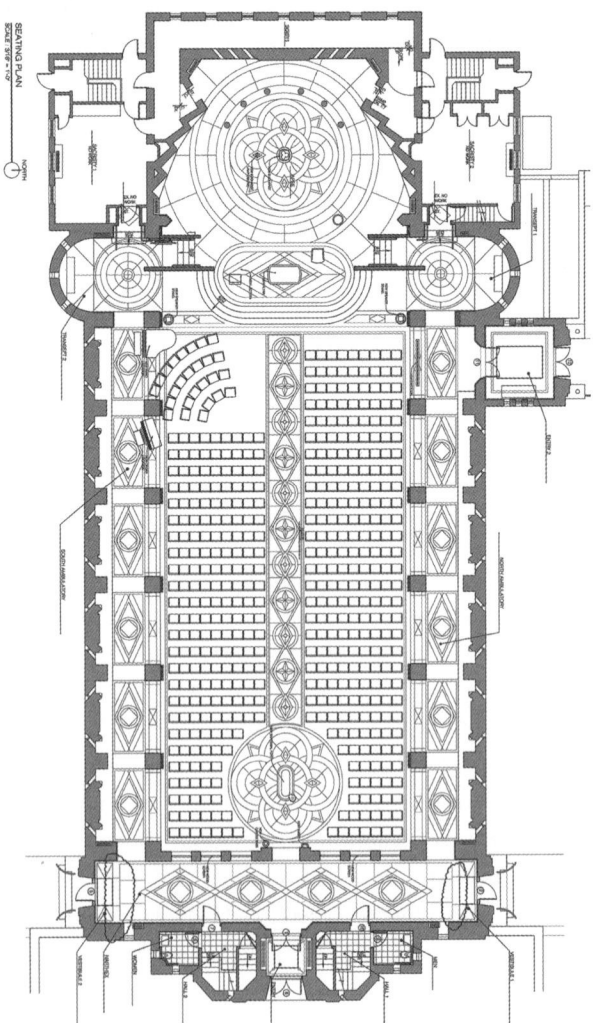

224b. Planta para a reforma da Capela Madonna della Strada por Marvin Herman & Associates. (2006)

1983 e novamente em 2006 [ilustração 224]. Essa reconsideração, até mesmo reversão, arquitetônica de alguns espaços encontra uma analogia nas novas diretrizes para arte e arquitetura litúrgicas emitidas pelos Bispos Católicos dos EUA em 2000. Alguns acham que o *Edificada de pedras vivas* é um corretivo bem-vindo ao *Ambiente e arte no culto católico*, oferecendo uma visão mais equilibrada da arquitetura e da reforma litúrgicas. Outros questionam algumas de suas pressuposições teológicas e indagam se ela terá a influência ampla e positiva de seu antecessor, tanto entre católicos romanos como entre protestantes [citação 331].

Ao que parece, a avaliação de Debuyst no início dos anos 80 de que "as batalhas arquitetônicas haviam terminado" foi um pouco prematura (p. 46). Existem muitos fatores que contribuíram para a recente efervescência na arquitetura litúrgica, incluindo diferentes abordagens da estética. A abordagem arquitetônica austera, até mesmo severa, fundada nos princípios da Bauhaus, não inspira todos os fiéis. O que um proponente de tal abordagem pode considerar nítido e claro pode ser visto por muitos como insípido e vazio. Além disso, grande parte da liderança na renovação litúrgica estava ligada a grandes mosteiros, mas a estética dos monges que poderiam apreciar a pureza do concreto armado pode não ser a das pessoas batizadas comuns, cujos lares demonstram mais frequentemente uma preferência pelo ornamentado ou até mesmo vulgar. Importante nesta discussão é o papel da devoção popular nos espaços litúrgicos e de culto. Nas primeiras décadas que se seguiram ao Vaticano II, muitos esforços litúrgicos no catolicismo romano estavam tão concentrados na Eucaristia e nos sacramentos que as práticas devocionais tradicionais foram muitas vezes negligenciadas ou até mesmo desprezadas. Como consequência, muitas igrejas novas ou renovadas eram, por exemplo, desprovidas de candelabros para velas votivas, com suas estátuas e relíquias tão importantes para a espiritualidade das massas de pessoas comuns. Essa tensão é realçada num lugar como os EUA, onde a população dos batizados está mudando para povos cujas culturas têm uma longa tradição de devoções populares. Além dessas diferenças estéticas, também são aparentes divergências teológicas nessas tensões, em particular o equilíbrio adequado — especialmente entre os católicos romanos — no respeito tanto ao sacerdócio ministerial quanto ao sacerdócio dos batizados.

Citação 331: [*Edificada de pedras vivas*] está preocupada com a localização e o simbolismo da cadeira do presidente, com a separação do santuário da assembleia e uma atenção excessiva à localização do tabernáculo. (Mauck, "Architectural Setting [Modern]", p. 25)

225. Dio Padre Misericordioso (Igreja do Jubileu), de Richard Meier, perto de Roma. (2003)

Resumo

Dadas as correntes mais amplas de pluriformidade, diversidade regional e glocalização na arquitetura mundial, é improvável que se possa esperar alguma síntese no futuro próximo. Múltiplas correntes continuarão a prosperar e a se criticar mutuamente, como demonstrado por duas igrejas de arquitetos famosos, ambas dedicadas no início do novo milênio. A *Dio Padre Misericordioso* (do italiano, "Deus Pai Misericordioso") [ilustração 225] foi projetada por Richard Meier, de Nova York, o mais jovem ganhador do Prêmio Pritzker de Arquitetura de 1984. Concluído em 2003 num subúrbio da classe trabalhadora fora de Roma, o impressionante edifício moderno, com um modesto espaço para o culto, foi projetado em aço, concreto e — o que é mais importante — vidro. Meier admite que a luz era "protagonista" no edifício [citação 332]. Ironicamente, a concha modernista abriga uma configuração litúrgica quase pré-conciliar, e o interior severo faz pouco para acolher as devoções tradicionais do povo. Em contrapartida, o vencedor do prêmio Pritzker de 1995, Jose Rafael Moneo, da Espanha, foi escolhido para projetar a Catedral de Nossa Senhora dos Anjos em Los Angeles [ilustração 226]. Localizada num local apreciado no centro da cidade, esta é uma igreja enorme que reúne a assembleia e o ministério em torno de uma mesa central, oferece vários espaços devocionais e posiciona a fonte batismal de modo que os fiéis a encontrem na entrada. Das trinta e seis tapeçarias criadas por John Nava para o edifício, vinte e cinco ao longo das paredes norte e sul da nave retratam 135 santos e bem-aventurados de todo o mundo.

Esses extraordinários edifícios de alto perfil não são igrejas típicas. No entanto, embora projetados por arquitetos de renome mundial para o culto católico romano, eles simbolizam tensões e questões fundamentais da arquitetura litúrgica contemporânea. As polaridades entre monoculturalismo e multiculturalismo; sagrado e litúrgico; urbano e suburbano; sacerdócio e laicidade; moderno e tradicional; transcendente e imanente; local e global; estão aí articuladas, mas não resolvidas. É improvável que a resolução chegue em breve ou com facilidade.

Citação 332: A luz é a protagonista de nossa compreensão e leitura do espaço. A luz é o meio pelo qual somos capazes de experimentar o que chamamos de sagrado. A luz está nas origens deste edifício. [...] Na Igreja do Jubileu, as três conchas de concreto definem uma atmosfera envolvente em que a luz das claraboias cria uma experiência espacial luminosa e os raios de sol servem como uma metáfora mística da presença de Deus. (Meier, in: *ArchNewsNow*)

226. Interior da Catedral de Nossa Senhora dos Anjos, de Jose Rafael Moneo. (Los Angeles, 2002)

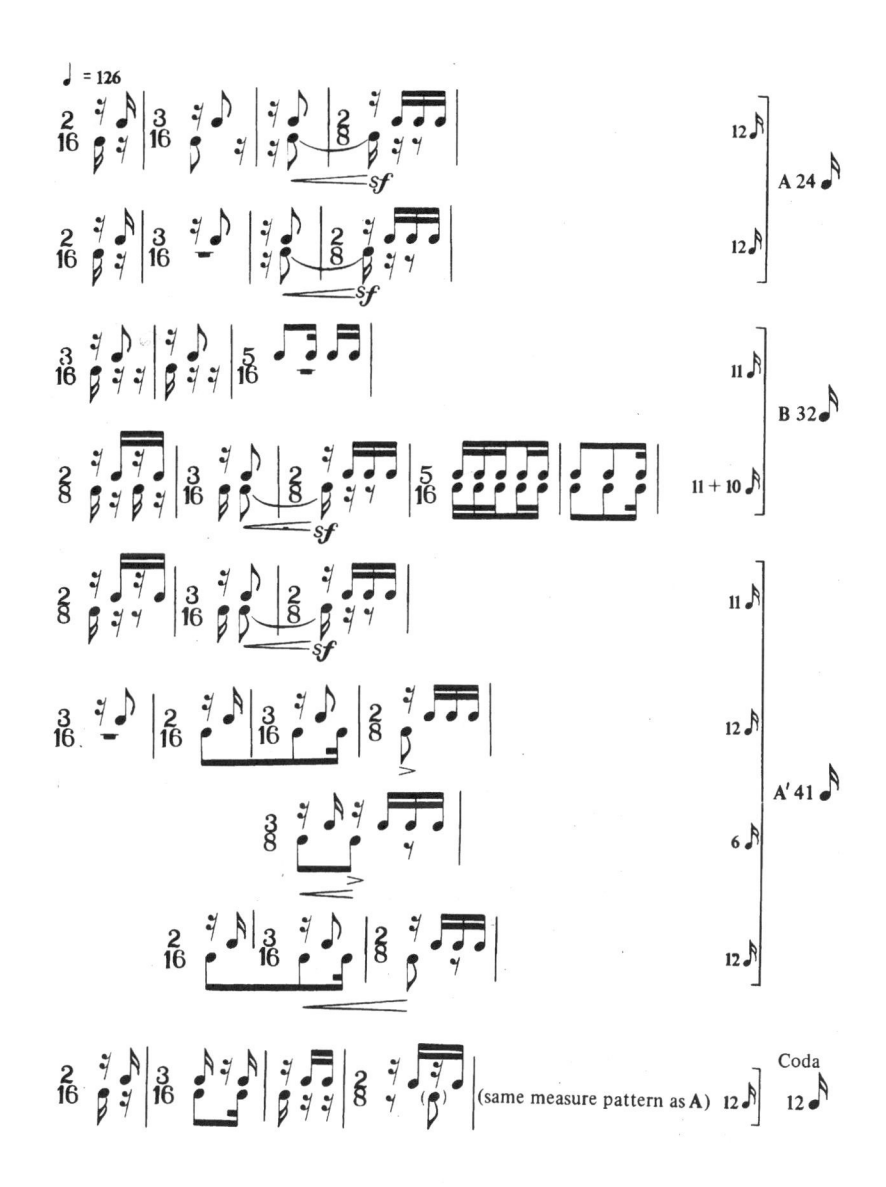

227. Exemplos de ritmos usados por Igor Stravinsky em "A Sagração da primavera". (Grout, p. 844s.)

MÚSICA

Assim como a influência eclesiástica sobre a arquitetura ocidental diminuiu durante os séculos XVIII e XIX, o cristianismo também perdeu sua liderança nas artes musicais no Ocidente. A divisão resultante entre a música de culto e a música sacra ou religiosa não-litúrgica permitiu que esta última florescesse nas salas de concerto, fora de um contexto litúrgico. A separação entre a sala de concertos e a igreja foi marcada ainda mais por estilos musicais radicalmente diferentes. Enquanto compositores de música secular exploravam novas dimensões de ritmo, harmonia, forma e instrumentação, os compositores religiosos frequentemente se inspiravam no passado. Os avanços artísticos acabaram influenciando a música sacra, mas a forma da música para culto foi menos impulsionada pela visão composicional dos músicos religiosos do que por forças culturais mais amplas fora do culto e pela visão participativa do movimento litúrgico a partir de dentro.

Desenvolvimentos seculares

Fora da igreja, quatro importantes desdobramentos no campo musical afetaram a música litúrgica contemporânea: 1) mudanças nas técnicas composicionais ocidentais; 2) o surgimento da ciência musical da etnomusicologia; 3) mudanças tecnológicas e comerciais e 4) o fluxo global da "música mundial".

Mudança de sons. No início do século XX, dramáticas mudanças musicais irromperam na paisagem da música clássica ocidental. Experiências harmônicas, rítmicas e melódicas eram abundantes. Compositores como Arnold Schoenberg (morto em 1951) exploraram a música atonal em obras como suas *Três peças para piano* (1909). Igor Stravinsky (morto em 1971) quebrou os conceitos existentes de ritmo com *A sagração da primavera* (1913) [ilustração 227]. Outros, como Béla Bartók (morto em 1945) em *Música para cordas, percussão e celesta* (1936), experimentaram novas formas musicais. No final do século, visionários como Karlheinz Stockhausen (nascido em 1928) se voltaram para a composição da música eletrônica. John Cage (morto em 1992) redefiniu a cena musical de vanguarda em 1952, quando foi executada sua peça *4'33"*, consistindo em um pianista sentado ao piano por quatro minutos e trinta e três segundos, sem fazer nada. Pierre Boulez (nascido em 1925) continuou a forçar os limites com música eletrônica e computacional, e pelo alto nível de seu trabalho em ensino e regência tornou-se um dos principais expoentes para as novas músicas. Apesar da aclamação crítica desses compositores e outros similares, seus trabalhos ainda não são centrais para o repertório preferido dos frequentadores de concertos ocidentais, Mozart ainda tem mais probabilidade de ser ouvido do que Bartók. Por outro lado, obras de ópera do final do século XX, como John *Nixon na China* (1987), de John Adam, e *Os fantasmas de Versailles* (1991), de John Corigliano, estão encontrando um lugar no repertório das principais casas de ópera do Ocidente.

Etnomusicologia. Outra influência importante na música do século XX foi o surgimento do campo conhecido como etnomusicologia. Durante o século XIX, o interesse acadêmico na música de culturas que os ocidentais consideravam "exóticas" gerou uma nova subdisciplina musical conhecida como musicologia comparada. Essa combinação de ciências sociais e estudos musicais tradicionais adquiriu o nome "etnomusicologia" na década de 1950. Embora originalmente focada na música não ocidental, o que distingue a etnomusicologia como disciplina é sua considera-

Citação 333: Focar na *performance* musical do *kwaya* [em suaíli, "coral"] me leva além da compreensão e da representação do fenômeno do *kwaya* apenas como um gênero musical; os *kwayas* são estruturas socioculturais distintas ou sistemas "compelidos" à "participação e união". [...] Embora eu tenha achado importante entender e representar os sons, estruturas e repertórios da música *kwaya* tradicional e autóctone em outros lugares, agora também acho importante abordar outra questão: por que os membros dos *kwayas* da Tanzânia se reúnem regularmente para cantar, orar, lamentar, praticar esportes, buscar conselhos, aprender sobre sua espiritualidade e procurar possíveis cônjuges? As respostas a essas perguntas ilustram algumas das muitas maneiras pelas quais um *kwaya* funciona como um microcosmo de um sistema social idealizado. Talvez o mais importante seja a função de um *kwaya* como um meio fundamental para atender às necessidades não apenas de uma comunidade maior, mas como uma comunidade em si mesma. (Barz, *Performing Religion*, p. 81)

228. Uma canção para a iniciação de uma garota na Sociedade Venda da África do Sul.

ção da música como um aspecto dinâmico da cultura. Combinando as ferramentas da antropologia, da etnografia, da musicologia e de outros campos relacionados à cultura e à comunicação, os etnomusicologistas estudam como a música funciona em várias sociedades, de que maneira serve na qualidade de discurso social e, principalmente, como a execução da música fornece uma lente interpretativa para compreender a dinâmica de uma cultura ou de um grupo específico de pessoas dentro de uma cultura [citação 333]. Como a música é parte integrante dos rituais de muitos povos, os etnomusicólogos frequentemente estudam a música ritual das sociedades tradicionais [ilustração 228]. Mais recentemente, os pesquisadores empregaram essas técnicas para estudar fenômenos musicais nas culturas ocidentais, desde a ambiência musical de shoppings e aeroportos até o significado social do *rap*. De certa forma, os estudos etnomusicológicos são simbólicos da dinâmica contemporânea da glocalização. Por um lado, a pesquisa nesse campo tende a se concentrar em um local e um contexto muito particulares. Por outro, os etnomusicologistas reconhecem a produção musical como um fenômeno humano fundamental, com fluxos locais e globais, tal como ocorre com a "música negra" e sua circulação sustentada em torno do que Paul Gilroy chamou de "o Atlântico negro" [citação 334].

Tecnológico e comercial. Poucas artes foram afetadas pelas mudanças tecnológicas do século passado como a música. A primeira foi a invenção do fonógrafo em 1877 por Thomas Edison (morto em 1931) e, em seguida, uma década depois, tivemos o gramofone e os discos de Emil Berliner (morto em 1929), cuja popularidade superou rapidamente a dos cilindros de Edison para fazer e reproduzir gravações. Já no final da década de 1890, a música gravada como meio de entretenimento havia se estabelecido firmemente nos EUA. Isso estimulou o nascimento de uma indústria fonográfica que se baseou inicialmente na música clássica, mas depois se voltou para o *jazz* e as formas populares. Em 1919, uma única gravação (*Japanese Sandman*, de Paul Whiteman e sua Orquestra) havia vendido um milhão de cópias. O crescimento generalizado da indústria elétrica no início do século XX impulsionou as tecnologias de gravação e a comercialização da música. A fita magnética, técnicas de gravação analógica e gravadores apareceram em meados da década de 1930 e, em 1958, estavam disponíveis gravações em estéreo e equipamentos de reprodução. As gravações em cassete foram introduzidas na década de 1960 e, na década de 1980, suas vendas ultrapassaram as dos discos LP. Gravações Dolby e digital mudaram a indústria na década de 1970, e o CD se tornou disponível comercialmente em 1983. Mais recentemente, a aparição de tocadores de MP3, juntamente com a Internet, eliminou a necessidade de gravações, cassetes ou discos, à medida que os consumidores baixam músicas diretamente nessas unidades pessoais de armazenamento e reprodução.

Impulsionando o crescimento do consumo de música, houve mudanças na comunicação em massa. O rádio comercial, que no início era basicamente um empreendimento musical, começou suas transmissões em 1922 nos EUA. Logo depois, foi lançado o primeiro filme com som comercialmente bem-sucedido (*The Jazz Singer*, de 1927). Os filmes continuam sendo uma mídia importante para composição, execução e *marketing* musicais. A TV comercial tornou-se comum nos EUA na década de 1950 e tem sido um meio influente para a *performance* musical, desde os primeiros *shows* de variedades até os canais a cabo de música contemporânea, como a MTV. Mais recentemente, a Internet se tornou uma rede global para o intercâmbio e a promoção de músicas de todos os tipos.

World Music. Um fenômeno mais recente do final do século XX foi o surgimento e o reconhecimento da "world music" [música do mundo]. Esse

---

Citação 334: Examinar o lugar da música no mundo do Atlântico negro significa examinar o autoconhecimento articulado pelos músicos que a fizeram, o uso simbólico de sua música por parte de outros artistas e compositores negros, e as relações sociais que produziram e reproduziram a cultura expressiva única em que a música engloba um elemento central e até mesmo fundamental. (Gilroy, *The Black Atlantic*, p. 74s.)

XI. In Dominicis infra annum.
(For Sundays throughout the Year.)
(Orbis factor)

229. Versão acompanhada do *Kyrie* da Missa XI (1937). (*Kyriale* [acompanhamento de Achille P. Bragers], p. 58)

não é um novo gênero musical, mas a apreciação e o *marketing* da música local ao redor do mundo — especialmente fora das culturas ocidentais dominantes. Anteriormente usado para classificar a música autóctone, tradicional, étnica ou folclórica, o termo "world music" surgiu no início dos anos 80 como parte de um esforço conjunto para trazer essa música para o *mainstream* e oferecer-lhe a oportunidade de ser apreciada por seus próprios méritos. Os compositores ocidentais recorrem a essa música há séculos; por exemplo, algumas das músicas de Antonin Dvorák (morto em 1904) mostram a influência das danças folclóricas tchecas. O crescimento do campo da etnomusicologia e a invenção dos aparelhos de gravação contribuíram para o aumento da disseminação e influência de tais músicas autóctones. Um evento decisivo na música popular ocidental foi o lançamento, em 1986, do álbum de Paul Simon, *Graceland*, que contou com o conjunto vocal sul-africano Ladysmith Black Mambazo. Sua ascensão à proeminência é simbólica do crescimento dessa corrente musical global. Em 1987, o grupo recebeu um Grammy de "Melhor gravação de *folk* tradicional". Quando venceram o segundo Grammy, em 2005, o título da categoria havia mudado para "Melhor gravação de *world music* tradicional". A força desse fluxo musical global foi auxiliada por outros fenômenos do final do século XX, como o grande número de imigrantes atravessando fronteiras nacionais e internacionais, a transferência da influência política e econômica para o sul e o leste, bem como a onipresente Internet e sua capacidade de introduzir a música local num mercado global: um verdadeiro símbolo da glocalização.

Música sacra antes do Vaticano II

Durante a primeira metade do século XX, duas correntes na música sacra foram o revivalismo da música tradicional e a experimentação com sons do século XX.

Revivalismo. Em vez de advogar novos sons ou formas musicais, muitas igrejas durante o século XIX e o início do século XX defenderam um retorno à música tradicional. Esse revivalismo musical foi análogo aos vários revivalismos arquitetônicos do século XIX. A Igreja Católica Romana, por exemplo, procurou restaurar o canto gregoriano em seu culto [citação 335]. Influenciado pelo trabalho de Solesmes e outros centros de estudo de canto gregoriano, Pio X (morto em 1914) tornou obrigatório o canto gregoriano para a igreja universal, ao mesmo tempo em que pedia a participação ativa da assembleia [citação 320], o que significava que se esperava que congregações em todo o mundo cantassem músicas escritas para especialistas. Na maioria dos lugares, isso só era possível acompanhando o canto no órgão, o que mudava drasticamente a natureza da música [ilustração 229].

Na igreja da Inglaterra, os adeptos do Movimento Oxford procuraram restaurar canções natalinas tradicionais, hinos de cantochão e corais alemães em seu culto. As traduções de textos antigos por hinologistas como John Mason Neal (morto em 1866) [ilustração 230] e Catherine Winkworth (morta em 1878) foram de significado duradouro. Os luteranos também experimentaram um revivalismo musical durante esse período. Após a morte de Bach, em 1750, a qualidade da música sacra luterana na Europa diminuiu. O interesse do rei Friedrich Wilhelm IV (morto em 1861) na música tradicional, bem como a tendência da época de valorizar as coisas do passado, contribuíram para o renascimento de formas musicais mais antigas na Prússia luterana do século XIX. O interesse em sua herança musical se espalhou por todo o luteranismo.

Esses revivalismos foram auxiliados por avanços nos estudos históricos e musicológicos durante o século XIX. Tais avanços, juntamente com uma renovada reverência pela música tradicional, ajudaram a gerar uma série de importantes hinários denominacionais. Frequentemente produzidos por comitês de especialistas, esses hinários elevavam os padrões da música sacra, recuperando a composição de qualidade do passado e incentivando a composição contemporânea com a mesma maestria artística.

Citação 335: Por isso a música sacra deve possuir em grau eminente as qualidades próprias da liturgia e nomeadamente a santidade e a bondade das formas, do que resulta espontaneamente seu outro caráter, a universalidade. [...] Estas qualidades encontram-se em sumo grau no canto gregoriano, que é, por consequência, o canto próprio da Igreja Romana, o único canto que ela herdou dos antigos Padres, que ela conservou cuidadosamente no decurso dos séculos em seus códices litúrgicos, que ela propõe diretamente aos fiéis como seu, que ela prescreve exclusivamente para algumas partes da liturgia; canto que estudos recentíssimos restituíram felizmente à sua integridade e pureza. Por tais motivos, o canto gregoriano foi sempre considerado o supremo modelo da música sacra, de modo que se pode, com toda a razão, estabelecer a seguinte lei geral: Uma composição religiosa será tanto mais sacra e litúrgica quanto mais se aproximar no andamento, inspiração e sabor, da forma gregoriana. [...] O antigo canto gregoriano tradicional deverá, pois, ser restaurado amplamente nas funções do culto público. (Pio X, A restauração da música sacra [1903], Introdução: 2-3, in: Seasoltz, *The New Liturgy*, p. 4s.)

Veni veni Emmanuel;	O come, O come, Immanuel (Isaiah. 7:14)	230.
captivum solve Israel,	and ransom captive Israel	Ó vem, ó vem, Emanuel (Isaías 7,14)
qui gemit in exilio,	that mourns in lonely exile here	E resgata o cativo Israel
privatus Dei Filio.	until the Son of God appear.	Que chora aqui em solitário exílio
Gaude, gaude, Emmanuel	Rejoice! Rejoice! Immanuel	Até que o Filho de Deus apareça.
nascetur pro te, Israel.	shall come to thee, O Israel.	Alegra-te! Alegra-te! Emanuel
Veni, o Jesse virgula;	O come, thou Rod of Jesse, free (Isaiah 11:1)	Virá até ti, ó Israel.
ex hostis tuos ungula	thine own from Satan's tyranny;	Ó vem, tu, vara de Jessé, liberta (Isaías 11,1)
de specu tuos tartari	from depths of hell thy people save	Os teus do domínio de Satanás;
educ et antro barathri.	and give them victory o'er the grave.	Dos abismos do inferno, o teu povo salva
Gaude, gaude, Emmanuel	Rejoice! Rejoice! Immanuel	E dá-lhes vitória sobre a sepultura.
nascetur pro te, Israel.	shall come to thee, O Israel.	Alegra-te! Alegra-te! Emanuel
Veni, veni, o Oriens;	O come, thou Dayspring come and cheer (Luke 1:78)	Virá até ti, ó Israel.
solare nos adveniens;	our spirits by thine advent here;	Ó vem, ó Alvorada, vem e alegra (Lucas 1,78)
noctis depelle nebulas	disperse the gloomy clouds of night	Nossos espíritos com tua vinda;
dirasque noctis tenebras.	and death's dark shadows put to flight.	Dispersa as nuvens tristes da noite
Gaude, gaude, Emmanuel	Rejoice! Rejoice! Immanuel	E afasta as sombras escuras da morte.
nascetur pro te, Israel.	shall come to thee, O Israel.	Alegra-te! Alegra-te! Emanuel
Veni, Clavis Davidica;	O come, thou Key of David, come, (Isaiah 22:22)	Virá até ti, ó Israel.
regna reclude caelica;	and open wide our heavenly home; (Revelation 3:7)	Ó vem, tu, chave de Davi, vem (Isaías, 22,22)
fac iter tutum superum,	make safe the way that leads on high,	E abre amplamente nossa morada celestial; (Apocalipse 3,7)
at claude vias inferum.	and close the path to misery.	Torna seguro o caminho que leva ao alto
Gaude, gaude, Emmanuel	Rejoice! Rejoice! Immanuel	E fecha o caminho da miséria.
nascetur pro te, Israel.	shall come to thee, O Israel.	Alegra-te! Alegra-te! Emanuel
Veni, veni Adonaï	O come, O come, thou Lord of might (Exodus 20)	Virá até ti, ó Israel.
quo populo in Sinaï	who to thy tribes on Sinai's height	Ó vem, ó vem, tu, Senhor do poder,
legem dedisti vertice	in ancient times didst give the law	Que às tuas tribos no topo do Sinai
in maiestate gloriae.	in cloud and majesty and awe.	Em tempos antigos deste a lei
Gaude, gaude, Emmanuel	Rejoice! Rejoice! Immanuel	Na nuvem, com majestade e glória.
nascetur pro te, Israel.	shall come to thee, O Israel.	Alegra-te! Alegra-te! Emanuel
		Virá até ti, ó Israel.

Novos sons. Outro desenvolvimento na música sacra antes do Vaticano II foi o trabalho de excelentes compositores litúrgicos ocidentais. Ralph Vaughan Williams (morto em 1958) escreveu uma *Missa em sol menor*; Igor Stravinsky contribuiu com uma *Missa para coro e instrumentos de sopro*; Zoltán Kodály (morto em 1967) e Benjamin Britten (morto em 1976) compuseram uma *Missa Brevis*. Por um lado, esses luminares introduziram muitos dos avanços composicionais do século na música sacra. No entanto, um pouco como a igreja de Ronchamps, embora fornecessem uma perspectiva artística renovada, essas obras não propiciavam uma perspectiva litúrgica renovada que colocasse a assembleia no centro da oração. Por outro lado, compositores notáveis como Gustav Holst (morto em 1934) e Ralph Vaughan Williams compuseram hinos para a assembleia, por exemplo, o *Nomine Senol*, deste último. Vaughan Williams foi influente sobretudo na formação da música sacra, atuando como editor de música do importante *Hinário inglês* (1906, revisado em 1933).

Além de novos sons da sala de concertos, também houve novos sons da rua que começaram a mudar a dinâmica da música de culto do sé-

Tradução para o inglês de *Veni veni Emmanuel* por John Mason Neal (Routley, *A Panorama of Christian Hymnody*, p. 76). (Tradução para o português a partir da tradução inglesa. [N. do E.])

culo XX. Foi especialmente importante o despertar religioso que começou em Los Angeles em 1906, conhecido como O Avivamento da Rua Azusa, que ocorreu sob a liderança de William J. Seymour, pregador afro-americano da igreja *Holiness* (morto em 1922). Às vezes considerado o berço do movimento pentecostal moderno, esse evento religioso, social e cultural colocou a riqueza da herança religiosa negra — com gestos corporais, palmas, música, dança e narrativa — no centro desse culto [citação 336]. Esse movimento também contribuiu para a introdução de instrumentação mais ampla no culto cristão ocidental. Violões e banjos foram empregados inicialmente; na década de 1930 o piano foi usado e, na década de 1950, o órgão Hammond tornou-se o instrumento preferido para muitas igrejas pentecostais, com o apoio de uma variedade de instrumentos de percussão aprimorados pela introdução de sistemas de amplificação eletrônica. Tratava-se de uma sonoridade que teria um efeito significativo, não apenas na música de culto no Ocidente, mas também nas correntes da música popular que devem muito a esse som "gospel".

Citação 336: [William Seymour] afirmou sua herança negra ao introduzir espirituais negros e música negra em sua liturgia, numa época em que essa música era considerada inferior e imprópria para o culto cristão. (Hollenweger, *Pentecostalism*, p. 20)

O Movimento Litúrgico e o Vaticano II

A crescente influência do movimento litúrgico foi simultânea a esses vários fluxos musicais. Por causa de suas origens católicas romanas, seus efeitos surgiram pela primeira vez no interior dessa tradição. Já observamos a crescente prática da "missa dialogada". Nessas missas, as pessoas recitavam algumas das partes anteriormente executadas pelo coro (como o *Kyrie* e o *Gloria*), primeiramente em latim e, posteriormente, no vernáculo. Como observado no capítulo anterior, alguns grupos, como alemães, poloneses e algumas comunidades eslavas, tinham uma longa tradição de hino vernáculo. Grandes imigrações dessas pessoas para os EUA significaram a introdução dessas tradições na região, o que contribuiu para as correntes da hinografia vernácula e outras formas de participação congregacional que anteciparam aspectos da *Constituição sobre a sagrada liturgia* (1963).

Este documento essencial reiterou muitas ideias de Pio X e outros de que a música serve à liturgia e faz parte integrante do culto. Uma razão para o papel essencial da música é sua capacidade de servir aos textos litúrgicos. No entanto, a *Constituição* abriu novos caminhos quando afirmou que a "santidade" da música não é determinada por algumas qualidades intrínsecas, nem por sua similaridade com formas privilegiadas de música como o canto gregoriano, mas pela estreita relação entre a música e o ritual [citação 337]. Essa declaração desafiava antiga a crença de que a música de culto poderia ser considerada sacra simplesmente porque engrandecia o culto por meio de sua beleza, como se fosse arte pela arte. A música, a partir desse momento, passaria a ser-

Citação 337: A tradição musical da Igreja é um tesouro de inestimável valor, que excede todas as outras expressões de arte, sobretudo porque o canto sacro, intimamente unido com o texto, constitui parte necessária ou integrante da liturgia solene. A sagrada escritura não cessa de enaltecê-la. Como também os santos padres da Igreja e os pontífices romanos, que ainda recentemente, a começar de São Pio X, explicaram com mais precisão a função ministerial da música sacra no culto divino. A música sacra será, por isso, tanto mais santa quanto mais intimamente unida estiver à ação litúrgica, seja tornando a oração mais agradável, promovendo a unidade das mentes ou conferindo maior solenidade aos ritos sagrados. (*Constituição sobre a Sagrada Liturgia*, 1963, n. 112)

231. "And They'll Know We Are Christians By Our Love" [E eles saberão que somos cristãos por nosso amor]. (1966)

vir à liturgia, julgada de acordo com o primeiro objetivo de reforma do Concílio, ou seja, a participação plena, consciente e ativa dos fiéis (n. 14). Por causa dessa ênfase na função ministerial da música, surgiu um novo conjunto de padrões para julgar a eficácia da música para culto [citação 338]. Essas novas orientações não foram isentas de controvérsias e, às vezes, contribuíram para a divisão de opiniões entre aqueles que desejam enfatizar a acessibilidade das pessoas à música e outros que enfatizavam a necessidade de padrões de composição. Isso foi evidenciado logo após o Vaticano II, com a publicação de recursos musicais inovadores, como o *Hinário para jovens cristãos* (1966) [ilustração 231]. À medida que a música vernácula dos católicos romanos amadurecia e grandes quantidades de música de culto em hinários, missaletes e oitavos apareceram, o tópico se tornou menos controverso do que outras áreas, como a arquitetura litúrgica. Foi simbólico disso o fato de os bispos dos EUA reeditarem em 1983 o documento de 1972 *Music in Catholic Wor-*

Citação 338: Para determinar o valor de um determinado elemento musical numa celebração litúrgica, deve-se fazer um julgamento triplo: musical, litúrgico e pastoral. (Comissão dos bispos americanos para a liturgia [1972], n. 25)

℣ The Lord be with you.

℟ And also with you.

℣ Lift up your hearts.

℟ We lift them to the Lord.

℣ Let us give thanks to the Lord our God.

℟ It is right to give him thanks and praise.

29. *The preface appropriate to the day or season is sung or said.*

℣ It is indeed right and salutary . . . we praise your name and join their unending hymn:

℟ Holy, holy, holy Lord, Lord God of pow'r and might: Heav'n and earth are full of your glory. Ho-san-na in the high-est. Bless-ed is he who comes in the name of the Lord. Ho-san-na in the high-est.

232. Santa Comunhão, Arranjo Dois.
(*Lutheran Book of Worship* [1978], p. 88s.)

ship, praticamente sem alterações. Isso contrastava fortemente com a substituição, anteriormente observada, das diretrizes arquitetônicas de 1978 pelo *Built of Living Stones* (*Edificada de pedras vivas*), efetuadas pelos bispos dos EUA em 2000.

Embora muitas igrejas protestantes nunca tenham eliminado a canção da assembleia em oração, seu culto ainda sofreu uma mudança significativa. Grande parte delas recuperou intencionalmente aspectos sacramentais de suas tradições, especialmente a celebração semanal da Eucaristia [citação 339], como também colocou a música no coração da Eucaristia com mais frequência. Assim, numerosas revisões de hinos para as principais denominações protestantes incluem cada vez mais aclamações, responsórios e várias composições para a liturgia eucarística [ilustração 232], juntamente com salmos e hinos tradicionais. Embora algumas tradições, como os luteranos escandinavos, nunca tenham perdido essa prática, elas não são mais a exceção. Ainda mais comum nesses hinários, assim como nos católicos romanos, é a música de tradições de culto não dominantes e não ocidentais, refletindo as correntes mais amplas da música global. Assim, não é incomum encontrar adaptações de canções em suaíli [ilustração 233] ou de outros cantos autóctones lado a lado com os hinos de Charles Wesley e compositores contemporâneos como Ruth Duck (nascido em 1947) e F. Pratt Green (morto em 2000).

Citação 339: A fé cristã aprofunda-se na celebração da Santa Ceia do Senhor. Por isso a Eucaristia deveria ser celebrada frequentemente. [...] Visto que a Eucaristia celebra a ressurreição de Cristo, seria normal ela ocorrer pelo menos todos os domingos. Visto ser ela a nova refeição sacramental do povo de Deus, cada cristão deveria ser encorajado a receber a comunhão frequentemente. (Conselho Mundial de Igrejas, *Batismo, eucaristia e ministério* [1982], n. 31s.)

233. Siyahamba, "Estamos marchando à luz de Deus", hino sul-africano, 1984.

234. Missal militar de Stedman.

Resumo
Muito ou mais do que qualquer outro elemento da liturgia, a música litúrgica mudou em resposta a preocupações com a acessibilidade da assembleia, diversidade cultural, redefinição social e mudanças na compreensão da função ministerial da música. Tais mudanças, assim como nas outras artes religiosas, refletem o desafio de equilibrar o novo com as ricas e variadas tradições musicais da Igreja. À medida que a diferença entre os sons de algumas músicas de culto e os da indústria musical secular fica indistinguível — como se vê nos casos de artistas que se deslocam facilmente entre o santuário e os "top 100" da Billboard.com —, surgem novas preocupações sobre a música litúrgica como entretenimento. Sistemas sofisticados de som e iluminação para músicos em algumas igrejas, a introdução de bandas de louvor cuja instrumentação e estilos musicais imitam os do mercado e a comercialização de música religiosa e até mesmo litúrgica com o *boom* de rádios cristãs e CDs de "fácil escuta" (*easy listening*) exigem uma reflexão teológica mais sofisticada, especialmente por parte de líderes pastorais e músicos pastorais.

LIVROS
Um fluxo constante de novos livros litúrgicos foi produzido pelas igrejas cristãs do Ocidente durante o século XX. É especialmente digno de nota o aumento no número de livros de muitas denominações após o Vaticano II. Para destacar esse fato, esta seção considerará os livros que apareceram antes e depois desse Concílio crucial. Embora um grande número de rituais e hinários tenha sido publicado em todo o mundo durante essa época, focaremos nos livros publicados nos EUA.

Livros litúrgicos antes do Vaticano II
Poucas mudanças significativas ocorreram nos livros litúrgicos oficiais católicos romanos entre o Concílio de Trento e o Vaticano II. Uma exceção foi a reforma do breviário por Pio X, em 1911. O cerne dessa reforma foi a redução do número de salmos orados nas matinas — de doze para nove — e a redistribuição dos salmos ao longo dos ofícios. Em teoria, essa foi uma inovação surpreendente [citação 340]. Na prática, porém, passou despercebida pelos fiéis, que haviam sido excluídos dessa oração por séculos. A restauração da Vigília de Páscoa (1951), que encerrou a prática de celebrar a Vigília de Páscoa no sábado de manhã, e a *Ordem Renovada da Semana Santa* (1955) foram mais significativas para os fiéis comuns.

Não há livro litúrgico oficial da Igreja Católica Romana para uso dos leigos na Eucaristia. Em vez disso, existiam inúmeros livros de ora-

---

Citação 340: Pela primeira vez na história do louvor cristão da manhã no Oriente ou no Ocidente, os salmos das laudes, Salmos 148–150, não eram proferidos diariamente, mas um salmo de louvor foi atribuído a cada dia da semana, começando no sábado: Salmos 148, 116, 134, 145, 146, 147, 150. Além disso, os Salmos 50 e 62 foram abandonados como salmos fixos nas laudes, assim como os cânticos tradicionais, com exceção da Quaresma e das vigílias. Para qualquer pessoa com um senso da história do ofício, isso representou um afastamento chocante da tradição cristã quase universal. (Taft, *The Liturgy of the Hours in East and West*, p. 312)

ção cheios de exercícios devocionais que ocupavam os fiéis na missa; muitos rezavam o rosário. Um fenômeno particular no século XX foi o uso generalizado de missais diários não oficiais. Embora tenham aparecido em inglês no século XIX, foi somente na virada do século que se concedeu permissão para traduzir a missa em vernáculo, contribuindo significativamente para essa mudança. O mais popular deles foi o *Sunday Missal* publicado por Joseph Stedman (morto em 1946), com trinta e duas edições entre 1932 e 1944 [ilustração 234]. Como Keith Pecklers documenta em *The Unread Vision*, esse missal recebeu reconhecimento mundial — em grande parte devido ao seu uso por soldados durante a Segunda Guerra Mundial — e foi traduzido para polonês, italiano, francês, espanhol, chinês, holandês, alemão, japonês, português e até mesmo para uma língua nativa americana (p. 50).

No início do século XX, como James White documenta ao longo de *Protestant Worship: Traditions in Transition*, as igrejas protestantes nos

235. Uma mudança significativa no *Livro de serviço e hinário* de 1958 foi a introdução de uma oração eucarística completa que poderia ser usada em vez de somente as palavras de instrução. (*Service Book and Hymnal* [1958], p. 11s.)

Estados Unidos produziram um número incomum de livros litúrgicos. O *Livro de oração comum* da igreja episcopal, aprovado pela primeira vez nos Estados Unidos em 1789, foi revisado em 1892 e novamente em 1928. A igreja episcopal também revisou seu hinário duas vezes durante a primeira metade do século XX: *O novo hinário* (1916-18) e o *Hinário* (1940). O primeiro foi a primeira edição musical de um hinário episcopal autorizado por uma convenção geral, e o último se tornou um dos mais célebres hinários ingleses do século.

Várias igrejas luteranas nos Estados Unidos costumavam produzir um hinário e um livro de orações num mesmo volume. O primeiro deles produzido em inglês foi *Um hinário e livro de oração* (1795), de John Christopher Kunze (morto em 1807). Ao longo dos séculos XVIII e XIX, muitos outros foram publicados, como o *Livro da Igreja*, inicialmente preparado para a convenção de 1868 do Conselho Geral que posteriormente passou por muitas edições subsequentes. Em 1917, três grupos — o Conselho Geral, o Sínodo Geral e o Sínodo Unido do Sul — produziram um único livro de culto e hinário. A publicação desse *Livro de serviço comum* desempenhou um papel importante na fusão desses três sínodos na Igreja Luterana Unida na América, em 1918 [citação 341]. Outra notável iniciativa comum foi o *Livro de serviço e hinário* (1958) [ilustração 235], produzido por oito diferentes corpos da igreja. Esse hinário também contribuiu para a fusão de quatro deles (a Igreja Luterana Americana, a Igreja Luterana Evangélica na América, a Igreja Luterana Evangélica Unida e a Igreja Livre Luterana), em 1961, na Igreja Luterana Americana. Os quatro restantes (a Igreja Luterana Augustana, a Igreja Luterana Evangélica Americana, a Igreja Luterana Evangélica Finlandesa e a Igreja Luterana Unida na América) formaram, em 1962, a Igreja Luterana na América.

Outros esforços significativos de colaboração no século XX incluem o trabalho de três igrejas metodistas. Antecipando sua união, em 1939, a Igreja Episcopal Metodista, a Igreja Episcopal Metodista do Sul e a Igreja Protestante Metodista publicaram em conjunto o Hinário Metodista. Após sua união, a nova Igreja Metodista publicou um *Livro de culto* (1944). Um segundo *Hinário* e *Livro de culto* foram aprovados em 1964.

Embora não façam parte de uma iniciativa comum, as edições de 1906, 1932 e 1946 do *Livro de culto comum*, publicadas pela Igreja Presbiteriana nos EUA (do norte), acabaram sendo aprovadas pela Igreja Presbiteriana nos EUA (do sul). Esses empreendimentos contribuíram para a publicação conjunta de *The Hymnbook* (1955) e *The Worshipbook* (1970), prenunciando a união dessas duas igrejas em 1983.

O protestantismo americano do século XX demonstrou que os livros litúrgicos não são simplesmente objetos rituais neutros. Eles corporificam a crença e, portanto, em algumas situações, servem como instrumentos para a unificação. Os fiéis comuns faziam parte dessa ex-

Citação 341: A impressão da edição musical do *Livro de serviço comum*, em 1917, foi aclamada como um dos eventos mais significativos da observância quadricentenária da Reforma Protestante. Mas também teve resultados práticos de longo alcance. O espírito de companheirismo gerado por 33 anos de estudos litúrgicos e hinológicos conjuntos por parte dos três corpos gerais foi sem dúvida um dos fatores pontecializadores de sua união orgânica, em 1918, como Igreja Luterana Unida na América. (Ernest Ryden, in: Stulken, *Hymnal Companion to the Lutheran Book of Worship*, p. 100)

> ## ORDO MISSÆ
>
> THE ORDINARY
> OF THE MASS
>
> 1. *After the celebrant has made the required reverence to the altar, he signs himself with the sign of the cross, saying in an appropriate tone of voice:*
> In the name of the Father, and of the Son, and of the Holy Spirit. Amen.
>
> *Then, with his hands joined, he adds:*
> ℣. I will go to the altar of God.
> ℟. To God who gives joy to my youth.
>
> 2. *And he continues immediately:*
> ℣. Our help is in the name of the Lord.
> ℟. Who made heaven and earth.
>
> *Next, bowing deeply, he makes the following confession:*
> I confess to almighty God, to blessed Mary ever Virgin, to blessed Michael the Archangel, to blessed John the Baptist, to the holy apostles Peter and Paul, to all the saints, and to you, brethren, that I have sinned exceedingly in thought, word and deed; (*he strikes his breast three times, saying:*) through my fault, through my fault, through my most grievous fault. Therefore I beseech blessed Mary ever Virgin, blessed Michael the Archangel, blessed John the Baptist, the holy apoltles Peter and Paul, all-the saints, and you, brethren, to pray to the Lord our God for me.
>
> *The ministers or those present respond:*
> May almighty God have mercy on you, forgive you your sins, and bring you to life everlasting.
>
> *The celebrant says:* Amen, *and stands erect. Next the ministers or those present make the confession. Where the celebrant has said* to you, brethren, *and* you, brethren, *they say to you,* father *and* you, father.
>
> 1. *Celebrans, facta altari debita reverentia, signans se signo crucis, congrua voce dicit:*
> In nómine Patris, et Fílii, et Spíritus Sancti. Amen.
>
> *Deinde, iunctis manibus, subiungit:*
> ℣. Introíbo ad altáre Dei.
> ℟. Ad Deum qui lætíficat iuventútem meam.
>
> 2. *Et statim addit:*
> ℣. Adiutórium nostrum in nómine Dómini.
> ℟. Qui fecit cælum et terram.
>
> *Deinde, profunde inclinatus, facit confessionem:*
> Confíteor Deo omnipoténti, beátæ Maríæ semper Vírgini, beáto Micháeli Archángelo, beáto Ioánni Baptístæ, sanctis Apóstolis Petro et Paulo, ómnibus Sanctis, et vobis, fratres: quia peccávi nimis cogitatióne, verbo et ópere: (*percutit sibi pectus ter, dicens:*) mea culpa, mea culpa, mea máxima culpa. Ideo precor beátam Maríam semper Vírginem, beátum Micháelem Archángelum, beátum Ioánnem Baptistam, sanctos Apóstolos Petrum et Paulum, omnes Sanctos, et vos, fratres, oráre pro me ad Dóminum Deum nostrum.
>
> *Ministri vel circumstantes respondent:*
> Misereátur tui omnípotens Deus, et, dimíssis peccátis tuis, perdúcat te ad vitam ætérnam.
>
> *Sacerdos dicit:* Amen *et erigit se. Deinde ministri vel circumstantes faciunt confessionem: et ubi a celebrante dicebatur* vobis, fratres, *et* vos fratres, *ab eis dicitur* tibi, pater, *et* te, pater.
>
> 563

236. O Sacramentário Inglês-Latim para os Estados Unidos da América (1966), mostrando o estado híbrido da liturgia eucarística imediatamente após o Concílio Vaticano II, com um ritual parcialmente revisado em inglês e latim. (Edição Benzinger, 1966)

periência porque as mudanças ocorreram nos livros que eles usavam semana após semana. Embora aprovados por organismos eclesiásticos reconhecidos, esses livros não eram simplesmente livros dos especialistas litúrgicos; eram os livros do povo, especialmente os hinários.

Livros litúrgicos após o Vaticano II

Numa série de declarações aparentemente simples, o Vaticano II decretou a reforma de praticamente todos os livros litúrgicos da Igreja Católica Romana [citação 342]. Como os do Concílio de Trento, os bispos do Vaticano II não tentaram fazer eles mesmos o trabalho de revisão.

Citação 342:
- O rito da missa deve ser revisto. [n. 50]
- Os ritos para o batismo de adultos devem ser revistos. [n. 66]
- O rito para o batismo de crianças deve ser revisto. [n. 67]
- O rito de confirmação também deve ser revisado. [n. 71]
- O rito e as fórmulas da Penitência devem ser revistos. [n. 72]
- Além dos ritos separados da unção dos enfermos e do viático, um rito contínuo deve ser preparado. [n. 74]
- As cerimônias e os textos dos ritos de ordenação devem ser revistos. [n. 76]
- O rito do matrimônio [...] deve ser revisto. [n. 77]
- Os sacramentais devem ser revistos. [n. 79]
- O rito da consagração a uma vida de virgindade [...] deve ser submetido a revisão. [n. 80]
- Os ritos fúnebres devem expressar mais claramente o caráter pascal da morte cristã. [n. 81]
- Na revisão do ofício, estas normas devem ser observadas. [n. 89]

(*Constituição sobre a sagrada liturgia*)

Citação 343: Salvaguardada a unidade substancial do rito romano, dê-se lugar às legítimas variações e adaptações aos vários grupos étnicos, regiões e povos, sobretudo nas missões, também quando forem reformados os livros litúrgicos e tenha-se isto em conta na organização das rubricas e na estrutura dos ritos. (*Constituição sobre a sagrada liturgia*, n. 38)

Isso ficou a cargo de uma série de comissões, comitês especiais e congregações romanas que continuam o trabalho ainda hoje.

Contando com o auxílio de tecnologias modernas, novos livros litúrgicos para a Igreja Católica Romana apareceram com notável rapidez. Os livros publicados nos anos imediatamente após o Concílio eram publicações híbridas, geralmente em latim e em vernáculo, refletindo uma etapa preliminar da reforma [ilustração 236]. Posteriormente, uma série de edições padrão para a igreja universal (cada uma chamada *editio typica*, em latim) foi promulgada por Roma. Estas, por sua vez, foram publicadas em traduções vernáculas aprovadas pelas conferências nacionais dos bispos e confirmadas por Roma. Assim, por exemplo, uma *editio typica* do *Missal romano* foi emitida em 1970, e uma tradução em inglês aprovada apareceu em 1973.

Um terceiro passo na adaptação dos livros católicos romanos, como presumido pelo Vaticano II, é sua adaptação a várias culturas [citação 343]. Por exemplo, depois que a *editio typica* do *Ritual de Exéquias* foi publicada em latim (1969), apareceu uma tradução aprovada em inglês (1970). Em seguida (1989) publicou-se uma versão revisada, preparada pela Comissão Internacional para o Inglês na Liturgia (ICEL, na sigla em inglês), aprovada pelos Bispos Católicos Romanos dos Estados Unidos e confirmada por Roma.

Com a promulgação das várias edições padrão dos ritos, a Igreja Católica Romana pós-Vaticano II experimentou uma uniformidade litúrgica que nunca havia conhecido antes. Até mesmo o Concílio de Trento havia permitido a continuação de todas as tradições litúrgicas com mais de duzentos anos. O Vaticano II eliminou todos esses ritos [ilustração 237]. Esse Concílio presumiu, no entanto, que os ritos seriam adaptados. A quantidade de adaptações oficiais até o momento se mostra modesta. Embora muitas pessoas depois do Concílio tenham imaginado o nascimento de novos ritos — como um ritual afro-americano ou mesmo uma união ecumênica mediante o reconhecimento do luteranismo, por exemplo, como um ritual distintivo —, apenas a adaptação zairense/congolesa do rito romano foi aprovada, que Roma não reconhece como um rito litúrgico independente.

Como corroboração adicional do argumento de Nathan Mitchell de que 1984 foi um ponto de referência para uma mudança nas reformas pós-conciliares (ver p. 303), desde meados da década de 1980 houve um crescente debate na comunidade católica romana sobre a tradução de livros litúrgicos. Nos EUA, esse debate veio à tona na década de 1990, quando as permissões para textos previamente aprovados foram retiradas. Por exemplo, em 1994, o Vaticano retirou sua permissão de 1992 para empregar a *New Revised Standard Version of the Bible* [Nova versão padrão revisada da Bíblia] para uso litúrgico. Ao mesmo tempo, Roma negou permissão para usar o Saltério a partir da *Revised*

237. Abertura do *Ordinário da missa* de uma edição do Rito Dominicano do século XX, eliminada pelo Vaticano II. (*Missale Ordinis Praedicatorum*, Roma, 1939)

New American Bible [Nova Bíblia revisada americana] para uso litúrgico, o que havia sido aprovado pelos bispos católicos romanos dos EUA em 1991. O resultado foi a rejeição do lecionário que os bispos dos EUA haviam apresentado em 1992 e que era dependente dessas traduções. Em 1997, o rito de ordenação que os bispos dos EUA haviam aprovado e apresentado em 1996 foi rejeitado por causa do que Roma considerava uma tradução incorreta para o inglês. Em 2001, Roma publicou um novo conjunto de diretrizes de tradução que não apenas substituiu as diretrizes publicadas anteriormente, em 1969, mas também reverteu radicalmente os princípios para tradução [citação 344].

A publicação, em 2002, de uma nova *editio typica* do *Missal romano* levou a um debate mais aprofundado sobre a tradução de textos centrais da missa católica romana. Em 2006, os bispos católicos romanos

Citação 344: A oração da Igreja é sempre a oração de alguma comunidade real, reunida aqui e agora. Não é suficiente que uma fórmula herdada de outra época ou região seja traduzida literalmente, mesmo que com precisão, para uso litúrgico. A fórmula traduzida deve se tornar a oração genuína da congregação e, nela, cada um de seus membros deve ser capaz de se encontrar e se expressar. (*Sobre a tradução de textos litúrgicos para celebrações com uma congregação.* [em francês, *Comme le prévoit*], 1969, n. 20)

> Entre os elementos separados estão aqueles que são essenciais e outros que são secundários e subsidiários. Os elementos essenciais, tanto quanto possível, devem ser preservados na tradução, algumas vezes intactos outras vezes em termos equivalentes. A estrutura geral das orações romanas pode ser mantida inalterada: o título divino, o motivo da petição, a petição em si, a conclusão. Outras não podem ser retidas: o *cursus* oratório, a cadência da prosa retórica. (Id., n.28)

[comparado com]

> Os textos litúrgicos latinos do rito romano, embora se baseiem em séculos de experiência eclesial na transmissão da fé da Igreja recebida dos Padres, são eles mesmos o fruto da renovação litúrgica, recentemente efetuada. Para que um patrimônio tão rico possa ser preservado e transmitido ao longo dos séculos, deve-se ter em mente desde o início que a tradução dos textos litúrgicos da Liturgia Romana não é tanto uma obra de inovação criativa, mas de verter os textos originais com fidelidade e precisão para o idioma vernáculo. Embora seja permitido organizar a redação, a sintaxe e o estilo de tal maneira a preparar um texto vernáculo fluente adequado ao ritmo da oração popular, o texto original, na medida do possível, deve ser traduzido integralmente e da maneira mais exata sem omissões ou acréscimos em termos de conteúdo, como também sem paráfrases ou glosas. Qualquer adaptação às características ou à natureza das várias línguas vernáculas deve ser sóbria e discreta. (*Sobre o uso de línguas vernáculas na publicação dos livros da liturgia romana* [em latim, *Liturgiam Authenticam*], 2001, n. 20)

dos EUA aprovaram uma nova tradução que mudou alguns dos textos litúrgicos mais familiares para católicos romanos de língua inglesa. Por exemplo, a resposta a "The Lord be with you" (O Senhor esteja contigo) não é mais "and also with you" (e também contigo), mas agora a expressão mais literal "and with your Spirit" (e com o teu espírito). A questão da tradução, especialmente nas culturas em que há maior conscientização de gênero e sensibilidade, será um dos desafios duradouros de uma igreja universal para a qual a língua oficial é o latim, mas cujo povo adotou os vernáculos do mundo.

A grande quantidade de livros litúrgicos após o Vaticano II na Igreja Católica Romana foi acompanhada por atividades semelhantes nas igrejas protestantes. A igreja episcopal, por exemplo, revisou praticamente todos os seus ritos; além do Saltério, como o *Livro de oração comum e da administração dos sacramentos e outros ritos e cerimônias da Igreja, juntamente com o Saltério ou Salmos de David* (1979). Este volume inclui ritos recentemente revisados, um lecionário baseado no lecionário romano, um calendário litúrgico expandido e quatro novas orações eucarísticas. Além disso, a nova configuração dos ritos — colocando os ritos de batismo, confirmação, casamento e enterro no contexto da Eucaristia — minimiza os ritos tradicionalmente mais importantes da Oração da Manhã e da Tarde. A Eucaristia é central nesta revisão [citação 345]. A igreja episcopal também emitiu um novo hinário em 1982. Em 2000, a igreja da Inglaterra publicou um novo livro litúrgico experimental, *Culto comum*, combinando elementos tradicionais do *Livro de oração comum* com novas formas de culto. Durante o ano seguinte, ao final do Vaticano II, uma Comissão interluterana para o culto iniciou um projeto de doze anos que culminou na publicação do *Livro de culto luterano* (LBW, na sigla em inglês). Proposto como uma publicação conjunta da Igreja Luterana na América, da Igreja Luterana Americana, da Igreja Luterana Evangélica do Canadá e do Sínodo da Igreja Luterana de Missouri, esse volume levou a mais uniões. Embora o Sínodo da Igreja Luterana de Missouri tenha se retirado do projeto e produzido seu próprio volume, *Culto luterano* (1982), o *LBW* tornou-se, contudo, mais um veículo para a unidade na comunidade luterana americana. A Igreja Luterana na América, a Igreja Luterana Americana e a Associação das Igrejas Luteranas Evangélicas formaram, em conjunto, a Igreja Luterana Evangélica na América em 1988. O *LBW* é seu livro de culto oficial. Ele contém o mais rico calendário litúrgico numa publicação luterana desde a Reforma. Também adota o lecionário romano com seu ciclo de leitura de três anos e inclui quatro composições musicais do rito eucarístico, juntamente com três formas de oração eucarística. O *Livro de culto Luterano: Minister's Desk Edition* (1978) contém mais três orações eucarísticas [ilustração 238]. Isso se baseia na tradição do *Livro de serviço* de 1958, que introduziu uma oração eucarística completa como uma alternativa ao prefácio, *Sanctus*, e palavras de

> **III**
>
> ℙ You are indeed holy,
>   almighty and merciful God;
>   you are most holy,
>   and great is the majesty
>   of your glory.
>
> You so loved the world
>   that you gave your only Son,
>   that whoever believes in him
>   may not perish
>   but have eternal life.
>
> Having come into the world,
>   he fulfilled for us your holy will
>   and accomplished our salvation.
>
> In the night
>   in which he was betrayed,
>   our Lord Jesus took bread,
>   and gave thanks; broke it,
>   and gave it to his disciples,
>   saying: Take and eat;
>   this is my body, given for you.
>
> Do this for the remembrance of me.
>
> Again, after supper,
>   he took the cup, gave thanks,
>   and gave it for all to drink,
>   saying: This cup is
>   the new covenant in my blood,
>   shed for you and for all people
>   for the forgiveness of sin.
>
> Do this for the remembrance of me.
>
> Remembering, therefore,
>   his salutary command,
>   his life-giving Passion and death,
>   his glorious resurrection
>   and ascension,
>   and his promise to come again,
>   we give thanks to you,
>   Lord God Almighty,
>   not as we ought,
>   but as we are able;
>   and we implore you
>   mercifully to accept
>   our praise and thanksgiving,
>   and, with your Word
>   and Holy Spirit,
>   to bless us, your servants,
>   and these your own gifts
>   of bread and wine;
>   that we and all who share
>   in the body and blood
>   of your Son
>   may be filled
>   with heavenly peace and joy,
>   and, receiving the forgiveness
>   of sin,
>   may be sanctified
>   in soul and body,
>   and have our portion
>   with all your saints.
> All honor and glory are yours,
>   O God, Father, Son,
>   and Holy Spirit,
>   in your holy Church,
>   now and forever.
>
> ☖ Amen

238. Oração Eucarística 3 do *Lutheran Book of Worship: Minister's Desk Edition*. (p. 297)

instituição tradicionalmente usadas nas igrejas luteranas [ilustração 235]. Mais recentemente, a Igreja Luterana Evangélica iniciou um processo de revisão dos subsídios litúrgicos e hinos. Em resposta às novas tendências geracionais e culturais, eles publicaram um suplemento ao *LBW* (*With One Voice*, 1995), um subsídio em espanhol (*Libro de Liturgia y Cántico*, 1998) e um subsídio afro-americano (*This Far by Faith*, 1999). Em 2006, publicaram o abrangente *Culto luterano evangélico*, o primeiro trabalho de tal magnitude a ser publicado simultaneamente em formato impresso e digital.

A recém-formada, Igreja Metodista Unida — criada por uma fusão da Igreja Metodista com a Igreja Evangélica dos Irmãos Unidos em 1968 — estabeleceu uma comissão em 1970 para revisar seu culto e seus livros. Como também aconteceu com episcopalianos e luteranos, o trabalho desse corpo resultou numa série de ritos individuais publicados na série *Supplemental Worship Resources*. Essas revisões culminaram no *Hinário metodista unido* (1989), um único volume de culto e canções. O mais significativo nessas revisões foi o uso do *Lecionário comum* de

Citação 345: O batismo, a confirmação, o casamento e o sepultamento apareceram, não como havia sido no contexto dos ofícios do coro, mas em formas especializadas da pró-anáfora. O resto da Eucaristia pode seguir, e geralmente o faz. O mesmo acontece com os ritos especiais para a quarta-feira de cinzas e o Domingo de Ramos. Embora um amplo espaço seja dedicado aos ofícios diários, o novo *Livro de oração americano* é centralizado na Eucaristia. (Boone Porter, in: Senn, *New Eucharistic Prayers*, p. 64)

três anos (revisado em 1994), hoje amplamente compartilhado entre as igrejas protestantes, e com um calendário bastante expandido. Também é notável o grande número de orações eucarísticas: vinte e quatro, na publicação de 1987 para uso do ministro, intitulado *Santa Comunhão*, por exemplo. Posteriormente, os Metodistas Unidos publicaram um novo livro de liturgia, oração, serviços e música de serviço intitulado *O livro de culto metodista unido* (1992); e, mais recentemente, o suplemento hinário *The Faith We Sing* (2000). Da mesma forma, os presbiterianos publicaram um novo hinário em 1990 (*O hinário presbiteriano*) e um abrangente livro de culto em 1993, honrando "a abordagem reformada do culto, liberdade dentro da ordem" (*Livro de culto comum*, p. 6).

Resumo

Nessas várias revisões de livros litúrgicos, muitas vezes acompanhadas por longos períodos de consulta e estudo, houve uma considerável sinergia. Por vezes, as igrejas protestantes adotaram o lecionário romano, e os católicos romanos estão aprendendo sobre liturgia vernácula, a ponto de tomar de empréstimo textos vernáculos de outras tradições [citação 346]. Uma diferença duradoura é que, na maioria das igrejas protestantes, o livro revisado é o livro usado pelas pessoas. Isso fica explícito quando as igrejas publicam um livro de serviço e um hinário num mesmo volume. Eles pertencem à assembleia e não é incomum que os membros da congregação tenham uma cópia pessoal desse livro. Os católicos romanos, no entanto, revisam os livros primordialmente para os especialistas litúrgicos. Não há livro oficial para a congregação. Com o surgimento da liturgia vernácula, os "missais" não oficiais das décadas de 1940 e 1950 tornaram-se amplamente obsoletos. Suas substituições variam de missaletes de papel jornal e livros de canções em brochura a hinários finamente elaborados e até mesmo modernos missais diários. Em vista dos livros caros do santuário usados pelo sacerdote e outros ministros, a variedade desses substitutos comunica uma espécie de mensagem mista sobre o papel da assembleia no culto.

Citação 346: Ao eterno e onipotente Deus entregamos o corpo de nosso irmão/nossa irmã N.; terra à terra, cinza à cinza, pó ao pó; na certa e inabalável esperança da Ressurreição para a Vida eterna. O Senhor o/a abençoe e o/a guarde; o Senhor faça resplandecer sua face sobre ele/ela e tenha misericórdia dele/dela; o Senhor sobre ele/ela levante o seu rosto e lhe dê a paz. (Oração de entrega do *Livro de Oração Comum* [1979] empregado na *Ritual* católico romano *dos funerais cristãos* [1989])

RECIPIENTES

As mudanças nos recipientes de culto do século XX foram menos significativas do que aquelas que ocorreram, por exemplo, nos espaços de culto ou na música. Ao contrário da evolução da música litúrgica nesta época, não havia organização comparável à Sociedade de Santa Cecília para defender uma restauração de taças ou pratos paralelamente à restauração do canto gregoriano. Além disso, diferentemente da revisão de livros litúrgicos no mesmo período, as mudanças nos materiais, estilos e formas dos recipientes litúrgicos raramente eram realizadas a pedido de alguma junta da Igreja ou congregação romana. No entanto, a metamorfose dos recipientes de culto — certamente tanto quanto a dos espaços, músicas ou livros — simboliza o desejo de redescobrir o poder de bendizer a Deus no compartilhamento de ofertas simples de pão e vinho, no espírito do culto cristão primitivo. Isso se aplicava especialmente à comunidade católica romana, cuja Eucaristia, depois de Trento, tinha pouco em comum com a da igreja doméstica.

Mudanças estilísticas

Como já foi observado, algumas igrejas protestantes introduziram recipientes domésticos em seu culto no início da Reforma. Para aqueles que rejeitavam um lugar para a arte na liturgia, como os seguidores de Zwingli [citação 347], utensílios domésticos simples eram mais apropriados na celebração da Ceia do Senhor. Estilos semelhantes continuaram em conformidade com essas tradições. Para outros, no entanto, os copos de vinho domésticos e as bandejas de servir eram apenas uma solução provisória após o expurgo dos recipientes católicos romanos. Os reavivamentos sacramentais do século XIX levaram à substituição de artigos domésticos por recipientes especializados em algumas igrejas protestantes. Forjados com metais preciosos por artesãos profissionais, os vasos de muitas igrejas protestantes, durante os séculos XIX e XX, frequentemente tinham pouco em comum com os usados em casa. Para essas igrejas protestantes, bem como para a Igreja Católica Romana, o início do século XX foi um período de mudanças essencialmente estilísticas nos recipientes do culto. Tais mudanças foram provocadas por duas influências: a aceitação dos princípios do funcionalismo e a tendência à produção em massa de tais recipientes.

Citação 347: Zwingli acreditava que "é claro e indiscutível que nenhum elemento ou ação externa pode purificar a alma" e era completamente coerente em minimizar o uso de objetos e ações físicos no culto. Falta totalmente um sentido do valor de sinal das coisas em transmitir a graça de Deus. Essa disjunção entre o físico e o espiritual diferencia Zwingli de Lutero e Calvino. Essencialmente, é uma questão de piedade. Se o físico não pode levar alguém a Deus, é preciso desenhar um círculo em torno de grande parte do culto cristão tradicional e marcá-lo para a destruição. (White, *Protestant Worship*, p. 61)

Funcionalismo

Observamos com frequência a forte correlação entre a arquitetura de um espaço de culto e o estilo de forma dos recipientes nele usados. Portanto, não é de surpreender que a tendência do início do século XX de rejeitar a ornamentação e a artificialidade na arquitetura tenha afetado o *design* de recipientes eucarísticos também. Embora essa abordagem tenha afetado os recipientes muito depois de influenciar a arquitetura eclesiástica, em meados do século XX houve, finalmente, o surgimento de recipientes eucarísticos com pouca ou nenhuma ornamentação. Os resultados eram frequentemente elegantes obras de arte contemporâneas, feitas, por vezes, com materiais tradicionais de prata e ouro. Outras vezes, no entanto, novas ligas, como o aço inoxidável, eram os materiais preferidos [ilustração 239].

239. Ostensório de aço inoxidável com píxide de ouro de 24 quilates por Alexander Schaffner. (*Liturgical Arts*, 39 [1971], p. 77)

128 ESTABLISHED 1872 JOHN P. DALEIDEN CO. 1530-32 SEDGWICK ST. CHICAGO. INCORPORATED 1902

CHALICES
(ORNAMENTAL YET INEXPENSIVE)

No. A296/30
A nice low priced style 8⅜ inches high.
                              Free Import
Cup and Paten silver, all gold plated........$22.50
Solid silver, all gold plated..................$30.00
Ciborium to Match.
Diameter of cup, 4 inches.
Silver Cup, all gold-plated..................$22.50
Solid silver, all gold-plated................$30.00

No. 274/30.
                              Free Import
Three mat silver medallions on base, 9½ inch, silver cup and paten, all gold plated..............$47.50
All silver, gold plated $62.50

No. A290/30
Three medallions in silver on base. Crucifixion, Blessed Virgin and St. Joseph, 9 inches high.
                              Free Import
Cup and paten silver, all gold-plated........$ 75.00
Solid silver, all gold plated.................$ 95.00
Ciborium to Match.
Diameter of cup, 4¼ inches.
Silver cup, all gold-plated...................$ 75.00
Solid silver, gold-plated....................$100.00

No. A293/30
Three silver medallions on base, the Crucifixion, Annunciation and Nativity; six medallions on cup, three of the Doctors of the Church and Sacred Heart of Jesus, Mater Dolorosa and St. Joseph. The knob has the name of Jesus.
9¼ inches high.   Free Import
Cup and paten, silver, all gold-plated.......$120.00
Solid silver, all gold-plated.................$145.00
Ciborium to Match.
Cup 4⅞ in. diameter.   Free Import
Cup, silver, all gold-plated..................$120.00
Solid silver, gold-plated....................$155.00

No. A294/30.
Grape design, chased, column in enamel, knob open work.
9 inches high.   Free Import
Cup and paten, silver, all gold-plated........$110.00
All silver, gold-plated $140.00

No. A298/30
Six apostles on base and six on cup in enamel
9¾ inches high.   Free Import
Cup and paten, silver, all gold-plated........$260.00
Solid silver, all gold-plated.................$300.00
Ciborium to Match
Cup 4¾ inches diameter
Silver cup, all gold-plated...................$260.00
Solid silver, all gold-plated.................$330.00

240. Página do catálogo de 1930 da John P. Daleiden Company, Chicago.

Produção em massa

Os princípios do funcionalismo contribuíram para a criação de alguns recipientes verdadeiramente artísticos. No entanto, a propensão do século XX para a produção em massa geralmente provocava o efeito oposto. Embora os livros litúrgicos tivessem sido produzidos em massa desde o advento da imprensa no século XV, os recipientes só foram fabricados dessa maneira com a invenção da linha de montagem na virada do século XX. Concebidas originalmente para a produção de equipamentos pesados — por exemplo, o automóvel —, as técnicas da linha de montagem acabaram sendo adaptadas a uma variedade de produtos. Na década de 1930, isso incluiu a produção em massa de recipientes eucarísticos. O resultado desse avanço tecnológico, evidente especialmente nos EUA, foi uma abordagem da produção, comercialização e aquisição de recipientes eucarísticos semelhante àquela usada para outras mercadorias produzidas em massa. Surgiram catálogos de recipientes e outros itens de igreja [ilustração 240]. Embora disponíveis em vários estilos e materiais, esses recipientes tinham de atrair um amplo mercado. Consequentemente, costumavam ser fabricados de acordo com padrões pouco inspiradores de *design* e arte. Por meio desses catálogos, as tendências revivalistas aparentes na arquitetura e na música do século XIX e início do século XX persistiram nos recipientes litúrgicos. Cálices pseudogóticos e pseudobarrocos foram produzidos aos milhares. Reproduções de *designs* clássicos do passado tornaram-se disponíveis para o consumidor. Esses recipientes produzidos em massa continuam a ser produzidos ainda hoje.

A revolução simbólica

Como as mudanças paralelas na música e na arquitetura durante o início do século XX, as mudanças nos recipientes eucarísticos provocadas pelos princípios do funcionalismo e pelo advento da produção em massa foram essencialmente estilísticas. Uma mudança mais profunda ocorreria em meados do século, quando a mudança no pensamento litúrgico e sacramental colocaria uma ênfase renovada na natureza simbólica da liturgia [citação 348].

Durante o século XIX, um movimento de simbolistas nas artes visuais e na literatura — resumido nos escritos de Paul Verlaine (morto em 1896) — varreu a Europa. Durante o século XX, filósofos como Ernst Cassirer (morto em 1945), Susanne Langer (morta em 1985) e Paul Ricoeur (morto em 2005) apresentaram a teoria simbólica, enquanto antropólogos como Victor Turner (morto em 1983) e Clifford Geertz (morto em 2006) exploraram o simbolismo ritual das sociedades tradicionais e deram origem àquela escola de antropologia conhecida como "antropologia simbólica". O trabalho desses e de outros fi-

Citação 348: Os teólogos começaram a voltar seus pensamentos para uma direção bastante diferente após a Segunda Guerra Mundial. [Entre 1949 e 1960] uma questão diferente já preocupava a maioria dos teólogos — a da relação entre a abordagem metafísica e a sacramentalidade da Eucaristia. A tendência de abordar a Eucaristia, não ontologicamente e pela filosofia da natureza, mas antropologicamente, tornou-se cada vez mais prevalecente neste momento. [...] Na teologia do pós-guerra, a ênfase poderia recair novamente no fato de que os sacramentos são, antes de tudo, atos simbólicos ou atividades enquanto sinais — "*sacramentum est in genere signi*". (Schillebeeckx, *The Eucharist*, p. 96s.)

Citação 349:
- Nesta reforma, porém, o texto e as cerimônias devem ordenar-se de tal modo que exprimam mais claramente as coisas santas que eles significam [n. 21]
- É das Escrituras [...] que os sinais e ações extraem o seu significado. [n. 24]
- Os próprios sinais sensíveis que a liturgia sagrada usa para simbolizar as realidades divinas invisíveis foram escolhidos por Cristo ou pela Igreja [n. 33]

(*Constituição sobre a sagrada liturgia*)

Citação 350: O termo "sinal", outrora suspeito, é novamente reconhecido como um termo positivo para falar da presença de Cristo no sacramento. Pois, embora símbolos e ações simbólicas sejam usados, a ceia do Senhor é um sinal eficaz: comunica o que promete [...] a ação da Igreja se torna o meio eficaz pelo qual Deus em Cristo age e Cristo está presente com seu povo. (*The Eucharist: A Lutheran-Roman Catholic Statement*, 2.1)

Citação 351: O pão para a celebração da Eucaristia [...] deve ser de trigo sem mistura, recém-feito e ázimo conforme antiga tradição da igreja latina. A verdade do sinal exige que a matéria da celebração eucarística pareça realmente um alimento. Isso deve ser entendido como associado à consistência do pão e não à sua forma, que permanece a tradicional. Não devem ser adicionados outros ingredientes à farinha de trigo e à água. (João Paulo II, *Sobre certas normas relativas ao culto do mistério eucarístico*, 1980)

241. Pão eucarístico e patena devidamente ampliada para a liturgia reformada. (*Liturgical Arts*, 1971)

lósofos e cientistas sociais forneceu uma estrutura para os teólogos em busca de explicações mais satisfatórias dos sacramentos do que aqueles proporcionados pelas teologias medievais, que enfatizavam a intenção e a abstração em vez da percepção ou experiência. Assim, teólogos como Edward Schillebeeckx (morto em 2009) reafirmaram o lugar primordial dos símbolos na compreensão e celebração da liturgia cristã. O Vaticano II afirmou esse pensamento na *Constituição sobre a sagrada liturgia* [citação 349], que também se tornou parte do consenso ecumênico sobre culto desde o Concílio [citação 350]. Contudo, esse movimento simbólico não deixou de ter seus críticos. De certa forma, o movimento de se afastar de traduções mais simbólicas ou "dinâmicas" para uma abordagem mais literal por parte de Roma [citação 344] é sintomático dessa crítica.

O pão e seus recipientes

A reafirmação da primazia dos símbolos acompanhou o retorno a símbolos mais plenos e ricos no culto, como o pão que poderia ser percebido como pão. Isso, por sua vez, resultou em recipientes moldados para conter formas mais naturais de pão. Muitas igrejas protestantes que continuaram a prática ocidental de empregar pães ázimos retornaram à prática antiga de uma única porção de pão fermentado. Na comunidade católica romana, a *Instrução geral do Missal romano* de 1970 e todas as edições subsequentes decretaram que o pão deve parecer alimento real. Isso estimulou em algumas comunidades a prática de utilizar pão caseiro na Eucaristia e contribuiu para mudanças no tamanho e formato dos recipientes para pão [ilustração 241]. Ironicamente, o Papa João Paulo II (morto em 2005) decretou em 1980 que, embora o pão parecesse alimento real, ele não podia conter outra coisa senão farinha de trigo e água [citação 351]. Por um lado, essa diretiva poderia ser percebida como reafirmação de uma preocupação com a pureza dos elementos usados na Eucaristia, evidente desde o período carolíngio, que restringe quaisquer outros aditivos além da farinha e da água [citação 220]. No entanto, também é possível interpretar essa diretiva como uma crítica dos tipos de adaptação cultural que ocorrem na celebração da Eucaristia católica romana em todo o mundo. O pão de trigo e o vinho de uva, não são nativos em muitas partes do mundo e devem ser importados a um grande custo. Algumas comunidades experimentaram produtos locais, como, por exemplo, elementos eucarísticos feitos de arroz ou outros grãos locais; mas eles continuam a ser proibidos pela Igreja Católica Romana.

Um desafio mais recente para moldar o pão para as celebrações eucarísticas foi a descoberta da doença celíaca, que causa uma reação perigosa do sistema imunológico quando uma pessoa com tal enfermidade é exposta ao glúten presente no trigo. Em 2003, os Hospitais da Universidade de Chicago divulgaram um estudo indicando que esta doença é muito mais comum do que geralmente se reconhece, e que uma a cada 133 pessoas nos EUA sofre com ela, embora apenas uma a cada 4.700 pessoas tenha sido diagnosticada. Em resposta, o Vaticano concedeu permissão para o uso de "hóstias com baixo teor de glúten", mas decretou que hóstias completamente sem glúten são "matéria inválida" para a celebração da Eucaristia (Joseph Ratzinger, *Congregação para a Doutrina da Fé*, 2003).

O vinho e seus recipientes

A partilha do cálice dentro da estrutura simbólica mais rica do final do século XX sugeria que todos deveriam beber vinho de um vaso comum. As igrejas protestantes haviam devolvido o cálice aos leigos na Reforma, mas algumas abandonaram o cálice comum, que simboliza de forma bastante clara a unidade da comunidade [ilustração 203]. A *Constituição sobre a sagrada liturgia* aprovou, em princípio, o retorno do cálice aos leigos dentro da tradição romana [citação 352]. Desde 1970, os católicos romanos nos EUA têm permissão para receber a comunhão do cálice durante a semana; em 1978, essa permissão foi estendida a todas as celebrações eucarísticas. O retorno do cálice à comunidade significou uma mudança em seu *design*. Já não podia conter apenas um gole de vinho para o padre, mas, pelo contrário, devia ser grande o suficiente para ser usado na comunhão da assembleia [ilustração 242].

Outra consequência de devolver o cálice aos leigos foi a introdução da galheta na Eucaristia católica romana. Como o simbolismo de uma única taça não permite mais de um cálice na mesa, o restante do vinho era mantido em outro vaso, como a galheta, até ser despejado em outro cálice durante o ritual da fração antes da comunhão [ilustração 243]. Em 2004, no entanto, o Vaticano emitiu a declaração *Redemptionis Sacramentum* (em latim, "Sacramento da Redenção"), que abordava o que eram percebidos como "abusos" na prática eucarística católica romana. Uma das práticas proibidas por este documento era despejar o vinho depois de ter sido consagrado [citação 353]. Esse decreto realmente diluiu o rito da fração na missa católica romana, que agora consistia apenas em partir o pão, e criava um segundo rito na preparação das ofertas, em que o vinho deveria agora ser derramado nos cálices de comunhão. Esse documento também reiterava a posição de Roma de que o único vinho permitido é aquele "do fruto da uva, puro e incorrupto, não misturado com outras substâncias" (*Redemptionis Sacramentum*, n. 50).

Paralelamente aos problemas em receber a comunhão enfrentados por quem sofre de doença celíaca, estão os que afetam os alcoólatras. O alcoolismo foi reconhecido como doença pela American Medical As-

242. Cálice de bronze e ouro de William Frederick.

Citação 352: A comunhão sob as duas espécies, confirmados os princípios dogmáticos estabelecidos pelo Concílio de Trento, pode ser permitida, quer aos clérigos e religiosos, quer aos leigos, nos casos a serem determinados pela Santa Sé. (*Constituição sobre a sagrada liturgia*, n. 55)

Citação 353: Sem dúvida, deve-se evitar completamente, depois da consagração, descartar o Sangue de Cristo de um cálice em outro, para excluir qualquer coisa que possa resultar num agravo do tão grande mistério. Para guardar o Sangue do Senhor nunca se utilizem frascos, vasilhas ou outros recipientes que não correspondam plenamente às normas estabelecidas. (*Redemptionis Sacramentum* [2004], n. 106)

243. Taças de participação sobre uma bandeja, e jarra com vinho.

sociation em 1956, e o Departamento de Saúde e Serviços Humanos dos EUA aponta que entre 7% e 8% dos adultos nos EUA satisfazem seus critérios de diagnóstico. Costuma-se estimar que a porcentagem de clérigos que satisfazem esses critérios é consideravelmente maior. Em resposta, muitas comunidades optaram por usar suco de uva em vez de vinho, de modo a tornar a comunhão acessível a todos, desde crianças até aqueles que sofrem de alcoolismo. Dada a longa tradição de usar o *mustum* (suco de uva), a Igreja Católica Romana continua a consentir esse uso, mas apenas com permissão especial e apenas para o padre presidente.

Materiais para os recipientes

A mudança orientada a símbolos mais autênticos também provocou uma modificação nos materiais dos recipientes eucarísticos durante o final do século XX. Embora o ouro e a prata continuassem sendo empregados, os metais preciosos eram frequentemente substituídos por vidro, cerâmica e madeira. Até mesmo cestos de vime, reminiscentes do culto cristão primitivo, voltaram a ser usados em alguns lugares para o pão eucarístico. Para a Igreja Católica Romana, isso exigia uma mudança nas leis que prescreviam que patenas e cálices fossem feitos de ouro ou prata. Em 1962, por exemplo, foi dada permissão para modificar apenas levemente o *design* de um cálice [citação 354]. Somente sete anos depois, a nova *Instrução geral do Missal romano* removeu praticamente todos os requisitos específicos para a fabricação de recipientes eucarísticos. No entanto, as mudanças de perspectivas na comunidade católica romana após 1984 — observadas anteriormente — logo deram lugar a novas diretrizes. Em 2004, Roma decretou que louça de barro, vidro e argila, bem como quaisquer recipientes que se quebrassem facilmente, estavam agora "reprovados" [citação 355].

Citação 354: O Reverendo Romuald Bissonnette, Reitor do Pontifício Colégio Canadense, em nome de sua eminência, o ordinário de Montreal, perguntou a esta Sagrada Congregação se cálices sem um nó abaixo da copa podem ser consagrados. Resposta: A Sagrada Congregação dos Ritos, após consideração madura de tudo, respondeu: basta que o sacerdote possa segurar satisfatoriamente o cálice com o polegar e o dedo indicador unidos. (Resposta Privada da Sagrada Congregação de Ritos [1962], apud Seasoltz, *The New Liturgy*, p. 462)

Resumo

Uma das marcas distintivas do movimento litúrgico do século XX foi a crença renovada na centralidade da assembleia no culto público. Essa crença se manifestou de várias maneiras. Uma manifestação foi o reconhecimento nos rituais e na música, na arquitetura e nos recipientes, de que a intenção do presidente ou até mesmo da assembleia na Eucaristia é insuficiente para a plenitude do ato sacramental. A liturgia é uma ação que requer o uso de símbolos perceptíveis para produzir o significado esperado. A evolução dos recipientes eucarísticos e das ofertas materiais de pão e vinho que eles guardam atesta a crescente conscientização das igrejas sobre a importância dos símbolos. Os recipientes não são sagrados devido à beleza de seu *design* ou à preciosidade de seus materiais. Pelo contrário, são sagrados porque medeiam a presença para a assembleia. E pertencem às mãos da assembleia. Assim, é primordialmente a mão da assembleia – e não a mão do artista, sacerdote ou teólogo – que deve criar esses recipientes da graça. Restrições recentes sobre recipientes eucarísticos na Igreja Católica Romana também destacam o poder simbólico deles. O deliberado afastamento em relação a qualquer coisa comum ou doméstica pode ser considerado uma tentativa de enfatizar o transcendente no culto e interpretar a sacralidade de acordo com uma estética determinada, e não de acordo com a dinâmica do funcionalismo. Também poderia sinalizar uma tentativa mais deliberada de regular o que é local e moderar os fluxos de inculturação. Dada a tensão complementar entre o local e o global — seja na indústria ou na religião —, é óbvio que os recipientes eucarísticos da igreja e o culto continuarão a evoluir.

TEOLOGIA EUCARÍSTICA

Embora possa haver pouco acordo quanto à forma, desempenho ou teologia apropriados para a liturgia na era atual, parece existir um amplo consenso de que a liturgia voltou a ser uma preocupação teológica central. O culto público sempre foi uma questão pastoral fundamental, e os vários corpos da Igreja investidos com essa responsabilidade raramente se esquivaram de regular a oração pública e desafiar os abusos. Muito disso, no entanto, foi feito no que poderia ser considerado uma abordagem de "teoria → prática", na qual a teoria ou a teologia sobre o culto eram determinantes, e as práticas de oração precisavam se conformar a essa teologia. Em termos da máxima cristã antiga de Próspero de Aquitânia (morto após 455) — *legem credendi lex statuat suplicandi* (em latim, "a norma da oração estabelece a norma da fé"), às vezes abreviada para *lex orandi, lex credendi* (literalmente, "norma da oração, norma da fé") — essa poderia ser considerada uma abordagem que enfatizava a *lex credendi* sobre a prática real da *lex orandi*.

Inversamente, durante o século XX, houve um crescente reconhecimento de que o desempenho real da liturgia era *prima theologia* (em latim, "primeira teologia"), uma clara rejeição dos instintos neoescolásticos para privilegiar a doutrina da Igreja acima de tudo. Essa perspectiva foi incorporada à *Constituição sobre a sagrada liturgia*, que não apenas reconheceu a centralidade do culto como teologia [citação 322], mas enfatizou inequivocamente a liturgia como uma ação [citação 356] em vez de um texto, rubricas ou algum ensino dogmático. Em certo sentido, a liturgia tornou-se um "verbo" novamente. Alguns teólogos interpretaram essa mudança como uma das que cedeu o peso da autoridade para o culto, simbolizada como *lex orandi → lex credendi*. Nessa perspectiva,

Citação 355:
- Os vasos sagrados também podem ser fabricados com outros materiais sólidos e que sejam, segundo o modo de sentir de cada região, mais nobres. [n. 290]
- Quanto aos cálices e outros vasos, destinados a receber o Sangue do Senhor, a copa deve ser de material que não absorva os líquidos. O pé do cálice pode ser de outra matéria sólida e digna. [n. 291]
- Quanto à forma dos vasos sagrados, compete ao artista fabricá-los do modo que melhor se coadune com os costumes de cada região, contanto que sejam adequados ao uso litúrgico a que se destinam. [n. 295]

(*Instrução geral do Missal romano* [1971])

(em comparação com)

Os vasos sagrados, que estão destinados a receber o Corpo e o Sangue do Senhor, devem ser fabricados em estrita conformidade com as normas da tradição e dos livros litúrgicos. As Conferências de Bispos têm capacidade de decidir, com a aprovação da Sé apostólica, se é oportuno que os vasos sagrados também sejam elaborados com outros materiais sólidos. Sem dúvida, requer-se estritamente que este material, de acordo com a comum valorização de cada região, seja verdadeiramente nobre, de maneira que, com seu uso, tribute-se honra ao Senhor e se evite absolutamente o perigo de enfraquecer, aos olhos dos fiéis, a doutrina da presença real de Cristo nas espécies eucarísticas. Portanto, reprove-se qualquer uso, para a celebração da missa, de vasos comuns ou de escasso valor no que se refere à qualidade, ou carentes de todo valor artístico, ou simples recipientes, ou outros vasos de cristal, argila, porcelana e outros materiais que se quebram facilmente. Isto vale também para os metais e outros materiais, que se deterioram ou oxidam facilmente. (*Redemptionis Sacramentum*, n. 117)

Citação 356: Por isso, toda celebração litúrgica, como obra de Cristo sacerdote e do seu corpo, que é a Igreja, é uma *ação* sagrada por excelência, cuja eficácia nenhuma outra ação da Igreja iguala, sob o mesmo título e grau. (*Constituição sobre a sagrada liturgia*, n. 7, ênfase acrescentada)

os ritos litúrgicos ditam a doutrina. Existe um consenso mais amplo, porém, de que a oração da Igreja e a crença da Igreja encontram-se num relacionamento mutuamente crítico, simbolizado como lex orandi ↔ lex credendi.

Essa relação de crítica mútua entre oração e crença, entre culto e doutrina, alimentou desdobramentos dinâmicos em teologia e, ao mesmo tempo, gerou enormes tensões. Vamos explorar essa tensão dinâmica em termos de três polaridades: local ↔ universal; imanente ↔ transcendente; e ética ↔ santidade.

Local ↔ Universal

A teologia cristã em geral, e as teologias do culto em particular, vivem — de modo semelhante ao fenômeno da glocalização na cultura, comércio e política —, numa dinâmica entre o local e o global. Se a "norma da oração" e a "norma da fé" estão num relacionamento mutuamente crítico, é preciso perguntar: De quem são a oração e a fé que estamos considerando? Crenças são normalmente definidas por uma igreja. Muitas vezes, quanto mais histórica, estruturada e hierárquica a igreja, mais essas crenças são especificadas e circunscritas. Por exemplo, a Igreja Católica Romana não apenas definiu claramente as doutrinas litúrgicas, mas também um código de lei universal que regula o culto, um catecismo universal com explicações oficiais de seu culto, e também um Rito romano universal que prescreve esse culto. Embora esse rito universal seja traduzido para várias línguas e possa ser adaptado, todas as traduções e adaptações devem ser aprovadas por Roma e não podem, de forma alguma, desafiar a "unidade substancial do rito romano" [citação 357], da qual Roma é o árbitro final.

O culto, por outro lado, é sempre um evento local. *Insights* dos filósofos críticos do século XX nos ajudaram a entender que, como ação ou evento, não existe uma espécie de eucaristia generalizada, mas somente a eucaristia em um tempo e local específicos, celebrada por uma comunidade específica com seus ministros [citação 358]. Todo evento de culto é uma ação contextualizada e irrepetível. Ocorre no ambiente cultural e histórico próprio de uma comunidade local. O desafio para os membros de igrejas que têm ritos oficiais é negociar as tensões entre o local e o universal. Um símbolo dessa luta no interior da comunidade católica romana é a tensão, anteriormente observada, entre os requisitos legais de que a Eucaristia deve ser celebrada com pão feito de trigo e vinho de uvas quando esses produtos não são nativos em muitas regiões do mundo.

O movimento litúrgico do início do século XX contribuiu para aumentar a ênfase no local, na necessidade do vernáculo e na importância do contexto cultural para moldar o culto. A *Constituição sobre a sagrada liturgia* reconheceu essa necessidade e incluiu uma seção célebre sobre

---

Citação 357: O processo de inculturação deve manter a unidade substancial do rito romano. Atualmente, essa unidade é expressa nas edições típicas dos livros litúrgicos, publicadas pela autoridade do sumo pontífice e nos livros litúrgicos aprovados pelas conferências episcopais para suas áreas e confirmados pela Sé Apostólica. O trabalho de inculturação não prevê a criação de novas famílias de ritos; a inculturação responde às necessidades de uma cultura específica e leva a adaptações que ainda permanecem sendo parte do rito romano.
(*Inculturação e a liturgia romana*, n. 36)

Citação 358: Consideremos o fator existencial. Teólogos e oficiais da Igreja falam livremente do batismo e da Eucaristia. O batismo, dizem eles, é isto ou aquilo. A Eucaristia, dizem eles, é isto ou aquilo. No entanto, o batismo não é uma replicação, uma expressão verbal que enfatiza uma ação, nem o batismo é um clone replicado, uma expressão substantiva que enfatiza uma coisa. Nenhum batismo é uma duplicação de uma atividade mecânica, nem cada batismo é a corporificação de uma realidade duplicativa. Ao contrário, cada batismo é um evento existencial, uma ação existencial. [...] Cada batismo é um momento individualizado, historicamente distinto, temporalmente irrepetível, na vida de um indivíduo, de uma comunidade particular de cristãos e da presença histórico-temporal de um Deus ativo. Não existe batismo genérico, assim como não há Eucaristia genérica. (Osborne, *Christian Sacraments in a Postmodern World*, p. 58)

"Normas para adaptar a liturgia ao temperamento e tradições dos povos" [citação 359]. Ao mesmo tempo, essa constituição poderia ser considerada um produto do Iluminismo, na medida em que pressupunha a possibilidade de uma teologia de culto generalizada, compartilhada e universalmente acessível. Essa visão é acompanhada de uma forte presunção centralizada de liderança e controle. Apesar do reconhecimento da "autoridade eclesiástica territorial competente" e de algum movimento significativo em direção à descentralização e colegialidade, há, em última análise, um centro para aprovar todas as decisões da liturgia católica romana, a saber, Roma.

As décadas que se seguiram ao Concílio Vaticano II configuraram um período de considerável experimentação — algumas com aprovação oficial e muitas sem ela. Pode ser considerado um período em que o local estava ganhando importância nas igrejas globais, assim como o catolicismo romano, e foram afirmadas particularidade em relação a idiomas, povos e até comunidades locais. Por várias razões, no entanto, essa trajetória — pelo menos na Igreja Católica Romana — começou a mudar. Como já observamos, desde meados da década de 1980 houve uma desaceleração do movimento centrífugo e colegial, eclipsado por uma virada centrípeta que atualmente parece destacar o universal, com uma nova ênfase na uniformidade ritual. A *Lex credendi*, pelo menos como oficialmente prescreve a Igreja Católica Romana, atualmente parece substituir a *lex orandi* em toda a sua particularidade. Pode-se entender isso como uma correção ou reação apropriada neste período pósconciliar, pois os princípios e a visão do Vaticano II continuam sendo debatidos e interpretados.

Dada a dinâmica da nova modernidade, é difícil prever por quanto tempo essa trajetória manterá influência. No entanto, é improvável que ela continue inabalável. A glocalização na economia, política, cultura e culto é um cabo de guerra, no qual as marés mudarão e os mares litúrgicos permanecerão intranquilos. Uma nova síntese nos espera.

Citação 359: A Igreja não deseja impor na liturgia uma rígida uniformidade para aquelas coisas que não dizem respeito à fé ou ao bem-estar de toda a comunidade; mas respeita e procura desenvolver as qualidades e dotes de espírito das várias raças e povos. A Igreja considera com benevolência tudo o que nos seus costumes não está indissoluvelmente ligado à superstição e ao erro e, quando possível, conserva inalterado, e por vezes até admite tais coisas na própria liturgia, conquanto estejam de acordo com as normas do verdadeiro e autêntico espírito litúrgico. (*Constituição sobre a sagrada liturgia* [1963], n. 37)

Imanente ↔ Transcendente

Uma polaridade paralela ao universal ↔ local é a do transcendente ↔ imanente. No cristianismo, a imanência refere-se à ação e à presença perceptíveis de Deus em nosso mundo e história. Para os cristãos, o supremo ato de imanência divina é a encarnação de Cristo, na qual Cristo abraçou a humanidade num novo ato de criação e proclamou que ela — como o ato original da criação — era boa. A doutrina complementar é a transcendência, que admite a total alteridade de Deus, um mistério além da criação e da compreensão humanas. Em Cristo, completamente humano e divino, essas duas doutrinas se cruzam perfeitamente e existem harmoniosamente em total mutualidade sem crítica.

Embora esses mistérios encontrem harmonia absoluta em Cristo, a liturgia cristã não é capaz de proporcionar tal perfeição, pois, embora seja um ato de Deus, a liturgia é também um esforço humano, simbolizado na própria etimologia da palavra (em grego, *leiturgia* de *laos* + *ergon*, "pessoas + trabalho" ou "o trabalho das pessoas"). O desafio da liturgia cristã é atender adequadamente aos mistérios da imanência e transcendência de uma maneira que seja doutrinariamente sólida e pastoralmente apropriada. Uma das maneiras pelas quais a *Constituição sobre a liturgia sagrada* abordou essa polaridade do imanente e do transcendente foi pela repetida afirmação de que o objetivo da liturgia é tanto a santificação das pessoas quanto a glorificação de Deus [citação 360].

O que pode ser surpreendente é que, na maioria dessas formulações, a santificação do povo é mencionada antes da glorificação de Deus. Quando consideramos o contexto do movimento litúrgico que preparou o caminho para esta *Constituição* e a ênfase dada nesse documento à participação ativa do povo, pode-se pensar que o Vaticano II estava reintroduzindo o equilíbrio de imanência na liturgia da Igreja, cujo Rito Tridentino enfatizou claramente o transcendente.

Como alcançar o equilíbrio numa liturgia que respeita apropriadamente o mistério e a total alteridade de Deus e a autorrevelação de Deus no mundo — especialmente por meio da encarnação — tem sido um ponto de debate significativo. Um símbolo duradouro desse debate diz respeito ao papel das artes no culto. Aqueles que desejam enfatizar o culto como uma experiência do transcendente às vezes optam por expressões artísticas distanciadas do comum e do acessível. É sintomática dessa tendência uma preferência pelas línguas antigas em detrimento do vernáculo, cantochão ou "composição séria", em vez dos sons populares da mídia contemporânea; além de vasos distantes de qualquer padrão doméstico e o uso do termo "sagrado" em vez de "litúrgico" na descrição de tais artes. De certa forma, as tendências pós-1984 na visão oficial da Igreja Católica Romana em relação ao culto seguem uma trajetória de liturgia ressacralizante que, segundo temem alguns, estava se tornando muito comum, manifestando muitos traços de entretenimento popular e perdendo suas conexões com o tesouro de artes sagradas da Igreja.

Outro símbolo dessa dinâmica renovada entre o imanente e o transcendente se manifesta nos estilos de teologia usados para refletir sobre a liturgia. Observamos anteriormente (ver p. 180s.) que, na virada do primeiro milênio, havia um estilo de teologia que parecia mais uma teologia *acerca* da liturgia do que um tipo de teologização fundamentada *no* evento do culto e nas experiências das pessoas nesses eventos. Demos a isso nome de "teologia sacramental". Durante o século XX, duas mudanças significativas reformularam a teologia sacramental com uma trajetória diferente. Em primeiro lugar, houve

---

Citação 360:
- Esta obra da *redenção humana e da perfeita glorificação* de Deus, que tem o seu prelúdio nas maravilhas divinas operadas no povo do Antigo Testamento [...] [n. 5]
- Realmente, nesta grandiosa obra, pela qual *Deus é perfeitamente glorificado e homens e mulheres são santificados*, Cristo sempre associa a si a Igreja. [n. 7]
- Da liturgia, portanto, e particularmente da Eucaristia, como de uma fonte, corre sobre nós a graça e, por meio dela, conseguem os homens com total eficácia *a santificação em Cristo e a glorificação de Deus*, a que se ordenam como a seu fim todas as outras obras da Igreja [...] [n. 10]
- Todo uso honesto de coisas materiais pode ser dirigido à *santificação do homem e ao louvor a Deus.* [n. 61]
- [...] o fim da música sacra é a *glória de Deus e a santificação dos fiéis.* [n. 112]

(*Constituição sobre a sagrada liturgia*, itálicos nossos)

um movimento de alguns teólogos católicos romanos de desafiar a ligação aparentemente essencial entre uma visão neoescolástica da filosofia e da teologia. Na tentativa de forjar uma nova teologia que respeitasse a "virada para o sujeito", característica tanto da filosofia contemporânea quanto das novas ciências sociais, visionários como Edward Schillebeeckx (morto em 2009) empregaram fenomenologia, antropologia e novas filosofias críticas em suas reflexões sacramentais. Ao fazer isso, Schillebeeckx e Karl Rahner (morto em 1984) — que atuaram como *periti* (em latim, "especialistas" ou "consultores") no Vaticano II — ajudaram a mudar nossa compreensão dos sacramentos de "nomes" para "verbos", de "coisas" para "encontros". Essa visão é condensada no título da obra revolucionária de Edward Schillebeeckx, *Cristo, o sacramento do encontro com Deus* (1963). Essa abordagem, que considera a experiência humana um elemento essencial no empreendimento sacramental, contribuiu para um segundo grande desenvolvimento: o retorno à teologização *a partir do* evento litúrgico e não simplesmente *acerca* do evento litúrgico.

Esse estilo renovado de teologização enfatizava a importância da *lex orandi*, o que significa levar a sério os textos, estruturas, ambiente e ações rituais como fonte teológica. Esse tipo de teologização é frequentemente descrito como teologia litúrgica. Embora existam muitas maneiras de fazer teologia litúrgica, suas formas autênticas levam a sério a liturgia como fonte teológica, até mesmo a *theologia prima*. Por causa disso, as teologias litúrgicas — amiúde em diálogo com ciências sociais como a antropologia — metodologicamente supõem atender mais aos aspectos imanentes do culto do que às teologias sacramentais, especialmente aquelas cuja principal parceira de diálogo é a filosofia. Embora a teologia litúrgica tenha experimentado ascensão após o Vaticano II, hoje em dia há uma tendência notável em direção a uma forma mais abstrata e sacramental de teologia em diálogo com a filosofia, em vez da antropologia, e metodologicamente propensa a enfatizar o transcendente no culto, não o imanente. Como desenvolver um equilíbrio adequado entre o imanente e o transcendente, entre teologia litúrgica e sacramental, continua sendo uma questão não resolvida.

Ética ↔ Santidade

Uma polaridade final que marca o fermento teológico em torno do culto hoje diz respeito à dinâmica entre o chamado à santidade pessoal e o compromisso com a mudança social. Para muitos cristãos, a vida espiritual — assim como o culto que nutre e sustenta essa vida — está focada no chamado à santidade pessoal. Isso não quer dizer que o cristianismo não se preocupa com a ordem social. Uma das grandes forças do protestantismo do século XIX e XX, por exemplo, foi o movimento

> Citação 361: Os grandes fins da Igreja são a proclamação do evangelho para a salvação da humanidade; o abrigo, a educação e a comunhão espiritual dos filhos de Deus; a manutenção do culto divino; a preservação da verdade; a promoção da justiça social; e a exibição do Reino dos Céus ao mundo. (Declaração de missão [1910] da Igreja Presbiteriana Unida na América do Norte)

> Citação 362: Oramos para que o Pentecostes viesse à cidade de Los Angeles. Queríamos que isso começasse na Primeira Igreja Metodista, mas Deus não o iniciou por lá. Eu bendigo a Deus por não o ter iniciado em nenhuma igreja nesta cidade, mas num celeiro, para que todos nós pudéssemos vir e participar. Se tivesse começado numa bela igreja, pessoas pobres negras e hispânicos não teriam conseguido ir, mas, graças a Deus, começou aqui. (Los Angeles, Apostolic *Faith Newspaper* [1906])

> Citação 363: Não é de admirar, então, que a cultura de nossos dias seja caracterizada como o polo oposto a qualquer cultura católica genuína. Seu objetivo geral é a prosperidade material pela acumulação de riqueza nacional. Somente é bom o que promove esse objetivo, tudo o que o impede é mau, e a ética não tem voz nessa questão. [...] A liturgia é a escola comum do desenvolvimento do verdadeiro cristão, e as próprias qualidades e perspectivas que ela desenvolve nele são também as que melhor possibilitam a realização de uma genuína cultura cristã. (Virgil Michel, *Orate Fratres*, p. 299)

social evangélico e seu compromisso com a justiça social [citação 361]. Embora essas forças estejam frequentemente em atividade nas igrejas, elas nem sempre estão intimamente atreladas ao culto.

O século XX, no entanto, gerou uma série de movimentos em que esse vínculo era mais aparente e vital. A ascensão do pentecostalismo nos EUA, por exemplo, estava estreitamente relacionada às questões de segregação e igualdade racial: preocupações já aparentes no trabalho de William Seymour e nas expressões de culto do reavivamento da Rua Azusa [citação 362]. Os apóstolos do movimento do evangelho social entenderam a importância de vincular a oração e a ação cristã. Nesse espírito, Walter Rauschenbusch (morto em 1918) publicou *For God and the people: prayers for the awakening social* (1910). De acordo com James White, ele fazia parte de um número crescente de líderes protestantes proeminentes e populares que uniam culto e justiça. Nos anos 50, o movimento do evangelho social encontrou novo vigor em sua reencarnação pelo movimento pelos direitos civis. Nascido e nutrido nos santuários das igrejas negras nos EUA, o movimento pelos direitos civis forjou novas ligações entre chamados para o altar e marchas pelos direitos civis, pregação e política, comunhão e igualdade.

O movimento litúrgico dos católicos romanos também tinha raízes na justiça social. Lambert Beauduin, às vezes considerado o pai do movimento litúrgico moderno, foi profundamente influenciado pelos ensinamentos sociais de Leão XIII (morto em 1903) e passou alguns anos trabalhando como capelão do trabalho na Bélgica, apoiando os trabalhadores em sua luta por um salário justo. Como Keith Pecklers nos lembra em *Unread Vision* (p. 22), Beauduin foi uma influência importante sobre Virgil Michel (morto em 1938). Este beneditino da abadia de Saint John em Collegeville foi uma força fundadora do movimento litúrgico dos EUA. Para ele, também, a liturgia e a justiça social estavam intimamente associadas [citação 363]. Tal como Michel, outros pioneiros no movimento litúrgico nos EUA — como H. A. Reinhold (morto em 1968) e Reynold Hillenbrand (morto em 1979) — foram fortemente influenciados pelos ensinamentos sociais de Leão XIII e comprometidos com a crença de que os cristãos que possuíam uma autêntica espiritualidade litúrgica também seriam defensores de práticas justas de trabalho e igualdade racial.

Dois outros grandes fluxos teológicos na segunda metade do século XX contribuíram para um vínculo recente entre liturgia e justiça. Primeiro foram as teologias da libertação, originárias da América Latina. Uma voz precoce e duradoura nessas teologias, que colocou a difícil situação econômica dos pobres do mundo no centro da agenda teológica, foi o teólogo peruano Gustavo Gutiérrez (nascido em 1928). Em sua obra seminal de 1971, *Teologia de la liberación* (em espanhol, "Teologia da libertação"), Gutiérrez afirmou que, conforme revelado no ministério à mesa de Jesus, "a comunhão com Deus e com outros pressupõe a abolição de toda injustiça e exploração" (p. 263). Relacionadas às teologias da libertação, há as teologias feministas que surgiram na década de 1960 como uma consequência teológica do movimento das mulheres. As mulheres constituem a maioria dos membros das igrejas cristãs, mas suas perspectivas raramente estão no centro de nossas teologias. Assim, teólogas como Mary Collins (nascida em 1935) e Gail Ramshaw (nascida em 1947) expressaram preocupações significativas de que o culto cristão, com sua linguagem e sua liderança dominadas por homens, seja uma fonte potencial de opressão para um grande número de cristãos. Se a liturgia e a teologia litúrgica devem levar a sério a experiência das pessoas, é preciso perguntar onde a experiência das mulheres é uma fonte para nossos rituais e teologias.

Esses vários movimentos religiosos e fluxos teológicos contribuíram para um vínculo renovado entre a liturgia e a vida e levaram teólogos como Kevin Irwin (nascido em 1946) a expandir o paradigma *lex orandi*, *lex credendi* para incluir a *lex vivendi* (em latim, "a norma do viver"). No mundo de língua inglesa, poucas vozes têm sido mais articuladas sobre a ligação entre liturgia e ética do que Don Saliers (nascido em 1937), que acrescenta a *lex agendi* (em latim, "a norma do fazer") à máxima de Próspero da Aquitânia, a fim de enfatizar a relação crítica entre liturgia e ação ética [citação 364].

Embora exista uma consciência crescente da conexão inextricável entre a vida e o culto cristão, especialmente nessa ação central de comunhão entre o humano e o divino, conhecida como Eucaristia, essa teoria nem sempre se traduz em práxis digna de crédito. Com frequência, os imperativos morais celebrados no coração da Eucaristia — a dignidade de toda a vida humana, a elevação dos pobres e humildes, a visão da paz de Cristo — são negligenciados ou ignorados. Isso é cada vez mais evidente numa sociedade de consumo como a dos EUA, onde a escolha individual e não o bem comum passou a dominar. Grande parte dos cristãos dos Estados Unidos apoia a pena de morte, políticas econômicas que criam uma divisão cada vez maior entre ricos e pobres e o gasto de vastas somas de dinheiro em guerras que causam um custo humano terrível — apesar do fato de tudo isso ser condenado, por exemplo, pela liderança do Conselho Mundial de Igrejas e pela da Igreja Católica Romana.

Os cristãos desta época, como de todas as outras, certamente lutam pela santidade pessoal e por sua própria salvação. No entanto, a crescente atenção a questões de justiça eucarística e ética litúrgica também realçou a visão às vezes bifurcada de cristãos cujas crenças pessoais e contextos de culto costumam privilegiar a necessidade individual sobre o bem comum no início do terceiro milênio do cristianismo. Embora certamente distintivos, às vezes o chamado à santidade pessoal e o

Citação 364: A correlação mutuamente crítica da liturgia e da ética faz parte da reciprocidade crítica entre a *lex orandi* [a norma da oração] e a *lex credendi* [a norma da fé]. Mas essas resultam na *lex agendi* [a norma da intenção-ação] da Igreja. Por isso, podemos dizer que a verdadeira doxologia resulta em adequar a ortodoxia como fé reflexiva, e ambas resultam na ortopraxia do serviço da Igreja na ordem social em que ela é colocada. Procurei traçar a reciprocidade da liturgia e da vida moral por meio de afetos e virtudes formadas e encenadas ritualmente ["ensaiadas"] em vários modos de oração litúrgica. Ao refletir sobre a ética do caráter, e não sobre teorias da obrigação, estamos em melhor posição para conectar a força ética da liturgia cristã autêntica às noções de santificação. [...] Várias tradições cristãs terão ênfases diferentes nessa questão. Mas isso implica que a definição clássica de liturgia como a glorificação de Deus e a santificação de tudo o que é humano — a que eu acrescentaria "tudo o que é criatural" — tem mais relação com a ética do que muitos teólogos já viram. (Don Saliers, *Worship as Theology*, p. 187)

chamado à ação social ética podem se separar. Saber entrelaçá-los com integridade e respeito é nossa tarefa contínua e nosso legado.

Resumo
Ao rever essas reflexões teológicas sobre a teologia eucarística na era atual, você pode se surpreender com o fato de que elas são menos focadas em questões próprias da teologia eucarística (por exemplo, a presença real) ou na estrutura do ritual, e mais concentradas no que poderia ser considerado "espiritualidade". Sandra Schneiders fala da espiritualidade cristã como reflexão sobre a "fé cristã vivida" (p. 1). Talvez o afastamento de questões meticulosamente debatidas (Quando a consagração ocorre exatamente?; Como Cristo está presente na Eucaristia?; O vinho consagrado deve ser derramado de um vaso para outro?) seja sintomático de uma visão de culto verdadeiramente reformada: menos sobre doutrinas arcanas ou liturgia altamente regulada do que sobre o que significa ser Igreja, ou como devemos estar em missão, ou o que é apenas viver num mundo que comprime e num universo em constante expansão. Naturalmente, essas não são ideias novas, mas às vezes são esquecidas. Assim, terminamos onde a prática eucarística cristã começou, na imagem um tanto idealizada, mas sempre convincente de Lucas, lembrando-nos que a comunidade primitiva se dedicava continuamente ao ensino e à solidariedade dos apóstolos, à partilha do pão e às orações. Nós também somos chamados.

HATTIE JOHNSON

"Bendita certeza, Jesus é meu! Oh, que antecipação da glória divina!" Enquanto a procissão de entrada avançava pelo corredor central, o coro e a congregação cantavam com entusiasmo, instigados por um pianista insistente com a mão esquerda pesada. Jessica Brown carregava a cruz no alto, seguida por seu irmão Freddie e Adrian Washington carregando altas velas brancas. O coro, com túnicas vermelhas acentuando a rica pele escura, marchava atrás deles em passo hesitante ao ritmo da música, cantando em volume máximo: "Esta é a minha história, esta é a minha música". Então veio a sra. Williams, apoiada na bengala, mas andando orgulhosamente com o lecionário debaixo do braço. O diácono Tim e o padre Charles, combinando as vestes nas cores vermelho, preto e verde, apareceram no final da procissão.

A voz de Hattie Johnson não era a voz mais forte da assembleia, mas certamente era uma das mais sinceras. "Perfeita submissão, perfeito deleite, visões de arrebatamento agora surgem à minha vista." Quem imaginaria que ela cantaria as canções de sua avó na Igreja Católica? A avó fizera parte da Primeira Igreja Pentecostal de Cristo, no bairro antigo. A mãe de Hattie nunca a deixava ir à pequena igreja com a vovó. Em vez disso, ela levava Hattie para a missa na Igreja Católica — o que a avó costumava chamar de "igreja do homem branco". No entanto, nas tardes de domingo após os cultos, a avó segurava Hattie no colo e contava tudo sobre o culto na Primeira Pentecostal: a pregação, os dons do Espírito que se manifestaram naquela manhã e especialmente a música. Oh, como Hattie amava as músicas que a vovó cantava para ela! E ninguém está mais surpreso do que ela com o fato de que cinquenta anos depois eles estariam cantando algumas dessas mesmas músicas numa Igreja Católica.

Aqui na St. Michael, muitas coisas mudaram além da música. Uma das melhores mudanças, do ponto de vista de Hattie, é que agora havia rostos brancos, rostos amarelos e rostos marrons nos bancos, e as faces no santuário espelhavam o mesmo arco-íris. A St. Michael certamente não é uma igreja de homens brancos, ela pensou consigo mesma. Hattie sabia que não era assim em todos os lugares de Chicago, ainda havia muitas igrejas por aí onde todos os rostos no santuário e nos bancos eram brancos. "Isso vai mudar com o tempo", ela pensou. "Além disso, não preciso desses lugares. A St. Michael é minha igreja e serve perfeitamente para mim." A ideia trouxe um sorriso aos lábios quando ela e o restante da congregação se sentaram para as leituras.

A velha senhora Perez com certeza sabia ler os profetas. Os anos criando uma família nas habitações populares e a luta por um salário decente deviam explicar parte da convicção em sua voz. O chamado do profeta por justiça era um pouco mais crível vindo dos lábios de alguém como Maria Perez. A pregação do padre Charles também foi mais convincente do que a maioria das pregações que Hattie ouvira ao longo dos anos. E ela não achou que era só porque ele era afro-americano. Ela ouvira outros pregadores afro-americanos, mas eles não tinham a potência do padre Charles. Talvez fosse o fato de que aqui na St. Michael, afro-americanos, hispânicos e filipinos se sentiam em casa, e era o padre Charles que, mais do que qualquer outra pessoa, ajudava a fazer dessa igreja seu lar. Quando ele pregava ou conversava com a congregação, algumas pessoas respondiam logo depois — e não era apenas um "Amém" ou "Pregue, pastor". Às vezes as pessoas discordavam dele ou adicionavam outro exemplo ou davam seu próprio testemunho. E ele simplesmente deixava que fizessem isso. Hattie estava convencida de que a avó teria gostado do padre Charles.

Muitas outras pessoas também faziam St. Michael parecer uma casa para Hattie: Clara e Bobby Mundo, que assavam o pão para a missa; Rodney Harris e seu filho Jimmy, que recolhiam as ofertas; Adele Marcos, cuja voz doce fazia do salmo responsorial uma verdadeira oração; e quem quer que estivesse perto o suficiente para segurar a mão de Hattie enquanto cantavam o pai-nosso. Hattie gostou especialmente dessa parte. Lembrou-se de quando era pequena, quando tinha de se ajoelhar, ficar de pé ou sentar-se bem quieta e não conversar, nem mesmo olhar para as outras pessoas durante a missa. Pelo que ela se lembrava, era uma experiência bastante árida. Como aquela antiga congregação ficaria chocada se pudesse ver as pessoas em St. Michael hoje durante o sinal da paz! Como a pequena Michelle Eugene disse uma vez durante a saudação da paz: "Aqui o abraço é de verdade!".

Hoje a música de comunhão era uma das favoritas de Hattie, "Pan de vida". Darrel, o pianista, tocava lenta e cadenciadamente, quase como uma dança tranquila, enquanto os membros da congregação se adiantavam para receber o pão das belas tigelas de cobre e beber de uma das espessas taças de cristal oferecidas a eles pelos ministros da comunhão. Hattie se viu acompanhando a música enquanto voltava para seu lugar. Sentando-se, ela deixou os sons do piano e do coral tomarem conta dela. Depois da comunhão, sempre havia muitos anúncios. Felizmente, a maioria dos anúncios importantes também estava no boletim. Caso contrário, Hattie certamente não se lembraria de nenhum.

Após o último anúncio, a congregação se pôs de pé para a oração de encerramento e a bênção do padre Charles. Então Darrel enterrou a mão esquerda no teclado quando o coral começou a cantar "Ide, pois, ensinai todas as nações, ide, ide, ide". A congregação se uniu à segunda frase, quando Jessica levantou a cruz e conduziu os ministros pelo corredor central. "Batizando-vos em nome do Pai, Filho e Espírito Santo. Ide, ide, ide." Enquanto Hattie se juntava à procissão informal, caminhando em direção ao café e bolinhos na parte de trás da igreja, ela pensou novamente na vovó e na Primeira Igreja Pentecostal de Cristo no antigo bairro. Talvez se a vovó ainda estivesse viva, ela também se sentiria em casa na igreja de St. Michael.

Agradecimentos

Capítulo 1

Imagem 3. Usada com permissão de GNV coins (http://www.cngcoins.com).

Imagem 6. White, L. Michael. *Building God's House in the Roman World: Architectural Adaptation among Pagans, Jews, and Christians.*, p. 63. ©The Johns Hopkins University Press, 1990. Reproduzida com permissão de The Johns Hopkins University Press.

Imagem 18. Septuaginta, Salmo 50,17-20, P. Duk. inv.661V. Usada com permissão de Duke University Rare Book, Manuscript and Special Collections Library.

Imagem 21. Fragmento de papiro do evangelho de São João, século III. MS Gen 1026/13. Usada com permissão de Glasgow University Library, Special Collections.

Imagem 23. Galavaris, George. *Bread and the Liturgy*, p. 27, ©1970 pelos regentes do sistema da Universidade de Wisconsin. Reproduzida com permissão da University of Wisconsin Press.

Imagem 24. Usada com permissão de EdgarLOwen.com.

Imagem 25. Usada com permissão da Autoridade de Antiguidades de Israel.

Capítulo 2

Imagem 30. Gilbert, Martin. *The Routledge Atlas of Jewish History*, sexta edição, ©2003, Routledge/Taylor & Francis Books. Reproduzida com permissão da Taylor & Francis Books, Reino Unido.

Imagem 32. Usada com permissão do Dr. Jean-Paul Rodrigue, Hofstra University.

Imagem 34. Foss, Pedar W. "Kitchens and Dining Rooms at Pompeii: The spatial and social relationship of cooking to eating in the Roman household", tese de doutorado, Universidade de Michigan, 1994. Usada com permissão do Dr. Pedar W. Foss, DePauw University.

Imagem 36. Usada com permissão do Dr. L. Michael White, Universidade do Texas, em Austin.

Imagem 37. Foto de Erich Lessing/Art Resource, NY. Usada com permissão da Art Resource, Inc.

Imagem 44. West, M. L. *Ancient Greek Music*, p. 324s., Nova York, Oxford University Press, 1992 [Clarendon Press, 1994]. Usada com permissão da Oxford University Press.

Imagem 46. © British Library Board. Todos os direitos reservados. British Library Add. MS 43725, f.247. Usada com permissão.

Imagem 47. Usada com permissão de OCP.

Imagem 51. Usada com permissão do Museu Kelsey de Arqueologia, Universidade de Michigan.

Imagem 55. Usada com permissão de The Barakat Gallery.

Imagem 56. Foto de Scala/Art Resource, NY. Usada com permissão da Art Resource, Inc.

Imagem 59. Usada com permissão de A. Longo Editore.

Capítulo 3

Imagem 63. Usada com permissão da CNG Coins (http://www.cngcoins.com).

Imagem 78. Usada com permissão de A. Longo Editore.

Imagem 80. Mathews, Thomas F. *The Early Christian Churches of Constantinople: Architecture and Liturgy*, p. 70, figura 56. University Park, Pennsylvania State University Press, 1971. Usada com permissão de Thomas F. Mathews.

Imagem 90. Trechos de *The Order of Prayer in the Liturgy of the Hours and Celebration of the Eucharist 2008*, compilado pelo Rev. Peter D. Rocca, C.S.C., Paulist Press ORDO, Copyright © 2007 por Paulist Press, Inc., Nova York/Mahwah, NJ. Reproduzido com permissão da Paulist Press, Inc. www.paulistpress.com.

Imagem 94. Usada com permissão de A. Longo Editore.

Capítulo 4

Imagem 125. Usada com permissão da Cambridge University Press.

Imagem 126. Usada com permissão da Abadia Saint Benedict, Still River, Massachusetts.

Imagem 129. Usada com permissão do OCP.

Capítulo 5

Imagem 142. Gabinetto Fotografico. Usada com permissão da Soprintendenza Speciale per il Polo Museale Fiorentino.

Imagem 145. Departamento de Livros Raros, Biblioteca Livre da Filadélfia. Usada com permissão.

Imagem 156. Manuscrito 10 na coleção de Rosenwald, Biblioteca do Congresso. Usada com permissão.

Imagem 169. Usada com permissão de Miri Rubin e da University of Pennsylvania Press.

Capítulo 6

Imagem 173. White, James. *Protestant Worship: Traditions in Transition*, p. 23, Louisville, Westminster/John Knox Press, 1989. Usada com permissão da Westminster/John Knox Press.

Imagem 179. Koerner, Joseph Leo. *The Reformation of the Image*, p. 258, Chicago, University of Chicago Press, 2004. Usada com permissão da University of Chicago Press.

Imagem 183. Usada com permissão do Dr. Irving Hexham, Universidade de Calgary.

Imagem 184. Usada com permissão de Alfred Molon Photo Galleries.

Imagem 190. © British Library Board. Todos os direitos reservados. Biblioteca Britânica C.9d3. Usada com permissão.

Capítulo 7

Imagem 217. Foto de Satoshi Asakawa. Usada com permissão de Kengo Kuma & Associates.

Imagem 224b. Usada com permissão de Marvin Herman Associates, Inc. Architects.

Imagem 225. Foto de Scott Frances, ESTO Photographics. Usada com permissão da ESTO.

Imagem 231. Scholtes, Peter. "E eles saberão que somos cristãos por nosso amor". © F.E.L. Publications 1966. Cedido em 1991 a The Lorenz Corporation. Todos os direitos reservados. Direitos autorais internacionais garantidos. Usada com permissão de The Lorenz Corporation.

Imagem 233. Hino sul-africano. "Estamos marchando na luz de Deus." Letra e música © 1984, Utryck. Agente: Walton Music Corp. Usada com permissão da Walton Music Corp.

Bibliografia

Bibliografia Geral

(Obras da bibliografia geral aparecem em todo o volume, enquanto aquelas específicas dos capítulos são citadas após a bibliografia geral.)

ANSON, Peter F. *Churches: Their Plan and Furnishing*. Ed. e rev. de Thomas F. Croft-Fraser e H. A. Reinhold. Milwaukee, Bruce Publishing Company, 1948.

ARNOLD, Denis (org.). *New Oxford Companion to Music*. 2 vols. Nova York, Oxford University Press, 1983.

ATZ, Karl. *Die Christliche Kunst in Wort und Bild*. Regensburg, Nationale Verlagsanstalt, 1899.

BIÉLER, André. *Architecture in Worship: The Christian Place of Worship*. Edinburgh-Londres, Oliver & Boyd, 1965.

BRAUN, Joseph. *Der Christliche Altar in seiner geschichtlichen Entwicklung*. Munique, Guenther Koch & Co., 1924.

___. *Das Christliche Altargerät in seinem Sein und in seiner Entwicklung*. Munique, Max Hueber, 1932.

BRINKHOFF, Lukas, et al. *Liturgisch Woordenboek*. 9 vols. Roermond, J. J. Romen and Sons, 1958–1962.

CABIÉ, Robert. *L'Eucharistie*. Vol. 2 de *L'Église in Prière*. Ed. de A. G. Martimort. Paris, Desclée, 1983.

CALLEWAERT, C. *Liturgicae Institutiones*. Vol. 3, *De Missalis Romani Liturgia*. Brugge, Car. Beyaert, 1937.

CANGE, Charles Dufresne du. *Glossarium ad Scriptores Mediae et Infirmae Latinitatis*. Ed. de L. Favre. 10 vols. Niort, 1883–1887.

CAVANAUGH, William Thomas. *The Reservation of the Blessed Sacrament*. The Catholic University of America Canon Law Studies 40. Washington, DC, The Catholic University of America, 1927.

CHUPUNGCO, Anscar (org.). *Handbook for Liturgical Studies*. 5 vols. Collegeville, MN, Liturgical Press, 1997–2000.

CONANT, Kenneth John. *Carolingian and Romanesque Architecture, 800–1200*. 2ª ed. The Pelican History of Art. Harmondsworth, PA e Nova York, Penguin Books, 1966.

CORBIN, Solange. *L'Église à la Conquête de sa Musique*. Pour la Musique. Ed. de Roland-Manuel. Paris, Gallimard, 1960.

DAVIDSON, Archibald; APEL, Willi. *Historical Anthology of Music*. 2 vols. Ed. rev., Cambridge, Harvard University Press, 1949.

DENZINGER, Henry. *The Sources of Catholic Dogma*. Trad. de Roy Deferrari. St. Louis, B. Herder, 1957.

FOLEY, Edward (org.). *Worship Music, A Concise Dictionary*. Collegeville, MN, Liturgical Press, 2000.

FRAZER, Margaret English. *Medieval Church Treasures*. Nova York, Metropolitan Museum of Art, 1986.

GARDNER, Helen. *Art Through the Ages*. 8ª ed. Revisão de Horst de la Croix e Richard Tansey. San Diego, Harcourt, Brace, Jovanovich, 1986.

HEALES, Alfred. *History and Law of Church Seats or Pews*. 2 vols. Londres, Butterworths, 1872.

The Holy Bible, New Revised Standard Version. New York, Oxford University Press, 1989.

Jacob, H. E. *Six Thousand Years of Bread*. Trad. de Richard e Clara Winston. Westport, CT, Greenwood Press, 1944.

Jasper, R. C. D.; Cuming, G. J.. *Prayers of the Eucharist, Early and Reformed*. 2ª ed. Nova York, Oxford University Press, 1980.

Jedin, Hubert; Dolan, John (orgs.). *History of the Church*. 10 vols. Nova York, Crossroad, 1980–1981.

Jones, Cheslyn, et al. *The Study of Liturgy*. Ed. rev. Nova York, Oxford University Press, 1992.

Jounel, Pierre. Places of Christian Assembly, the First Millennium. In: *The Environment for Worship*, 15–27. Washington, DC, United States Catholic Conference, 1980.

Jungmann, Josef. *The Early Liturgy to the Time of Gregory the Great*. Trad. de Francis Brunner. Notre Dame, University of Notre Dame Press, 1959.

___. *The Mass of the Roman Rite, Its Origins and Development*. Trad. de Francis Brunner. 2 vols. Nova York, Benziger Brothers, Inc., 1950.

___. *Pastoral Liturgy*. Nova York, Herder and Herder, 1962.

Klauser, Theodor. *A Short History of the Western Liturgy*. Trad. de John Halliburton. Londres, Oxford University Press, 1979.

Kostof, Spiro. *A History of Architecture, Settings and Rituals*. Nova York, Oxford University Press, 1985.

Kraus, Franz Xavier. *Geschichte der Christlichen Kunst*. 2 vols. Freiburg, Herder, 1896.

Krautheimer, Richard. *Early Christian and Byzantine Architecture*. 4ª ed. Pelikan History of Art 24. Harmondsworth, PA, Penguin Books, 1986.

Lampe, G. W. H. *A Patristic Greek Lexicon*. Nova York, Clarendon, 1961.

Leonard, John; Mitchell, Nathan. *The Postures of the Assembly during the Eucharistic Prayer*. Chicago, Liturgy Training Publications, 1994.

Macy, Gary. *Banquet's Wisdom*. 2ª ed. Akron, OH, OSL Publications, 2005.

Mansi, J. D. (org.). *Sacrorum Conciliorum Nova et Amplissima Collectio*. 31 vols. Florença-Veneza, 1757–1798. Reimpresso e expandido para 53 vols. por L. Petit e J. B. Martin. Paris, 1889–1927.

Mathews, Thomas. *The Early Churches of Constantinople, Architecture and Liturgy*. University Park, PA, Pennsylvania State University Press, 1971.

Mazza, Enrico. *The Celebration of the Eucharist, The Origin of the Rite and the Development of Its Interpretation*. Trad. de Matthew O'Connell. Collegeville, MN, Liturgical Press, 1999.

McKay, A. G. *Houses, Villas, and Palaces in the Roman World*. Ithaca, NY, Cornell University Press, 1975.

McKinnon, James (org.). *Music in Early Christian Literature*. Cambridge Studies in Music. Cambridge, University Press, 1987.

Meer, F. van der; Mohrmann, Christine. *Atlas of the Early Christian World*. Trad. e ed. de Mary F. Hedlund e H. H. Rowley. Londres, Thomas Nelson and Sons Ltd., 1958.

Migne, Jacques Paul (org.). *Patrologia Graeca*. 162 vols. Paris, 1857–1866.

___. *Patrologia Latina*. 221 vols. Paris, 1844–1864.

Mitchell, Nathan. *Cult and Controversy, The Worship of the Eucharist Outside Mass*. Nova York, Pueblo Publishing, 1982.

Neale, John Mason. *History of Pues*. Cambridge, The Camden Society, 1841.

Norberg-Schulz, Christian. *Meaning in Western Architecture*. Nova York, Praeger Publishers, 1975.

O'Connell, J. B. *Church Building and Furnishing, A Study in Liturgical Law*. Liturgical Studies. Notre Dame, IN, University of Notre Dame Press, 1955.

Palazzo, Eric. *A History of Liturgical Books from the Beginning to the Thirteenth Century*. Trad. de Madeleine Beaumont. Collegeville, MN, Liturgical Press, 1998.

Placzek, Adolf K. (org.). *McMillan Encyclopedia of Architects*. 4 vols. Nova York, The Free Press, 1982.

POWER, David. *The Eucharistic Mystery, Revitalizing the Tradition*. Nova York, Crossroad, 1992.

RANDEL, Don Michael (org.). *The New Harvard Dictionary of Music*. Cambridge, Belknap Press, 1986.

RIGHETTI, Mario. *Manuale di Storia Liturgica*. 4 vols. Milão, Ancora, 1945–1953.

SADIE, Stanley (org.). *New Grove Dictionary of Music and Musicians*. Nova York, W. W. Norton, 1988.

SCHULTE, A. J. Host. *Catholic Encyclopedia* (1910) 7, 489–97.

STULKEN, Mary Kay. *Hymnal Companion to the Lutheran Book of Worship*. Filadélfia, Fortress Press, 1981.

TAFT, Robert. *The Liturgy of the Hours in East and West*. Collegeville, MN, Liturgical Press, 1986.

VOGEL, Cyrille. *Medieval Liturgy, An Introduction to the Sources*. Trad. e rev. de William Storey e Niels Rasmussen. Washington, DC, Pastoral Press, 1986.

WHITE, James. *A Brief History of Christian Worship*. Nashville, Abingdon Press, 1993.

WHITE, L. Michael. *The Social Origins of Christian Architecture*. Vol. 1, *Building God's House in the Roman World, Architectural adaptation among Pagans, Jews and Christians*. Baltimore, The Johns Hopkins University Press, 1990. Vol. 2, *Texts and Monuments for the Christian Domus Ecclesiae in its Environment*. Harvard Theological Studies 42. Valley Forge, PA, Trinity Press International, 1997.

WIENANDT, Elwyn A. (org.). *Opinions on Church Music*. Waco, TX, Baylor University Press, 1974.

WILKEN, Robert. *The Myth of Christian Beginnings*. Notre Dame, IN, University of Notre Dame Press, 1981.

Bibliografia para o capítulo 1

The Babylonian Talmud. Ed. de Isidore Epstein. 34 vols. Londres, Soncino Press, 1935–1959.

BERGER, Teresa. *Women's Ways of Worship, Gender Analysis and Liturgical History*. Collegeville, MN, Liturgical Press, 1999.

BIRNBAUM, Philip. *The Passover Haggadah*. Nova York, Hebrew Publishing Company, 1953.

BROOTEN, Bernadette. *Women Leaders in the Ancient Synagogue, Inscriptional Evidence and Background Issues*. Brown Judaic Studies 36. Chico, CA, Scholars Press, 1982.

BROWN, Raymond E. *The Churches the Apostles Left Behind*. Nova York, Paulist Press, 1984.

__; FITZMYER, Joseph; Murphy, Roland (orgs.). *The New Jerome Biblical Commentary*. Englewood Cliffs, NJ, Prentice-Hall Inc., 1990.

CHARLES, R. H., (org.). *The Book of Jubilees or The Little Genesis*. Londres, A. and C. Black, 1902.

CHIAT, Marilyn. Form and Function in the Early Synagogue and Church. *Worship* 69, n. 5 (1995), 406–26.

__. *Handbook of Synagogue Architecture*. Chico, CA, Scholars Press, 1982.

CHRYSOSTOM, John. *Eight Homilies against the Jews*. Disponível em: <http://www.fordham.edu/halsall/source/chrysostom-jews6.html>. Acesso em: 30 mai. 2023.

CROSSAN, John Dominic. *The Historical Jesus, The Life of a Mediterranean Jewish Peasant*. São Francisco, HarperSanFrancisco, 1991.

CROWE, Frederick E. *Theology of the Christian Word, A Study in History*. Nova York, Paulist Press, 1978.

DALY, Robert. *The Origins of the Christian Doctrine of Sacrifice*. Filadélfia, Fortress Press, 1978.

DEICHGRÄBER, Reinhard. *Gotteshymnus und Christushymnus in der frühen Christenheit*. Göttingen, Vandenhoeck and Ruprecht, 1967.

FOLEY, Edward. The Cantor in Historical Perspective. *Worship* 56 (1982), 194–213.

__. *Foundations of Christian Music, The Music of Pre-Constantinian Christianity*. American Essays in Liturgy. Collegeville, MN, Liturgical Press, 1996.

__. "The Question of Cultic Singing in the Christian Community of the First Century." Tese não publicada, Universidade de Notre Dame, 1980.

GELINEAU, Joseph. Music and Singing in the Liturgy. *The Study of Liturgy*. 440–49. Ver bibliografia geral acima, CHESLYN, Jones et al. *The Study of Liturgy*. Ed. rev. Nova York, Oxford University Press, 1992.

GUTMANN, Joseph. Synagogue Origins, Theories and Facts. In: *Ancient Synagogues, The State of Research*, ed. por Jacob Neusner et al, 1–6. Brown Judaic Studies 22. Chico, CA, Scholars Press, 1981.

HAHN, Ferdinand. *The Worship of the Early Church*. Filadélfia, Fortress Press, 1973.

HEINEMANN, Joseph. *Prayer in the Talmud, Forms and Patterns*. Studia Judaica 9. Berlim-Nova York, Walter de Gruyter, 1977.

HOFFMAN, Lawrence. *The Canonization of the Synagogue Service*. Notre Dame–Londres, University of Notre Dame Press, 1979.

___. *The Sh'ma and Its Blessings*. Vol. 1, *My People's Prayer Book, Traditional Prayers, Modern Commentaries*. Woodstock, VT, Jewish Lights Publishing, 1997.

HOPPE, Leslie. *The Synagogues and Churches of Ancient Palestine*. Collegeville, MN, Liturgical Press, 1993.

IDELSOHN, A. Z. *Jewish Music in its Historical Development*. Nova York, Schocken Books, 1967 [1929].

JEREMIAS, Joachim. *The Eucharistic Words of Jesus*. Trad. de Norman Perrin. Filadélfia, Fortress Press, 1977.

JOSEFO, Flávio. *The Works of Flavius Josephus*. Trad. de William Whiston. Auburn, Buffalo, John E. Beardsley, 1895.

LAVERDIERE, Eugene. *Dining in the Kingdom of God*. Chicago, Liturgy Training Publications, 1994.

MALIT, Jesus M. "From *Berakah* to *Misa Ng Bayang Pilipino*, Exploring the Depths of a Filipino Eucharistic Spirituality through the *Philipino* Rite." Projeto de tese de doutorado em ministério, Catholic Theological Union, Chicago, 2001.

MARTIN, Ralph. *Worship in the Early Church*. Ed. rev. Grand Rapids, Wm. B. Eerdmans, 1975. Trad. Bras.: *Adoração na igreja primitiva*. 2ª ed., São Paulo, Vida Nova, 2012.

MAXWELL, C. Mervyn. *Chrysostom's Homilies Against the Jews, An English Translation*. Tese de doutorado, Universidade de Chicago, 1967.

MEEKS, Wayne A. *The First Urban Christians, The Social World of the Apostle Paul*. New Haven, Yale University Press, 1983. Trad. Bras.: *Os primeiros cristãos urbanos. O mundo social do apóstolo Paulo*. Santo André, SP, Academia Cristã, 2015.

The Mishnah, A New Translation. Ed. e trad. de Jacob Neusner. New Haven, Yale University Press, 1988.

MURPHY-O'CONNOR, Jerome. The Corinth that Saint Paul Saw. *Biblical Archaeologist* 47, n. 3 (1984), 147–59.

NATTIEZ, Jean-Jacques. *Music and Discourse, Toward a Semiology of Music*. Trad. de Carolyn Abbate. Princeton, Princeton University Press, 1990.

NEUSNER, Jacob. *The Way of Torah*. 3ª ed. North Scituate, MA, Duxbury Press, 1979.

OVERMAN, J. Andrew. Who were the First Urban Christians? Urbanization in Galilee in the First Century. In: *SBL Seminar Papers 1988*, ed. de David J. Lull, 160–68. Atlanta, Scholars Press, 1988.

Past Worlds. The Times Atlas of Archaeology. Londres, Times Books Ltd., 1988.

PERELMUTER, Hayim Goren. *Siblings, Rabbinic Judaism and Early Christianity at their Beginnings*. Nova York, Paulist Press, 1989.

PERRIN, Norman; DULING, Dennis C.. *The New Testament, An Introduction*. 2ª ed. Nova York, Harcourt, Brace, Jovanovich, 1982.

PETUCHOWSKI, Jakob J.; BROCKE, Michael (orgs.). *The Lord's Prayer and Jewish Liturgy*. Nova York, Seabury Press, 1978.

REIF, Stefan. *Judaism and Hebrew Prayer, New Perspectives on Jewish Liturgical History*. Cambridge, Cambridge University Press, 1993.

ROWLEY, H. H. *Worship in Ancient Israel, Its Forms and Meaning*. Londres, SPCK, 1967.

SEAGER, Andrew. Ancient Synagogue Architecture, An Overview. In: *Ancient Synagogues, The State of Research*, ed. de Jacob Neusner et al., 39–47. Brown Judaic Studies 22. Chico, CA, Scholars Press, 1981.

The Song of the Sabbath Sacrifice. Transcrição e tradução de Carol Newsom. Disponível em: <http://www.ibiblio.org/expo/deadsea.scrolls.exhibit/Library/songs.html>. Acesso em: 30 mai. 2023.

STUHLMUELLER, Carroll. *Psalms 1 & 2.* 2 vols. Old Testament Message 21 & 22. Wilmington, DE, Michael Glazier, 1983.

VAUX, Roland de. *Ancient Israel.* 2 vols. Nova York, McGraw-Hill, 1965.

WALBANK, Frank W. "Alexander." *The New Encyclopaedia Britannica.* 15ª ed. Chicago, Encyclopaedia Britannica Inc., 1974. Macropaedia I, 468–473.

WERBLOWSKY, R. J. Zwi; WIGODER, Geoffrey (orgs.). *The Oxford Dictionary of the Jewish Religion.* Nova York, Oxford University Press, 1997.

WERNER, Eric. *The Sacred Bridge.* Vol. 1. Nova York, Columbia University Press, 1959.

___. *The Sacred Bridge.* Vol. 2. Nova York, Ktav Publishing House, 1984.

WIGODER, Geoffrey. *The Story of the Synagogue.* São Francisco, Harper & Row, 1986.

Bibliografia para o capítulo 2

Acta Pauli. Ed. e trad. de Wilhelm Schubert e Carl Schmidt. Hamburg, J. J. Austin, 1936.

AUDET, Jean-Paul. *La Didachè, Instructions des Apôtres.* Études Bibliques. Paris, J. Gabalda, 1958.

BALDOVIN, John. Hippolytus and the Apostolic Tradition, Recent Research and Commentary. *Theological Studies* 64 (2003), 520–542.

BERGANT, Dianne. Come Let Us Go up to the Mountain of the Lord. In: *Developmental Disabilities and Sacramental Access, New Paradigms for Sacramental Encounters*, ed. de Edward Foley. Collegeville, MN, Liturgical Press, 1994, 13–32.

BERGER, Teresa. *Women's Ways of Worship, Gender Analysis and Liturgical History.* Collegeville, MN, Liturgical Press, 1999.

The Book of Pontiffs (Liber Pontificalis). Ed. e trad. de Raymond Davis. Ed. rev. Translated Texts for Historians 6. Liverpool, Liverpool University Press, 2000.

BRADSHAW, Paul. Ancient Church Orders. In: *Fountain of Life*, ed. de Gerard Austin, 3–22. Washington, DC, The Pastoral Press, 1991.

CHADWICK, Henry. *The Early Church.* Pelican History of the Church 1. Harmondsworth, PA, Penguin Books, 1967.

CHARLESWORTH, James (org., trad.). *The Odes of Solomon, The Syriac Texts.* Texts and Translations 13, Pseudepigrapha Series 7. Missoula, MT, Scholars Press, 1977.

Clement of Alexandria. Ed. Alexander Roberts e James Donaldson. Hinos traduzidos por W. L. Alexander in *Ante-Nicene Fathers.* Vol. 2. Nova York, Charles Scribner's Sons, 1926 (296).

CONNOLLY, R. H. (org., trad.). *Didascalia Apostolorum.* Oxford, Oxford University Press, 1929.

Sancti Cypriani Episcopi Opera. *Corpus Christianorum, Series Latina.* 5 vols. Ed. de R. Weber, et al. Turnhout, Brepols, 1972.

DALY, Robert. *The Origins of the Christian Doctrine of Sacrifice.* Filadélfia, Fortress Press, 1978.

DANIELOU, Jean. *The Bible and the Liturgy.* Ann Arbor, Servant Books, 1979 [1956]. Trad. Bras.: *Bíblia E Liturgia.* São Paulo, Paulinas, 2013.

DUCHESNE, Louis. *Le Liber Pontificalis.* 3 vols. Bibliothèque des Écoles Francaises d'Athenes et de Rome. Paris, E. de Boccard, 1981.

EPIFÂNIO. *The Panarion of St. Epiphanius, Bishop of Salamis.* Trad. de Philip Amidon. Nova York, Oxford University Press, 1990.

EUSÉBIO DE CESAREIA. *Sulla vita di Costantino.* Ed. e trad. de Luigi Tartaglia. Nápoles, M. D'Auria, 1984.

EUSÉBIO. *The History of the Church.* Trad. de G. A. Williamson. Harmondsworth, PA, Penguin Books, 1965.

FITZMYER, Joseph. The Languages of Palestine in the First Century A.D. In: *A Wandering Aramean, Collected Aramaic Essays*, 29–56. Chico, CA, Scholars Press, 1979.

FUNK, F. X. (org.). *Didascalia et Constitutiones Apostolorum*. 2 vols. Paderborn, F. Schoeningh, 1905.

Gesta apud Zenophilum. Ed. por Carolus Ziwsa. Corpus Scriptorum Ecclesiasticorum Latinorum 26. Viena, F. Tempsky, 1893 (185–197).

HENNECKE, Edgar. *New Testament Apocrypha*. 2 vols. Ed. de Wilhelm Schneemelcher. Trad. de Robert McLachlan Wilson. Filadélfia, Westminster Press, 1963–1965.

IDELSOHN, A. Z. *Jewish Music in Its Historical Development*. Nova York, Schocken Books, 1967 [1929].

INÁCIO DE ANTIOQUIA. *The Apostolic Fathers*. Ed. e trad. de Kirsop Lake. The Loeb Classical Library 24. Londres, W. Heinemann, 1930.

IRENEU DE LYON. *Contre les hérésies, Livre IV-1*. Ed. por Adelin Rousseau. Sources chrétiennes n. 100. Paris, Éditions du Cerf, 1965.

KRAELING, C. H. *Excavation at Dura Europos. Final Report 8, Part 2, The Christian Building*. New Haven, Yale University Press, 1967.

MACAULAY, David. *City, The Story of Roman Planning and Construction*. Boston, Houghton Mifflin Company, 1974.

MAGIE, David (org., trad.). *Scriptores Historiae Augustae*. 3 vols. Loeb Classical Library 139, 140, 263. Cambridge, Harvard University Press, 1967.

MALONE, Edward. *The Monk and the Martyr, The Monk as the Successor of the Martyr*. Washington, DC, Catholic University of America Press, 1950.

MCGOWAN, Andrew Brian. *Ascetic Eucharists, Food and Drink in Early Christian Ritual Meals*. Oxford, Clarendon Press, 1999.

MCKINNON, James. *The Advent Project, The Later-Seventh-Century Creation of the Roman Mass Proper*. Berkeley, University of California Press, 2000.

__. The Meaning of the Patristic Polemic against Musical Instruments. *Current Musicology* 1 (1985), 69–82.

MOHRMANN, Christine. Le latin commun et le latin des chrétiens. *Vigiliae Christianae* 1, n. 1 (1947), 1–12.

NEUSNER, Jacob. *There We Sat Down, Talmudic Judaism in the Making*. Nova York, Ktav Publishing House, 1978.

PERELMUTER, Hayim Goren. *Siblings, Rabbinic Judaism and Early Christianity at their Beginnings*. Nova York, Paulist Press, 1989.

PLÍNIO. Letter to the Emperor Trajan. *Pliny, Letters and Panegyricus*. Trad. de Betty Radice. Loeb Classical Library 59. Cambridge, Harvard University Press, 1969.

ROBERTS, Colin; SKEAT, T. C. *The Birth of the Codex*. Londres, Oxford University Press, 1983.

ROUTLEY, Erik. *The Music of Christian Hymns*. Chicago, GIA Publications Inc., 1981.

RUSSELL, James. *The Germanization of Early Medieval Christianity, A Sociohistorical Approach to Religious Transformation*. Nova York–Oxford, Oxford University Press, 1994.

TÁCITO. *Annals, Books 13–15*. Trad. de John Jackson. Loeb Classical Library 322. Londres, William Heinemann Ltd., 1937.

TAFT, Robert. Mass without the Consecration?. *Worship* 77 (2003), 482–509.

TERTULIANO. *Corpus Christianorum, Series Latina*. 2 vols. Ed. de Eligius Dekkers. Turnhout, Brepols, 1953.

Bibliografia para o capítulo 3

Acta Sanctorum. Société des Bollandistes. 3ª ed. 68 vols. Paris, Victor Palmé, 1863–1940.

Amalarii episcopi Opera liturgica omnia. Ed. de Ioanne Michaele Hanssens. Studi e testi, 138–140. Citade do Vaticano, Biblioteca Apostolica Vaticana, 1948–1950.

AMBRÓSIO. *Des Sacrements. Des Mystères*. Ed. e trad. de Bernard Botte. Source chrétiennes 25 bis. Paris, Cerf, 1961.

ANDRIEU, Michel. *Les Ordines Romani du Haut Moyen Âge*. 5 vols. Spicilegium sacrum Lovaniense 11, 23–24, 28–29. Louvain, 1960.

APEL, Willi. *Gregorian Chant*. Bloomington, Indiana University Press, 1958.

The Confessions and Letters of St. Augustine. Ed. de Philip Schaff. Nicene and Post-Nicene Fathers, 1. Nova York, Christian Literature Company, 1892.

BALDOVIN, John. Kyrie Eleison and the Entrance Rite of the Roman Eucharist. *Worship* 60 (1986), 334–347.

BERGERE, Thea; BERGERE, Richard. *The Story of St. Peter's*. Nova York, Dodd, Mead & Company, 1966.

Book of Pontiffs, The (Liber Pontificalis). Ed. e trad. de Raymond Davis. Ed. rev. Translated texts for Historians 6. Liverpool, Liverpool University Press, 2000.

BOULEY, Allan. *From Freedom to Formula, The Evolution of the Eucharistic Prayer from Oral Improvisation to Written Texts*. The Catholic University of America Studies in Christian Antiquity, 21. Washington, DC, The Catholic University of America Press, 1981.

BRADSHAW, Paul. *The Search for the Origins of Christian Worship*. 2º ed. Nova York, Oxford University Press, 2002.

CALLAM, Daniel. The Frequency of the Mass in the Latin Church, ca. 400. *Theological Studies* 45 (1985), 615–626.

CRISÓSTOMO, João. "Second Baptismal Instruction." Trad. de Paul Harkins. Ancient Christian Writers 31. Westminster, MD, Newman Press, 1963.

DALY, Robert. *The Origins of the Christian Doctrine of Sacrifice*. Filadélfia, Fortress Press, 1978.

DENIS-BOULET, Noele M. *The Christian Calendar*. Trad. de P. Hepburne-Scott. The Twentieth Century Encyclopedia of Catholicism 113. Nova York, Hawthorn Books, 1960.

DUBOIS, Jacques. *Les martyrologes du moyen âge latin*. Typologie des sources du moyen âge occidental 26. Turnhout, Brepols, 1978.

DUCHESNE, Louis. *Liber Pontificalis*. 3 vols. Bibliothèque des Ecoles Francaises d'Athènes et de Rome. Paris, E. de Boccard, 1981.

Epistles of St. Clement of Rome and St. Ignatius of Antioch, The. Ed. e trad. de James Kleist. Ancient Christian Writers 1. Ramsey, NJ, Newman Press, 1946.

EUSÉBIO. *The History of the Church*. Trad. de G. A. Williamson. Harmondsworth, PA, Penguin Books, 1965.

FARLEY, Edward. *Theologia, The Fragmentation and Unity of Theological Education*. Filadélfia, Fortress Press, 1983.

FOLEY, Edward. The Song of the Assembly in Medieval Eucharist. In: *Medieval Liturgy*, Ed. de Lizette Larson-Miller, 203–234. Garland Medieval Casebooks, 18. Nova York-Londres, Garland Publishing, 1997.

FUNK, F. X. (org.). *Didascalia et Constitutiones Apostolorum*. 2 vols. Paderborn, F. Schoeningh, 1905.

GALAVARIS, George. *Bread and the Liturgy, The Symbolism of Early Christian and Byzantine Bread Stamps*. Madison, University of Wisconsin Press, 1970.

Genádio. *De viris illustribus*. Ed. de Ernest Cushing Richardson. Leipzig, J.C. Hinrichs, 1896.

Graduale Sacrosanctae Romanae Ecclesiae de Tempre et de Sanctis. Solemne, 1979.

GREGÓRIO MAGNO. *Dialogues*. 3 vols. Ed. de Adalbert de Vogüé, Trad. de Paul Antin, Sources chrétiennes nos. 251, 260, 265. Paris, Éditions du Cerf, 1978–1980.

GREGORY, Wilton. The Lector–Minister of the Word, An Historical and Liturgical Study of the Office of the Lector in the Western Church. 2 vols. Tese de doutorado, The Pontifical Liturgical Institute, 1980.

HOPPIN, Richard H. *Medieval Music*. Nova York, W. W. Norton, 1978.

IRENEU DE LYON. *Contre les Hérésies, livre iv*. Ed. de Adelin Rousseau et al. Source chrétiennes 100. Paris, Cert, 1965.

IRWIN, Kevin. *Context and Text, Method in Liturgical Theology*. Collegeville, MN, Liturgical Press, 1994.

Isidori Hispalensis Episcopi. *Etymologiarvm sive originvm libri XX*. 2 vols. Ed. de W. M. Lindsay. Oxford, Clarendon Press, 1962.

Jeffery, Peter. The Introduction of Psalmody into the Roman Mass by Pope Celestine I (422–32). *Archiv für Liturgiewissenschaft* 26 (1984), 147–165.

Jungmann, Josef. *Pastoral Liturgy*. Nova York, Herder and Herder, 1962.

Leão Magno. *Sermons of Leo The Great*. Trad. de C. L. Feltoe. Library of Nicene and Post Nicene Fathers. 2nd Series, vol. 12. Nova York, Christian Literature Company, 1895.

Life of Basil, c.vi. in *Acta Sanctoum*, June, vol. III, *Acta Sanctorum, editio novissima*. Paris, V. Palme, 1863.

Martimort, Aimé-Georges. *Les Lectures liturgiques et leurs Livres*. Typologie des sources du moyen âge occidental 64. Turnhout, Brepols, 1992.

___. *Les "Ordi nes", les Ordinaires et les Cérémoniaux*. Typologie des sources du moyen âge occidental 56. Turnhout, Brepols, 1991.

Mathews, Thomas F. *The Clash of Gods, A Reinterpretation of Early Christian Art*. Princeton, Princeton University Press, 1993.

___. An Early Roman Chancel Arrangement and Its Liturgical Function. *Revista di Archeologia Cristiana* 38 (1962), 73–95.

McKinnon, James. *The Advent Project, The Later-Seventh-Century Creation of the Roman Mass Proper*. Berkeley, CA, University of California Press, 2000.

Mohlberg, Leo Cunibert (org.). *Sacramentarium Veronense*. Rerum Ecclesiasticarum Documenta, Series maior, fontes 1. Roma, Herder, 1966.

Osborne, Kenan. *Priesthood, A History of the Ordained Ministry in the Roman Catholic Church*. Nova York, Paulist Press, 1988.

Poems of Prudentius, The. Trad. de M. Clement Eagan. Washington, DC, The Catholic University of America Press, 1962.

Quasten, Johannes. *Music and Worship in Pagan and Christian Antiquity*. Trad. de Boniface Ramsey. Washington, DC, National Association of Pastoral Musicians, 1983.

Roberti, Mario Mirabella. *Grado*. 3ª ed. Trieste, sem data.

Schaeffer, Francis J. The Tabernacle, Its History, Structure and Custody. *The Ecclesiastical Review* 87 (1935), 449–468.

Sheerin, Daniel. *The Eucharist*. Messages of the Fathers of the Church 7. Wilmington, DE, Michael Glazier, 1986.

Spinks, Brian. The Jewish Sources for the Sanctus. *The Heythrop Journal* 21 (1980), 168–179.

Taft, Robert. *Beyond East and West, Problems in Liturgical Understanding*. 2ª ed. Roma, Pontifical Oriental Institute, 1997.

Toynbee, Jocelyn; Perkins, John Ward. *The Shrine of St. Peter and the Vatican Excavations*. Londres, Longmans, Green and Co., 1956.

Wilkinson, John. *Egeria's Travels to the Holy Land*. Ed. rev. Jerusalem and Warminster, England, Ariel, 1981.

Willis, G. G. The Consecration of Churches Down to the Ninth Century. In: *Further Essays in Early Roman Liturgy*, 133–173. Alcuin Club 50. Londres, SPCK, 1968.

Yarnold, Edward. *The Awe-Inspiring Rites of Initiation*. Slough, England, St. Paul Publications, 1977.

Bibliografia para o capítulo 4

Andrieu, Michel. *Les Ordines Romani du Haut Moyen Âge*. 5 vols. Spicilegium Sacrum Lovaniense. Louvain, 1960.

Baldovin, John. *The Urban Character of Christian Worship, The Origins, Development and Meaning of Stational Liturgy*. Orientalia Christiana analecta 228. Roma, Pont. Institutum Studiorum Orientalium, 1987.

Bede. *A History of the English Church and People*. Trad. de Leo Sherley-Price. Ed. rev. Middlesex, Penguin Books, 1968.

Chavasse, Antoine. L'Organisation stationnale du carême romain, avant le VIIIe siècle, une organisational 'pastorale.' *Revue des Sciences Religieuses* 56, n. 1 (1982), 17–32.

CHUPUNGCO, Anscar. *Cultural Adaptation of the Liturgy.* Nova York, Paulist Press, 1982.

CLEMENT, Richard W. A Survey of Antique, Medieval, and Renaissance Book Production. In: *Art into Life, Collected Papers from the Kresge Art Museum Medieval Symposia*, ed. de Carol Garrett Fisher and Kathleen Scott, 9–47. East Lansing, Michigan State University Press, 1995.

CROOK, John. *The Architectural Setting of the Cult of Saints in the Early Christian West, c. 300–c. 1200.* Oxford historical monographs. Oxford, Clarendon Press, 2000.

Eucharistic Vessels of the Middle Ages. [s.l.]. Garland Publishing, 1975.

FARLEY, Edward. *Theologia, The Fragmentation and Unity of Theological Education.* Filadélfia, Fortress Press, 1983.

GREGÓRIO MAGNO. Letter to Bishop Palladius of Saintes. In: *S. Gregorii Magni Opera, Registrum Epistularum Libri I–VII*, ed. de Dag Norberg. Corpus Christianorum, Series Latina. Turnholt, Brepols, 1982.

GY, Pierre-Marie. Typologie et ecclésiologie des livres liturgiques médiévaux. In: *Liturgie dans l'histoire*, 75–89. Paris, Le Cerf, 1990.

HAÜSSLING, Angelus Albert. *Mönchskonvent und Eucharistiefeier.* Liturgiewissenschaaftliche Quellen und Forschungen 58. Münster, Aschendorff, 1973.

HUCKE, Helmut. Toward a New Historical View of Gregorian Chant. *Journal of the American Musicological Society* 33 (1980), 437–467.

KANDLER, K.-H. Wann werden die Azyma das Brotelement in der Eucharistie im Abendland? *Zeitschrift für Kirchengeschichte* 75 (1964), 153–155.

LEHMANN, Edgar. Die Anordnung der Altäre in der Karolingischen Kosterkirche zu Centula. In: *Karl Der Grosse, Lebenswerk und Nachleben*, ed. de Wolfgang Braunsfels e Hermann Schnitzler, 374–383. Dusseldorf, 1966.

MACY, Gary. *Theologies of the Eucharist in the Early Scholastic Period.* Cambridge, Cambridge University Press, 1984.

MADIGAN, Kevin. The Parish in the Year 1000. *Chicago Studies* 37, n. 3 (1998), 233–244.

MANION, M. Francis. Stipends and Eucharistic Praxis. *Worship* 57 (1983), 194–214.

McCRACKEN, George (org.). *Early Medieval Theology.* Library of Christian Classics 9. Londres, SCM Press, 1957.

McKINNON, James. *The Advent Project, The Later-Seventh-Century Creation of the Roman Mass Proper.* Berkeley, University of California Press, 2000.

McMILLAN, Sharon. How the Presbyter Becomes a Priest. In: *Studia Liturgica Diversa*, ed. de Maxwell Johnson e L. Edward Phillips, 163–75. Portland, Pastoral Press, 2004.

McNEILL, John; GAMER, Helena. *Medieval Handbooks of Penance.* Nova York, Octagon Books, 1965.

McSHERRY, Patrick. *Wine as Sacramental Matter and the Use of Mustum.* Washington, DC, National Clergy Council on Alcoholism, 1986.

MIRGELER, Arthur. *Mutations of Western Christianity.* Notre Dame, University of Notre Dame Press, 1968 [1961].

MOHLBERG, Leo C. (org.). *Liber Sacramentorum Romanae Aecclesiae Ordinis Anni Circuli.* Rerum Ecclesiasticarum Documenta, Series maior, fontes 4. Roma, Herder, 1960.

___. *Missale Francorum.* Rerum Ecclesiasticarum Documenta, Series maior, fontes 2. Roma, Herder, 1957.

___. *Missale Gallicanum Vetus.* Rerum Ecclesiasticarum Documenta, Series maior, fontes 3. Roma, Herder, 1958.

___. *Missale Gothicum.* Rerum Ecclesiasticarum Documenta, Series maior, fontes 2. Roma, Herder, 1961.

Monastic Constitutions of Lanfranc, The. Ed. e trad. de David Knowles. Ed. rev. Christopher Brooke. Oxford, Clarendon Press, 2002.

NELSON, Lynn Harry. *Lectures in Medieval History.* E-Book. Historical Text Archive Edition, 2004.

PELIKAN, Jaroslav. *The Christian Tradition, A History of the Development of Doctrine.* Vol. 3, *The Growth of Medieval*

Theology (600–1300). Chicago–Londres, The University of Chicago Press, 1978.

POINARD, M. Robert. *Tournus, Abbaye Saint-Philibert*. Tournus, Presbytère de Tournus, [s.d.].

POUNDS, Norman J. G. *A History of the English Parish, The Culture of Religion from Augustine to Victoria*. Cambridge–Nova York, Cambridge University Press, 2000.

RASMUSSEN, Niels Krogh. *Les Pontificaux du haut Moyen Âge*. Spicilegium Sacrum Lovaniense 49. Leuven, Spicilegium Sacrum Lovaniense, 1998.

RUFF, Anthony. A Millennium of Congregational Song. *Pastoral Music* (fevereiro-março, 1997), 11–15.

RUSSELL, James. *The Germanization of Early Medieval Christianity, A Sociohistorical Approach to Religious Transformation*. Nova York–Oxford, Oxford University Press, 1994.

RUTHERFORD, Richard. *The Death of a Christian, The Rite of Funerals*. Collegeville, MN, Liturgical Press, 1980.

RYAN, Michael. *Early Irish Communion Vessels, Church Treasures of the Golden Age*. Dublin, National Museum of Ireland, 1985.

SHEERIN, Daniel. *The Eucharist*. Messages of the Fathers of the Church 7. Wilmington, DE, Michael Glazier, 1986.

TERTULIANO. *Corpus Christianorum, Series Latina*. 2 vols. Ed. de Eligius Dekkers. Turnhout, Brepols, 1953.

VOGEL, Cyrille. Orientation dans les Ordines Romani. *La Maison Dieu* 70 (1962), 67–99.

___. La Multiplication des Messes Solitaires au Moyen Âge, Essai de Statistique. *Revue des Sciences Religieuse* 55 (1981), 206–213.

WILLIS, G. G. *Further Essays in Early Roman Liturgy*. Alcuin Club Collections 50. Londres, SPCK, 1968.

Bibliografia para o capítulo 5

ANDRIEU, Michel. Aux origines du culte du Saint-Sacrement. Reliquaires et monstrances eucharistiques. *Analecta Bollandiana* 68 (1950), 397–418.

AQUINO, Tomás. *Summa Theologica*. Trad. de Fathers of the English Dominican Province. 3 vols. Nova York: Benzinger Brothers, 1948. Trad. Bras.: Coleção Suma Teológica. São Paulo: Loyola, 2006.

Architecture of Marcus Vitruvius Pollio, The. Trad. de Joseph Gwilt. Londres: Priestley and Weale, 1826.

ARMSTRONG, Regis; HELLMANN, J. A. Wayne; SHORT, William (orgs.). *Francis of Assisi: Early Documents*. Vol. 1, The Saint. Nova York: New City Press, 1999.

BROWE, Peter. *Die Verehrung der Eucharistie im Mittelalter*. Roma: Herder, 1967 [1932].

BYNUM, Caroline Walker. *Holy Feast and Fast: The Religious Significance of Food to Medieval Women*. Berkeley, CA: University of California Press, 1987.

CASSIRER, Ernst. *The Philosophy of the Enlightenment*. Boston: Beacon Press, 1955.

CRECELIUS, W. Crailsheimer Schulordnung von 1480 mit deutschen geistlichen Liedern. *Alemannia* 3 (1875), 251–52.

DIJK, S. J. P. van; WALKER, J. Hazelden. *The Origins of the Modern Roman Liturgy*. Londres: Darton, Longman and Todd, 1960.

DUFFY, Eamonn. *The Stripping of the Altars: Traditional Religion in England 1400–1580*. New Haven: Yale University Press, 1992.

EISENSTEIN, Elizabeth. *The Printing Revolution in Early Modern Europe*. Cambridge: Cambridge University Press, 1993.

ENGEN, John van. *Devotio Moderna: Basic Writings*. Nova York: Paulist Press, 1988.

FAGAN, Brian. *The Little Ice Age: How Climate Made History, 1300–1850*. Nova York: Basic Books, 2000.

FOLEY, Edward. *The First Ordinary of the Royal Abbey of St.-Denis in France*. Spicilegium Friburgense 32. Fribourg: The University Press, 1990.

FORTESCUE, Adrian. *The Mass: A Study of the Roman Liturgy*. Londres: Longmans, Green & Co., 1912.

FROUDE, J. A. *Life and Letters of Erasmus*. Nova York: Charles Scribner's Sons, 1895.

GLEASON, Harold (org.). *Examples of Music before 1400*. Nova York: Appleton-Century-Crofts Inc., 1942.

Guillelmi Duranti Rationale Divinorum Officiorum I-IV. Ed. de Anselme Davril e Timothy Thibodeau. Corpus Christianorum, Continuatio Mediaevalis 140. Turnhout: Brepols, 1995.

HARTHAN, John. *The Book of Hours*. Nova York: Park Lane, 1977.

HENDERSON, Ernest F. *Select Historical Documents of the Middle Ages*. Londres: George Bell and Sons, 1910.

HERBERT, Christopher. Permanent Easter Sepulchres: a Victorian Re-creation? *Church Archaeology* 7/8/9 (2006), 7–19.

HOPPIN, Richard H. *Medieval Music*. Nova York: W. W. Norton, 1978.

JUNGMANN, Josef. *Pastoral Liturgy*. Nova York: Herder and Herder, 1962.

KENNEDY, V. L. The Moment of Consecration and the Elevation of the Host. *Medieval Studies* 6 (1944), 121–150.

KING, Ross. *Brunelleschi's Dome*. Nova York: Penguin Books, 2001. Trad. Bras.: *O Domo de Brunelleschi*. Rio de Janeiro: Record, 2ª ed., 2013.

KREIS, Steve. Renaissance Humanism. Disponível em: <http://www.historyguide.org/intellect/humanism.html>. Acesso em: 30 mai. 2023.

Lay Folks Mass Book, The. Ed. de Thomas Frederick Simmons. Early English Text Society, Original Series 71. Londres: Oxford University Press, 1968 [1879].

LUBAC, Henri de. *Corpus Mysticum: L'Eucharistie et l'église au Moyen-Âge*. Paris: Aubier, 1944.

MACY, Gary. *Treasures from the Storeroom: Medieval Religion and the Eucharist*. Collegeville, MN: Liturgical Press, 1999.

MARIENWERDER, Johannes von. *The Life of Dorothea von Montau: A Fourteenth-Century Recluse*. Trad. de Ute Stargardt. Studies in Women and Religion, 39. Lewiston, NY: Edwin Mellen Press, 1997.

Ordinarium juxta ritum sacri Ordinis Fratru Fraedicatorum. Ed. de Francis Guerrini. Roma: Collegium Angelicum, 1921.

OSTDIEK, Gilbert. The Threefold Fruits of the Mass: Notes and Reflections on Scotus' Quodlibetal Questions, q. 20. In: *Essays Honoring Allan B. Wolter*, Ed. de William A. Frank e Girard Etzkorn, 203–219. St. Bonaventure, NY: Franciscan Institute, 1985.

PANOFSKY, Erwin. *Gothic Architecture and Scholasticism*. Cleveland, OH: The World Publishing Company, 1957.

QUINN, Patrick. The Architectural Implications of the Choir in the Worshipping Community. *Liturgical Arts* 34 (1966), 38–46.

Regularis Concordia. Trad. e ed. de Thomas Symons. Londres: Thomas Nelson and Sons, 1953.

REESE, Gustave. *Music in the Middle Ages*. Nova York: W. W. Norton & Company, 1940.

___. *Music in the Renaissance*. Ed. rev.. Nova York: W. W. Norton & Company, 1959.

RUBIN, Miri. *Corpus Christi: The Eucharist in Late Medieval Culture*. Cambridge: Cambridge University Press, 1991.

___. *Gentile Tales: The Narrative Assault on Late Medieval Jews*. New Haven, CT: Yale University Press, 1999.

RUFF, Anthony. *Integration and Inconsistencies: The Thesaurus Musicae Sacrae in the Reformed Roman Eucharistic Liturgy*. Tese de Doutorado, Karl-Franzens-Universität, Graz, 1998.

___. A Millennium of Congregation Song. *Pastoral Music* (Fevereiro–Março, 1997), 11–15.

SIMSON, Otto von. *The Gothic Cathedra: Origins of Gothic Architecture and the Medieval Concept of Order*. 3ª ed. Bollingen Series 48. Princeton, NJ: Princeton University Press, 1988.

SOUTHERN, R. W. *Western Society and the Church in the Middles Ages*. Harmondsworth, PA: Penguin Books, 1970.

UNGER, Richard W. *Beer in the Middle Ages and the Renaissance*. Filadélfia: University of Pennsylvania Press, 2004.

VAUCHEZ, André. *The Laity in the Middle Ages: Religious Beliefs and Devotional Practices*. Ed. de Daniel Bornstein. Trad. de Margaret Schneider. Notre Dame, in: University of Notre Dame Press, 1993.

WIORA, Walter. The Origins of German Spiritual Folk Song: Comparative Methods in a Historical Study. *Ethnomusicology* 8 (1964), 1–13.

Bibliografia para o capítulo 6

ADDLESHAW, G. W. O.; ETCHELLS, F. *The Architectural Setting of Anglican Worship*. Londres: Faber and Faber, 1948.

BERTHIER, J. *A Compendium of Theology*. 4 vols. Trad. de Sidney A. Raemers. St. Louis–Londres: B. Herder, 1932.

BETT, Henry. *Nicholas of Cusa*. Merrick, NY: Richwood Publishing Co., 1976 [1932].

Boston Museum of Fine Arts. *American Church Silver of the Seventeenth and Eighteenth Centuries*. Boston, 1911.

BRILIOTH, Yngve. *Eucharistic Faith and Practice: Evangelical and Catholic*. Trad. de A. G. Herbert. Londres: SPCK, 1930.

CALVIN, John. *Institutes of the Christian Religion*. Ed. de John McNeill. Trad. de Ford Battles. 2 vols. The Library of Christian Classics, 20–21. Filadélfia: Westminster Press, 1960.

Canons and Decrees of the Council of Trent. Trad. de H. J. Schroeder. St. Louis–Londres: B. Herder, 1941.

Catalogue of Silver Treasures from English Churches. Londres: Christies, 1955.

China in Transition, 1517–1911. Ed. de Dun J. Li. Nova York: Van Nostrand Reinhold Company, 1969.

Concilium Tridentinum. Ed. de Societas Goerresiana. Vol. 8. Freiburg-Bresgau: Herder, 1964 [1919].

CREYTENS, Raymond. L'Ordinaire des Frères Prêcheurs au Moyen Âge. *Archivum Fratrum Praedicatorum* 24 (1954): 108–188.

DEL RÍO DE LA HOZ, Isabel. *The Cathedral and City of Toledo*. Londres: Scala, 2001.

DUFFY, Eamon. *The Voices of Morebath: Reformation and Rebellion in an English Village*. New Haven, CT: Yale University Press, 2001.

ELLIS, John Tracy. *Perspectives in American Catholicism*. Benedictine Studies 5. Baltimore, MD: Helicon, 1963.

FIORENZA, Francis Schüssler; GALVIN, John (orgs.). *Systematic Theology: A Roman Catholic Perspective*. 2 vols. Minneapolis, MN: Fortress Press, 1991.

The First and Second Prayer Books of Edward VI. Introdução de Douglas Harrison. Londres: J. M. Dent & Sons, 1975 [1910].

GARDNER, Samuel. *A Guide to English Gothic Architecture*. Cambridge: Cambridge University Press, 1922.

GROUT, Donald J.; PALISCA, Claude V. *A History of Western Music*. 4ª ed. Nova York: W. W. Norton & Company, 1988.

KOERNER, Joseph Leo. *The Reformation of the Image*. Chicago: University of Chicago Press, 2004.

Kreis, Steve. Renaissance Humanism. Disponível em: < http://www.historyguide.org/intellect/humanism.html>. Acesso em: 30 mai. 2023.

LIPPE, Robert (org.). *Missale Romanum, Mediolani 1474*. 2 vols. Henry Bradshaw Society, 17 and 33. Londres: Harrison and Sons, 1899 and 1907.

LUTHER, Martin. *Luther's Works*. Ed. de Jaroslav Pelikan e Helmut T. Lehman. St. Louis, MO: Concordia; Filadélfia: Fortress Press, 1955–1976.

MARTIMORT, A. G. *Les sacrements*. Vol. 3 de *L'Église in Prière*. Ed. de A. G. Martimort. Paris: Desclée, 1984.

MCCOOL, Gerald A. *Catholic Theology in the Nineteenth Century*. Nova York: Seabury Press, 1977.

MCLUHAN, Marshall. *The Gutenberg Galaxy: The Making of Typographic Man*. Toronto: University of Toronto Press, 1962.

O'CONNELL, J. B. *Church Building and Furnishing: The Church's Way: A Study in Liturgical Law*. Notre Dame, IN: University of Notre Dame Press, 1955.

PAHL, Imgaard. *Coena Domini*. Vol. 1. Spicilegium Friburgense 29. Freiburg: 1983.

PEACOCK, E. *English Church Furniture, Ornaments and Decorations at the Period of the Reformation as Exhibited in a List of the Goods Destroyed in Certain Lincolnshire Churches, 1566*. Londres: 1866.

PELIKAN, Jaroslav. *Bach among the Theologians*. Filadélfia: Fortress Press, 1985.

___. *The Christian Tradition: A History of the Development of Doctrine*. Vol. 4, *Reformation of Church and Dogma (1300–1700)*. Chicago–Londres: The University of Chicago Press, 1984.

Psautier de Geneve 1562–1865, Le. Genève: Bibliothèque Publique et Universitaire, 1986.

POWER, David. *The Sacrifice We Offer: The Tridentine Dogma and Its Reinterpretation*. Nova York: Crossroad, 1987.

REESE, Gustave. *Music in the Renaissance*. Ed. rev. Nova York: W. W. Norton & Company, 1959.

Reformatio: 400 Jahre Evangelishces Leben im Rheinland. Colônia: Walter Müller, 1965.

SACK, Daniel. *Whitebread Protestants: Food and Religion in American Culture*. Nova York: Palgrave, 2001

SEHLING, Emil. *Die evangelischen Kirchenordnungen des 16 Jahrhunderts*. Leipzig: O. R. Reisland, 1902–1913.

SHEPHERD, Massey. *At All Times and in All Places*. 3ª ed. rev. Nova York: Seabury Press, 1965.

Statuta Synodi Baltimorensis Anno 1791 Celebratae. Concilia Provincialia Baltimori habita ab anno 1829 usque ad annum 1849, Editio altera. Baltimore, MD: John Murphy and Co., 1851.

STEVENS, Denis. *Tudor Church Music*. Ed. rev. Nova York: W. W. Norton and Company, 1966.

STEVENSON, Robert. *Music in Aztec and Inca Territory*. Berkeley: University of California, 1968.

STILLER, Günther. *Johann Sebastian Bach and Liturgical Life in Leipzig*. Trad. de Herbert Bouman et al. Ed. de Robin Leaver. St. Louis, MO: Concordia, 1984.

SWIDLER, Leonard. *Aufklärung Catholicism, 1780–1850: Liturgical and Other Reforms in the Catholic Aufklärung*. Missoula: Scholars Press, 1978.

THOMPSON, Bard. *Liturgies of the Western Church*. Cleveland: Collins and World Publishing Co., 1962.

United States Bishops' Committee on the Liturgy, *Environment and Art in Catholic Worship*. Washington, DC: USCC, 1978.

VISSER, John de; KALMAN, Harold. *Pioneer Churches*. Nova York: W. W. Norton, 1976.

VOELKER, Carole. *Charles BorRomao's Instructiones Fabricae Et Supellectilis Ecclesiasticae, 1577: A Translation With Commentary and Analysis*. Tese de doutorado, Syracuse University, 1977.

WATTS, W. W. *Catalogue of Chalices and Other Communion Vessels*. Londres: Victoria and Albert Museum Department of Metalwork, 1922.

WEBER, Francis J. *America's First Vernacular Missal. America's Catholic Heritage, Some Bicentennial Reflections (1776–1976)*. St. Paul Editions, 1976.

WHITE, James. *Protestant Worship and Church Architecture*. Nova York: Oxford University Press, 1964.

___. *Protestant Worship: Traditions in Transition*. Louisville: Westminster John Knox Press, 1989.

___. *Roman Catholic Worship: Trent to Today*. Collegeville, MN: Liturgical Press, 2003.

Bibliografia para o capítulo 7

ArchNewsNow. "Rome: White concrete 'sails' soar into a Roman neighborhood." 23 de outubro, 2003. Disponível em: <http://www.archnewsnow.com/features/Feature123.htm>. Acesso em: 30 mai. 2023.

Baptism, Eucharist, and Ministry. Faith and Order Paper n. 111. Geneva: World Council of Churches, 1982.

BARZ, Gregory. *Performing Religion: Negotiating Past and Present in Kwaya Music of Tanzania*. Church and Theology in Context 42. Amsterdam–Nova York: Rodopi, 2003.

BLACKING, John. *How Musical is Man?* Seattle, WA: University of Washington Press, 1973.

BOTTE, Bernard. *From Silence to Participation*. Trad. de John Sullivan. Washington, DC: The Pastoral Press, 1988.

COLLINS, Peter. *Concrete: The Vision of a New Architecture, A Study of Auguste Perret and His Precursors*. Londres: Faber and Faber, 1959.

Common Lectionary. Nova York: The Church Hymnal Corporation, 1983.

Congregation for Divine Worship and the Discipline of the Sacraments. *Inculturation and the Roman Liturgy: Fourth Instruction for the Right Application of the Conciliar Constitution on*, 1994.

___. *Redemptionis Sacramentum*, 2004.

COPE, Gilbert (org.). *Making the Building Serve the Liturgy: Studies in the Re-Ordering of Churches*. Londres: A. R. Mowbray & Co., 1962.

DEBUYST, Frédéric. "Architectural Setting (Modern) and the Liturgical Movement." In *The New Westminster Dictionary of Liturgy and Worship*, ed. de J. G. Davies, 36–48. Filadélfia: Westminster Press, 1986.

DERI, Otto. *Exploring Twentieth-Century Music*. Nova York: Holt, Rinehart and Winston, Inc., 1968.

EMPIE, Paul; MURPHY, T. Austin (orgs.). *Lutherans and Catholics in Dialogue I–III*. Mineápolis: Augsburg Publishing, 1965.

FASANO, Alessio. "Prevalence of Celiac Disease in At-Risk and Not-At-Risk Groups in the United States." *Archives of Internal Medicine* 163, n. 3 (2003), 286–292.

FERGUSON, Harvie. *Modernity and Subjectivity: Body, Soul, Spirit*. Charlottesville, VA: University Press of Virginia, 2000.

FLANNERY, Austin (org.). *Vatican Council II: The Basic Sixteen Documents: A Completely Revised Translation in Inclusive Language*. Northport, NY: Costello Publishing Co., 1996.

FOLEY, Edward. When American Roman Catholics Sing. *Worship* 63 (1989), 98–112.

GILROY, Paul. *The Black Atlantic: Modernity and Double Consciousness*. Cambridge, MA: Harvard University Press, 1993.

GLOVER, Raymond. *Perspectives on the New Edition*. Hymnal Studies 1. Nova York: The Church Hymnal Corporation, 1981.

GROUT, Donald J.; PALISCA, Claude V. *A History of Western Music*. 4ª ed. Nova York: W. W. Norton & Company, 1988.

GUTIÉRREZ, Gustavo. *A Theology of Liberation*. Trad. e ed. de Caridad Inda e John Eagleson. Maryknoll, NY: Orbis, 1973. Trad. Bras.: *Teologia da libertação – Perspectivas*. São Paulo: Loyola, 2000.

HALGREN KILDE, Jeanne. *When Church Became Theatre: The Transformation of Evangelical Church Architecture and Worship in Nineteenth-Century America*. Oxford: Oxford University Press, 2005.

HAMMOND, Peter. *Liturgy and Architecture*. Londres: Barrie and Rockliff, 1960.

HOLLENWEGER, Walter. *Pentecostalism: Origins and Developments Worldwide*. Peabody, MA: Hendrickson, 1997.

KRADER, Barbara. Ethnomusicology. In: *New Grove Dictionary of Music and Musicians*, vol. 6, edited by Stanley Sadie, 275–282. Londres: Oxford University Press, 1980.

KRUMPELMAN, Frances. The Laity's Books for Prayer and Worship: A Graced Tradition. *Liturgy 90* 23, n. 4 (1992), 8–11; e 23, n. 5 (1992), 4–7.

Kyriale. Boston: McLaughlin and Reilly Co., 1937.

LIESS, Andreas. *Carl Orff: Idee und Werk*. Ed. rev. Zürich-Freiburg im Bresgau: Atlantis, 1977.

MAUCK, Marchita. Architectural Setting (Modern). In: *The New Westminster Dictionary of Liturgy and Worship*, ed. de Paul Bradshaw, 21–25. Louisville, KY: Westminster John Knox Press, 2002.

MICHEL, Virgil. Christian Culture. *Orate Fratres* 13 (1939), 296–304.

MITCHELL, Nathan. Amen Corner. *Worship* 77, n. 1 (2003), 56–69.

O'MEARA, Thomas. Leaving the Baroque: The Fallacy of Restoration in the Post-Conciliar Era. *America* (3 de fevereiro, 1996), 10–14, 25–28.

OSBORNE, Kenan. *Christian Sacraments in a Postmodern World: A Theology for the Third Millennium*. Nova York: Paulist Press, 1999.

Our Lady of the Height Ronchamp. Schnell Art Guide 818. 17ª edição inglesa. Munique-Zurique: Verlag Schnell & Steiner, 1986.

PECKLERS, Keith. *Dynamic Equivalence: The Living Language of Christian Worship*. Collegeville, MN: Liturgical Press, 2003.

___. *The Unread Vision: The Liturgical Movement in the United States of America, 1926–1955*. Collegeville, MN: Liturgical Press, 1998.

PUGIN, Augustus. *The True Principles of Pointed or Christian Architecture*. Nova York: St. Martin's Press, 1973 [1841].

ROBERTSON, Roland. Glocalization: Time-Space and Homogeneity-Heterogeneity. In: *Global Modernities*, ed. de Mike Featherstone, Scott Lash, e Roland Robertson, 25–44. Londres: Sage, 1995.

ROUTLEY, Erik. *A Panorama of Christian Hymnody*. Collegeville, MN: Liturgical Press, 1979.

SALIERS, Don. *Worship as Theology: Foretaste of Glory Divine*. Nashville: Abingdon Press, 1994.

SCHATTAUER, Thomas. Sunday Worship at Neuendettelsau under Wilhelm Löhe. *Worship* 59 (1985): 370–84.

SCHILLEBEECKX, Edward. *The Eucharist*. Trad. de N. D. Smith. Nova York: Sheed and Ward, 1968.

SCHNEIDERS, Sandra. The Study of Christian Spirituality: Contours and Dynamics of a Discipline. *Christian Spirituality Bulletin* 6, n. 1 (1998), 1, 3–12.

SCHREITER, Robert. *The New Catholicity: Theology between the Global and the Local*. Maryknoll, NY: Orbis, 1997. Trad. Bras.: *A Nova Catolicidade. A Teologia Entre o Global e o Local*. São Paulo: Loyola, 1998.

SEASOLTZ, R. Kevin. *The New Liturgy: A Documentation, 1903–1965*. Nova York: Herder and Herder, 1966.

SENN, Frank (org.). *New Eucharistic Prayers*. Nova York: Paulist Press, 1987.

SHEPPARD, Lancelot (org.). *The People Worship: A History of the Liturgical Movement*. Nova York: Hawthorn Books, Inc., 1967.

SKELTON, Geoffrey. *Paul Hindemith: The Man Behind the Music*. Londres: Victor Gollancz Ltd., 1975.

SMITH, Norris Kelly. *Frank Lloyd Wright: A Study in Architectural Content*. Englewood Cliffs, NJ: Prentice-Hall Inc., 1966.

SOUTHERN, R. W. *Western Society and the Church in the Middles Ages*. Harmondsworth, PA: Penguin Books, 1970.

SÖVIK, E. A. *Architecture for Worship*. Mineápolis, MN: Augsburg Publishing House, 1973.

United States Bishops' Committee on the Liturgy. *Environment and Art in Catholic Worship*. Washington, DC: USCC, 1978.

United States Council of Catholic Bishops. *Economic Justice for All: Pastoral Letter on Catholic Social Teaching and the U.S. Economy*. Washington, DC: USCCB Publishing, 1986.

United States Council of Catholic Bishops. *The Eucharist: A Lutheran-Roman Catholic Statement*, 2.1. Disponível em: http:www.usccb.org/seia/luthrc_eucharist_1968.shtml (section 1.c.).

WEAVER, F. Ellen. Liturgy for the Laity: The Jansenist Case for Popular Participation in Worship in the Seventeenth and Eighteenth Centuries. *Studia Liturgica* 19, n. 1 (1989), 47–59.

WHITE, James. *Protestant Worship: Traditions in Transition*. Louisville, KY: Westminster John Knox Press, 1989.

___. Sources for the Study of Protestant Worship in America. *Worship* 61 (1987), 516–33.

WILLETT, John. *The Theatre of Bertolt Brecht*. Nova York: New Directions, 1968.

WRIGHT, Frank Lloyd. *The Living City*. Nova York: Horizon Press, 1958.

Índice

A
Aachen 136, 138, 139
Abadia 139, 141, 146, 181, 183, 302
    de São João 312, 350
    Hersfeld 146
    Reichenau 188
    St. Denis 185, 188, 192, 212, 213, 270
    St. Gall 151, 154, 164
    Santa Fé 141
    Solesmes 268, 302, 324
Abendmahlskelche 279
Abraão, patriarca bíblico 7, 14, 30-32, 35, 70
Abuso(s) 235, 244, 268, 274, 288, 300, 343, 345
ação 98, 100, 143, 146, 149, 177-180, 194, 199, 201, 208-210, 214, 218, 234, 250, 269, 311, 315, 344, 346, 350, 351
    comunal 20, 28, 29
    eucarística 7, 10, 27-29, 34, 52, 57, 68, 69, 76, 98, 143, 209, 214, 218, 234, 250, 251
    litúrgica 9, 10, 17-19, 24, 100, 149, 180, 194, 199, 210, 218, 250, 266, 269, 326
    música 10-19, 52, 55-57, 149, 208, 209, 259, 264, 268, 321, 326, 330
    ritual 11, 12, 16, 21-25, 26-29, 32, 33, 44, 51, 63, 65, 68, 146, 178, 209, 271, 284, 290
acidentes 228-230
aclamação 96, 97, 156, 208, 329
acólitos 64, 93, 114, 116, 119, 120, 129, 157, 178
    Gália 119
    rito de ordenação 119
Admonição geral 148, 151, 155
Adriano I, Papa 146, 164
afrescos 46, 52, 64, 71

África 59, 66, 80, 111, 112, 144, 172, 182, 241, 297, 299
    África do Sul 323
    Norte da África 59, 66, 111, 112, 144, 172, 182
    Ruanda 298
Agostinho, Bispo de Hipona, Santo 111, 112, 120, 123-125, 127, 128, 143, 144, 156, 172, 174, 175, 180-182
água 4, 28, 65, 66, 117, 119, 176, 227-225, 252, 277
Aitken, John 265
    Compilation of the Litanies and Vesper Hymns and Anthems as They are Sung in the Catholic Church, A 265
Albi 199
alcoolismo 343, 344
Alcuíno de York 166, 167
    Epístola 90 aos irmãos em Lyon 166
Alemanha 139, 243, 244, 268, 271, 279, 292, 306, 311
    arquitetura otoniana 140
    católicos 186, 188, 207, 263, 268, 292
    Colônia 310
    Dresden 257
    Düsseldorf 266
    Essen 279
    Hersfeld 146
    hinos 208, 262
    igrejas-salão 250, 311
    Leipzig 256
    Mainz 142, 162
    Marburg 244, 245, 283
    Metz 151, 152
    Missa dialogada 302
    mosteiros 302
    Munique 258, 259

música 156, 207, 260, 262, 263, 268, 324
Passau 270
Primeira Guerra Mundial 311, 331
Speyer 142
tribos germânicas 126, 172, 177, 191
Ulm 255
Weimar 306
Wittenberg 243, 253, 271, 287
Worms 142, 186, 288
Alexandre, o Grande, Imperador 1
Alexandre VII, Papa 275
Alexandre Severo 46
Alexandria 72, 125
aliança 1, 7, 20, 26, 32-35, 68, 69, 74, 284
Alpes
    igrejas 145, 150
altar 84-88, 111, 112, 116-118, 129, 140, 142-149, 168, 169, 178, 193, 197-200, 218, 221, 224, 276, 277, 284, 311, 315
    alto 199, 224, 250, 276
    Antiga Basílica de São Pedro 84, 87
    de madeira 142
    dedicação 143
    fixo 315
    Gália 143
    mesa 142, 143, 146, 251, 256
    multiplicação 145, 149, 199
    orações 111, 216
    pedra 85, 143, 149
    relíquias 143, 148, 199, 223, 317
    retábulos 142, 149
    sarcófago 143, 149
Amalário de Metz 104, 172
ambão 87, 94, 104, 110, 315
    Antiga Basílica de São Pedro 87
Ambrósio de Milão, Santo 84, 97, 98, 114, 121-124
    "Pai da hinografia" 98
    Sermão contra Auxêncio 98
    Sobre os sacramentos 112
América do Norte 300, 302, 350
    Chicago 303, 306, 317, 342
    Columbus, IN 314
    Filadélfia 256, 265
    Los Angeles 300, 318, 326
    México 264
    Nova York 306, 318
    Oak Park, IL 310
    Rochester 280
América do Sul 241, 297
americano nativo 331
Amiano Marcelino 81
    história 81
Amidá
    Dezoito Bênçãos 14, 15
    "Orações em pé" 14, 15
amor 1, 7, 32-34, 68, 75
Ana, Santa 216
Anabatista 245
Anfilóquio de Icônio 117
    Vida apócrifa de São Basílio 117
anglicano 245, 247, 254, 272
anjos 16, 199, 251
Anselmo de Canterbury, Santo 229
Antífona 157, 213, 221
Antiga basílica de São Pedro. *Ver* São Pedro (Roma), basílica de
Antíoco IV, Rei 1, 2
Antioquia 7, 21, 39, 97
antissemitismo 40, 270
antropologia 125-128, 298, 320, 341, 349
antropologia simbólica 341
antropologia teológica 125-127
Apologia(e) 157
apóstolos 6, 21, 73, 84, 87
    edifícios, em forma de cruz 84
aramaico 73
arca da aliança 26
arianismo 125, 126, 128, 135, 157
Aristóteles 71, 176, 188, 194, 228-230, 291
armaria 49, 59, 110, 117
arquitetura 3-6, 9, 10, 43-51, 81-93, 102, 137-149, 179, 191-201, 223, 247-259, 275-278, 304-318, 339
    acústica 93, 250, 258
    Alemanha 250, 306, 311
    América do Norte 257
    arco 87, 141, 191, 195, 275
    artificialidade 306, 339
    barroco 247-249, 257, 258, 266, 303, 305

basílica 46, 83-88, 90, 91, 137-139, 142, 147, 247
Brunelleschi, Filippo 196, 197, 200
carolíngios 138-141
catacumbas 43, 48-50, 64
clássico 196, 314
colunas 83, 89, 142, 195, 248
contraforte (s) 191, 192, 196, 202
cultura 84, 305
doméstico 9, 10, 43, 46, 47, 306, 315
eclesiástico 90, 197, 249, 305, 308-317
Escola Bauhaus 306, 317
Europa 140, 141, 257, 307, 310, 311, 315
França 141, 309, 311-313
funcionalismo 306, 307, 315
gótico 148, 191-197, 201, 249
igreja doméstica 9, 10, 43-46, 50
industrial 305, 306
Inglaterra 191, 257
Itália 89, 90, 191
Movimento de Cambridge 314
neoclássico 247, 258
Nova York 306, 318
otoniano 139, 141
protestante 247, 256-258, 309, 314, 315, 317
Reforma 252-258
Renascimento 194-197, 201, 247-248
revivalismo 314, 324
Revivalismo Gótico 258, 308
rococó 247, 258
românico 140, 141, 148, 179, 191, 192, 194
teatro 250
True Principles of Pointed or Christian Architecture, The 309
artes 26, 70, 185, 190, 203, 204, 241, 264, 268, 279, 304, 319, 322, 330, 341, 348
artista 204, 248, 322, 330, 344
igreja 203, 268, 279
príncipes 268
tradição 88
Ásia 297, 307, 308
Camboja 298
China 300
Filipinas 264, 292
Japão 331
Pequim 308, 309
Punjab 1
assembleia 6, 10, 12, 14, 15, 24, 47, 48, 54, 94, 97, 98, 102, 119, 133, 149, 150, 155, 156, 171, 199, 201, 203, 204, 206, 207, 218, 219, 235, 236, 250, 252, 265, 269, 310-315, 324, 325, 338, 343-345
assentos 257
audição 201
canção 10-16, 18-20, 23, 155, 206, 265, 266
comunhão 119, 343
elite 149
homens 4, 9, 12
latim 48, 92, 98
missal 110, 162-164, 338
mulheres 4, 9, 10, 12, 85, 100, 148
música 10-20, 54, 98, 100, 102, 149, 156, 158, 206, 207, 265, 269, 325, 329
participação 12, 14, 15, 153, 218, 219, 250, 263, 265, 302, 304, 311, 324, 326, 327, 348
vernáculo 156, 207, 338
Atanásio, Santo 59
Ataque ao cânon da missa 271
Átila, o Huno 81
Mântua 81
Ato e uso da ceia do Senhor 271
Atos de Munatius Felix 49
Atos de Paulo (Apócrifo) 43, 54
Aula ecclesiae 43, 47, 82
Áustria 244
Salzburgo 233, 263, 266
Viena 263
autoridades 91, 150, 235, 258
papais 185, 186
Avignon 190

B
Babilônia 74
babilônios 3, 26
Bach, Johann Sebastian 179, 256, 268, 324
Baldovin, John 133
Baltimore, Primeiro Sínodo Nacional de 265
bancos 84, 200, 201, 257
banquete 8, 16, 24, 27, 77, 106, 129, 183, 223

batismo 60, 65, 79, 82, 88, 89, 124-128, 138, 146, 187, 244, 287, 334, 336, 346
    adulto 80, 128, 138, 245, 334
    batistérios 88-90, 138
    edifícios 8, 82, 88-90
    Eucaristia 66, 117, 124, 125, 128, 287, 336, 346
    infantil 80, 124, 125, 127, 128, 138, 244, 245
Batismo, eucaristia e ministério 329
bárbaros 80, 81
    Espanha 80
    Gália 80
    Grã-Bretanha 80
    Itália 80, 81, 136
    lombardos 136, 137
    Norte da África 80
    Odoacro (líder) 81
    ostrogodos 90
    Roma 80, 81, 136, 137
    vândalos 81
    visigodos 80, 81, 135
Barnabé, Apóstolo e Santo 6
Bartning, Otto 310, 314
    Stahlkirche 310
Bartók, Béla 320
    "Música para cordas, percussão e celesta" 320
Barz, Gregory 320
Basílio, Santo 116, 117
basílica 46, 82-88, 90-92, 137-139, 142, 147, 196, 247
    abside 83-87, 91, 138, 140, 142, 143, 146-148
    ambão 87, 94
    Antiga Basílica de São Pedro 46, 84, 86, 100
    cânones 147
    em forma de cruz 84
    escritório administrativo 83
    escritórios de negócios 83
    Jerusalém 89
    Roma 84, 86, 100, 138
    "salão do rei" 83
    salas de audiência 84
    santuário 85, 87, 92, 138, 139, 147, 148
    São João de Latrão 86, 100
    Trier 83, 84
    Úlpia 82-84

Basílica de Beyazit 94
Beauduin, Lambert 302, 350
    Congresso Católico de Malines, Bélgica 302
Beda, Venerável 106, 145, 156
    História eclesiástica do povo inglês 156
Beethoven, Ludwig van 268
    Missa Solemnis 268
Belém 8
Belshasar, Rei 24
bênçãos 7, 14-16, 19, 29, 31, 36, 121, 178, 212, 270
    refeições 7, 16, 29
beneditinos 139, 140, 159, 160, 214, 226, 302, 350
    Beauduin, Lambert 302, 350
    Guéranger, Prosper 302
    Solesmes, Abadia de 268, 302, 324
Benevoli, Orazio 264
    Missa Salisburgensis, Kyrie 264
Bento XIV, Papa 290
Bento XV, Papa 303
Bento de Aniane 136, 164
Berengário de Tours 174-176, 179, 180, 228
    Confissões de 1059 176
    Confissões de 1079 176
Bergant, Dianne 74
Berger, Teresa 9, 51
Berliner, Emil 322
Bernini, Gian Lorenzo 248
    Praça da Basílica de São Pedro (Roma) 248, 249
Bernoldo de Constança 171
Bíblia (*ver também* Escrituras) 19, 20, 32, 57, 104, 105, 110, 111, 113, 161, 194, 242, 244, 270, 334, 335
    Antigo Testamento 19, 20, 23, 30-33, 104, 122
    apócrifa 57
    cânone 42, 59, 98, 111, 112, 120, 122, 123, 125, 143, 155, 157, 168, 171
    missal 110, 162, 164, 169, 170, 178
    música 11, 12, 16, 54-56
    Novo Testamento 10, 16, 24, 27, 29-31, 34, 42, 54, 57-60, 68, 73, 74
    Palavra de Deus 19, 24, 25
    Pentateuco 15
    pregação 6, 21, 25
    Vulgata 270
Bíblia de Gutenberg 269, 270

biblioteca 49, 59, 159
    igreja doméstica 49, 59
Bilbau 307
bispos 42, 60, 80, 91, 99, 100, 111, 124, 128, 162-165, 180, 185, 187, 210, 215, 304, 315, 317, 327, 334, 335
    consagração 60, 162, 164, 210
    Estados Unidos 315, 317, 327, 334, 335
    insígnia 80
    jantares 81
    orações 106, 111, 122
    ordo 109, 110
    pontifical 162-164, 170, 210
    trajes 81
    trono 9, 50, 84, 85, 91
    Vaticano II, Concílio 123, 170, 334
Bizâncio 90
    Igreja 90
    Império 90
    Santos Sérgio e Baco 90
Blake, William 246
Boaventura, Santo 189, 193
Boileau, Louis-Auguste 310
    Saint Eugène (Paris) 310
Bolsena, Milagre de 231
Bonifácio, Santo 136
Borromeu, Carlos 252, 258, 262, 276
Bósforo 80
Boulez, Pierre 320
Bradshaw, Paul 60, 80, 83
Brahms, Johannes 268
    Ein Deutsches Requiem 268
Bramante, Donato 247
    Antiga Basílica de São Pedro 247
Braun, Joseph 67
Breur, Marcel 312
Breve comentário sobre música na igreja, Um 206
Britten, Benjamin 325
    Missa Brevis 325
Brooten, Bernadette 12
Brown, Raymond 6
Bucer, Martin 244, 272
    Saltério, com prática eclesiástica completa 272
Bugenhagen, Johann 271
    Kirchenordnungen 271

Burcardo de Worms 169
Bynum, Caroline Walker 220, 221, 230

C

Cage, John 320
calendário, litúrgico 106, 161, 217, 336, 338
cálice 65-67, 117-119, 168-171, 198, 225, 226, 232, 243, 275-280, 341, 343, 344
    âmbar 118
    Ardagh 169
    barroco 276, 277, 341
    bronze 170
    cobre 170, 225
    de asa dupla 67
    legislação 168, 170
    madeira 64, 66, 118, 225, 344
    marfim 118
    metal 64, 66, 118, 170, 183, 344
    nó 170, 225, 277, 344
    ônix 66, 118
    osso 66, 118
    ouro 49, 119, 168, 170, 171, 183, 225, 339, 344
    pedra 66
    prata 49, 168, 170, 183, 225, 339, 344
    pseudobarroco 341
    pseudogótico 341
    tamanho 66, 118, 168, 169, 275, 277
    vidro 63, 64, 66, 68, 118, 119, 225, 226, 344
Callam, Daniel 144
Calvino, João 260, 266, 271, 272, 284, 286
    forma das orações e hinos da igreja, A 272
camaldulense 159
Cambio, Arnolfo di 197
canção 10-16, 18-20, 23, 51-54, 57, 155, 156, 206-208, 210, 215, 259, 260, 263, 265, 266, 329
canção dos flagelantes 207
Cânones apostólicos 67
cantar 10-12, 15, 18, 20, 51, 52, 54, 56, 96, 97, 101, 129, 130, 150-157
    a capella 140, 267
    Alemanha 260, 263
    comunidade 18, 52, 56, 151, 156
    congregacional 14, 152, 156-158, 259, 260, 265, 266

coro 11-14, 85, 96, 99, 140, 146-151, 156, 157, 162, 199, 201, 262, 312, 314
    cristão 10-12, 15, 18, 51, 52, 54, 56
    litúrgico 19, 264
    Lutero, Martinho 260
    não litúrgico 260
    sacerdote 149, 162
    schola 150-153, 155, 162
    solo 17, 18, 54, 56, 104, 266
    vernáculo 206-210, 260, 262
cântico 12, 137
    Cântico de Débora 20
cantilar 22, 52-54, 93
    cantilação 15, 53, 93
canto de leitor 94-96, 101, 102
canto de *schola* 95, 96, 102, 152
cantor 10-13, 20, 57, 94, 98, 102, 104, 153, 161, 212, 213, 262
    solista 54, 56, 215
cantos 14-16, 52, 95, 96, 104, 150-153, 156, 160-162, 165, 202, 206, 207, 260, 329
    antifonário 104, 160, 161
    Benevento 100
    bíblico 95, 96
    cantilação 15, 53, 93, 94
    Canto romano antigo 101, 152
    Constantinopla 100
    galicano 290
    gregoriano 101, 102, 152-155, 164, 202, 268, 302, 324, 326
    leitor 94-96, 101
    litúrgico 95, 96, 150-153, 156, 165, 202, 206, 207
    Milão 97, 98, 100
    missal 162, 212
    músicas seculares 98, 260, 262
    não bíblico 95, 96
    organum 152, 153, 202, 206
    polifonia 152, 153, 202, 204, 206, 260, 262, 263, 268
    schola 94-96, 99, 101, 102, 150-152, 162, 201, 212, 260
cânulas 170, 171
Capela Madonna della Strada (Universidade Loyola, Chicago) 317
capela-mor 85
capelas 49, 138, 139, 148, 200, 267, 311, 316
capitulário 105, 161
Carlomano, rei 136
Carlos I, rei 272
Carlos II (o Calvo), Imperador 174, 185, 272
Carlos V, Imperador 244
Carlos Magno, Imperador 136-139, 143, 146, 150, 155, 159, 167, 187
    Admonição Geral 148, 155
    império 101, 102, 138, 139, 178
    "Sacro Imperador Romano" 134, 139
Carne 68, 75, 175, 176, 218, 230-232, 282, 283
Carroll, John, Bispo 245, 247
Carta ao Bispo Paládio de Saintes 143, 366
Carta ao Pastor Bauer 266
Carta aos Filadelfos 68
Carta 63 a Cecílio 65, 70
Carta 90 aos irmãos em Lyon 166
casamento 28, 242, 336, 337
Cassiodoro 159, 160
Cassirer, Ernst 193
catacumbas 43, 48-50
    Calisto 48, 49, 64
    capelas 49
    Cripta dos Papas 48
    Domitila 49, 50
    Pancrácio 49
    Pedro e Marcelino 63, 64
    Priscila 49
    Roma 49, 50
    tumbas 50
catecúmeno(s) 118
catedral 138, 150, 153, 191-194, 196, 197, 200-202, 252, 255, 278, 318
    batistério 89
    Beauvais 194
    Chartres 192
    gótica 148, 194, 197, 202, 278
    Grado 89
    música 150, 153, 201
Catedral de Durham 190, 191
Catedral de Estocolmo (Luterana) 255

Catedral de Nossa Senhora dos Anjos 318
Catedral Santa Maria del Fiore. *Ver* Santa Maria das Flores, Catedral de (Florença)
Catedral de Ulm 255
Catedral de Volterra 226
Catedral de York 254
catequese mistagógica 122
Cativeiro babilônico da igreja, O 271, 282, 286, 287
caverna 8, 10, 26
Celéstio 127
cemitério(s) 49, 50, 63
    Roma 49, 50
cerveja 67, 226
cestas 26, 27, 29, 63, 64, 114, 115, 167
Charles Martel, rei 134, 136
Charlesworth, James 54
Chavasse, Antoine 145
Chicago 303, 306, 317
Chupungco, Anscar 136
cibório 222
Ciência 246
ciências sociais 246, 298, 320, 349
Cipriano de Cartago, São 48, 59, 64, 65, 69, 70, 127
Cirilo de Jerusalém, São 89, 121, 122
Cirta 49, 119
cisterciense 289
Claire, Dom Jean 94, 102
classe média 140
    Europa 140
    século XI 140
claustro 183
Clement, Richard 159, 160
Clemente XI 290
Clemente de Alexandria 47, 48, 56, 72
    Hino a Cristo, o Salvador 56
Clemente de Roma 97
clerestório 142
clero 53, 85, 92, 110, 138, 146, 147, 170, 189, 193, 195, 230, 235, 236, 244, 262, 275, 287-289, 343
    cânons 147, 285
    comunhão 68, 69, 170, 220, 226, 236, 277, 343
    coro 96, 99, 140, 146, 147, 149, 262, 312
    instrução 244
    leitor 42, 52, 53, 59, 99
    santuário 85, 92, 110, 149, 250, 309-311
    Trento, Concílio de 244
clima 9, 190, 243
Clóvis, rei dos francos 135, 136
    conversão 135
códice 58, 59, 61, 62, 104
    sinaítico 58, 59
Collegeville 312, 350
Collins, Mary 351
Columbus, IN. *Ver* Igreja Luterana de São Pedro
Comissão dos bispos americanos para a liturgia 250, 315, 317
    Environment and Art in Catholic Worship 250, 315, 317
    Music in Catholic Worship 327
Comissão Episcopal para a Liturgia. *Ver* Comissão dos bispos americanos para a liturgia
Comissão Internacional para o Inglês na Liturgia. *Ver* ICEL
Comme le Prévoit 335
Compilation of the Litanies and Vesper Hymns and Anthems as They are Sung in the Catholic Church 265
comprometimento 80, 284, 287
comunhão 68, 69, 96, 104, 116, 119, 127, 128, 144, 167-169, 171, 173, 174, 177, 180, 212, 220, 221, 223, 225, 226, 232, 236, 252, 254, 256, 275, 279, 281, 301, 302, 343, 344, 351
    balaustrada 251, 252
    bandeja de comunhão 280
    do cálice 119, 169, 171
    ocular 221
    para os enfermos 169, 221, 278
    sobre a língua 167, 171
comunidades religiosas 113, 144, 274, 289
    beneditinos 139, 140, 159, 160, 214
    cistercienses 289
    dominicanos 199, 214
    franciscanos 199, 208, 214
    jesuítas 249, 290
    ordens predicantes 199, 250
comutação 145, 149, 235
Concílio de Auxerre 144
I Concílio de Braga 98
Concílio de Cartago 111, 127

Concílio de Constança 244
Concílio de Constantinopla 122
Concílio de Epaona 143
Concílio de Florença 225
Concílio de Hipona 111
Concílio de Laodiceia 85, 94, 98
Concílio de Latrão 220, 224, 230, 274, 283
Concílio de Niceia 79, 126
Concílio de Orleans 169, 171, 224
    Quarto Concílio de 169, 171
Concílio de Quierzy 173
Concílio de Trento 230, 244, 245, 250, 252, 261-265, 274-276, 285, 288, 290, 293, 304
    aceitação de 245, 276
    arquitetura 252
    clero 244, 262
    disciplina 292
    domingo 244
    doutrina 250, 288
    Eucaristia 241, 250, 262, 265, 276, 285, 288, 293
    livros 250, 274-276, 290
    música 260-262, 265
    pregação 244
    sacramentos 244, 276, 285, 293
Concílio Vaticano I 289, 292
Concílio Vaticano II 123, 170, 333, 347
    bispos 327
    Constituição sobre a sagrada liturgia 303, 326, 334, 342, 343, 345-348
confissão 86, 176, 220, 242, 243, 282, 301
    Confessio 86, 87
Confissão de Berengário perante o Sínodo Romano 176
confirmação 180, 231, 334, 336
Conques 141
Conselho Mundial de Igrejas 329, 351
Constâncio, Imperador 80, 126
Constantino, Imperador 46, 79, 80, 84, 85, 90, 105, 113, 115, 117, 126, 133, 138
    batismo 79
    conversão 79, 113
    morte 80
    símbolo 79
Constituição da Sagrada Liturgia 303, 326, 334, 342, 343, 345, 346, 348

Constituições apostólicas 60, 85, 96, 116, 161
Constituições monásticas 168
Contra os Profetas Celestiais 271, 282
Contrarreforma 227, 245, 258, 262, 263, 268, 269, 274
    jansenistas 301, 302
controvérsias 79, 103, 111, 174, 188, 236
    doutrinais 79, 103, 188
    eucarísticas 174, 236
    investiduras 186
    teológicas 111
copa/copo/taça 28, 29, 32, 35, 65-67, 117, 170, 171, 220, 223, 225, 226, 231, 232, 243, 275-277, 280, 281, 338, 343, 345
    água 28, 66, 225, 226
    argila 28
    barro 355
    cânulas 170, 171
    com dupla asa 67, 169
    comum 28, 119, 343, 345
    comunhão 117, 119, 169-171, 225, 231, 275, 279-281, 286, 343
    Eduardo VI, rei 280
    Inglaterra 280
    leite 66, 67
    madeira 64, 66, 118, 225, 344
    metal 64, 66, 118, 170, 183, 344
    ônix 66, 118
    osso 66, 118
    pedra 66
    tamanho 66, 118, 168, 169, 275, 277
    Última Ceia 28
Copérnico, Nicolau 246
Corbie 173, 174
Corbusier, Le. *Ver* Jeanneret-Gris, Charles-Edouard
Corelli, Arcângelo 266
    Sonata da Chiesa 266
Corinto 9
Cornélio de Roma 53
coro 11-14, 96, 99, 140, 146-149, 151, 156, 157, 199, 201, 262, 312, 314
Corpo de Cristo 29, 48, 114, 121, 122, 124, 125, 172-175, 177, 229, 230-232
Corpo místico 236, 311

corpus mysticum 236
corpus verum 236
Cranach, Lucas (O Velho) 253
Cranmer, Thomas 272, 275, 279
    Eucaristia 279
credo 74, 156
crianças 12, 35, 127, 344
cristandade 187, 193
Cristianismo 1, 2, 6, 7, 10, 19, 24-26, 29, 33, 39-44, 51, 58, 61-63, 68, 70-76, 79, 80, 82, 84, 85, 89-91, 93, 102, 103, 112, 114, 117, 121, 125, 134-137, 143, 144, 150, 159, 176, 182, 186, 187, 195, 245-247, 258, 266, 281, 282, 299, 300, 347, 349
    canção 10-19, 51-54, 57, 155, 156, 206-208, 215, 259-263, 265, 266
    Cânone de textos sagrados 39, 260
    catacumbas 43, 48-50, 64
    culto 29, 39, 42, 50-52, 57, 63, 73-76, 85, 86, 179
    escritos 29, 39, 42, 48, 59, 62, 64, 68, 116, 122, 156, 172-174, 179, 181, 228, 302
    estrutura 39, 42, 67, 120, 123, 134, 293
    identidade 52, 80
    Império 187, 245
    latim 73, 74, 112, 273, 274, 336
    manuscritos 62, 105, 159, 165
    Mediterrâneo 40, 85, 142
    música 10-19, 51-58, 93-103, 149-158, 201-209, 259-269, 324-330
    Ortodoxia 111, 176, 232
    piedade 114, 162, 177, 266
    Reforma 252-261, 268, 279-282, 289, 343
    ritual 9, 24-29, 44, 51, 56, 63, 65-68, 72, 75, 92, 103, 128, 138, 145, 168, 178, 179, 187, 199, 203, 214, 220, 222, 223, 227, 271, 274, 276, 277, 282, 284, 290, 313, 315, 321
    Roma 39-43, 49-50, 53, 63, 64, 81, 86, 92, 99-101, 112, 114, 116, 119, 134-138, 146, 150, 151, 156, 159, 160, 163, 164, 176, 178, 346, 349
    teologia 39, 42, 50, 56, 67-76, 106, 120-128, 135, 171-182, 188, 189, 200, 220, 227-236, 258, 268, 281-293, 300, 345-352
Crowe, Frederick 24

cruciforme 90, 252
Cruger, Johann 267
cruz 84, 114, 147, 221, 222, 247, 248, 286
    cruz grega 247, 248
    cruz latina 248
culto 29, 39, 42, 50, 51, 57, 63, 75, 76, 85, 86, 93, 179
    cristão 39, 42, 50, 63, 76, 179
    cristão antigo 29
    judaico 9, 12, 21, 33, 51, 75
    mártires 50
    templo 9, 12
culto/louvor 1, 3, 5-26, 29, 30, 42-63, 66, 67, 73-76, 80, 82, 86, 90-95, 98-100, 102, 103, 106, 109-111, 113, 137, 138, 149, 150, 156, 158, 160, 165, 168, 172, 200, 201, 206, 208, 211, 212, 234, 236, 243-246, 254, 256-258, 260, 262, 265, 268, 271, 272, 275, 284, 288, 289, 293, 300, 302-304, 309, 310, 312-315, 324, 329, 330, 336, 342, 344-351
    barroco 257, 258, 266
    cantar 18, 20, 51, 56, 97, 150, 156-158, 259, 260, 265, 266
    catacumbas 43, 48-50
    comum 61
    contemporâneo 329, 348
    controvérsias 327
    cristão 5, 7-10, 15-19, 24-26, 29, 30, 42-58, 60-63, 66, 67, 73-76, 80, 81, 90, 94, 95, 102, 103, 106, 109, 137, 165, 200, 202, 206, 212, 302, 304, 326, 339, 351
    domingo 39, 64, 77, 113, 143, 144, 244, 256
    drama 222, 250
    especialistas 80, 99, 100, 167
    franco 137
    funcionalismo 209, 315, 339, 345
    imposição 137
    instrumentos 11, 12, 51, 52, 103, 267, 326
    judaico 5-7, 10-18, 19-22, 24, 26, 30, 61
    língua 10, 29, 73, 74, 92, 112
    livros 15, 19, 20, 23, 25, 60-63, 160, 165, 332, 336, 338
    local 138
    oficial 91, 138, 208, 215, 302, 336
    posição em pé 74
    procissões 90, 146, 156, 167, 207

protestante 244-246, 256, 331
público 39, 51, 52, 200, 275, 344, 345
reforma 243, 244, 271, 275, 284, 288, 289, 302, 303, 314, 338, 339, 352
romano 110, 138
sacerdote 165, 234, 236, 275, 289
unificação 250, 275, 289
Vaticano II, Concílio 303, 304, 317

Culto luterano 337

cultura 10, 53, 76, 84, 102, 159, 210, 264, 289, 303, 317, 320, 321, 334, 346, 347
arquitetura 3-9, 43-51, 81-91, 137-149, 191-201, 247-259, 305-318
diversidade 100, 112, 245, 252, 255, 258, 317, 330
etnomusicologia 320, 323
helenístico 1, 20
tradição 7, 19, 24, 25, 29, 52, 63, 65, 124, 125, 144, 188, 223, 244, 255, 260, 263, 266, 274, 279, 281, 317, 318, 326, 329, 334, 341
século XX 297, 299, 323

Cúria Romana 226

D

DaLeiden Company, John P. 340
Daly, Robert 30, 120
David, rei 11, 178
da Vinci, Leonardo 195
deambulatório 148, 149
Debuyst, Frédéric 311, 317
Decretais de Graciano 169, 171
De lapsi 65
de Lubac, Henri 236
democracia 288, 306, 307
depositio martyrum 106, 107
Deutsches Hochamt 268
Deus 3, 7, 10, 19, 29, 31, 32, 34, 68, 69, 74, 75, 122, 125, 127, 128, 157, 173, 176, 177, 192-194, 197, 204, 210, 229, 232, 242, 246, 256, 259, 260, 261, 268, 279, 281, 282, 284, 286-288, 310, 318, 339, 347-351
Criador 31, 68, 69
favor 75
fidelidade 32, 74, 293

glorificação de 55, 68, 75, 77, 348, 351
Luz 192, 329
presença 10, 74, 125, 176, 194, 197, 318
proximidade 193
devoções 98, 214, 220, 302, 317, 318
Devotio Moderna 218
eucarísticas 114, 162, 194, 224, 225, 232
leigos 220, 318
diáconos 42, 53, 64, 66, 68, 110, 215
arquidiáconos 97, 114, 119, 171
diálogo 17, 57, 302
missa dialogada 302, 326
Dialogues 113
Didache 60, 61, 75
Didascalia Apostolorum 50, 60
Dieta de Worms 288
dinastia hasmoneia 1, 2
Diocleciano, Imperador 79
direitos humanos 300
Diretório de culto de Westminster 272
Diretório para o culto público a Deus 272
Ditados do Papa 186
Dix, Gregory 302
doença celíaca 342, 343
dogmas 42, 103, 128
domingo 39, 64, 64, 96, 97, 143, 144, 254, 266
Domingo de Ramos 92, 337
domus ecclesiae 45-48, 133
Doroteia de Montau 223
doutrina 79, 106, 120, 125, 127, 180, 218, 250, 266, 267, 286, 288, 289, 343, 345-347
apologética 258, 292, 293
controvérsias 79, 103, 188
estagnação 258
doxologias 16, 180
cristológicas 16, 180
judaicas 16
drama litúrgico 167, 177, 222
Duchesne, Louis 302
Duck, Ruth 329
Duffy, Eamon 232, 234, 235, 280
Dura Europos 6, 46
Durando, Guilherme 220, 226
Dvorák, Anton 323

E
Ebionitas 57
economia 6, 235, 247
    Justiça econômica para todos 300
    século XI 141
Edessa 39, 45
edifícios 3-8, 46-48, 51, 62, 67, 80, 82, 84, 88-93, 137, 138, 141, 142, 191, 192, 194, 197, 201, 247, 252, 255-258, 275, 306, 307, 309, 313, 318
    abside 47, 83-87, 91, 138, 140, 142, 143, 147, 148, 250
    acústica 250
    ambão 87, 94, 315
    Antiga Basílica de São Pedro 46, 84
    arco 87, 141, 191, 275
    basílica 46, 82-88, 90-92, 137-139, 142, 147
    cadeirais do coro 199
    carolíngios 138, 139
    concreto 83, 312, 317
    contraforte(s) 191, 192, 196, 202
    cripta 48, 87
    deambulatório 148, 149
    em forma de cruz 84
    góticos 148, 191-197, 201, 249
    igreja-auditório 309, 314
    igreja doméstica 43, 46, 50, 59, 82
    mausoléu 88
    nave 47, 83, 84, 87, 142, 146, 147, 191, 200, 252
    ocasionais 88
    otonianos 139
    planta central 90, 91, 315
    públicos 51, 83, 91, 92
    retábulos 142, 149
    românicos 140, 141, 146, 148
    santuário 85, 87, 138, 139, 147, 148, 250, 309-311
    sinagogas 3-9, 12-18, 21, 22, 24, 26, 39, 43, 44
    taverna 46
    teto 142, 191, 192, 307, 313
    torres 139, 142, 308
Edificada de pedras vivas 317, 327
Edison, Thomas 322
editio typica 344, 345

Eduardo VI, rei 272, 280
Egberto de Iorque 104
Egito 32, 56, 60, 63, 73, 134
    Karanis 63
    Oxirrinco 48, 55
Ein deutsches Requiem 268
Eisenstein, Elizabeth 212
ekklesia 10, 47, 48, 50, 92
England, John, Bispo 275
    The Roman Missal, Translated into the English Language for the Use of the Laity 275
Environment and Art in Catholic Worship 315, 317
epiclese 69, 122
Epifânio 68
    Panarion, O 68
epistolário 105, 161, 165, 210, 212
epítome 60
Erasmo 206
    breve comentário sobre música na igreja, Um 206
Escandinávia 244, 329
Escifo 116, 119
Escrituras (*ver também* Bíblia) 6, 12, 14, 15, 19-25, 49, 54, 58, 59, 62, 69, 70, 72, 74, 156, 181, 243, 256, 274, 282, 292
Esdras 20
eslavo 326
esloveno 303
Esmirna 106
Espanha 134, 141, 263, 278, 289, 307
    Sevilha 93
    Toledo 277, 278
especialista(s) 80, 98-100, 102, 151, 157, 165, 189, 207, 324, 333
Espírito Santo 101, 121-125, 284
espiritualidade 30-32, 68, 236, 317, 350, 352
    beraká 31, 32, 68
    espiritualização 75
    espiritualizante 67
    sacrificial 30, 31, 120
espontaneidade 57, 94
essênios 22
Estamos marchando 329
Estatutos antigos da Igreja 120, 178
Estêvão II, Papa 101

estilo 61
estipêndio 145, 194, 227, 235, 286
estradas 2, 40, 41
ética 34, 76, 194, 346, 349-351
Etimologias 93
etnomusicologia 320, 323
Eucaristia (*veja também* comunhão e missa) 7-10, 16, 27-31, 33, 34, 42, 52, 57, 60, 63-76, 104-106, 111-128, 143, 144, 149-151, 156-158, 162, 163, 165-182, 187-189, 193, 194, 201, 207, 208, 214, 217, 218, 220, 221, 223-236, 241, 242, 244, 247, 250, 251, 254, 255, 271, 275-293, 304, 311, 317, 329, 336, 339-352
    Agnus Dei 97, 206
    Aleluia 96
    arcae 64
    armários 22, 65, 110, 224, 276
    baús 65
    Benedictus 206
    canção 10, 18, 155, 156, 206-210, 212, 215, 259, 260, 262, 264, 265, 329
    concomitância 220, 231
    consagração 112, 119, 122, 168, 170, 173, 175, 177, 198, 199, 228-231, 285, 352
    consubstanciação 122, 282
    controvérsias 174, 236
    Corpo de Cristo 29, 114, 121, 122, 124, 172-175, 177, 223, 227-232, 236, 282, 284, 285, 311
    doxologia 16
    elevação 197-199, 201, 217, 221, 225, 227, 234, 281
    Gloria 96, 97, 206, 326
    Gloria Patri 155
    hóstia 166-169, 171, 172, 178, 194, 197-199, 217, 219, 221-228, 231-234, 236, 270, 278, 279, 281, 343
    Introito 96, 155
    Kyrie 96, 155, 156, 206, 208, 210, 263-265, 323, 326
    líderes 9, 67
    mãos 167, 168, 170, 171, 178
    metodismo 246, 279, 301
    missa do bispo 170

    música 10, 16, 17, 149, 156, 162, 201, 209
    ofertório 95, 104, 119, 167, 168, 226
    orações 7, 52, 62, 69, 93-95, 106, 111, 120, 144, 157, 168, 212, 216, 217, 234, 270
    pães e peixes 114
    papal 96, 114, 116, 117, 119, 146
    piedade 114, 162, 177
    pomba 116, 117, 233
    presença real 176, 244, 258, 282-285, 293, 352
    recipiente 25-29, 63-67, 113-120, 166-171, 219-227, 275-281, 338-345
    refeição 9, 16, 28, 29, 31-34, 68, 121
    reserva 65, 116, 224, 251, 254, 276
    ritos 29, 63, 74, 124, 170, 178, 276, 336, 346
    Roma 64, 66, 100, 114, 116, 119, 144, 146, 156, 178, 187, 225, 343, 344
    Sanctus 97, 155, 158, 205-207, 336
    Santíssimo Sacramento 223, 224, 251, 315
    silêncio 150, 156, 157
    suco de uva 281, 344
    talismãs 116
    teologia 29-34, 67-76, 120-127, 171-182, 188, 189, 227-236, 281-293, 345-352
    transubstanciação 229, 230, 242, 282-286, 293
Eucharist: A Lutheran-Roman Catholic Statement, The 342
Eusébio de Cesareia 42, 46, 47, 53, 59, 65
    "Carta de Constantino a Eusébio" na *Vida de Constantino* 88, 105
    História da Igreja, A 42, 59, 65, 88, 105
evangelho 4, 16, 24, 25, 33, 40, 56-59, 62, 161, 162, 177, 215, 222, 235
evangeliário 105, 161, 165, 210, 212
evangelização 51
exílio babilônico 3, 5, 20, 26
Êxodo 32, 53
explicit 105
Exposição de Londres 306
Exsurge Domine 20

F
fala 10, 14, 52, 93
Farel, William 271
Farley, Edward 181

fé 39, 64, 72, 75, 79, 113, 172, 174-176, 180, 229-232, 243, 266, 282, 284, 292
    católicos 106, 230, 287
    comunidade 39, 180, 200
    hereges 52, 54, 66, 190, 232
    infiéis 248
    negação 39, 64
    superstição 288, 347
feminismo (feminista) 300, 351
Ferguson, Harvie 297
festas/festivais 27, 96, 97, 104, 187, 212, 223, 270, 278
    casamento 334, 336
    Corpus Christi 207, 223, 278
    Páscoa 27
    Pentecostes 79
    sábado (shabbath) 2, 23, 26, 28, 39
    tabernáculos 12, 116, 117, 224, 226, 250-252, 255, 276, 281, 315
figura 122, 172, 174
filosofia 42, 70-73, 126, 172, 175, 179, 185, 188, 194, 246, 298, 349
    Aristóteles 188, 194, 228-230, 282, 291
    contemporâneo 349
    da natureza 341
    grega 2, 291
    neoplatonismo 72
    Platão 71, 72, 76, 194
    platonismo 71, 72, 76, 126, 172
Fiorenza, Francis 291, 292
Floro de Lyon 172
forma das orações e hinos da igreja, A 272
forma das orações e ministração dos sacramentos, A 272
Forma e a Maneira da Ceia do Senhor em Basileia, A 271
formulário da Missa e da comunhão para a Igreja de Wittenberg, O 271
fortaleza poderosa, A 261
França 139, 141, 216, 244, 245, 275, 276, 290, 301, 302, 309
    Auxerre 144
    Avignon 190
    Conques 141
    Limoges 117
    liturgia franco-romana 164, 187
    Lyon 42, 172, 190
    mosteiros 109, 302
    Orleans 169, 224
    Paris 109, 138, 188, 198, 301, 310
    Rouen 168
    St. Denis 137, 185, 188, 192, 270
    Solesmes 268, 302, 324
    Tours 134, 148, 188
franciscanos 199, 208, 214
Francisco de Assis, São 187, 189, 218
    Regra de 1223 187
    Roma 187
Franck, Johann 267
francos 102, 135, 136, 143, 152, 160, 164
Frauenkirche 257
Frederico da Saxônia, príncipe-eleitor 244
Friedrich Wilhelm IV, rei 324
funcionalismo 306, 307, 315, 339, 341, 345
    Estados Unidos 307, 315
    Europa 307, 615
    liturgia 315
    recipientes 339

G

Galavaris, George 112, 114
galhetas 119, 225-227
Galilei, Galileu 246
Galileia 2
Gamla 4
Gaon, Amram 23
Gehry, Frank 307
Geisslerlieder 207
Gelineau, Joseph 10
Gemara 19
Genádio de Marselha 106
    Sobre autores eclesiásticos 106
Genebra 261, 272, 287
    Saltério de Genebra 261
    toga de Genebra 287
genocídio 298
gentios 9, 16, 24, 42, 53, 60, 73
    comunidade cristã 9, 16, 24, 42, 53, 60, 73
    mundo 24
geonim 24

Gerhoh de Reichersberg 207
germanização 135-137, 143, 150, 157, 167, 172, 181, 188, 214
gestos 103, 110, 198
Gesù, Il 249, 250
Getsêmani 8
Gibraltar 1
Gilroy, Paul 322
Giotto 197
globalização 297, 298
glocalização 298, 321, 324, 346, 347
gnosticismo 52, 56, 65
Gólgota 89, 93
grades/telas do coro 147, 199, 250, 252, 255
Grado 89
    batistério 89
    catedral 89
gravação 322, 323
    analógica 322
    digital 322
    estéreo 322
    fonógrafo 322
    registro 322
Grécia 40
Green, F. Prat 329
grego 1, 2, 42, 73, 74, 83, 112
    cruz grega 247, 248
    filosofia grega 2, 74, 194
    poesia grega 56
Gregório VII, Papa 186
Gregório Magno, Papa, Santo 87, 99, 101, 134, 142, 144, 160, 179
    Carta ao Bispo Paládio de Saintes 143
Guardini, Romano 311
Guéranger, Prosper 302
guerra 257, 298, 311, 331
Gutenberg, Johannes 270, 274
Gutiérrez, Gustavo 350
Gutmann, Joseph 5, 6
Gy, Pierre-Mari 161

H

Hadrianum 164
Haftorá 14, 23
Hahn, Ferdinand 30
Hammond, Peter 326
Haymo de Faversham 273
helenismo 1, 2, 5, 16, 26
    cultura 1, 16
    judaísmo 2, 5
Henrique IV, Imperador 168
Henrique VIII, rei 242, 272
Herbert, Christopher 222
Herodes Antipas, tetrarca 2
Herodes, o Grande, rei 4
    templo 4, 11
Hersfeld 146
hierarquia 90, 111, 191, 193, 242, 346
Hilário de Poitiers, Santo 97, 179
Hildegard de Bingen 202
Hildesheim 139
Hillebrand, Reynold 350
Hipólito 52, 68
    Cânones de 60
    Tradição apostólica 52, 53, 56, 66, 125
Hoffman, Lawrence 23
Holst, Gustav 325
Honório, Imperador 80
Hoppe, Leslie 26
Hoppin, Richard 98, 203
Horas de Taymouth 217
Hosanna 16
hospitalidade 34
hóstia(s) 166-168, 171, 172, 178, 194, 197-199, 217, 219, 221-228, 231-234, 236, 270, 278, 279, 281, 343
    baixo teor de glúten 343
    confecção de 167, 168, 221
    em forma de anel 167
    hostia 166
    Hostiendosen 279
    livre de glúten 343
    profanação de 232, 270
    sangrando 231, 232
Hucusque 164
humanismo 195
Hus, Jan 242

Hinário (episcopal) 332
Hinário (metodista) 332, 337
hinário e livro de oração, Um 332
Hinário Metodista Unido, O 337
Hinário para Jovens Cristãos 327
hinos 12, 13, 16, 23, 52-56, 97-103, 205, 208, 263, 265, 266, 325, 329
    Ambrósio de Milão, Santo 97, 98
    católicos (EUA) 264, 265, 326
    cristológicos 16
    denominacionais 324
    devocionais 156, 162, 210
    episcopalismo 332, 336
    escritores gnósticos 52, 56, 65
    hinários 54, 332
    hino de Oxirrinco 48, 55
    hinografia 54-56, 97, 98, 260, 262-266, 289, 325, 326
    judaicos 14, 16, 19, 52
    latim 98
    luteranos 324, 328, 329, 332
    métricos 56, 97, 261, 263
    músicas seculares 98, 260
    protestantes 260, 268, 329, 332
    salmodia hinódica 56
    tradicionais 205, 324, 329
Hymnbook, The 332

I

ICEL (International Commission on English in the Liturgy) 334
ícones
    destruição 252, 279
    iconografia 70, 90, 92, 252, 279
    imagens 33, 70, 106, 225, 232, 242, 252, 279
    Jesus Cristo 16, 178
Idade Média 153, 157, 159, 164, 165, 168, 171, 172, 177, 185-187, 193, 198, 201, 203, 211, 214, 215, 219, 224, 227, 230, 231, 234, 282
    feudalismo 150, 195
    Grande Cisma do Ocidente 190, 244
    livros 159, 165, 187, 210-219, 270, 273
    música 153, 202, 203, 206, 207, 209

igreja 10, 39-51, 59-62, 66-69, 80, 81, 84-87, 90, 91, 93, 97, 100, 109, 124, 138, 139, 141-143, 146-150, 162, 186-201, 210, 218, 221, 224, 227, 230, 232, 234-236, 242-258, 262, 266, 268, 270-276, 279, 280, 283, 286, 288-290, 292, 299-305, 309, 310, 312, 314, 315, 317-320, 326, 329, 332, 334, 336-339, 343-347, 350, 351
    ambiente acústico 102
    arte 26, 88, 90, 203, 204, 258, 268, 279, 314, 317, 319, 326, 330, 339-341, 348
    auditório 256, 257, 309, 314
    barroco 247-251, 257, 258, 266-269, 276, 278, 303, 305
    bizantina 90
    calvinista 271
    carolíngia 138, 139, 146
    casa 7-10, 43-47, 50, 82, 93, 100, 103
    catedral 138, 150, 153, 191-194, 196, 197, 200-202, 252, 255, 278, 318
    clássica 196, 314
    da Inglaterra 242, 246, 324, 336
    dissidência 188
    doméstica 9, 10, 29, 39-43, 45, 63, 67, 339
    Ecclesia 43, 45-48, 92
    em forma de cruz 84
    evangélica 300
    expansão 80, 89
    expurgos 279
    extremidade leste 7, 138
    extremidade oeste 139
    franca 137, 142
    Gentio 9, 16, 24, 42
    gótico 148, 191-197, 201, 249
    helenizada 9, 42
    hierarquia 90
    Igreja de *Santo Spirito* 200
    igreja-salão 47, 250, 310
    igrejas pobres 170, 225
    imperial 84, 139
    latim 48, 73, 74, 112, 137, 273, 274
    liderança 9, 11, 17, 51, 81, 151, 258, 289, 293, 351
    mártires 59, 62, 75, 80-82, 86, 88, 89

metodismo 246, 267, 279, 301, 332
missão 290, 352
monástica 113, 140, 144, 160
Movimento Oxford 301, 324
ofícios 59, 163
ordens 58, 60, 61, 109, 161, 165, 178, 199, 214, 270, 271
ortodoxia 111, 176, 232
ostensórios 221, 223, 224, 275-278
padronização 111, 112, 252
paróquia 150, 312
pregação 6, 10, 16, 25, 51, 199, 208, 234, 244, 250, 256-258, 279
propriedade 46, 48
protestante 247, 257, 275, 300-303, 317
refeições 7, 16, 28, 33, 121
Reforma 7, 16, 28, 33, 121
renovação 123, 137, 138, 170, 190, 242, 243, 245, 247, 252-258, 279, 301
Românica 140-142, 146, 148, 179, 191, 192, 194, 258, 314
sacristia(s) 117, 224, 276
santuário 85, 92, 138, 139, 147, 148, 250, 309-311
urbana 42, 102, 146, 201
vida 29, 34, 62, 67, 68, 76, 271
Igreja (antiga) de São Pedro 46, 84, 86, 87, 247
Igreja Cristã do Norte 314
Igreja da Abadia de São João 312
Igreja da Inglaterra 242, 246, 324, 336
Igreja de São Filiberto 149
Igreja de São Martinho (Tours) 148
Igreja *Dio Padre Misericordioso* 318
Igreja do Espírito Santo 200
Igreja do Jubileu 317, 318
Igreja Episcopal 300, 332, 336
   Hinário 332
   Hinário episcopal 332
   Hinário inglês 325
   Livro de Oração Comum 332, 336
   Livro de oração comum e da administração dos sacramentos e outros ritos e cerimônias da Igreja, juntamente com o Saltério ou Salmos de David 336

   novo hinário, O 332
   ritos 336
   saltério 336
Igreja Luterana de São Pedro (Columbus, IN) 314
Igreja Luterana Unida na América 332
Igreja Metodista Unida 300, 337
Igreja Metodista Unida de São Jorge (Filadélfia) 256
Igreja Unida de Cristo 300
Igrejas cristãs independentes 299
igrejas domésticas 7-10, 43-47, 50, 81, 100
   átrio 8, 9, 44
   bancos 200
   benção e oração 7, 10, 65, 68
   biblioteca 49, 59
   canções 16, 51
   casas de andares 8
   cômodos 8, 43-46, 50
   cristãs 7-10, 43-46, 50
   Dura Europos 6, 46
   igrejas 6, 10, 24, 43-47, 50, 65
   judaicas 10
   recipientes 25-29, 66
   refeição 7-9, 16, 26-29, 31-34
   sala de jantar 8, 9, 44
igrejas paroquiais 201, 278
igualdade 298, 314, 350
   racial 350
Iluminismo 246, 247, 259, 262, 290-292, 302, 346
imanência 347, 348
   imanente 347-349
imigração 326
Imitação de Cristo 218, 219, 270
impanação 175, 293
Império Carolíngio 101, 102, 139, 178
Império Romano 8, 40-42, 63, 71, 73, 81, 83, 85, 133, 134, 138
impressão 211, 212, 215, 262, 269, 270, 273-275, 337
   chinesa 211
   coreano 211
   Gutenberg 211
   individualismo e impressão 275
   indústria 269
   missais, impressos 225, 273

prensa 211, 269, 270, 274
uniformidade 212, 270, 274
improvisação 14, 52, 57, 61, 62, 103, 104
Inácio de Antioquia, Santo 39, 68
    Carta aos filadelfos 68
Inácio de Loyola, Santo 249
incenso 25, 243
Incipit 105, 214
inculturação 345, 346
individualismo 275
indulgências 187, 194, 243, 244, 247, 270, 286
Inglaterra 156, 168, 199, 222, 235, 242, 272, 280, 301, 303, 308, 309
    Londres 306
    York 151, 254
iniciação 74, 76, 80, 124, 125, 128, 178, 180
Inocêncio III, Papa 187
Instituto de Tecnologia de Illinois 306
Instrução geral do missal romano 342, 344, 345
Instruções, litúrgicas 17, 22, 60, 61, 109, 124, 162
instrumentistas 10-12
instrumentos 11, 12, 51, 52, 103, 267, 326
    alaúde 11
    banjo 326
    címbalos 11
    corda 11
    flautas 11
    fonógrafo 322
    gramofone 322
    harpa 11
    kinnor 11
    lira 11
    pandeiro 11, 52
    percussão 11, 320, 326
    órgão Hammond 326
    shofar 10, 11, 51
    sopro 11
    trompete 11
    violão 326
Introit 96, 153
Ireneu de Lyon, Santo 126
Irmãos Carmelitas (Nördlingen) 271
    Missa Evangélica 271

Irwin, Kevin 351
Isaías, profeta bíblico 6, 14, 21, 22, 325
Isidoro de Sevilha, Santo
    Etimologias 93
islamismo 134, 135, 172
Israel 3, 12, 20, 23, 29, 30, 32
Itália 40, 80, 81, 89, 97, 136, 191, 241, 250
    Assis 187, 189, 218
    Bolonha 188
    Bolsena 231
    Florença 193, 196, 197, 200, 225
    governo bizantino 90
    Mântua 81
    Milão 84, 100, 114, 122, 252, 289
    Módena 276
    Orvieto 231
    Ravena 62, 70, 81, 90, 114, 275
    renascimento 191, 194-197, 201
    Verona 108
    Volterra 226
Iugoslávia 303

J

Jacó, patriarca bíblico 7
Jansen, Cornelius Otto 301
jansenistas 301, 302
Jeanneret-Gris, Charles-Edouard
    Corbusier, Le 306, 312, 313
    Notre Dame-du-Haut (Ronchamps) 312, 313
Jebiniana 78, 112
jejum 39, 60
    dias de jejum 39
Jerônimo, São 106, 114, 269
    Epístola a Rústico 114
    Vulgata 270
Jerusalém 1, 2, 20, 39, 73, 75, 89
    Anastasis sobre o Gólgota 89
jesuítas 249, 290
    Il Gesù 249, 250
    Inácio de Loyola, Santo 249
    Ofício Divino 249
Jesus, tesouro inestimável 267
Jesus Cristo 1-4, 6-8, 16, 19, 21, 22, 24, 27, 28, 31-35, 39, 44, 51, 52, 63, 68, 121, 122, 126, 174, 176,

177, 197, 218, 220, 223, 227-236, 279, 282, 284-286, 293, 311, 347, 351
    apóstolos 6, 21, 42, 44, 57, 60, 73, 84, 352
    Bom pastor 66, 92, 279
    cordeiro de Deus 97, 227
    cruz 73, 84, 147, 178, 221, 222, 286
    demônios 6
    discípulos 3, 5, 6, 8, 28, 31-34, 40, 42, 60, 121, 172
    divindade 42, 126, 128
    família 7
    hinos 16, 54, 56
    ícones 92
    mártir 89, 223
    milagres 92, 230-232
    ministério 1, 4, 6-8, 31, 33, 34, 44, 68, 350
    missão 1
    morte 30-32, 68, 89, 106, 167, 235
    oração 7, 16, 60, 68, 75, 137
    reino 32, 350
    ressurreição 8, 32, 33, 64, 68, 89, 121, 142, 200
    túmulo 89, 221
    Última Ceia 27, 28, 30, 32-34, 63, 68, 121, 122, 172, 284
João XXII, Papa 210, 261
    Ensinamento dos Santos Padres 210
João Crisóstomo, Santo 7, 117
João Duns Escoto, Bem-aventurado 230
João Escoto Erígena 174, 180
João Paulo II, Papa 342
    Sobre certas normas relativas ao culto do mistério eucarístico 342
José II, Imperador 245
josefismo 245, 246, 301
Josefo 4, 362
Jud, Leo 271
judaísmo (*ver também* judeus) 6, 7, 10, 12, 19, 20, 29, 39, 51, 53, 59, 72, 75
    doméstico 29
    Helenístico 1, 2, 20
    palestino 1, 2, 73
judeus (*ver também* judaísmo) 2-7, 12, 26, 33, 40, 62, 73, 233, 298
    bênçãos 7, 14-16, 23, 31
    homens 4, 19
    Império Romano 8, 40
    mulheres 9, 10, 12
    refeições 7, 16, 26, 52
    revolta 40
        66–70 d.C. 4, 40
        132–135 d.C. 40
Júlio II, Papa 247
Jungmann, Josef 157, 168, 215, 225, 252, 302
justiça social 350
Justiniano, Imperador 90, 115, 134
Justino Mártir, Santo 28, 42, 52, 64, 71, 73, 122

K

Karanis 63
Karlstadt, Andreas 271, 287
Kilde, Jeanne 309
kinnor 11
Kirchenordnungen 271
Klauser, Theodor 290
Kleutgen, Joseph 292
Knox, John 272
    forma das orações e ministração dos sacramentos, A 272
Kodály, Zoltán 325
    Missa Brevis 325
Kostof, Spiro 50, 88, 141, 256
Krautheimer, Richard 44, 84
Kreis, Steve 195
Kuala Lumpur 307, 308
Kunze, John Christopher 332
    hinário e livro de oração, Um 332
kyriakón 48, 92

L

Lactâncio 79, 81
    morte dos perseguidores, A 79, 81
Ladysmith Black Mambazo 323
laicidade 52, 92, 96, 119, 138, 146-148, 153-156, 167, 170, 171, 193, 195, 200, 210-212, 215, 216, 218, 220, 223, 225, 231, 232, 245, 250, 262, 274-276, 280, 289, 330, 343
    assentos 84, 200

comunhão 128, 167, 171, 220, 223, 225, 231, 232, 276, 280, 343
homens 84
latim 98, 100, 143, 152, 216, 218, 262
Livro de missa para leigos 216
livros 210-212, 215, 216, 275, 330
missal 110, 275
mulheres 51, 85, 100, 148, 351
música 100, 103, 152-156, 158, 162
nave 84, 146, 147, 149
oração 127, 149, 153, 212, 215-218, 275
participação ativa 304
preparação sacramental 244, 301
sacerdócio 52, 260, 274, 287, 289
silêncio 155-157
tela do coro 147, 252
transeptos 149
Lanfranc 168
Langer, Susanne 341
latinização 74, 112
laude 207, 208
laudesi 208
LaVerdiere, Eugene 16
Leão I (Magno), Papa 81, 86, 108
Leão III, Papa 137
Leão IV, Papa 116
Sobre o cuidado pastoral 116
Leão X, Papa 224, 242, 244
Leão XIII, Papa 293, 350
lecionário 105, 161, 162, 335-338
Lecionário comum 337
lecionário romano 336
lectio continua 104, 105
lei 4, 19, 20, 22, 58, 74, 114, 170, 180, 225, 242
cânone 120, 225
escrita 19
Igreja 114
judaica 4, 19, 20, 22, 58, 74
lex agendi 180, 351
lex credendi 345, 351
lex orandi 180, 345, 347, 351
lex vivendi 351
oral 19

romana 49, 186, 187, 225, 252, 344, 346
leitor 42, 49, 52-55, 59, 93-95, 99, 102, 110
instalação 52
ministério 52, 59
leitura 6, 10, 14, 15, 19-22, 24, 25, 52-54, 59, 93-95, 104-106, 110, 157, 158, 161, 210-212, 218, 336
cantilação 15, 22, 24, 53, 54, 93
canto 10, 14, 15, 93, 99
oração 93, 108
pública 10, 19, 20, 24, 25, 52, 59, 93
Leon Battista Alberti 191
Leopoldo, Grão-Duque da Toscana 245
leste 50, 138-140, 142, 313
voltado para 50, 313
Levi, patriarca bíblico 11
músicos 11, 12
tribo de 11, 12
levitas 11, 12, 20
libelli 108, 162, 163
libelli missarum 106, 108, 110, 160
liberdade 62, 245, 298, 305, 306, 314, 315, 338
libertação 298, 300, 302, 305, 350, 351
liderança 9-12, 17, 51, 81, 151, 258, 289, 293, 311, 317, 319, 326, 347, 351
litúrgica 10, 11, 17, 151
mulheres 9, 12, 51
musical 11, 17, 151
língua 10, 30, 31, 43, 47, 48, 67, 68, 73, 74, 92, 98, 100, 111, 112, 120, 143, 147, 149, 158, 176, 207, 216, 217, 228, 229, 263, 264, 275, 282, 285, 288, 289, 293, 302, 303, 331, 336, 337, 351
alemão 244, 260, 263, 268, 271, 331
aramaico 2, 19, 73
croata 303
esloveno 331
espanhol 331, 337
francês 271, 275, 290, 331
grego 1, 2, 6, 10, 29, 47, 48, 64, 69, 73, 74, 112
hebraico 6, 10, 23, 31, 32, 73
holandês 331
inclusiva 290
inglês 265, 272, 331-336

latim 31, 43, 44, 48, 64, 65, 73, 74, 98, 100, 112, 143, 151, 152, 205-207, 212, 216, 218, 245, 262, 270, 271, 275, 289, 326, 334
paleoeslavo 303
português 331
sacrifício 30, 31, 67
suaíli 329
tcheco 303
vernáculo 150, 156, 206-208, 260-263, 265, 268, 271, 274, 275, 289, 303, 326, 327, 336, 338
linha de montagem 341
lírico 10, 16, 18, 24, 53, 56
litanias 96, 97, 156, 205, 216
    processionais 156
liturgia 4, 11, 29, 34, 51, 54, 85, 90, 95, 97, 98, 100-106, 110, 118-120, 124, 137, 146-150, 155, 156, 158-160, 164-167, 177, 179-181, 187, 188, 198-204, 207-210, 212, 214-216, 223-227, 234, 245, 247, 248, 250, 261-264, 266, 271, 272, 275, 282-284, 289, 290, 302-304, 315, 326, 327, 334, 338, 339, 341-352
    Contrarreforma 258
    ecumênica 128
    especialistas 333, 338
    estacional 100, 146, 148, 156, 207
    estudos 302, 314
    Estrasburgo 271, 272
    experimental 336
    funcionalismo 315
    galicana 137, 138, 168, 290, 302
    Idade Média 164, 165
    Liturgiam Authenticam 304
    movimento 301-303, 312, 314, 320, 326-330, 344
    movimento litúrgico 301-303, 314, 326, 344, 346, 350
    oeste 102, 112, 159, 160
    oficial 103, 150, 157, 158, 330
    publicações 272
    Reforma 255, 270, 272
    revolução simbólica 341, 342
    ritual 177-179
    romana 100, 137, 150, 156, 159, 160, 214, 248, 271, 275, 302
    teologia litúrgica 180, 181, 349, 351
    Trento, Concílio de 250
    Vaticano II, Concílio 123, 170, 303, 317, 326-330, 333-336, 342, 348
    vernáculo 207, 245, 262, 271, 303, 338, 346
liturgia estacional 100, 145, 146, 148, 156
    Roma 100, 146, 156
liturgia sagrada, A 302
Livro da Igreja 332
livro de canções 15, 215, 263, 338
Livro de culto 332
Livro de culto comum 332, 338
Livro de culto luterano 336, 337
Livro de Oração Comum
    Livro de oração comum e da administração dos sacramentos e outros ritos e cerimônias da Igreja, juntamente com o Saltério ou Salmos de David 254, 272, 288, 332, 336
    Primeiro livro de oração do rei Eduardo VI 272
Livro de processos sinodais e instruções eclesiásticas 170
Livro de serviço comum 332
Livro de serviço e hinário 331, 332
Livro dos Jubileus, O 7
Livro dos Papas 117, 120
livros, litúrgicos 15, 19, 25, 58, 61, 103-113, 158-166, 187, 188, 210-212, 214, 215, 218, 250, 270, 272, 274, 275, 290, 330, 332-334, 336, 338, 339
    antifonários 103, 104, 212
    armaria 49, 59, 110, 117
    artísticos 22, 113, 166
    auxiliares 58, 60, 61, 110, 214
    baús 49, 59
    Bíblias 57, 104, 105, 110, 111, 113, 161, 195, 242, 244, 270, 334, 335, 363
    Breviário 187, 252, 274, 330
    calendários 106, 217, 336, 338
    cantatórios 103, 104, 160
    conteúdo 23, 24, 58, 111-113, 163, 164, 211
    Cristandade 58, 61, 62, 106
    Didache 60, 61
    Didascalia Apostolorum 50, 60, 96
    eclesiologia 161, 164
    Editio typica 334, 335

episcopalianos 337
gradual 160, 161
iluminura 110, 165
judaísmo 22-24, 59
latim 212, 216
lecionários 104, 105, 160-162
libelli missarum 106-108, 160
livros de canções 19, 20, 215, 262, 338
livros de epístolas 6, 104, 105, 161
livros de evangelhos 4, 16, 21, 24, 25, 31, 33, 57, 62, 104, 105, 110, 111, 161, 162, 177, 215
luteranos 336, 337
manuais 60, 61
manuscritos 22, 62, 101, 103, 159, 165, 211, 212, 215, 270
martirologias 106
metodistas 332, 337, 338
missal 110, 162, 164, 178, 212, 218, 225, 252, 273-275, 289, 331, 334, 335, 338, 342, 344, 345
missaletes 327, 338
Ocidente 160
ordinário (*liber ordinarius*) 96, 97, 153, 155, 203, 206, 212, 214, 263, 268, 270
ordos 109, 110, 143, 162, 187, 214
Ortodoxia 59
papiro 21-23, 61, 62, 110
peles de animais 22, 61, 62
pergaminho 62, 110, 111
pontificais 162-164, 170, 210
prefácio(s) 108, 260, 336
presbiterianos 272, 332, 338
reino franco 159
ritual 22, 24, 103, 110, 113, 276
rolos 15, 22, 23, 59, 62, 162
Roma 103, 104, 109, 110, 159, 160, 163, 164
Trento, Concílio de 59, 230, 252, 274, 275, 330, 334
Vaticano II, Concílio 123, 170, 303, 330, 333-338
vernáculo 150, 156, 212, 268, 271, 275, 338
livros das horas 211, 216
    litanias 205, 216

Ofício de Nossa Senhora 216
Ofício dos Mortos 216
"prymer, o" 216
salmos 205, 216
local 23, 42, 43, 53, 63, 73, 102, 124, 138, 180, 187, 214, 215, 280, 288, 293, 297, 298, 324, 345-347
Löhe, Wilhelm 301
Lollards 287
lombardos 136, 137
longitudinal 84, 88, 90, 196, 256
    plano longitudinal 256
Loos, Adolf 306, 308
Los Angeles 300, 318, 326
luminosidade 192
luteranismo 266, 324
    Comissão interluterana para o culto 336
    Concílio geral 332
    Culto luterano 337
    escandinavo 224, 329
    Eucaristia 244, 271, 278, 279, 286
    hinário 329, 332, 337
    Hinário e livro de oração 332
    Igreja luterana americana 336
    Igreja luterana augustana 332
    Igreja luterana evangélica americana 332
    Igreja luterana evangélica finlandesa 332
    Igreja luterana evangélica na América 300, 332, 336
    Igreja luterana evangélica unida 332
    Igreja luterana Livre 332
    Igreja luterana na América 336
    Igreja luterana unida na América 332
    Livro da Igreja 332
    Livro de culto luterano 336, 337
    livro de oração 332
    Livro de serviço comum 332
    Missa alemã e ordem do culto 271
    prussiano 324
    revivalismo musical 324
    Sínodo geral 332
    Sínodo unido do Sul 332
Lutero, Martinho 242-244, 259, 260, 268, 270, 271, 278, 279, 282-284, 286, 287

　　　　　Contra os profetas celestiais 286
　　　　　formulário da Missa e da comunhão para a Igreja de Wittenberg, O 271
　　　　　fortaleza poderosa, A 261
　　　　　músico 260
　　　　　teólogo 283
luz 85, 192, 329

M
Macabeus 1
Machaut, Guillaume de 204
　　　　　Messe de Notre Dame, La 204
Macy, Gary 71, 120, 173-176, 230, 283
Madigan, Kevin 150
magia 143, 168, 177, 224, 231, 234, 287
　　　　　mágico-religioso 143, 182, 231, 234
maldição 6, 7
Malit, Jesus 31
Malone, Edward 74
mãos 53, 65, 167, 170, 171, 178
　　　　　imposição de 178
　　　　　unção de 178
Marcos, o herege 66
Margarida de Cortona, Santa 221
marginalização 51, 216
Maria, Virgem 173-175
Marienwerder, Johannes 223
　　　　　Vida de Doroteia de Montau 223
Marot, Clément 260
Martimort, Aimé-Georges 105, 161, 212, 276
Martin, Ralph 10
mártir(s) 42, 59, 62, 75, 80-82, 87-89, 106, 107
　　　　　culto 50
　　　　　depositio martyrum 106, 107
　　　　　igreja de 80
　　　　　igreja martirial 86
　　　　　Jesus Cristo 89, 223
　　　　　martyrium (a) 88, 89
　　　　　martirológio 106, 160
　　　　　relíquias 50, 141, 143, 148
　　　　　túmulos 89
martirológio jeronimiano 106
Mateus, o Evangelista, São 62
Mausoléu de Adriano 88

Maxêncio, César 79
Mazza, Enrico 121, 122, 124
McCool, Gerald 291, 292
McGowan, Andrew 65
McKinnon, James 54, 55, 85, 94, 96, 98, 101, 102, 151, 152
McLuhan, Marshall 275
McMillan, Sharon 178, 179
McSherry, Patrick 169
Mediator Dei 303
mediterrâneo 1, 40, 66, 85, 117, 142, 226
Meier, Richard 318
Melito de Sardes 127
memorial 32-34, 68, 121
Mendelssohn, Felix 266
　　　　　Carta ao Pastor Bauer 266
Meroveu 136
mesa (*ver também* altar) 7, 9, 10, 16, 29, 30-34, 43, 45, 68, 77, 142, 143, 148, 251, 318
Messe de Notre Dame, La 204
metafísica 230, 241
metal, precioso 26, 64, 66, 115, 118, 170, 177, 227, 278, 339, 344
metodismo 246, 279, 301
　　　　　hinário metodista, O 332
　　　　　Hinário Metodista Unido, O 337
　　　　　Igreja Episcopal Metodista 332
　　　　　Igreja Episcopal Metodista do Sul 332
　　　　　Igreja Evangélica dos Irmãos Unidos 337
　　　　　Igreja Metodista Unida 300, 337
　　　　　Igreja Protestante Metodista 332
　　　　　Livro de culto 332
　　　　　Santa comunhão 338
　　　　　Supplemental Worship Resources 337
　　　　　Wesley, Charles 245, 266, 329
　　　　　Wesley, John 245, 266, 267, 272, 278
Metz 151, 152
México 264
Michel, Virgil 350
Michelangelo 247, 248
　　　　　Basílica de São Pedro (Roma) 248
Milão 79, 100, 114, 122, 252
　　　　　Concílio de 275
　　　　　Édito de 79, 114
ministério à mesa 7, 33, 34, 44, 350

ministérios 1, 4, 6-8, 12-14, 33, 34, 42, 44, 53, 54, 59, 62, 67, 68, 93, 99, 157, 165, 178, 198, 191, 214, 318
    especializados 337
    profissionais (templo) 12-14
Mishná 3, 12, 17, 19, 22, 23, 26, 28, 31
Missa (*ver também* Eucaristia) 95-98, 101, 103-105, 108, 114-117, 119, 120, 138, 143-146, 151-153, 156, 157, 160-162, 164, 167-171, 194, 197, 199, 201, 203-208, 210, 212, 214, 216-218, 220, 221, 234, 235, 244, 250, 263, 268, 271, 286-288, 303, 326, 331
    antiphonarius missae 160
    canção 156, 264
    cânone 157, 199, 212, 217, 270
    católicos alemães 186, 188, 207, 263, 268, 292
    diálogo 302, 326
    domingo 144, 245, 265, 266, 300
    franco-romana 159, 187
    Missa cantata 157
    Missa lecta 157
    Missa sicca 235
    Missa Solemnis 268
    mortos, pelos 144, 157, 235, 286
    música 100, 150, 153, 157, 201, 203, 205-207, 214, 266, 268, 324, 325
    ordinário da 96, 97, 152-155, 203, 205, 263, 268
    papal 96, 110, 114, 116, 117, 119, 164
    privada 138, 150, 157, 160, 162, 167, 169, 199, 201, 242
    pública 16, 19-22, 39, 51, 52, 92, 93, 102, 200, 275, 315, 324, 344, 345
    Rito ambrosiano 289
    Rito Dominicano 289, 335
    seca 235
    silêncio 150, 157, 218, 219
    votiva 136, 164
Missa alemã e ordem do culto 271
Missa Brevis 325
Missa em Sol menor 324, 325
Missa evangélica 271
Missa Papae Marcelli 262
Missa para coro e instrumentos de sopro 325
Missa recitata 302, 303

Missa Salisburgensis 266
Missa sicca 235
Missa Solemnis 268
missal 110, 162, 164, 165, 178, 210, 212-214, 218, 225, 252, 273-275, 289, 331, 334, 335, 338, 342
    antifonário 104, 105, 160, 161, 212
    Brixen 273
    completo 162, 164, 212, 218
    diário 331, 338
    ordo 110, 162, 187, 214
    romano 164, 225, 252, 273-275, 289, 334, 335, 342, 344
    sacramentário 162, 164, 212
    suporte 218
Missal de Pio V 225
Missal dos francos 169, 170, 178
Missal Romano 164, 225, 252, 273-275, 289, 334, 335, 342, 344
    Roman Missal, Translated into the English Language for the Use of the Laity, The 275
Missale Romanum 274
missão 1, 236, 303, 352
missionários 40, 136, 137, 250, 263, 264, 290
    África 40, 299
    anglo-saxões 136, 137
    Grã-Bretanha 136, 137
    Inglaterra 136, 137
    liturgia 250, 263, 264, 290
    música 263, 264
Mitchell, Nathan 117, 177, 180, 181, 197, 198, 303, 315, 334
Mitra 85
mobília 9, 44, 311, 315
    banco(s) 84, 200, 201, 252, 257
    cadeira 9, 317
    cadeira do bispo 86, 91
    cathedra 86
Módena 276
modernidade 207, 301, 303, 347
modos rítmicos 203
moeda 2, 80
Mohrmann, Christine 73, 92
Moisés 12, 19, 20, 25, 32

Moneo, Jose Rafael 318
monge(s) 144, 147-149, 159, 167, 189, 214, 302, 312
    beneditino 159, 226, 302
    cisterciense 289
    coro 140, 147, 149, 312
    livros 109, 159, 188
    missas 144
    música 150, 302
    Ofício Divino 249
Monier, Joseph 310
Monte Garizim 4
Monte Sinai 19, 32
Monte Vesúvio 26
morte dos perseguidores, A 79, 81
mosteiro(s) 144, 146, 150, 151, 159, 167, 188, 189, 202, 215, 226, 268, 302, 317
    Alemanha 302
    altares 146
    Cluny 147, 151
    França 109, 268, 274, 302
    francos 188
    livros litúrgicos 159, 160, 188
    missas 144
    música 140, 150, 151, 153, 202, 268
    norte 146, 150, 153
    oração 144
    polifonia 202
    Solesmes 268, 302
moteto 206, 266, 268
Movimento de Oxford 301, 324
movimento simbolista 341
movimento social evangélico 349, 350
Mozart, Wolfgang Amadeus 268, 320
MTV 322
mulheres 9, 10, 12, 50, 51, 85, 100, 148, 220, 351
    espaço feminino 9, 51
    feminismo 300
    meninas 100
multiculturalismo 318
mundo 34, 72, 75, 76, 175, 177, 186, 195, 247, 284, 299, 304, 336, 347, 348, 352
    aceitação do mundo 76
    rejeição do mundo 76

world music 320, 322, 323
mundo greco-romano 51, 55, 56, 62, 71, 133, 195, 200
Müntzer, Thomas 271
Muratori, L. A. 59
    Cânon muratoriano 59
Murphy-O'Connor, Jerome 8, 9
Musaeus, presbítero 106
Music in Catholic Worship 327
música 10-20, 51-57, 93-103, 149-158, 201-210, 218, 259-269, 284, 290
    acústica 250
    atonal 320
    barroca 266, 268
    Benevento 100
    canções natalinas 207, 324
    canto 10, 14-16, 23, 52, 93-96, 99, 100-104, 150-157, 160-162, 202, 205-207, 268, 290, 302, 324
    clero 53
    condução 11, 17, 151, 319
    Constantinopla 100
    corais, alemães 324
    eletrônica 320
    etnomusicologia 320, 323
    harmonia 141, 262, 319
    hinos 12, 13, 16, 23, 52-56, 97-103, 205, 208, 263, 265, 266, 325, 329
    instrumentais 10-14, 51, 52, 260, 266, 319, 326, 330
    inteligibilidade 261, 262
    jazz 322
    judaica 14, 16, 18, 19, 52
    litúrgica 10, 11, 17, 19, 54, 57, 93, 95, 96, 99, 102, 149-151, 153, 205, 208-210, 259, 260, 262, 268, 289, 290, 320, 330
    metro 55, 56, 98, 203
    monástica 140, 150, 151, 153
    música *folk* 98, 208, 322, 323
    não litúrgica 268, 319
    notação 14, 55, 56, 93, 150, 154, 155
    oficial 150, 162, 215, 290
    ópera 260, 266
    órgão 202, 268, 279, 309, 324, 326

ornamentação 11, 202
polifonia 152, 153, 155, 202, 204, 206, 260, 262
profissional 11, 12, 51, 96, 98
reforma 259-269, 284
revivalismo 314, 324
ritmo 10, 16, 202, 203, 319, 320
ritual 10-12, 16, 51, 56, 162, 263, 321, 326
sacra 10, 209, 268, 302, 319, 324
sinagoga 12-18, 53
templo 11, 12, 14, 15, 51
Trento, Concílio de 261, 262
Vaticano II, Concílio 327
vernácula 150, 156, 206-208, 260-263, 265, 326, 327, 348
vocal 11, 100, 103, 268

Música para cordas, percussão e celesta 320
músico 11, 12, 18, 57, 201, 209, 319, 322, 330
mysterion 74

N

Nabucodonosor 24
Natal 96, 137, 271, 287
Nattiez, Jean-Jacques 10
Nava, John 318
Nazaré 2, 5, 6, 14, 21, 22
    sinagoga 5, 6, 14, 21, 22
nazarenos 6
Neal, John Mason 324, 325
    Veni, Veni Emmanuel 325
Nelson, Lynn Harry 150
neoclassicismo 247, 258
neoescolasticismo 290-292
neogalicano 290
neotomismo 291
Newton, Isaac 246
Nicolau V, Papa 270
Nicolau de Cusa, cardeal 272
nó 170, 223, 225, 277
Nola 116
Norberg-Schulz, Christian 84, 90, 140, 147, 151
notação 14, 55, 56, 93, 150, 154, 155
Notre Dame (Le Raincy) 310, 311
Notre Dame-du-Haut (Ronchamp) 313

Nova Espanha 263
novo hinário, O 332
novo livro de cânticos espirituais, Um 262
novos mundos 241

O

Odes de Salomão 54, 56
Odo de Metz 138
Odoacro, chefe militar 81
Oecolampadius, Johannes 271
    Forma e a Maneira da Ceia do Senhor em Basileia 271
oeste 70, 72, 78-81, 86, 90, 97, 98, 100, 102, 112, 120, 123, 126, 133, 137-140, 142, 160, 164, 167, 171, 172, 181, 185, 190, 193, 211, 269, 282
    voltado para 138
ofertas 17, 18, 66, 70, 104, 117, 119, 167, 188, 193, 226, 286, 288, 339, 343, 344
    de Deus 216, 286
    línguas 17
    ofertório 95, 104, 119, 167, 168
ofertório 119, 167, 168, 183, 226
    procissão 226
Ofício (Liturgia das Horas) (*ver também* Ofício Divino) 199
Ofício Divino 105, 226, 249, 250, 271
    antifonários 103, 104
    cânones 42, 59, 98, 111, 112, 120, 122, 123, 125, 143, 147, 155, 157, 168, 171, 199, 212, 217, 225, 270, 285
    clero 151, 188
    matinas 213, 222
    monges 250
    orações da manhã 330
    vésperas 252
óleo 176, 275
O'Meara, Thomas 303
oração 3, 7, 10, 11, 13-17, 23, 24, 30, 31, 52-57, 60-62, 68, 69, 76, 93-95, 103, 106, 111, 113, 120, 123, 144, 156, 157, 162, 178, 180, 187, 234, 254, 275, 302, 325, 330, 336, 338, 345, 350
    comunidade 17, 52, 54, 57, 62
    de frente para o leste 50
    Eucaristia 7, 52, 57, 60, 62, 68, 69, 120, 122, 125, 137, 336, 338

improvisada 103, 104, 106, 110, 111
líderes 14, 52, 57
livros 15, 19-25, 53, 212, 215-219, 272, 275, 330, 332, 336, 338
monástica 113
Ortodoxia 106, 111
privada 149, 275, 302
pública 11, 52, 103, 106, 111, 275, 302
sacerdote 120, 149, 156, 157, 162, 216, 275
silenciosa 149, 156, 157, 219
vocal 16
Ordem da Igreja apostólica 60
Ordem dos funerais 334
Ordem dos funerais cristãos 338
Ordem Renovada da Semana Santa 330
    Vigília de Páscoa 330
ordenação 73, 96, 119, 125, 126, 161, 162, 164, 165, 178, 179, 210, 258, 287
ordens menores 98, 99, 178
ordens da igreja 58, 60, 61, 109, 161, 165, 178, 199, 214, 270, 271
ordinário 97, 152, 153, 155, 167, 203, 206, 212, 214, 215, 263, 268
    ordinário da missa 153, 203, 206, 268
    Ordinário de Saint Denis 212
Ordinário dominicano de 1267, O 214
Ordines Romani 97, 110, 114
Ordines romanos 151, 155, 162, 197, 214, 215
ordo(s) 109, 110, 143, 162, 187, 214
Ordos romanos 110
    Ordo romano I 110, 114, 119
    Ordo romano V 157
    Ordo romano XV 157
organum 152, 153, 202, 206
    livre 152, 153
    paralelo 135
Oriente Médio 1
Orígenes 72, 97
orquestra 14, 266
ortodoxia 59, 65, 106, 111, 176
    livros 59
    orações 106, 111
Osborne, Kenan 93, 246

Ostdiek, Gilbert 234
ostensório 223, 224, 276, 278, 281, 339
    barroco 276, 278
    Klosterneuburg, Alemanha 277
    processional 278
otoniano 139-141, 163
Otto I, Imperador 139, 163
Overman, Andrew 2
Oxford 188, 230
Oxirrinco 48, 55
    hino 55
    papiro 55

P

Pai Nosso, O 60, 120, 263
Palácio de Cristal 305, 306
palavra 14, 15, 17, 19, 20, 24, 25, 31, 51, 62, 94, 121-123, 137, 202, 247, 256-260, 268, 279, 282, 287, 311
    de Deus 19, 24, 25, 110, 119, 260, 279, 282
    liturgia 54, 119, 137, 176
    proclamação 14, 15, 19, 20, 25, 51, 94, 110
    protestantismo 247, 256, 259, 260, 268, 279
Palazzo, Eric 105, 162, 163
paleoeslavo 303
Palestina 1, 2, 6, 20, 65, 73
Palestrina, Giovanni da 262, 263, 268
    Missa Papae Marcelli 262
Panarion, O 68
panis quadratus 114
Panofsky, Erwin 192, 194
pão 8, 26-29, 31-34, 63-66, 69, 70, 72, 75, 76, 97, 112-116, 121, 122, 143, 166-168, 171, 174-178, 197, 198, 219-221, 223, 225-230, 232, 236, 250, 271, 280-282, 284, 285, 339, 342-344, 346, 352
    ázimo 26, 27, 63, 166, 167, 221, 228, 342
    caixas 64, 116, 224, 279
    carbonizado 27
    carimbo 112, 114, 166
    cestas 26, 27, 63, 64, 114, 115, 167
    cevada 27
    comida 9, 26, 27, 75, 116, 121, 122
    concomitância 220, 231
    consagração 112, 116, 122, 173, 175, 176, 198, 199, 228-231, 285, 352

    coroas 115
    discos 114, 115, 166
    elevação 197-199, 201, 217, 221, 223, 225, 227, 234, 271, 281
    fragmentos 28
    helenístico 26, 27
    hóstias 166-172, 178, 194, 197-199, 217, 219, 221-228, 231-234, 236, 270, 278, 279, 281, 343
    levedado 27, 114, 116, 166, 167, 281, 342
    maná 26, 69
    matzah 27
    mediterrâneo 27
    panis quadratus 114
    partilha do 8, 29, 31-34, 97, 343, 352
    templo 27, 167
papado 101, 187, 243, 245
    alemão 190
    autoridade 185, 244, 245, 347
    estados papais 242, 289
Pascásio Radberto 173-176, 179-181, 189, 228, 230
Páscoa 96, 104, 163, 207, 213, 220, 222, 330
    Vigília da Páscoa 163, 330
Páscoa (*Pesach*) 4, 22, 26, 27, 30, 32, 33
Passau 233, 270
Pasteur, Louis 280
pastophorion 116, 117
Pastor de Hermas 58
patena 115
patenas 62, 63, 66, 115, 116, 167, 168, 171, 279, 344
    cerâmica 344
    chifre de animal 168
    Eduardo VI, rei 272, 280
    Inglaterra 168, 280
    metais 115, 344
    ouro 115, 116, 168, 344
    patena 115
    prata 62, 63, 115, 116, 168, 344
    prato(s) 280, 281
    vidro 62, 344
Paulino de Nola 116
Paulo, Apóstolo e Santo 6, 8, 9, 16, 17, 21, 24, 29, 33, 40, 43, 44, 59, 74, 124, 127
    viagens de Paulo 35, 40

Paulo de Cirta, Bispo 49
Paxton, Joseph 304, 305
pecado 29, 33, 34, 68-70, 125, 127, 128, 145, 157, 232, 286
pecado original 125, 127, 128
Pecklers, Keith 303, 331, 350
Pedro, Apóstolo e Santo (*ver também* São Pedro (Roma), basílica de)
    túmulo 63, 64, 84, 86, 87, 143
Pedro Cantor 198
Pedro Damião 232
Pedro Valdo 190
Pelágio 127
Pelikan, Jaroslav 172, 174, 175, 243
penitência 69, 144, 145, 149, 232, 235, 243
    Missas 145, 235
    penitencial 145, 164
    penitente 144, 145, 208
    sacramento de 69, 232, 243
penitência tarifária 145
Pentateuco (*ver também* Torá) 15
pentecostal 300, 326
Pentecostes 12, 73
Pepino III, rei 136, 137, 150, 159
peregrinação 50, 140, 141, 148, 156, 158, 207, 214
    festivais de peregrinação 12
    igreja 50, 141, 148, 312
    movimento 156, 207
Perelmuter, Hayim 7, 39
Pergolesi, Giovanni 266
    Stabat Mater 266
Perret, Auguste 310, 311
    Notre-Dame (Le Raincy) 310, 311
perseguição 42, 47-50, 59, 62, 66
    Cirta 49
    Décio 42
    Diocleciano 42, 59
    Domiciano 42
    Marco Aurélio 42
    Nero 42
    norte da África 59, 66
    Trajano 42
Petuchowski, Jakob J. 6, 14

pietismo 266
Pio IV, Papa 274
Pio V, Papa 225, 274, 289
Pio IX, Papa 268
Pio X, Papa e Santo 302, 324, 326, 330
    breviário 330
    Tra le Sollecitudini 302
Pio XI, Papa 303
Pio XII, Papa 302, 303
    Mediator Dei 303
piscina 8
píxide(s) (*ver também* cibório) 64, 65, 116, 117, 168, 169, 221, 222, 276, 278-280
    arca 64, 65, 116
    Berlim 116
    crismal 116, 117
    em forma de pomba 116, 117
    Essen, Alemanha 279
    píxide da missa (*ver também* cibório) 221, 222
Plínio 56
Plotino 126
poder 121, 122, 173, 177, 185, 186, 242, 287, 288, 297, 339
    Igreja 178
    papal 185, 186, 242
poesia 10, 55-56
Poitiers 137, 138
Policarpo de Esmirna 106
politextualidade 206
Polonês/poloneses 326
Pompeia 26, 45
Pontifical 162-164, 178, 210, 274
    Pontifical romano-germânico 178
Porfírio 46
Portugal/português 241, 331
pós-moderno 307
Power, David 65, 69, 72, 288
praga 243
pregação 6, 10, 16, 21, 51, 244, 250, 256, 257, 279
    acústica 250
    analogia 70
    assentos 257
    Contrarreforma 244, 258

    domingo 39
    homilia 156
    Reforma 257
    sinagoga 6, 21
    Trento, Concílio de 244
    Zwingli, Ulrich 279
Prêmio Pritzker 318
presbiteriano 272, 332
    hinários 338
    Igreja Presbiteriana nos EUA 332
    norte 332
    sul 332
    livro de hinos, O 338
    livros de serviço 267, 331, 332, 336
presbítero(s) 50, 52, 53, 84, 87, 99, 100, 108, 109, 164, 288
    bancos 84
presença 76, 171, 173-177, 189, 223, 227-230, 232, 236, 244, 258, 282-285, 293, 344, 347, 352
    corporal 76, 228, 231
    Eucaristia 76, 171, 173-177, 228-230, 283
    física 76, 174, 175
    literal 172, 173, 176, 228
    real 76, 173, 176, 244, 258, 282, 284, 293
    sacramental 293
presidente 42, 44, 88, 92, 93, 106, 108, 111, 142, 143, 156-158, 163, 214, 344
    bispo 42, 50, 60, 111, 142, 163
    presbítero 50, 52, 53, 84, 87, 99, 100, 108, 109, 164
    presidente da assembleia 28, 42
    sacerdote 163
profetas 19, 24, 30, 32
    rolos 23
Projeto Advento 55, 94, 96, 101, 102, 152
prône 208
Próspero de Aquitânia 345, 351
protestantismo 247, 268, 278, 292, 332
    anabatista 245, 271
    calvinismo 260, 284, 286
    Genebra 272, 287
    Igreja Anglicana 247, 254, 272

Igreja Episcopal (EUA) 300, 332, 336, 346
Igreja escocesa 272
Igreja Luterana (EUA) 332, 336
Igreja Metodista (EUA) 300, 332, 337, 338
Igreja Presbiteriana (EUA) 332
inglês 272, 275
pentecostal 300, 326
puritanos 272
Prudêncio 117, 118
prymer 216
Ptolemeu 2
Pugin, Augustus 308, 309
púlpito 48, 59, 94, 247, 250, 255, 256, 314
palco de show 314
purgatório 194, 223, 235
puritano 266, 272

Q
Quaker 245
Quasten, Johannes 52, 100
Qumran 23, 28

R
racionalismo 279, 291
rádio 322, 330
Rafael 71, 231
Rahner, Karl 349
Ramshaw, Gail 351
Ratramno 174, 179, 180
Rauschenbusch, Walter 350
Ravena 81, 90, 91, 110, 111, 114
Mausoléu de Gala Placídia 110
São Apolinário em Classe 70
São Vital 62, 90, 91, 138
Sínodo de 275
recipientes 25-29, 63-67, 113-120, 166-171, 219-227, 275-281, 338-345
Alemanha 171, 177, 178, 222, 276, 277, 279
âmbar 118
amula 119
argila 28, 344
bandejas 67, 280, 281, 339
bronze 27-29, 170, 343

cálice 65-67, 117-119, 168-171, 198, 225, 226, 232, 275-280, 341, 343, 344
canecas 280
canecas para cerveja 280
cânulas 170, 171
cestas 26, 27, 63, 64, 67, 114, 115, 167, 344
cibório 222
cobre 170, 225
consagração 116, 119, 168-171
copos 28
domésticos 29, 67, 275, 279, 280, 339
elaboração 277, 281
em forma de pomba 116, 117
esmalte (esmaltado) 225
família 28, 67, 115, 119
frascos 280
galhetas 119, 225-227
inventário 66, 119
jarros 119
lâmpadas 49
louça de barro 4, 28, 344
madeira 64, 66, 67, 118, 119, 168, 225, 280, 344
marfim 116, 118
metais 26, 28, 64, 66, 115, 170, 177, 227, 278, 339, 344
ônix 66
osso 64-66, 118
ostensório 221, 223, 224, 275-278
ouro 24, 115-117, 119, 168, 170, 171, 223, 225, 339, 343, 344
patena 115
pedra 28, 66
pele de cabra 28
píxide 64, 65, 116, 117, 168, 169, 221, 222, 276, 278-280
prata 24, 63, 66, 116, 119, 168, 170, 171, 223, 225, 339, 343, 344
pratos 27, 28, 63, 275, 280, 281, 338
revivalista 341
substituição 279-281
tabernáculo 12, 116, 117, 224, 226, 250-252, 255, 276, 281, 315
terracota 28

    vidro 28, 29, 63-68, 118, 119, 225, 226, 280, 339, 344
    vime 64, 67, 119, 344
reconciliação 8, 34, 68, 69, 145, 232, 258
Redemptionis Sacramentum 343
refeição (*ver também* Eucaristia) 7-9, 16, 26-29, 31, 32-34, 68, 121
Reforma 222, 227, 252-258, 260-266, 270-274, 279-282, 289, 336, 343
    arquitetura 247, 252-258
    igrejas 252-258
    livros 270-274
    música 260-266
    protestantismo 247, 268, 278
    recipientes 275, 278-281
    teologia 247
reformadores 242, 244, 245, 258, 259, 262, 274, 275, 279-282, 284-287, 289
    Calvino, João 260, 266, 271, 272, 284, 286
    Cranmer, Thomas 272, 275, 279
    Henrique VIII, rei 242, 272
    John Knox 272
    Lutero, Martinho 242-244, 259, 260, 268, 270, 271, 278, 279, 282-284, 286, 287
    Wesley, John 245, 266, 267, 272, 278
    Zwingli, Ulrich 244, 245, 247, 256, 260, 271, 279, 280, 283, 284, 286
Reginaldo de Prüm, abade 170
    Livro de processos sinodais e instruções eclesiásticas 170
Regra de 1223. *Ver* Francisco de Assis, São
Regularis Concordia 221
Reif, Stefan 20, 22
reificação 179
Reinhold, H. A. 350, 359, 369
Reino franco 137, 143, 150, 152, 155, 159, 160
Reino merovíngio 136-138
relíquias 50, 141-143, 148, 149, 199, 223, 317
    cruz 221, 237, 313
    Igreja de São Filiberto em Tournus 149
    Jesus Cristo 223
    Maria, Virgem 237
    mártires 50
    peregrinações 140, 141, 148

    relicários 148, 223
    santos 50, 143
    Três Reis 237
religião 33, 39, 44, 71, 75, 79-81, 85, 91, 103, 176, 270, 299
    cristianismo 1, 2, 6, 7, 10, 19, 24-26, 29, 33, 39-44, 51, 58, 61-63, 68, 70-76, 79, 80, 82, 84, 85, 89-91, 93, 102, 103, 112, 114, 116, 117, 121, 125, 134-137, 143, 144, 150, 159, 176, 182, 186, 187, 195, 245-247, 258, 266, 281, 282, 299, 300, 347, 349
    preferida 80
    tolerância 79
renascimento 191, 194-197, 201, 247, 248
retábulos 142, 149, 197, 251, 255
res 175, 179
responsório 17, 54, 56, 95, 156
restauração da música sacra, A 324
reverência 21, 110, 113, 179, 198, 256, 324
revivalismo 258, 259, 279, 308, 309, 314, 324, 326, 339, 341, 350
    arquitetônico 258, 259, 308, 309, 314
    reavivamento da rua Azusa 326, 350
    revivalismo 314, 324
Revolução Industrial 305, 306
Rhau, Georg 260
    Symphoniae iuncundae 260
Ricci, Matteo 290, 291
Ricoeur, Paul 341
Riha 115
rima 55, 56, 98, 261
Rito congolês. *Ver* rito zairense/congolês
Rito da Primavera, O 319
Rito moçárabe 289
Rito zairense/congolês 334
ritos 57, 63, 74, 137, 159, 164, 178, 179, 207, 214, 215, 274-276, 289, 334-337, 342, 344-346
    acólitos 119
    alemão 178
    altares, dedicação de 143
    ambrosianos 289
    Estrasburgo 272
    franceses 302
    funcionalismo 315

funeral 164
moçárabes 289
penitenciais 164
rito da fração 343
romanos 112, 137, 157, 159, 188, 334, 346
sinagoga 6, 7, 14, 21, 22, 43
templo 12, 19, 20, 30
Zurique 271
Ritual romano 274, 276
Robertson, Roland 298
Robie House 305
rococó 247, 258, 276, 277
Rohe, Mies van der 306
Edifício Seagram 306
rolos 6, 15, 20, 22-25, 58, 59, 61, 62
arca 26
Exult 163
Lei 23, 58
Profetas 23, 58
Roma 2, 8, 24, 40, 42, 49, 64, 66, 73, 80, 81, 84-88, 92, 99-104, 112, 119, 134-138, 144-146, 176, 178, 185, 190, 191, 195, 247, 248, 292, 346, 347
autoridades 39, 42, 185, 244, 245
edifícios, românicos 44, 140-142, 148, 152, 179, 191, 192
fogo 42
fórum 83
governo 79, 80, 133
imperador 42, 46, 47, 79-81, 102, 103, 134, 137, 138, 139, 245
Império 8, 39-42, 44, 50, 62, 63, 71-73, 79-83, 91, 100-103, 133, 134, 138-140, 163
liturgia 100, 137, 150, 156, 159, 160, 187, 214, 248, 271, 302
livros 62, 103, 110, 113, 137, 146, 160, 187, 188, 272-274
música 150
Romanitas 138
Rômulo Augusto, Imperador 81
Ruanda 298
Rubin, Miri 232, 233
rubricas 54, 61, 75, 110, 162-164, 187, 214, 215, 222, 250, 279
Ruf 156, 208

Ruff, Anthony 207, 263
Russell, James 75, 135, 136, 143, 167, 168, 177, 231
Rutherford, Richard 144
Ryden, Ernest 332

S
Saarinen, Eero 314
sábado (shabbath) 14, 22, 23, 40, 49
sacerdócio 163, 164, 210, 260, 274, 286-289, 317
ministerial 317
sacerdócio de todos os crentes 260, 287, 289
sacerdócio dos batizados 317
sacerdote(s) 122, 149, 156, 157, 162, 163, 165, 178, 193, 209, 210, 212-215, 218, 220, 234-236, 250, 260, 274, 275, 281, 286-289, 293, 317, 344
hóstia 122, 178, 197, 221, 227, 231
livros 210, 212-215, 218, 338
missal 162, 210, 214
música de 156, 157
santuário 149, 193, 218, 250
Sack, Daniel 280, 281
sacos (linho) 64, 115
Sacramentário 108-110, 146, 160, 162, 164, 165, 210, 212
de Verona 108
gelasiano 108-110, 164, 165
gelasiano antigo 108, 109
Hadrianum 164, 165
leonino 108
papal 109
romano 136, 137
Sacramentário gregoriano 109
Sacramentário leonino (*ver também* Sacramentário de Verona) 108
Sacramentário romano 136
sacramento 69, 70, 73-75, 121, 124, 125, 128, 172, 175, 177, 178, 180-182, 218, 220, 221, 223-225, 231, 232, 234, 242-245, 251, 284, 287, 315, 349
casa 224, 255, 276
exposição do santíssimo Sacramento 224, 251
princípio 177
reserva do santíssimo Sacramento 65, 116, 224, 250, 251, 276
teologia 75, 179-181, 189, 284, 293, 348, 349

sacramentum 74, 343, 345
sacrifício 4, 9, 19, 23, 27, 30, 31, 34, 67, 68, 72, 75, 120, 242, 286-289
    altar 4, 67, 302
    da missa 120, 244, 288
    espiritual 30, 67, 120
    língua 30, 31, 67, 120
    templo 4, 9, 19, 30
sacristia 110, 117, 224, 276
Sagrada Congregação dos Ritos 276, 344
Saint Denis, Abadia de 185
Saint Eugène (Paris) 310
Saint Gall, Abadia de 151, 154, 164
Saint Jean, batistério de 86
Sainte Chappelle 192
Saliers, Don 351
Salmos 12, 15, 16, 20, 23, 53-56, 93-96, 99, 147, 330
    bíblicos 12, 20, 23, 53-56, 95
    cantar 12, 15, 20, 54, 56
    canto do salmista 95
    davídicos 54, 95, 96
    não bíblicos 12, 53-56
    próprio da Missa 95
    psalmi idiotici 54
    salmista 30, 57, 94, 95
    Saltério 53, 261, 334, 336
    tons 93
Salomão, rei 3
Saltério, com prática eclesiástica completa 272
samaritanos 4
    sacrifícios 4
Sanctus 97, 155, 157, 158, 205-207
Santa Comunhão. *Ver* comunhão, Eucaristia, Missa
Santa Fé, Abadia de 141
Santa Maria das Flores, Catedral de (Florença) 196
Santiago de Compostela 140, 141, 156
santidade 23, 47, 68, 125, 186, 193, 324, 326, 346, 349, 351
santificação de pessoas 348
Santíssimo Sacramento (*ver* sacramento)
Santo Ambrósio, basílica de 84
Santo Apolinário em Classe 70, 111
santos 50, 248, 279, 318
Ana 216
Baco 90
Barnabé 6, 21
Basílio 116, 117
Bento 159
Calisto 48, 50, 64
Comgall 117
culto 50
Domitila 50
Gregório Magno 87, 98, 99, 101, 113, 134, 143, 144, 160, 179
Leão Magno 81, 86, 108
Nereu 50
Pancrácio 50
Paulo 6-9, 16, 17, 21, 24, 29, 33, 40, 41, 43, 44, 54, 74
Pedro 4, 57, 63, 64, 77, 142, 287
Pio X 302, 303, 324, 326, 330
Priscila 49
Sérgio 13
Silas 6
Tiago 6, 22, 141
santuário 6, 22, 85-87, 92, 100, 110, 138, 139, 143, 147, 148, 156, 193, 199, 218, 224, 250, 257, 309-313
    clero 85, 92, 110, 149, 250, 309-311
    leigos 92
    monges 147, 149
    portas 148
    sacerdotes 149, 193, 218, 250
São Clemente (Roma) 224
São João de Latrão, basílica de 86, 100
São João Nepomuceno (Munique) 258, 259
São Lourenço fora dos muros (Roma), basílica de 104
São Miguel (Hildesheim) 139
São Pedro (Roma), basílica de 247, 248
    Bramante, Donato 247
    cúpula 248
    Michelangelo 247, 248
    praça 248
    renascimento 247
São Vital (Ravena) 62, 90, 91, 138
sarcófago 143, 149
Sardis 5
Schaeffer, Francis 116, 117

Schaffner, Alexander 339
Schillebeeckx, Edward 341, 342, 349
Schloss Rothenfels 310-313
Schneiders, Sandra 352
Schoenberg, Arnold 320
schola cantorum 96, 99, 101, 151
Schreiter, Robert 297, 300
Schwartz, Theobald 271
sciffus 116, 119
scriptorium 159
Seager, Andrew 4
sectários 6
Séforis 2
Segunda instrução batismal 85
Segundo livro de oração do Rei Eduardo VI, O 272
Senn, Frank 338
sepulcro 88, 221-223
    Páscoa 221-223
sequência 207, 208
Sérgio I, Papa 97
Sermão catequético 89
Sermão contra Auxêncio 98
Seymour, William J. 326, 350
Shemá 7, 14, 15
shofar 10, 11, 51
sidur 23, 24
    livro de oração 23
Silas, São 6
Silbermann 257
silêncio 55-57, 68, 150, 156, 157
simbolismo 97, 118, 341, 343
símbolos 59, 68, 177, 194, 196, 200, 210, 218, 247, 280, 312, 342, 344
    cordeiro 69, 279
    cristãos 59, 68, 69, 342, 344
    dias de mercado 14
    Dura Europos 6
    estudo e reunião 7
    Jerusalém 6, 26
    Nazaré 2, 5, 6, 14, 21, 22
    oração e proclamação 14
    recipientes 25-29, 113-120, 166-171, 219-227, 275-281, 338-345
    Sárdis 5

Simon, Paul 323
simpósio 16
sinagoga(s) 5-7, 9, 12-15, 17, 21-24, 26, 39, 43, 44, 52, 53, 57, 59, 75
Singemesse 263
sínodos 111, 144, 174, 176, 187, 198, 207, 225, 245, 263, 265, 275, 276, 301, 332, 336
    Auxerre 144
    Baltimore 265
    Celchyth/Chelsea 168
    diocesanos 207, 276
    Hipona 11, 144
    Paris 198
    Pistoia 245, 301
    Primeiro Nacional (Baltimore) 265
    provinciais 207, 263, 276
    Ravena 275
    romanos 98, 176
    Rouen 168
    Salzburgo 263
    Trullan 144
    Vercelli 174
sinos 139, 198, 225, 275
Síntese agostiniana 172-174, 177
Síria 1, 39, 40, 45, 46, 116
    Dura Europos 6, 46
Sobre a pureza 67
Sobre certas normas relativas ao culto do mistério eucarístico 342
Sobre o cuidado pastoral 116
Sobre os Sacramentos 112
sociedade 135, 150, 186, 193, 194, 288, 300, 351
    cristianização 135
    música 268
    Sociedade Venda, África do Sul 321
Sociedade de Santa Cecília 268, 338
Sol 85, 86, 142
    adoração 85, 86
    culto 85
    ressurreição 142
sola scriptura 292
Solesmes, Abadia de 268, 302, 324
sonata da chiesa 266
Southern, R. W. 186, 187

Speyer 142
Stabat Mater 266
Stahlkirche (Colônia) 310
Stedman, Joseph 331
Stockhausen, Karlheinz 320
Stravinsky, Igor 319, 320, 325
    Missa para coro e instrumentos de sopro 325
    Rito da Primavera, O 319, 320
Stuhlmueller, Carroll 12
subdiáconos 53, 99, 110, 161, 215, 226
subordinacionismo 125, 126
substância 176, 192, 228-230, 282, 285, 293
Suger, Abade 192
Suíça 242, 288, 310, 311
    Genebra 261, 272, 287
    Santo Galo 151, 154
    Zurique 244, 256, 260, 271, 288
Sullivan, Louis 306
Supplemental Worship Resources 337

T

tabernáculo (*ver também* torre eucarística) 12, 116, 117, 224, 226, 250-252, 255, 276, 281, 315
    Alemanha 276
    fixo 251, 315
    França 276
    Itália 224, 276
    protestante 255, 271, 281
    Roma 224, 226
    Volterra 226
Tácito 42
Taft, Robert 69, 60
Talenti, Francesco 197
Talmude 15, 18, 19, 23, 31
    babilônico 15
    palestino 19
teatro(s) 250
tecnologia 191, 270, 275
televisão 322
templo 3-5, 9-12, 15, 19-21, 25-27, 30, 39, 43, 51, 75
    de Herodes 3, 4, 11
    Jerusalém 3, 4, 9, 12, 14, 19-21, 26, 30, 39, 43, 51, 75
    música 10-12, 20, 51
    pão 26-28
    primeiro templo 3
    samaritano 4
    santuário 27
    segundo templo 4, 11, 20
    taças 28
    Vale do Cedron 4
Teodoro de Mopsuéstia 121, 124
Teodósio, Imperador 80
teologia 29-34, 39, 42, 50, 67-76, 106, 120-128, 171-182, 188, 189, 227-236, 258, 281-293, 300, 345-352
    apologética 258, 292
    católica 268, 291, 311
    controvérsias 111, 174
    criatividade 258
    especulativa 189, 258
    eucarística 29-34, 67-76, 120-128, 171-182, 188, 189, 227-236, 281-293, 345-352
    filosofia 70-74, 188, 349
    manual 290-293
    protestante 258, 268, 283, 284, 289
teologia escolástica 228, 293
teoria da aniquilação 230
Tertuliano 52, 54, 66, 74, 112, 120, 144
texto(s) 39, 48, 54-56, 59, 61, 62, 66, 72, 74, 75, 93, 94, 96, 97, 103-105, 108, 111, 114, 116, 122, 152, 153, 156-158, 160-163, 178, 202, 205, 206, 216, 262, 336
    antigo 103
    canto 103, 153, 157, 160, 162, 202, 206, 214
    clausula 206
    francês 205
    latim 205, 206, 212, 216
    litúrgico 111, 153, 156, 158, 202
    manuscrito 59, 62, 103, 154, 159, 211
    moteto 205, 206
    musical 55, 56, 162
    não bíblico 96
    ordinário 96, 97, 153, 155, 203, 206, 212, 214, 263, 268, 270
    padronização 96, 111, 112
    papiro 56, 61, 62
    pele de cordeiro 110
    pele de vitela 110

        peles de animais 61
        pergaminho 62, 110
        pós-Constantiniano 111
        proclamação 93
        próprio 95, 103, 152
        rolos 58, 61, 62
        tabuletas de cera para escrita 61, 62
        velino 110
Tiberíades 2
tigela 27-29, 67
        de madeira 67
        vidro 28
tipologia 69, 72, 121
tituli 100, 102, 108, 109, 164
Toledo 277, 278
        catedral 277, 278
        Concílio de 114
Tomás de Aquino, São 173, 179, 193, 194, 220, 228-230, 282
Tomás de Kempis 218, 270
Torá 6, 14, 19-23, 25, 59, 62
torre eucarística 117, 224
Torres Petronas 308
Tra le Sollicitudini 302
Tradição apostólica 52, 53, 56, 60, 61, 66, 125
traditio instrumentorum 178, 179
tradução 31, 74, 216, 217, 244, 268, 270, 275, 304, 334-336, 342
transcendente 346-349
transepto 84, 87
trato 104, 180
Três peças para piano 320
triclínio 44
Trier 42, 83, 84
trigo 26, 27, 168, 342
Trindade 125, 126
trompete 11
trono 50, 84, 85, 91, 92, 139, 142
        episcopal 84
tropo 204, 206
Trullo, Sínodo de 144
Turner, Victor 341
Turquia 40
turris 117

U

Úlpia, basílica 82-84
Unidade cristã 29, 34, 52, 56, 124, 125, 146, 234, 284, 333, 343
universal 42, 276, 293, 324, 326, 346, 347
Universidade de Paris 188
Universidade Loyola (Chicago) 317
urbano 2, 42, 44, 101, 102, 146, 150, 189, 194, 201, 226, 307, 309
        canto 101
        centros 2, 8, 44, 226
        igrejas 102, 146, 201
Urbano I, Papa 62, 63, 66, 120
Urbano IV, Papa 231
urceolus 119, 120
utensílios 26, 119, 170, 220

V

Valdenses 190
Vale do Cedron 4
Valentiniano III, Imperador 81
Vaticano (Estado) 242
Vauchez, André 220
Vehe, Michael 262, 263
Venério de Marselha, Bispo 106
Veni, Veni Emmanuel 325
ver é crer 227
Verlaine, Paul 341
vernáculo 150, 156, 206-208, 260-263, 265, 268, 271, 274, 275, 289, 303, 326, 327, 336, 338
        sociedade vernácula 303
vestimentas 287, 288
Vida de Constantino 88, 105
Vida de Doroteia de Montau 223
vila 8, 9, 47, 77
vime 64, 67, 119, 344
vinho 26, 28, 29, 31, 32, 63, 65, 66, 68, 70, 75, 77, 115, 117-119, 121, 167, 169-171, 175, 176, 220, 224-227, 232, 277, 280, 281, 285, 343, 344, 352
        concomitância 220, 231
        consagração 119, 175, 198, 280, 285, 343
        tinto 28, 117, 226
        uva 117, 169, 224, 225, 281, 342-344
Vítor I, Bispo de Roma 64

vitrais 192, 193
Vitrúvio 196
Vogel, Cyril 112, 164, 212, 218
Voisin, Josef de 275
Vulgata 270, 274

W
Weimar 306
Welch, Thomas 281
Werner, Eric 11
Wesley, Charles 245, 266, 329
Wesley, John 245, 266, 267, 272, 278
Westwerk 138, 139
White, James, F. viii, 93, 201, 241, 244, 250, 259, 272, 278, 281, 284, 314, 331, 339, 350
White, L. Michael 5, 8, 43, 45-48, 82

Whiteman, Paul 332
Williams, Ralph Vaughan 324, 325
Winkworth, Catherine 267, 324
Wittenberg 243, 271, 287
Worms, Concordata de 186
Wren, Christopher 257
Wright, Frank Lloyd 306, 314, 315
    Robie House 305
Wycliffe, John 230

Z
Zacarias I, Papa 136
Zeferino de Roma, Bispo 62, 63
zikkaron 32
Zwingli, Ulrich 244, 245, 247, 260, 271, 279, 283, 284, 286, 339

Edições Loyola

editoração impressão acabamento
Rua 1822 nº 341 – Ipiranga
04216-000 São Paulo, SP
T 55 11 3385 8500/8501, 2063 4275
www.loyola.com.br